國榷

二

成祖永樂十二年甲午起
英宗天順三年己卯止

中華書局

國榷卷十六

甲午永樂十二年

正月丙子朔。上在北京。御奉天殿受朝賀。

己卯。遣中官楊三保敕諭烏思藏等國。

壬午。皇太子攝享太廟。

乙酉。召甘肅總兵官豐城侯李彬北征。

丙戌。皇太子代祀南郊。

丁亥。修曲阜孔子廟。

戊子。平陽王濟熿、慶成王濟炫、永和王濟烺等屢奏晉王濟熺忿逆。上未信。第敕責之。

庚寅。貴州總兵官鎮遠侯顧成討思州臺羅等寨叛苗。斬渠帥普亮。賊平。

郭子章曰。貴州本夷地。一路諸城外。四顧皆苗夷。而種類不同。自貴陽而東者苗爲夥。而銅苗九股爲悍。其次曰獚犵。曰狑獷。曰八番子。曰土人。曰峒人。曰蠻人。曰冉家蠻。曰楊保。皆黔東夷屬也。自貴陽而西者。羅羅爲夥。而黑羅爲悍。其次曰宋家。曰蔡家。曰仲家。曰龍家。曰僰人。曰白羅。皆黔西夷屬也。諸苗夷有囤峒而無城郭。有頭目而無君長。專事鬭殺。何知仁義。語言不通。風俗各別。惟羈縻之使不爲亂而已。舜用干羽。漢武封夜郎。武侯縱孟獲。宋藝祖不通滇南。何其慮之深長耶。若欲槩繩以漢法。未有不駭而亂者。犬之吠。羊之觸。其責豈盡在犬羊哉。

夜。上御午門觀燈宴羣臣。進詩命翰林第高下。賜鈔有差。并賜耆父鈔帛。

壬辰。交趾總兵官英國公張輔兵至政和縣之叱黃莊。賊帥胡同降。進羅蒙江。身越險捫蘿而上。抵昆蒲冊。鄧景異等七百餘人已遁。追至叱蒲榛冊。夜行二十餘里。聞漏聲。銜枚赴之。且至叱蒲幹冊江。賊營南岸。渡而攻之矢中景異脇。擒之。盡獲其黨。景異創甚。磔之。檻送鄧鎔鄧鋭于京師。

甲午。漢王高煦還南京。上欲至秋遣之。高煦固請。上不懌。命羣臣勿送。

張輔遣指揮薛聚獲阮師于南靈州。

戊戌。始設烏撒軍民府儒學。

己亥。停運木營作。

設雲南南甸州。

辛丑。役山東山西河南鳳陽淮安徐邳十五萬人轉餉宣府。復其家一年。

二月乙巳朔。丙午。都督僉事謝芳轉漕北京。

成山侯王通閱兵宣府大同。

戊申。夜大星青白光燭地。出土司空。行至近濁。

己酉。大閱。

庚戌。安遠侯柳升領大營。都督僉事馬旺陳翼程寬金玉副之。武安侯鄭亨將中軍。興安伯徐亨都督僉事馬瑛章安副之。寧陽侯陳懋將左哨。襄城伯李隆都督同知朱崇副之。豐城侯李彬將右哨。遂安伯陳英都督僉事費瓛胡原副之。成山侯王通將左掖。保定侯孟瑛都督同知曹得副之。都督譚青將右掖。新寧伯譚忠都督僉事馬聚副之。都督劉江朱榮等爲前鋒。和寧王阿魯台報瓦剌兵至興和。遂命劉江等出哨興和。譚青以右按兵往興和操備。

壬子。眞臘入貢。

丁巳。敕召晉王濟熺以平陽王濟熿等復奏其奸謀也。

庚申。隴州饑。命御史亟賑之。按長吏隱匿之罪。

癸亥。上退坐右順門。裏衣袖垢敝。納復出。侍臣頌聖德。上歎曰。朕日十易衣。未嘗無之。但念自惜福。昔皇妣躬緝故衣。皇考見而喜曰。勤儉如此。可法子孫。朕常不敢忘。

癸酉。夜火星退入太微垣犯上相星。

三月[illegible]朔。丁丑。設隆慶州永寧縣于關外。隸北京行部。地衝而腴。國初徙其民關內。至是專處罪謫。

庚辰。置卜忽禿河阿兒溫河葛可河三衛。女直野人。

揚州水。賑之。

辛巳。進士張璘鄭阜義爲山東廣東右參政。監生孟亨爲監察御史。

癸未。都指揮師祐獲陳季擴等。季擴逃乂安竹排山。見捕。更走老撾。窮追至。縛其妻妾姊弟無一遺者。賊平。

袁袠曰。定興王善用兵。其取交阯。凡三犂其庭。皆生擒元兇。壯矣哉。然不旋踵而復失。喪師徒數十萬。大臣皆死賊手。遂置不問。豈處置失宜。妖氛未掃耶。抑亦當國者之闇也。噫。以天下之力。謀之數年。而失之一旦。惜哉。

甲申。奉御祝原等使眞臘。幷戒占城國王占巴的賴侵軼。

兀良哈福餘泰寧朵顏三衛納馬三千匹。贖竊掠之罪。售以布。

戊子。賜從征將士鈔。

庚寅。上親征瓦剌。發北京。皇太孫從行。晚次清河。

談遷曰。夷狄相殘。中國之利。本雅失里戕我使臣。至干王略。今瓦剌馬哈木等乘其弱滅之。是代泄我忿也。韃靼阿魯台請復仇。仇不在我。馬哈木等又請征阿魯台。兩置之。聽其爭長。敗則重困。勝亦力疲。因勢圖功。此卞莊子刺虎之奇也。乃封阿魯台。賈怨瓦剌。輕萬乘以先之。後阿魯台之叵測。適足嗤于瓦剌也。

壬辰。上次龍虎臺。敕居庸關長安嶺守將。雖從征吏卒。非奉敕毋擅出入。

癸巳。次隆慶。軍五十萬皆集。

丙申。次雞鳴山。晉王濟熺上謁。留宣府。俟旋師。

戊戌。次宣府。上從容教太孫。對輒稱善。上悅。

庚子。發寧遠鎮。行間有突兔。命皇太孫射之。應弦而斃。賜太孫名馬。

辛丑。至萬全衛。命忻城伯趙彝建平伯高福尙書吳中郭資僉都御史李慶通政馬麟督餉。曰。役民隨軍苦矣。朝夕慰勞。毋毒以刑。

壬寅。靈璧懷遠桐城宿松潛山太湖舒城常熟洛陽汝陽潁城安丘諸城安化華亭饑。皇太子賑穀九萬一千六百三十石有奇。

是月。武昌疫。皇太子遣視。

四月⿸厂甲朔。上駐興和。大閱。

陝西都指揮使胡原爲右軍都督僉事。

乙巳。夜大星出軫宿。行至近濁。

己酉。頒軍中賞罰號令。

庚戌。敕大營及五軍諸將曰。軍法嚴則士一。賞功明則士服。今朝發一令。夕不下聞。此不嚴也。將士効力。名不上達。此不明也。其立傳令及紀功官。

丙辰。開雲南楚雄之黑鹽井。

丁巳。次五雲關。敕行後軍駙馬都尉廣平侯袁容。如逃卒盡繫之俟回蹕。

庚申。次龍沙甸。值萬壽節。宴從臣。

辛酉。次錦雲磧。命都指揮伯失指揮卯罕曲列兒等爲鄉導。

壬戌。至小甘泉。命五軍循次而行。

甲子。至清水源。禁私殺馬騾。

丁卯。發清水源。上以山川險易及將士之勤勞示皇太孫馬上。且曰。汝知吾所以爲此者乎。對曰。陛下豈圖其士地利其資畜。亦豈不自爲樂。虜禽獸也。恩之不戴。服而遽叛。陛下固欲大獮薙之。永絕于遐荒。令一跡不近塞。爲子孫臣民世福。遂下馬叩首。上悅。晚次屯雲谷。韃靼孛羅不花等五人降。

己巳。至玄石坡。申令將士。惜戰馬。兵無離伍。

辛未。駐清風鑾。命藥病者。

是月。睢州及儀封杞縣考城太康洛陽靈寶嵩縣新安雨雹傷麥。

五月。癸酉朔。駐楊林戍。上敎皇太孫以創守之道曰。天下之事不可不周知。人之艱難不可不涉歷。

夜。金星犯五諸侯。

甲戌。皇太子遣撫高密安丘諸城流民。

乙亥。駐禽胡山。念潛邸時禽虜乃兒不花于此。遣祭其山川之神。

丙子。築城貯餉。悉還運民。

丁丑。命尚書光祿卿給事中督陣。每戰從軍。以將士勇怯聞。

皇太子賑吳縣新蔡魯山汝陽西華。

己卯。次香泉戍。令將士齎糧。

夜。大星出造父東北行至游氣。

甲申。交趾總兵官英國公張輔俘僞大越國皇帝陳季擴驃騎大將軍太傅開國忠武公阮師及賊屬入京。

乙酉。開蓬州鹽井。

戊子。次至喜川。命前鋒偵虜飮馬河。

辛卯。次速兒溫都兒之地。有水清冽。賜名蒙山海。

甲午。次通泉泊。都督朱榮報虜數十人東行。上曰。必兀剌所遣。敕榮直趨土剌河。朕明日趨飮馬河。

乙未。次飮馬河。

丁酉。鎭守貴州鎭遠侯顧成卒。成字景昭。先湘潭人。僑江都。魁梧壯勇。善武事。歸太祖。擁蓋久之。授百戶。累功至征南將軍右軍都督僉事。鎭貴州。建文中。禦靖難被執。後從守北平。上卽位。封仍鎭貴州。繕兵勦叛。威信並著。雖富貴未嘗驕人。年八十五。追封夏國公。謚武毅。蠻人祀之。

郭子章曰。夏國公有祠在貴陽城中。子孫環而居焉。予于其家取故牒觀之。太祖成祖與之坐談。如家人父子。一日。成祖問卿兒若何。對曰。臣長兒統蒙高皇帝予貴州都司。臣奏長兒性剛。難在都司。與之普定指揮。次兒勇。見任貴州衞指揮。性溫曉事。弓馬亦閑。第貌寢耳。成祖曰。勇不在貌。又與論交趾事。成曰。交州地瘴。往來且難。成祖曰。廣東海中可去。成曰。令臣少十年。猶可爲陛下去。今老矣。奈何。成祖曰。貴州亦不可無卿。

嗚呼。君臣之際。曲盡禮忠。視鐘室之誅。杯酒之釋。何翅天淵。

周聖楷曰。夏國初事高皇帝。忠謹無過雖屢從征伐位不過充將軍而已。迨革除之際。受知成祖。始列爵土。又終其身未嘗去鬼方也。然是時以靖難功者四十餘人。而夏國之後。猶獨增華彝鼎。以迄于今豈非事主而捐其私。則胙福必大立功而忘其報。則錫類無疆天道亦有不爽者哉。

談遷曰。顧武毅早附鱗翼。剖符黔南。其拒靖難敗于眞定也。一俘囚何所重於燕。即助守北平。非有克敵陷陣之奇胡然而侯也。渡江勳舊落落如晨星遺此碩果開方面之績噫羈燕之日輒辭南征晚年出鎭乞立東宮。俱暗合經史。可以兜鍪中貌之哉若其料敵制變。百不爽一。彼固饒爲之也。

己亥。前鋒都督劉江等跡虜東行。命急追之。

是月。平度德州沂水雨雹傷麥。

六月壬寅朔。次淸流港。令五軍臨陣齊奮。所誅惟首虜。毋奪財物。毋掠婦女。毋虐老稚。毋殺降。

甲辰。次雙泉海。劉江等至康哈里值虜。斬數十人。上度虜且至。嚴哨瞭。

乙巳。獲虜諜。言瓦剌馬哈木太平等兵距此可百餘里。令秣馬早發。

丙午。發雙泉海。次三峽。上率師兼程進。命皇太孫于寶纛同行。專鐵騎五百護衞。

丁未。夜大星光燭地。出羽林軍。行至近濁。

戊申。次忽蘭忽失溫。瓦剌馬哈木太平把秃孛羅等率衆逆我師。見陣整。頓兵山巔。上駐高阜。望寇分爲三。令鐵騎挑之。虜奮迎。上麾安遠侯柳升發神機銃砲。斃虜數百餘人。親率鐵騎擊卻之。武安侯鄭亨追擊。中流矢退。寧陽侯陳懋成山侯王通攻虜右。不動。都督同知朱崇指揮呂興等前薄之。連發神機銃砲。虜死無數。豐城侯李彬都督譚靑都督僉事馬聚攻虜左。虜確鬪。聚被創。都指揮滿都力戰死。上麾騎援之。殺王子十餘人。斬數千級。乘勝追奔度兩高山。虜勒餘衆復戰。又敗之。追至土剌河。生擒數十人。馬哈木太平等脫遁。日莫。上還帳。欲窮追。皇太孫曰。虜已破膽。請班師。上然之。

己酉。賜名忽蘭忽失溫地曰殺胡鎮。

庚戌。班師。虜有乘高而覘者。上麾兵薄之。皆潰散。是役也。雖勝。所殺傷相當。幾危而復攻。故急還。

皇太子置交阯乂安新平順化三衞。演州南靖二守禦千戶所。

辛亥。發殺胡鎮。次回流甸。遣諭和寧王阿魯台

壬子。御史劉愷等劾左軍都督同知梁福中軍都督蔡福。討思州叛苗貪淫不法。皇太子俟旋蹕奏之。

甲寅。次淸源峽。夜月犯心宿。

戊午。次三峰山之西南。和寧王阿魯台遣所部來朝。命中官王安往勞之。

己未。夜大星出右旗。入紫微東蕃。

庚申。次飲馬河西。阿魯台復遣所部來言。疾不能自詣。賜米百石。驢百匹。羊百羣。別賜其部屬米五千石。

丙寅。次飲馬泉。阿魯台遣謝。上慰諭之。

朱國楨曰。文皇親歷窮荒大申撻伐。師武臣力。各以職事效勞不必言。獨三儒臣單騎從軍。栖息上帳房。每每失去。風沙飛撲。冰雪侵淩。夜半失道。幾乎身膏草野。當時死者。給事中張盇。以子鳳貴求文于劉侍講。得傳他之泯泯者。恐不少也。聖主英略。憂勞天下。掃淨胡塵。不憚屢駕。軍旅中時時顧問。大書特書于此。攸賴諸君子感激知遇。委身行間。意氣弘遠。生死都置度外。讀北征記。宛然在目。文與國史相表裏。前記自敍危苦頗詳。芟而存之。有是君。有是臣。其不自佚如此。太平日久。人臣養尊處優。好談先朝故事。設身處此。當作何狀。亦可洒然變色矣。

丁卯。皇太子賑常熟水災穀四千二百三十石。

己巳。次黑山峪。敕皇太子以班師告郊廟社稷。頒詔天下。

庚午。皇太子擢監生石箎于文通徐長淵季𪗋顧達盛偉王繼行湯雲張昶劉璧陳斌閻勝先商盤許彥唐著楊義爲監察御史。

七月軠朔。甲戌。夜。大星光青白。出壘壁陣。入羽林軍。一星隨之。

丙子。次擒胡山。敕山陝遼東臨邊諸城增烽堠謹備禦。

戊寅。宜陽人獻白兔。

己丑。次紅橋。禁蹂田禾取人畜產者。

夜。土星犯井宿。

庚寅。次興和。

辛卯。命偃軍二十日。豐城侯李彬成山侯王通領之。命興安伯徐亨等率步兵扈從。

己亥。次沙河。皇太子遣兵部尙書兼詹事金忠指揮使楊義進迎鑾表。上怒其緩且失對。以右春坊大學士兼翰林侍講黃淮左諭德兼侍講楊士奇司經局正字金問等輔導並徵之。

皇太子賑新安嵩縣宜陽登封永寧仁和諸暨新寧東安饑民粟三萬四千八百二十石有奇。

八月辪朔。上至京師。羣臣表賀。

壬寅。宴文武羣臣及從征將校。

陳季擴阮師侔至。伏誅。

丙午。免北京糧芻二年。

翰林侍講曾棨侍講兼左中允鄒緝主試順天。

丁未司經局洗馬兼翰林編修楊溥編修周述主試應天。

戊申忻城伯趙彝督運貪殺都督譚青選軍受賂朱崇恣淫。俱見劾。下青錦衣獄。餘付法司。

庚戌朝鮮入貢。

壬子。固安淫雨。寶坻雨雹傷稼。俱賑之。

甲寅彭亨國王巴剌密瑣剌達羅息泥忽魯謨斯國王人巴郎丁等入貢。

乙卯尼八剌國入貢。封沙的新葛爲尼八剌國王。賜鍍金銀印及誥。

丙辰賞北征將士幷運糧官軍民人等。

丙寅諭行在兵部。簡步卒補騎隊之闕。

九月辛未朔。平陽王濟熿進封晉王。

夜。大星尾赤光。出房宿。行至近濁。

甲戌大寧都指揮同知江浩爲後軍都督僉事。都指揮僉事譚廣爲中軍都督僉事。浩治舟艦。廣總操練。

丙子河決武清縣。命築之。

丁丑榜葛剌國王賽弗丁貢麒麟名馬。

戊寅禮部請賀麒麟。上不許。

談遷曰。宋太平興國九年。嵐州獸一角。似鹿無斑。角端有肉。性馴。右散騎常侍徐鉉等驗以爲麟。春秋曰。麐身而有角者麟也。春秋感精符曰。麟一角者。明海內同一主也。嘉祐三年六月丁卯。交趾貢異獸。亦稱麒麟。狀如牛。身被肉甲。鼻端有肉。食生芻果。必先杖其角。如牛食。樞密使田況辨其非麟。詔止稱異獸。聞先朝所貢麟。攷之傳記不合。昂首數尺如植竿。殆遠夷飾其名。惜無以田況事覈之者。

辛巳。孟縣獻嘉禾。

癸未。成安侯郭亮興安伯徐亨往開平備禦。諭曰。開平孤城臨絕塞。無險可恃。寇至勿輕戰。去亦勿追。恐爲虜誘也。

太白晝見。

乙酉。設塔速兒河五屯河玄城和卜羅老哈河兀烈兀剌忽哈兒分八衞。女直野人。

丙戌。湖廣筸子坪賊吳者泥械至京伏誅。初自稱苗王。攻刦屯寨。副總兵都督同知梁福攻破之。

戊子。上聞女直弗提斤六城之地沃。命指揮塔失往城弗提衞。令軍民商販居止。畋獵孳牧從其便。

淸遠侯王友妾徐氏訐友及其妻誹謗。友引伏奪爵。

夜。月犯昴宿。

庚寅。和寧王阿魯台求官其部屬。遂授阿魯禿阿只力思都督同知。餘都指揮等有差。幷賜阿魯台米三千石。

壬辰。滿剌加國王子毋幹撒于的兒沙來朝。奏父拜里迷蘇剌卒。詔嗣王爵。

甲午。都督費瓛劉江俱充總兵官。瓛鎭守甘肅。江鎭守遼東。

乙未。伊王㰘薨。王母麗妃葛氏。國洛陽。好武。不能宮居。喜負劍馳馬。有犯蹕者手斬之。血濺王衣。王則好衣其血濺者。平居髡裸男女雜坐之。故謚曰厲。

丙申。鎭守交趾右軍都督同知韓觀卒。觀字彥賓。虹人。故帳前總制親兵左副都指揮使成之子。襲廣西衞指揮僉事。陞陝西都指揮使。夙諳武事。勁悍忍刻。紀律嚴明。軍中無敢奸令者。蠻寇數刦殺長吏。觀捕獲必峻治之。間遣一二歸。歸相告語。皆膽落。不敢復寇。召進右軍都督同知。尋充右副總兵。征五開蠻。永樂初。拜征南將軍。歷鎮江西廣西四年從征交趾九年復鎮賜祭賻及粟帛無子。

黃金曰古有世將謂前後作迹功烈相承史稱項氏世世將家有名于楚。彼趙括讀父書而不知合變卒至覆亡。愧是多矣。若耿況弇之于漢。李晟愬之于唐。曹彬瑋之于宋。皆其卓然者也。韓成殺身濟難忠冠當世。觀盡瘁爲國克戡寇亂功照父勳其不謂之世將乎哉其與馮潁公之子誠同僚共貫亦何多讓于古人也。

丁酉。遣官按視寧夏甘肅大同遼東新築屯堡。

閏九月辛卯朔。甲辰。右春坊大學士兼翰林侍讀黃淮徵至下獄。既左諭德兼侍講楊士奇司經局正字金問亦至。命法司鞫治。宥士奇。召問東宮事。士奇頓首言殿下孝敬誠至凡所稽遲皆臣等罪。上悅而罷行在諸臣奏士奇不宜獨宥。下錦衣衞頌繫之。未幾特出還職。遂徵司經局洗馬楊溥芮善相繼下獄。蓋金問詞引之。

乙巳。琉球中山王入貢。

戊申。交趾總兵官英國公張輔黔國公沐晟班師。留兵五千都指揮朱輝廖春領之。

夜。大星赤光燭地。出雲中行至近濁。

己酉。夜。金星犯左執法。

丁巳。賑崇明水災五千八百餘家米鈔賜復二年。

甲子。召鎮守大同江陰侯吳高還。

丁卯。都督朱榮充總兵官鎮守大同。

十月辛酉朔。監察御史金華鄭幹致仕。上以義門特賜敕宴于禮部。

壬申。夜。大星赤光燭地。出太微西垣外行至游氣。

壬辰。命禮科給事中傅安等敕慰別失八里國王馬哈麻。其母及弟相繼卒也。

癸巳。夜大星青白光燭地出天囷行至近濁。

丙申。監生張磐韓璽卜謙陳諒爲給事中。崔顥爲監察御史。

江陰侯吳高前守大同多不法。上北旋。與和稱疾不朝。召還。道擾。御史成務等劾之。奪爵。

丁酉。戶科給事中朱昭謫廬陵縣丞。

戊戌。夜大星自柳入軫。

十一月[illegible]朔。廢晉王濟熺爲庶人。同庶子美圭守恭王園。初王弟平陽王濟熿狠戾。恭王勿愛。王卽位。濟熿追憾王不解。于恭王。數使人誣王不軌。故坐廢。敕其閉門念舊。杜絕外交。改過遷善。以保令終。愼之哉。

郢王棟薨。王母惠妃劉氏。洪武二十四年封安陸。端重簡靜。無子。妃郭氏。武定侯英女。對鑑自形。遺其女。自經殉。謚曰靖。

甲辰。錄囚。

乙巳。賑薊州去年水災。

夜大星光青白燭地出軒轅。至太微西垣二小星隨之。

甲寅。諭行在翰林學士胡廣侍講金幼孜曰。五經四書傳註雖定。羣儒異同之說。尚互可發明。其採纂爲大全書。周程張朱所著如太極通書西銘正蒙諸篇。亦彙次之爲性理書。因命舉朝臣及四方文學之士。開館東華門外。光祿寺給饌。

劉鳳曰。儒之爲益于世。豈空言無施之謂耶。自昔王者。無不詳延。相與博議于劻勷未集之日。首風示天下。知所遵尙。故太史公所稱功令務以敎化成俗。蓋卽王者之首務。三代以下。未始有易焉者。然詩書禮樂之澤。薦更壞亂。及整齊于散佚之餘。師異敎。人異說。益遠益疎。故分裂爲諸家。人自爲疏訓箋解。道爲天下裂也久矣。宋人者豈能不藉前聞。獨追古始。出漢以來儒者外耶。且昔儒其所爲說。皆拾之掌故。弟子口相授命。及坑燔之後。所記憶十纔一二而已。若孔甲孺疵申培公轅固生韓太傅高堂生田生胡母生複中翁之屬。皆傳自商瞿子夏子張氏之流。而湮微燼滅存焉者蓋寡。亦各守其師所授。尙亦存孔氏之舊乎。而宋人必盡以爲駁而不純。簡斥竄削屛絕之。甚于坑燔之烈。然每竊取其義。勦說入之。而遂皆謂自己出。是何忍焉矣哉。孔子曰。是可忍也。孰不可忍也。則雖先古所傳師氏所守。稍不愜己。掊擊不暇。顧是猶有可言者。卽朱氏爲易義。皆顯竊王弼之餘。而云罪深桀紂。則盜儒者不乃無罪耶。使古之道遺幾乎息矣。其曰經解而倍經者。往往著于篇。僻陋汚滯。何以服往賢之心。且使後來者杜口不敢談。則其狠愎自用。不肯虛受。千載爲恨。可勝言也。晦蝕至于元。不復以經義爲事。惟許衡氏吳澄氏稍潛心大義。有所考質。惜其論說亦多守所聞。不敢顯有同異。若吳氏之于禮及他儒于詩書易。各有傳焉。亦未嘗盡廢古也。特未自名其說。信從者鮮。明興。風示海內。以專經業儒。始有所統一。然未嘗令之必盡以宋儒爲主。永樂間諸臣籍奏。乃有所專。而學者皆嗜于穀學。且不敦而徒標取近義。櫽括傳注。口耳末學。聲音佔畢。猶之未暇。而況能淹該徹解。心通誦貫。偏識多聞于服鄭馬戴。稍窺門戶。一染指于鼎。知其旨哉。甚非上所以重經術明敎化之意也。

夜。月食。

己未。順天府尹張貫卒。靈壁人。監生。善治劇。裁決無留。

庚申。蠲蘇松杭嘉湖水災田租四十七萬九千七百餘石。初有司議半徵。上曰。不能賑。又可徵稅耶。

甲子。工部左侍郎張信坐事謫交趾。

乙丑。靖江府輔國將軍贊儓有罪。廢爲庶人。徙泗州。

丁卯。夜。金星犯木星。

十二月⿰钅庚朔。壬申。設失兒兀赤衛。女直野人

己卯。諭禮部。爲皇太孫及諸皇孫選婚。

己丑。免豐潤樂亭水災田租。

辛卯。行在刑部尚書朱濬卒。濬故燕府長史復之子。授引禮舍人。靖難時。署北平布政司事。永樂初。進左通政。三年。遷尚書。賜祭葬。洪熙初。謚榮原。

癸巳。烏思藏尙師釋迦也失來朝。

甲午。置山後黃石崖莊窠澗等守備。增守口官軍各十人。

乙未永樂十三年

正月⿰孑庚朔。上在北京。受朝賀。

辛丑。敕諭天下來朝官曰。朕夙夜圖治。擢任賢能。苟能盡心修職。俾康兆庶。天下未有不太平者也。夫爲官者。以忠勤廉謹爲本。以公正仁恕爲先。忠則不欺。勤則不怠。廉則不貪。謹則不肆。公則不私。正則不偏。仁則不暴。恕則不害。毋謂民愚而心實神毋謂朝廷可欺也而上天鑒之。不遵朕言罪不赦。欽哉。既復榜而申戒之午門之外。

丙午。塞居庸關以北潭峪等山口。

丁未。瓦剌順寧王馬哈木賢義王太平安樂王把禿孛羅貢馬謝罪。請朝貢如初。許之。

戊申。大寧都指揮使張忠卒。鳳陽人。

壬子。夜午門外燈山火。有死者。中軍都督同知徐州馬旺不及避。預之。

甲寅。命禮部給死者家鈔。賜馬旺祭葬。旺燕山中護衛百戶。從靖難累功。上甚惜之。

丁巳。敕皇太子敬天戒。悉停各官進送物件。

戊午。遣監察御史吳文等分行天下。察吏治。詢民瘼。有司貪刻不律者執之。闒冗老病悉送京師。

敕內外諸司布寬恤之令。

壬戌。設保安州。在居庸關外。漢涿鹿地。元奉聖州。國初廢。徙其民。

甲子。行在戶部言。漕運漸多。請發民治倉。上曰。東作將興。其出徒流以下。定等輸作。

丙寅。命豐城侯李彬鎮陝西。忻城伯趙彝鎮徐州。都督同知曹得鎮德州。都指揮使李任鎮彰德。都指揮同知李晟鎮宿州。指揮使費瑾鎮眞定。指揮僉事淩鎬鎮揚州。都指揮僉事施文。指揮同知劉敬。黃瑄鎮淮安。諭曰。爾皆舊人。寄爾腹心。夫財。民心也。不傷其財。斯不失其心。往勉之。

夜。大星光燭地。出梗河。東北行。入天廚。

前交阯右參議解縉卒于獄。縉字大紳。吉水人。幼有夙慧。洪武戊辰進士。授中書舍人。嘗從大庖西草封事。上數稱奇才。諸大臣皆忌。改御史。予告。上崩。入臨。劾其違養。謫河州衛吏。董倫薦之。入翰林待詔。上卽位。擢侍讀。直文淵閣。進翰林學士。兼右春坊大學士。以阻漢王高煦。及交阯事見忤。出參廣西。再改交阯。徵下獄。高煦使獄吏醉埋之雪中。死。或曰。上意也。籍縉家。妻子徙遼東。翰林檢討永福王偁。宗人府經歷高得暘。右春坊右中允兼翰林修撰李貫。左贊善兼翰林編修吳縣王汝玉。編修朱紘。檢討蕭引高。皆相繼獄卒。縉才高志銳。詩文雄宕。偁等咸後進。工文。相引重。遂被以輕薄名。悲夫。

廖道南曰。高皇帝網羅英俊。智詘羣策。當時翊運諸臣。親如善長。貴如廣洋。惟庸。近侍如安。如濂。如觀。如素。雷霆所擊。罔不震慴。縉以一少年上庖西萬言。批鱗逆心。罔所顧忌。而聖度優容。令其進學。才難之歎。猶可想見規模眞宏遠矣。召旋河隴。踐歷淸華。密贊建儲。有故老舊臣所不及知。卒罹于讒。莫之敢白。悲夫。

羅洪先曰。方高皇帝揮斥英雄。濯拭宇宙。此何時也。而公未弱冠。天眷獨隆。成祖之初。契符魚水。觀其應制廣諷。封事犯顏。有鄭公之正。乳兒朝貴。傲屣爵位。有方朔之奇。忤權蹈危。投荒勵節。有太白之邁。保儲忘身徙家戍邊。有東之之烈。是果積累得之否乎。卽使有歉于聖賢。亦當不失爲豪傑。其才固自殊也。世之知公者淺。類以詞翰賞之。至論生平。莫定題品。仁廟嘗曰。人言解縉狂。縉非狂士。嗚呼。非日月之明哉

林之盛曰。解公之善悟主也。始言太子之仁孝以動之。繼言太孫之穎異以堅之。據以正法。感以至情。眞得靖獻之謨者。不然。以漢王之武。秉之以功。文皇帝喜其類己。而諸臣又左袒之。百喙不能移者。而何片言立移。捷若轉圜乎。有是哉。解公之善悟主也。

吳中行曰。公負奇氣。抱儁才。歷踐淸華。力抗權幸。早遇聖明。晚罹讒毒。殆勿究其用者與。或蘊之未深而銳者易折也。君子蓋惜之矣。

何喬遠曰。解縉年少通達。不減賈誼。至其直言。如魏徵矣。縉與蹇夏三楊。並有翼儲功。有口不密。幾之不作。以及于禍。蹇夏三楊終用謹重蒙寵。縉身後之典。亦稍靳焉。

袁袠曰。以解公之才而受知于高帝及文皇帝。不數年遂參鈞軸。不可謂不遇矣。然卒以幽死。甚矣讒人之罔極也。夫以賈生之通達國體。遭遇漢文。竟困于絳灌。廢死長沙。天乎人耶。觀解公所論奏。皆明切可施行當世。其所論群臣優劣。十不失一。何其知人之哲也。嗟乎。賈生之所謂輕薄。卽縉之所謂狂也。語曰。高才不達。直木先伐。信矣哉。又何足怪乎。

劉鳳曰。吳稱文學。自言游始。後乃盛海內。然初之能紹者。汝玉兄弟實先之。雖不善終。亦由傅會能以其文進用。被眷良厚。有名稱于時。顧不爲資適逢世得當哉。逮其友也。一由于文。文適庸乎。竟以名敗。故亦安貴

名也。王汝玉。

二月巳朔浚瓜州壩河。

壬申。和寧王阿魯台貢馬。

癸酉。遣指揮劉斌給事中張磐等十二人分往山東山西大同陝西甘肅遼東督視軍士操練屯種。

甲戌。翰林修撰梁潛王洪主行在禮闈。

癸未。置兩京城門郎。

交趾總兵官英國公張輔黔國公沐晟等入朝。

甲申。立北京馬神廟。

丁亥。陝西都指揮同知劉昭爲都指揮使。初。昭等使烏思藏。還至靈藏莽站。值番賊。敗之。故授官有差。

戊子。賞交趾功。左軍都督同知朱廣爲左都督。中軍都督僉事江浩山東都指揮使方政爲都督同知。政左軍。餘遷秩有差。

己丑。渤泥入貢。

監生李哲張溫王延陶術郝珩張禮李欽李禧劉穆董榮王敬身李瀚爲給事中。李素爲監察御史。

庚寅。免興化金壇水災田租。

甲午。顧興祖嗣鎮遠侯。成之孫。統之子。

乙未。釋工作囚徒四千九百餘人。初。輸作贖罪。多脫亡。有司請捕之。上曰。必其空乏。遂命見役者俱還家。期秋後赴工。令下。有不願去者七百餘人。上併盡釋之。

丁酉。復刑部尚書劉觀官。先坐事謫本部吏。

賑河間縣饑民。從主簿陳聚之奏。

戊戌。仍許西番以馬易茶。

三月妃朔。廷試貢士洪英等三百五十一人于奉天殿。賜陳循李貞陳景著等進士及第出身有差。

辛丑。復工部右侍郎許廓山東左參議魏瑛官。先罰北運。

壬寅。貴州左布政使蔣廷瓚等率宣慰郡縣官民來朝。貢馬百匹。黃蠟千斤。水銀四百三十斤。硃砂三十五斤。

癸卯。試下第貢士。得朱瑛等二十四人。賜冠帶入太學。

皇太子遣御史瘞畿內暴骸。

丙午。廣西都指揮同知葛森討平武宣等縣蠻寇。

丁未。貴州左布政使蔣廷瓚言去年北征班師詔至思南之婺川縣大岩山有聲呼萬歲者三。禮部請賀。上以山谷空應。常也。不許。

甲寅。撒馬兒罕入貢。

丁巳。選翰林院庶吉士洪英王翺林文秸宋魁陳鏞曾弘林通節胡濍章文昭嚴珊金闕王瑛鄭珞袁璞周崇厚習侃鄭雍言牟倫呂棠張益黃仲芳廖謨宋琰朱袒范琮黃瓛陳文璧高穀張堅沈暘。又譯書王懋姚昇胡清方勉林超曹義龔英時永彭麟應陳坤奇李芳葉穎王士章吳紹生丁毅石玉黎民張遜萬完周貴連智王諭樊斆王麟戴覲許彬徐景安石慶鄭猷李冠祿周安謝暉。

琉球山南王世子他魯每入貢。山南王汪應祖爲兄達勃期所殺。國人誅之。推世子來請封。

戊午。瓜哇國王楊惟西沙入貢。都馬板改名楊惟西沙。

山東按察僉事晏璧坐事戍保安衛。

罷海運。令浙西蘇常松江歲漕入淮安倉。鎮江廬鳳淮陽入徐州倉。徐兗入濟寧倉。令內河船于會通河以三千艘支淮安轉至濟寧。以二千艘支濟寧轉至通州。其天津通州等衛派官軍于通州轉至北京。又浙直湖廣江西除存留及餉南京外。坐撥二百五十萬石。令民舟運赴北京通州河西務。蓋軍民半之。

丘濬曰。海運之法。自秦有之。而唐人亦轉東吳稉稻以給幽燕。然以給邊方之用而已。用之以足國。則始于元焉。初伯顏平宋。命張瑄等以宋圖籍自崇明出海入京師。至元十九年。始建海運之策。命羅璧等造平底海船運糧。從海道抵直沽。是時猶有中灤之運。不專于海道也。二十八年。立都漕運萬戶府以督歲運。至大中。以江淮江浙財賦府每歲所辦糧充運。自此以至末年。專仰海運矣。海運之道。其初自平江劉家港入海。至海門縣界開洋。月餘始抵成山。計其水程。自上海至楊村。凡萬三千三百五十里。最後千戶殷明略又開新道。從劉家港至崇明州三沙放洋。向東行入黑水大洋。取成山轉西至劉家島。又至登州沙門島。于萊州大洋入界河。當舟行風信有時。自浙西至京師。不過旬日而已。說者謂其雖有風濤漂溺之虞。然觀河漕之費。所得蓋多。故終元之世。海運不廢。今漕河通利。歲運充積。固無資于海運也。然善謀國者。恒于未事之先而爲意外之慮。會通一河。辟則人身之咽喉也。一日食不下咽。立有死亡之禍。迂儒過爲遠慮。請尋元人海運之故道。別通海運一路。與河漕並行。江西湖廣江東之粟。照舊河運。而以浙西東瀕海由海通運。使人習知海道。一旦漕渠少有滯塞。此不來而彼來。是亦思患豫防之先計也。

乙丑。故山東按察僉事楊紳戍邊。至是起北京監察御史。

四月戚朔。英國公張輔爲征夷將軍。充總兵官。鎮交阯。

壬申。設交阯葵州。隸演州府。茶籠王麻二州。隸乂安府。

甲戌。夜。大星光青白。出大角。流至雲中。

丁丑。設府軍前衞親軍指揮使司。上既選幼軍隨侍皇太孫。至是置官屬。

以眞定永平滄州盧龍洊水。賑之。

甲申。兵部尙書兼詹事金忠卒于南京。忠字□□。鄞人。負氣誼。善卜。隨兄戍通州。靖難初。召見稱旨。署紀善。後署長史。屢決籌策。上卽位。拜工部右侍郎。贊守北京。亡何。召長兵部。雖卜起家。博覽史籍。善談論。初議建儲。合上旨。知無不言。退未嘗洩。時密令察事。多爲解釋。處君臣父子兄弟間。調護猜嫌。君子難之。歸其喪。賜祭葬。復其家。洪熙初。贈少師。諡忠襄。

何喬遠曰。金忠雖卜士。躋位文臣。功名已極。人固不可以無學。亦一時長者也。

丙戌。琉球中山王思紹山北王攀安知並入貢。

吏部左侍郎陳洽爲兵部尙書。仍往交趾參贊軍務。

丁亥。占城入貢。

中軍都督同知曹得孫勇爲金吾左衞指揮僉事。

庚寅。定交趾召商金銀錢中鹽。

辛卯。賑桐廬西安穀萬三千四百石有奇。

欒城敎諭郭履以諸生無登科者。戍雲南。子貢士魯乞代役。上憫之。復履敎諭。

甲午。貸嵩縣貧民粟。

丙申。撒馬兒罕貢馬。

五月酊朔。日食。

辛丑。午節。上御東苑觀擊毬射柳。賜文武群臣鈔有差。文臣以詩進。加賜酒席。

己酉。行人陳季芳等往封琉球山南王他魯每。汪應祖世子。鎮守滁州都指揮同知劉鑑爲前軍都督僉事。

築開平沿邊斥堠山海五所軍戍之。

辛亥。許臨洮鞏昌稅糧轉資肅州。

壬子。夜月食。

丙辰。設上邛部衞頭目掌巴伯爲指揮使。

丁巳。敕漢王高煦出居青州。

戊午。裁河東陝西鹽運司之河東分司。

辛酉。運平涼慶陽粟五十萬石于寧夏甘肅備餉。

壬戌。順天府丞甄儀爲府尹。

甲子。進士李九疇趙貴和張誠爲監察御史。

乙丑。開清江浦河道。初漕舟自淮安陸輓渡淮以達清河。平江伯陳瑄以父老言淮安西管湖僅二十里。直清河。遂鑿引以入淮。

倭入金山衞指揮同知侯端出東門入城巷戰殲之。

六月𣄭朔。夜大星出太微西垣行至近濁。

戊辰。刑部尙書劉觀改都察院左都御史。

丙子。夜月犯心宿前星。

戊寅。順陽王有烜薨。諡懷莊。

庚辰。戶科給事中胡安有罪。戍邊。

甲申。除山西遼州水災田租三十餘頃。

己丑。復中軍都督郭義官。

辛卯。設董卜韓胡宣慰使司。頭目喃葛爲宣慰使。給銀印。

壬辰。楚府敎授烏濬爲禮科給事中。擢陳羽刑科給事中。

是月。北京河南山東大雨水。臨清尤甚。命賑之。

七月輛朔丁酉。諭行在左副都御史李慶曰。灤州知州何敬。代州同知安損。武淸知縣李潛。皆殘吏。已置法。備錄所犯榜天下。以警民牧。

癸卯。太監鄭和還自西洋。

何喬遠曰。高帝既平定天下。詔諭諸夷。諸夷君長。或使或身。悉隨使者來朝貢。則高麗日本大小琉球安南眞臘暹羅占城蘇門答剌西洋瓜哇彭亨百花三佛齊浡泥凡十五國。臣服最先而最恭順。高帝作祖訓。列諸不征。且示毋勤遠略之意。既則撫綏懷柔。令其三年一朝。國王嗣立。世見而已。高帝之言曰。地廣非久安之計。民勞乃易變之源。斯謨訏矣。已而日本通胡惟庸。不軌。乃命絕之。惟念北虜爲元遺孽。時時繫心。遣將剷絕。窮追乃已。至其嚴邊。尤屢晚歲。成祖有天下。遠慕唐宗賓服內夷之盛。近纘高帝係心胡元之切。北征犂庭。于斯爲烈。西戎之夷。吏部員外郞陳誠銜命往使。歷國十七。首尾往返者數。于是降胡達軍。盡居內地。酋長部領。悉署官封。至夫才具可用。誠心足託者。往往爵之公侯。布在左右。雖至掖庭內宮。亦有外夷之女。所以示招徠之大。明鞭撻之威也。海中諸國。則命黃頭二萬。望日占風。指鍼墜絳。無一不至。與是功者。卽非斬首選法。不得滅革。蓋太監鄭和與王景弘侯顯輩領之有歲。當是時。四夷君長。執贐獻琛。頂踵相望。賜宴之日。有忭舞天日。稽首闕廷。歎未嘗有。譯鞮之館。充牣旁皇。奕然壯觀矣。然而往來使送。接伴賞賚。費亦不貲。仁宣之間。氐羌之享如常。昆夷之喙猶故。正統以後。東南海上夷。以波濤難航。貢使漸稀。而西北胡戎貪利賞賜。增人增賞。莫可阻遏。我惠漸薄。彼信斯疎。陵夷至于北虜乜先之禍。其時雖禽獸之心。鷙健難馴。亦繇我無以應其求。且內武不張。徒取空言威而怒之。自是以往。惟有朝鮮恭順靡解。餘皆聽其不時自至。而我所捍禦。專北虜矣。在南曰倭。雖其狡黠善戰。來有時也。至觀交南終棄。哈密傾圖。地廣難安。民勞易變。神聖之云。亶其然與。

甲辰。太監侯顯等使榜葛剌諸國。

乙巳。四川戎縣山都掌蠻平。初。封高珙筠連慶符諸縣都司。右軍都督同知李敬合貴州都指揮李政討平之。

己酉。太白晝見。

甲寅。命武官杖罪以下。繫獄而疾。許出醫藥。著爲令。

己未。始召商中鹽北京。納米喜峯口。

庚申。賑魏縣瑞昌永川射洪巴縣饑民。粟二萬二百石有奇。

癸亥。山東布政司左參議魏瑛瀆倫。磔于市。

八月乙亥朔。丙寅。永寧縣進嘉禾。

增行在行太僕寺卿少卿各一。寺丞八。時北京軍民多馬。

戊辰。敕遼東總兵官都督劉江愼備。如倉卒寇至。不免有失。

庚午。唐王桱薨。桱母賢妃李氏。永樂六年就封。敏而薨。年三十。謚曰定。

戊寅。旦。壽星見。

庚辰。賑順天河間大名眞定東昌濟南兗青南陽河南汝寧開封衞輝彰德懷慶饑民。

甲申。蔚州衞進白兔。

丁亥。賑河南新寧等五縣饑民。

庚寅。夜太白犯房宿。

辛卯。保安衞進嘉穀。

壬辰。遼東金州衞綿蟲傷稼。

甲午。夜大星出壘壁陣行至近濁。

是月大城武强河決傷稼免田租。

九月朸朔丁酉。夜熒惑犯靈臺上星。

庚子。湖廣按察副使朱仲安改交阯。

壬寅。蘇門答剌國王宰奴里阿必丁入貢。初太監鄭和使其國。前王弟蘇斡剌謀篡位。率衆邀殺官軍。擊擒之以歸。至是俘至。誅于市。

癸卯。古里柯枝喃渤利甘巴里滿剌加諸番國入貢。

夜。熒惑犯上將。

戊申。占城貢獅。群臣請賀。上曰。元順帝時。西都桑果葉皆五色。黃龍文。嘉禾有一莖至八穗者。五色雲常見。朕與卿等祇敬無怠而已。

行在翰林院庶吉士陳用劉永淸陳璲黃壽生余學夔錢習禮爲檢討。

己酉。五經四書大全及性理大全書成。纂修官翰林學士兼左春坊大學士胡廣。右庶子兼侍講楊榮。右諭德兼侍講金幼孜。修撰蕭時中陳循。編修周述陳全林誌李貞陳景著。檢討余學夔劉永清黃壽生陳用陳璲。五經博士王進。典籍黃約仲。庶吉士涂順。禮部郎中王羽。兵部郎中童模。禮部員外郎吳福。行在刑部員外郎吳嘉靖。禮部主事黃裳。刑部主事段民洪順沈升章敞楊勉周忱吳紳。廣東道御史陳道潛。大理寺評事王選。太常寺博士黃福。行在國子博士王復原。御醫趙友同。泉州教授曾振。常州教授廖思敬。蘄州學正傅舟。大庾教諭王進。濟陽教諭杜觀。善化教諭顏敬字。常州訓導彭子斐。鎮江訓導留季安。上親序之。臨海陳燧常曰。始欲詳緩為之。後被詔促成。諸儒之言。間有不暇精擇。未免牴牾。虛心觀理。自當得之。不可泥也。

癸丑。浙江治水左通政趙居任言蘇松常杭嘉湖歲登。上以居任好佞。驗覗之。

夜。月犯司怪南第一星。

甲寅。夜。月犯井宿。

庚申。免北京山東河南水災者徭役一年。

壬戌。北京地震。

十月乙丑朔。交阯叛寇陳月湖伏誅。初月湖糾合清化磊江蠻作亂。張輔進討。至赤土縣。擒之。餘黨就戮。寇遂平。

夜。太白犯南斗魁星。

丙寅。令郡縣凡選發種田者。能養馬。悉除其罪。

辛未。夜。熒犯左執法。

乙亥。塞關外各隘口戍之。

庚辰。夜。大星赤色。出室宿。行至近濁。

甲申。上獵近郊。經白河。念靖難時冰合濟師。遣都督譚廣特牲祭告。

辛卯。置忽魯愛渚冬河札眞兀思哈里四衞。女直。

壬辰。法司奏冒支官糧者。上怒命僇之。刑科覆奏。上曰。朕過矣。其如律。

癸巳。中官李達吏部員外郎陳誠等使西域還。誠上西域記。歷哈烈。撒馬兒罕。俺都淮。八答商。迭里迷。沙鹿海牙。右賓。塞藍。渴石。養夷。別失八里。火州。柳陳。土魯番。達失干。卜范兒。凡十七國。山川物產風俗悉備。略曰。哈烈一名里魯。在撒馬兒罕西南。去嘉峪關萬一千一百里。四面多山。有西流之河。東北山方十餘里。哈烈城在焉。國主居城東北隅。室壘石平方若高臺。無棟梁陶瓦。中敞虛室數十。地鋪氈罽。窗戶牖扉刻繪花紋金碧。無君臣上下。男女皆席地趺坐。國主衣窄袖衣及貫頭衫。戴小罩剌帽。以白布纏頭。辮髮髻後。國人尊稱之曰鎖魯檀。華言君主也。國人之服。與國主同制。上下相呼皆稱名。相見稍屈身。初相識則屈一足三跽。以爲大禮。男女皆然。飲食無匕筯。釀酒多用葡萄。大宴會則亦設几案。尊者飲下人皆跪。酒行則陳幣帛。次珍寶。又次金銀錢。布坐間。餘者撒坐外。左右執事競拾之。皆大誼笑。名曰喜錢。市中交易銀錢。大小爲三等。國人成造而輸稅于國主。國主記印焉。不者不得行。市有征。十取二。有權衡。無斗斛。管事者曰刀完。有施行。國主與刀完直書紙上。各記花押。花押之制。以金銀爲戒指。鐫名焉。國無法律。傷人及死罰錢而已。婚姻以姊妹爲妻妾。男子髡首纏白布。婦女如之。居止相混。喪則易首蒙以青赤。凡喪百日。葬不棺。囊瘞之。不祀鬼神。不祭宗祖。祭宗祖則于墓。惟拜天。擇日而聚拜。無月朔。甲子。七月爲一周。班列大土屋。一人大呼。則班拜。每月二十日爲把齋。至于月盡。不敢飲食。暮乃食。周月始食葷。則聚衆植長竿。懸葫蘆。藏白鴿葫蘆中。躍馬射之。射中鴿飛者爲得采。國中有通回回經者。衆稱之曰滿剌。國主尊禮之。城中置大土屋。設銅器如古鼎。周圍數丈。刻文。器上游學子弟聚而習之。若中國太學然。若警報。則有急足。持箭急足。日走可三二百里。蓋幼而習之。其俗侈。其土沃饒。多暖少雨。土產有白鹽銅鐵琉璃金銀珊瑚琥珀珠翠之屬。多育蠶。善爲紈綺。木有桑榆柳槐松檜柏楊。果有桃杏梨李蔔萄石榴。穀有麻豆菽麥粟。獸有獅子豹良馬牛羊鷄犬。獅子生阿朮河蘆林中。初生目閉。七日而開。明養馴獅當于閉目時取之。撒馬兒罕在哈烈東北。去嘉峪關九千七百餘里。去哈烈二千八百餘里。地寬平。土壤膏腴。有大溪遶城東北流。城廣十餘里。開六門。其北有子城。國主居城中。居室稠密。西南諸番之貨輳。錢用其國造。禁酒。屠牛羊者瘞血。城東北隅亦爲土屋拜天。鏤青石爲屋柱。中置講經壇。經皆泥金書。護之以羊皮。其人物秀美。工巧過哈烈。風俗土產與哈烈同。俺都淮在哈烈東北。去撒馬兒罕千三百六十里。城居大村。周十餘里。人民繁庶。風土物產亦與哈烈同。哈烈之屬國也。八答商一名八里。在俺都淮東北。城周十餘里。居平村。其南近山。食物豐饒。西南諸番人亦聚而市貨焉。哈烈之屬國也。迭里迷在撒馬兒罕西南。去哈烈二千餘里。城在阿朮河東岸。城南外居民數百家。孳畜蕃息。河多魚。河西多蘆林。獅子產處也。沙鹿海牙在撒馬兒罕東五百餘里。城在小岡。廣數里。西北臨河。名火站。水勢衝急。有浮梁渡舟。其南近人居。依崖谷。多園林。西行過一大川。二百餘里無水。間有水多鹹。地生臭草。莖高尺餘。枝葉如蓋。煮其液成膏。阿魏也。又有小棘叢生。可高一二尺。葉細如藍。秋露凝其上如珠。食之如餳。採而煎之。名達郎。右賓塞藍在達失千之東。去撒馬兒罕千三十里。城周二三里。平遠深蔚。多居民。盛五穀。夏秋之交。蜘蛛生草中。黑而小。噬人通體皆痛。掃以薄荷。擦以羊肝。誦經一晝夜乃愈。而膚殼盡脫。傷六畜則多死。止宿傍水可以避之。渴石在撒馬兒罕西南約二百六十里。城居大村。周十餘里。環城多水田。南北近山。西行數十里俱小山。多苾思檀果樹。又西行三百餘里。有大山石硤出其中。高數十丈。若斧截。硤口有門曰鐵門關。通西南之路。養夷在塞藍東三百六十里。城居亂山間。東北有大溪。西北入大川。行百里多荒城。其地界別失八里。蒙古部落之間。別失八里。沙漠地也。馬哈麻王子居之。王子者。元餘裔。無城郭宮室。隨水草畜牧而已。其王戴小罩刺帽。簪鶖鴿翎。衣禿袖衫。削髮貫耳。婦女裹帛纏頂。衣窄袖衣。以肉酪爲食。乳湩代飲。米若麵時用而已。間種穄麥。織毛布爲衣。有松檜榆柳細茶梧桐。六畜之屬羊馬。最寒。山谷中伏暑尙霜雪。人性獷戾。無君臣上下。其國人云。東連哈烈至撒馬兒罕。故疆也。今西至脫忽麻。北接瓦剌。東南抵于闐。河端于闐有河產玉。又有地名哈石。寶石金銀之所出。火州在柳陳西七十里。城北近山。地多熱。山青紅若火。故名火州。城方十餘里。多僧少民。東有荒城。古高昌國治也。漢西域長史戊巳校尉亦居此。今隸別失八里。柳陳古柳縣。在火州東。去哈密千餘里。經一大川至其國。地皆沙磧。無水草。道旁多骸骨。云。人早暮獨行。則鬼魅迷死之。出大川。渡流沙河。有山青紅如火焰。山下城屹然。廣二三里。卽柳陳城。四面多田園。環遶流水。樹木陰翳。土宜穄麥豆麻。桃杏小棗瓜胡盧。葡萄最多。小而無核者名鎖子。甚甘。畜有牛羊馬駝。氣候暖。其俗醇朴。男子椎髻。婦人蒙皂布。髻垂額。俱衣胡衣。男子削髮戴小罩刺帽者。號回回粧。婦人白布裹頭者。號畏兀兒粧。方音皆用畏兀兒。風俗大較同火州。土魯番在火州西百里。卽古交河縣之安樂城。城方一二里。地平。氣候暖。少雨雪。土宜麻麥。有桃李棗杏葡萄。畜多牛馬。城中有屋舍。信佛法。多建僧寺。其國在漢爲車師。在唐爲伊西域。西二十里有小城名崖兒城。城中有新崖。其下二水交流。倚崖爲城。故名崖兒城。城廣僅二里。居人百餘家。相傳古交河縣治。又云古車師國王所居也。今土魯番居之。鹽澤在崖兒城西南。去土魯番三十餘里。城居平川。廣二里。居民百餘家。城北有鏤山。產石鹽。殊堅白。可琢爲器。器盛饌。可以不和鹽。故名鹽澤。哈烈者。諸胡往來要地也。其北有山界瓦剌。其西接火州等城。其城居平川。周三四里。開二門。東有溪。西北流。地鹹鹵。間有楸杏。農種須糞壤。種惟豌豆二麥。人性獷悍。與蒙古回回雜處。而禮俗殊異。達失干在塞藍之西。去撒馬兒罕七百餘里。城周二里。居平原。四外多園林果樹。土宜五穀。其民衆多。負載則任車。牛卜花兒在撒馬兒罕西北七百餘里。城周十餘里。居平川。地卑下。氣候溫和。生菜冬食。土產五穀桑麻絲緜布牛羊魚天鵞雉兔。俗殷富。民戶以萬計。

十一月钾朔。夜熒惑犯進賢星。

庚子。遣御史閱軍衞士卒械器。

己酉。琉球中山王貢使直佳魯還福建。奪海船。殺官軍。毆中官。坐誅。宥其餘六十七人。特敕諭思紹。

辛亥。敕周王橚肅王楧晉王濟熿秦王志垣各選護衞步騎五千。以明春赴眞定操練。敕陝西甘肅寧夏大同遼東及河南山東山西陝西各都司中都留守司徐宿沂邳淮安揚州武平歸德睢陽潼關諸衞選步騎明春赴眞定德州操練。候比試于北京。

壬子。麻林國及諸番國進麒麟天馬神鹿諸物。上御奉天門受之。羣臣稽首稱頌。上曰。此皆皇考威德。卿等輔相功。繼今益勉之。

己未。賑海陽潮陽揭陽等縣饑民。

辛酉。兵部尙書陳洽奏占城通陳季擴。侵奪升華府地。請討之。不許。敕諭占城國王占巴的賴。

夜。大星赤光。自參旂行入九游。

壬戌。榮昌伯陳賢卒。賢壽州人。善騎射。歷燕山右護衞指揮僉事。從靖難。封

十二月甲子朔。乙丑。以磁州河災免田租。

夜。大星光靑白。出天社。行至近濁。

丁卯。定北京十五丁以下養馬一。十六丁以上養馬二。謫佃者不論丁。七戶養馬一。

戊辰。免汲縣水災田租。

敕寧夏總兵寧陽侯陳懋曰。兀剌馬哈木等候冬襲阿魯台。斯言雖未可信。然須有備。第勿輕戰。堅壁淸野。上計也。大同開平遼東敕如之。

夜。大星光靑白。出下台。行至近濁。

己巳。設美峪守禦千戶所隸保安衛。

壬申。免遼東定遼等衞水災田租。

丙子。許館陶南樂鈔帛准租。

丁丑。遼東都指揮僉事徐剛捕倭而怯。戍邊。

己卯。夜。月犯軒轅右角星。

丙戌。貴州普安安撫司改普安州。領羅羅夷民十二部。

壬辰。夜。大星出柳宿。行入天狗。

是月。免浙江湖廣河南山東水旱糧芻。

丙申永樂十四年

正月甲朔。上在北京。

癸卯。韃靼脫脫不花等來歸。授副千戶。

夜。月犯井宿鉞星。

己酉。賑北京河南山東饑。免其逋租。停官買不急之務。

乙卯。永新伯許成擅杖工部主事王景亮。被劾。皇太子戒諭之。

己未。免懷慶彰德去年水災田租。

夜。大星光青白。出游氣。行至近濁。

庚申。琉球中山王思紹入貢。謝遣使不謹之罪。

辛酉。行在中軍都督金玉爲總兵官。蔡福副之。征山西廣靈縣妖寇劉子進等。子進嘗往石梯嶺。值道人。授刀矢。能驅神鬼。糾衆作亂。

夜。大星赤光出太微東垣。行至游氣。

癸亥。復潼川蓬州西充南部安岳射洪蓬溪鹽井。

二月甲朔。乙亥。浙江布政司右參議李彬坐贓免死輸作。

戊子。中軍都督僉事徐膺緒卒。膺緒。中山王達幼子。洪武中。授尚寶司卿。五載。改大同中護衞指揮僉事。久之。調金吾前衞。上進今秩。質實無矯飾。皇太子甚禮之。

己丑。夜。大星光青白。出漸臺東北。行至近濁。

三月𨻳朔。長陵。寢殿成。奉安仁孝皇后。命趙王祭告。

都督同知梁福充總兵官。鎭守湖廣貴州。

戊戌。刑部左侍郎金純改禮部。

庚子。禮部左侍郎金純爲尙書。

壬寅。和寧王阿魯台敗瓦剌。獻俘。命錦衣衞指揮徐晟往賜綵幣。

別失八里王馬哈麻從子納黑失只罕入貢。告馬哈麻卒。亡子。遣中官李達禮科給事中傅安往祭。仍封納黑失只罕爲王。時欲修怨哈烈。各敕諭之。

甲辰。改趙王高燧國彰德。命漢王高煦居靑州。時高煦乞留侍左右。不欲行。上敕曰。果誠心留侍。去年在此。何決南還。所言殆非實。

辛亥。翰林修撰兼右春坊右贊善梁潛爲侍讀。兼如故。編修陳全爲侍講。起復太常寺少卿王勉。

庚申。前貴州普安安撫使慈長有罪下獄。初。慈長侵營長黃暹地。奪民妻。下布政使孟驥按之。又率萬衆圍驥。驥計擒之。獄死。

四月娭朔。夜大星光青白。出平星。西南行。至雲中。

庚午。貴州左布政使蔣廷瓚上言。思州思南土軍二千戶所仍兼兵農。許之。

壬申。禮部祠祭郎中周訥請封禪太山。尚書呂震贊決。上曰。聖經無文焉。管子不足道也。卿乃不及魏徵耶。

甲戌。故北京行部尙書朱濬子紹祖爲通政司右參議。

乙亥。翰林院學士兼左春坊大學士胡廣爲文淵閣大學士。右春坊右庶子兼翰林侍講金幼孜爲翰林學士。兼如故。

夜大星赤光燭地。出雲中。五小星隨之。

丁丑。復設孟養軍民宣慰使司。初。宣慰使刀木旦及長子思欒發爲緬甸土官那羅塔所殺。司遂廢。所部三千餘人散居千崖金沙江。至是授其次子刀得孟宣慰使。從子玉賓宣慰司同知。

癸未。夜二大星光燭地。一自文昌行至近濁。一自南斗杓行至游氣。

定皇太孫婚禮儀仗如親王。

五月甠朔。暹羅國王子三剌波磨剌扎的剌告昭祿羣膺哆羅諦利之喪。遣中官郭文往祭。詔封三剌波磨剌扎的剌爲暹羅國王。

甲午。廣靈妖寇劉子進等平。檻送百三十五人。誅元惡。餘戍瘴地。

丙申。午日。上御東苑。觀擊毬射柳。賜羣臣宴。自公侯以下至衛士耆民。賜鈔有差。

甲辰。賑六安英山碭山蕭縣及浙江西安諸縣饑民。

丙午。設交趾各郡縣儒學及陰陽學醫學僧綱道紀等司。

庚戌。設交趾新安守禦千戶所。

通政司右通政馬麟卒。麟翬縣人。洪武中拜給事中。建文初謫雲南。上復之。進兵科都給事中。好訐人。嘗署兵部一日。卽見糾。其訐少沮。

甲寅。夜大星光燭地。出天桴旁。行至雲中。

己未。金山衞報倭三十餘艘約三千餘人浮海往來。

庚申。陝州雨雹傷麥。

江西大雨水。

是月。設西番領思奔寨行都指揮使司。

六月辛酉朔。沛縣淫雨傷稼。

丁卯。敕鎭守寧夏寧陽侯陳懋曰。元刺馬哈木已死。其衆潰散。故停北征。

都督同知蔡福充總兵官。指揮莊敬副之。率萬人巡山東海上捕倭。

尙寶司丞張信爲少卿。中書舍人袁忠徹爲司丞。

江西按察副使顧佐爲應天府尹。

夜。太白犯諸王東第一星。

己巳。獲鹿縣雨雹傷稼。

庚午。交趾布政司右參議莫勛率上官來朝。進右布政使。三江土知府杜維忠爲右參政。

壬申。賑平陽大同饑民。

癸酉。賑偃師饑民。

乙亥。廣東儋州土官同知王賢祐率生黎峒首來朝。上謂行在禮部曰。黎人遠不沾化。而貢獻頻繁。自今三年一朝。著爲令。

己卯。哈烈撒馬兒罕失剌思俺都淮等朝貢使還。賜鈔幣。命禮部遇所過郡縣宴餞之。仍遣中官魯安吏部郎中陳誠賫敕偕行。賜哈烈王沙哈魯及撒馬兒罕等頭目金綺諸物。

丁亥。故燕府長史壽州朱復贈北京行部尚書。謚忠定。

是月。遵化玉田漷縣商河等雨水傷稼。

七月庚寅朔。故鎮撫王忠贈後軍左都督。謚恭靖。以婦馮氏乳母也。封保聖賢順夫人。

癸巳。鎮守寧夏寧陽侯陳懋進嘉瓜。

鄒縣大雨水。壞民居。

丙申。山東霑化縣驟雨傷稼。

丁酉。通州順義宛平新鄉樂安蝗。命瘞之。

戊戌。肇慶知府王伯貞卒。伯貞泰和人。博學工文。洪武中薦授廣東按察司試僉事。巡雷州。緝盜。開寇準舊渠。改工部主事。憂去。起後期。戍安慶。上初薦知瓊州。導民向善。峒黎歸化者萬三千餘人。禳旱砥學。稱嶺南治行第一。又憂去。起肇慶。未任卒。是時程鄉知縣晉江鄭懋中以太學生寬恕廉慎。不施鞭朴。稱嶺南賢令之最。

夜。二大星光青白。一自大將軍東南入外屏。一赤光自壁東南入天倉。

辛丑。保定侯孟瑛吏部右侍郎師逵作漢邸于青州。

夜。月犯建星。

壬寅。開封大雨。河隄決。沒田廬。

乙巳。諭行在兵部尚書方賓同安遠侯柳升。選指揮千百戶知兵者任其事。否則汰送京師。

署錦衣衞都指揮僉事臨邑紀綱有罪伏誅。綱雖諸生。善騎射。從靖難。累官錦衣衞指揮使。治詔獄。逆鉤人意所嚮。先發。當上旨。讐欬無間。恃恩驕横。朋比罔上。與指揮僉事莊敬等販鹽。居食器飾僭上。供畜歌童舞女。出入迎導。詐詔役臨邑人治第。危法中人。脅賂。及侵盜官物。亡算。氣勢傾中外。事覺。下法司獄。具磔。綱敬夷三族。指揮袁江千戶王謙李春。鎮撫龐瑛。俱論死。

談遷曰。文皇帝至嚴明也。紀綱起孤生。日夜操切。陰歙陽郤。攬祕躉尾。包藏虺心。漁利肆螫。至不可勝數者何哉。乘其疑忌。威刦天下。于是借叢倒柄。盡蔽其耳目而不自覺也。非中貴人發之。將終固寵。終身于長陵矣。讀其爰書。未嘗不三爲之太息也。

丙午。應城伯孫巖初鎮通州。擅撻死金吾右衞千戶馬俊。被劾。安置交阯。

夜。太白犯鎮星。

丁未。右軍都督僉事趙清卒。清定遠人。性伉直。累官後軍都督僉事。建文初守彰德。上招之。語燕使曰。殿下至京城日。臣敢不應召。今未能也。及卽位。上老之。仍命後軍致仕。子琮。授府軍衞指揮使。

己酉。裁兩京城門郎。前年三月設。

永平大雨水。壞田廬。命賑之。

辛亥。先是蜀王子悅燇逃谷王橞所。王詭衆曰。建文君尚在。金川之役。我出之。今居我所。我將伸大義。發有日。蜀王椿聞之。大懼。使儀賓顧瞻上變。先是橞益養死士。作舟艦弓弩器械。教習兵戰。大創佛寺。私度僧千人。呪詛縣官。與都指揮張成宦者吳智典寶劉信曜造圖讖。謂十八子當有天下。而占之曰我也。我高帝十八子。號成曰師尚父。智信曰國老令公。隨侍都督張興密言于上。上曰。穗朕弟。興曰。雖然。請察之。上曰。吾察之。興還白皇太子。南京。曰臣所奏皆旦夕急。上猶徐徐爾。即不信。急時請得毋隨坐乎。及蜀王奏至。上曰。有是哉。立歸悅燇于蜀。

癸丑。賜書褒蜀王椿。加黃金二百。白金千。鈔四萬。玉帶一。衮衣九。紵絲綫羅紗各五十。絨錦十。綵絹千。兜羅緜十。高麗布百。米千石。胡椒千斤。馬十。

己未。夜大星赤光。出五車。東行。北入文昌。

是月。河南布政司左參議王徵。巡部貪虐。皇太子下之都察院獄。

建寧邵武延平廣信饒衢金華遼東大雨水。溺人畜甚衆。分賑之。彰德蝗。

八月。輮朔辛酉。設吉灘衛。女直野人。

癸亥。設亦馬忽山衛。女直野人。

甲子。夜大星光青赤。出雲中。行至近濁。

乙丑。召鎮守陝西豐城侯李彬。

刑科都給事中曹潤有罪。徙邊。

丙寅。工部尚書吳中改刑部尚書。

己巳。常山右護衛指揮使陳智嗣榮昌伯。陳賢子。

壬申。翰林院修撰王英王洪爲侍講。

癸酉。旦壽星見。群臣請賀。止之。

翰林院檢討張伯穎爲修撰。

戊寅。徽谷王橞中官還自谷邸。言逆狀也。

辛巳。刑科給事中山陽丁珏素無行。因里賽社。誣其妖言見擢。專伺人細愆。人畏惡之。益貪濫。母喪未期起復。輒從大祀被劾戍邊。

癸未。旌石州學正鳳翔梁準孝行。準母喪廬墓。有烏鵲之祥。事聞。擢均州知州。

甲申。夜大星光青赤。出織女西入天市西垣外。

乙酉。設札眞衞。

丁亥。作北京西宮。

九月甲午朔癸巳。夜月犯東咸南第一星。

甲午。浙江左布政使辛彥博卒。汾州人。監生。謹直有通才。居官以廉能稱。

丙申。上聞漢王高煦選各衞軍隨侍。敕右軍都督僉事歐陽靑卽還原伍。

丁酉。命捕倭總兵官都督同知蔡福還京。

己亥。免寧陵縣水災田租。

行在行太僕寺卿楊砥言。近年馬蕃。乞民五丁牧種馬一。一歲蠲芻糧之半。薊州至山海諸衞屯軍各種馬一。一歲子粒半之。上以軍牧悉免焉。

辛丑。夜二大星。一赤光自天苑進至游氣。一青白光出勾陳行入紫微東蕃。

癸卯。京師地震。

甲辰。死刺順寧王馬哈木賢義王太平等使還。敕諭以順逆。

丁未。夜月犯畢宿。

戊申。上疑漢王高煦。發北京。

遼東苑馬寺卿章丘喬穩卒。舊燕府審理正。

甲寅。免鹽城縣被水田租。

丙辰。夜。大星光青白。出五車。行至近濁。

十月紀朔。夜。大星出游氣。行至近濁。

甲子。兵部左侍郎盧淵卒。淵新建人。監生。授兵部主事。建文中歷左侍郎。坐免。上復之。廉慎勤敏。賜祭葬。宣德初。贈尚書。諡恭順。

乙丑。魯王肇煇朝上于濟寧。上先夕夢之。賜甚厚。

壬申。上次夾溝。祭徐王墓。

占城國王占巴的賴入貢謝罪。

乙亥。夜。大星光青白。出弧矢東南。二小星隨之。

丙子。撒馬兒罕土魯番地面回回池法忽兒丁等貢馬。

丁丑。次鳳陽。祭皇陵。

癸未。上至京師。

谷王橞猝就徵。既至。上示以蜀王之奏。自服。

甲申。成國公朱勇。都察院左都御史劉觀等奏谷王橞罪狀不可赦。上曰。橞朕弟。楚王楨周王橚蜀王椿遼王柏寧王權瀋王模其與諸王雜議。

十一月孩朔。古里瓜哇滿剌加占城蘇門答剌南巫里瑣里浡泥彭亨錫蘭山木骨都束溜山喃渤利不剌哇阿丹麻林剌撒忽魯謨斯柯枝諸國及舊港宣慰司各入貢。

辛丑。周王橚以子鎮平王有爌宜陽王有㸅來朝。己酉還國。

壬寅。復議營建北京。

丙午。召交趾總兵官英國公張輔還京。

丁未夜。大星光燭地。出奎旁。行入室東。

漢府中護衛改青州中護衛。

戊申。奪漢王左右二護衛。調其官軍立保安左右二護衛。上益知其不法。稍裁之。

丁巳。楚王楨來朝。庚申還國。

徙山東山西湖廣二千三百餘戶于保安。三年不租。

十二月牫朔。辛酉。修曲阜顏子廟。

丁卯。遣太監鄭和等同古里瓜哇等貢使。敕賜各國錦綺紗羅綵絹。仍賜柯枝國王可亦里印誥。封其鎮國山。撰勒碑。

壬申。歷代名臣奏議書成。

命都督冀中馬聚調長沙護衛官軍三千戍遼東。二千戍宣府。二千戍保安諸衛。餘調山東。

丙子。設永寧衛處遠戍刑徒。

己卯。免貴州官三年考滿赴京。通俟六年。從左布政使蔣廷瓚之言。

壬午。戶科都給事中胡濙爲禮部左侍郎。

甲申。翰林院修撰沈度爲侍講學士。中書舍人沈粲爲修撰。

是月。右軍都督同知高成致仕。

丁酉永樂十五年

正月孩朔。夜。大星光燭地。出天倉。行至雲中。

庚寅。遼王植 瀋王模 來朝。庚子還國。

癸巳。寧王權 來朝。三月丙午還國。

神僧傳九卷成。上序之。

甲午。上南郊。

乙未。永安公主薨。上長女。駙馬都尉袁容尙之。

壬寅。上以永安公主薨。罷燈宴。

癸卯。蜀王椿 來朝。丁未還國。厚賜之。

四川按察使石璞有罪。下獄死。

甲辰。楚王楨 等議上。議谷王橞 違棄祖訓。陰結惡黨。謀不軌。天地所不容。祖宗所不佑。臣等誼兄弟。謂宜按法誅。惟大兄皇帝裁。門下。恩以昭奸示憲于天下。上未卽聽。

丁未。安王楹 來朝。甲子還國。

壬子。晉王濟熿 來朝。壬戌還國。

總兵官平江伯陳瑄領運。并提督沿河運木赴北京。

二月牫朔。己未。楚世子孟烷來朝。

辛酉。右軍都督僉事張欽卒。欽睢寧人。善騎射。從靖難。輒先登。積功累今官。贈新泰伯。諡剛勇。孫榮。襲金吾左衛指揮使。同時天長周長。奮勇善戰如欽。歷左軍都督僉事。贈萊陽伯。謚忠毅。

壬戌。始設雲南順州儒學。

癸亥。廢谷王橞爲庶人。敕曰。爾反性滅倫。自作孽于不靖。賴天地宗社之靈。蜀王忠孝。發爾陰謀。顯暴不可覆。諸王群臣咸求昭討。朕隱于懿親。削爾王。降庶人。嗚呼省念哉。誅其黨。釋都督張興不問。

談遷曰。周有管蔡。漢有淮南。下愚不移。其性然也。橞既獷戾。建文見錄。致啓金川之鑰。自快私指。横被崇賞。習靖難之已事。又無良謀。坐亡其國。孰爲貸之。今猶以削藩罪建文。則斗粟尺布之謠。獨不可爲長陵道耶。噫。何晁錯之多而袁絲之少也。

山西左右布政使周璟張春。參政李冲張璘有罪。逮至。釋之。

丁卯。豐城侯李彬爲征夷將軍總兵官。鎮交阯。留兵部尚書陳洽參軍事。

己巳。福清公主薨。公主母安妃鄭氏。嫁駙馬都尉張麟。

浙江左布政使鄧謙有罪。戍邊。

辛未。魯王肇煇來朝。乙亥還國。

壬申。泰寧侯陳珪掌北京繕工事。安遠侯柳升。成山侯王通副之。給印。制視都督府。設經歷一。都事四。

甲戌。肅王 楧 來朝。

掌繕工事泰寧侯陳珪。成山侯王通。兼北京行後軍都督府事。

河南左右布政使周文褒王文振俱坐罪。安置均州。

乙亥。左春坊左諭德兼翰林院侍講楊士奇爲翰林院學士。仍兼諭德。庶吉士胡啓先爲廣西道監察御史。

丁丑。慶王㮵來朝。壬午還國。

設八郎安撫司。隸松潘衞。

丙戌。置亦東河亦速河二衞。女直野人。

三月丁亥朔。交趾選貢生鄧得等始入太學。

己丑。興平王尙炌永壽王尙灴來朝。

甲午。胡榮爲光祿寺卿。

乙未。頒四書五經性理大全于六部兩京國子監各郡縣學。

別失八里王納黑失只罕入貢。時女弟將嫁撒馬兒罕。請市馬治奩。遣中官李信指揮丁全等賜綺帛各五百匹。

丙申。命天下有司雜犯死罪及徒流以下。悉縱還家營資斧徒作北京自贖。

錢塘知縣葉宗行卒。宗行華亭人。應薦言蘇松水利。從尙書夏原吉治河。擢錢塘。定役令民自第高下。民便之。訟庭簡肅。太子少師姚廣孝謂不愧古循吏。

丁酉。中軍都督同知蔡福以捕倭溺舟師。宥死。謫交趾。

己亥。光祿寺卿胡榮女册爲皇太孫妃。

祥符王有爋新安王有熺永寧王有光汝陽王有煽來朝。

辛丑。建洪恩靈濟宮于北京。祀南唐徐知證知諤。初徐溫事楊行密。養子知證封江王。知諤封饒王。俱入閩靖群盜。閩人祠之。多靈應。上禱輒效。故立廟加封。

壬寅。皇太孫婚。

甲辰。永興王尙烈來朝。

丙午。漢王高煦有罪。徙居樂安州。初高煦封雲南。失望不行。曰。我何罪。處我荒徼。已又改靑州。曰。我何罪。處我瘠土。數離間皇太子。多不法。長史程石琮紀善周巽等俱罪謫交趾。請天策爲護衞擁軍三千。不隸于伍符自詫天策上將。唐太宗之號也。侵各公主牧地。占民田。長史蔡瑛紀善周岐鳳數直諫。怒而附繫之詔獄。皇太子不得已降岐鳳長洲敎諭。縱衞士行刦。兵馬指揮徐野驢執治。高煦捽野驢。鐵瓜撾殺之。又支解無罪人投之江。漆革爲舟。以習水戰。造大量收祿米。上怒甚。面詰之。褫王衣冠。繫之西華門數日。皇太子力救解。上曰吾爲人父不知子耶。彼方以秦王世民自與。居爾于建成。他日。皇太子又言之。乃有樂安之命。曰。是怏怏者必爲變。處之樂安。朝發夕擒之矣。初上問高煦于蹇義。不對。問楊士奇。曰。漢王辭雲南靑州之封。其心惟陛下眘之。

談遷曰。高煦以材武佐白溝東昌浦口之鬬。前無衡陣。世民不啻也。假開滇南之祉。又一莊蹻。滇南非上有矣。靑州負海。擅魚鹽之利。沃野千里。擧足左右。其係匪輕。當時兩辭之。以毆于彈丸不可展掉之樂安。非天奪其魄乎。雖然預待以吳濞。朝發夕擒。頗損聖慈。何言之忍也。相仲舒于江都。師王式于昌邑。刲腸流胃。劘切以正。卽狠戾難馴。庶幾哉不失其道矣。

丁未。太監海童等使瓦剌還。賢義王太平安樂王把禿孛羅貢馬謝罪。初拒命皆順寧王馬哈木也。

夜。大星赤光燭地。流雲中。

戊申。設貴州按察使。

壬子。北狩。發京師。仍以胡廣楊榮金幼孜從。

四月丁巳朔。次鳳陽。祭皇陵。

庚申。次大店。邯鄲人言歲累歉。乞鈔幣代芻賦。上矜而蠲之。

壬戌。次夾溝。祭徐王墓。進鎮撫武勘爲徐州衞指揮僉事守墓。

乙丑。次利國。復命太監海童指揮柏齡等使瓦剌。敕勞太平把禿孛羅。

己巳。次邾城。敕行在戶部以軍過踐傷民稼者除其租。

己卯。恭順伯吳允誠卒。允誠韃靼人。舊名把都帖木兒。永樂三年同倫都兒灰率五千餘人歸涼州。賜姓名。授右軍都督僉事。六年從北征捕虜。進右都督。九年左都督與中官王安追叛虜火脫赤至把力河。獲人畜。十年封。十二年從北征。還仍居涼州。卒賜祭葬。宣德時贈邠國公。謚忠莊。

何喬遠曰。太祖中原既定。貽于孫子。成祖之時。四夷賓服。豈徒然哉。所以鞭笞招撫有其人焉。予于諸公足以觀之。陳懋韓觀吳允誠金忠陳誠。

談遷曰。明興降胡自納哈出外不侯矣。世爵始吳允誠塔溝來歸。繇宋晟招致之。再扈鑾輿。勞勩不懈。跡其終始。則我明之秺侯乎哉。

癸未。西宮成。入承天門曰午門。又入曰奉天門。東西角門翼之。內奉天殿。有殿翼之。入則後殿涼殿暖殿及仁壽景福仁和萬春永壽長春等宮。

甲申。琉球國中山王思紹山南王他魯每各入貢。

五月丙戌朔。上至北京。御新殿受朝賀。

戊子。行在左副都御史李慶兼督營造。命行在工部作安樂營以居病匠。太醫院分療之。御史錦衣衞官巡視。亡歿者歸其骨。

乙未。遣官巡視南北河道。

丁酉。和寧王阿魯台貢馬。

己亥。左僉都御史劉𦾔工部左侍郎伏伯安坐事俱降營繕司主事。
辛丑。許平陽大同人分佃廣平淸河眞定冀州南宮等縣閒田。
丙午。禁兵器鬻外國雖勳戚不宥。
閏五月丙戌朔。丙寅。交趾賊阮貞等伏誅。初貞聚衆于陸那縣。至是擒之。李彬請以徇衆。從之。
戊辰。汀州賊劉勝孫僞稱太平將軍。刦淸流縣。被擒伏誅。
癸酉。禁僧尼私建庵院。
丁丑。進士吳實監生曹習古趙忠王靜程璠賈瑄馬駿秦中汪仕銘陶鈍施斌崔錫楊禮何新爲監察御史。
戊寅。夜大星光燭地。出尾宿。南行至近濁。二小星隨之。
庚辰。夜大星自斗入箕。
六月乙酉朔。丁亥。夜大星光青白。出陰德。行入紫微西蕃外。
己丑。虜近開平。命備禦成安侯郭亮嚴兵。
丁酉。交趾順州黎核潘强及土官同知陳可論判官阮昭主簿馬綴千戶陳惱百戶陳吾儕靈州判官阮擬左平知縣范伯高縣丞武萬百戶陳巴律等作亂。總兵官豐城侯李彬令都督朱廣指揮同知黃振等討斬之。初亂時。交州左衞指揮同知段公丁陳思齊皆交趾南策州人。從王師擒黎季犛。平簡定陳季擴等積功。並守順州。力戰死。
己亥。遣敕勞遠使西洋內官張謙等于浙江金鄉衞。謙還舟泊衞海口。值倭四千人。我財百六十餘人。力戰敗之。故指揮千百戶鎭撫軍匠陞賞加等。
乙巳。眞臘入貢。

辛亥。翰林侍講曾棨爲侍讀學士。進士徐義侯軏爲監察御史。儒士潮陽郭張善爲翰林檢討。張善求仕報繼母張氏故有是命。

夜。大星赤光燭地自侯星旁行入貫索。

七月[illegible]朔。乙丑。夜。月犯牛宿。

庚午。設四川烏撒軍民府。

甲戌。許幼官免缺襲職。

乙亥。賜皇太子務本之訓。敕曰。朕以教太孫。今錄賜汝。復別以賜太孫。使服膺之。

戊寅。壽星且見。

夜。大星光青白。出雲中。行至游氣。

壬午。進士于綱王珣爲監察御史。

癸未。刑科給事中阮瑢有罪誅。

八月[illegible]朔。權蘇祿東國巴都葛叭答剌權蘇祿西國麻哈剌吒葛剌丁故權蘇祿峒王之妻叭都葛巴剌卜各入貢。

己丑。行在翰林侍講兼左春坊左中允鄒緝侍講王洪主試順天。

琉球中山王思紹入貢。

庚寅。改行在翰林侍講王英主試出。侍講錢塘王洪禮部主事。洪□□進士。授行人。遷□科給事中。有文學。改檢討。自修撰歷侍講。頗矜傲。嘗訐延平知府胡子祺罪死。子廣學士。于實錄隱其罪。及受命主試復奏之。上察子祺實卒于官。遂謫洪。飲恨死。

辛卯。右春坊右贊善梁潛侍講陳全主試應天。

夜。月掩右執法。

封蘇祿國東王巴都葛叭答剌西王麻哈剌吒葛剌丁峒王叭都葛巴剌卜。

甲午。甌寧人進金丹及方書。上曰。方士欺秦皇漢武。又欺朕耶。令自食其丹。毀方書。

壬寅。敕山東福建等都司備倭。

乙巳。夜。大星光青白。出紫微西藩。行至近濁。二小星隨之。

戊申。遼東廣寧衞進嘉禾。

己酉。福建沙縣盜陳添保等刦尤溪淸流等縣。伏誅。

浙江按察使周新擒嘉興盜倪弘三等。送京師伏誅。

庚戌。太白晝見。

壬子。安王楹薨。楹聰敏好學。年三十五。亡子。諡曰惠。國除。洪熙初。韓王封平涼。景泰中。使襄陵王冲秋奉惠王祀。

九月癸朔乙卯。都指揮谷祥張翥往直隸浙江福建捕海盜。

戊午。太監張謙賚敕賜古麻剌朗國王斡剌義亦敦奔。

庚申。張安嗣安鄉伯。張勇子。

夜。熒惑犯左執法。

乙丑。蘇祿國東王巴都葛叭答剌歸。次德州卒。賜祭葬如禮。諡恭定。敕立其子都麻含。

丙寅。再定應天江北牧馬例。鳳陽廬揚滁和五丁牧馬一。應天太平鎭江十丁牧馬一。

丁卯。孔子廟成。勒碑于石。

戊辰。凡官馬斃。及斃駒。悉免著爲令。

夜。月食既。

己巳。庶人允熥卒。允熥以懿文太子季子。建文中封吳王。上改封廣澤王。降庶人。

庚午。翰林修撰沈粲爲侍讀。

己卯。秀才淩宴如吳節李文殊陳孟昇孫濬張周琬爲給事中。

庚辰。夜。大星光青白。出天苑。行至雲中。

辛巳。命行在工作人疾未痊者。護送還家。有司善撫之。

十月癸亥朔。交阯盜楊進江廣等平。初賊據比書塞。左都督朱廣破之。悉斬以徇。

乙酉。刑部員外郎呂淵等使日本時。擒倭多日本人。特敕責日本國王源義持。

丙戌。夜。大星光青白。起文昌。行至近濁。

戊申。翰林院典籍鄭叔美爲檢討。進士楊鑑楊潤嚴繼先爲監察御史。

庚戌。涔泥入貢。

十一月壬朔。壬戌。夜。大赤星自天津西入游氣。一小星隨之。

甲寅。賜朝鮮國王李芳遠加金幣及其妃。以勤修職貢也。

辛未。工部右侍郎藺芳卒。芳夏縣人。洪武中舉孝廉。授刑部員外郎。永樂初守吉安。先是金華朱仲智守吉安。仁明廉潔。會改重慶。人難其繼。及芳至。民更大喜。嘗坐累謫辦事官。從尚書宋禮治河。遷都水主事。督浚河南河渠。超右侍郎。吉安人思慕賢守。輒言朱藺。

壬申。金水河太液池水冰結爲樓閣龍鳳花卉象。賜群臣臨觀。行在禮部尚書呂震請表賀。不許。勅曰。比歲以來。卿等遇祥輒賀。朕之涼德。夙夜不敢康。卿等毋因是而有怠心。

癸酉。命中外諸司愛卹軍民。勸課農桑。作興學校。平均賦役。敬祀愼刑。旌表孝順節義。民鰥寡孤獨。必存卹之。薦舉才德遺逸之士。嚴固邊徼。倉庫出納無有侵欺。一遵高皇帝成憲。官吏貪暴曠職者。監察御史按察司具實糾治之。

前禮部尚書趙狃改兵部尚書。巡督塞北屯戍軍民一切利病。邊務不脩者以實聞。初。上巡邊。顧隆慶保安州屢歎曰。自二州民內徙。至今尚皆荊棘耶因遷內郡人來實。命尚書趙狃經理之。狃至。分撥田土。創居署。定市廛。導藝種植。皆身自履歷。措置有方。三四年間。氓安賈湊。遂爲都會之區。

戊寅。陝西耀州進玄兔。

以新安王有熺火者領兵稱王來朝。直獵大名行刦。勅周王橚械入京。

辛巳。占城入貢。

十二月。壬午朔。癸未。暹羅入貢。

濬揚州儀眞縣河。

甲申。進士艾廣何卓張宗監生鄭興王佐李昭爲吏科給事中。教諭徐初進士蕭奇郭顯監生井田宋徵寇謙田文丁銑唐勝劉凱爲戶科給事中。教諭魏凱訓導于會進士周敏學樊鑑。監生張燦劉芾武達馮政馬賓爲禮科給事中。教諭陳玘進士黃完劉渙監生王斌張軾周建劉秉古節張毓潘麟爲兵科給事中。教諭趙信訓導熊義進士劉藎劉顯監生盧智劉敔李敏楊鐸張惠張芾王矩武襄爲刑科給事中。教授周弘宗訓導顏偉進士李實監生裴祥韓麟爲工科給事中。

乙酉。周王橚請朝。止之。

山西行都司都指揮李謙欲領騎巡大同。言總兵官都督朱榮不許。上責榮赴京自陳。

辛卯。右軍都督僉事歐陽青卒。青江陵人。以燕山中護衛百戶從靖難。歷山西都指揮使。永樂三年。遷右府後侍高煦頗驕肆。徵至行在卒。子能襲羽林前衛指揮使。

甲午。夜。熒惑至房宿。

丙申。哈烈撒馬兒罕諸國入貢。偕中官魯安。禮部郎中陳誠等至。

庚子。夜。大星光青白。出星宿。南行至游氣。

辛丑。進士黃振為浙江道監察御史。

夜。月犯角宿。

癸卯。以永和王濟烺擅造龜紐印。敕戒之。

丙午。置阿眞同直衛。女直野人。

是月。浙江海寧金鄉松門海門昌國定海各衛增置烽堠。

戊戌永樂十六年

正月壬朔。上在北京。

癸丑。外官來朝。部院科臣糾溺職者。俱不問。敕諭之。

甲寅。交阯總兵官豐城侯李彬奏。清化府俄樂縣土官巡檢黎利叛。遣左都督朱廣等剿之。利嘗事陳季擴。善戰。挾計數。為金吾將軍。來降。授巡檢。因人心不大德明。故遂反。行剽郡邑。自稱平定王。弟石為右相國。段莽為都督廣等擊斬六百餘級。而利剽如故。

丙辰。夜。大星光青白。出翼宿。東南行至雲中。

癸亥。謚永興王尙烈曰懿簡。

乙丑。同州及澄城郃陽朝邑雨穀麥。蕎麥。

丙寅。以玄兔圖并羣臣表頌賜皇太子。諭之曰。羣臣頌朕。朕心媿之。夫好直則德廣。好諛則過增。爾將來有寄。不可不審理于言。

夜。月掩角宿。

己巳。前行在太僕寺卿楊砥卒。砥字大用。澤州人。洪武甲戌進士。授行人司右司副。請罷揚雄。進董仲舒。從之。擢湖廣左參議。建文時阻李景隆北伐。免官。上初起鴻臚卿。父喪。廬墓三年。起禮部左侍郞。巡河貶工部主事。改禮部。閱北京馬政。進太僕卿兼苑馬寺卿。稱職。母喪。哀毀道卒。剛介勤敏。其孝尤著。賜祭。

甲戌。興安伯徐亨中軍左都督夏貴領二千騎巡備開平。

誅浙江按察僉事石魯。魯巡松門衞。適倭薄城。乘醉遁。城陷。

戊寅。陝西布政司左參政郭敦爲行在禮部右侍郞。

夜。大星赤光。出郎位。西北行至下台。

二月壬午朔。丙戌。修大同等衞城堡。

丁亥。行在翰林院侍讀學士曾棨侍講王英主禮闈。

癸巳。有言隨州棗陽流民不軌。上不聽。遣監察御史歐陽和撫散之。

乙未。琉球中山王入貢。

戊戌。永新伯許成卒。成江都人。自燕山中護衞百戶從靖難。歷左軍都督僉事。許譚深趙曦殺梅殷。得封。

辛丑。賜交阯土官都指揮陳汝石千戶朱多蒲祭葬。初嘉興州四忙縣盜殺流官知縣歐陽智等。汝石多蒲追討死之。汝石南策人。多蒲北江東岸縣人。

北京行部禮部郎中秦政學狡險好訐。至是典科舉受賕伏誅。輿論快之。

戊申。吳克忠嗣恭順伯。吳允誠子。

龍溪縣丞劉伯翼爲工科給事中。進士沈福爲江西道監察御史。

庚戌。別失八里頭目速哥等入貢。言其王納黑失只罕爲從弟歪思弒之而自立。西徙其國。改號亦力把里。上命速哥爲左軍都督僉事。克剌滿剌爲指揮僉事。

三月辛亥朔。策貢士董璘等二百五十人于奉天殿。賜李騏劉江鄧珍等進士及第出身有差。騏初名馬。特賜名。

癸丑。行在後軍右都督陳亨卒。亨睢陽人。起小卒。從靖難。自旂手衞指揮使歷都督同知至今官。贈成武伯。諡忠勇子謙襲金吾右衞指揮使。

癸亥。都指揮蘇火耳灰爲右軍都督僉事。

乙丑。夜月食既。

丙寅。進士周敘董璘楊洪褚思敬尹鳳岐陳詢徐律習嘉言王賓胡文善周懋昭王暹雷遜莫珪孔友諒秦初爲翰林院庶吉士。

夜。月犯鈎鈐上星。

甲戌。太監海童指揮柏齡等還自瓦剌。賢義王太平安樂王把禿孛羅及弟昂克幷順寧王馬哈木子脫歡各入貢。脫歡請襲爵。許之。仍海童往封。

丙子。曲先衛安替迷失三郎襲指揮使。

戊寅。太子少師姚廣孝卒。廣孝長洲人。年十四薙髮。名道衍。字斯道。相城道士席應眞博學諳兵術。道衍師之。盡得其祕。兼善詩詞古文。與楊基高啓游。僧宗泐薦之。命住北京慶壽寺。侍燕邸二十年。建文初。陰說上起兵。因同世子居守。上用其策。事平。授僧錄司左善世。及立皇太子。賜名廣孝。拜太子少師。予冠服。賜二宮人。勿近也。上益重之。呼少師不名。居蕭寺中。上問疾。曰。業出家矣。又何言。年八十五。贈榮國公。諡恭靖。上作神道碑。比于元劉秉忠。養子繼官尚寶司少卿。洪熙初。加贈少師。侑太廟。廣孝嘗著道餘錄。譏訕宋儒。有楊洪與廣孝厚。燬其書。

王世貞曰。劉誠意之事太祖。與姚榮公之佐太宗。俱筴帷帳。勒鼎鐘。顧所以報誠意。乃不若榮公之豐。至傳榮公者。寥寥焉。豈身諱之而不自明。抑史諱之而不有其庸歟。嗟乎。首發殺機。睢盱就功。不娶亡子。蹈迷復凶。所謂歸儒者不盡。而爲墨者不終耶。又曰。廣孝協定大計。乃循初服。棲心玄門。終不得以富貴易之。奇士哉。雖然。于釋則臣道靡也。于臣則釋道累也。彼王賓者隱人。亡論焉。蓋愧其姊矣。

劉鳳曰。時運方遘。則異才出焉。固不一途哉。當高皇時。固疑文皇之受命也。幾道衍而仁慈佐之。而首定大計。開萬世洪業。及成功。謝不居。則又加于人一等矣。子房學黃老。謂有託。此其游于方之外。自性然。豈爲富貴哉。所著書多不傳。若其深詆宋儒。必有見焉。楊洪何者。輒焚滅之。惜矣。

談遷曰。文皇帝平內難。雖出入行間。其際草昧手鬮。又懸殊矣。假道衍不佐。其籌于文皇帝何損。而兵謀顧自公發之。非世之不祥人耶。其策祕不傳。大抵占候之學。未可與漢之子房。明之伯溫。並日語也。當公貴顯。年殆七袠。桑榆垂盡。何論婚宦哉。伍被賣淮南而死。榮公祚文皇帝而興。成敗異軌。其險倖一也。

四月。辛卯朔。癸巳。周府儀賓盛瑜藏匿李景隆家人。敕周王 橚 戒之。

乙未。夜大星赤光。出中台西北行。至近濁。

丁酉。太監海童左軍都督僉事蘇火耳灰都指揮程忠等賚敕賜太平把禿孛羅及昂克脫歡綵幣。遣指揮毛哈剌祭故順寧王馬哈木。

乙巳。行人呂淵還自日本國王源義持上表謝罪。

丁未。刑科給事中陳諤爲順天府尹。

己酉。代王（桂）悔過復其護衛。

五月甲辰朔。行在戶部尙書夏原吉等上太祖高皇帝實錄。表曰。頒修史之詔。在嗣位之初。爰纂成書。實由聖斷。謂事貴眞而文貴簡。理必明而義必彰。乃敕命乎儒臣。重編劘乎歲月。云云。上御殿受之。令別錄一部。貯古今通集庫。

遣中官楊忠等使亦力把里。賜其王歪思綺幣刀甲。

談遷曰。歪思弑從兄纂立。幷改其國。大無制也。律以黎季犛阿魯台之討。勢在不貸。卽宥以荒遠。奈何旅獒未貢。遽勤四牡之節哉。文皇帝好招致殊域。舍逆取順。顯比之道。或不當如是也。

辛亥。賜監修總裁纂修實錄官鈔幣有差。

蘇門答剌千達里暹羅琉球各入貢。

昌平妖人劉化。避軍。詭稱彌勒佛誘亂。伏誅。

癸丑。倭百艘七千餘人攻金山衛城。拒却之。

乙卯。遼王（植）奏子遠安王貴燮私遁。命迹之。時貴燮失父意。欲入京訐其陰事。

丙辰。敕成山侯王通。行視陝西潼關等處。曰。高皇帝數命公侯重臣修理軍政。今西北邊尤急。勉盡厥心。

命山東都督指揮衛青李凱以八千人沿海勦倭。

瓜哇國西王楊惟西沙入貢歸我流人。

丁巳。文淵閣大學士兼左春坊大學士胡廣卒。廣字光文。吉安人。建文庚辰進士第一。賜名靖。授翰林修撰。至上復舊名。自侍講直文淵閣。累官大學士。仍兼左春坊大學士。敦厚周愼。在上前未嘗剌人。入所應對出不告語。公退閉戶讀書賦詩而已。故人無私請。終保恩寵。時曰漢朝胡廣號中庸。今日中庸又見公。年四十九。贈禮部尚書。謚文穆。國朝文臣有謚自姚廣孝及廣始。

何喬遠曰。楊榮金幼孜胡廣在成祖左右。具有終始。無畏無憂。榮以敏。幼孜以愨。而廣以從。世言成祖師臨江。學士董倫遣人收城外所畜羊鵝諸物。而廣方如廁。行視其家人收猳。不能死君則亦已矣。寧收猳時耶。抑何與對策初意戾也。論思被遇之臣。不敢不載云爾。

庚申。行在吏部郎中陳誠爲廣東布政司右參議。

行在翰林院庶吉士何賢蔣禮趙勗陳坤奇曹義鍾英爲編修。戴覲王璜王觀潘勤邵暹樊斆石慶黎民爲中書舍人。

辛酉。夜。月犯房宿。

壬戌。隆平侯張信採太嶽太和山芝數千百莖進之。

戊辰。復代府長史紀善等官。

辛未。行在刑部主事李時勉爲翰林院侍讀。陳敬宗爲侍講。

六月[illegible]朔。辛巳。雲南金齒潞江長官司進爲安撫司。

乙酉。詔纂修天下郡縣志。行在戶部尚書夏原吉翰林學士兼右春坊右庶子楊榮翰林學士兼右春坊右諭德金幼孜總之。仍遣官博採。

戊子。夜水星犯軒轅大星。

戊戌。敕交阯總兵官豐城侯李彬曰。爲將之道。在智勇仁信忠。勇則不可犯。智則不可惑。仁則愛人。信則不欺。忠則無二。爾撫鎮遠夷。正當體之。

庚子。應城伯孫巖卒。巖鳳陽人。國初從渡江。歷燕山中護衞正千戶。致仕。事上守通州城功。封。追贈侯。謚威武。

辛丑。敕遼東總兵官都督劉江曰。倭孽出沒。其固守勿輕出戰。

癸卯。夜大星赤光出紫微東藩外。行入貫索。

乙巳。縣丞馬俊爲禮科給事中。俊洪武中進士。任御史。謫縣丞。

丁未。光祿寺少卿周成鍾。永用寺丞王宣于御膳所修製草藥被告。伏誅。

七月。配朔辛亥。鎮守徐州忻城伯趙彝有罪。宥之。

丙辰。治滹沱河滋沙二河決隄。

庚申。夜月犯牛宿。

辛酉。交阯右布政使莫勛及交州知府杜希望等獻家丁五百人助營建。時大工就緒。各賜鈔二十錠。遣之。

乙丑。築魏縣河隄。

戊辰。夜月犯木星。

己巳。敕讓陝西布政司按察司曰。比聞所屬郡縣。歲累不登。致民流莩。又不以聞。其咎安在。速賑之。

靖州盜王忠自稱平定侯。攻刦武岡。捕誅之。

癸酉。監生張震爲河南道監察御史。

甲戌。翰林侍讀兼右春坊右贊善梁潛司諫周冕以輔導有闕逮下獄。時南北相去遠。僉人附漢王高煦。譏搆百端。千戶陳某虐民取財。皇太子謫交趾。尋宥之。或言不宜宥罪及潛冕。遂殺陳。逮潛冕。上知潛無它。會有言冕佻達。幷殺潛。

丙子。朝鮮國王李芳遠奏世子禔驕恣不肖。季子祹孝弟力學。可嗣。從之。

八月戊寅朔。故交趾布政司右參政莫邃戰沒。子嵩襲參政。祿不任。

尼八剌國王沙的新萬入貢。遣中官鄧誠賚敕賜錦綺紗羅。所經罕東靈藏必力工瓦烏思藏野藍可般卜納等處頭目皆有賜。

夜大星自天囷旁行至參宿。

庚辰。滄州進白兔。

辛巳。占城滿剌加入貢。

癸未。遼東總兵官都督劉江請築望海堝石城。從之。金州衛金線島西北距衛七十餘里。倭所必經也。洪武初。都督耿忠嘗築堡。

丙戌。壽星且見。

壬辰。禮科給事中馬政有罪。謫戍邊。

癸巳。徐安嗣永康侯。徐忠子。

丙申。光祿寺卿張泌卒。泌潁州人。洪武中監生。授兵科給事中。再遷光祿。二十餘年。勤愼不懈。嘗與井泉發中官陰事。上再賜免死詔。至是遣祭。同時寺丞黃縣仲謙。才如泌。亦卒。後人不逮也。

丁酉。哈烈沙哈魯撒馬兒罕兀魯伯各入貢。

壬寅。蜀府崇寧王悅熁薨。

乙巳。刑部郎中陳福爲順天府尹。

九月輱朔。壬戌。夜月食既

癸亥。漢府隨侍都指揮周或路宣王海私受漢王龍文服。謫戍交趾。

戊辰。中官林貴行人倪峻送占城國王孫舍那挫還國。

壬申。夜。火星犯壘壁陣星。

乙亥。浙江布政司左參議易英爲禮部左侍郎。

十月玎朔。戊寅。保安左衞改懷來衞

夜。火星光青白。出太微垣東。行至近濁。

庚辰。進士汪勝爲北京道監察御史。監生石磺爲陝西道監察御史。

辛巳。令京城凡盜馬者斬。

甲申。工部言河南河溢決埽座四十餘丈。命發卒治之。

戊子。交趾總兵官豐城侯李彬貢白象一。黑象十七。

工部右侍郎鄭綱卒。南陽人。監生。

己丑。諭陝西三司曰。西人苦旱。征役又繁。朕甚憫焉。自今出使外夷一切供應。非有朝命。毋得擅取。違者重罪。

壬辰。夜月犯畢宿。

壬寅。朝鮮國王李芳遠稱老。命光祿寺少卿韓確鴻臚寺丞劉泉往封其子祹朝鮮國王。

癸卯。大寧都指揮同知蕭授爲右軍都督僉事。總兵官。鎭守湖廣貴州。

定僧道府四十人。州三十人。縣二十人。限年二十。親隣保勘。出家五年。赴僧錄道錄司試其業。給牒。不則罷遣爲民。

十一月甘朔戊申夜大星赤色出北斗杓流丈餘發光東南入郎位。

壬子。行在刑部郎中楊勉爲右侍郎。

琉球中山王入貢。

癸亥。置交阯丘温衛。

甲子。命保定侯孟瑛往浙江祭海神時瀕海諸縣潮患。

夜金星犯壘壁陣。

丁卯。左軍左都督朱廣卒廣常熟人自卒伍事上靖難歷都指揮僉事遷河南都指揮同知從征交阯累功至都督復出鎮。

辛未免浙江江西湖廣蘇松民營造令轉運至北京。

十二月丙朔武當山宫觀成賜名曰太嶽太和山上自爲碑紀之賚先福并祈弭臣庶焉宫觀極巧麗其天柱峰最高作銅殿飾以黄金範眞武像給田二百七十七頃蓋靖難時藉靈眞武云

戊寅代世子遜煓薨以狠傲荒淫謚曰悼戾

己卯召開平備禦興安伯徐亨還京。

工部左侍郎伏伯安初有罪降營繕主事至是以才復之。

辛巳夜大星青赤光燭地自柳宿東行至近濁。

壬午。安定王尚炌狂悖有異謀西安中護衛百戶張誠等以王募兵檄聞召入京詰問。

丁亥滎陽教諭蔣先浦城教諭楊藎爲吏科給事中靜海教諭商賓爲禮科給事中鄭州訓導裴俊爲戶科給

事中。
順天府尹陳福改應天。
戊子。諭法司曰唐太宗惡官吏貪濁。犯贓必法。吏尙淸謹。民免掊尅。貞觀所以爲盛。屢敕中外法司。不許妄殺一夫。擅歛一財。而官吏恣肆自若。繼今論如法。
壬辰。復虞謙右副都御史。先坐累免。
癸巳。和寧王阿魯台貢馬。
丁酉。寬官吏給由期三月。
辛丑。成山侯王通。偕戶部官馳賑陝西旱災。諭曰民之饑餓。譬救水火。速往毋緩。一切不急。悉停止之。民間事不便者。條具以聞。

國榷卷十七

己亥永樂十七年

正月辆朔。上在北京。

癸丑。安定王尙炌至京。訊實。廢爲庶人。安置泗州守陵。進張誠登州衞指揮同知。誅其黨二十八人。餘戍交趾。

丙寅。江西新淦縣逃匠雷劍南等聚衆拒捕。命都指揮劉忠都督馬聚勦之。聞已輸罪。止聚等。

太監海童還自瓦刺。賢義王太平安樂王把禿孛羅及弟昂克貢馬。

丁卯。夜大星青白光燭地。出參旗。行入天囷。

戊辰。琉球中山王貢馬。

壬申。都督僉事吳成兵部尙書趙羾往視薊州迤東口北牧地。時馬日蕃。

乙亥。平江伯陳瑄充總兵官。專理漕運北京。

二月孙朔。乙酉。興安伯徐亨領二千騎備禦興和開平大同宣府。備禦都督僉事章安等立興和以外斥堠。

丁亥。濟南青州水災。蠲賦萬石。准輸鈔帛。

戊子。浙江布政司右參議岳福爲通政司左通政。

庚寅。通政司左通政趙居任卒。居任溧陽人。洪武中以耆年授通政司左參議。歷左通政。使日本。治蘇松水利。雖潔介。在蘇松十餘年。乘潦役民。歲告其稔。民頗苦之。

丁酉。進士方佺監生王秀爲監察御史。

孫亨嗣應城伯。
戊戌。賀銀爲通政使。先工部右侍郎。左遷營繕主事。
辛丑。都督僉事王哈剌把都兒領騎備禦開原廣寧。
三月乙巳朔。己酉。中官李信林春使哈密。賜忠義王免力帖木兒綺帛及其母妃部屬。
辛亥。吏科給事中王卣有罪。謫戍邊。
乙卯。眞臘入貢。
丁巳。爲善陰隲書成。輯古百六十五人。各論斷系詩于後。上自序之。許科舉准大誥例試士。
辛酉。僧錄司左覺義張答里麻通譯書。善應對。遂于番僧朝貢。脅貲留難。侵奪各寺院田園。都指揮李英發之。
伏誅。籍其家。
甲子。占城入貢。
乙丑。夜大星光青白。出軫宿。西北行。入太微垣。
丙寅。置涿鹿中衞。
庚午。行在吏科給事中楊和爲工部右侍郎。監生李浩顧恂爲吏工科給事中。進士陳敏爲浙江道監察御史。
都督僉事吳成。兵部尚書趙羾。擇牧地于保安州。自順聖川至桑乾河。廣袤百三十餘里。先給馬千匹。都督張
安尚書趙羾提督。命行太僕寺少卿主之。
甲戌。夜大星青白光燭地。出中台。西北行至近濁。
四月乙亥朔。甲午。順天進白烏。
丁酉。琉球中山王入貢。

壬寅。申交易金銀之禁。
癸卯。浚蕭山縣淤河。
甲辰。泰寧侯陳珪卒。珪泰州人。善騎射。初自燕山護衞千戶從靖難。封。年八十五。贈靖國公。謚忠襄。
五月乙巳朔。丙午。先是交趾賊黎利據可藍柵。總兵官李彬遣都督同知方政都指揮師祐等擊走之。匿老撾。尋復劫殺。政又敗之阻瘴暑。俟秋進兵。
庚戌。行在禮部郞中周訥爲太常寺少卿。
壬子。夜大星光青白。出游氣。流丈餘。發光。行西北雲中。六小星隨之。
癸丑。湖廣布政司左參政郝鵬爲戶部左侍郞。行在翰林典籍周翰爲檢討。庶吉士張習爲中書舍人。廣西道監察御史舒仲誠爲湖廣按察司副使。監生史鑑游學爲吏科給事中。孫斌戶科給事中。
辛酉。哈烈回回阿力火失阿蠻等入貢。
壬戌。禮部左侍郞易英卒。英字以和。澧州人。洪武中舉明經。授本州訓導。擢工部主事。進郞中。永樂初遷河南左參議。調浙江。寬簡不苛。奉命祀海。卒杭州。
戊辰。皇太子除建寧邵武疫歿人徭賦。
六月甲戌朔。丁丑。釋輕繫運磚贖罪。
己卯。行在翰林修撰王直爲侍讀。襄陽知府余士吉爲山東布政司左參議。
監生鄭果陳琳劉昌朱璿李倜栗鏞黃忠劉翥爲給事中。余鼎施衍秦哲李㝉夏仲時李信唐潤史振劉敏司齊趙永泰趙整喬林符節楊用爲御史。
辛巳。遣太監黃儼勞前朝鮮國王李芳遠。

壬午。免順天去年水災田租。

夜。大星光青白。出勾陳旁東北行至雲中。

戊子。遼東總兵官中軍左都督劉江城金州衞之望海堝。俄候卒言東洋王家山夜舉火。江計倭至矣。疾馳入城。伏都指揮錢眞徐剛于山下。詰朝倭二千餘人泊馬雄島。進至堝。江散髮若眞武狀。砲舉伏發。剛步戰。眞領騎要其歸路。倭敗奔櫻桃園圍殺幾盡。脫者走海。百戶姜隆先焚其舟。無一脫。生擒百十三人。斬千餘級。上聞之。璽書褒諭。召入京。

庚寅。初山西行都司軍採石青于沙淨州舊堠。艱甚。俄見青蛇跡之。坎石青加鮮。都指揮李謙以圖上。

七月辛卯朔。丁未。奉化教諭李霑爲工科給事中。東光訓導張俊爲禮科給事中。東昌訓導邵璉。裕州訓導蔣輔。陽城訓導鄭孜。濟陽訓導王汝器。應州學正張謹。俱爲刑科給事中。蒲州學正李錫爲吏科給事中。九江訓導林道安爲兵科給事中。太平府推官劉隆爲河南道監察御史。監生費覩爲山東道監察御史。

頒交阯人喪禮。從交阯布政司副理問盧文政之言。

辛亥。定浙江江西湖廣及京軍轉運。餘衞軍營造。如轉運不給。于浙直江廣量調民輸運淮安臨清。

癸丑。陳愉嗣泰寧侯。陳珪次子

丁巳。錦衣衞署印都指揮劉忠因事擅囚都督程寬。見劾下臺獄。

戊午。諭武臣子弟襲職。俱赴成國公朱勇統練。

夜。金星犯天罇中星。

庚申。鎭遠侯顧興祖巡視呂梁時。忻城伯趙彝鎭徐州。兼理洪道。貪縱廢事。故遣興祖。仍敕責彝。

官軍自西洋還。厚賚之。

八月癸酉朔。壬午。交阯賊黎利掠磊江。都指揮黃誠等擊敗之。復走老撾。

夜大星光赤黃燭地。自畢宿西南行至游氣。

癸未。敕皇太孫曰。爾年既長。尙勤學問。自古帝王。未有不讀書明理而能齊治均平者。

交阯乂安土知府潘僚反。僚季佑子也。季佑事陳季擴。僞少保。勢迫來降。授交阯按察副使。署守乂安。僚繼之。時太監馬騏凌虐不堪。遂反。豐城侯李彬擊敗之。走玉麻州。

壬辰。交阯進白烏。

癸巳。夜金星犯軒轅大星。

甲午。壽星旦見。

九月癸卯朔。上輯列仙傳自序之。

丙午。滿剌加等十七國入貢。

夜土星犯上將星。

己酉。西安進嘉禾。

壬子。封劉江廣寧伯。世祿千二百石。江初仍父名補伍。至是復名榮。

談遷曰。文皇帝每飯不忘倭。所下尺一。俱數數早計矣。劉榮扼其上游。望海之版築纔就。而飛塵及之矣。帝不自聖。捷書朝上。延竚恐後。立剖其符。酬功之速如此。邊臣有不忭舞競勸者哉。後之人輒推廟算。蔓及樞輔。印刓而未予。其不及先朝遠矣。

甲寅。進士徐爵爲北京道監察御史。

丙辰。卿雲見。行在禮部請賀。不許。

夜。大星赤光燭地出壘壁陣南行至北落師門旁。

丁巳。哈密等處及回回滿剌撒丁貢馬三千五百四十六匹。

己未。減貴州普安衞中鹽米八斗爲二斗。

辛酉。召四川採木工部尚書宋禮回京。

十月軠朔。交趾俄樂縣盜范軟平。初軟據俄樂。都指揮徐源誅討之。

丙子。夜大星光青白自弧矢旁行至近濁。

癸未。遣使敕諭暹羅國王三賴波磨札的剌。時滿加剌國王亦思罕答兒沙新立來朝。訴暹羅見侵也。

命中官楊三保等賜烏思藏法王國師等絨錦綵幣。

戊子。監生石有質爲山西道監察御史。

順天府尹陳謂改湖廣按察使。

庚寅。胡穜爲翰林院檢討。胡廣子。

壬辰。夜大星赤光。出天鈎東北流丈餘發光。徐至太子星旁。又大星光青白出紫微東蕃外行至近濁。

癸巳。夜月犯軒轅右角星。

十一月辟朔。和寧王貢使不法。奪市貨。命械其人歸和寧王自治。

交趾盜四起。敕總兵官李彬督捕。

壬寅。夜大星光青白出軒轅行近天廟堂旁發光至雲中。

癸卯。廣寧伯劉榮仍總兵官鎭守遼東。

丙午。蘇門答剌國王宰奴里阿必丁入貢。

官軍敗潘僚于玉麻州。走老撾。又追敗之。

丁未。吏部郎中諸葛平爲湖廣布政司右參議。專提督太嶽太和山宮觀。

己酉。行在禮科給事中牛麟爲詹事府丞。

指揮毛哈剌還自瓦剌。言阿魯台襲賢義王太平等。大破之。命千戶脫力禿古等慰賜太平等綵幣。

甲寅。發京庫鈔九千七百二十錠。易粟儲貴州備歲。

丁巳。甘露降孝陵松柏三日。

甲子。拓北京南城。

乙丑。夜大星光青白燭地。出外廚。行至雲中。

戊辰。交趾嘉林善才縣盜陶强等叛。都指揮劉震于瓚吳興擊走之。欲渡富良江。都指揮陳濬力戰遏之。已賊益熾。李彬遣都指揮耿榮等擊敗之。

十二月粹朔。癸酉。交趾都指揮陳忠等敗建昌縣賊于小黃江。追至西眞縣。共斬獲千計。

丙子。夜。大星光青白。出柳宿。行至天廟。

丁丑。敕武臣曰。自古國家盛衰强弱。未有不繫武備之張弛。有宋之時。太祖太宗削除暴亂。將勇兵强。後嗣不修。醜虜僭竊。馴致分裂。宗社丘墟。元有天下。世祖戎部整肅。甲兵强盛。遂以胡主華。厥後嗣主荒淫。軍政弛焉。覆亡竟至。我高皇帝受命于天。于時將帥效忠。士卒奮勇。天下之民。陰受其賜。朕嗣位以來。屢敕爾等整齊隊伍。操練士卒。犀利器械。爾等惟圖貨賄。苟且蒙塞。今明與爾言。爾犯他罪。論勳論戚。猶可或恕。若如前弊。罪且用殺。

戊寅。交趾總兵官李彬遣交州後衛方政擊建平盜丁宗老等。敗之。

庚辰。令在外大辟悉送京師審錄。

夜。火星犯鈎鈐星。

辛巳。李彬追敗鎮蠻盜。斬獲五百餘人。

癸未。慶雲見。

乙酉。交趾總兵官李彬敗賊于東潮州。初安老縣塗山寺妖僧范玉詭神賜劍印。僭號羅平國。改永寧元年。以萬善爲入內檢校左相國平章軍國重事。吳忠爲入內行遣右尚書知軍國重事。陶承爲車騎大將軍。黎行爲司空。彬遣兵擊擒之。斬千二百級。擒善等七百八十人。玉脫去。後報擒不實。唐懿宗時浙東賊裘甫稱羅平國改元天册。元世祖至元二十年。廣州新會縣賊林桂芳亦稱羅平國改元延康元年。

丁亥。敕皇太孫曰。比聞出郊游獵。一軍害民。卽懲以法。朕聞甚喜。善積而久。名播天下。不令而行。不言而信。

戊子。刑部郎中吾紳爲行在禮部右侍郎。

己丑。初翰林學士楊榮條府部諸司積弊十事。上覽而嘉之。密諭曰。雖切時瘼。但卿爲近臣。恐致猜疑。可令愼密御史言之。于是以御史鄧眞奏上。衆皆待罪。命卽日悛改。

庚寅。肅王楧薨。楧母郜氏。初封漢。二十五年改封肅國。甘州。建文初移蘭州。居國循理。好文學。謚曰莊。

癸巳。琉球中山王入貢。

乙未。工部侍郎劉仲廉許廓覈交趾戶口田賦。仍察軍民利病。

夜。二大星分靑白色。一出天園南行至近濁。一出柳宿南行入天社。

丙申。李彬進兵諒江。偵僞司空黎行僞金吾大將軍陶强以八千人屯多錦縣之廨浪社。卽趨之。

丁酉。巡按交趾監察御史黃宗載言。交趾郡縣官多兩廣雲貴歲貢下第之士。未入國學。才非歷試。故牧民不知撫字理刑不明律意若候九年黜陟廢弛益多宜到任二年以上嚴加考課上從之因命行在吏部愼選官吏。

戊戌李彬兵至善才縣敗賊游兵追至庥浪社大破之斬陶強殺獲三千五百餘人。

庚子永樂十八年

正月[illegible]朔上在北京。

癸卯李彬擊賊于石室縣斬僞將艮獲等百五十餘人都指揮孫霖又敗賊于善才縣獲賊渠黎行清化賊黎利屯磊江都指揮徐源攻破其柵利遁。

乙巳倭三百餘人掠金鄉福寧及井門程溪。

甲寅上觀燈午門賜羣臣宴上作詩羣臣多屬和。

己未左軍都督僉事何濬卒。五河人父壽會州衞指揮僉事從靖難濬歷行陣累功。

甲子安州知州署龍溪縣事劉孟雍卒孟雍南昌人舉賢良令龍溪潮寇陳永定負險爲鄰患至即計捕之懲猾吏均虛戶勸農簡刑治稱最進安州部民乞留遂還縣。

閏正月[illegible]朔癸酉夜大星赤光燭地自□宿南行至近濁。

丙子行在翰林學士兼右春坊右庶子楊榮翰林學士兼右春坊右諭德金幼孜並爲文淵閣大學士兼翰林院學士。

戊寅甘肅總兵官都督費瓛墾涼州閒田。

庚辰擢人材馬麟湖廣左布政使盛熙江西左布政使。趙瑛右參議。俞景周山東左布政使。周克敬廣西右布政使孫豫山西右布政使。金恕右參議。江潤河南右布政使。艾瑛浙江右布政使。吳衡陝西左參政。陸勉四川左參政。楊敬福建右參政。李泰廣東右參政。馬麟俞景周周克敬江潤吳衡陸勉。俱華亭人周克敬一曰恂。

辛巳。夜大星光青白。自天鐏旁行至游氣。

癸未。日重暈。左右珥色赤黃。白虹貫之。

乙酉。固安人王普順坐妖言誅。

夜。月食。

辛卯。命械交趾都指揮劉震于瓚吳興入京。以討賊失利。

癸巳。夜大星光青白。自中台西北行至近濁。

乙未。許州進白兔。

二月。妃朔己酉。山東蒲臺妖婦唐賽兒作亂。賽兒林三妻也。少誦佛。祭夫塚。道得書劍。習之。爲幻術。剪楮作人馬相鬬。衆神之往來益都諸城安丘莒卽墨壽光間。奸人劉信劉俊丁谷剛賓鴻等擁五百餘人據益都卸石柵。恣掠青州。指揮高鳳往捕之敗沒。事聞。命招撫之不下。

談遷曰。長陵時迎帝師于西荒。奠太嶽于南服。靈貺自天。往往而有。朝野矚頌。謂奇徵殊驗。古未之覩也。而妖婦借其說。盜弄矛矢。非其應乎。漢明帝信浮屠。致楚王英覆國。形端表正。人主不可不愼矣。

辛亥。趙府右長史董子莊卒。子莊樂安人。博學有操行。洪武壬子貢士。除雲南□□。薦宰茂名。多善政。永樂中預修大典。進北京國子司業。遷趙邸。匡救其失。王屢違度。被詰責。子莊持之愈堅。

戊午。貴州烏撒衛指揮蔡禮進白兔。

己未。翰林院典籍陳壽爲檢討。

丙寅。安遠侯柳升爲總兵官。都指揮僉事劉忠副之。率兵討山東妖寇。敕以賊柵憑高無水。且乏食。當坐困之。毋汲汲。

三月己巳朔。詔在外軍民匠役營北京者。咸復其家。

癸酉。妖賊攻安丘。知縣張旟縣丞馬撝糾衆力拒。

乙亥。賊掠莒州。千戶孫恭等失利。

丙子夜。大星赤光。出天棓。西北行。入太尊旁。

庚辰。行在光祿寺丞高致有罪。誅。

賊陷卽墨。

辛巳。總兵官安遠侯柳升兵至益都。圍卸石柵。遣旂手衞指揮吳亮招之。不應。暮。賊耿童兒來降。云賊水食竭。議趨東門汲道。而遁。升卽據汲道。夜。賊襲營。都指揮劉忠中流矢死。唐賽兒等潛遁。比旦。遣指揮馬貴等追之。不獲。僅擒劉俊等百三十四人。

癸未。命鴻臚寺丞李本凌友諒等往諭勒白等百餘寨。勒白在西南最遠。未通貢。

甲申。都指揮桑高鎭守薊州。李昌鎭守山海關。吳顒鎭守眞定。胡貴鎭守宿州。王傑鎭守揚州。徐甫鎭守永平。

山東都指揮僉事衞青大敗賊于安丘。時渠帥賓鴻等攻安丘急。青自海汎還。倍道以千騎擊敗之。再戰。城兵合擊。賊始遁。殺二千餘人。俘四千餘人。皆斬之。安丘已不支。脫青稍緩。必無幸矣。後三日。謁柳升。升嫉而捽之。青不爲屈。

鰲山衞指揮僉事王眞以百五十人擊諸城賊。盡僇之。

丙戌。上聞唐賽兒遁。敕讓安遠侯柳升。

丁亥。進衛青山東都指揮使王眞都指揮同知。

戊子。賊魁劉俊王宣等伏誅。以山東布政使儲埏張海參政盧信林鍾參議曾光按察使劉本副使王璹王肅僉事王孜劉先林楨張建及經賊郡縣吏皆狃亂棄市。

己丑。榮昌伯陳智爲交阯左參將協贊李彬。

癸巳。蠲廣東寧遠縣水災田租。

乙未。紹興府通判秦川爲右通政。

戊戌。總兵官安遠侯柳升縱賊被劾。遂下吏。以唐賽兒未獲。命北京山東尼姑悉送京師。

談遷曰。自昔兇逆無不授首。彼一妖婦。其何地以終免也。在宋李全妻楊氏。今以賽兒見之矣。

朱國楨曰。聖人治天下。要以生人爲主。故曰一夫不獲。則予之辜。又曰仁者愛人。故惡人之害之也。害且不可。而況犯上作亂。又挾妖術扇誘者乎。文皇即位于嘯聚之衆。諭之使解。于逃匿之賊。招之使來。懇懇肫肫。惟恐傷之。惟恐遺之。至不難遣使頒詔。曠然天地之量。至今猶可想見。獨于唐賽兒之逃。窮之至盡。彈章付之法司。通侯至于下吏。甚者徧逮諸尼致詰。略不少恕。何若是烈哉。然禍萌不可不折。民志不可不定。威在必伸。要使絕形影。杜疑似。事定即止。決無蔓延。由前觀之。在于安反側。由後觀之。在于殲巨魁。操縱之間。作用異而意則同。乃若劉孟雍以一縣令捕劇盜如反掌。眞足當精兵三千人。主聖臣賡。人人得盡其職。於乎盛哉。

四月妃朔。行在刑部侍郎楊勉署山東布政司事。福建道監察御史鄧眞署按察司事。

夜。大星赤光燭地。出帛度東南行入右旗。

壬寅。交阯總兵官李彬遣都指揮孫貴等擊賊于鎮蠻之廷河縣。敗走之。彬自窮追。殺獲六百餘人。械范姪范玉等入京。

戊午廣寧伯劉榮卒。榮宿遷人。素驍勇。從上靖難。敢戰。每爲軍鋒。自燕山左護衞百戶累至中軍右都督。再北征。改鎭遼東。有望海堝之捷。封伯。馭下有紀律。于屬夷示以恩信。人咸思之。追封廣寧侯。謚忠武。

湖廣按察司副使靳義卒。義字源禮。洪人。洪武中監生。授御史。永樂初按北京。甚有聲。皇太子居守。賜魚尾以旌其廉。及臬楚。劾按察使吳公悅都指揮王玉之贓。風紀大振。

庚申暹羅入貢。

辛酉戶部郎中張煥刑部郎中石執中爲山東左右布政使。監察御史鄧眞爲按察使。

乙丑行在禮部右侍郎吾紳降廣東布政司右參議。

五月賊朔。辛未。夜。大星赤光燭地。自壁宿東南行至近濁。

辛巳。占城瓜哇國西王各入貢。

壬午左軍左都督朱榮爲總兵官。整飭遼東。

交阯總兵官李彬遣都指揮朱廣剿賊。擒僞開聖王阮多僞昭信侯譚輿邦等送京師。

癸未湖廣鎭溪千戶所苗叛。總兵官都督蕭授平之。

丁亥河南按察僉事門泰以貪黷誅。

庚寅交阯右參政贊皇侯保左參政武陵馮貴俱討賊戰死。保以國子生令襄城贛榆。博興。有善政。進交州知府。歷參政。提民兵禦黎利而陷。貴字孟敬。武陵人。洪武庚辰進士。授兵科給事中。性剛直。風稜嚴峻。從張輔督南餉。遷交阯右參議。提督金銀冶場。遭喪。奪情進參政。輯拊流民。練土兵二千餘。皆勁銳。積勝。太監馬騏嫉而奪之。至是羸卒數百。强之剿黎利。值賊。死。人皆惜之。後贈交阯左右布政使。

甲午。都指揮僉事莊興改河南署南陽衛事。
辛丑。孝順事實書成。採史傳二百七人。各論次系以詩。上製序刊行之。
丙午。夜。北京地震。
己酉。廣東布政司右參議陳誠爲右參政。同中官郭敬等使哈烈撒馬兒罕八答黑商于闐諸國。時皆入貢。故遣賜綵幣。
壬子。夜。大星赤光燭地。出天津西南行入河鼓。
癸丑。夜。月犯井宿。
七月甲朔庚午。遣指揮使徐晟賜阿魯台敕綵幣。
壬申。中軍右都督夏貴卒。貴應昌人。初名曲倫台。自燕山左護衛指揮僉事從上。至今官。時中軍都督僉事宛平王哈剌把都兒自百戶累功。亦卒。俱賜祭。
乙亥。黔國公沐晟來朝。進白兔。
丙子。貴妃王氏薨。妃有賢德。上晚善怒。委曲調護。東宮諸王公主以下皆倚賴焉。謚昭獻。
辛巳。四川萬縣饑。賑之。
夜。月食。
丙戌。衡州同知方素易卒于獄。素易樂平人。洪武中。令盱眙。廉直平恕。吏民感之。太祖特敕賜上尊。憂去。奏留。後守金華。治行尤著。永樂初。坐累戍興州。尋拜左通政。諭交趾陳季擴。復使思州勘田宗鼎黃禧罪。還除衡州。捕桂陽峒寇龍卯銘。或詭言卯銘已兵死。不信。果獲之。有巡卒訴一子噬于虎。卽檄山神。虎明日道死。其獄以州民匿谷庶人貨株及素易。人皆惜之。

丁亥。興安伯徐亨後軍都督僉事吳成以三百騎巡備開平。

己丑夜。木星犯天罇西北星。

庚寅。壽星旦見。

定大同中鹽河東引米三斗五升。淮浙引米四斗。

乙未夜。大星光青白出文昌東北行至近濁。二小星隨之。

八月酉朔。日食。

庚子夜。木星犯天罇東北星。

壬寅。左春坊左中允兼行在翰林院侍講鄒緝侍講王英主考順天。翰林院張伯穎左春坊左贊善兼翰林編修陳仲完主考應天。

戊申。永壽王尚炟薨。諡懷簡。

己酉。壽星見丙位。羣臣請賀。上曰。上天垂象。以親有德。朕惟恐勿堪。

癸丑夜。大星赤光。出候星旁。流丈餘。發光。行入建星。四小星隨之。

乙卯。蘇祿國西王入貢。

乙丑夜。金星犯心宿後星。

九月酉朔。夜。大星光青白。出紫微西蕃。行至近濁。

丁卯。揚州教授蘭從善。青州教授林長楙。寶鷄教諭徐永達。並爲翰林院編修。甘泉教諭張昱。東阿教諭林岫。永年教諭劉順。並爲國子監博士。同吏科給事中陳山侍皇太孫。

己巳。北京宮殿將成。遣行在戶部尚書夏原吉賫敕召皇太子。期十二月終至北京。

甲戌。修仁和海寧海塘。

夜。大星光青白出霹靂東南行入天倉。

乙亥。太監侯顯等使詔納樸兒國時榜葛剌國王奏詔納樸兒國王亦不剌見侵故諭解之。

設大通關提舉司如南京龍江提舉司專治舟。

戊寅。滿剌加蘇門答剌各入貢。

乙酉。通政使賀銀卒銀臨海人洪武中以桃源教諭薦令宛平靖難時倡給芻餉進通政司右參議越六年進工部右侍郎尋降主事初闕廉譽侍郎坐累籍貲甚厚後復官改行沒之日家具蕭然。

丙戌。夜二大星一青白光出天津南行至游氣一赤光出內階西行入閣道。

丁亥。諭行在禮部明年元旦定北京爲京師去行在令上南京諸司印給京師諸司別鑄南京諸司印加南京二字。

戊子。夜月犯軒轅右角星。

乙未。諸城縣進龍馬。

十月輛朔丁酉。榜葛剌國頭目者剌里丁入貢。

庚子。召周王橚以河南中護衞軍丁俺三等訐其不軌也。

夜。大星赤光出五車西北行入上台。

乙巳。古麻剌朗國王斡剌義亦敦奔率妻子陪臣從太監張謙來朝。

己酉。夜月犯畢宿。

壬子。皇太子發南京。

乙卯。辰州府同知劉叔毖卒。叔毖廬陵人。博學恬介。初令沅陵。民多避役。爲計其丁貲均之。流徙皆復。婉諭解訟。遷北京刑部員外郎。工作方興。中官董其役。多淩侮。獨以廉勤稱。召修大典。沅陵人思之。還辰州。率郡民營造北京。卒役人悲慕。還葬辰州。

丙辰。給古麻朗國王斡剌義亦敦奔印誥。

皇太子過滁州。登瑯琊山。指學士楊士奇曰。此醉翁亭故址也。蓋好歐陽修文。謂有雍容和平氣象。刊行之。

庚申。交趾總兵官李彬遣交州指揮使方政。敗黎利于老撾。忙心河走之。

壬戌。都指揮僉事馮興鎮定州。崔聚守紫荊關。

癸亥。甘露降孝陵松柏。皇太孫採之。薦太廟。

十一月乙丑朔。丙寅。皇太子謁鳳陽皇陵。步陵旁。見仁祖所遺石農器。顧侍郎張本學士楊士奇曰。國家帝業所自也。徘徊久之。退後。父老進謁。賜酒饌。或語太祖微時事。歎曰。知當時者尠矣。

丁卯。行在左軍都督薛祿掌北京行後軍都督府事。

戊辰。詔曰。朕皇考高皇帝建都江左。肇造邦基。肆朕纘承。惟懷永圖。乃倣古制。徇輿情。立兩京。置郊社宗廟。創建宮室。上以紹先志。下以貽子孫。營建以來。天下人民樂于趨事。天人協贊。景貺駢臻。今工告成。選以明年正朔御奉天殿。朝百官。治萬民。故茲詔示。咸使聞知。

己巳。教授張畢。訓導吳鼎。貢士柯暹。監生朱禮。俱爲戶科給事中。教諭杜本成。廣王嶅。秀才彭彥虎。余孟夏。俱爲禮科給事中。秀才鄭得皎。俞得濟。俱爲兵科給事中。監生龍源。彭璟。俱爲工科給事中。遂昌訓導湯新。爲宗人府經歷。

應天府尹顧佐改順天。

甲戌。裁北京苑馬寺初用軍牧比調軍保安改民牧故罷六監二十四苑。

乙亥。召皇太孫同皇太子至京。

壬午。裁北京行部幷所屬六曹淸吏司。增刑部雲南交阯貴州三司。

安丘知縣張旟縣丞馬擕爲山東布政司左右參議。

丁亥。免海康遂溪潮溢田租千六百餘石。

己丑。皇太子過鄒縣。見飢民拾草實爲食。閔之。下馬入民舍。鶉衣圮竈。嘆曰。民隱不上聞至此哉。徧問所疾苦。

輟食食之。山東布政使石執中迎謁。責之。對以乞停災租。皇太子曰。民今骨立。尙忍稅耶。其卽賑以粟。執中欲

人粟三斗。皇太子曰。倍之。吾自爲奏也。毋懼擅發。

辛卯。夜月掩金星。

壬辰。曲陽妖人楊得春逃晉陽。符呪惑衆謀亂。伏誅。

是月。賑青萊平度等饑民粟四十七萬九千一百七十石。

十二月朔己亥。貴州歲貢生入國子監。

甲辰。劉湍嗣廣寧伯。劉榮子。

行在左副都御史李慶爲工部尙書。右副都御史王彰爲右都御史。翰林院修撰羅汝敬爲侍講。

夜。月犯畢宿。

丁未。中軍都督陳恭掌中都留守司事。

甲寅。封中軍右都督郭義安陽侯。祿千一百石。後軍右都督薛祿陽武侯。祿八百石。左軍都督同知薛斌永順

伯。祿九百石。並世襲。

北京刑部尚書郭資改戶部尚書。侍郎李昶爲右侍郎。李友直工部口侍郎。崔衍兵部右侍郎。

己未。皇太子及皇太孫至北京。言山東賑饑事。上善之。

癸亥。北京新宮成。規制如南京。加壯。自戊子六月肇工。歷十三年。工部營繕郎中蔡信爲右侍郎。餘陞賚有差。

免鳳陽旱傷田租。

始立東廠。專內臣刺事。事不見正史。而會典據成化十八年大學士萬安奏罷東廠云。文皇帝建立北京。防微杜漸。初行錦衣衛官校暗行緝訪謀逆妖言大奸大惡等事。恐外官徇情。隨立東廠。令內臣提督控制之。彼此並行。內外相制云云。不知實錄遺此何也。

辛丑永樂十九年

正月甲子朔。上詣太廟奉安五廟神主。命皇太子奉安昊天上帝地祇神主于天地壇。皇太孫奉安太社太稷神主于社稷壇。黔國公沐晟奉安山川諸神主于山川壇。禮畢。上御奉天殿受朝賀。大宴。

乙丑。中書舍人朱孔暘爲翰林院編修。

丙寅。刑部尚書吳中都察院右都御史王彰糾天下入覲官溺職者。皆宥之。

丁卯。翰林學士兼左春坊左諭德楊士奇爲左春坊大學士。

備倭都指揮谷祥貪虐。杖斃指揮梁海。事聞。下獄死。

己巳。和寧王阿魯台遣使來貢。使臣要刦行旅。上戒諭之。自是阿魯台不朝。

交趾總兵官李彬遣都指揮師祐追潘僚于玉麻州。賊借老撾戰象突我官軍。力戰。繼以火器。象反走。賊潰。琴結以所部降。

甲戌。上南郊。

丙子。定各番夷朝貢賞例務從厚悉依品級。

增保安州順聖川牧馬萬二千匹。

戊寅。大赦天下。

安陽侯郭義卒。義濟寧人。國初累戰功補燕山右護衛千戶。從靖難。進中軍右都督。在南京。去年封。未及拜命。强毅敢任。上甚悼之。賜祭葬。

己卯。夜月食既。

辛巳。廣東巡海副總兵指揮李珪值倭于潮州。擊斬五級。俘十五人。

甲申。置雲南車里靖安宣慰使司。初車里軍民宣慰使刀弄同知刀雙孟（弄叔。）至是雙孟奏刀弄侵擾。乞分治。于是割其地以雙孟爲車里靖安宣慰使。

戊子。忽魯謨斯阿丹祖法兒剌撒不剌哇木骨都束古里柯枝加異勒錫蘭山溜山喃渤利蘇門答剌阿魯滿剌加甘巴里十六國入貢。

己丑。前軍右都督董信卒。（三萬衛人。靖難功自小校起家。予祭葬。）

開四川南部縣黃祿古井鹽。

辛卯。禮部尚書呂震以中官之譖告皇太子。宜疎其人。皇太子曰。過悞吾容有之。既至尊不信。何校爲。

壬辰。魏國公徐欽自南京來朝。遽辭歸。失上意。罷爲氓。俾守鳳陽先塋。

癸巳。命太監鄭和偕十六國使臣往賜其王錦綺紗羅綾絹。

二月。丱朔己亥。左春坊大學士楊士奇翰林院侍讀周述主禮闈。

辛丑。都督僉事胡原爲總兵官。都督僉事梁銘都指揮使薛山副之。率廣東兵五千人防倭。

庶吉士周崇厚高穀宋琰胡瀠朱昶章文昭張益柴蘭。貢士劉鉉。諸生羅淵千霈夏衡凌壽秀才衞靖宣嗣宗程南雲張子俊胡宜衡姚繼黃振宗俞宗大陸友仁余孜善劉實李栖霞並爲中書舍人。

癸卯。開四川福興源亨小城鹽池井鹽。

丙午。周王橚至京。上示以密章。頓首謝罪。置之。

壬子。通渭縣饑。賑粟二千六百八十石。

己未。全椒吳橋饑。賑粟四千六百五十石。

壬戌。楚王楨慶王㮵來朝。

三月燚朔。辛未。楚王還國。

壬申。命笞杖徒流雜罪俱輸作以贖。

丁丑。策貢士陳中等二百一人于奉天殿。賜曾鶴齡劉矩裴綸等進士及第出身有差。

甲申。賢妃喩氏薨。諡昭順。尋加忠敬昭順。

丁亥。復遣太監海童往賜兀剌賢義王太平安樂王把禿孛羅等綵幣。時入貢。詔諭其部落方敗于阿魯台部衆流散。近邊懼見執。故安之。

四月睽朔。甲午。封秩煃慶世子。秩燾靜寧王。秩炵安化王。秩熒眞寧王。秩煉岐山王。

乙未。夜大星光青白。出房宿。西南行至近濁。

丙申。周王橚還國。

談遷曰。周定王以河間東平之風。屢被譴責。幽于建文。詰于成祖。當上變馳召時。事各有指。殆無穴自容矣。幸雷霆易寂。壎篪終和。保有賢名。祚茲來胤。亦成祖之厚也。彼晉攸魏緦齊叡周憲各以親賢死于非命。以定王眎之霄壤矣。

戊戌。慶王㰘還國。

庚子。奉天華蓋謹身三殿災。

談遷曰。新宮告成不四月災及三殿。營之何久。燔之何亟。其後遞構遞燬。曾無百年之固。抑國家以火德王。煩我土木耶。

壬寅。詔曰。朕恭膺天命。祗紹鴻圖。爰倣古制。肇建兩京。乃三殿災。朕心惶懼。莫知所措。意者于敬天事神之禮有所怠與。祖法戾與。政務乖與。小人在位賢士隱跡與。刑獄冤濫與。讒慝交作與。削剝掊剋及田里與。蠹財妄費用無度與。租稅太重徭役不均與。軍旅未息征調無方餽餉乏與。工作過度。民力徶與。奸人附勢。羣吏弄法。抑有闒茸不治而致然與。朕之寡昧未究所繇。爾文武羣臣直陳無隱。朕圖悛改。以回天意。

癸卯。蘇祿國東王母遣使入貢。

甲辰。翰林侍讀李時勉侍講鄒緝應詔上言。陛下嗣紹高皇帝統緒。建立北京。焦勞聖慮幾二十年。本所以爲子孫不拔丕基。天下萬民尊仰之根本。然肇建以來。工巨費大。調度廣。科派繁。羣臣不能深體聖心。致措置失宜。冗官濫員。內外大小。動至千百。征需無藝。掊克蠶食。竭髓猶不足供。匱用莫知所圖。夫衣食者民所賴命也。百萬之衆。終歲在官。既不得遂其父母妻子樂生之心。使耕種失時。農蠶廢業。猶且征求益深。所取無極。至于代輸桑棗以供薪爨。剝取桑皮以爲楮料。而衣食罄矣。加之官司胥吏。橫征暴斂。日甚一日。即如前歲買辦青綠顏料。本非產處。科派動千數百戶。民無可得。釀鈔行買。每大青一斤。至萬六千貫。及至進納。多以不中不肯收受。往復展轉。須二萬貫而不足供一柱一椽之費。其後已遣官課辦產處。府縣買辦猶不爲止。蓋緣工匠派料之時。預爲濫取之利。初不顧民艱難。害之甚者也。然此其一爾。京師天下根本。人民京師根本也。人民安則京師安京師安則國本固而天下安。自然之勢也。自營建以來。羣輩工匠。假託威勢。驅迫移徙。號令方出屋宇已摧。孤兒寡婦哭泣叫號。寒暑暴露。莫能自蔽。倉皇別徙。奥突粗完。又復重驅。莫知所向。至有三四遷移不能定居。既移之後。所空之地。經日逾時。工力猶未之及。此皆陛下之所不知。而京師人民不無怨讟者也。貪官汚吏。徧布內外。朝廷每一差遣。卽是其人養活之計。州縣官吏。賄賂公行。逢迎恐後。間有廉潔自守。不敢承應。復命之日。卽罹讒毀。無以自明。是以在外藩司而下。聞有差遣官至。望風應接。剝下媚上。有同交易。夫小民所積幾何。內外上下。誅求如此。今山東河南山陝諸處。饑荒水旱相仍。至剝樹皮掘草根簸稗子爲食。官無儲蓄。不能賑濟。老幼流移。顚踣道路。賣妻鬻子。以求苟活。而京師之內。聚集僧道幾萬餘人。日食廩米百餘石。猶且徭役不息。征斂不休。此皆耗蠹以養無用者也。報效軍士。朝廷厚與糧賜。使之就役。而游行往來。恣橫擾害。是乃奸詭之人。懼還原伍。科徭不堪。假圖規避。豈眞有報效之心可任用者哉。朝廷歲令有司織緞鑄錢。齎往外番及西北胡買馬。收貨所出。以數千萬。而所取曾不十一。夫錢出外國。自昔有禁。竭天下所有以與之。可謂失宜矣。馬至雖多。類皆駑下。散養民間。馬多人少。生養不遂。及至死傷。輒令賠償。馬戶貧困。鬻賣子女。猶不能塞。不知人民耗矣。多馬奚裨。昔晉武帝徙胡內地。卒致亂華。今入貢胡人。皆窺覘虛實。圖便利者也。乃使羣居輦轂。鞍馬弓矢。牛羊衣服。盛供張。厚賞賚。以優之。此寧足明廣大耶。至于宮觀禱祠。蠹財妄費。亦其一端。夫奉天殿。陛下正朝之殿也。災首及焉。自非省躬責己。改革政化。疏滌天下窮困之人。曷回上天譴怒之意。臣願陛下鑾返南京。奉謁陵廟。告以災變。保養聖躬。休息于無爲。散遣營造工匠。停止征派役作。蠲除租賦。賑濟饑荒。勿聽小人。重勞天下。罷絕禱祠。禁絕僧道。除下番買馬之役。四夷朝貢。賜賚遣之。勿復容留。沙汰冗濫。嚴豪懲貪。獎廉能之吏。重陞賞之實。又前者常有監生生員告乞侍親。因而獲罪。發爲充軍。又其間有先告侍親。後以親終已行出仕。有司不行分理。槪發充軍者。此皆有虧敎化之風。並乞赦原。遂其初志。又近者大赦天下。法司執滯常條罪可宥原。尙復繫拘。亦乞予之自新。量加湔洗。夫國家所恃長久者。天命與人心也。而天命常視人心爲去留。欲得人心。先敦教化。必修禮讓。遂其生養。足其衣食。使其知父子君臣之義。被道德仁義之化。休養田里之間。不見貪殘虐害之政。將災沴不作。太平可臻矣。疏上。忤旨。頃之坐謗下獄。尋赦出不敍。

給事中柯暹。監察御史徐瑢。鄭惟桓。羅通。刑部主事高公望。並言時政。上俱嘉納之。

談遷曰。辛丑言事諸臣多矣。未有如李忠文之剴切者也。營造北京。殫軍民之力萬萬計。彼元之舊都。靡麗已極。高皇帝封燕時。謂不煩一役。僅易其瓦。靖難以後。勢雖拱辰。何遽狹小而改圖之也。必制同建業。則時詘民勞。苟紓目前。不妨小異。當其締費十有三年。塗膏釁血。竭髓焚脂。成祖號英察。而官吏科擾猶如此。日後亡論已。

殺主事蕭儀。羣臣應詔言事。皆云遷都不便。儀尤峻切。上怒。命磔之。曰。吾與大臣密議數月。豈復不便哉。科道官因劾奏諸大臣。上御午門樓。使廷辨。諸大臣因咥罵科道官書生也。昧大計。戶部尙書夏原吉奏曰。御史給事。言官也。且應詔陳言。臣等備員。不能協贊。是臣等罪。上悅。兩宥之。

丘濬曰。漢之邊在北。咸陽去朔方千餘里。唐邊在西。長安去吐蕃界亦幾千里焉。今京都北抵居庸。東北抵古北口。西南抵紫荆關。近者百里。遠者不過三百里。所謂居庸則吾之背也。紫荆則吾之吭也。據關中者。將以搤中國之吭而拊其背。都幽燕者。切近于北狄。則又將恐其反搤吾之吭而拊我之背焉。所以防蔽之者。當尤深加之意。蓋制人而不得。猶不至于失已。守己而或有所失。則其害豈但不得于人而已哉。

王鏊曰。自古中原無事則居河之南。中原多事則居江之南。自然之勢也。成周以來。河南之都惟長安洛陽。江南之都惟建康。其次則有襄鄧焉。唐朱朴之議曰。襄鄧之西。夷漫數百里。其東則漢輿鳳林爲之關。南則菊潭環屈而流屬于漢。西有上洛重山之險。北有白崖聯絡。誠形勢之地。沃衍之墟。若廣浚河渠。漕輓天下。

可使大集此建都之上選也。雖然。皆未有及燕薊之形勢者。大行盤盤。自西而北。居庸古北松亭等關。北瞰沙漠。南引江淮。土厚水深。博大爽塏。其人沈鷙材勇。杜牧所謂王不得不王霸不得不霸之地。豈非天遺其勝。以奠我萬世帝王之業乎。

王世貞曰。南京乘長江之險。龍蟠虎踞。然亦太迫于江。風濤擊撞。宮市不寧。是以有偏王而非宅中。北京雖號稍壯。北與虜近。而南與餉遠。然左滄海。右太行。風氣敦厚。長安之下。此其最也。

談遷曰。文皇帝都燕。雖襲元舊。而元不足以當之。彼斡難之胡雛。以應昌爲上都。直雁集耳。自我明拱極。其勢始壯。郟鄏之鼎早定。諸臣不脫輓輅而先之。猶呶呶戀舊。洵難與慮始也。雖然。蕭儀何罪。橫被斧鑕。至于今批鱗之血。沈碧未雪。冤乎莫爲之白矣。

乙巳。停止中外之不便不急者。

己酉。萬壽節。禮部請賀。敕曰。上天垂戒。寤寐不遑。禮部以朕初度請賀。甚非所以畏天而徒益不德焉。其止之。

辛亥。暹羅國王三賴波磨剌札的賴入貢。謝侵滿剌加之罪。

癸丑。敕吏部尚書兼詹事蹇義。給事中馬俊往南京。禮部尚書金純。給事中葛紹祖往四川。右都御史王彰。給事中王勵往河南。副都御史劉觀。給事中李瑒往陝西。副都御史虞謙。給事中許能往浙江。工部侍郎郭進。給事中章雲往江西。刑部侍郎楊勉。給事中徐初往福建。禮部侍郎郭敦。給事中陶衎往北京。工部侍郎李昶。給事中劉渙往山東。太常寺少卿周訥。給事中劉蓋往湖廣。大理寺丞郭瑄。給事中艾廣往廣東。大理寺丞孫時。給事中蕭奇往山西。通政司參議朱侃。給事中楊春往廣西。各安撫軍民。詢察利病。

禮部左侍郎儀智致仕。智。高密人。洪武中自教諭知高郵州。民愛之。進守寶慶。又畏愛之。永樂二年。遷右通政。兼右中允。未幾。陞湖廣布政使。三年。入禮部侍郎。十一年元旦日食。獨止賀。上心是之。令侍皇太孫。啓迪曲盡。

寬平嚴正。務持大體。遇事又別白當否。年八十。乞骸。尋卒。

丙辰。古麻朗國王幹剌義亦敦奔歸至福建卒。遣禮部主事楊善祭之。謚康靖。子剌苾嗣古麻剌朗國王。以歸。

夜。大星色黃白。出壁宿東北。行至近濁。

五月庚午朔。選庶吉士衞恕陳融溫良姚本張恕萬碩黃澍楊鼎王連李學吳得全朱子福王振蔣謙韋昭。餘進士還鄉待用。

翰林院修撰余鼎爲侍講。

乙丑。給事中柯暹監察御史何忠鄭惟桓羅通等前言事。請止巡游。引龍不離淵虎不離穴爲喩。上怒。詰問之。引易書龍虎風雲對。皆謫知州。俱交阯。實錄云。疏語侵工部尚書李慶等。慶等不能平。上恐其招忌。故遠之。

丙寅。榜葛剌國入貢。

壬申。浡泥國叔祖須麻億等入貢。

周王橚辭三護衞。從之。

庚寅。令交趾分軍屯田。從總兵官李彬之請。

六月庚辰朔。甲辰。吳縣西安瑞昌饑。賑穀萬一千八百石。

庚戌。以瓦剌侵哈密。敕諭賢義王太平等還所掠。

甲寅。令南人入南京國子監。時北雍隘。不能容。

乙卯。潛山東光饑。賑穀五萬四千八百二十石。

丁巳。諜者云。阿魯台欲寇邊。敕居庸關等處嚴備。

庚申。命遼東總兵官都督朱榮都指揮巫凱劉靑選五千騎。山東都指揮王眞領三千騎。並赴北京。

七月辛酉朔。癸亥。命河南都指揮張楨山西都指揮朱銘各領卒五千。銘兼太原三護衛卒四千。潼關衛指揮□□領卒一千。並赴北京。

乙丑。後軍都督僉事章安選口北卒一萬赴宣府。山西行都指揮李謙盛全選卒一萬赴萬全。錦衣衛指揮劉儼左通政樊敬選河南卒二萬赴北京。

丙寅。翰林院庶吉士周敍尹鳳岐習嘉言楊珙陳詢爲編修。典籍黃約仲庶吉士彭麟應秦初黃裳陳善韋昭連智莊約許彬胡讓王諭馬信李冠祿萬完甄讜陳紀張式鄭猷爲檢討。庶吉士楊盛寇厚衞恕張恕沈讓段莾姚本陳融溫良爲中書舍人。

丁卯。嚴自宮之禁。

己巳。上將巡邊。敕左都督朱榮等領前鋒偵虜。安遠侯柳升等領中軍及大營神機營。寧陽侯陳懋等領御前精騎。永順伯薛斌恭順伯吳克忠等領胡騎。武安侯鄭亨等領左哨。陽武侯薛祿等領右哨。英國公張輔等領左掖。成山侯王通等領右掖。

癸酉。志堈嗣保安王。

寧津高邑歙新寧上杭饑。賑粟六千一百七十石。

戊寅。惠安伯金玉卒。玉江浦人。羽林衛百戶。調燕山左護衛。從靖難。歷中軍都督僉事。破虜。封。賜祭葬。妾田氏自經以殉。贈淑人。子瑛。金吾左衛指揮使。

庚辰。臨安公主薨。高皇帝長女。母成穆貴妃孫氏。適駙馬都尉李祺。年六十二。

丁亥。中軍都督同知曹得卒。大同人。靖難功。性謹實。御下不苛。

戊子。諜阿魯台北遁。罷所徵兵。

八月辛未朔日食。

壬辰太監海童指揮白忠等還自交剌言亦力把里國王歪思與賢義王太平戰互勝負遂命邊將嚴備。

癸巳還諸路兵期明年二月至北京。

甲午夜大星光青白出北斗杓西北行至近濁。

庚子壽星旦見。

癸卯河間進白兔。

丁未夜月犯天囷南星。

庚戌免徐州去年水災田租四萬三千八百九十二石。

甲寅選西寧莊浪平涼鞏昌岷河臨洮等土軍明春赴北京。

丙辰命鎮守寧夏寧陽侯陳懋選卒六千五百明春赴京。

丁巳命陝西都司中都留守司選卒一萬四千三百明春赴京。

庚申漢世子瞻壑薨謚懿莊。

九月辛丑朔壬戌左春坊左庶子鄒濟爲少詹事右春坊右中允黃琮爲右庶子。

癸亥工科給事中戴希文爲太僕寺卿。

辛未賊黎利走老撾總兵官李彬進師老撾遣頭目覽者阻我師云縛利以獻竟不至命遣覽者至京詰之。

己卯交阯總兵官李彬追擒劇賊楊恭于新安之岐山縣。

丁亥夜大星赤光燭地起尚書西北行至天津。

十月辛未朔癸巳暹羅等入貢。

壬寅。皇孫瞻垠薨。東宮第四子。年十七。追封靜樂王。謚莊獻。葬昌平宜山。

癸卯。夜。金星犯天江中星。

丙午。夜。大星光青白。出土司空。旁行至雲中。

丁未。永順伯薛斌卒。斌初名脫歡。襲燕山右衛指揮僉事。靖難功。歷左軍都督僉事。從征胡。進都督同知。封

庚戌。翰林院侍講鄒緝爲左春坊左庶子。仍兼侍講。庶吉士董璘爲翰林院編修。刑部郎中段民爲山東布政司左參政。監察御史俞士悅陳鎰爲湖廣按察司副使。

壬子。夜。月犯靈臺中星。

十一月[illegible]朔。辛酉。遣內官楊實等監察御史戴誠等分覈京省庫藏遞年出納之數。

己巳。命邊將置邏騎營于古北口北神樹之地。作深溝高壘以自固。

丙子。復欲北征。命戶部尚書夏原吉兵部尚書方賓禮部尚書呂震刑部尚書吳中等議。皆謂頻年勞師。軍馬儲胥十喪八九。災眚屢作。內外俱疲。重以聖體少安。涉冒風沙。殊所未便。古不勤兵于遠。莫若休養于內。備禦于外。方圖入奏。會上遽召賓。賓言饋餉恐不贍。遂召問原吉餉數。對曰。贍備禦而已。亡以給大軍。上不懌。即命原吉料儲餉于開平。而吳中入對與賓同。遂召原吉下內官監獄。以大理寺丞鄒師賢嘗署部。併繫之。賓懼。自經。上曰。朕未嘗罪賓。何遽然。賓。錢塘人。自監生擢刑部試郎中。數月。改兵部。建文中署應天府事。坐累謫廣東。薦入兵部郎中。上即位。拜左侍郎。己丑扈從北京。進尚書。雖寡學。善應對。聰敏强記。職務叢脞。問無不答。既見任。修怨怙勢。原吉下獄。賓方提調靈濟宮。聞上怒未解。故投繯。上猶惜其才。既聞賓平生。怒曰。生失誅矣。僇其屍。併下吳中獄。初。使者逮原吉。原吉方治粟。使者促甚急。原吉曰。姑少俟。不爾。慮有侵漁。死吾安之。不以相累也。

辛巳。翰林院侍讀李時勉坐累下獄。

甲申。命刑部右侍郎張本右都御史王彰等分往直隸山東山西河南應天鎮江淮安廬滁和徐順天保定順德廣平眞定大名永平河間各造車發丁壯明春運餉集宣府。

丙戌。夜月掩東咸星。

己丑。靜寧王秩蕘薨。

十二月戲朔。丁酉。夜金星犯壘壁陣西第五星。

壬寅。夜大星光青白自天市西垣韓星旁東南行至近濁。

丙午。夜月犯軒轅左角星。

工部尚書李慶改兵部。

壬寅永樂二十年

正月耙朔。日食。免朝臣賀。

丙寅。夜月犯畢宿。

辛未。上南郊。

壬申。交趾總兵官豐城侯李彬卒。彬鳳陽人。襲濟州衛指揮僉事。有智略。從靖難。歷右軍都督同知。封。初鎮江西征交人。還殄倭守甘肅鎮交趾勞勩爲多。追封茂國公。謚剛毅。

談遷曰。國初重邊寄。多在西北。自永樂初南討黎氏版籍其民。于是始愼越帥。張英公而外。豐城久勞于疆埸。或北或南。不遑寧處。交人好亂。尺一屢下。黎利等迄今未卽獲。兵何時息耶。宜盡心晝方略。滅此後食竟不幸朝露。遺其憂于君父。死而有知。將蒙面地下也。

夜。月食。

丙子。龍游寧鄉饑。賑粟二千九百石。

己卯。進士何善張政馮泰花宗淵張聚何文淵金廉嚴烜林眞曹令德賴英鄒得初陳紹夔王愈楊誼杜時范克恭梁廣成游奎鄧敬爲監察御史。

哈烈于闐諸國入貢。

壬午。禮部尚書兼都察院事呂震劾遼東總兵官都督朱榮弛備縱虜。及廣寧都指揮王眞周興等俱宜下吏。命戴罪自効。

乙酉。夜。大星光赤黃。起翼宿。東南行至近濁。

二月孜朔。庚寅。除烏程絕戶糧二萬九千五百四十七石。

夜。大星赤光燭地。起天市西垣外。行至騎官。

癸巳。故惠安伯金玉子瑛襲金吾左衛指揮使。

乙未。秦府志潔封富平王。

己亥。後軍都督同知朱崇卒。崇定遠人。襲燕山右衛指揮使。靖難功陞歷鎭陝西山東。賜祭葬。追封平陰伯。謚武襄。子鎭襲燕山右衛指揮使

辛丑。命考黜贓汚官吏。邊戍之。

乙巳。議北征餽運。令隆平侯張信工部尚書李慶侍郎李昶督前運。踵大軍。餘分車驢。泰寧侯陳愉都督僉事張遠吳顒右都御史王彰侍郎張本伏伯安指揮十人郎中員外郎主事五人御史五人督車運。鎭遠侯顧興

祖都督僉事章安、兵部尙書趙羾、侍郎崔衍、都指揮李得、指揮等如上督驢運。保定侯孟瑛、遂安伯陳英、侍郎郭敬、都指揮陳景先、指揮等亦如上督後運。惟用車。仍率騎一千、卒五千。護前後。計驢三十四萬。車十一萬七千五百七十三。挽役二十三萬五千一百四十六人。轉餉三十七萬石。

丁未。封志墣永興王。

後軍都督僉事程寬卒。寬潁上人。有膽氣。襲蔚州衛百戶。靖難功陞。賜祭葬。追封保昌伯。謚忠威。

三月戊朔。己未。故永新伯許成子貴襲羽林前衛指揮使。

辛酉。夜。月犯畢宿。

丙寅。戶部言開、徐、高邑、靈壽、欒城民饑。上歎曰。皇考置預備倉俟賑。今有司于饑民奏請待命。彼先溝壑矣。其令有司遇饑。迫賑而後奏。

辛未。夜。月掩食土星。

乙亥。虜阿魯台犯興和。殺都指揮使王煥。城陷。或曰。王煥候新興伯譚忠于郊。中酒。爲伏虜所縛。因脅其從人乘昏呼門納之。遂陷。興和在萬全都司野狐嶺。元中都也。上北征。每住興和。而失陷不復立。以孤絕難守耶。煥子祥襲燕山左衛指揮使。

吳朴曰。興和元氏居盛。國家于宣德間棄興和。退守龍門。北虜踰野狐嶺。直過宣府。孫與祖鎭大同。以師伐之。豈爲窮兵黷武哉。我國家定鼎幽燕。宣府是其北輔。過野狐便爲狄境。然則徙興和退守龍門者。不亦有罪。而今日所以圖議收復。以爲宣府之蔽。而奠神京萬載之安。可容緩哉。宣府志曰。興和棄而所移鎭城。則宣府之西北蹙矣。開平棄而衛移獨石。則宣府之東北蹙矣。廣輪之減于古昔有由也。雖然。興和膏腴萬頃。土人意猶戀之而屏置勿講。必其時勢難爲。至如開平。則灤水龍岡。環抱明秀。當時可田田之。以省轉輸。不可田則畀之朵顏諸夷。與大寧相易。庶乎厚我之防。攜彼之勢。亦豈非萬世長策乎。而胡爲不然也。嗚呼。河湟不復。東勝不守。邊備之疎也。匪特宣鎮然矣。惜哉。

丁丑。親征阿魯台。告郊廟。命皇太子監國。初阿魯台內附。以迫瓦剌。窘甚。南保塞自歸。上納而封之。既得休息。生聚畜牧。數歲蕃富。遂慢我使者。拘留之。彼使歸。行刼掠。其部下往往寇塞下。

戊寅。上祓承天門。發北京。晚次楡林。

辛巳。駐蹕雞鳴山。興和之虜遁。諸將請急追之。上不許。曰。追之徒勞耳。我道開平。踰應昌。乘其不意。擣穴未晚也。

癸未。次宣府。

甲申。享將士。

乙酉。市山東河南山西驢二十餘萬。至給士卒。

四月丁亥朔。敕皇太子。凡官軍以罪繫者。悉送軍前立功。

戊子。武安侯鄭亨以萬卒治龍門道。

庚寅。賑潁州饑民粟八萬六千八百五十石。皇太子從吏部尚書巡撫蹇義之請。

辛卯。命太醫院分醫生于行營視疾。

己亥。敕前鋒都督朱榮等勤哨瞭。愼設伏。

辛丑。次龍門。收遁虜遺馬二千餘匹。

癸卯。萬壽節。禮部請賀。上曰。朕不獲祗拜宗廟。秉念從征士卒之苦。何樂于心。此行驅虜安邊。共效忠勇。所以賀也。

壬子。令民以軍餉役塞外者復之一年。

乙卯。次雲州。閱兵。

五月町朔。己未。令將士軍行不得離隊五十丈。牧放馬驢亦毋得遠離營。

廣州暴風雨。潮溢。溺人畜。壞田舍。皇太子遣使撫問。

夜。大星光青白。起角宿西北。行至下台。

辛酉。午日。次獨石。宴從征羣臣。

甲子。瓜哇國西王入貢。

乙丑。上度偏嶺。令將士獵道旁山下。曰。非好獵也。以繕士怒。

丙寅。次隰寧。敕開平備禦成安侯郭亮曰。虜至勿戰。固守俟大軍。城中民禁之遠出屯堡。無要害者。悉徙入城。

丁卯。大閱。諭諸將曰。水因地而順流。兵因敵而作勢。水無常形。兵無常勢。兵猶水也。

戊辰。校射。一卒連中三。賜牛羊各一。鈔五錠。銀椀二。曰。重賞則人勸。是日。上作平虜三曲。使將士歌之。壯敵愾。

庚午。召列侯馳射。英國公張輔。安遠侯柳升。寧陽侯陳懋連中。應城伯孫亨不中。罷其領兵。隆平侯張信辭疾不至。降辦事官。餘半中。上諭曰。智勇兼全。爲將之道。弓馬便捷。所向無敵。勇也。計算深長。智也。有勇無智。一卒耳。

辛未。發隰寧。次西涼亭。亭故元巡遊所。上望其址。歎曰。元人創此。豈計今日。書曰。常厥德。保厥位。厥德靡常。九有以亡。況一亭耶。因禁伐亭旁樹。曰。殷鑒也。

壬申。大閱。

癸酉。發西涼亭。次閱安。命下營。時大臣居中。五軍分駐營外。建左右哨。左右掖。以總之。步內騎外。神機營又騎外。外有長圍四周二十里。軍中樵牧毋出長圍。上問諸將驅虜策。皆叩頭言奉陛下成算。上曰。智勇先也。必愛士而和僚。

甲戌。敕皇太子曰。朕今去京師漸遠。軍機重務。令五府六部議當行之。不必來奏。仍敕諸臣協心輔導。

丙子。次威虜鎮。

丁丑。敕前鋒左都督朱榮哨騎止五千。前行。餘回大營。值寇勿輕進。亟馳報。

庚辰。皇太子進蔬果。敕曰。朕付爾宗社。親賢保民。是爲爾孝。口腹勞人。非朕心也。繼今蔬果毋遠進。

辛巳。諭諸將曰。軍旅重事。朕不敢自逸。每一令出。必審思之。古人云。將。國輔也。輔周國强。輔隙國弱。朕若未當。爾有深謀長策。即面陳焉。上在軍。率五鼓起。或閱卒。或計事。夜與侍臣論經史。或與諸將論兵法。至忘食寢。

壬午。敕領運公侯。令餽運兵民日隨大軍行。夜團營而宿。後者斬。

乙酉。次開平。

六月炳朔戊子。次玻瓈谷。分所轉運還貯開平。

己丑。次通川甸。命都督吳成都指揮程忠以五百騎馳應昌覘虜。

庚寅。次長樂鎮。鎮乏水。晚有泉出。足飲。

壬辰。次清平鎮。令曰。出應昌。地益平曠。宜結方陣進。神機馬隊整肅列之。

癸巳。次威遠川。以開平報虜復攻萬全。上曰。虜慮我搗穴。欲牽制。必不足虞。

甲午。次陽和谷。虜攻萬全者遁去。

丙申。次祥雲屯。方駐蹕。紫雲如蓋。見營南。故名。

談遷曰。漢晉時胡地名見史傳者。多雅馴不經人道。長陵出塞。先後所駐蹕俱特名。類淺俗。則驂駕諸儒臣失之率易耶。

戊戌。次翠玉峯。虜有降者。命善撫之。

庚戌。次玉河泉。以深入。敕前鋒都督朱榮等各領健卒三百。卒二騎。賚二十日糧。宵行偵伺。都督吳成等匯兵千人後應。

夜。大星青白光燭地。出太微西垣。行至近濁。

乙卯。次通濟河。令軍中護兵器馬驢。行糧毋委棄。

是月。廣平邯鄲成安肥鄉無極藁城濬魏襄城俱霪雨傷稼。

七月丙辰朔。次廣威鎮。

戊午。次環秀岡。虜有息。命馳赴簡邏騎四出。

夜。二大星一赤光出閣道。行至雲中。一青白光出婁宿。行入天倉。

己未。次殺胡原。前鋒都督朱榮獲虜部屬。言阿魯台聞兵出。其母妻罵之曰。明皇帝何負爾。爾入擾其塞。吾屬擄去矣。阿魯台盡棄其馬駝牛羊輜重于闊灤海側。與其孥直北徙。上曰。未信。毋弛備。既果然。召朱榮等還。盡收虜所棄牛羊駝馬。焚其輜重。遂命旋師。夜諭諸將曰。阿魯台遁矣。羽翼之者兀良哈。遂分步騎二萬為五道。度其西走。上親率精騎數萬西邀之。

辛酉。次清水泊。

皇太子遣視溧陽寶應蕭新城莒諸城壽光膠蓬萊黃中牟原武祥符滎澤長垣薊玉田灤俱霪雨傷稼。

癸亥。夜。大星青白光燭地。起右旗。行至近濁。

戊辰。次捕虜川。命武安侯鄭亨成山侯王通陽武侯薛祿率大營諸軍後行。

己巳。次沙泉磧。命都督任禮等偵虜。

庚午。上至屈裂兒河。兀良哈衆數萬驅輜畜西奔陷山澤中。我擊之。卽逆戰。上麾騎翼進。虜欲突走。上衝之。斬數百級。戰地背河。前左皆山。上登山見寇復聚。乃麾兵右繞十餘里。又急分兵渡河斷其後。寇數百騎突右。盡獲之。又左繞十餘里伏甲深林中。寇左突。伏發神機弩銃。寇大潰。有數百騎南走。上率騎追奔三十餘里。抵其巢。斬首虜數十。生獲其黨伯兒伯克等。盡收其人口牛羊駝馬。焚其輜重兵器。暮宿豐潤。

談遷曰。戎狄無親。綏則人。急則獸。何常之有。文皇帝始征虜。不寢處阿魯台不置也。亡何封阿魯台則征兀剌。又亡何信兀剌則征阿魯台。十年之間。乍臣乍叛。乍賞乍譴。在虎狼之虜不足責。而廟算互異。非所以昭威信于萬里之外也。若曰阿魯台侵掠。則兀剌之侵掠亦見告矣。且遁在阿魯台。還其罰于兀良哈。曰彼黨逆也。噫。義旂初建。首下大寧。簡兀良哈三千騎爲奇兵。立三千營。不忘其德。盡捐大寧地予之。割雄鎮以資伏莽。又尋兵焉。蓋騖遠略。慕奇策。不欲虛其羈靮也。雖然。斬級俘獲。史無稿數。意者萬乘之重。固不可以銖校矣。

皇太子設四川龍州鐵冶。

暹羅占城入貢。

辛未。上復以兵徇屈裂兒河西。搜餘寇。大獲之。

壬申。兀良哈餘寇多來降。釋之。

癸酉。皇太子免兩畿山東河南被水田租二十三萬八千三百四十石有奇。芻三十八萬一千三百餘束。

甲戌。兀良哈老弱詣軍門待罪。

乙亥。工部尚書宋禮卒。禮字大本。河南永寧人。洪武中監生。擢山西按察僉事。坐累左遷戶部主事。至刑部員外郎。上即位。署禮部。拜禮部右侍郎。歷工部尚書。以營建北京。再入蜀採木。有才幹。稍嚴刻。細過不宥。蜀人畏之。其治會通河。利賴百世。稱偉伐矣。

丙子。次聞喜岡。至大營。

丁丑。命寧陽侯陳懋以五千騎追餘虜于屈裂兒河東北。聞尚千餘人。

夜。月犯畢宿。

戊寅。次捷勝原。分給所獲牛羊于將士。

壬午。次紫駝岡。陳懋搜獲河東北深谷男婦千餘及牛羊馬數萬。并得所掠邊卒男女百餘人。

是月。遼東霪雨傷稼。

八月乙酉朔。次清漠川。

前軍都督僉事馬眞卒。眞武進人。襲燕山左護衛百戶。靖難功陞。至是征北。力戰被創。還黑山卒。予祭葬。

己丑。次祥雲屯。寧陽侯陳懋逐殘虜山澤中。敗之。

壬辰。次威遠川。益陳懋千騎。與武安侯鄭亨前行收輜重。亨懋夾擊虜。又大敗之。

乙未。後軍都督僉事章安卒。安壽州人。襲大同衛百戶。從上征乃兒不花。還燕山左護衛千戶。有智計。靖難功陞。守宣府。總督懷安萬全諸衛軍餉。時右軍都督僉事張遠與安齊名。轉餉北還卒。俱賜祭葬。

夜。月掩建星。

戊戌。署交阯布按二司工部尚書黃福。乞交阯罪人皆納粟贖罪。以資餉。皇太子從之。

皇太子許廣西鬱林博白北流陸川歲餉九萬餘石。自鬱林航至廉州。令交阯自運。

己亥。廣東右布政使華亭王公亮。按察僉事當塗梁觀。並卒。俱有賢名。

庚子。次武平鎭。皇太子遣富陽侯李茂芳禮部尚書呂震迎駕。

辛丑。諭皇太子以班師詔天下。是役最爲得志。然阿魯台竟遁。未伏誅也。

壬寅。武安侯鄭亨陽武侯薛祿守開平。

太監鄭和等使諸番國還。諸番國皆隨入貢。

皇太子擢知縣鄭堅縣丞薛廣進士王賓李蓁監生杜海張翼呂翺林儀鳳劉蓁葛綮張忠郝敬俱爲監察御史。

皇太子定官吏考滿不給由。服滿不起。得代不赴。因事赴京不還任。俱戍保安。

庚戌。次雲州。禁官軍蹂傷田稼。

辛亥。壽星且見。

皇太子遣駙馬都尉沐昕。趙王高燧遣長史趙季通。六部臣推侍郎郭敦。進賀平胡表。

九月躬朔。次榆林。

丁巳。度居庸關。次龍虎臺。享隨駕將校。北京文武大臣迎駕。

庚申。左春坊左庶子兼翰林院侍講鄒緝卒。緝字仲熙。吉水人。力學博洽。自學官擢國子助教。永樂初遷侍講。尋兼左中允。秩滿遷左庶子。預修實錄及大典。好持正議。祿食三十餘年。澹泊布素。身沒僅藏書數千卷。同時翰林院編修兼左春坊左贊善長樂陳仲完。溫厚質實。授經皇孫。歷二十年不遷。後緝月餘卒。又右春坊右贊善武進陳濟。博學强識。當日鮮倫。自布衣召總裁大典。皇太子深重之。亦卒。

壬戌。昧爽。上至北京。羣臣表賀。

朱國楨曰。太宗五涉虜庭。三與虜遇。以全師壓殘寇。重以天威。何所不靡。然終不能掃之至盡。蓋其時徼淇國之敗。他將無可任者。勢必親行。親行矣。聲勢隆重。虜皆震慴。悉遠輜重。以精騎出沒山谷間。可戰則戰。戰不勝則遁。勢不能盡絕。而我亦不勝勞苦。且有榆川之變矣。夫太平天子。年至六十加五。高矣。猶介鑾輿于金戈鐵馬間。驅馳絕塞。不啻躬一將之任。豈好勞惡佚。大遠人情。誠見兵將尙强。及吾身用之。可以鬯威靈。杜窺伺。而他皆非所惜也。宣皇親侍行間。克繩祖武。遂成喜峯之捷。英皇追慕先烈。纔一啓行。六師俱覆。謀雖發于王振。斷必決于聖衷。相傳英皇在東宮。宣皇問曰。汝能伐虜否。應聲曰能。蓋其志如此。嗚呼。是豈可以易言哉。

癸亥。下左春坊大學士楊士奇鴻臚寺丞劉順錦衣衛獄。士奇輔導有闕。順奏事失辭也。

夜。大星光青白燭地。起文昌東北行至近濁。

甲子。刑部右侍郎楊勉以弟罪下錦衣獄。

乙丑。工部左侍郎伏伯安前過通州私潞河驛丞妾。見劾下錦衣獄。

丙寅。下禮部尙書呂震及吏部尙書兼詹事蹇義錦衣獄。蓋震壻戶部主事張鶴失儀。皇太子宥之。義在側不言。

己巳。上御奉天門。諭嚴鈔法。不行使者坐大辟。家徙邊。

宴從征將士。命禮部分等。有功無過者坐前列食上食。功過相等。先入闕者坐中列。食中食。功過俱無坐下列。食下食。無功無過者傍立。賜鈔各有差。文淵閣大學士兼翰林院學士楊榮金幼孜扈從之勞。特前坐上食。各賜金織紵絲衣一襲。鈔五千貫。都督吳成等不預上列。徑趨出。見劾宥之。

辛未。封左軍左都督朱榮武進伯。祿千二百石。右軍都督僉事薛貴安順伯。流祿九百石。

癸酉。釋楊士奇。復左春坊大學士。

乙亥。夜。金星犯木星。

丙子。夜。大星赤光燭地。起天囷。行至壘壁陣。

辛巳。夜。大星光靑白燭地。起軍市。東南行至近濁。

十月酟朔戊子。高密流民復業七百餘戶。有司乞寬宿負。上諭戶部。凡逃民復業者。積年逋負悉蠲免。

夜。大星光靑白燭地。起天囷。行至近濁。

辛卯。大星光靑白燭地。起天狗。行至天廚。

癸巳。命內官韋喬監察御史宋準郎中呂謙等八十人檢天下倉庫及出納之數。

占城琉球中山王入貢。

壬寅。工部言。開封土城隄。黃河舊離此五里餘。徑從邊村抵獨樂岡南入淮。比河決而西。蕩囓城堤。雖屢修治。猶不能保無決患。宜浚故道。使通之。報可。

甲辰。給大同天城陽和朔州等衞神機銃砲。

免寧晉縣旱傷田租。

磁州同知周原卒。原字彥廣。繁昌人。洪武乙丑進士。授辰州推官。調吉安。廉平敏決。不旬日囹圄爲空。坐累免。復令蒲臺。判疑獄。禳飛蝗。歲以大稔。改新昌。秩滿。遷磁州。俱有治行。

戊申。遣視沔陽州水災。

己酉。夜。金星犯土星。

壬子。夜。火星退犯天街上星。

十一月酟朔丁卯。夜。月犯畢宿。

壬申。瓜哇國西王入貢。
戊寅。鄭州民獻白兔。
壬午。婺源知縣吳春卒。春建安人。登進士。任婺源。有逋賦數年。曲諭民得辦。勸學簡役。會蝗災。引咎赴水死。民皆思之。
十二月艸朔。戊子。土魯番柳陳城入貢。
庚寅。前朝鮮國王李芳遠卒。訃聞。諡恭定。
辛卯。武進伯朱榮爲總兵官鎮守遼東。
乙未。置古魯衞。女直野人
賑英山縣饑民粟九千六百十七石。
辛亥。釋劉順復鴻臚寺丞。
癸丑。夜大星光靑白燭地。起文昌。行至紫微東蕃內。三小星隨之。
閏十二月艸朔。甲子。鎮守雲南黔國公沐晟勦維摩蒙自等盜。
丙寅。進士黃烱李俊監生單信趙安翟慶呂皁李鑑趙伏柴皋薛瑾李琳爲監察御史。
賑登州飢民粟五十萬石。
庚午。後軍都督同知王麒卒。麒建州松花江人。舊名麻子帖木兒。洪武中來歸。壯勇善射。隸燕邸。靖難初每戰矢不虛發。敵甚畏之。
甲戌。水災。免鳳陽及碭山蕭縣田租。
戊寅。夜乾清宮災。

是月。倭寇象山殺縣丞章眞敎諭蔡海。

癸卯永樂二十一年

正月楑朔。己丑夜。月行畢宿。

庚寅。遣監淮安濟寧東昌臨淸德州直沽商稅。

乙未。上南郊。

丁酉。應城伯孫亨卒。亨父巖燕山中護衞千戶。代父任。從靖難累功。歷河南都指揮僉事。巖封伯。卒。亨嗣。

戊戌。敕寧陽侯陳懋武進伯朱榮及都督柴永正都指揮馮苔蘭指揮吳管者赴北京。

庚子。召都督李謙都指揮朱銘。

癸卯。交阯參將榮昌伯陳智敗黎利于寧化車來縣。利逸去。

甲辰。夜大星赤黃光燭地。自中天雲中行至近濁。

庚戌。夜木星犯上將。

二月壬子朔。辛酉。魯迷入貢。

壬戌。蜀王椿薨。王母惠妃郭氏。滁陽王女也。王恂慧能文。一目五行下。闢西堂。延名士李叔荆蘇伯衡等商搉文史。高帝呼爲蜀秀才。旣之國。聘方孝孺爲世子傅。表之曰正學。令國人師之。造安車。賜長史茶陵陳南賓。分成都學博士以月餼。施惠而崇敎。爲賢王冠。同母弟谷王橞晩逆。王發之。褒賜特厚。年五十四。謚曰獻

談遷曰。高帝諸子。蜀寧並謚獻。彬彬博雅君子也。寧所挾持不小。審勢晦跡。逃于翰墨之場。至于蜀動合矩度。聲徹西陲。河間好文。東平樂善。求之今日。眞其儔也。

釋蹇義復吏部尚書兼詹事。

己巳。李賢嗣豐城侯。孫英嗣應城伯。李彬孫亨子。

廣西都指揮使鹿榮討平洛容柳城宜山天河等蠻寇。

丁丑。進士左瑺陳憲爲監察御史。

己卯。兵科給事中金文英前戍興和陷虜二年脫歸。言虜情。復其官。

三月壬朔戊子。賑登封縣饑。

己丑。夜大星青白光燭地。自危宿北至室。

庚寅。成安侯郭亮卒。亮合肥人。襲南寧衞百戶。調天策衞。累進永平衞千戶。附靖難。歷左軍都督同知。封。後守開平。貪淫不檢。妾韓氏自經殉之。贈淑人。洪熙初。贈興國公。謚忠壯。

辛卯。釋呂震復禮部尚書。

己亥。盜入南京大祀壇天庫。盜蒼璧二。黃琮一。

庚子。監察御史王愈及刑部錦衣衞四人論囚。誤殺無罪四人。命償死。愈四人卽棄市。

己酉。賑吳橋桐城饑民粟萬五千五百九十二石。

庚戌。夜火星犯積薪星。

四月辛朔丙辰。夜大星赤光燭地。出軫宿。行至近濁。

癸酉。作奉先殿祭器。

五月辛朔辛巳。夜大星赤光燭地。出織女東北。行入天津。二小星隨之。

癸未。遣視祥符陽武中牟寧陵項城永城滎澤太康西華蘭陽原武封丘通許陳留洧川杞內鄉新鄉獲嘉汲淇輝睢宿去年水災。蠲其租。

己丑。常山中護衛總旂王瑜上變。告常山中護衛指揮孟賢等糾合羽林前衛指揮彭旭等。將舉兵推趙王高燧。謀不利于上及皇太子。時上不豫。宦官黃儼江保素邪媚。皇太子疎斥之。遂數行離間。太子希進見。趙王入朝。留京師。儼等妄意上屬意王。隨侍。孟賢等皆善欽天監王成。成密語賢曰。成觀天象。且有易主之變。旬月間耳。賢益喜。與其弟三衛士馬恕田子和高正通州右衛鎮撫陳凱等爲謀。正僞爲遺詔。通近侍謀鴆上。即劫出禁仗符璽。屬中官楊慶養子。至期僞詔從中下。立王爲天子。然未以告王。曰。待事成。孟賢高正語其甥王瑜。瑜泣諫不聽。詣闕上變。上命急捕賊。御右順門親聽之。立誅楊慶子。顧趙王曰。爾爲之耶。王齒擊不能聲。太子力爲解。孟賢等皆伏誅。籍其家。

談遷曰。孟賢隱謀。不告趙王。猶貫高柏人之計。不告張敖也。上雖春秋高。海內晏然。東宮施澤于民久。萬一宮車晏駕。盡如奸人指。夜半出黃紙。仍行扶蘇之事。輦下軍民百萬人人欲爲太子死。奸人之肉豈足食乎。眞迷罔之見也。第讒鬩媒孽。謀生意外。丁外人覬其羽翼。莽何羅乘其倉皇。脫不可諱。豈非禪代之大痛哉。而鴒原無恙。燕翼相安。修齊之理。區區晉獻宋文。何足以語此哉。

癸卯。東阿知縣上虞貝秉彝秩滿。父老乞留。特進二秩。食正六品俸。還東阿。進士。前知邵陽。有惠政。憂去。起東阿。

戊申。占城入貢。

是月。峨眉縣大雨水。

六月庚朔。日食。

乙卯。建安知縣張準卒。準崑山人。舉賢良。任建安。修潔愛民。歲祲。請鈔代租。大疫。乞蠲徵徭。朝廷皆從之。

庚申。湖廣按察使陳諤改山西。

七月朔庚辰。交阯布政司右參政房安卒。安汝陽人。監生。洪武中授北平按察僉事。遷江西按察使。上謫戍興州。起御史。歷工部左侍郎。尋調山東右參政。坐累論死。又改官四川交阯。老吏嚴刻。其廉不可沒也。

壬午。中官海壽往立朝鮮國王李祹嫡子珦爲世子。

辛卯。鴻臚寺左少卿孫伯堅卒。伯堅臨川人。監生。洪武中授兵部主事。歷四川左參政。治尚寬簡。招諭水西諸蠻。卻其金。上拜山東按察使。左遷行部工曹員外郞。改鴻臚寺。太子留守。爲所重。嘗舉刑部主事梁仕非其人。識者病之。

丁酉。封晉府美埧聞喜王。美增和順王。

戊戌。諜阿魯台將犯邊。上召諭諸將曰。朕當待之塞外。乘其勞擊之。遂命安遠侯柳升。遂安伯陳英領中軍。武安侯鄭亨。保定侯孟瑛領左哨。陽武侯薛祿。新寧伯譚忠領右哨。左掖則英國公張輔。安平伯李安。右掖則成山侯王通。興安伯徐亨。前鋒則寧陽侯陳懋等。部分既定。遂料軍實。

庚子。翰林院侍講羅汝敬修撰李騏主試應天。

釋李時勉。復翰林院侍讀。

壬寅。發京師。

皇太子令隆平侯張信等修築薊州馬蘭等隘口。又令工部築通州抵直沽河岸。

甲辰。次土木。大閱之喜。遂賜宴。會有邊卒陷虜脫歸者云。今聚飲馬河北。聲言犯大同寧夏。敕大同寧夏守將嚴備之。敕慶王栴嚴敕護衞官軍亦如之。

乙巳。軍士取田穀飼馬。立斬之。

丙午。皇太子設貴州按察分司。貴寧道。安平道。新鎮道。思仁道。

戊申。諭皇太子。凡飲食及諸不急之物悉勿進。

八月。朔。宴勞大營五軍諸將。因大閱。

壬子。湖廣指揮僉事王玉爲後軍都督僉事。鎭守宣府。羽林衞指揮使張義爲陝西行都指揮僉事。鎭守懷來。

甲寅。發宣府。次沙鎭。賜諸將內廏馬。曰。古人克敵藉馬。習調之。

翰林院侍講王英修撰林誌主試順天。

戊午。壽星旦見。

琉球國中山王世子尙巴志入貢。

庚申。次萬全。衞兵民有進馬牛瓜果。倍償之。

敕大營五軍諸將曰。朕勞勤將士。非志用武。計生民也。夫有精兵十萬。可橫行天下。今以三十萬衆當此殘虜。何患不克。

辛酉。封瓊烴爲唐王。

皇太子賑會同縣饑民粟千五百四十九石。

甲子。禮部左侍郎胡濙進太嶽太和山瑞光圖。適聖壽節。又山產靈芝榔梅。禮部欲賀。不許。

丙寅。命諸將布陣。聚軍士操習之。神機銃當鋒。馬隊居後。曰。陣密則固。鋒疎則達。

丁卯。命諸將分督沿邊隘口。晝夜毋怠。

乙亥。次沙城。召見晉庶人濟熺。封其子美圭平陽王。初。濟熺嗣王。其弟濟熿戾。怨恭王勿之愛。而濟熺不爲之解也。故數使人誣其不軌。竟與世子美圭坐廢。守恭王園。封濟熿晉王。遂煬嫡母逼烝恭王侍兒。裁絕濟熺飲食。四困十年。故府中媼不能平。訴于上。以故承奉左徵爲證。徵蓋濟熿所誣佐逆者。久繫京獄。上出徵問之。得其狀。卽使徵召濟熿。徵馳入空室中。解其糾纏。相持哭。時府中謂徵死久。及至。皆大驚。濟熿入見。憊甚。上憫之。封美圭。俾奉濟熿居平陽。

丁丑。皇太子蠲兩京山東郡縣被災田租。

是月。瓊州暴風雨。潮決壞田廬人畜。

九月甲午朔。壬午。皇太子開四川南部縣井鹽。

戊子。次西陽河。抵于陰山之脊。皇太子趙王及諸大臣遣人奉表賀壽。却不受。

癸巳。虜僞知院阿失帖木兒古納召等率其妻子來降。備言阿魯台今夏爲瓦剌順寧王脫歡所敗。其部落潰散無所屬。若聞天兵再出。必遠遁不復南矣。命各授正千戶。

甲午。諭諸將曰。雖虜遁。當謹備。分令巡視緣邊。修築關隘防守之。

宥廣西融縣降盜梁羅八爲民。初倡亂。鎭遠侯顧興祖等下之。

戊戌。西洋古里忽魯謨斯錫蘭山阿丹祖法兒剌撒不剌哇木骨都束柯枝加異勒溜山喃渤利蘇門答剌阿魯滿剌加等十六國入貢。使者千二百人。敕皇太子宴勞厚賜。

庚子。夜有星大如月。靑白光燭地。自壘壁陣行至羽林軍。

辛丑。命恭順伯吳克忠安順伯薛貴都督吳成等先引三千騎偵虜。

十月甲午朔。己酉。平江伯陳瑄請漕糧分三運。兩赴京倉。一貯通州。皇太子從之。

甲寅。次上莊堡。前鋒寧陽侯陳懋等追虜至宿嵬山口。遇韃靼王子也先土干率妻子部屬來歸。遣人馳奏。敕善視之。與偕來。也先土干在胡中以黠桀自豪。胡人悉畏下之。

甲子。次天城。將士獵東南山麓。上臨觀之。

丙寅。復觀獵。時風日暄霽。將士健捷。上喜

己巳。寧陽侯陳懋以也先土干及其部屬入見。上大喜。召之前與語。叩頭呼萬歲。命悉賜酒饌。封也先土干忠勇王。賜姓名金忠。其甥把台罕授都督。所以宴賜甚厚。

庚午。書諭皇太子。以也先土干來降。詔班師。頒中外。

甲戌。次萬全。皇太子遣定國公徐景昌表賀。

十一月戊戌朔。次懷來。

辛巳。入居庸關。上袞衣乘玉花龍馬。臣民夷使駢闐迎駕。懽呼萬歲。次龍虎臺。大賜宴。

甲申。至京師。陳鹵簿。上乘御輦入謁告郊廟社稷。出御奉天門。朝諸臣。時諸番貢使咸集闕下。文武羣臣上表賀。上諭無怠無荒四夷來王之意。

乙酉。召忠勇王部下皆授官。都指揮七人。指揮三十一人。千戶十八人。鎮撫百人。

丙戌。賜忠勇王誥券。

丁亥。皇太子聞內臣黃儼江保之譖。賴上不聽。以語左春坊大學士楊士奇于文華殿。士奇曰。殿下盍宜自盡。皇太子善之。

戊子。至日。受朝賀。大宴。

給平陽王美圭祿二千石。

壬辰。夜。月食。大星光青白。起參宿。行至天苑。

十二月戊申朔。己酉。浙江按察僉事蔡楫卒。楫沛人。舉孝廉。令嘉興。即出滯囚二百餘人。勸富民完積負四十八萬

石有奇。廳設善惡二牌紀民行。亡賴愧悔。擢御史。採木江西。屢奏民瘼。遷浙臬。寬猛適劑。人多思之。

辛酉。夜大星光青白。起翼宿。行至近濁。

丁卯。朝鮮國王李祹遵敕貢馬萬匹。賜千金錦綺羅各三百。綵絹四百。

庚午。夜大星青白光燭地。起張宿。行至近濁。

乙亥。歸交阯遺骸于故鄉。有司任其費。

是歲交阯上供絹七千一百四十七匹。漆三千斤。蘇木五千斤。翠羽三千箇。扇萬柄。其貢自十四年始。歲有增損。而是歲獨羸。

甲辰永樂二十二年

正月戊朔。上御奉天門受朝賀。覲官二千四百七十二人。

壬午。廣西右布政使周幹等曠官被劾。下錦衣獄。尋輸作贖罪。

甲申。大同開平並報阿魯台所部侵掠。初。忠勇王金忠數請擊胡自效。上曰。事須有名。漢文帝言漢過不先。其需之。至是召公侯大臣熟計征虜。皆贊決。上可之。

丙戌。敕山東山西河南陝西遼東各都司選步騎。期三月赴宣府。陝西行都司西寧鞏昌洮岷河州等衞各軍

三月赴北京。

戊子。上南郊。

辛卯。賜文武百官及京民四夷人等元宵節鈔。

戊戌。榜葛剌國僧入貢。

己亥。夜。大星赤光燭地。起左攝提。行至梗河。

壬寅。定從征官軍賞格。

甲辰。舊港故宣慰使施進卿子濟孫遣使丘彥成請嗣秩。且舊印燬于火。命太監鄭和往給之。

二月朾朔。陽武侯薛祿平長興盜吳貴歸等。俱伏誅。初賊聚千餘人拒命殺官吏。故遣祿以三千人往。

交阯參將榮昌伯陳智遣交州右衞指揮僉事陳麟擒陸那縣盜丁仕瑜。

壬子。翰林院侍讀學士曾棨侍講余鼎主禮闈。

瓦剌賢義王太平安樂王把禿孛羅順寧王脫歡入貢馬。

戊午。琉球國中山王思紹卒。遣祭。

壬戌。暹羅入貢。

丁卯。監察御史劉璉爲山東布政司右參政。工部郎中江淵爲廣東布政司右參議。揚州知府陳璉爲四川按察使。

應城伯孫英卒。英嗣爵踰年。妻李氏自經殉之。追封夫人。

戊辰。楚王楨薨。楨母充妃胡氏生時。高帝破漢武昌報至。問羣臣武昌古何地也。對曰楚。帝曰子長予楚。及分封王齊。鑄齊寶三鑄三虧。乃記楚事。改封焉。賜王經史王錄御註洪範及大寶箴于座右。屢命征散毛大庸銅鼓五開諸洞蠻。又征雲南西番及全州桂陽瀘溪黔陽古州等寇。俱有功。王不親蒞軍。措糧糗無方。高帝心謂王不武也。居國樂善奉法。無有踰越。上卽位。召爲宗正。八年入朝。上美王賢。亦與其官能輔導。褒賜之。疾篤。勉世子孟烷以忠孝。年六十。謚曰昭。

三月玎朔。策貢士葉恩等百五十人于奉天門。賜邢寬梁禋孫曰恭等進士及第出身有差。

戊寅。大閱。命安遠侯柳升領中軍。遂安伯陳英輔之。英國公張輔領左掖。成國公朱勇副之。成山侯王通領右掖。興安伯徐亨副之。武安侯鄭亨領左哨。保定侯孟瑛副之。陽武侯薛祿領右哨。新寧伯譚忠副之。寧陽侯陳懋。忠勇王金忠率壯士爲前鋒。安順伯薛貴恭順伯吳克忠都督李謙等各領兵從上。諭曰。阿魯台始以窮蹙來歸。朕撫甚厚。違天負恩不一。朕再出師擣其穴。命如絲髮。若從將士計。豈能復生。驅而逐之。冀能改也。豺狼獸心。終焉不變。朕非黷武。必拯邊民。

丙申。設底兀剌宣慰使司。先是大古剌宣慰使潑的那浪據其地。故底兀剌土官之孫納蘭詣闕自陳。詔復之。給印符。

丁酉。滿剌加國王西哩麻哈者率其妃及頭目來朝。

庚子。選庶吉士徐賢何忠薛理李芳蔡英葛陵。仍隸翰林院譯書。

甲辰。南京重建天禧寺成。賜名大報恩寺。爲高皇帝後薦福。上自勒碑。

四月丙午朔。丁未。贈靖難時戰沒武臣。

戊申。告郊廟。親征。皇太子監國。

己酉。上發北京。次唐家嶺。

辛亥。夜大星光青白。出閣道。南入室宿。

壬子。秦王志堩薨。王齔而能立。稍長溫恭孝敬。謚曰僖。

癸丑。度居庸關。

乙卯。皇太子賑吳橋縣饑民粟千四百五十石。

丁巳。次土木。陝西行都指揮使劉廣爲右軍都督僉事。署行都司事。

己未。次長安嶺。享諸將。

壬戌。萬壽節。次赤城。禮部請賀。上不許。曰。朕方勞於師。

丁卯。皇太子進吏科給事中張瑛禮科給事中戴綸爲左春坊左中允。

庚午。上次隰寧。忠勇王金忠所部指揮同知把里禿等獲虜諜。云阿魯台且度塔蘭納木兒河。趣漠北以避上。曰。寇不遠。速進。陞把里禿都指揮僉事。

是月。倭寇象山縣。丞宋眞敎諭蔡海死之。

五月乙亥朔。次威虜鎭。過李陵城已四十里。命翰林侍講王英視李陵城。碑在城北門。出土尺餘。發視之。曰李陵臺驛令謝君德政之碑。其陰刻達魯花赤等爵氏。上恐異日爲虜爭端。碎其石。

濬縣蝗。知縣王士廉禱于八蜡祠。自責。越三日。有鳥萬數啄蝗盡。皇太子聞而嘉之。曰。誠之所格。何求不得。

己卯。次開平。雨。上遙見士卒沾溼。寒。有後至者。命諸將䘏士。

壬午。遼王植薨。植母妃韓氏。洪武二十五年封廣寧邊。虜初至。僅樹柵。已命郭英築宮城。英督工卞。高帝罷役。三十年。都督楊文治宮城。命高壯其城門。王諳兵。屢奏功。見褒賞。建文中坐罪奪祿。上靖難。王有翊衞功。改國荆州。別給一護衞。而故三護衞留防邊。謚曰簡。

甲申。上夢神一再告曰。上帝好生。旦。召問文淵閣大學士楊榮金幼孜曰。何祥也。豈天屬意此寇部屬耶。皆對曰。陛下除暴安民。亦好生也。或者火燃崑岡。玉石俱焚。上帝之意。惟陛下詳之。上卽命草敕。使中官伯力哥等諭其部落曰。往者阿魯台窮極歸朕。及朕所以待之者。爾等所知。朕何負此。而比年以來。寇掠我邊。鄙虜留我蒸庶。誰之過與。朕間者以天人之怒。再用率師。當是之時。如徇將士之志。爾等復有餘命。朕體好生。驅之曠遠。獸心不悛。荼毒增甚。今王師之來。罪止阿魯台一人。有能順敬天道。輸誠來朝。朕待以恩禮。仍授官職。聽擇善地。毋懷疑貳以遺後悔。

乙酉。命安遠侯柳升瘞道中遺骸。上親祭之。

戊子。諭諸將曰。武有七德禁暴除亂。是其首也。又謂止戈。今罪人阿魯台耳。脅從之衆。有歸降者。宜悉意撫綏。非持兵器向我師者。縱勿殺。

皇太子諭法司。頑民好赴京越訴。今後非重事。悉下巡按御史及按察司廉其實。

壬辰。次長樂鎮。楊榮金幼孜侍。上曰。漢高祖至柏人而心動。朕次長樂。思同樂也。

甲午。皇太子以山西行太僕寺少卿薛均爲應天府尹。兩淮鹽運使葉春爲福建布政司右參政。

乙未。浙江麗水賊周叔光福建政和賊王均亮等作亂。衆二千餘人。兵部議調師。楊榮金幼孜言。民愚迫衣食偷活。可撫而散也。否則兵之。上曰。然。下巡按御史及三司招諭。

丙申。次清平鎮。卽元應昌路也。雨。輜重後。令諸將分接之。曰。不繼者危道。

處州知府新淦謝子襄卒。子襄由薦辟令青田。有惠政。邑人乞留。超處州。愛民興學。時患蝗虎。禱于神。雨三日蝗死。虎遁去。小校吳米逃山中爲盜數年。朝議兵二千人。且至。亟止之。城中自計捕之。械京師。處人始安。性簡靜。歷官三十年。不攜家。同邑陳永年以戶科給事中令惠安。廉謹自持。俄蝗至。一夕傷稼數十畝。永年仰天歎曰。令之不職。民何辜。俄羣鳥蔽日而下。啄盡之。遂稔。改遂昌。治如惠安。二年卒。

夜。大星光青白。出北斗魁。行至近濁。

丁酉。次清平鎮。宴文武大臣。命內侍歌高皇帝御製詞五章。上爵之。曰。此先帝垂諭創業守成之難。而示淫荒酣酗之戒也。朕雖軍旅。君臣杯酒。敢忘先訓。皆稽首謝。上亦作詞五章。述奉天法祖勤政恤民之意。

己亥。次威遠川。宴文武大臣。內侍歌上詞。羣臣皆頌。上悅。俱沾醉。

皇太子免揚州廣平順德河南湖廣累歲水災逋租十八萬六千三百四十二石有奇。

夜。大星青白光燭地。起東南雲中。至西北雲中。聲如砲。

六月戼朔。上次祥雲屯。

癸丑。次金沙濼。寧陽侯陳懋得胡馬九匹進。上曰。彼詐。其益防無怠。

甲寅。琉球國山南王他魯每入貢。

丙辰。次寶屏山。諭諸將。今深入虜地。益謹備。

戊午。次玉沙泉。以荅蘭納木兒河近。令諸將嚴兵。

皇太子遣視通州漷縣香河武清雨災傷稼。

己未。次龍武岡。寧陽侯陳懋忠勇王金忠率師前進。至荅蘭納木兒河•不見虜。蓋遁久矣。命英國公張輔成山侯王通分兵大索。仍命懋忠前覘之。上駐河上。

皇太子以司經局洗馬姚友直爲左春坊左庶子。司直郎王文貴爲司經局洗馬。

壬戌。次蒼石岡。張輔等分兵索山谷。周迴四百餘里無一跡。

癸亥。次房坡。陳懋金忠兵抵白邙山。糧盡返。張輔等曰。請假臣一月糧。深入必得之。上曰。朕更思•

甲子。次翠雲屯。召諸將曰。今出塞已久。人馬俱勞。孽虜所存亡幾。茫茫廣漠。若海探粟。朕不窮追也。遂班師。談遷曰。文皇帝漠北之駕四矣。庚寅甲午間。義旂雲舉。長轂雷奔。蓋雪臚朐之憤。勢不容緩。迨本雅失里滅于前。阿魯台臣于後。瓦刺三王交臂弭耳。或零虜剽竊。未敢發射天之矢。辛丑既北。邈無一跡。亦可扃居庸而櫜開平矣。又煩甲辰之役者何也。甲士三十萬。再來往于無人之境。于狡胡無少損。而車傾馬殆。吏憊民痡。所殘苦中原。誠不知幾何矣。上帝好生。默牖其衷。豈徒然哉。豈徒然哉。

乙丑。分諸將東西二路以歸。上東行。武安侯鄭亨等率步卒西行。期會開平。
丙寅。次蒼玉澗。敕警備殿後。
己巳。夜。大星青黑色。發壘壁陣。至危宿。
辛未。夜。大星赤光燭地。起造父。行入天市東垣。
壬申。南京地震。
七月。艸朔丁丑。夜。大星青白光燭地。起天棓。行至天市西垣。
庚辰。上次清水源。刻紀行于高崖。時上不豫。
癸未。占城入貢。
夜。大星青白光。起危宿。行至近濁。
乙酉。次通津戍。地衍多麞子。騎將犯之。上適見。止。馬凡種蓺俱勿犯。
丁亥。次翠微岡。上御行幄。馮几。楊榮金幼孜侍。上問內侍海壽至京師幾程。曰秋中可至。上頷之。已諭榮幼孜曰。東宮習政事。朕還京且就閒矣。因賜酒。
戊子。次雙流濼。書諭皇太子。詔告天下。
己丑。次蒼崖戍。上疾甚。顧左右歎曰。夏原吉愛我。令大軍戒嚴。
庚寅。次榆木川。上大漸。遺命傳位皇太子。喪服禮儀一遵高皇帝遺制。
夜。大星赤光。起奎宿。行入參宿。尾跡炸散。衆星搖動。
辛卯。上崩。年六十五。文淵閣大學士楊榮等與太監馬雲等以六師在外。秘不發喪。液錫爲椑。含斂畢。載以龍轝。盡殺錫工滅口。所至御幄朝夕起居上食如常儀。榮遂馳訃皇太子。

李維楨曰。文帝之興也。蓋類唐宋兩太宗。至誅夷死事臣及于十族。則二宗不能爲矣。勝國租庸鮮少。閭有餘蓄。海內初定。府庫多奇羨。故三犂虜庭。費無萬數。民不知疲。所下東西南諸夷數十國。振動服從。稱遠邇而等朝貢。其亦高帝之餘烈耶。夫開國靖難。人薰蕕也。功莛楹也。乃其子孫享有茅土。靖難倍蓰開國。豈非天哉。

朱國楨曰。湯武革命。順乎天而應乎人。至文皇再見。抑湯武所遇桀紂。以臣加君。猶有慚德。文皇所遇建文。仁主也。君臣而叔姪。雖兵戈倥偬中生也稱臣。歿也禮葬。比南巢之放。黃鉞之斬。何啻天淵。然則誅夷之慘。諸臣實激成之。不得不激。捐九族。植綱常。無負建文。文皇直曰革除云爾。心知威能行一時。不能行後世。曰急急纘太祖之舊緒。無頃刻敢自懈。祖訓云。皇帝之勞。不若親王之逸。其信然矣。然則兵之起也以救死。得聖之權。二十二年之經營。以光大業。得聖之時。諸臣之僇也。以定人心。得聖之威。威而過焉者也。

何喬遠曰。明興二百餘年于茲。臣子論及成祖。尚有武未盡善之疑。豈知高帝閎謨遠烈。非成祖繼之。則都必不北。虜必不威。四夷必不賓服。中外制度必不宴然一尊于後世。夫拘攣之行。豈所以論上聖之主哉。成祖居以唐太宗。自擬有唐家法。則非我儔。蓋湯武耶。蓋湯武耶。

談遷曰。高皇帝在天之靈。歌舞謳思。方切海內。而北平曾不返顧。捫焉舉兵。振臂疾呼。用脫家禍。雖茹薇之士。飲血之臣。搖脣鼓吻。終我未諒。然鹿走山林。命懸庖廚。設徇咫尺之義。幽圄之下。寧有天日哉。帝所以振袂而起。犯不韙于天下也。凝命之後。恪遵祖訓。而藩戚之間。弦不得膠。刀鋸弓旌。以甄懲臣民者。猶昔日也。蠲租課吏。飭旅闡文。不啻過之。至于航鯨海之險。軺西域之傳。觸風露。歷寒暑。帝豈無勞民之懼哉。逆取順守。積疑在心。窮極王略。威振殊俗。不惜垂堂之戒。身冒埃霧。冀憑一怒之力。銷內嫌而弭外寇。彼解縉書生。方賓肉食。烏足以知之。噫。天樞北垂。銅柱南附。而閣輔以籌之。河漕以緯之。爲國家無窮之利。蓋創獲也已。

壬辰。龍轝次雙筆峯。

辛丑。夜大星青赤光燭地起天囷行至近濁。

壬寅。次武平鎮。

八月癸卯朔。龍轝度開平。

甲辰。文淵閣大學士兼翰林院學士楊榮御馬監少監海壽至自行在。致大行皇帝遺命。皇太子慟幾絕。易服。宮中設几筵。朝夕哭奠。授皇太孫以東宮圖書曰。此先帝賜也。今授汝識封。而令赴開平迎喪。節制行營官軍。

乙巳。百官素服臨思善門外。

皇太子傳諭都督李謙等以山西兵還大同。

丁未。皇太子成服。

己酉。龍轝次鵰鶚堡。皇太孫至御營哭迎。始發喪。

辛亥。臣民哭迎居庸關。

壬子。及郊。皇太子諸王及羣臣衰服哭迎至大內。奉安仁智殿。加斂納梓宮。

談遷曰。大行故事有遺詔。榆木川之變。殆聖情違豫。倉皇中不及有所命也。古帝王自軒轅舜禹外。有周昭王之漢江。秦始皇之沙邱。六龍空返。哀纏內地。若黃沙白草。攀號無從。函蓋以來。獨文皇也。嗚呼。自封燕之日。受命北征者數數矣。習其地利。其人遲莫之年。猶有壯氣。不升遐不止也。所幸黃竹雖歌。白登未厄。爲後之計。天子有道。守在四夷哉。

國榷卷十八

仁宗敬天體道純誠至德弘文欽武章聖達孝昭皇帝。諱高熾。太宗文皇帝嫡長子也。洪武十一年戊午七月生鳳陽。乙亥閏九月壬午冊爲燕世子。端重沈靜。嗜學亡厭。時秦晉燕周四世子。高帝皆敎而誡之。異日者使分閱衞士。世子還奏後。問之。對曰。寒甚。士方食。高帝喜。使閱章奏。擇其有大體可施行者報命。高帝益愛之。癸未燕王起靖難。世子居守北平。堅拒李景隆兵。壬午。燕王卽位。尙以世子守北平。永樂甲申二月召立爲皇太子。而弟漢王高煦。趙王高燧。趙王幼以聰敏愛。漢王用靖難功幾得立爲太子。謀奪嫡者數矣。中官黃儼江保數爲趙王短太子于成祖。成祖遷都北京。五出塞。南京事悉屬太子。晚節多疾。僉人讒搆益殆。宮僚若楊士奇輩下之獄。贊善梁潛司訓周冕至瘐死。然太子益恭愼。亦賴士奇蹇義夏原吉羽翼之。或曰。殿下知讒人乎。曰。不知也。知爲子耳。其監國。值水旱饑荒。軍民疾苦。戚焉賑卹之暇。與宮僚鄒濟王汝玉徐善述等講說詩書。修詞賦之業。日記萬言。詞翰並精。令聞久洽。天下繫心焉。

永樂二十二年

八月甲辰。文淵閣大學士兼翰林院學士楊榮御馬監少監海壽以大行遺命至北京。尙書蹇義大學士楊榮楊士奇。議合行事宜。嚴京城守衞。

丙午。令從征寧陽侯陳懋陽武侯薛祿領隨駕三千騎亟回京。否則選各營萬騎。回時京師守卒不數千也

丁未。駙馬都尉領南京後軍都督府□□太監王貴通。率下番官軍赴南京鎮守。

釋前戶部尙書夏原吉獄。召至。始聞晏駕。伏地哭。復其官。且咨以時政。原吉首言。東南民力。困于漕運。請幸南

京。以省供億。兼撫流民。罷西洋取寶船。止雲南交阯採辦金珠數事。
癸丑。臣民上章勸進。
丁巳。皇太子卽皇帝位。詔赦天下。以明年爲洪熙元年。
戊午。命英國公張輔領中府。陽武侯薛祿領左府。安遠侯柳升領右府。寧陽侯陳懋領前府。成山侯王通領後府。安平伯李安管四川都司事。中軍都督僉事任禮管廣西都司事。前軍都督僉事馬瑛改後府。諭曰。卿先朝勳舊。朕託腹心焉。
復刑部尚書吳中右侍郎楊勉官。
徵鎮守大同宣府都督僉事劉鑑王玉還。命都指揮使王禮鎮守宣府。
己未。武安侯鄭亨鎮守大同。保定侯孟瑛鎮守交阯。襄城伯李隆鎮守山海關。武進伯朱榮鎮守遼東。俱充總兵官。
置太師太傅太保。階正一品。少師少傅少保。從一品。曰。予冲人賴焉。亦皇祖之制也。蹇義爲少保兼吏部尚書。
加英國公張輔太師。皆給二俸。
文淵閣大學士兼翰林院學士楊榮爲太常寺卿。金幼孜爲戶部右侍郎。俱兼秩如故。左春坊大學士楊士奇爲禮部左侍郎兼華蓋殿大學士。前右春坊大學士兼翰林院侍讀黃淮爲通政使兼武英殿大學士。榮以下皆掌內制。不預外司。經局洗馬兼翰林院編修楊溥爲翰林院學士。前司經局正字金問爲翰林院修撰。
庚申。工部尚書李慶改兵部。禮部尚書金純改工部。南京兵部尚書趙羾改南京刑部。南京禮部左侍郎胡濙改禮部。工部右侍郎郭璡爲吏部左侍郎。刑部右侍郎張本爲南京兵部尚書兼南京都察院事。吏部右侍郎師逵爲南京戶部尚書兼南京吏部事。大理寺右寺丞鄒師顏爲禮部右侍郎。都察院右副都御史虞謙爲大理寺卿。

工部右侍郎伏伯安督木潞河。私驛丞妾先坐罰例赦復不許。謫荊門州知州。

夜。大星青白光色見玉井。

辛酉。鎮守廣西鎮遠侯顧興祖充總兵官。仍率湖廣廣西貴州官兵勦廣西寇。

府軍前衞指揮使山雲爲中軍都督僉事。戶部左侍郎古朴爲南京通政使。李至剛爲左通政。

刑部右侍郎楊勉以先導同獄指揮林茂虛詞降山東布政司右參政。

中都留守司都指揮僉事牛諒以從武安侯鎮大同憚行。詭奏曰令臣獨任事乎。抑爲隸乎。上怒。戍交阯。

壬戌。進鎮守雲南黔國公沐晟太傅。

中軍都督僉事譚廣爲左都督。鎮守宣府。請五千騎分屬都指揮崔聚武興指揮董興張政唐銘阮眞各領千騎遞往備禦。三月而代。從之。

癸亥。于闐入貢。

甲子。賜漢王趙王書曰。大行皇帝所遺冠服諸物。氣澤存焉。啓閱甚痛。謹以皁紗衝天帽一。黑毬直簷帽一。幷金鈒頂子茄藍間珊瑚金棗花帽珠一串。金相雲雁犀帶一。金相玉穿花龍條環一副。幷紫綫條金事件象牙頂鞻花靶鑌鐵刀一。紵絲羅紗衣各一襲。皁麂皮靴一雙。幷五綵繡抹口襪斜皮靴一雙。幷襪。送賢弟朝夕瞻奉以慰哀慕。

汰文官冗員。上曰。古稱官不必備。今冗矣。抑復有老疾昏懦。徒怠賢廉心。其令在內堂上官。在外巡按御史及按察司廉察不稱者罷之。

六科給事中劉穆劉秉李文殊李實張鋐林道安魏凱陳永昌陳玘劉昌俞□齊鄭得皎王贇俱不謹。謫縣丞。

乙丑。召漢王高煦。

琉球中山王入貢。

夜。月犯火星。

丙寅。進寧陽侯陳懋太保。

後軍都督僉事梁銘爲都督同知。燕山前衛指揮沈淸爲都督僉事。

戊辰。宥罪戍未至者。

光祿署丞王彝署正張原俱爲寺卿。署丞馬式爲金吾前衛指揮僉事。

己巳。許文職年七十致仕。其闒冗有疾。雖未七十除名。著爲令。

庚午。鎮守四川右軍都督同知李敬自廢致仕。

辛未。郭晟嗣成安侯。亮子。陳鍾嗣泰寧侯。圭孫。薛綬嗣永順伯。薛斌子。

故淸遠侯王友子順特授羽林前衛指揮僉事。

壬申。禮部尚書呂震兼太常寺卿。

都指揮使把台爲後軍都督僉事。

九月癸酉朔。奉仁孝皇后主于几筵。遵先命也。

山西按察使番禺陳諤初按湖廣。擿撫楚王細故。上素厭之。至是謫海鹽知縣。諤永樂五年貢士。授刑科給事中。時呼大聲秀才。彈劾不避權貴。癸巳署通政司。踰年署應天府。以嚴治坐忌。調湖廣按察使。及貶海鹽。明年遷荆府長史。上忽問左右。往大聲秀才安在。竟未及召。宣德中除鎮江府同知。致仕。

袁袠曰。陳公以犯顏敢諫。屢瀕于死。賴文皇仁皇之明。躓而復奮。然竟齟齬坎壈其身。直道三黜。展禽豈欺我哉。

林之盛曰。陳公之鯁直。九死不移。宜其簡在帝心。徒以執政不悦而竟不果召。惜哉。洪熙之初。三楊秉國而忮懻如此。何名爲賢相。大抵直士多不容。分宜江陵之際。苦口者往往得奇禍。則陳公之得保其身。猶爲大幸。

何喬遠曰。周新陳諤。挺然官下。而諤更持稜不刓。然亦一逐衆爲烏。獻予傳諤而國初廉陛之間亦一奇也。謂仕內外大小無常職。今人當擇官而爲之矣。

定用鈔中鹽例。

交阯參將榮昌伯陳智等奏。黎利走老撾。復走寧化之瑰縣。官軍進勦。頭目范仰等來降。男女千六百人。黎利雖云率男女四百八十餘人來降。止于清化之俄樂縣。且繕兵。當進討命招諭之。還士若怙終。另以聞。

掌交阯都司都督同知方政擊黎利于乂安之茶龍州。昌江衛指揮同知定遠伍雲深入。死之。命禮部賻贈。

甲戌。蜀長孫友堉來朝。

夜。大星青白光。見南斗魁。

乙亥。翰林院侍讀王直爲侍讀學士。侍講王英爲侍講學士。修撰林誌檢討錢習禮爲侍讀。檢討余學夔五經博士王達爲侍講。

後軍都督同知梁銘都指揮使陳懷鎮守寧夏。

奪遠安王貴燮巴東王貴煊歲祿之半。父死不奔喪也。

弛西山樵採之禁。上曰。京師數百萬家。非山何薪。自天壽山接居庸關之東。餘聽樵採焉。

通政司引奏六科歷事監生二十人考吏事稱宜。送吏部授官。上曰。吏事末也。士當博古窮經。達修己治人之道。其命還學于國子。由科舉進。

夜。流星見弧矢。

丙子。作趙王邸于彰德。

勑掌交阯布政按察司事工部尚書黃福曰。卿老成人。久勞在外。亟驛還。副朕延佇。參贊交阯軍務兵部尚書陳洽其代之。

禮部右侍郎郭敦改太僕寺卿。工部左侍郎李友直降順天府丞。太常寺少卿王勉降鴻臚寺右少卿。太常寺丞康禋傅霞岫降禮部主事。

通政司左通政李至剛降興化府知府。右參議朱紹祖降欽州知州。俱居大行喪不齋宿。

太常寺丞馮仲彝妄言甥女爲謫仙。特降南康府照磨。

丁丑。夜大星見天市東垣。青白色。

戊寅。夜有星見天津。色青白。

己卯。行人周彝使琉球。

毛憐衞指揮使猛哥不花。以從征功爲右軍都督僉事。

庚辰。召韓王沖𤐤襄陽王沖烋及其弟沖烋赴京。

免祥符陳留鄢陵太康陽武原武水災田租。仍命右都御史王彰都指揮同知李信往鎮撫軍民。訪奏利病。

工部徵民布漆修兵器。上以方詔恤民。止之。給官直。

辛巳。上太宗體天弘道高明廣運聖武神功純仁至孝文皇帝仁孝慈懿誠明莊獻配天齊聖文皇后尊謚。

左通政樊敬爲刑部右侍郎。

壬午。頒謚詔。

諭曰。比年丹漆石青之類。所司不究物宜。概徵郡縣。郡縣逼迫小民。鳩斂金幣。詣京師博易。商販乘時射利。踊價十倍。更復貪緣自肥。計民費千百。朝廷得十一耳。自今計直所產地以官市。科斂者誅。

癸未。禮部尚書兼太常寺卿呂震奏。喪服踰二十七日。宜易縗如遺詔。不許。命與六部都察院議之。云宜素冠黑角帶。羣臣同之。報可。及視朝。上仍縗。英國公張輔及諸學士如上服。上曰。羣臣從便。朕則不忍。因歎輔武人也審禮。

追謚故遼王植曰簡。

甲申。漢王高煦至京。

湖廣布政司左參政李素爲右副都御史。復李友直工部右侍郎。

夜。大星見太微垣。色青白光燭地。

乙酉。羣臣請立皇后。

增諸王歲祿。大賜諸王公主金鈔幣。上曰。諸叔在者無幾。諸兄弟惟趙王居京師。他皆藩外。朕旦夕念焉。戶部其各益祿米差次之。

遣鎮守交阯中官山壽賫敕諭交阯頭目黎利。蓋壽力言利善。已請往諭之。如諭而不來。臣甘罪。故命之。

誅光祿寺丞蕭成。光祿寺卿井泉除名。時採南京玉面貍。忤旨。下御史。劾成等盜內府物。當死。蓋上有夙嫌。以永樂十八年入朝。先帝逐其庖者二十人。稽其故。爲泉等奏上也。其奏署丞王彞書。遂斬成彞。餘俱削籍。寺丞郝郁爲寺卿。張澤爲少卿。

靈壁縣丞田誠九載考績。邑人匄留。上曰。民留。政可知。加州判官。仍丞靈璧。

丙戌。給事中李謙等改按察僉事知州知縣。
五河等縣大雨水。免其糧芻。
丁亥。漢王還國。
賜西天剌麻板的達僧錄司右善世智光爲大國師。各金印。
漢王右長史王榮改吏科左給事中。荆府右長史曹曼齡爲翰林院修撰。俱東宮之舊。
復王勉太常寺少卿。
諭翰林儒臣曰。比朝野物議何如。有利害當興革者悉聞。朕審可否。紓民困焉。
交趾都指揮同知臨淮陳忠擊黎利于淸化。戰死。命禮部厚其恤典。
戊子。遂安伯陳英充總兵官往山海永平巡視關隘。
襄城伯李隆守備南京。
諭鴻臚寺曰。朕欲聞吏賢否。四方民休戚。方岳來朝。卽引見。朕親問之。
孫傑嗣應城伯。孫巖孫。
長沙人自宮求進。不許。令戍邊。
己丑。雲南按察僉事吳廷用爲刑部右侍郎。
庚寅。鴻臚寺右寺丞楊善爲寺卿。
太常寺少卿周訥降交趾升華知府。訥禮部郎中時請太宗封禪。至是來朝。上以其諛。斥之。
左通政樂福言。治水蘇松嘉湖杭常。今歲水災。宜寬征。待來年。上曰。若來歲倂征。民益困。令鈔布代租。
辛卯。翰林修撰陳循爲侍講。行人吳澤。都察院司務吳良。進士夏時。馮敬。焦起。良張崇。郭永淸。俱爲給事中。

滹河溢廣宗縣傷稼賑恤之。

壬辰兵部左侍郎崔衍爲四川左布政使。

平江伯陳瑄言七事重國本擇賢能蘇民力興學校整軍伍謹邊防專漕運賜獎敕採行之有曰瑄言尋常耳。

上曰出自武臣所以難也所爲獎掖導不言者古人蓋死馬骨也。

建平伯高福卒福咸陽人父士文都督僉事征交趾中砲死贈伯福嗣。

宗人府經歷黃琮致仕琮嘗事上東宮至是閔其老。

癸巳趙王高燧請立太子報俟之。

富陽侯李茂芳免爲庶人奪三代誥券蓋茂芳母子譖上于先帝也。

寧王權奏欲來朝又言江西非其封國上書規之。

甲午羣臣請立太子未允。

乙未大理寺右寺丞孫時爲兵部右侍郎。

諭兵部尚書李慶今太僕寺馬增數倍而畿民一夫或畜三四四匹畢力于此耕桑盡廢其散馬給諸衞所及邊卒。

丙申羣臣再請立太子許之。

進隆平侯張信少師。

夜大星赤色見勾陳。

丁酉進蹇義少傅楊士奇少保楊榮太子少傅置謹身殿大學士命兼之金幼孜太子少保兼武英殿大學士。

工科給事中陳山爲左春坊左庶子左右中允張瑛戴綸爲左右諭德。

衍聖公孔彥縉來朝。上曰。四夷京師尚有館。衍聖公來朝僦民舍。豈所以崇先師。工部其賜宅。

南京鴻臚寺右寺丞李嘉爲左通政。

遼東都指揮僉事李賢爲後軍都督僉事。

戊戌。賜蹇義楊士奇楊榮金幼孜銀章各一。曰。卿等事先帝有年。又從朕春宮。軍國務重。須卿協贊。或有闕政。卿與羣臣言之。朕倘未從。識此密疏。毋憚再三。

山東按察使鄧眞僉事洪順乞令內外七品以上官各舉通經一人任敎職。從之。

夜。大星黃白色。見牛宿。光燭地。聲如雷。又大星見女床。

庚子。大賚京師臣民軍人等。

甘肅總兵官都督費瓛言。安定曲先赤斤密落等處寇五千餘人于必立出江黃羊川。殺我內使喬來喜等。刦綵幣馬騾。命敕責之。

監察御史金庠言四事。任賢。固本。講武。裕民。上嘉納之。

辛丑。進忠勇王金忠太子太保。

十月。甲辰朔。集僧道于慶壽寺靈濟宮。薦先帝后冥福。

始命光祿寺三日賜衞士酒肉。憫其寒也。

革兩京戶部行用庫。

上御思善門。選宮僚。進安遠侯柳升太子太傅。成山侯王通陽武侯薛祿俱太子太保。禮部尚書呂震太子少師。戶部尚書夏原吉太子少傅。兵部尚書李慶太子少保。戶部尚書郭資兼太子賓客。刑部尚書吳中工部尚書黃福俱兼詹事。太僕寺卿郭敦爲戶部左侍郎。吏部左侍郎郭璡俱兼少詹事。監察御史黃宗載艾良俱詹事府丞。曾棨王英爲左右春坊大學士兼翰林院侍讀。侍講王直爲右庶子兼侍讀學士。周述林誌爲左右諭德兼侍讀。左右諭德張瑛戴綸改司經局洗馬。刑部主事張宗璉中書舍人張侗俱左中允。編修徐永達林長楙俱右中允。藺從善爲國子助教王讓爲左右贊善檢討蔣驥中書舍人高轂俱左司直郎。吏科給事中蔣先國子博士張景良俱右司直郎。郭進改名璡。

命蘇松嘉湖等災民今歲秋糧悉折輸布鈔如永樂五年故事。石輸布六匹鈔六錠。

癸卯。許民犯笞杖者輸鈔自贖以通鈔。

命兵部下各都司督衛所官視城堡傾塞者繕之。

甲辰。賜翊聖恭惠夫人守墓十二戶。

諭禮部。申養濟院之令。上曰。皇考時數下詔存恤鰥寡。郡邑有養濟院。比聞居室敝壞。肉粟布絮不時給。守令漠不留心。禮部令謹視之。

乙巳。復徐欽魏國公。

朱國楨曰。弇州謂中山王有令子。是矣。然又有孫如欽者。更可異焉。方欽蒙恩襲爵。文皇此時亦謂易世氣平。可以相安矣。乃乞守父墓。不待命辭歸。欽不負父。與其父并不負中山。性定固然。庭訓之漸磨抑可知也。當日文皇之怒。能泄于方齊諸族。然終不能使之少屈。而魏公父子悻悻相抗。無如之何。長公主牽衣大哭。應之大是跼蹐。雖得天下。雖殺數萬人。終有大不安大不快處。兼以江海使命紛紛。漢趙效尤種種。建文之不幸甚矣。亦豈文皇之幸也耶。

丙午。蠲登萊逋稅鈔代之。自是告災者以爲例。

丁未。監生李頎李庸爲兵工科給事中。簡浙江江西福建廣東監生文學者試于翰林院。得劉瑄等二十人。分隸六科。

戊申。敕各鎮守官及都指揮司勿擅離任。

通政司請彙四方雨澤疏送給事中收貯。上曰。祖宗欲前知水旱。恤民施政。故令奏雨澤。送給事。是終不知也。

而徒勞州縣上章。其封進。

薊平峪徐蕭沛大水。免田租。賑於灊樂清饑。

夜大星赤色見雲中。

己酉。立妃張氏爲皇后。并冊貴妃郭氏。賢妃李氏。惠妃趙氏。淑妃王氏。昭容王氏。

辛亥。古麻剌國王剌苾等入貢。

壬子。冊皇太孫瞻基爲皇太子。及妃胡氏。封瞻埈鄭王。瞻墉越王。瞻墡襄王。瞻堈荆王。瞻墺淮王。瞻垲滕王。瞻垍梁王。瞻埏衛王。又封瞻坦漢世子。瞻坺趙世子。瞻垐濟陽王。瞻域臨淄王。瞻埣昌樂王。瞻墿淄川王。瞻坪齊東王。瞻壔任城王。瞻埌海豐王。瞻埗新泰王。俱漢王子。瞻塙安陽王。趙王子。志均嗣秦王。孟烷嗣楚王。友垌嗣蜀王。瞻焰嗣肅王。貴烚嗣遼王。顒炔嗣伊王。封蜀府悅熾永川王。友埘黔江王。友壥羅江王。代府遜炓潞城王。遜熼山陰王。遜熛襄垣王。遜烇靈丘王。遼府貴烰益陽王。貴熠湘陰王。貴熨衡陽王。韓府冲烪樂平王。瀋府佶焞武鄉王。佶熢陵川王。佶焆平遙王。

癸丑。免廣宗縣田租。諭戶部。凡災處卽遣覈。如不實。罪有司。自今俱視此例。

甲寅。府軍右衛指揮使張景爲中軍左都督。指揮僉事張昇爲後軍都督同知。青州中護衛指揮僉事郭玹爲右軍都督同知。郭英孫。徐景瑜爲中軍都督僉事。膺緖子。

乙卯。罷鎮守徐州忻城伯趙彝。

命吏部。令京官七品外官五品上及知縣五品以下見任官。若軍民訪舉德性深篤。行止端方。或才能出衆。政績顯著。或文學有稱。識見優長者。量才擢用。蔽賢濫舉。罪如律。舉後犯贓。連坐舉者。

丙辰。忽石門衛指揮沙龍加來朝。乞授頭目亦失哈指揮。上曰。往時尚有爲千百戶者。今一朝遽授指揮。彼必不安。遂不許。

丁巳。工部右侍郎許□爲左侍郎。

蘇祿等國入貢。

召楊士奇楊榮金幼孜同法司錄囚承天門。諭曰。比年法司過濫。朕未嘗不知所擬大逆不道者。往往出羅織。先帝數切戒。故死刑四五覆奏。自今審決重囚。卿三人同之。冤雖細必聞。

戊午。免遠安王貴燮巴東王貴煊爲庶人。以前誣父不奔喪也。

琉球中山王世子尚巴志入貢。

己未。送岷王楩居武岡州。

庚申。命增文武官吏軍士俸廩。

交阯按察僉事胡廙爲右副都御史。山西按察僉事李謙爲大理寺右少卿。

作南京都知監司禮監二印。

辛酉。禁私屠牛。

壬戌。故妃張氏贈順妃。謚貞靜。李氏贈麗妃。謚悼僖。追封皇子靜樂莊獻王瞻垠爲蘄王。改謚獻。

大理寺左評事楊時習爲寺卿。右少卿李謙爲左少卿。降寺卿虞謙爲右少卿。以鎮撫司言其失也。

禮部左侍郎胡濙言十事。勤庶政。任良賢。務節儉。篤親親。納諫諍。明賞罰。親經史。守成憲。嚴祀事。精武備。上嘉納之。

癸亥。命五府選宿衞士。

河南左布政使杜智爲南京都察院右都御史。

左軍都督僉事冀傑鎭守北平。

夜。大星見天倉。

甲子。工部尙書金純改刑部。刑部尙書兼詹事吳中改工部。

兩浙都轉運鹽司判官向瑶爲左僉都御史。

夜。有星見天紀。

乙丑。復向瑶右都御史兼詹事。

除渾源州逃賦。

夜。月犯內屛星。

丙寅。夜。大星赤光見郎位。又見羽林。光燭地。

丁卯。監生徐永緡何宣鄭彤沈寧伍志厚盧琛易善陳襄陳應炎潘信桂瑄蔡錫陳耀屈伸孫郁吳信林簡劉瑄謝永趙獻爲給事中。永緡宣彤吏科。志厚琛戶科。善襄應炎禮科。信瑄錫耀兵科。伸郁信簡刑科。瑄永獻工科。

試歲貢生。

戊辰。上御西角門。寵顧翰林近臣曰。今日始寒。朕與卿等尙凜凜。況在邊。遂賜緣邊將士鈔幣。

己巳。設長陵祠祭署。

庚午。諭吏部尚書蹇義曰。武臣皆封贈祖考。文臣少得者。君厚其臣。必推及父母。太祖太宗蓋行之。其舉以勵忠孝。亶無濫。

辛未滕府長史姚友直爲雲南布政司左參政。

郭鏞爲中軍右都督。

命勳臣嗣爵俱封贈。

十一月甠朔。諭禮部曰。建文中奸臣已僇。其家屬初發教坊司錦衣衞浣衣局及習匠奴功臣家。値赦俱宥爲民。還其田土。有言事失當謫戍者。亦宥之。

命禮部敕學官訓士通經成才始充貢。毋徒取記誦。

癸酉。遣中官魯安等賜哈密忠義王免力帖木兒綵幣。

諭戶部尚書夏原吉曰。所在郡縣奏除荒田租。將百姓苦征徭。相率轉徙。與抑年飢不給。疫癘死亡。與自今一切科徭宜撙節。政令不便者。令有司條具。災處其賑。災稽違者罪之。

甲戌。諭羣臣曰。朕之菲德。又屬亮陰。嗣位之初。首詔求言。累月涉旬。中外亡幾。夫京師首善地。民困于下而不得聞。弊膠于昔而不知革。朕甚念焉。君臣同體。卿等無慮後譴。嘉謀嘉猷。補朕不逮。

擢秀才朱瑤爲中書舍人。

乙亥。黎利不伏罪。命參將保定侯孟瑛榮昌伯陳智同山壽等討之。

遣諭兀良哈官民宥前過。仍朝貢。

大理寺卿楊時習爲交阯按察使。復虞謙大理寺卿。峽山知縣弋溫爲大理寺右少卿。

許趙王去常山二護衞。

丙子。命公侯駙馬伯歲祿折鈔者支麥南京。

諭都察院左都御史劉觀曰。洪武中。差遣御史賜衣鈔。使自潔。正風紀。今其如故事。如復貪贓。罪之。

召諭大興宛平二縣官曰。朕首罷不急。爾京縣也。而惠不先。朕敕詢民瘼。固有知不言。亦有欲言不知。爾切近民。亦何不知而亦不言。約三日悉以便不便聞。坐視者辠。因顧侍臣歎曰。朕憂閔百姓。而城內猶諱如此。何況數千里外哉。古人所以戒無逸也。

丁丑。陝西行都指揮使王貴都指揮僉事史昭俱爲右軍都督僉事。

戊寅。夜。木星入氐宿。有大星見北河。

更造內府護卒銅牌。初以木。

命兵部遣視各處驛傳。仍巡按御史督視。

夜。大星赤光燭地。見東井。又星赤色。見輿鬼。

庚辰。上謂侍臣曰。守成之主。動法祖宗。斯鮮過舉矣。已命賜祖訓于諸弟。

內官馬騏傳翰林院草敕付騏復往交阯。閘辦金銀珠香。翰林院覆奏。上怒曰。朕安得有此言。卿等不聞其前毒交阯乎。騏歸交人如解倒懸。今又可遣耶。

談遷曰。馬騏流毒交阯。幸上悉之。卒不以辠。或恐露先帝之短。至矯命事聞。宜立下司敗。正其積侵。甘伏詐傳之誅。俾足儆後。但一震怒後。絕無深譴。彼狐鼠輩又安所顧忌耶。昭帝之仁。仁而過者也。

夜。有大星二。一赤色。見天囷。一青白色。見河鼓。

辛巳。命刑部都察院。凡罪廢吏令佃北京。

上曰。朕聞南京抽分廠積薪及龍江提舉司積竹木甚富。今京師得薪最難。與久貯任腐敗。何若散民。歲用外工部悉鬻之。明歲應天等府蘆柴折鈔十之八。

陝西右布政使淶水李得成致仕。

永平山海餉足。改大同中鹽。

壬午。韓王冲烒襄陵王冲炑樂平王冲烡各上詩頌。敕褒答之。

浙江按察副使趙緯來朝。降嘉興典史。以前禮科給事中務摭人過失也。

夜。大星青白光見外屏。又大星見騰蛇。

癸未。都督僉事沈清充參將協守大同。

遣監察御史湯榮等十四人分巡天下考察官吏。諭曰蓋吏有媚上而殃下者。有不阿而民悅之者。有虐刑巧索能集事者。有廉潔自守不能弛張者。人之才器其可概哉。夫御史朕耳目也。當審詢之勉副朕心。因人賜鈔二十錠。

遼東都指揮使郭義都指揮同知李通俱爲後軍都督僉事。

甲申平陽王美圭來朝。

上曰皇考同氣無諸叔諸姑。親諸叔子已冊封。諸姑在南京。賚而未名號。其加寧國懷慶大名南康永嘉含山汝陽寶慶八長公主皆爲大長公主。戶部益祿焉。

錦衣衛指揮同知甘斌以占民田降漳州衛千戶。

命吏部。凡所薦舉。至必試而用之。

前□□布政司左參議郭良屢罪謫至是值赦例復。上問良曰。貫高爲人何如。不能對。遂除名。蓋良官秦府訐王也。

乙酉。鳳陽府照磨李準爲太子賓客兼兵科都給事中。蓋舊宮僚來朝。

丙戌。太子賓客戶部尚書郭資加太子太師致仕。敕曰。卿事我皇祖皇考歷四十年。列于六卿。可謂盛矣。怨叢而不暇顧。害及而不知避。忠貞篤實之臣也。今老矣。朕閔强勞。特陞太子太師。俾卿致仕。於戲。念先帝舉義時早暮從朕。守城最勞苦。今命戶部免卿戶賦。卿歸休。强飲食。愼醫藥。以娛暮齒。賜金幣進蹇義少師。楊士奇少傅。夏原吉少保。兼秩如故。呂震太子太保。劉觀吳中太子少保。又賜原吉繩愆糾謬銀章。

夜。月犯諸王星。又二大星色赤。一見北斗魁。一見紫微西藩。月下卿雲見。

丁亥。上御西角門。閱京官誥詞。顧楊士奇楊榮金幼孜蹇義夏原吉曰。卿等先帝舊臣。朕方倚自輔。朕所行卿朝夕共見。未善當盡言。前代庸主自尊而惡聞過。其素所親信。但容容順旨。有良臣不默。一再拒。亦退絕口。我君臣深戒之。終始同心。遂手益誥曰。勿謂崇高而難入。勿以有所從違而或怠。士奇等稽首謝。上悅。

己丑。靖江王府輔國將軍贊侃贊偕來朝。班下。上顧見之。曰。宗親也。其班駙馬都尉次。著爲令。

夜。月犯輿鬼。

庚寅。敕諸將嚴邊。

禁教坊司樂人衣帽靴違式。

夜。大星二。色青白。一見墳墓。一見華蓋。

辛卯。追封衞聖夫人楊氏。故夫蔣廷圭保昌伯。謚莊靖。

削交阯參將保定侯孟瑛爵。奪誥券。安置雲南。以其兄賢前謀逆。

諭戶部尚書夏原吉曰。先帝立屯種法。所以省民轉輸。足兵食。所司數以征徭擾之。其令天下衞所毋擅差遣屯卒。

工科給事中郭永清言五事。曰令有司督里老百姓治田渠桑棗。曰豁軍伍絕戶。曰內官內使非重事毋外遣曰禁江河舟人帶兵器。因刲。曰修學校壇廟。並從之。

山陽縣丞崔奎請召商各處官司納鈔支鹽本場。從之。

夜。熒惑退犯五諸侯星。

壬辰。都督同知方政爲參將。協守交阯。

前北京刑部右侍郎宋性卒。性德州人。監生。授刑部主事。歷署右侍郎。建文中。以湖廣按察副使調陝西。永樂三年。任四川右參政。五年進北部。以廉能稱。

夜。大星色赤。見于人星。

甲午。夜。大星赤光燭地。見八穀。又大星見危宿。

乙未。夜。大星赤光。見于人文。

丙申。翰林學士楊溥密疏言事。上納之。賜札奬諭。勞綵幣一雙。鈔千貫。曰。望卿始終如此。

夜。大星青白光。見卷舌。

丁酉。召華陽王悅燿赴京。

己亥。上爲太子時。不悅御史李祥舒仲成敕理木植稅課之弊。王汝玉預焉。監國愛汝玉。命祥等削其名。不聽見忤。至是蹇義奏仲成他事。上命捕治。上問李祥安在。曰。內艱矣。仲成時陞湖廣副使。下臺獄。楊士奇曰。漢孝景爲太子召衞綰。綰稱病。及立。不譏呵。陛下爲太子時。小人多得罪者。今已盡宥。更追理。令詔書不實。望惜俊良。共成王化。上悅。曰。有卿如此。朕復何憂。因降敕奬。曰。朕慮卿不言。卿導朕以仁。助朕以德。惜良俊。成王化。此欲朕爲唐虞君。忠良股肱臣也。特賚白粲十石。綵幣二雙。鈔二千貫。

夜。大星青白光燭地。見北河。

庚子。命安遠侯柳升陽武侯薛祿平江伯陳瑄皆世襲。

南京工部右侍郎甄庸爲尚書。

永城縣河溢傷稼。免去年田租。

魏國公徐欽卒。

上御右順門。諭楊士奇曰。近覺羣臣助我也。或快意行事。方退悔而外疏及之。甚善。士奇對曰。宋富弼有言。願不以同異爲喜怒。不以喜怒爲用舍。上曰。然。書不云乎。逆于汝心。必求諸道。朕恆念之。羣臣言間拂朕意。退未嘗不反覆也。朕言有失。亦未嘗不改。士奇曰。改過不吝。成湯所以聖也。上曰。朕患不知耳。不患難改。

夜。大星色赤。見螣蛇。

辛丑。滿剌加入貢。

十二月壬寅朔。右軍都督僉事張達卒。睢寧人。從靖難。

癸卯。上聞建文臣齊泰黃子澄等外家全戍者田俱蕪。命兵部家存一丁于戍所。餘放歸治田。

甲辰。廣東按察副使陳勉爲左副都御史。

諭吏部曰。師儒古稱模範。比來國子生大率歷事諸司。苟歲月圖出身。卿等每引國子監官。循資爾。不聞舉一道德老成之士。自今宜愼選。

夜。月犯十二國秦星。有大星光燭地。見七公。

丁未。詹事府丞黃宗載爲吏部右侍郎。大理寺右寺丞施禮南京大理寺右寺丞湯宗俱爲大理寺左少卿。南京吏部郎中嚴升爲南京大理右少卿。南京禮部郎中王羽爲太常寺少卿。山東道監察御史金庠爲南京刑部右侍郎。

都察院右都御史兼詹事向瑶言二事。曰武臣襲職嚴比試。更令舉保。曰郡縣官犯公罪。量罰其俸。從之。

禮科給事中黃驥言西域賈胡進貢病民。乞陝西都司除哈密亦力把里撒馬兒罕等國貢使不過一二十人給驛。庶甦疲氓。又西域產馬。餘碙砂梧桐鹻之類。無裨于國。其馬給軍。餘勿受。聽民貿易。以省官費。從之。示其奏禮部尚書呂震曰。驥嘗使西域。故悉西事。卿西人不悉耶。

京衞千戶劉彪等七人當備禦遼東而逃。命斬以徇。

戊申。夜大星色青白見天津。

己酉。瓦剌賢義王太平貢馬。

庚戌。法司奏刑名畢。召諭曰。朕未嘗敢以喜怒損刑法。卿等明信蒞之。如朕一時嫉惡過中。須執正。毋慮乖忤。

召故兵部尚書金忠子達。故吏部侍郎許思溫子俊至。賜衣食。授達翰林檢討。俊太常寺贊禮郎。念舊人也。達十餘歲。命支俸歸進學。

辛亥。列各都布按三司姓名于奉天門西序。時省覽。

諭夏原吉曰。稼穡問農。絲粟問婦。鈔法不通。朕商卿兩日未決。其問之閭閻。可榜通逵。許臣民陳所見。

癸丑。罷海子至西湖巡視官。

命戶部馳諭各郡縣。凡被災田土。悉準永樂二十年山東逋租例。蠲其糧稅。

常州大水。免田租。

命刑部都察院通政司。錄贓官姓名藏之。便稽閱。

大理寺右少卿弋謙辦事官程富各言事皆嘉納之。
甲寅敕奬楊榮金幼孜以治大行之勞。
乙卯梓宮發北京。
夜月犯軒轅星有大星色青白見室宿。
己未夜大星見天囷。
庚申葬大行皇帝于長陵。
夜月犯內屛星。
壬戌夜月犯平道星。
甲子琉球山南王入貢。
乙丑貴州左布政使蔣廷瓚被劾降左參議。
丙寅後軍都督僉事江浩卒。五河人燕山左護衞百戶從靖難。
廣西總兵官鎭遠侯顧興祖奏討平樂潯州賊斬千九百餘級。
丁卯漢世子瞻坦等來朝。
戊辰欽州判官李灝爲光祿寺少卿前光祿署官事東宮。
通政使尹必用參議顧謙下獄以省牲郊壇謙代必用也後謫必用本司經歷謙知事。
左通政李嘉爲通政使右參議朱侃爲右通政。
己巳鎭守寧夏後軍都督同知梁銘封保定伯世襲祿千五百石鎭守寧夏都指揮使陳懷爲右軍都督同知。
仍鎭守。

江西布政司左參政夏迪爲南京左副都御史。

敕禮部。令天下有司神祇壇廟歲久傾墊者繕之。祭器必堅潔。祭物出公帑。毋斂于下。仍巡按御史按察司以時閱。

禮部尚書呂震請明歲受大朝賀。不從。固請。大學士楊士奇楊榮金幼孜黃淮進曰。陛下言是。上曰。山陵甫畢。何忍也。震曰。萬國遠覲。皆欲一覩天顏。聖孝誠至。亦宜勉徇。上曰。禮過矣。士奇等曰。請無備禮。上從之。

辛未。鎭守雲南太傅黔國公沐晟及弟雲南都指揮同知沐昂來朝。

乙巳洪熙元年

正月軠朔。上朝奉天門。撤樂。

癸酉。上召楊士奇楊榮金幼孜黃淮。厚賜之。曰。朝會賴卿同心。不從震請。自今朕有未當。卿但直言。

甲戌。南京龍山進異芝。禮部請賀。不許。

乙亥。敕羣臣各修舉職事。

沐昂爲右軍都督同知。仍署雲南都司事。

丙子。駙馬都尉西寧侯宋琥削爵。

通政使兼武英殿大學士黃淮爲少保戶部尚書。仍武英殿大學士。楊士奇兵部尚書太子少保兼武英殿大學士。金幼孜禮部尚書。仍兼太子少保武英殿大學士。俱支三俸。

南京通政使古朴爲南京戶部尚書。南京禮部右侍郎蔚綬爲尚書。南京大理寺左少卿湯宗爲寺卿。

故少詹事餘杭鄒濟。故左春坊左贊善天台徐善述。並贈太子少保。謚濟文敏。善述文肅。立祠于墓。歲二祭。濟國初舉明經。訓導本縣。薦入翰林。修實錄。和易不見崖岸。兼通老釋。侍上東宮。甚寵遇之。善述貢太學。授桂陽州學正。進國子博士。永樂初拜左司直郎。進左贊善。耿介不阿。多弘啓沃。先卒。遣奠。

丁丑。刑部尙書金純進太子賓客。

中軍都督僉事馬聚後軍右都督譚青俱爲左都督。右軍都督同知高成後軍都督僉事馬瑛俱右都督。右軍都督僉事楊溧倪寬俱都督同知。山東陝西都指揮使高敬海亮爲中軍右都督。浙江都指揮同知徐甫爲左軍都督同知。大寧中都留守都指揮同知馮斌李得俱前軍都督同知。山西行都司都指揮同知鄭銘爲後軍都督同知。河南都指揮同知高文爲中軍都督同知。都指揮僉事崔聚爲左軍都督僉事。祁英爲中軍都督僉事。山東都指揮僉事孫勝馮興爲右軍都督僉事。陝西行都司都指揮僉事韓信爲前軍都督僉事。後軍都督僉事李賢爲右都督。柴永正把台爲左右軍左右都督。吳成馬維良爲後軍左右都督。右軍都督僉事蘇火耳灰爲左都督。

夜。月犯外屛星。

戊寅。後軍右都督李賢封忠勤伯。歲祿千一百石。

己卯。享太廟。

作弘文閣于思善門。鑄印。翰林學士楊溥領閣事。有建白以此印封識。翰林侍講王進佐之。初上諭楊士奇曰。朕欲別擇端謹之士備顧問。士奇薦進及吳人陳繼。蹇義薦國子學錄楊敬訓導何澄。授繼翰林院五經博士。敬編修。澄禮科給事中。並直弘文閣。

浙江都指揮使孫勝爲右軍都督僉事。陝西行都司都指揮僉事馮興爲後軍都督僉事。仍鎮守定州。

庚辰。夜。火星留井宿。有大星色黃白。見壁宿。

辛巳。諭兵部。先帝聽民間畜馬。有司急馬息。民不暇及私。今後畜官馬者二歲納駒一。著爲令。

夜。月犯諸王星。

丙戌。上南郊。始奉太祖太宗配天地。還。朝奉天門。行慶成禮。詔天下。大賜宴。

作天元玉曆祥異賦。刊賜廷臣。

夜。大星色青白。見角宿。

丁亥。夜。月犯內屏星。

戊子。恭順伯吳克忠進封恭順侯。都指揮同知吳管者封廣義伯。祿千石。世襲。俱吳允誠子。

羽林前衞指揮同知吳乜先克台爲左軍都督僉事。

己丑。罷給朝覲官孳牧馬。兵部尚書李慶言。畿內民困牧馬。請中原及江南諸大省覲吏各給一馬。正官牝。佐貳官以下牡。太僕苑馬歲課其息。虧者同民罰。從之。已。上曰。非也。使士牧民而責以馬乎。遂罷。

都指揮同知鼻鬼里嚴宣都指揮僉事劉聚吳守義俱都督僉事。

夜。大星色赤。見北斗。

庚寅。權增市肆課鈔。

兵部左侍郎孫時年老。改南京太常寺卿。

廣西按察使曹本爲兵部左侍郎。前工部右侍郎張信爲兵部右侍郎。

靖難舊將都指揮使張傑等各補官。

敕責交趾參將陳智方政玩寇之罪。

瓦剌賢義王太平貢馬。

辛卯。遣中官楊琳招諭老撾軍民宣慰司及孟艮府土官。

平江伯陳瑄充總兵官率舟師運糧北京。

夜。大星色青白見軫宿。

壬辰。諭禮部曰比令廷臣展省則有養祭賓客若往還道里費官給俸給日用而已計餘貲鮮矣自今一品二品歸賜鈔五千貫三品四品四千貫五品二千貫六品七品千貫八品以下皆五百著爲令。

瓦剌安樂王把禿孛羅子貢馬。

癸巳。祭故工部尙書宋禮諭葬。

設繕工官。工部左侍郞李友直爲尙書專其任。右侍郞蔡信副之。幷置繕工經歷。

甲午。復梁毅周璠馮彬監察御史。洪武中謫戍。

乙未。遣諭罕東衞指揮同知綽兒加國師札思巴監藏。

丙申。夜大星色青白見氐宿。又大星見貫索光燭地。

戊戌。擢解禎期中書舍人。

己亥。遣廣西右布政使周幹廣西按察使胡槩福建右參政葉春巡行應天鎭江常蘇松江杭湖嘉興。察民利病。

大學士金幼孜歸省。

故左春坊左贊善兼翰林編修長洲王汝玉贈太子賓客謚文靖賜祭。

刑科給事中黃鏞有罪安置均州。

夜。大星色赤見軒轅。

二月辛朔。遣中官柴山封琉球中山王世子尚巴志爲琉球國中山王。

頒制諭各邊將印。雲南總兵官太傅黔國公沐晟佩征南將軍印。大同總兵官武安侯鄭亨佩征西前將軍印。廣西總兵官鎮遠侯顧興祖佩征蠻將軍印。遼東總兵官武進伯朱榮佩征虜前將軍印。宣府總兵官都督譚廣佩鎮朔將軍印。甘肅總兵官都督費瓛佩平羌將軍印。交阯參將榮昌伯陳智都督方政佩征夷副將軍印。寧夏參將保定伯梁銘都督陳懷佩征西將軍印。

壬寅。都指揮使程忠爲左軍都督同知。都指揮僉事滕定爲右軍都督僉事。

癸卯。擢劉奎 僑子。陳璿 壽子。給事中。奎戶科。璿兵科。

甲辰。鑄征虜大將軍印。

漢王高煦訴次子瞻圻不孝不忠。命徙鳳陽。

乙巳。置武英殿右順門待詔。秩從九品。

夜。大星色赤白見雲中。

丁未。上釋奠太學。

戊申。祭太社太稷。奉祖考配爲常。

太監鄭和領下番吏卒守南京。

工部郎中蘇瓚爲右侍郞。尙寶少卿張信爲司卿。瓚素貪鄙。諂呂震被薦。上尋悔之。

故交阯布政司左右參政馮貴侯保贈左右布政使。

復紀正應天府尹。

高遠嗣建平伯。高福子。

夜。月犯六諸王星。

己酉。夜。大星色赤。見雲中。

庚戌。鎮江蘇常多盜。命捕之。

許軍民犯笞杖運磚贖罪。

賑舞陽縣饑。

辛亥。大星色赤。見五車。

壬子。諭楊士奇等曰。東宮就學。當以大經大法進說。其前史非聖道無裨于治者勿陳。

甲寅。兵部右侍郎張信爲錦衣衛指揮同知。張輔從兄。

談遷曰。少司馬位不薄。竟轉環列。當時右武故也。若今日視緹帥。粗人之極致耳。

乙卯。久旱得雨。封大小青龍神。名其山曰翠微山。禮部歲春秋仲月祭。

丙辰。上祭先農。耕藉田。

賑睢寧縣饑。

丁巳。尙寶司卿朱璓爲金吾左衛指揮使。世襲。守城功。

夜。大星色赤。見天鈎。

戊午。國子祭酒兼翰林侍講胡儼進太子賓客。致仕。賜敕。

易州同知裴璉爲工部右侍郎。通政使尹必用降本司經歷。右參議顧謙降知事。

太僕寺丞郭崇義詐疾。戍交趾。

夜。大星青白光。見太微垣五帝內座。

南京地震。

己未。夜大星青白光燭地見天囷又大星見心宿。月食土星。

庚申。蹇義子荃授尙寶司丞。

大理寺少卿弋謙言五事頗矯激。上不懌。禮部尙書呂震大理寺卿虞謙交劾之。不聽。僅免其朝參。

賑清河縣饑。

南京地震。

辛酉。遣內官段忠徐亮招諭雲南緬甸麓川木邦宣慰司及孟定府灣甸州鎭康等處。

夜。月犯天江。星又大星光青白見紫微垣外。

壬戌。南京地震。

癸亥。總兵官太子太保陽武侯薛祿左都督吳誠都督同知高文程忠都指揮僉事宮得馬興等逐虜于赤城。斬百餘人。擒十餘人。餘遁。特遣太監楊瑛鴻臚寺卿楊善以酒千餅羊百羜勞軍。遂益祿歲俸五百石。誠等歲俸給本色米十之三。得興等皆陞賚有差。

夜。大星色青白見雲中。

甲子。鑄鎭朔大將軍印。

晉王濟熿與平陽王美圭爭連伯灘田。各書諭之。

乙丑。南京地震。

丙寅。奉先帝主祔太廟。

命吏部方面官三考稱職。給本身誥。二考無過。始封贈。

夜。南京地震。

丁卯。兵科給事中劉渙鎭交阯。不命代輒還。謫交阯吏。

暴風自東南至。

戊辰。貴州按察使顧佐爲通政使。

夜。大星色青白見宗正。

己巳。夜南京地震。自戊午至是日。凡六震。大星色赤。見北河。又大星色青白。見五車。又大星色赤。見井宿。

敕法司曰。人命至重。卿等毋深文羅織。大理職平反。亦毋畏憚遷合。書不云乎。欽哉欽哉。惟刑之恤哉。

三月辛朔。命南京襄城伯李隆運木未過儀眞者俱貯龍山廠。

召南京前軍都督同知陳翼還中府。

壬申。前光祿寺署丞權謹爲文華殿大學士。謹最孝友。永樂初薦授樂安縣知縣。奏最。轉署丞。母病。躬湯藥勿效。籲天求身代而愈。後母年九十終。負土封樹。廬墓三年。有烏鳴泉涌兔馴之異。上聞之。特召入。當朝宣誦事狀。以示百官。謹辭秩。上曰。朕之除卿。嘉孝以風天下。他無責寄。

行人司右司副張洪爲翰林院修撰。

故兵部尚書劉儁贈太子少傅。謚節愍。

癸酉。五色雲見。

賑樂亭縣饑。

福建左布政使顧穎以贓免。

夜。大星光青白。見雲中。又大星赤色。見帝座。

甲戌。清明節。僧道追薦先帝后。

故兵部尚書兼詹事金忠贈少師。謚忠襄。故北京行部左侍郎馬京贈少傅。謚文簡。故兵部右侍郎兼少詹事墨麟贈少保。謚恭毅。故戶部左侍郎王鍾贈太子太保。謚僖敏。故禮部尚書鄭賜左侍郎儀智俱贈太子少師。謚賜文安。智文簡。故吏部左侍郎許思溫贈尚書。北京行部右侍郎楊泰北京行太僕寺少卿孫瑜俱贈戶部尚書。故北京布政司參議戍璭贈吏部左侍郎。兵部左侍郎盧淵贈兵部尚書。謚淵恭順。故刑部左侍郎盧祥贈尚書。故工部左侍郎陳壽右侍郎鄭剛北京行部左侍郎康汝楫通政使賀銀俱贈工部尚書。謚壽敏肅。故應天府丞張執中贈府尹。故北京行部尚書朱濬謚榮愿。遣祭。皆先朝舊勞。上念之。曰。謚定論也。勞如賀銀。堪贈不堪美謚。予惡謚又不若無。

夜。大星青白光見角宿。又大星色赤見騎軍。

南京地再震。

乙亥。山東布政司左參政俞士吉爲詹事。

賑任丘縣饑。

夜。大星三。色青白。一見翼宿。一見屏內。一見天市西垣。

丙子。命外官滿三考聽省親展墓。

湖廣藍山縣盜起。

丁丑。册敬妃張氏。張輔女。

敕羣臣曰。朕數詔求言。冀匡不逮。卽位以來。臣民上章數百計。莫不欣然聽納。其有未當。未嘗加譴。間者大理少卿弋謙言過矯激。朕一時不能概之于衷。而羣臣或迎朕意。奏其賣直。朕免謙朝參。言者益少。未嘗不自愧。

今爾羣臣勿戒前事。謙出朝參如故。

談遷曰。仁宗樂聞讜言。韶鐸四布。于弋謙免朝。僅幾何時。卽揣合時望。引以自媿。諫鼓謗木。休風遠紹。而三楊蹇夏倚毗尤切。似無一言及之。幸天聽之能早也。

賑南和縣饑。

夜。南京地震。

戊寅。賑連城縣饑。

復徐景昌定國公。徐長孫嗣魏國公。賜名顯宗。欽子

夜。南京地震。

己卯。賑黃巖縣饑。去歲大水。漂五百餘家。溺八百人。

夜。南京地震。

庚辰。故贈崇國公謚忠顯張玉。追封河間王。改謚忠武。加贈榮國恭靖公姚廣孝少師。

五色雲見。夜。南京地震。

辛巳。華陽王悅燿來朝。

南京地震。

壬午。通政使李嘉戶科給事中艾廣俱奏對不實。降交趾按察司知事。

癸未。命徐顯宗入太學。諭國子司業貝泰曰。此開國元裔。欲其家同國久。必令奉法循理。知孝若忠。顯宗。孤子也。加意誨之。使長不失其祿位。因賜泰鈔幣。

夜。南京地震。

甲申。賑鉅鹿縣饑。

夜。月犯平道星。南京地震。

乙酉。夜。金星犯昂宿。南京地震。

丙戌。漢王欲賀萬壽節。書止之。

南京地震。夜。二大星色赤。一見近尾。一見營室。

丁亥。詔曰。刑以禁暴止邪。豈專誅殺哉。皇祖律令。善善長而惡惡短。罰之輕重。咸適厥中。吏比附謬妄。傳致死罪。朕深閔之。夫五刑之條。莫甚大辟。身首異處。斯已極矣。自今有犯死當凌遲者。依律科決。餘斬絞罪。法司並勿傳會。若朕嫉惡偶過律外用籍沒凌遲刑。法司再三執奏。三不允。至于五。五不允。同三公大臣執奏。允乃已。永爲制。文武諸司。自今亦不許法外用鞭背等法。尤不許宮人以絕嗣。宮求用者。絕其祖宗父母。幸富貴。豈有心事君。今有自宮者。以不孝論。人之爲非。父子不相謀。是以舜罰勿嗣。文罪不孥。自今犯謀反大逆者。依律連坐。餘止其身。古之盛時。採民言資戒警。今凶險之徒。摭爲誹謗。一言涉國。輒罣此名。法吏刻深鍛鍊。刑之失中。民則無措。今後告誹謗者。一切勿治。

南京地震。夜。大星色青白。見氐宿。

戊子。遣中官往朝鮮。祭故光祿寺卿權永均。賜其家金二百。幣十。

隆平縣饑。柏鄉縣多貯官麥。請貸之。上曰。饑即賑。毋曰貸。

夜。南京地震。

己丑。趙王高燧之國彰德。

夜。南京地震。

庚寅。太子太保陽武侯薛祿爲鎭朔大將軍總兵官。率師巡開平大同。

遣中官洪孜敕賜車里靖安宣慰使刀雙及八百大甸軍民宣慰使刀招綵幣。

賑泰安州萊蕪等縣饑。

辛卯。召廣西總兵官都督任禮。

安平伯李安爲交阯參將。

壬辰。和寧王阿魯台貢馬。

廣西蒙顧洞賊作亂。敕顧興祖討之。

罷市徐州等處羊毛。或自南京來。上召至榻前。問民所苦。對曰。過徐苦買羊毛。立罷之。

癸巳。夜大星青白光。見軫宿。月犯十二國代星。南京地震。

甲午。賑薊州新寧縣饑。

夜大星色青白。見天市東垣外。南京地震。

乙未。召鎭守大同後軍都督僉事沈淸還。命都指揮使曹儉爲參將。佐鄭亨。

賑平度州蓬萊縣饑。

五色雲見。

丙申。金鄉忠壯侯王眞贈寧國公。

中書舍人姚繼爲尙寶司卿。廣孝養子

丁酉。都督山雲充游擊將軍。率兵巡薊州永平山海。

翰林學士楊溥爲太常寺卿兼學士。

長興賊平。

夜。大星色青白見漸臺。

戊戌加北京諸司曰行在復建北京行部及行後軍都督府。上時決意復都南京也。

定國公徐景昌領北京行後軍都督府。

南京兵部尙書張本工部尙書李友直右侍郎裴璉蘇瓚俱調北京行部。戶部右侍郎李昶刑部右侍郎金庠俱北京行部左侍郎。禮部左侍郎胡濙爲太子賓客兼南京國子祭酒革繕工官事歸于兵部。

夜南京地震。自甲戌至是日凡十有五震。

己亥後府都督同知張昇爲左府左都督。

四月庚子朔。享太廟河間忠武王張玉東平武烈王朱能寧國忠壯公王眞少師榮國恭靖公姚廣孝配享太宗廟。

談遷曰。河間東平佐命之功偉矣。王眞雖驍將效元戎之任淺。恭靖異類比于十亂。將無畢散諸人色赧也。大蒸重典。必求其無可議者。如張英公張隆平。虛其位以待可也。

順天府尹甄儀爲行在兵部左侍郎。

敕責山海永平總兵官遂安伯陳英及都指揮陳景先以縱寇疏防之罪。

甘肅總兵官都督費瓛奏送降胡家屬赴京。又婦女二十七人俟後至。命瓛卽送至。爾付託尤專。而懦弱不振。低眉俛首受制于人。大丈夫固若是乎。蓋瓛聽中官指使也。

辛丑武進主簿鄭溱爲行在禮科給事中。

夜。大星青白光見雲中。

壬寅。有至自南者。上問所過民安否。對曰。淮徐山東饑。有司急夏稅。召問少師蹇義。對如之。遂召楊士奇等。令草詔免之。併秋糧官買物料。一切停罷。士奇曰。請使戶工二部臣與聞之。上曰。有司慮國用。必持議不決。救民之窮。不可遲疑。時上坐西角門。命士奇等就西角樓起草。士奇草詔曰。朕夙夜憂民。弘諭下隱。山東諸郡及于淮徐。頻歲旱澇。今秋成未冀。民凍餒呻吟流于道路。郡縣不畜心父母耶。可全免今歲夏稅。其秋糧減半徵收。自今年四月以來。一應收買及科派物料未到官者。盡行停罷。若實無見物。先虛報在官者。宥不問。不許再科以足其數。諸郡縣撫輯安養。毋貪刻重困之。上曰。善。立書詔用璽。顧士奇曰。今可語二部矣。

談遷曰。蠲租停徵。俱戶工二部關白其事。仁宗孜孜民隱。惟沮格之是懼。一聞疾苦。立賜德音。眞與民同患。不媿父母天下之責矣。

瓜哇國王楊惟西沙入貢。

上聞中官採木四川之橫。諭行在大理寺右少卿弋謙曰。爾爲朕治。朕自知爾。毋畏。陞行在右副都御史。賜鈔千貫以行。

召鎭守定州都督僉事馮興還。

設北京行都察院。置右副都御史左僉都御史。分盧龍恆南冀北廣平四道。

壬寅。有言邊將不設備。遂敕戒各總兵官及鎭守曰。常年備虜。皆以秋冬。春夏則懈。虜難常也。宜謹備之。

夜。二大星色青白。見雲中。

癸卯。漢世子瞻坦及諸子並來朝。

後軍都督僉事謝芳卒。壽州人。會州衞指揮使。從靖難。

夜。火星入鬼宿。又大星色青白。見酒旂。

甲辰。敕各邊將。以天象有暴兵。嚴爲備。

大名饑。發長垣縣倉賑之。

夜。大星色赤見翼宿。

乙巳。嚴鈔法。

南京地震。

丙午。賜皇太子書曰。朕惟祖于孫。父于子。親愛天下莫加焉。而惟明所以長保富貴壽康之道以期之者。聖人之心也。爾朕嫡長子。我皇考鞠育提訓。隨事示之。永樂甲辰春親征北虜。車駕將發。子孫咸在。顧爾謂朕。古之令主。盤盂劍几皆有警銘。人主之道莫大中正。吾欲以人主中正四字製寶。師還爾俾爾勉焉。不幸賓天。今皇太子屬爾。謹製爾授爾。懋敬之。敬其內以愼其外。隆古帝王傳授盡此。爾懋敬之。

封皇女嘉興公主。慶都公主。淸河公主。眞定公主。延平公主。德慶公主。

南京地震。

丁未。夜。南京地震。

戊申。命華陽王悅燿居武岡州。以得戾于父也。

安慶府推官姚震爲監察御史。

薊州山海鎭守都指揮以神銃追虜敗之。

弘農衞經歷汪景明。寶坻縣丞王紹。俱復監察御史。

前戶部右侍郞李文郁爲通政司左參議。刑部郞中李驥。吏科給事中羅亨信。工科給事中周岐。浚工部主事丁璿。四川按察僉事韓克忠。開州知州張□。衢州通判唐舟。鞏昌知縣臧性。並爲監察御史。南樂知縣呂文賓爲吏科給事中。

行在錦衣衛指揮使王節遣官捕盜于濟寧儀眞鎮江。

夜。南京地震。

己酉。賑鄭許鈞汝延津杞襄城汜水考城臨潁通許太康永城郾城原武扶溝河陰登封盧氏孟津魯山南陽郟河內武陟西平遂平饑。

夜。月犯內屏星。

庚戌。諭禮部曰。南士善文。北士厚重。今科舉所進。北得十一焉。其定議南士六之。北士四之。時鄭府審理正俞廷輔言科舉不得人。乞有司訪通今博古端重年二十五以上許入試。上是之。

昌邑邢臺饑。驛賑之。

壬子。皇太子往祭孝陵。留守南京。

加贈故文淵閣大學士兼左春坊大學士贈禮部尚書謚文穆胡廣少師。遣祭。賜其家。

甲寅。上念舊勞。賜少師兼吏部尚書蹇義少傅兵部尚書兼華蓋殿大學士楊士奇銀章。蹇忠貞印。楊貞一印令藏于家。時侍上。上曰。夜見玄象否。皆曰未見。亦不知。上曰。士奇當知之。紫微垣甚急。命矣。歎息起。明日召義士奇至奉天門。曰。監國二十年。搆于讒慝。心之艱危。吾三人共之。上賴皇考仁明得以保全。言已泫然。義士奇亦流涕曰。先帝之賜。陛下純誠之效。今已脫險卽夷。陛下當自寬。上曰。卽吾去世後。誰知吾三人同心一誠者。各賜印。

乙卯。上發京師。

夜。大星色青白。見太微東垣。

丙辰。夜。金星犯井宿。

戊午。祭長陵。

夜。大星色赤。見勾陳。月犯狗星。

己未。還宮。

庚申。行在後軍都督僉事沈淸指揮僉事李敬鎭守居庸關。

南京地震。

辛酉。前遼東都指揮使齊安卒。壽州人。賜祭。

癸亥。高澤爲行在兵科都給事中。前鎭原敎諭。坐戍。

賑長垣饑。

漢府紀善李遜以離間伏誅。

夜。大星色赤。見心宿。光燭地。又大星色青白。見天屛。

甲子。大同總兵官武安侯鄭亨奏遣高山等四衞吏卒屯守大同。上以屯種已入土。若移則盡棄。且各衞距大同亦遠。縱趣之行。亦中夏非農期。徒彼此失業。敕責之。

北京行部尚書張本入朝。改行在兵部尚書。

涞水主簿彌堅爲吏科給事中。

丙寅。以岷王居武岡。改華陽王居澧州。

琉球中山王尚巴志入貢。

丁卯。賑玉田縣饑。

五月𢘽朔。午刻。風雹。

辛未。諭吏部尚書蹇義曰。御史當任老成者。遽授新進。遇事風生。以喜怒爲威福。正直不阿。往往被凌辱。順比則與爲膠漆。自今愼選之。又曰。都御史惟廉清公正。乃可倡率。尚否可都御史者。

夜。南京地震。

夜。大星二。一色青白。見氐宿。一色赤。見軫宿。

壬申。誅溆浦縣人誣告反者。

癸酉。敕修太宗實錄。監修官太師英國公張輔。少師蹇義。少保夏原吉。總裁官少傅楊士奇。少保黃淮。太子太傅楊榮。太子少保金幼孜。太常寺卿楊溥。

進嘉興延平慶都三公主中使司印。

南京地震。

甲戌。夜大星色青白。見天津。

丙子。山西按察副使王驥爲順天府尹。

丁丑。故太醫院判蔣用文。袁寶贈太醫院使。諡用文恭靖。俱遣祭。

夜。大星色赤。見尾宿。

戊寅。貴池典史黃金蘭考績。邑人詣闕留。進知縣。

夜。大星色赤。見牛宿。

己卯。行在翰林侍讀李時勉。侍講羅汝敬。並言事。上怒。使武士擊時勉。皆改監察御史。頃之下獄。

談遷曰。仁宗素虛受。何于時勉汝敬重譴至此也。所言事史不明載。必剴切不樂聞。顧帝能宥弋謙。獨不可推廣其意耶。時勉被笞折肋。死而復蘇。直言賈禍。故諤諤少而容容多也。時大駕就晏。曾不少宥。將天之方瞑。違其常度乎。

庚辰。上不豫。召蹇義楊士奇楊榮黃淮至思善門。命士奇書敕。遣中官海壽馳召皇太子。

辛巳。上崩于欽安殿。年四十八。遺詔曰。朕嗣洪業。甫及踰年。上惟皇考山陵未遠。迫切哀誠。下惟黔黎彫瘵未復。憂勞夙夜。時用遘疾。奄至大漸。皇太子孝友英明。先帝夙期其大器。臣民咸欽其令望。宜即皇帝位。朕既臨御日淺。恩澤未浹于民。不忍復有重營山陵。制度務從儉約。服制仍遵去年八月之令。於戲。南北供億之勞。軍民俱困。四方嚮仰。咸屬南京。斯固吾之素心。君國子民。宜從衆志。凡文武羣臣。咸盡忠秉節。佐輔嗣君。永寧我國家生民。朕無憾矣。是日未發喪。沐浴襲奠飯含如禮。設几筵宮中。朝夕哭上食。

王世懋曰。書稱商高宗未即位。其父祖乙命其勤勞于外。備歷辛勤。既即位。遂爲中興令主。仁宗監國二十年。上凜凜奉命于成祖。下復爲二三讒慝所厄。殷憂啓聖。及登極。善政炳炳。不可殫述。皆從監國之勤勞所致。質殷高宗。殆所稱前聖後聖。其揆一矣。

李維楨曰。二祖以馬上得天下。帝所習見。固不欲以馬上治之也。即位才一歲耳。其治大要。恭儉慈仁。收天下心。國家德澤深厚。獨稱孝宗。人不可以無年。信夫。

何喬遠曰。帝監國有年。明習政事。在位雖淺。膏澤已浹于民矣。若其改過不吝。痌瘝在身。漢文宋仁。未足方也。商高周成間歟。東莞陳建云。

談遷曰。仁宗在父弟。大類漢惠帝。而讒搆尤甚。惠帝所値趙王如意。異母弟也。而帝則同本相煎矣。憂危二十年。纔一伸眉目。遽賓于天。非曆數之獨艱者乎。南北供億。軫恤民力。欲返駕舊京。寬我東南。念最殷也。其不改父之臣。與父之政。豈誠不一思耶。二百年來。辰供之勢。翳成祖是賴。雖仁宗而在。異日者中結其轍矣。

是月。南昌大雨傷稼。蠲其租。

國榷卷十九

宣宗憲天崇道英明神聖欽文昭武寬仁純孝章皇帝。御諱瞻基。仁宗嫡長子也。生之夕。成祖夢太祖授以大圭。曰。傳之子孫。永世其昌。既數歲。試之事。輒剸決稱旨。成祖愛之。年十一。從狩北京。日侍訓誨。嘗命從過田家。問所疾苦。作務本訓授之。讀目數行盡。帙皆舉。瀏涉經史百家。永樂九年。立爲皇太孫。三從北征。于馬上指示胡山川。故自少曉兵略。善騎射。仁宗即位。册爲皇太子。其春。以南京地屢震。命往撫治。上旋不豫。既大行。宮中秘不發喪。以遺命召上。時南京稍聞晏駕。或傳漢王將要刦。羣臣聞。請整兵旋。或請出間道。上曰。君父在上。天下歸心。豈有他虞。遂傳詣京師。

乙巳洪熙元年

六月己巳朔。皇太子至蘆溝。太監楊瑛同太子少傅戶部尚書夏原吉太子太保禮部尚書呂震奉遺詔至。皇太子慟甚。左右掖聽。

辛丑。至良鄉。行哭入宮門。詣梓宮哭拜盡哀。頒遺詔天下。

壬寅。初。京師傳漢王舉兵犯闕。諸大將勒兵待上。以煩暑悉撤去。曰。有天命在。是何能爲。

癸卯。臣民三勸進。

丁未。行在禮部上即位儀注。

庚戌。皇太子即皇帝位。大赦天下。詔曰。洪惟天眷國家。茂隆景運。肇自太祖高皇帝。聖神文武。提一旅之衆。建萬世之業。太宗文皇帝。神功聖德。載安宗社。弘靖萬方。皇考大行皇帝。紹承大統。奉天子民。體祖宗之至仁。用輯寧于庶類。自臨寶位。夙夜勤勞。甫及踰年。德澤覃濡。不幸違豫。奄臻大漸。顧命神器付予眇躬。哀慟方殷。罔知攸措。親王文武羣臣下至耆老軍民番夷朝使萬衆一誠。累章勸進。辭拒不獲。仰惟列聖創守之難。俯徇輿情。已于六月十二日祇告天地宗廟社稷。卽皇帝位。爲政所重。以德及人。其改明年爲宣德元年。大赦天下。咸與維新。所有合行事宜。條示于後。云云。於戲。三聖在天。制治保邦。大經大法。明昭日月。垂憲萬年。惟篤欽承。必誠必信。尙賴宗室親王叔祖叔父。協心藩屛。鞏固國家。曁中外文武賢臣。同德匡輔。用臻至理。弘建宗社生民悠久之福。詔告天下。咸使聞知。

有白氣東西竟天。

辛亥。敕諭南京守備襄城伯李隆、征南將軍總兵官太傅黔國公沐晟、鎭朔大將軍總兵官陽武侯薛祿及各邊將。勤兵圖治。

癸丑。忠勤伯李賢卒。賢胡人。初名丑驢。元工部尙書。洪武二十一年來歸。篤愼能譯書。賜名氏。授燕府紀善。早侍世子。效勤。爲多。靖難功。歷都指揮同知。專譯北虜表奏。仁宗初念舊勞。進後軍都督僉事。尋封伯。祿千一百石。年八十。賜祭葬。爵除。

甲寅。始聽政西角門。

平江伯陳瑄總漕赴北京。兼鎭守淮安。

免敎官巡檢以下明年改元朝賀。

賑德州濟寧鄒滕饑民。

罷浙江內使市買及各處派辦紵絲紗羅氈段香貨銀硃金箔菓品海錯等。從巡按浙江御史尹崇高之請。

南京地震。

乙卯。宥西寧侯宋琥俾奉朝請。

賜京師軍匠布鈔。

行在吏部尚書蹇義言內外官吏先帝時坐罪蒙赦。有託喪而亡者。上曰。父母之恩並于天地。人至不肖。有死其親以潔其身者哉。君子不逆詐。其宥之。

鞏昌知府孫亶任滿當去。軍民乞留。復之。

黜浙江布政司參議王和袁昱陝西按察僉事韓善。皆削籍。以犯贓遇赦。吏部擬還職。不許。

湖廣藍山縣盜潘康生等仇殺土民。尋自歸。兵部論如律。上貸之。

貸無爲州人倉穀萬七千五百餘石。諭行在戶部申預備倉之制。務存實惠。

昏。大星赤光。出心宿。行至雲中。

命平江伯陳瑄遣漕軍五萬人就役山陵。

右春坊右贊善王讓爲行在吏部右侍郎。左春坊左庶子陳山爲行在戶部左侍郎。司經局洗馬張瑛戴綸爲行在禮兵部右侍郎。

河南新安知縣陶鎔以民饑。不待報。貸民糧一千七百二十八石。上善之。諭戶部夏原吉毋責其擅。

丁巳。聽選主事陳良乞武職。考課如文職。上以世弁論功。不許。

戊午。安平縣丞耿福緣以冗員當汰。民詣闕奏留。遂進福緣知縣。

庚申。留陝西官軍就彼備禦。河南山西軍入京操備。初陝西軍入京。河南山西往陝西甘肅。更涉勞遠。上兩劑之。

夜。大星赤光。出天弁東南。行至雲中。

辛酉。昏刻大星光青白出明堂西南行至近濁。曉刻大星赤光出正北雲中行至雲中。

壬戌。廣寧中屯衞軍士馮謎言。定遼金復海蓋五衞已立學官。而三萬瀋陽廣寧義州諸衞未設。乞並立學校。又歲賜遼東二十四衞冬布花衣。皆貯金州旅順口分給。遠至二千五百里或二千里。遠道妨農。若如洪武舊制。定遼瀋陽海蓋諸衞于牛莊。廣寧義州諸衞于凌河。金復二衞于旅順口。則貯給甚便。又驛路經錦瑞二州相距三百里。荒山隱寇。莫若擇二州女河旁沃土。修城置衞。屯種樹防。上從之。

夜。大星光青白出壁。南行至近濁。

癸亥。浙江左布政使孫儁河南左參議王徵坐贓罪。援赦復。不聽。皆削籍。

兀剌部屬亦速不花等五十四人來歸。本雅失里妻預焉。命厚給之。

乙丑。令南京守備襄城伯李隆等以萬卒赴山陵營作。

召鎭朔大將軍陽武侯薛祿。

丙寅。行在禮部尚書呂震請遵遺詔。七月朔常服視朝。上不忍。待百日後議之。

丁卯。役南京江北軍匠十一萬八千人赴天壽山陵。

七月戊辰朔。上仍素服御西角門。撤鐘鼓。

懷慶大長公主薨。駙馬都尉王寧。

行在太常寺卿王勉嘗坐贓。以使陝西。先帝欲罪之。至是還朝。削籍。

浙江按察司副使許銘上言。邊軍困于雜役。多致逃亡。防守既疎。屯種亦鮮。若悉矜免。專令備邊。如舊給與俸糧。其有餘力。各遣屯田。則食足兵强矣。又北狄歸誠。保無反側。如祖訓許三年五年一至。餘悉禁止。免困民力。上納之。

夜。大星赤光。出羽林軍。南行至雲中。

己巳。上大行皇帝尊謚。仁宗敬天體道純誠至德弘文欽武章聖達孝昭皇帝。謚皇庶母貴妃郭氏曰恭肅。淑妃王氏曰貞惠。麗妃王氏曰惠安。順妃譚氏曰恭僖。充妃黃氏曰恭靖。

日生暈。左右珥。色黃赤。夜。大星光青白。出五車。東北行至雲中。

庚午。頒謚詔。

遣中官雲仙鎭守雲南。

夜。大星赤光。出閣道。東南行入壁。

辛未。平度州同知王瑁。昌邑主簿劉整。以冗員當汰。耆民詣闕留。皆復其官。

陝西按察司官言。先郃陽知縣孫浩。憂去。吏民思之。乞起復補咸寧縣。從之。

癸酉。南京地震。

甲戌。上閔雨傷稼。遣中官雷春禱而霽。時水決蘆溝河。

乙亥。尊母后張氏爲皇太后。立妃胡氏爲皇后。幷册貴妃孫氏。淑妃劉氏。惠妃何氏。

丁丑。復鄒鋭左通政。

行在錦衣衛指揮僉事曹賓混請釋重囚。謫戍保安衛。

戊寅。韓王冲㸅奏平涼遠瘠。乞改江南。不許。

何景明曰。予至平涼。城中千戶。皆荆戶土牆。而朱其門。問之。悉宗室人居。日需祿府官。不得。則白衣張拳詈于衢。府官甚苦之。夫宗室日益蕃而養勿給。肢脛病不伸。畜而將爲壅腫支離。可不急治之哉。

晉王濟熿請入朝賀。不許。凡諸王奏請。概止之。

召鎮守淮安都指揮閻福。

行在右副都御史弋謙上二事。擇守令。禁市買。從之。

宥故忠誠伯茹瑺子銓鏞及家屬二十七人皆爲民。給所沒田宅。前戍廣西河池。

弛黃花鎮東至紅羅山樵採之禁。懷柔知縣邵源亨言其地去陵遠也。

南京地震。

己卯令吏部選交阯教官用華人。變其夷習。

夜大星赤光。出勾陳。西南行。入紫微東蕃。

庚辰漢王高煦言利國安民四事。上褒答之。已顧侍臣曰。昔皇祖言此叔有異心。皇考終厚之。如今日所請。果洗其舊習。不容違也。

大賚諸王公主。

行在右副都御史弋謙爲交阯右布政使。大理寺右寺丞陸楨孫子良爲交阯布政司左參議。楨嘗使交阯。子良先兵部武選郎中。坐累謫交阯吏。至是署布政司事。兵部尚書陳洽薦楨子良才。又諳夷俗。

夜大星光青白。出勾陳。西北行至近濁。

辛巳占城入貢。

大賚百官儒吏軍民僧道醫匠夷使人等凡三十二萬九百五十人。共給九十六萬三千八百二十九金。

壬午漢世子瞻垣入臨。

行在鴻臚寺司賓署丞焦循攝禮部郎中。鳴贊盧進攝鴻臚寺少卿。頒詔朝鮮。

有自宮求用者數人。命循例戍邊。

昏刻大星光青白燭地。出閣道東北行至近濁。

癸未。賜趙王高燧田園八十頃有奇。

調鳳陽府同知王鳳等百十九人于交趾。俱罪宥。補交趾郡縣。

乙酉。大寧都指揮同知金順爲行在左軍都督僉事。

行在兵部右侍郎戴綸往交趾參贊軍務。

夜。大星赤光出天津。東北行至雲中。

丙戌。行在前軍都督僉事劉鑑改南京後府。河南都指揮同知王敬爲行在前軍都督僉事。

進士蔡子宜爲訓導。子宜永樂七年歸養。終喪不起。吏部劾其私。重上閔而官之。

交趾選貢生王憲等八十二人赴京。歲賜衣服如雲南例。

丁亥。都指揮同知把兒歹爲行在前軍都督僉事。

戊子。庶吉士黃澍薛理楊鼎高舉章丘訓導張居敬儒士儀銘爲給事中。澍居敬行在吏科。理戶科。銘禮科。鼎兵科。舉刑科。

都指揮卞福仍備禦開平。

修臨漳洪隄。

己丑。忠義中衛卒甄成兒爲百戶。初虜犯薊州黃崖口。東勝右衛指揮同知李遠等追斬一級。出成兒。餘效勇二百四十五人接應。百有九人俱厚賞。

談遷曰。斬級一耳。溢賞如此。祖宗朝折衝之風稍損矣。可以觀世焉。

旌德教諭林穌九年考績。諸生無應舉者。例謫戍。追俸。先帝監國。寬其期三年。又如故。上免其罰。仍敎三年。

庚寅。役河南山東山西鳳陽大名等五萬人治山陵。

陽武侯薛祿請移開平衞于獨石。不許。

辛卯。許山東被災郡縣以鈔代租。

廣西桂平縣大藤峽猺寇平。征蠻將軍鎭遠侯顧興祖以聞。

征虜前將軍鎭守遼東總兵官武進伯朱榮奏。都指揮唐琦擊虜駱駝嶺。斬七級。又朶顏衞指揮哈剌哈孫等不貢。欲乘其未備擊之。上敕其愼守。

遣祀定晉深藁城無極饒陽新樂寧晉河災。

壬辰。封後軍左都督吳成清平伯。世祿千一百石。成山後人。初名買驢。來降。賜姓名。

召予告尙寶司少卿袁忠徹。

後軍都督同知鄭銘鎭徐州。

樂亭縣人胡敬上言。致治莫急于聽言。言路通塞。治亂係焉。臣願陛下開不諱之路。廣忠諫之門。淸問下民。平易近物。聽受忠鯁。不拒咈逆。則嘉言嘉謨日有所聞矣。又願言必信。用必賢。戒無益。愼虛名。敕天命。卹民隱。誠于求言以來天下之善。而于六者終始力行。則天下幸甚。上嘉納之。

夜。大星赤光燭地。起五車。東北行至北斗魁。炸散。

癸巳。給行在禮科給事中傅安告身。時還撒馬兒罕。出使殆二十餘年。未及考績。特優之。

夜。大星赤光。起天槍。西北行至雲中。

乙未。復定遠李達陝西都指揮使。仍守洮州。

夜。大星光靑白。起羽林軍。行至近濁。

丙申。山東鹽運使虹縣唐鑑致仕。故太子少保兼兵部尚書鐸之弟。巡按御史論其昏怠。上以鐸故名臣。故優致之。

巡按四川監察御史何文淵言。高皇帝州縣設立老人勸善息訟。此誠良法。比年所用多非其人。馮藉肆虐。挾制官府。宜按問如律。上從之。

遣視順天河間保定順義懷柔薊寧任丘靜海慶都清苑雄灤水災。

昏刻。大星赤光。起壁東南行至近濁。

丁酉。哈密貢使都指揮同知脫脫不花爲都督僉事。

征虜前將軍鎮守遼東武進伯朱榮卒。榮沂州人。大寧前衛副千戶。從靖難。歷左軍都督僉事。勦寇功封鎮遼東。追封武進侯。謚忠靖。子冕嗣。

閏七月戊戌朔。琉球國中山王入貢。

福餘衛都指揮安出等納馬謝罪。求補失印。從之。

夜。大星青白光燭地。起天倉東南行至天園。

己亥。都督府吏左輔興州衛卒譚瑛言驛站田牧事。下行在禮部議。尚書呂震曰。吏卒卑。不識大體。言利病覬用耳。上曰。芻蕘之論。聖人所擇。察當否議行之。

庚子。靖州人詣闕留故知州張幹。從之。

辛丑。肥城丘縣以官牛斃留租額百五十四石。命除之。

代王桂上表失書名。禮部請責其官屬。宥之。

夜。大星光青白。起羽林軍。西行至壘壁陣。

壬寅。衍聖公孔彥縉來朝。賜金織文綺襲衣如一品。

夜。大星光青赤燭地。起天倉東南行至天庾。

兀刺部屬脫脫來歸。願居京自效。授百戶。

癸卯。作鹵簿大駕。

詹事俞士吉爲刑部右侍郎。

南寧衞指揮僉事李璧等擊武緣縣盜。斬六十七級。盜平。

夜。大星赤光自牛宿西南行至雲中。又流星青白光出壘壁陣西至近濁。

甲辰。太子賓客兼國子祭酒胡濙仍爲禮部左侍郎。兼秩如故。

易州判官張友聞當以冗去。州人乞留。從之。

乙巳。纂修文皇昭皇實錄。太師英國公張輔太子太保成山侯王通少師吏部尚書蹇義少保兼太子太傅戶部尚書夏原吉爲監修。少傅兵部尚書兼華蓋殿大學士楊士奇少保戶部尚書兼武英殿大學士黃淮。太子少傅工部尚書兼謹身殿大學士楊榮太子少保禮部尚書兼武英殿大學士金幼孜太常寺卿兼翰林院學士楊溥爲總裁。

丙午。後軍都督僉事郭義爲游擊將軍。巡薊州永平山海等邊。

瓜哇國舊港宣慰使入貢。

羽林右衞水軍千戶所。改長陵衞中右千戶所。

丁未。諭行在吏部尚書蹇義等曰。御史考察郡縣官。欲其任賢退不肖也。比聞多信偏言。不博訪。吏勤職奉公。禁暴振廢。小人畏之。讒爲刑酷。或贓濫可狎侮。利之。更相挽攀。是使正人受誣。羣枉得志也。其敕布政司按察司巡按御史嚴覈之。

戊申。安順伯薛貴清平伯吳成都督馬瑛都指揮梁成等率兵巡塞外。

己酉。昏刻大星光青白起梗河西行至游氣。

庚戌。滕王瞻垲薨。王母貴妃郭氏。仁宗即位。封國雲南。未行。年十七。謚曰懷。國除。

壬子。遣進士陸徵等採京省事蹟備實錄。

命泰寧侯陳瀕廣寧伯劉湍分視太僕寺北京行太僕寺印馬。

昏刻西北白虹。有大星光青赤起霹靂。東南行至羽林軍。

癸丑。交趾巡按御史言清化賊黎利圍茶籠州。乂安土知府琴彭拒守。七月不解。乞援。敕遂昌伯陳智等急發兵往援。

行在光祿寺乞歲造酒。計缶二十二萬。以不急。停之。

甲寅。興州左屯衛卒范濟詣闕上八事。申明楮幣。屯兵要地。訓練精銳。勾軍擾害。勸課農桑。興舉學校。息偃兵戈。沙汰冗員。上善之。濟故元進士。國初舉文學。守廣信。累戍興州。時年八十四。遂除訓導。

前召禮部主事廬陵葛清。隱年老。仍令致仕。

丁巳。周王橚薨。王初封吳國。錢塘既以賦藪。改封周。國開封。王好學。能詞賦。工書。製元宮詞百首。又辨難雜蔬四百餘種。名救荒本草。嘗來鳳陽。高帝謂擅離國。謫雲南。尋復之。建文中削爵。靖難後復之。後或告王反。按之非實。獻三護衛。闢東書堂以教世子。年六十五。謚曰定。

廣西右布政使周幹自蘇常嘉湖等處巡視民瘼。還朝。歷言利弊。即下部行之。

嚴州建德人言嚴州里不及五百。浙省徵科一槩派辦。乞敕本司酌里民數為差。從之。

夜。大星光青白。出大陵。東北行至雲中。

己未。先帝以甘肅隱糧六萬七千九百石有奇。遣監察御史王珣往覈。不即奏。上下之獄。

庚申。守居庸關都督僉事沈清進黃鼠。責止之。

夜。大星光青白。起天津。西南行至瓠瓜。

壬戌。遼東都指揮使巫凱爲左軍都督僉事征虜前將軍總兵官。鎭守遼東。

都察院左都御史夏迪素矜傲。臨事瑣細。人不能堪。監察御史何楚英等訐其催糧常州。受武進人金。命下臺獄。法司知其誣。莫與辨。謫驛丞。憤恨死。

廣西思恩縣盜覃公旺河池縣盜覃公新等作亂。敕鎭遠侯顧興祖捕之。

夜。大星赤光。出北河。行至游氣。

癸亥。停鳳陽諸處人陵工。

華容縣儒士尹崧上三事。曰正洪基。乞回鑾南京。曰汰冗官。曰全俸祿。命行在禮部議之。

甲子。右春坊右司諫羅昭爲襄府左長史。

大賚鎭守武臣。黔國公沐晟。武安侯鄭亨。鎭遠侯顧興祖。遂安伯陳英。襄城伯李隆。平江伯陳瑄。榮昌侯陳智。安平伯李安。保定伯粱銘。都督蕭授。費瓛。譚廣。陳懷。巫凱。都指揮曹儉。唐銘。卞福。

乙丑。行在太常寺卿兼翰林院學士楊溥言。先帝時。臣與侍講王璡。編修楊敬。五經博士楊繼。給事中何澄于思善門外弘文閣討論經籍。今當納弘文閣印。許之。溥仍直內閣。餘還原任。

八月朔。魯王肇煇進瑞粟。有一莖至二十穗者。行在禮部呂震請賀。上曰。四方大矣。比者畿內水潦。奏牘不啻。民之艱食。卽謂瑞應。亦僅魯東隅。何以令朕無夙夕憂。不許。

戊辰。琉球國中山王尙巴志入貢。

吳橋民留其知縣吳原。從之。

陝西行都司土官都指揮李英討安定曲先番寇。敗之。永樂末中官喬來喜鄧成等使西域。道被刦殺。仁宗命英與必里衞土官指揮康壽等討之。斬安定寇四百八十餘級。俘七十餘人。曲先寇聞之遠遁。尋進英左都督。安定王桑兒加矢矢等躬詣闕請罪。宥之。

己巳。庶吉士劉俊李芳爲行在兵刑科給事中。姚昇爲行在湖廣道監察御史。廣東布政司右參政趙次進服闋。改太僕寺卿。廣東按察使劉子輔服闋。吏部謂非風憲才。降諒江知府。行在御史王鶴劉愷彭杲楊復皆不勝任。降推官。鶴揚州。愷汝寧。杲馬湖。復廣信。

減寧夏今年屯租。

庚午。復遼東都指揮同知于全官。全私侍漢王蹴踘。賜繡金龍襖等物。文皇戍之交趾。至是漢王爲請。

山西按察僉事張萃不稱職。例謫邊職。上曰。彼方岳遽雜職。過矣。降應山知縣。著爲令。

山東布政司右參議馬撝臺考不稱職。上以安丘守城功。命破例予致仕。

行在工部奏內供綺羅九千匹。下蘇杭織作。上念民艱。減其半。

辛未。金壇水災。免田租二萬八百四十八石有奇。

壬申。敕中外各舉守令。曰。政在安民。安民在守令。聖帝明君。靡不愼此選也。朕夙夜孜孜。而四方任職者率不稱。詔書求賢自卽位下之。至今胡寥寥耶。其令內外羣臣各舉所知以聞。且嚴舉主連坐之法。

行在禮部右侍郎鄒師顏卒。師顏宜都人。監生。授兵部主事。歷山西右參政。永樂坐事降御史。遷大理寺丞。先帝進侍郎。予告。道卒通州。喪不能歸。命給驛舟。上曰。貧如師顏。可嘉也。卽吾臣之廉者豈一人哉。有不幸畢官次者以師顏爲故事。蓋廉介愼密。人不敢干以私。或謂其頗刻。

故交趾左參政馮貴贈左布政使。右參政侯保贈右布政使。從尚書黃福之請。史又謂貴貪侈。在交趾得子女金帛甚富。貴死。悉爲豪猾所據。保亦貪。但和厚能勤。其死也。人頗惜之。

夜大星赤光。起北斗杓西北行至雲中。

丙子。交趾賊阮可朗等伏誅。

交趾武寧州人阮克孝上五事。俱庸鄙。如採蜈蚣取珠上置之。

定漕舟先後從便發運。

丁丑。免沁潞徐溝大谷祁屯留雹災田租。

貴州水德江長官張沂言。部趣食鹽鈔。貴州皆溪峒蠻民。商鈔不至。乞免納。上從之。

夜大星光青白。出織女東南行入天市西垣。

戊寅。行在禮部尚書呂震言。喪服百日。請易素服。命俟山陵畢再議。

遣內官李敏馬驥等送神機銃砲于萬全等衞。戒其專護神器。餘事悉聽總兵守備官。毋一預。自是中官送器械赴邊。俱敕戒。

夜大星光青白。起天苑東北行至近濁。

己卯。武進宜興江陰無錫去歲水饑。勸富民借賑米麥二萬九千九百九十一石有奇。上諭戶部。勿輕用厲民之政。

壬午。昏刻。大星光青白。出外屏東南行至近濁。

癸未。廣西按察使胡槩爲大理寺卿。同四川右參政葉春巡視應天蘇松常鎭杭湖嘉興。召浙江治農事左通政岳福還。初周幹巡浙直還。言有司多非人。土豪虐民。故遣槩等法治。後又錦衣指揮任勝御史賴瑛佐之。

前司經局正字王雅謫交趾。召至。授翰林院檢討。

令御史按察司每歲八月出巡。錄囚刷卷。

甲申。鄭王（瞻埈）往南京。祭孝陵。代告即位。

乙酉。敎官闕千八百餘人。許擇國子生五百人務經明行修之士。

丙戌。敕廣西總兵官鎮遠侯顧興祖勦思恩忻城宣化桂平等賊。平之。

夜。大星赤光。起天倉。西南行至近濁。

丁亥。名仁宗獻陵。

夜。大星赤光。起外屏。西北行入室。月暈圍蒙畢觜參井五車。

己丑。夜。大星赤光。起五車。西北行至文昌。

辛卯。曉刻。月犯軒轅南星。

壬辰。夜。大星光青白。起外屏。西南行至天倉。

癸巳。太白晝見。

甲午。前晉王（濟熺）。訴諸弟（濟熿濟炫濟烺）輩寃陷。乞入朝面陳。上書止之

敕太監鄭和等修南京宮殿。

徵山林通經之士。

夜。大星赤光。出畢。東南行至雲中。

乙未。許交趾叛蠻路文律潘僚陳文阮幸等納款。敕諭之。

應天府尹薛均言。工部光祿寺市買三年未給直。上以有司不恤民。命今後官買卽給直。

丙申。石州人脫自虜中。云阿魯台令部人各備馬三。意南侵遂勅總兵官鄭亨譚廣唐銘等嚴備。

榜武臣恤軍士。

是月。貴州諸生附湖廣試。

九月酊朔夜大星青赤光燭地。三小星隨之。起外屛。南行至土司空炸散。

辛丑。夜大星光青白出勾陳西北至天倉。又大星赤光燭地。起天倉西南行至近濁。

壬寅。葬仁宗皇帝獻陵。

乙巳。昏刻。月犯壘壁陣。

丙午。巡按山西監察御史耿文言。輿州鎭虜高山雲中大同諸衞皆以征戍罷屯。上諭行在戶部。以壞法詰其實。

萊陽縣秋雨傷稼。蠲其租。

丁未。始給大營官馬芻豆。

戊申。復李嘉行在通政使前謫交趾按察司知事。

左通政岳福言。蘇松嘉湖久雨損稼。除其租。

己酉。昏刻大星光青白出壘壁陣。東行至北落師門。

辛亥。祔仁宗皇帝主太廟。

壬子。行在大理寺卿虞謙奏民有盜殺官馬者。論死。上曰。奈何以馬殺民。發戍邊。

癸丑。給國子監官吏俸鈔。永樂末俸鈔俱折支胡椒蘇木。國子監未之及。

分遣大臣清理軍政列爲八目。

南京都察院奏蘇州刦盜四十人當斬。命詳審以聞。因諭左都御史劉觀等曰。隋煬時盜發殺二千餘人眞犯僅數人。羣臣順旨不復奏。令人歎恨。卿等宜愼之。

甲寅。行在都察院右都御史向寶右副都御史胡廙往南院建都知監于東華門外。

鑄內府寶鈔司印。

乙卯。設獻陵祠祭署。

太子太保陽武侯薛祿署行在都督府。兼操習幼官幼軍。

前長淸知縣薛愼服滿。故縣民詣闕請復之。吏部尙書蹇義曰。長淸有令矣。上曰。必不如愼。國家置守令。以爲民也。民欲得令。何憚更焉。

特復太子少傅工部尙書兼謹身殿大學士楊榮家。

定科舉取士分南北。應天鄉試八十人。順天五十五人。兩雍預焉。江西五十人。浙江福建各四十五人。湖廣廣東各四十人。河南四川各三十五人。陜西山西山東各三十人。廣西二十人。雲南交趾各十人。貴州則就湖廣試。

丙辰。令南京明年朝正府部寺院各遣一官。餘止之。

丁巳。初晉府軍醫祝敬告王刺朝事招異術。晉王濟熿聞之。懼言其離間。上以其章示晉王。慰答之。

戊午。靖州蠻民以有司令作戰衣。無布且不習。上責工部失當。凡邊民悉免之。

夜。大星光青白出壘壁陣西流雲中。又大星出墳墓西南流雲中。

己未。詹事府丞艾良爲行在大理寺左寺丞。左春坊左中允張中璉爲大理寺右寺丞。□贊善藺從善左司直郎蔣驥高穀爲行在翰林院侍講。右春坊右中允徐永達爲行在鴻臚寺左少卿。右中允林長楙爲鬱林知州。右司直郎蔣光爲行在尚寶司丞。張景良爲順慶府通判。清紀郎韓岫張昱爲行在戶刑科給事中。司諫吳顒爲國子監助教。司經局校書劉琢爲行在國子監助教。馮景浩爲行在禮科給事中。正字陶永成爲北京國子監學正。長楙侍上東宮屢諫游獵忤旨從幸南京聞報北還舟行獨後也

文華殿大學士徐州權謹年老。以參政司參議致仕。謹字仲常。性孝友。刻學。薦令樂安。仁恕廉明。治冠一時。遷光祿署丞。母喪廬墓三年。有烏鳴泉涌兔馴之異。先帝召拜大學士侍上。操履質實。文非其長。

何喬遠曰。仁宗在位一年。所用權謹。出自簡在。其于風勵世教遠矣

庚申。漢中訓導內江李蕃爲行在兵科給事中。初蕃上端本策。先帝召之。至是入。

常山左右護衞改永淸左右護衞。

四川按察使陳璉上五事。明禮制。一風俗。修武備。慎刑罰。興義倉。上嘉納之。

夜。大星光青白出天廚。西北行至近濁。

壬戌。行在右通政秦川改南京通政。時左通政鄒銳坐事下獄。

癸亥。撒馬兒罕頭目阿都兒火者來歸。授正千戶。居甘州。

甲子。夜大星光青白燭地。起內廚。穿北斗。行至近濁。又大星出天船。行至近濁。

乙丑。工部造鹵簿器械。責京民沙魚皮。言非其產。以聞。免之。

十月甑朔。後軍都督僉事費瓛爲右軍左都督。

遣中官祭司井之神。

給永寧邊軍毛襖狐帽。

享太廟。始御奉天門。易服受朝。

戊辰。國子博士周岐鳳爲兵部職方員外郎。儒士楊翥爲行在翰林院檢討。

北京道監察御史宣順坐使枉道還里。謫青陽縣丞。

己巳。召鄭王還。

行在兵部尚書李慶治南部。

太子太保成國公朱勇掌行在後軍都督府事。

夜。大星光青白。出河鼓。西南流游氣。

辛未。陝西行都指揮同知土官李英以安定曲先功爲右軍左都督。食祿不任。

命邊人脫歸漠北者。給道費。復其家。

夜。太白犯平道。

壬申。思州府通判檀凱九載當遷。民詣闕留。上曰。爵祿所以勸士也。古人有三優。優外官。勉治也。優小吏。養廉也。優故老。遵德也。民愛凱。其優之五品之俸。

癸酉。先帝停河州酥油。至是所市牛俱給屯軍。

甲戌。山東布政司左參議張旗被劾。以安丘功予致仕。復其家。

丁丑。夜。大星光青白。起畢宿。行至游氣。

戊寅。北京行部右侍郎裴璉以視陵陪祀俱僞疾。下詔獄。尋謫知梧州。

右都督同知倪寬卒。邳人。靖難功。予祭葬。

行在翰林院修撰李騏卒。長樂人。永樂戊戌進士第一。耿介有氣節。

庚辰。行在中軍都督僉事任禮爲都督同知。湖廣都指揮使李英爲行在中軍都督僉事。

行在營繕所正郁榮爲工部主事。以陵工陞賚有差。

辛巳。金壇人告許拒捕。法司論叛死。籍其家。上矜其愚。悉戍邊。

湖廣左參政黃澤上十事。正心。恤民。敬天。納諫。練兵。重農。絕貢獻。明賞罰。遠嬖倖。汰冗官。上嘉納之。

夜。月食在畢。太白犯亢。又大星光青白。出弧矢。南行至近濁。

壬午。諭法司。軍職雜犯死罪及應徒流者。卽戍邊立功。眞死不赦。

夜。大星赤光。出氐東北。行至游氣。

甲申。河南右布政使蕭省身秩滿三年。例得本身誥。以父年老。乞先授父。許之。

乙酉。朱冕嗣武進伯。朱榮子

昏刻。大星赤光。起五車。行至游氣。

丙戌。浙江布政司右參議戴同吉上五事。明學校之敎。嚴邊境之備。愼守令之選。敦勸士之典。立勸懲之法。上議行之。其愼守令。以京官郎中員外主事及御史之德量廉幹達治體者爲郡守。于進士監生儒士人才擇其端莊禮法者爲縣令。到任半年。令巡按御史按察司考察其臧否而去取之。其勸士。乞增其俸祿。不然。令選郎中等官之賢者。幷外考稱職。五品以上者支米四分。鈔六分。六品七品米鈔中半。八品米七分。鈔三分。九品以下全支。若平常不備者。俱仍舊。如是則廉勤者有賚。庸常者知戒。

戊子。漳州衞千戶甘斌以外戚恩任錦衣衞指揮僉事。豪橫。降千戶。求復秩。不許。

行在刑部大理寺奏決囚。上命大臣與給事中再讞。使無寃。著爲令。

己丑。鎭守河州都指揮使劉昭爲右軍都督僉事。仍守河州。

庚寅。周世子有爋嗣周王。

放還緣邊軍士久練京師者。敕總兵官遂安伯陳英都督陳景先毋私役軍士。

夜。大星光青白燭地起中台東北行至中台炸散。

癸巳。許趙府長史趙季道省墓。以其賢也。

甲午。慶王栴上言。洪武中自慶陽徙韋州。建文中徙寧夏。卑溼鹻鹹。乞仍韋州。上以舊制不許。第從便往來。

乙未。行在工部請追攝工匠。上命移文有司。令明年春和自赴陵。

十一月輛朔。丁酉。行在中書舍人葉蓁姚秩爲行在翰林院編修。庶吉士王璡何志曾泉萬碩木訥張觀沈善周安劉濬張遜李敬盧璟爲監察御史。

辛丑。博野等縣流民復業。以有司督徵。命緩之。

癸卯。江西左布政使盛頤被劾。降工部員外郎。

甲辰。遣視烏程歸安長興水災。

丙午。夜。大星赤光出太微西垣。行入天廟。曉刻太白犯塡星。

戊申。嘉定民乞留縣丞戴宿。從之。時裁冗員。調宿平陰。

夜。大星赤光出天船。行至近濁。

南京地震。

庚戌。時阿魯台貢馬。或自虜中歸。言彼攻兀良哈。欲窺開平興和。上敕各邊總兵官鄭亨等嚴備。都指揮同知李信鎮守懷安衛。都指揮僉事路宣鎮守定邊衛。

辛亥。鹿邑人乞留知縣鄭郁。以郁得民。從之。

壬子。行在工部尚書吳中奏造御器當市料。上曰。漢文帝服御帷帳。無文繡之飾。朕甚慕焉。造器物料。內庫幸不乏。其止之。

癸丑。韃靼孛羅脫者可脫千來歸。言虜中密事。賜衣鈔。上以虜狡。諭尚書呂震去留任之。

遼東都指揮使王真爲左軍都督僉事。仍署司事。

四川雙流知縣孔友諒上六事。汰冗員。任風憲。重守令。愼科目。厚俸祿。薄征徭。下禮部行之。

乙卯。高山玉林鎭虜雲川四衞改隸山西都司。初洪武中隸山西。後入保定涿州雄縣。

故江陰侯吳高子亮等戍海南衞。釋之。

夜。月犯內屛星。

丙辰。戶科給事中沈寧使江南需賂見劾。下獄。降驛卒。

丁巳。鑄隨駕尚服局尚寢局宮正司印。

辛酉。陽武侯薛祿爲鎭朔大將軍總兵官。率軍巡開平宣府大同。

行在刑科給事中林簡孫郁。吏科給事中何宣。禮科給事中陳應炎。兵科給事中陳耀。工科給事中謝永趙叡。俱奏事不明。謫州判官。簡交趾快州。郁桂陽州。宣六安州。應炎交趾福安州。耀交趾驩州。永利州。叡交趾清化州。

敕榮昌伯陳智安平伯李安都督方政征交趾賊黎利。利先攻茶籠州。殺乂安知府署茶籠州事琴彭。潛結玉麻老撾土酋。太監山壽賫敕宥其罪。授淸化知府。詭言俟秋往。又怨參政梁汝笏。乞改署茶籠州事。而土人從逆日不少。蔓難圖也。總司尚書陳洽請勦。

談遷曰。黎賊抗悖日久。勢不可宥。卽欲羈以好爵。亦俟其悔罪乞憐。待命下吏。今輕尺一之書。遽蒙曲貸。裂郡而授之。萬無他虞。非所以勸後也。向者陳季擴不餌以參政乎。今之郡守。猶昔之參政也。覆轍相尋。啓端僭僞。徒爲彼狐鼠所揶揄耳。惜哉。

夜。塡星犯鍵閉。

壬戌。遣視南昌建昌宜黃臨川水災。除其租。

上御文華殿。問楊士奇楊榮曰。朕久欲言之。今獨卿二人。未輕洩也。昔在南京。皇考因交趾俘至。諭朕以高皇帝混一天下。平均四裔。安南臣服最先。其後黎氏簒陳奪之。及其無後。乃俯徇民心。許爲郡縣。果陳氏有後。選擇立之。猶高皇帝心也。朕對云。若行之。誠帝王之盛舉。皇考笑而秘之。朕未嘗忘。迄今思之。陳氏果有後。立之備藩。三年一貢。如國初。用寧其民。省中國屯戍之勞。豈非策乎。議者謂捐棄成業。然繼絕興滅。實成皇祖之志。士奇榮對曰。太宗皇帝初征黎賊。凡詔敕皆面命臣等。興滅繼絕。玉音具存。上曰。時朕髫歲。尚記聖語。卿二人第識之。勿言。行自見也。

癸亥。濬儀眞瓜州壩河。

甲子。貴州鎭遠府邛水長官司所部奧洞苗銀總作亂。命都督蕭授調辰沅等衞兵萬四千人討之。會于淸浪衞。

南京地震。

十二月[食丙]朔。南京地震。

戊辰。渤泥國王遐旺遣叔沙那萬喏耶率頭目坐阿烈等來朝。

大寧都指揮僉事陳景先爲行在左軍都督僉事。

己巳。行在通政司左參議李文郁改南京。

前天台知縣康彥民罷居十餘年。天台人思之。吏部難其例。上特召至。除江寧縣丞。

南京地震。

庚午。琉球國中山王入貢。

大名縣丞賀楨秩滿當遷。邑人詣闕奏留。從之。進知縣。

癸酉。南京地震。

甲戌。沙州衞把矢帖木兒攜家歸京師。授所鎭撫。

夜。大星光青白。起參東南行至近濁。

乙亥。翰林院庶吉士周貴爲檢討。

賑邵陽縣饑民糧千二百十五石。

丙子。行在兵部事劇。增武選主事二。職方主事三。武庫郎中一。主事二。

丁丑。鑾駕庫匠李官保言。戶有三丁。兄弟俱彝陵庠生。乞免役。上以諸生例免二人。命復之。

己卯。大寧都指揮同知粱成爲行在前軍都督僉事。

庚辰。南京地震。

夜。月暈圍太微西垣軒轅及井鬼柳三宿。

辛巳。夜。南京地震。

甲申。總兵官鎭遠侯顧興祖平宜山賊韋穩等。

乙酉。滎河人周克庸進嘉禾。

丙戌。免完縣鹽糧絹芻豆。時水潦。

丁亥。海寧縣逃民復業者九千一百餘戶。免其夏稅。

戊子。占城入貢。

福建尤溪縣銀屏山銀場歲課五百七十金。後至二千七百金。山民逃亡。命仍舊額。

己丑。行在禮部尚書呂震數求子熊官。至流涕。遂授熊行在兵科給事中。

庚寅。上罷朝御左順門。與尚書蹇義等論漢光武保全功臣。義曰。光武吏事責三公。故功臣不用。所以保全之。上曰。伊尹閎夭散宜生等未嘗不見用。參陵平勃輔安漢室。皆高帝之舊。彼誠任公輔。推誠倚重。固無不保全矣。

辛卯。都察院右都御史蕪湖杜智前守北平功。歷今官。至是被劾致仕。

陝西署都司都督僉事胡原貪黷有罪。宥之。致仕。

夜。大星光黃赤。自子星旁行至游氣。

壬辰。敕行在禮部曰。京師庶政所出。文武羣臣旦夕趨事。才智不齊。寧無過差。其自洪熙以前所犯過名。悉與湔除。俾自新。

丙午宣德元年

正月。輌朔。上御殿受朝賀。

戊戌。敕曰。朕嗣承鴻業。惟天惟祖宗。夙夜祇敬。不敢怠寧。茲肇歲改元。一新天下。祖宗簡任文武羣臣。遺于朕躬。爾惟懋哉。殫慮勤力。用恭乃職。不惟賴我國家。爾亦有無窮之聞。

己亥。孔顏孟三氏子孫孔克勤等及滁陽王後人郭昇等來朝。賜鈔遣還。

辛丑。敕鎮遠侯顧興祖撫諭宜山淸潭等蠻。

癸卯。享太廟。

甲辰。將郊。上致齋武英殿。與羣臣習儀殿上。諭蹇義等曰。祭享之禮。莫嚴于此。朕敢不敬。

夜。南京地震。

丙午。瓦剌賢義王子捏烈忽嗣封。遣指揮孫觀千戶岳謙。

昏刻。月犯五諸侯星。夜。月暈圍井南北河五車。

丁未。上南郊。

戊申。衞府右長史楊繖卒。繖□□進士。授御史。練達敢言。擢長史。博學好古。隨事開益。

己酉。遣使賜別失八里王歪思及西南夷木邦緬甸麓川車里八百大甸老撾宣慰司孟艮孟定灣甸鎮康等土官紗羅錦綺有差。時麓川木邦爭界。併諭解之。

庚戌。哈密卜荅失里嗣忠順王。忠義王兔力帖木兒姪。

漢王高煦獻燈。受之。

柳州叛獞韋敬曉等來歸。

昏刻。月犯內屏星。

壬子。建州左衞指揮僉事猛哥帖木兒爲都督僉事。

大理寺卿胡槩以松江豪猾械送京師。下法司治罪。

癸丑。敕法司寬有罪囚。除重犯。運糧宣府。

申按察司比較都司勾軍之數。

上退朝。御左順門。語侍臣曰。御史按察司官。凡有司貪婪不律者。即糾舉。不待考滿黜陟。其御史按察司官。以考察當否為功罪。

乙卯。釋山東都指揮使衞青獄。復其官。先備倭登州坐罪。

丙辰。忻城伯趙彝卒。彝虹人。永平衞指揮僉事。從靖難封。

丁巳。博野知縣陳哲秩滿。民懇留。予復任。

太師英國公張輔閱實京軍。其宣府河南山東中都等衞選調。令依期赴京。

夜。南京雷。

戊午。貴州銅仁府大崖土黃坑水銀硃砂場局改隸大萬山長官司。

己未。遣行在吏部右侍郎黃宗載往浙江。戶部□侍郎郝鵬往湖廣。刑部□侍郎樊敬往淮揚廬鳳滁徐。俞士吉往應天太平寧國安慶池和廣德。吳廷用往江西北京。刑部□侍郎金庠往北京。都察院副都御史李素往山西。大理寺卿湯宗往山東。少卿嚴昇往鎮江蘇松常徽。李謙往廣東。施禮往河南。寺丞張宗璉往福建。艾良往四川。通政司右參議何懷輝往廣西。鴻臚寺丞張人實往陝西。各清理軍伍。

詔宣府兵分春秋二番較閱京師。

尹耕曰。或問鎮兵番閱。曰。此國初事也。北虜懾三駕之威。鮮存餘警。京師當定鼎之始。番重本根。是故運獨石之米。則五軍借來。練京營之兵。則邊鎮班上。所以均勞逸。同練習。救時之良法也。嗚呼。四家入而驕縱之風興。團營選而游惰之弊積。故曰。法不變不行。變不善不繼。

修廣西南丹衞城。

庚申。南京禮部左侍郎兼國子監祭酒胡濙來朝。留為行在禮部左侍郎。

壬戌。貴州總兵官都督蕭授以酉陽剌惹洞長謀古賞等降。罷官兵。

癸亥。故燕府長史贈北京行部尚書謚忠定朱復葬京城南至是營建當遷葬。曾孫紹祖力不給。以聞。命改葬。

四川龍州逋官租四千餘石乞鈔代從之

遼東三萬衛卒張顯上言永樂二十年虜入伏遼陽山下。都指揮王眞出中伏。屢舉砲。都指揮周興等背約不救。陷吏卒二百餘人。又虜掠開原。都指揮王雄等縱。掠遼海衛千戶孫茂巡檢奴奴等。忿擊。茂中矢死。夫舍父母妻子。冒犯鋒鏑不過慕尺寸階斗斛之祿失今不錄人心離矣且周興輩尙在享祿食而殞身如茂者。卹典未加。死而有知。豈瞑目于地下哉。上是之。下兵部覈聞。

甲子。嚴京城捕盜之禁。時京城多盜左都御史劉觀等增兵馬司卒百人。每五十家置舖警夜。命英國公張輔等按地協捕。幷立賞格。

二月乙丑朔。議勦貴州宣慰司乖西巴香等蠻。

夜。大星光黃白自畢宿行至近濁。

丁卯。遣太子少傅工部尚書兼謹身殿大學士楊榮釋奠先師。

戊辰。祭太社太稷。

夜。大星光靑白。起翼宿行至游氣。

湖廣永順軍民宣慰司彭英等來朝正旦後期。宥之。

庚午。諭行在戶部尚書夏原吉等曰前詔官田開荒如民田起科。近聞有司以戶部不除舊額。仍徵之。非信。卿其依詔悉豁逋稅。

蠲黃巖縣去年水潦田租。

辛未。戶部以官倉小麥四十餘萬石恐久而腐。議官俸支鈔各改麥五石。從之。

夜。大星光青白燭地。自玄戈旁行至輦道。

癸酉。萬壽節。受朝賀。

夜。月犯五諸侯。有大星光青白。二小星隨之。出織女西行入貫索炸散。又大星光青白。出箕宿南行至雲中。

甲戌。免邊衞軍士歲辦柴炭。陽武侯薛祿言宣府懷來永寧諸衞既守邊。又責採辦。致逋累。諭工部免之。

乙亥。遣永康侯徐安安鄉伯張安等告卽位于祖陵皇陵懿文太子及晉恭王等園歷代帝王陵嶽鎮海瀆鍾山太嶽太和山之神先師孔子。

丙子。重作司苑局。先被火。

丁丑。祭先農。上耕耤田。初禮部進儀注。上諭侍臣曰。人主體祖宗之心。愛惜蒼生。輕徭薄斂。使之以時。貴農重穀。禁止游食。則人趨耕稼。不煩勸率矣。否則三推五推。何裨于事。侍臣稱善。

昏刻。月犯太微垣次將。夜。大星光青白。起河鼓。行至近濁。

戊寅。論征曲先安定功。進國師宛卜格剌巴監藏爲淨慈普應大國師。侖奔宛卜番失兒監藏爲弘慈廣智大國師。吒思巴領占爲普覺靜修大國師。失迦思端宛卜爲慧善眞修大國師。達巴兒監參爲妙慈通慧大國師。皆給四品印誥。餘封禪師。給六品印敕。俱銀印。

行在工部作軍器需鐵。江南不及。遂取遵化鐵冶二十萬斤。

夜。南京地震。

己卯。日暈。昏刻。白虹貫日。

庚辰。前太常寺卿王勉坐濫收齋郎削籍。以舊臣。改行在鴻臚寺左少卿。

司苑監以上供蔬菜索順天府藁稭三千束。蘆葦蒲五千束。麻千斤。上減三分之二。

夜。月犯亢宿。

辛巳。遼東總兵官都督僉事巫凱以鎮守居庸關都督僉事沈淸言。自虜脫歸者請寄京衞。檄原籍親屬赴領。如其言。不惟沮人歸心。且動搖親屬。自今少壯者送京。餘徑送原衞。從之。

夜。大星光青白。起參旂西行至近濁。

壬午。戶部尙書師逵疾。召江南督賦戶部尙書古朴還。

乙酉。上發京師。謁陵。

夜。大星色黃赤。出天江。東南行至雲中。

丙戌。淸明節。上至天壽山。望松柏流涕。祭長陵、獻陵。哀慟。御帳殿。諭成山侯王通、工部尙書黃福等。定督工官陞賞。且賚工匠軍民。

大名大長公主薨。駙馬都尉李堅。

丁亥。還京。

戊子。夜。黑雲如綫。東西亙天。

己丑。夜。大星赤光。起南斗。行至近濁。

壬辰。修南京天地山川等壇。

甲午。昏刻。大星青白光燭地。出天棓。東行入天津。又大星赤光。起北斗。西北行至游氣。

三月朔。順天尹引父老入見。上溫諭之。

翰林院侍講王璡卒。

丙申。停漢中運茶採紅花茜草等役。

丁酉。止諸王選婚于朝令自行國中

總兵官太傅黔國公沐晟。剿寧遠州賊刁罕吉。參將榮昌伯陳智等勦交阯宣化賊周莊。太原等府賊黃菴。

戊戌。羽林前衛指揮使陳廣通盜殺人伏誅。

己亥。鑄鎮守交阯內官印。

交阯總兵官榮昌伯陳智都督同知方政討黎利于茶籠州。敗績。蓋政頗勇。智怯。既不相能。太監山壽專于撫。擁兵乂安不救。尚書陳洽以聞。上切責智政。協力贖罪。又責壽及洽。各有敕。

許稅戶人材年老以子姪代。

行在戶部言駙馬都尉宋瑛求白河廢地牧馬。實有民田四十七頃。命遣視之。果廢地予之。如民田不許。

故乂安知府琴彭贈交阯布政司左參政。召其子入京官之

庚子。寧夏中護衛百戶姚純等訐慶王閱軍製械購天文書。上知其妄。書慰慶王。

辛丑。左都督馬聚鎮守定州。

都指揮同知李玉爲行在中軍都督僉事。

魯府紀善王貞爲右長史。與左長史鄭昭同致仕。魯王肇煇爲之請。上賢而從之。且給誥。

壬寅。召尚書黃福赴京。

張珂爲宗人府經歷。王子沂楊居正皆行在監察御史。珂故贛州知府子。沂江西按察僉事坐廢。

行人牟倫王翺序班趙儼庶吉士晏鐸監生劉楨楊理王懋蘇霖王禮韓瑄耿定爲監察御史。

癸卯。初行在工部侍郎蔡信言浙江等都司及大同寧夏宣府諸衛軍匠乞各攜家赴京。上不許。兵部尚書張

本等言軍匠計二萬六千人。若攜家近十萬。非便。上諭本曰。昔魏文帝欲徙冀州戶十萬實河南。賴辛毗切諫。卿有所聞。必爲朕言之。

甲辰。周府儀賓徐茂先卒。中山王孫。

乙巳。駙馬都尉廣平侯袁容署北京行都督府事。行在中軍都督僉事山雲調北京。

免郊壇戶雜役。

丙午。都指揮僉事周敬署遼東金州衛事。

丁未。敕楚王蜀王各發卒千人。雲貴川廣直福合兵萬五千人。赴交趾。又選思明田州弩兵三千人爲鄉導。仍諭老撾毋納叛。

上退朝。召行在戶部尚書夏原吉等曰。去冬雪。今春多雨。似秋可望。尚慮細民陷饑寒困徭役。其檄有司省征勸農。有不給者。賑貸之。

戊申。夜。月犯氐宿。

己酉。夜。大星青白光。起天陵。行至近濁。

庚戌。貸孟縣濟寧磁州饑粟。

曉。刻填星犯鍵閉。

辛亥。給交趾尚書陳洽勘合千道。凡歸附建功者。驗績除授。

復府軍前衛前左千戶所。

行在工部營繕司主事黎澄歷五考。始給由。見劾。不問。

壬子。宣府左右二衛徙定州者。仍還宣府。俾豫營廬舍一年。

夜。月犯南斗。

癸丑。行在禮部右侍郎張瑛爲左侍郎兼華蓋殿大學士直文淵閣。

復金鑄大城知縣。秩滿邑人乞留從之。增俸從六品。

指揮使杜福告老。千戶楊洪等奏其才勇。仍守開平。

許應天蘇松常鎭罪人直膳國子監及黑窰等廠工役。

乙卯。行在都察院遣監察御史唐舟等二十一人分往畿省刷卷。

丙辰。行在中軍都督僉事李玉仍掌府軍前衞。

琉球國中山王尙巴志以封王例賜皮弁冠服命補給。

行在錦衣衞力士甯直乞採山西中條山膽礬。上不聽。曰。膽礬雖山積。何益饑寒乎。苟可利民。任其自採。

丁巳。夜大星赤光起壁宿行至閣道。

戊午。太子太保陽武侯薛祿欲移萬全右衞城于宣平堡。以德勝關口地高乏水也。上以勞民止之。

己未。鑄華陽王府教授印。

監察御史薛廣伍宗源給事中劉俊李蕃及錦衣衞官分往宣府隆慶等衞閱軍。

庚申。夜大星光靑白出閣道東北行至雲中。

辛酉。行在湖廣道監察御史謝瑤上奏誤書姓。降交趾大蠻知縣。

壬戌。陝西按察僉事饒安上言。寧夏甘肅俱沃土。官軍耕而守之。太宗皇帝嘗驗田十不得一。今宜總兵官分給屯軍。課實效。仍禁勢豪侵匿。庶足餉省運。從之。

癸亥。給故少師榮國公姚廣孝墳戶。

四月甲子朔。享太廟。中官祭司竈之神。

乙丑。太子太保成山侯王通爲征夷將軍總兵官。都督馬瑛爲參將。領士兵二萬人征黎利。尚書陳洽參贊軍務。安平伯李安署交趾都司事。聽總兵官節制。

丙寅。削榮昌伯陳智都督方政官爵。從立功。

上罷朝。御文華殿。蹇義夏原吉楊士奇楊榮侍。上曰。太祖皇帝祖訓戒用兵南蠻。後黎氏弑簒。文皇帝有弔伐之師。意求前王子孫立之。而前王子孫殲焉。始立郡縣。非太宗心也。自是交趾歲用兵。一方生靈屠戮已盡。中國之人亦疲奔命。先帝嘗念及之。見于卽位之詔。昨遣將出師。通夕不寧。茲博求夷裔。令爲藩臣。卽欲如洪武永樂初故事。使自爲國。歲奉常貢。以全一方民。亦以休息我中夏。卿謂何如。義原吉曰。太宗皇帝平定茲方。勞費鉅矣。若以二十年勤力。棄之一旦。謂國威何。榮士奇對曰。交趾于唐虞三代不屬。皆置之荒服之外。堯舜禹湯文武不以貶帝王。漢唐之後。雖爲內郡縣。然喪師費財。不可殫紀。曾不得其一錢一兵之力。昔漢元帝納賈捐之議。罷珠崖郡。前史稱之。陛下偃兵息民。哀念元元。誠大惠也。犬豕豺狼。寧足治耶。上曰。朕心如此矣。第觀之。

太子太保禮部尚書呂震卒。震字克聲。臨潼人。幼稱神童。弱冠舉于鄉。入太學。授山東按察僉事。歷北平。從靖難居守。自大理少卿大理卿。遷刑部尚書。改禮部。專己咈衆。罔上厲下。以舊臣。朝廷雖厭之不棄也。賜祭葬。

丁卯。行在禮部左侍郎胡濙爲尚書。

臨潼知縣成林介休知縣許資汝州學正王琦新興敎諭陳博韓城敎諭李昌項城訓導李貴進士張鐸王憲張駿龔遂盧睿焦宏羅銓任倫陳炎徐逵張士貞郭智陳漣于謙王郁高敏陳璇邵嵩監生胡謙包德懷蔣彥廣趙紳邵宗周暐田富李彝鄭道寧孫敏鍾量蔡寧王寶趙綸楊鐸爲監察御史。

戊辰。趙世子瞻堈安陽王瞻墭來朝。

庚午。皇太后壽節。諸王表賀

辛未。夜南京地震

壬申。責太監鄭和以工部郎中馮春修南京宮殿妄請賞賜。

癸酉。義勇右衞軍閻羣兒知妻毛氏佚行。欲殺之。反誣以盜。當斬。同黨訴冤。下臺訊。釋羣兒。抵毛罪。因諭左都御史劉觀曰。隋煬令于士澄治獄。但疑似輒考掠。同日斬二千餘人。今非彼自陳。則爾等皆士澄也。

乙亥。夜大星赤光。出心宿。行至雲中。

丙子。免黃巖縣前年水災逋租。

丁丑。琉球使臣鄭義才告來舟壞。特製予之。

夜大星青白光。自軫宿行至雲中。

戊寅。作外戚事鑒。歷代臣鑒。賜羣臣。

遣驗樂安陽信商河海豐樂陵滋陽汶上去年旱災。蠲之。

夜月食。

庚辰。太子賓客兼行在兵科都給事中李準改北京行太僕寺卿。北京行太僕寺卿王中改陝西布政司左參政。

辛巳。停濟南東昌青兗歲辦顏料。時旱饑。

壬午。復暢宣秦安知縣。初宣憂去。邑人乞留。先帝命俟服闋。至是至京。復之。

甲申。除通州海門潮陷田租。

曉刻。大星光青白。起閣道。行至近濁。

丙戌。賑清平縣饑。

夜。大星赤光。起天弁。行至左旗。

己丑。夜。大星光青白。出北斗杓。行至雲中。

辛卯。蜀府黔江王友墹薨。年二十。謚悼懷。

壬辰。山東青州饑。有司議賑。行在戶部請覆覈。上曰。覈而後賑。將求之溝壑。其令從便宜行事。

癸巳。召山東清軍大理寺卿湯宗還。時旱甚。悉停買辦。

五月。钾朔。諭法司錄囚。平恕量罪輕重區別之。

丙申。詔曰。樂生惡死。人情也。交阯入職方二十載矣。數搆叛逆。以勤王師。趨火赴淵。豈本圖哉。良由有司安輯亡狀。詔到。交阯官吏所犯無大小赦除之。黎利潘僚路文律誠悔過。爲臣子如初。悉宥罪爵以官。交阯軍民賦稅如故。他採辦金銀鹽鐵諸課悉罷。

夜。大星光青白。出昴西南。行入斗沒。

丁酉。內官馬英歸自寧夏。云慶王聞謗不自安。上書慰之。

進士萬觀。熊昱。聶用義。徐湯。崔碧。陳叔剛。王強。陳穀。趙寬。爲監察御史。左春坊左中允王愷爲廣西按察僉事。

庚子。行在戶科給事中盧琛口訥。改廣西橫州判官。

行在禮部奏旌錦衣衛總旗衡整女刲肝療母者。上以非中道。不許。

壬寅。賜貴妃孫氏册寶。

乙巳。蘇門答剌國王奴里阿必丁。滿剌加國王西哩麻哈剌者。及白葛達國王俱入貢。

曉刻。大星赤光。起天倉。行至雲中。
丙午。楚府岳陽王孟爟薨。謚悼惠。
瘞河南衞輝浮骸。從陝西淳化縣丞吳整之言。
丁未。昏刻。辰星犯鬼。
戊申。上午朝退。舉犇夷中鋤禾詩曰。吾每誦此。敬畏而戚農。
己酉。武英殿大學士金幼孜。翰林侍講陳敬宗。檢討劉永淸。俱憂去。
庚戌。敕行在都察院右都御史王彰自良鄉至南京巡撫軍民。一切休戚以聞。
夜。大星光青白。起卷舌。行至五車。
辛亥。復黃子威松江知府。初喪去。大理寺卿胡槩言其公勤。遂復之。
夜。大星赤光。起大角西北。行入太微西垣。
甲寅。潮決盤石衞城。
昏刻。大星赤光。起亢宿。行入雲中。
乙卯。夜。大星青白光燭地。三小星隨之。起亢。行至近濁。
丙辰。永嘉樂淸縣潮溢。傷民舍。
丁巳。行在翰林院侍講學士沈度爲學士。
定貴州斷罪例。視輕重輸役。
夜。大星赤光。起斗。行至近濁。
庚申。召總兵官陽武侯薛祿。

濬臨淸至徐州河渠。
復郭振山東按察副使仍其任。
賑臨城南宮南樂淸豐吳橋饑。
昏刻大星靑白光燭地起房宿行至雲中。
六月癸亥朔夜。大星靑白光。起中台行至近濁。
甲子。崞繁峙南豐廣昌永寧蓬溪即墨裕州英山望江俱饑。勸富室分賑。
乙丑。賑淶水新河興濟威縣饑。
丁卯南平縣蠻殺潯州通判張文郁。命總兵官鎭遠侯顧興祖討平之。
夜。大星赤光燭地出車府。東北行入閣道。
戊辰夜大星赤光燭地。起紫微東蕃外入紫微垣。
趙王高燧言定州男子刁二背黃袱來謁。啓袱惟黃白紙各二幅。一畫花。一畫人。此妖妄也。命下錦衣獄。上顧侍臣曰。脫趙叔不自白。讒間生矣。比年流言多類此。
陽武侯薛祿入朝。上備邊五事。從之。
夜。月犯氐宿。
癸酉。山西逋糧二百餘萬石。許折收布絹。
夜。大星光靑白。起天囷行至游氣。
丙子。定宗室將軍中尉郡主縣主郡君縣君鄕君儀賓品級冠服儀式。鎭國將軍祿千石。從一品。輔國將軍八百石。從二品。奉國將軍六百石。從三品。鎭國中尉四百石。從四品。輔國中尉三百石。從五品。奉國中尉二百石。

從六品。其妻各依品受封。儀賓遞減一等。郡王納妃襲爵。遣使冊命。其將軍縣主以下婚。但頒誥命冠服。餘儀仗奩具皆本邸自備。

丁丑。夜大星赤光。出正北游氣中。行至游氣。

己卯。正一嗣教清虛冲素光祖演道崇謙守靜洞玄眞人張宇清進封大眞人。掌天下道教。

四川松潘叛蠻。阿兀等平。械京師伏誅。

夜。大星光青白。起北斗。西北行至雲中。

庚辰。始命御史刷在京案牘。

免南京送囚行在。卽就南京依律決遣。

昏刻。大星赤光燭地。起天鈎。行入天市垣。

壬午。御用司改隨駕御用監。給銀印。

行在戶部請邊商中鹽。仍改鈔輸米。從之。

霸州固安永清新城蝗。命有司亟捕。

金齒潞江安撫司改隸雲南。

癸未。夜蒼白雲東西竟天。大星青白光燭地。起螣蛇。行至雲中。又大星青白光。二小星隨之。出右旗。西行入雲中。

乙酉。夜大星赤光。出勾陳。行至近濁。

丙戌。夜大星光青白。起天紀北。行至游氣。

丁亥。敕都督僉事劉昭同三司遣官招諭洮州思曩番族。

戊子。安陽臨漳蝗。諭戶部遣人捕之。

庚寅。都察院右都御史王彰言事不切。敕責之。因諭侍臣曰。兩京遠隔。災傷饑窘。冀王彰得其實。乃毛舉細故。大臣如此。朕復何望。爾等所見聞。當詳陳勿諱。

七月壬辰朔。享太廟。中官祭司門之神。

鎮守甘肅左都督費瓛來朝。

癸巳。雲南都指揮使張廉爲行在後軍都督僉事。

嚴鈔法。禁民間金銀貿易。

京師地震。

甲午。行在刑部陝西司主事劉中羽改行在翰林院修撰。事授小內使書。永樂時。中羽以給事中侍上。或言其兄被刑。謫交趾眞州判官。喪去。上卽位。來朝。授刑部。至是侍郎張瑛薦其才。

監察御史李驥巡按永平諸郡。言薊州地廣草肥。故永平衞軍人牧牝馬一匹。免他役。今調發旣頻。軍多殘廢。宜變其法。遂命行在兵部。視薊州諸衞馬少者分給均牧。

乙未。詔曰。山東民仰麥大半。今久旱不成。秋稼未可知。其除今年夏稅。異時詔書所寬卹。輒曰已先賦。或曰災未甚。追徵自若。謂信令何。其命山東有司毋得復擾。副朕意焉。

夜。大星赤光。出室宿。西行入河鼓。曉刻中天倉白雲廣二尺東西竟天。

丙申。諭行在兵部。非急遣不給驛。

己亥。命六科給事中。凡內使傳旨諸司。皆備錄覆奏。時中官奉旨傳六科。欲徑下諸司。上慮其詐僞。

左都御史劉觀論四七十人當決。命太監王振止之。其錄情罪親閱。

壬寅。上御奉天門。念蘇松嘉湖未知雨暘若何。諭行在戶部遣覘。

南京地震。

甲辰。以御馬監造鞍文鈔二千七百餘錠市金箔等料。上減其半。

夜南京地震。

丙午。右春坊右諭德林誌翰林院侍講余學夔主試應天。

南京地震有聲。

丁未。敕大同宣府開平遼東備虜。

鎮守薊州山海都督僉事陳景先巡邊。値虜四十餘騎于鮎魚石關。殲之。上以虜好鼠竊。戒景先等毋貪小利。

己酉。祔太宗皇帝主于太廟。

辛亥。四川按察使陳璉召至。改南京通政使。署國子監事。璉儒者。非持憲才。故吏部改用。

福建按察僉事呂升爲大理寺左少卿。

增兩淮都轉運鹽使司同知。

壬子。止慶王栴來朝。

右軍都督同知陳懷爲征西將軍。鎮守寧夏。陝西都指揮使張麟佐之。

申洪武表箋舊式。二名不偏諱。毋他易。

湖廣旱。罷採松杉大木七萬株。

癸丑。都督僉事山雲右都御史王彰自山海永平薊州抵居庸關修築險隘。

昏刻。東南天鳴。如風水相搏。夜大星光青白。出天大將軍。東行至雲中。

乙卯。罷西寧衛餘丁歸農。初都指揮使李龍請練餘丁于蘭縣。給餉往復千里。上止之。

夜。天鳴。

蠲吳江崑山長洲去年水災田租十一萬五千五百九十二石有奇。

丁巳。行在太僕寺少卿錢塘王羽引疾。請就致改餘杭教諭。

戊午。趙榮嗣忻城伯。趙彝子。

己未。河南久雨。黃汝二河溢。鄭陽武中牟祥符蘭陽滎澤陳留封丘鄢陵原武汝嵩俱溺廬舍。游稼。

夜。大星赤光燭地。起天鈎。行至雷電。炸散。

庚申。安順伯薛貴進封安順侯。世祿千二百石。初名脫火赤。從靖難盡力。

夜。大星光青白。起壘壁陣南。入土司空。沒。

岷世子徽煣擅赴京。勅止之

辛酉。令行在禮部尚書胡濙同翰林官禮科給事中試僧道。通大經給牒。否則不給。

八月壬戌朔。漢王高煦反。樂安。高煦狙詐多智。自負才武。靖難時領勍騎戰白溝東昌浦口有功。覬奪嫡。既封漢王。國樂安。深懷怨望。異謀益急。私造火器。籍壯丁爲軍。破獄出死囚厚養之。集旁近亡賴壯子弟及逋逃人。賜銀幣編隊甲。給諸衛所兵器。行其暴盜境內騷然。文皇帝崩。數遣人窺先帝。顧益厚遇之。暨上立。有所陳請輒不得。益怨望。遂稱兵。遣枚青潛來京師。約英國公張輔爲內應。輔夜縶以聞。又約山東都指揮靳榮等反濟南爲應。又散刀仗于眞定諸衛。盡奪官私畜馬。遣使四出誘叛。天津衛鎮守都督孫勝山西都指揮張傑楊雲青州左衛指揮史斌河間衛鎮撫溫英德州衛指揮鄭興鎮撫劉志等皆約舉城應之。先上軍馬錢糧之數。作五軍。都督府指揮王斌領前軍。常達領左軍。千戶盛庸領右軍。知州朱恆領後軍。以諸子瞻坴瞻域瞻埣瞻墿各監一軍。煦自領中軍。世子瞻垣居守。指揮常賢常興千戶王玉李智領四哨。部署已定。僞授王斌朱恆等太師都督尚書等官。刻日取濟南。後北向。有司軍民數上變。至是樂安御史李濬憂居。匿妻子。變姓名。馳告闕下。高煦知之。追濬不及。磔使者。上猶未忍訟言討之。使中官侯泰賜以璽書。且觀變。略曰。昨枚青來言叔督過朝廷。予誠不信。皇考至親。唯二叔。予所賴亦唯二叔。小人離間。不敢不吐露中懇。且傳播驚疑。或有乘間竊發者。不得不備。唯叔鑒之。泰至樂安。高煦不拜敕。盛陳兵衞。見泰。南向坐。曰。我何負朝廷哉。靖難之戰。非我出死。燕之爲燕。未可知也。太宗皇帝信讒。削我護衞。徙我樂安。讒我者誰耶。今固望縣官優我。而輒云祖制。我豈能鬱鬱無動作。汝徧營視我士馬。豈不可以洸洋天下。速歸報。急縛朝中奸臣來。徐議吾所欲耳。

癸亥。召征西前將軍鎭守大同武安侯鄭亨還京。

行在左軍都督僉事冀傑爲右都督。

昏刻。天鳴。

甲子。宥保定伯梁銘罪。復其爵。銘以參將鎭守寧夏。御史劾其縱軍受賄。下獄。至是念勳舊。復之。罷參將。

昏刻。天鳴。夜。大星赤光。起危宿。行入羽林軍。

乙丑。遣指揮黃讓內官譚順往淮安。同總兵官平江伯陳瑄防守。勿令賊南逸。

召鎭守永平總兵官遂安伯陳瑛還京。邊事付都督陳景先。

命法司。武職有犯。悉錄其案上之。凡五百二十人。除重辟外。其雜犯悉宥之。復職。

上朝退。諭工部。自良鄉至江浦行殿。止守護數人。餘遣還。

昏刻。天鳴。

丙寅。夜。南京地震。曉。復震。

丁卯。翰林侍講學士王英釋奠先師。

封右軍左都督費瓛崇信伯世祿千一百石。

敕指揮芮勛守居庸關。

宥軍旗校尉將軍力士徒罪以下俾從征。

高煦遣百戶陳剛上章言仁宗不宜違洪武永樂舊制與文臣誥敕封贈上不宜修理南巡行殿指斥夏原吉等爲奸臣併索誅之又書與公侯大臣指斥乘輿肆言詆毀上覽之曰煦果反矣乃召諸文武大臣入對夏原吉免冠頓首謝曰臣無狀致亂罪當死上曰卿何罪彼假卿爲兵端耳大學士楊榮曰彼謂陛下新卽位必不能自行若自行出不意且大懼破之必矣上有難色顧原吉原吉對曰漢王驚而寡謀外憙中恇臣嘗見其命將而色變將出師而泣知其無能爲也且兵貴神速卷甲趨之一鼓可平楊榮策之善張輔請勿煩車駕彼外示强其下又無智深勇沈之士願假臣兵二萬縛之上曰卿誠足擒賊顧朕新立小人或懷二心朕行決矣立詔親征大索長安中樂安奸諜。

進李濬行在左僉都御史。

昏刻天鳴南京地震。

戊辰。祭太社太稷。

翰林侍讀學士王英修撰王鈺主試順天。

定國公徐景昌彭城伯張景守皇城安鄉伯張安廣寧伯劉湍忻城伯趙榮建平伯高遠分守京城門。

昏刻天鳴如雨陣迭至南京地震。

己巳。命陽武侯薛祿淸平伯吳成太監劉順等率兵二萬爲前鋒。豐城侯李賢侍郎郭璡郭敦李景等督饋運。

命鄭王贈竣襄王贈墡居守。敕廣平侯袁容武安侯鄭亨都督張昇山雲尙書黃淮黃福李友直協守。大賚列侯都督都指揮衞所吏卒及文職六品以上。少師蹇義少傅楊士奇少保夏原吉太子少傅楊榮太常寺卿楊溥太子少保吳中尙書胡濙張本通政顧佐俱扈從。

昏刻月掩斗第四星。

辛未告高煦罪于天地宗廟百神。上親征。發京師。宿通州。中官侯泰還自樂安。上問高煦何言。曰一無所言。問治兵。曰無所見。已錦衣官校從泰往者具陳之。

天鳴聲如萬鼓。

壬申上駐蹕新河店。

夜大星光靑白起天倉行至近濁。

癸酉駐蹕水河舖。上馬上顧侍臣曰。試度高煦計安出。或曰。樂安城小。彼必引兵先取濟南以爲根本。或曰。彼往時不肯離南京。必引兵而南。上曰。不然。濟南雖近。未易攻。況聞大軍至。何暇攻。護衞軍家屬盡在樂安。豈肯棄之南往。煦外誇內懦。狐疑寡斷。今敢反者。欺朕新立。衆心未附。不能自將。他將來以甘詞厚利誘餌之。幸成事。今知朕親征。行膽落矣。何戰爲。至卽擒耳。

昏刻中天靑氣三道。長如匹練。又天鳴如風水相搏。又大星赤光起室宿行入天倉。

甲戌駐蹕楊村。

東南白氣如決隄。

乙亥駐蹕直沽南。諭諸將曰。昨見軍士負重者。晚始至營。亦有憊而道息者。爾等略不加意。非所以恤士也。其以官馬騾均載之。且藥病卒。

丙子。上見有司集民治道。以秋穫散遣之。駐蹕靜海。獨流鎮。以哨騎五百與陽武侯薛祿遇警卽馳奏。

總兵官鎮遠侯顧興祖等攻廣西寇趙暹等。獲之。暹崇善縣土知縣。恃險遠糾衆二千餘人陷左州。僞稱王。流刧郡縣。興祖遣千戶胡廣計誘其所奪左州印。撫諭官民。暹謀遁。伏兵邀縛之。

丁丑。至流河驛。以崇信伯費瓛兵爲前鋒。

戊寅。至興濟縣。獲樂安歸正人云。煦初約靳榮先取濟南。爲布按二司官先覺。防榮不得發。聞大兵且至。遂不敢出。朱恆應天人也。請趨南京。衆譁然曰。爾顧赴家。奈我屬何。又煦初聞陽武侯爲將。攘臂曰。此易與耳。聞親征。始有懼色。于是授歸正人官。厚賞給榜。令還諭衆。上復遺書諭煦曰。張敖失國。本于貫高。淮南被誅。成于伍被。今六師壓境。王卽縛獻首謀。朕與王除過更始。恩禮如初。不然。一戰成擒。或以王爲奇貨。來獻悔無及矣。

昏刻。中天靑雲如杵。南有黑雲如覆船。

己卯。至滄州。夜天鳴。

庚辰。至鹽山。陽武侯薛祿馳奏。前軍抵樂安城。高煦約明日出戰。下令軍中蓐食。兼程趨之。蹇義夏原吉楊士奇楊榮等請愼重。英國公張輔安遠侯柳升等亦曰。百里趨利。兵家所忌。恐林莽間伏兵。不宜夜進。上曰。兵貴神速。我抵城下營烏合之衆洶洶計無所出。安能設伏。遂行薄暮過慶雲夜分至陽信。時慶雲陽信官吏皆入樂安。

東南白雲如羣羊驚走。旣滅。有黑氣如蛇。須臾中斷。

辛巳。昧爽至樂安。駐蹕城北。時城中黑氣黯黯。我圍之。叛黨乘城擧砲。我發神機銃砲擊之。聲如雷。叛黨股栗。諸將請卽攻城。不許。仍敕諭煦。不答。又射書城中。諭衆有欲執煦獻者。煦計迫。密遣人詣行幄。願假今夕訣妻子。明日出歸罪。許之。其夕。煦盡焚兵器反書。火光燭天。召諸姬諸子。置酒宮中。悲歌涕泣。

壬午。上軍城南。高煦將出降。王斌等力止之曰。就擒辱也。何如戰死。煦曰。城小。紿斌等復入宮。潛間道出見。衣白席藁。頓首自陳。羣臣共劾煦宜正罪。上不從。但以劾章示煦。煦謝言臣罪萬死。惟陛下命。乃俾煦手書召其諸子。同執之。歸京師。下令赦城中軍民脅從者。罪止同謀王斌王彧韋達朱恆等。俱下行在錦衣衞獄。

癸未。令陽武侯薛祿尙書張本及御史給事中鎭撫樂安。改樂安曰武定州。

甲申。遣書諭諸王。頒詔天下。

乙酉。班師。高煦妄覬大位。蓄謀非一日。又恃功高。諸宿將皆與善。永樂中所以媒孽東宮者無不至。宮寮多因之得罪。仁宗監國二十餘年。日隱忍之不發。及踐阼。猶怏怏。迨上則益自謂兄在我且不能下。況姪乎。故遂反。謂命將必藩府舊人。或持兩端觀望。可計脅之。遲回數月。人心必搖。或據濟南取南京。然後徐窺京師。初不意駕出。故不戰而潰。

高岱曰。高煦之征。役不踰時。兵不血刃。而罪人斯得者。何成功之速哉。蓋鑒前事之失。而得處置之宜也。靖難師起。李景隆盛庸以百萬之衆而屢衄者。豈其勢之不敵哉。人懷觀望之心。而士無必死之志耳。使宣宗不決計親征。而命將出師。人將懲往轍而持二端。天下事未可知矣。此宣宗之英武。聽言能斷。詎建文君所能辦耶。雖然。天所興廢。人將謂之何也。至于保全趙藩。不失親親之禮。雖自士奇之見。而宣宗之從諫不爽。豈易得哉。

陳懿典曰。高煦材武。膠西任城之流。一將之任也。靖難雖功多。亦以所從者武。所摧者瑕。然較于居守。則根本爲鉅。且聞是時四年間所破城邑。旋破旋守。獨仰給北平。永平則國本之定。蓋亦城守有功焉。非獨嫡長也。而煦竟妄意天策上將之事。自取大僇。自是之後。國家永絕吳濞之謀。獨正德兩見而兩敗矣。夫以康陵而摧二兇如拉朽。況宣廟之英特哉。

談遷曰。文皇帝矯虔大寶開端覬覦。高煦乘其材勇樂禍而敢戰。擱焉稱兵。事成曰靖難。事敗曰賊。尤而效之所必至也。方仁宗大漸。儲宮北返。設伏兵邀于路。大事隳矣。日遣人走京師伺動靜。而自失其會。安在其蓄謀也。兵以反爲名。貴在神速。輕騎長驅。席卷千里。自發難以來。旬日矣。未出樂安一步。愚如守株。何以制勝。意護衛旣削。烏合不數千人。稍一舉足。形態畢露。故穽死尺寸之地。坐俟天誅。則又無貴其桀驁矣。昔徐輝祖告建文帝曰。高煦勇悍無賴。非惟不忠。抑且叛父。由今言之。煦蓋效父者。奈何獨蒙惡聲哉。

丁亥。始連雨。途濘。次樂陵黃家店。

南京地震。

戊子。駐蹕古河北。

琉球中山王入貢。

己丑。至東光。

署交阯布按二司尙書陳洽報黎利攻乂安。李安方政等合擊。敗之。

庚寅。駐蹕獻縣之單橋。戶部侍郎陳山迎駕。曰。漢趙二王爲謀久矣。漢擒。趙必不安。宜出不意。移師彰德襲之。上右顧問楊榮。對曰。善。左顧問蹇義夏原吉。對曰。善。榮退。使楊士奇草詔詰趙王。士奇曰。事未發。以何爲辭。榮曰。謂漢詞連趙。士奇曰。漢連趙。誰證哉。先帝在東宮時。趙諸羣小僞詔邪謀發露。有狀。倘爲百口解救。先帝僅二弟。陛下僅二叔。有罪者不可恕。無罪者不可薄。要使主上不受葛藟之愧。而後羣臣有以見先帝于地下。榮曰。善。與義原吉具以士奇言白上。上止。

九月辛卯朔。次單橋。

壬辰。至河間。

昏刻塡星犯鍵閉。

癸巳至鄭州。

甲午至新城。

北京國子監司業吳溥卒。溥字德潤。崇仁人。薦授翰林編修。永樂初遷修撰。進司業。敎學者致力本源。戒涉獵蹈襲。司成二十餘年。不一涉權門。或勸其少貶。不聽。自號古崖。沒無以殮。

乙未至良鄉。

夜大星青白光。出天市西垣。行至濁。

丙申上還京。錮高煦于西華門內。貶爲庶人。羣臣請賀。不許。

丁酉重作都察院印。右副都御史陳勉扈駕失之。

曉刻天鳴。

戊戌法司言高煦獄詞連晉王濟熿趙王高燧。宜併治。上曰。趙王雖親弟。素無異心。不可問。晉王自洪武中實相善。亦置之。

夜大星赤光。起胃。流閣道。

己亥逆黨靑州中護衞指揮王斌樂安知州朱恆千戶盛堅長史侯海錢巽敎授錢常羣牧所百戶井盛等凡六十餘人皆伏誅。惟長史李默嘗諫諍。安置塞上。

夜大星光青白。起天苑。行至游氣。

庚子瓜哇入貢。

誅山東都指揮使靳榮。逆黨如天津衞鎭守都督僉事孫勝山西都指揮張傑楊雲靑州左衞指揮史臣河間衞鎭撫溫英德州衞指揮鄭興鎭撫劉志等皆通款。先後棄市六百四十餘人。張傑楊雲獄死。戍邊千五百餘人。長流七百二十七人。

辛丑。賞從征功。

遣祀安東沭陽水災。

壬寅。宴從征文武諸臣六千八百五十人于奉天門。加賜吏卒綵幣絹布。

癸卯。封乳母李氏奉聖夫人。保母張氏祐聖夫人。贈其夫呂斌傅勝皆都督僉事。

暹羅入貢。

敕廣西總兵官鎭遠侯顧興祖以五千人赴交趾。聽成山侯節制。

甲辰。昏刻大星青光。起奎宿至天大將軍。

代府左長史戴禮奏代王父子違戾四事。上是之。

丁未。命襄王瞻墡禋祭長陵。日上五色雲見。

戊申。暫免青登萊馬芻。

岷世子徽煣奏鎭南王怨謗。召赴京質之。

免瑞州等旱租。

夜。大星赤光出天苑。行至濁。曉刻月行天街中。

己酉。貸桐城遂安分水淳安建德壽昌瑞安江山臨安饑民倉粟。

夜。大星青白光自斗行至濁。曉刻月犯諸王東第二星。

庚戌。碭山民乞其故知縣劉伯吉。許之。伯吉先憂去。至是服闋。

罷廣西思恩忻城二縣儒學。時蠻寇攻刦，人不知學。

辛亥，命按問自山海至居庸守關將校。

壬子，上作東征記示羣臣。

甲寅，夜大星青白光燭地，起天倉，行至墳墓，炸散。

乙卯，夜大星青白光燭地，起雲中，入北斗。

丁巳，毛憐衞右軍都督僉事猛哥不花加中軍都督同知。

黎賊殺瓊山士知縣許志廣。

征夷將軍成山侯王通兵至交趾。

十月辛朔，享太廟，中官祭司井之神。

唐王瓊烴薨，年二十一，謚曰靖。郟縣高氏女爲王妃，未封，聞之自經。追封唐王妃。

行在光祿寺卿胡榮，行在鴻臚寺序班孫愚，俱爲行在中軍都督僉事。祿而不任，優外戚也。

遂安伯陳英爲總兵官，仍鎮守山海永平。

癸亥，外官入賀，平逆，俱止之。

昏刻大星赤光燭地，起危宿，行至雲中。

甲子，都督僉事李謙鎮守山西。

賜寧王權樂人二十七戶。

夜大星光青白，出弧矢，行至雲中。

丙寅，四川崇慶州進瑞麥。

行在後軍都督僉事沈清始守居庸關。坐累下獄。已從征。至是視府事。

丁卯。秦王志均薨。謚曰懷。

夜。大星光青白出畢宿。行至游氣。

戊辰。昏刻太白犯北斗杓。

己巳。南京刑部尚書趙羾等奏論囚。再令法司會羣臣詳讞以上。

夜。大星光青白出離宮。西行至雲中。

庚午。夜月掩壘壁陣東星。

辛未。崇信伯費瓛爲平羌將軍總兵官。鎮守甘肅。節制陝西。

賜朝鮮國王李裪經書性理大全通鑑綱目。

夜。大星光青白起文昌。行至游氣。

壬申。量免工匠禁攀平民求脫者。

癸酉。成山侯王通奏賊黨黎善據廣威州。陳智遣都指揮袁亮指揮王勉司廣等禦之。渡河中伏敗。指揮陶森錢輔千戶等死之。失亡五百人。亮被執。

甲戌。夜大星赤光自軍市行至游氣。

乙亥。上聞代府廣寧王遜烇母子仍居外。代世孫仕壥不能自給。諸孫皆失學。貽書代王桂收卹給祿。并敎之。

行在戶部言疏通鈔法。得入鈔贖罪。從之。

夜。大星光青白出壘壁陣。行至濁。

丁丑。進士侯春張純任祖壽高昭胡智方義李輅爲監察御史。松陽敎諭陶育寧波訓導車遜邵武訓導方祖安爲給事中。

戊寅。復李時勉行在翰林院侍講。時勉久繫獄。上聞其文學。釋用之。

己卯。夜大雷電雨。

癸未。衍聖公孔彥縉來朝。

甲申。土魯番城都督僉事尹吉兒察等還住甘肅。給宅費。

乙酉。太保寧陽侯陳懋爲征西將軍總兵官。都督同知陳懷爲參將。鎮守寧夏。

丙戌。再給長安嶺及獨石等關戍卒胖襖袴鞋。

丁亥。夜大星赤光燭地。起內屏行至游氣。

是月。武安侯鄭亨仍鎮大同。

十一月鏇朔壬辰。廣西左州蠻作亂。土官黃榮等請勦。上命先招撫之。

癸巳。浚儀眞瓜洲河。

甲午。晉府護衛百戶黃能訐晉王濟熿不法事。上改能邊衛。

昏。刻月犯十二國代星。

乙未。交趾總兵官成山侯王通進兵擊賊。大敗。通初與黎利戰。勝負相當。至寧橋。諸將言其地險隘。宜頓兵。通不聽。麾衆渡橋。陷泥淖。賊伏起。敗績。兵部尙書武進陳洽死之。指揮李騰等俱陷。通創退。黎利在乂安聞之。自馳淸潭。攻北江。進圍東關。通遣政平州知州江陵何忠及千戶桂勝赴京請濟師。途出昌江。內使徐訓泄其謀。忠夜潛出城二百餘里。賊掠而歆之。忠罵賊。奪杯中其面。流血。遂同勝遇害。臨刑賦詩曰。萬里孤城久困時。腹中懷奏請王師。紅塵失路風霜苦。白日懸心天地知。死向南荒應有日。生還北闕定無期。英魂不逐西風散。願助天弋殄叛夷。忠字廷臣，江陵人，永樂辛卯貢士，拜御史，擢守政平，至是同其子及桂勝皆死。贈忠南寧府同知，謚忠節。

廖道南曰：交南匿詐，黎利倡亂，向之勒勛銅柱、馳聲富良者，不獨荷弋挽弓之士爲然。自劉儁、何忠而下，若吾浦江胡宗爲三江府判，亦毅然就死焉。豈非忠義在人心，綱常在天下，有勿容于已者乎。

丁酉，夜，南京地震。

戊戌，諭順天府尹王驥收煢民悉入養濟院。

曉刻，辰星犯塡星。

庚子，暹羅入貢。

辛丑，賑武陵、漢川、江夏、嘉魚、蒲圻、大冶、江陵、監利、石首、松滋、公安、枝江、華容、平江、安鄉、長沙、湘潭、湘陰、善化、益陽、瀏陽旱饑。

壬寅，昏刻，大星青白光，起雲中，行丈餘，炸散。

乙巳，昏刻，太白犯壘壁陣西星。

丁未，左都御史劉觀等請窮高煦餘黨。上不許。曰：漢明帝治楚獄，累年多枉濫死者。寒朗言之得免，朗亦御史也。

戊申，巡按湖廣監察御史劉性善言：武昌、荆、襄多旱澇艱食。今當運米百餘萬石，乞寬卹。上是之，命准收布鈔。

己酉，汝南王有爋訴兄周王有燉之過。上不直有爋，遺書有燉，宜篤愛，不必較也。

夜，大星青白光，燭地，起梗河，行至游氣。

庚戌，夜，大星青白光，燭地，起外屛，行至土司空旁。

甲寅。夜。大星青白光。出太微西垣行至雲中。

北京錦衣衞校尉綦榮妻皮氏一産四子。

丙辰。鎭守西寧都督僉事史昭等追捕番賊。

昏刻。太白犯壘壁陣星。蒼白雲一道博三尺餘。東西竟天。

丁巳。夜。中天黑氣貫北斗南北竟天。東行至濁。

十二月𨋕朔。辛酉。免通州至武定駕過田租。

以交阯人思尙書黃福。敕召福于南京。卽馳赴之。

癸亥。分給大名及山東河南馬民牧。

甲子。黎利攻淸化州。不利。引去。時王通自寧橋之敗。無復固志。自淸化以南。悉委利。其官民出城赴東關。惟淸化知州羅通指揮打忠率民兵堅守。間出攻其土山。數殺傷賊。衆勢稍緩。至是檄至。城中大驚懼。通語忠曰。城高池深。糧裕人衆。寧死守。毋出城縛也。主帥之令。決不可從。日獎勵軍士。賊不能克而去。

丁卯。敕行在法司錦衣衞具獄狀。期以三日聞。上曰。堯舜之世民不犯。成康之時刑不用。是皆君臣同德。故致理如斯之隆也。以朕涼寡。民之不孚。不敢喜情。卿原吉等其勉力匡輔。庶幾逮古。及獄上。上親決其輕罪者。

戊辰。修河東鹽池隄堰。

己巳。夜。大星赤光。出卷舌。過東井。墮地聲如雷。

庚午。行在戶部四川司主事李儀力請處分趙王。兵部尙書張本贊之。上不聽。

辛未。行在翰林檢討劉永淸爲修撰。都察院司務張惠行人王翰爲監察御史。崇陽訓導戴弁進士鄭泰爲行在兵禮科給事中。

環縣知縣金鑑秩滿當遷。邑人奏留。從之。

上親覽獄囚罪狀。發遣釋放三千餘人。

壬申。敕戒守邊將士。

癸酉。行在貴州道監察御史林碩爲浙江按察使。

丙子。夜。月掩熒惑。

丁丑。夜。交阯賊萬餘人攻圍隘留關。殺百戶黃彪等。百戶萬琮登城大呼。率死士出南門擊賊。卻之。

戊寅。夜。熒惑犯軒轅南第四星。

辛巳。以瓊州黎賊陷定安會同。責廣東都指揮僉事程瑒等捕賊自贖。

先是命廷臣舉文學才藝之士。武英殿待詔邊文進善繪事。內直舉陸悅。劉珪有文藝。未召。或言悅故御史。受賄戍邊。珪極刑劉誠之子。專結交文進。俱賄薦。上詰其實。伏罪。年七十餘。乃削籍。榜示天下。以戒倖舉。

癸未。交阯北關堡守臣宣化府同知陶季容。遣民兵阮執先追賊于清波縣。被獲。反令執先說季容降。季容罵曰。我土官。蒙恩至此。誓不從叛。

乙酉。太子太傅安遠侯柳升爲征虜副將軍總兵官。保定伯梁銘爲左副總兵。都督僉事崔聚爲右參將。率兵由廣西赴交阯。太傅黔國公沐晟爲征南將軍總兵官。興安伯徐亨。新寧伯譚忠爲左右副總兵。由雲南入。敕太子少保兵部尚書李慶參贊軍務。敕工部尚書兼詹事黃福掌交阯布政司按察司事。

丙戌。賑順慶榮昌大足安岳巫山合江饑民。

己丑。歲暮享太廟。遣官祭五祀旗纛之神。

是冬。上之逍遙城。視漢庶人。庶人足鐐于木。運木擂上。上踣。左右急扶起。上怒。命舁銅缸覆庶人。炭炙之。庶人負缸。缸動。須臾銅鎔死。諸子皆死。

談遷曰。漢庶人死不足惜。第太宗皇帝之肉未寒。燔其血脈。獨無遺憯之甚耶。周公誅管蔡。猶昆弟也。在今日而叔矣。終老幽圍。天日永隔。以此畢庶人。或情之不掩于法也。

是年。赦練子寧女瓊瓊。勅曰。靖難懷忠。全臣子之職。責賞功問罪。示人主之恩威。茲朕嗣登宸極。忝爲天吏。統御萬方。敢不以生物之心爲心。茲當追謚忠貞。以彰報賚。咨爾練子寧爲國良臣。隕身抗節。罪及全家。患連九族。遺女練瓊瓊。朕今憐爾父忠。爾宗祀絕。赦爾大罪。令爾還鄉。賜爾招壻。封之以官。授爾以勅。守爾父業。報爾父忠。慰爾父靈。爾其欽哉。當該官吏。毋許刻虐。軍不許役。匠不許班。業不許覇。敢違宣命。即以本犯本罪罪之。瓊瓊歸。嫁陳用昌。至今勅存陳氏。萬曆時中丞孫綺自閩長樂歸。始主中丞祀。周用賓識小編。

安寧知州祥符趙登爲湖州知府十七年。精白如一日。正統壬戌辭任。

李濂曰。是郡百餘年來稱賢守者二。皆祥符人。趙登岳璿並以循良稱。吳興語曰。賢守趙岳。治行卓犖。蓋當時行久任法。趙守郡十有七年。而岳則滿九載始遷去。是故各成其名。漢王嘉謂孝文時吏居官者長子孫。以官爲氏。其二千石長吏。亦各安官修職。莫有茍且之意。其有治行課最者。輒以璽書褒奬。增秩賜金。亦不遽遷他任。以重斯民之去思。是以吏稱其職。民安其業。漢世良吏于茲爲盛。東都以來。數易守宰。而朱浮左雄等屢懇懇言之。可謂達治體者。顧此法今不行久矣。坐是民愈困瘁。而良吏鮮聞于世。有由然哉。

國榷卷二十

丁未宣德二年

正月鰊朔。大觀。受朝賀。

曉刻。大星赤光。起正南雲中。流東南雲中

辛卯。敕諭文武羣臣。

乙未。賞從征交阯吏卒。

丙申。申明屯法。

戶部尚書師逵卒。逵字九達。東阿人。少孤。事母至孝。母疾甚。思藤花菜。走二十五里得之。夜值虎。呼天。虎舍去。進菜。母愈。以國子生擢御史。歷陝西按察使。浹旬。疏滯獄千人。母喪。廬墓三年。永樂初。拜兵部右侍郎。改吏部。督北征餽運。先帝進南京戶部尚書。兼吏部事。初。扈從太宗。太宗語左右曰。諸臣扈從。惟逵不貪。年六十二。予祭葬。

昏刻。太白犯外屛。

庚子。上南郊。

癸卯。諭行在兵部考覈逃亡軍士。

四川永川縣奏。去年旱饑。先貸米五千六百四十石。上善之。

大理寺卿湯宗卒。宗字正傳。浙江平陽人。國子生。授河南按察僉事。改北平。歷山東按察使。左遷刑部郎中。永樂。初守蘇州。由完逋賦百餘萬石。又左遷知祿州。薦還大理寺丞。坐累下獄十餘年。先帝復其官。進左少卿。至南京大理寺卿。清戎山東。疏陳民瘼。召還。年六十三。予祭葬。

夜。熒惑犯月。

乙巳。行在中軍都督僉事李玉鎮守彰德。

貸郫射洪遂平餘杭南豐廣昌饑民倉粟。免醴陵湘鄉湘潭茶陵寧鄉漵浦沅江去年旱災田租。

上朝退。御文華殿。召少傅楊士奇楊榮。諭曰。前論交阯事。蹇義夏原吉拘常見。恐疲中國。昔楚子從申叔時之諫而止縣陳。古人服義如此。朕欲成先志。卿等熟計之。士奇榮對曰。此盛德事。興滅繼絕。使陳人修貢。夷夏皆安。上曰。朕志決矣。行令黃福專訪之未晚。

丙午。漢庶人自言連趙王。諸臣多指趙。趙王憂懼不知所出。上召問楊士奇。對曰。陛下宗室。惟趙最親。可惑衆口哉。上曰。漢趙雖兄弟。不同德矣。皇考于趙最友愛。朕惟一叔。奈何不愛。諸臣言趙益多。朕宜以漢詞與諸臣彈章示之。乃遣廣平侯袁容左都御史劉觀賜趙王書。王得書。曰。吾生矣。

丁未。許重軍併役。

行在通政司奏大辟歲六百餘人。上諭行在禮部曰。百姓輕于犯法。由教化未至。卿等勉之。

夜。月犯平道。

戊申。趙世子瞻坺薨。年十七。謚悼僖。

增造驛遞符驗。

敕各邊總兵官備虜。

己酉。陽武侯薛祿率兵巡眞定保定。召永平山海總兵官遂安伯陳瑛還庚戌。夜。大星光青白。起北極。行至近濁。

辛亥。廣東都指揮僉事程瑒奏。指揮王瑀等逐黎賊于金雞嶺。斬二百六十一級。招撫八百餘戶。

癸丑。設西寧衞儒學。

免烏程歸安長興水災田租萬六千五百七十餘石。

夜。南京地震。

甲寅。行在刑科給事中陳傑失儀。謫荆門州判官。

丙辰。沙州衞人屢刦西域貢使。命甘肅總兵官崇信伯費瓛捕之。

置保安州馬坊。

戊午。昏刻。南京地震。聲如雷。明夜復震。

二月紀朔。庚申。趙王高燧奏謝。盡納常山中護衞及羣牧千戶所儀衞司軍校歸之朝廷。許之。命存儀衞司。

遣駙馬都尉廣平侯袁容調護衞軍于永平山海盧龍。

辛酉。夜。大星光青白。起軫宿。行至近濁。

癸亥。行在戶部左侍郎陳山爲尙書兼謹身殿大學士。行在禮部左侍郎張瑛爲尙書兼華蓋殿大學士。行在

大理寺左少卿施禮爲行在刑部右侍郎。

昏刻。大星光青白。出王良。行至近濁。又大星出下台。行至雲中。

乙丑。賊黎利攻交趾城。成山侯王通擊敗之。斬僞司徒黎笏司空丁禮等。死者萬計。賊大奔。諸將請乘勝追之。

通猶豫不決。越三日。賊益堅。仍四掠。

夜。大星光青白。出天紀。行至近濁。

丙寅。翰林院學士楊溥侍讀學士曾棨主禮闈。
庚午。敕宣化府同知陶季容爲知府。
夜。大星光青白起角行至庫樓又大星出軫行至濁。
甲戌。遣順天府尹祭宋丞相文天祥。
夜。南京地震。
乙亥。寧化王濟煥奏晉王濟熿詭詐不法。疑臣告訐。欲死臣。乞徙居他郡。上書止之。
沙州衞都督僉事困卽來告饑乞穀種百石。許之。毋償。
丙子。武進伯朱冕掌行在左府事。
戊寅。夜南京地震。明夜復震。
上御文華殿賜楊榮銀章曰方直剛正。
己卯。夜大星靑光出天棓行至近濁又大星光青白燭地出天鈎。行至近濁。
庚辰。岷世子徽煣訐鎭南王徽㸌誣謗等事。至京面質俱妄。遂誅內使陳榮。
夜。大星光靑白出軒轅行入柳。
辛巳。夜大星光靑白起天津行至天桴。
壬午。復馬貞寶雞知縣。貞初憂去。邑人誦其公廉乞留。至是服闋。
癸未。行在翰林院侍讀沈粲爲右春坊右庶子。北京國子監司業貝泰爲祭酒。進士張瑩嚴士安爲監察御史。
復徐敬南部知縣。秩滿。邑人留之。進俸從六品。
夜。南京地震。

甲申。巡按四川監察御史裴俊請禁奸民誣奏。從之。

乙酉。夜。南京地震。

丙戌。行在錦衣衛官分捕沿河南北盜。

赤斤蒙古衛指揮使且旺失加進都指揮同知。

夜。大星赤光。起亢至游氣。

戊子。夜。南京地震。

三月己丑朔。長陵殿成。

命雲南四川兩廣福建湖廣勾軍。除逃解外。餘留所在附近衛所帶操。

策貢士趙鼎等百人于奉天門。賜馬愉杜寧謝璉等進士及第出身有差。

庚寅。太子少保兼工部尚書吳中進少保。仍兼行在工部二俸。

行在刑部右侍郎樊敬往廣西。右副都御史胡廙往廣東。李素往湖廣。俱督運給交趾。益調兵四萬五千二百人。

置麻兒匝安撫司。地去松潘七百餘里。時剌麻着八讓卜來歸。故官之。

夜。大星光青白。出尾。行至游氣。

辛卯。昏刻。南方蒼白雲一道。起天囷。東掃翼軫。南京地震。

癸巳。右僉都御史李濬。通政司左通政朱侃。鴻臚寺少卿劉順。王勉。巡撫浙直。大理寺卿胡槩。右參政葉春分督江南淮徐各倉糧運。

甲午。晉王濟熿以府教數告其陰事。益不自安。奏辭爵。上書慰之。

丙申。中軍都督僉事孫愚賜名忠。

夜。大星光青白。起斗杓。行至建星。

丁酉。以湖廣旱災。免採辦竹木。

命陝西四川輕罪悉編管沔縣。以沔縣民戶多逃絕。故補之。

己亥。黎利攻丘溫。都指揮孫聚力拒之。

庚子。貴州總兵官都督蕭授討叛苗卓把同等平之。

辛丑。進士邢恭爲翰林院庶吉士。恭先隸院譯書。

免湖廣轉餉交趾。上念其去年旱饑。

上作西漢循吏論示少師蹇義等。論曰。西漢書載循吏文翁王成黃霸龔遂朱邑召信臣六人。然觀其事。興學校。勤勞來。勸課農桑。修舉水利。恭儉愛人而已。非有奇才異能以傾駭人之視聽。然而傳之者何哉。以其奉職循理而民自化。異乎尙威嚴以爲治者。自古有天下者。以民爲本。舜禹之相戒。亦曰德爲善政。政在養民。水火金木土穀惟修。正德利用厚生惟和而已。夫旣有所養。又有所敎。而後民生遂。民性完。然治天下之民。心用天下之賢士。此後世郡守縣令之職所以重也。夫一郡一邑。其地壤千里百里。其民以千萬計。而付之守令者。欲其敎養之而已。敎養之道。農桑學校而已。農桑之業修。則民足于衣食而遂其生。學校之政舉。則民習于禮義而全其性。如是足以爲善治矣。然而世之才能之吏。或不知務此。往往任智術。厲威嚴。苛刻峭急。于是民受其弊。此趙廣漢之所以不得爲循吏也。今天下之郡邑多矣。予惟師舜禹之道。以敎養斯民。故于守令之選加嚴焉。詩曰。豈弟君子。民之父母。安得皆如六人者布滿天下郡邑哉。

癸卯。夜月食。

甲辰。給京衞軍冬夏布。勿折鈔。

復府軍前衞二十五所。前分調各王府。

乙巳。有獻豳風七月圖者。上顧侍臣曰。此周家立國之本。其敎民委曲詳盡如此。宜歷年之永也。

昏刻。南京地震。

丙午。諭行在戶部。凡庫役歲一更。先是霸州人直天財庫五年。故上以爲言。

丁未。免豐沛水災田租。

己酉。曉刻。大星光青白。出雲中。行至近濁。

辛亥。南寧衞百戶許善縱崇善土知縣趙暹攻陷左州。受馬十匹。百金。事發。伏誅。

壬子。行在後軍都督同知鄭銘掌湖廣都司。北京行都督同知徐甫掌四川都司。

行在大理寺卿虞謙卒。謙字伯益。金壇人。洪武中監生。授刑部郎中。守杭州。限僧道田十畝。永樂初。拜大理寺左少卿。七年。遷右副都御史。末年。轉大理卿。善議論。務平恕。好稱詩。年六十二。予祭葬。

癸丑。夜。大星赤光。出王良。行入文昌。

乙卯。貸彭澤德化隴西望江均州饑民倉粟。

夜。大星赤光。起翼。行至游氣。

丙辰。停湖廣買辦。

四月紀朔。行在都察院右都御史王彰卒。彰字文昭。鄭州人。監生。勤事。擢吏科源士。踰年。改給事中。歷山西參政。永樂中。拜禮部右侍郎。憂去。起戶部。祀西岳。言民困。賜租給幣。贖鬻子。改右副都御史。扈從北京。事母至孝。珍味必獻而後嘗食。遷右都御史。巡撫河南。臨法不貸親故。奏停不急。免貪暴吏九百餘人。招流亡五萬家。賑之。

河南大治性謙恭莊重人莫敢干以私。稍任法。毋嘗規之時論同臺劉觀私而不刻彰公而不恕。

庚申。增蘇松常杭嘉湖督農通判。屬縣督農縣丞。

黎利陷昌江城。昌江爲我軍出入要地。賊八萬餘攻之。都指揮李任指揮使顧福劉順等相持九閱月。守卒二千餘人。大小三十餘戰。力不支。李任顧福皆自刎。中官馮智知府盧陵劉子輔與劉順皆自經。賊焚掠爲空。子輔本諒江知府。一子一妾先子輔死。後子輔贈參政。李任永康人。贈都督同知。福順俱贈都指揮同知。

楊士奇曰。子輔平素恂恂少言。如無所言者。且不慕聲名。人蓋鮮知之。而其終所樹立卓卓若此。可以其外斷之乎。當時總帥如王通輩。擁勁兵十數萬。不能禦賊而棄城去。甚者蔡福之徒。甘心從賊。反兵來攻。圖苟活且暮間。卒之不逃誅于國典。夫死一也。彼身僇家僨。貽誚無窮。視子輔蓋冰炭薰蕕。不相同矣。時戍守之將如都指揮李任等。毅然奮節而死者蓋多。死社者子輔及諒山知府易先政平知府何忠輩。亦非一人。忠罵賊不絕口。從容賦詩。乃與其子皆死。世曷嘗乏正人君子哉。顧繫于用之者何如耳。

夜。大星赤光。起中台。行至明堂。

辛酉。太監侯顯使烏思藏。尼八剌。賜國師等絨錦紵絲。

癸亥。夜大星光青白。出軫。行至濁。

甲子。遂安伯陳瑛爲總兵官。仍鎮守山海永平。

晉王濟熿有罪。廢爲庶人。濟熿幼狠戾。父恭王勿愛。又誣兄晉王濟熺廢之。鴆嫡母。逼烝恭王侍兒。裁絕兄飲食。文皇帝崩。勿持服。使寺人代縗臨幕中。仁宗崩。亦不服喪。漢庶人詞連濟熿。濟熿恐。益陰治車械。發屯儲應漢。致妖巫書上祿命。魘咒之。府中人上變數十輩。上察其實。召至。示以各奏。辭不能對。伏罪。上遺諸王書列其狀。幽之鳳陽。誅妖巫數人。

武進伯朱冕行在兵部尚書張本撫安山西。

戊辰。夜。大星光青白。起氐。行至近濁。

己巳。行在禮部試歲貢生。其下下者復學。責及提調教官。

成山侯王通等以賊銳。兵不出。黎利求成。遂許清化等州之地。謂體上寬仁之意。諸將或默或懾。獨按察使楊時習曰。奉命討賊而擅棄其地。罪無逭矣。通厲聲曰。非常之事。惟非常之人能之。汝何所知。自是人無敢復言。

黎利詭言陳暠陳氏裔也。竄老撾二十年。國人求得。願王之。王通爲轉奏。同利所遣人進表及方物。

談遷曰。成山侯旌麾南指。親受簡命。雖寧橋之敗。譬于狂悖。然何至捐地以徇之也。意者天子止戈之策。二楊微爲彼露之耶。執其邪謀。隳我干魯。火之不能熄。又蘊崇之。水之不能障。又湍決之。故古人重于擇將也。

夜。大星光青白。出危。行至濁。

庚午。亦力把里入貢。

辛未。琉球山南王他魯每入貢。

行在翰林院編修蔣禮爲修撰。

兩浙都轉運鹽使李泰坐事當謫。以場民言其廉勤。僅降副使。

增陝西廣西布政司參議各一。

甲戌。瓊州賊平。

乙亥。大星光青白。起翼。行至濁。

丁丑。以陝西不歲止一切買辦。

癸未。武定侯郭玹署宗人府事。

增廣東按察司僉事一。

初議徵松潘衞軍戍交趾。俱憚行。謀于千戶錢宏。宏曰。惟言番人叛。則戍止矣。遂告衞官以番人叛。于是都司果止交趾之役。遣成都後衞指揮陳傑等以兵往。而番實不叛也。宏潛入其寨。脅出牛馬財物以止師。果與之。然聞兵已壓境。大懼。各結黑水諸生番拒之。傑等敗沒。番民大擾。

曉刻。月犯太白。

丙戌。命都指揮僉事韓整、高隆撫治松潘。蠻時蠻五萬餘人攻圍松潘衞城。轉攻威茂、叠溪等處。敍南衞指揮吳玉擊之。敗績。

五月戊朔壬辰。夜大星光黃白。出敗瓜。東至雲中。

癸巳。陽武侯薛祿爲鎭朔大將軍總兵官。淸平伯吳成爲副總兵。護餉赴開平。

都督同知沐昂討瀾滄衞叛寇楊和等。抵金沙江擒之。

甲午。順天府尹王驥爲行在兵部右侍郞。

夜大星光靑白燭地。起北斗魁。行至雲中。

乙未。四川都司奏。靑州千戶所軍趙某從征阿用等寨逃歸。言錢宏等激變。上敕責布按二司不實告。

修涇陽縣洪堰。

丁酉。進哈密忠順王弟北斗奴都督僉事。

戊戌。夜大星靑白光燭地。出文昌。行至雲中。

己亥。仁宗皇帝主祔太廟。

庚子。右春坊右諭德兼翰林侍讀林誌卒。誌字尙默。閩縣人。永樂壬辰進士及第。授編修。進修撰。博通百氏文章簡奧好靜退卒年五十。
乙巳。暹羅入貢。
夜大星赤光燭地起羽林軍東行至雲中炸散。
丙午行在鴻臚寺丞何敏爲行在錦衣衛指揮僉事敏諳胡語命同都指揮僉事蔣貴及松潘衛指揮吳瑋招撫松潘番寇又陝西都指揮趙安以臨鞏等衛五千人赴之。
上親閱獄釋輕繫二千一百九十餘人。
戊申復置廣西所屬民款同巡兵防盜永樂中防盜于村市集民編牌置械。
辛亥。大星赤光起貫索行至平星。
甲寅設武功左衛置左右中前後五所。
復鄭辰山西按察使初辰憂去吏民思其端潔請復之。
乙卯。行在工部郎中陳恭爲行在大理寺右少卿右春坊司諫楊中新城敎諭王寅沂州李性新淦敎諭陳善滋陽訓導周善爲行在給事中建寧推官湯盤成都推官欒和歸善知縣李廣俱九載考績至京民奏留盤和各進通判廣復縣食六品祿。
翰林院編修陳景著乞養母改福州府敎授。
丙辰渾源知州陳淵能愛民千戶陳貴誣以罪民詣闕言其狀復之。
丁巳。貸巴縣民倉粟。
六月。甲子朔庚申夜大星赤光起宗人行至濁。
甲子悉召鎮守內臣還京。

丙寅。禁逃吏逃囚及頑民攀陷。從巡按浙江監察御史吳訥之言。

命遼東軍士逃虜來歸者遣還本衞。免勾取及充勇士。蓋三萬衞總甲張顯言之。

敍南衞指揮吳玉等勦松潘蠻。擣其穴。及軍回。蠻萬餘人道伏邀敗。我玉退走。上許玉自贖。

己巳。命鎭遠侯顧興祖勦欽州賊。時橫州貴縣賊入欽州。殺靈山知縣封眞。

辛未。棗陽訓導周廸。儒士董轟。爲承天門待詔。

癸酉。瓜哇入貢。

甲戌。敕兩京暑月淸獄。

乙亥。定淮浙鹽引米三斗五升。河間長蘆引五斗。河東川陝引二斗。

己卯。命總兵官陽武侯薛祿等自開平旋師。駐宣府。

癸未。增浙江布政司理問所副理問。

昏刻。大星赤光自進賢行入五帝座。夜大星赤光。起奎行至外屏。又大星青白色。出帝星旁。行至雲中。

甲申。夜。大星赤光。起牽牛行至濁。

乙酉。封魯世子泰堪安丘王。泰垶樂陵王。泰墨鉅野王。泰壏。

七月丁亥朔。夜。大星青白光出天倉。行至近濁。

戊子。夜。大星青白光。出鱉星西南。行至近濁。

己丑。夜。大星赤光。出庶子旁。行至濁。

辛卯。占城入貢。

壬辰。夜。大星青白光。出斗南。行至雲中。又大星赤光。出北斗杓。行入梗河。

癸巳。夜。太白犯東井。

蜀王友堉發護軍四千人從征松潘。

丙申。諭法司曰。虐暑。朕與卿等深居突處。猶畏繁蒸。矧繫囚哉。若歊毒薰鬱疾病死者。虧傷和氣。不累陰德耶。有應罰役應遣者。速簡勘以聞。

丁酉。翰林侍講陳敬宗改南京國子司業。

戊戌。行在刑科左給事中李敏爲南京右僉都御史。監生厲秉彝何敬邵新爲監察御史。前河南布政司右參議陳祚爲行在山西道監察御史。

高唐知州王訥內丘知縣馬旭鳳翔通判王恪。汶上縣丞朱寧俱九年考最。恪寧服闋。民奏留。從之。加訥俸從四品。旭俸從六品。

命陝西罪囚納粟贖。

汰北京監生千九百五人。

己亥。逮鎮遠侯顧興祖。以擁兵南寧太平。致陷溫丘。又貪淫見劾。

庚子。上閱囚。決遣二千四百六十五人。

辛丑。命都督同知陳懷爲總兵官。都督僉事劉昭爲副總兵。都指揮同知趙安都指揮僉事蔣貴爲左右參將。勦松潘叛蠻。

趙府左長史趙季通卒。季通字師道。天台人。以敎諭歷令吉安永豐龍溪。民甚戴之。永樂初修實錄。除國子博士。歷司業。改趙邸。時右長史董子莊俱曲盡規益。王甚禮之。兩人稱左官極選矣。

癸卯。貴州總兵官都督蕭授請討水西頭目阿閉及普定蠻阿骨阿哈等。命先招諭之。

文安大城縣蝗。

甲辰。賑合肥縣饑。

丙午。諭南京法司罪人納粟以贖有差。

昏刻大星赤光起文昌行至八穀。

丁未。陽武侯薛祿清平伯吳成出開平襲虜。晝伏夜行。踰三夕●走三百里。至朶兒班你兒兀搗其營。虜倉卒戰敗。殺數十人。俘十二人。獲男婦六十四人。馬八百餘匹。軍還。虜躡我。又敗之。遂遠遁。

己酉。行軍都督僉事山雲爲征蠻將軍總兵官。鎭守廣西。

宥茂州衞指揮吳玉及都指揮韓整高隆罪。先後征蠻俱敗。行在兵部尙書張本糾之。

壬子。蠲崑山金壇雨災田租。

癸丑。設湖廣石關峒長官司。隸金峒安撫司。前元嘗立鎭邊萬戶府。洪武初蠻民潰散而革。至是土酋覃萬勇招峒民百五十餘戶來附。

乙卯。諭禮部自宮者遣戍。如先帝例。榜禁中外。

八月乙酉朔。夜大星光青白。出參旗入天囷。太白犯輿鬼。

丁巳。曉刻太白犯輿鬼。

戊午。定大同中鹽每引米二斗五升。再減米五升。

庚申。監察御史嚴繼先言。近吏部老疾去官者。例革冠帶爲氓。夫老疾實非得已。亦曾受誥敕封贈。旣不得罪。輒去冠帶。謂激賞何。上是之。命引疾者皆冠帶還鄉。

徵兩畿山東河南山西陝西芻飼隨駕御馬監象馬牛羊太常光祿寺牲。

夜。大星赤光。起營室。行至壘壁陣。

辛酉。免隆慶昌平民修居庸關橋。以妨農也。

甲子。少保戶部尚書兼武英殿大學士黄淮致仕。賜鈔萬貫。

深澤博野束鹿蠡河間水災。山西蒲澤解絳霍沁水岳陽平陸臨晉猗氏曲沃安邑襄陵芮城稷山垣曲翼城太平河津聞喜汾西趙城永和浮山臨汾滎河萬泉夏縣靈寶旱災。俱蠲租。

丁卯。總兵官陽武侯薛祿副總兵清平伯吳成等還京。賞賚有差。

戊辰。崇謙守靜洞玄大眞人張宇清卒。宇清嗣封眞人。朝上加號。

己巳。行在吏科都給事中淩宴如爲行在右僉都御史。

癸酉。都指揮僉事許彬王能領山西騎兵巡邊。

甲戌。上朝罷。御便殿。問侍臣曰。朝廷下令寬恤。或有司沮格。果否。對曰。聞亦有之。上曰。治天下貴信。朕每下令。度其可者。不然徒失信耳。君欲施仁而沮格在臣。何哉。

乙亥。行在戶部左侍郎兼少詹事郭敦爲尚書。

寧陽知縣孔公朝前因酒失戍邊。至是二十年。寧陽人言其清幹。命復任。

免河間等六郡民償馬。去年徵入京道斃五萬五千餘匹。

曉刻。太白犯軒轅大星。

丙子。曉刻。月犯天街北星。

丁丑。少師隆平侯張信行在戶部尚書郭敬往陝西安輯軍民。

夜。大星青白光。起奎。行至天苑炸散。

戊寅。夜。大星青白光。出天倉。行至雲中。

己卯。設甘州前後二衞右千戶所。

庚辰。行在吏科左給事中王佐爲行在戶部右侍郎。陝西苑馬寺卿曹會爲順天府尹。大理寺丞張宗璉改常州同知。

鄧州訓導楊昭爲江西道監察御史。淸苑敎諭王錫、上虞敎諭虞祥、台州訓導儲懋、沙縣訓導郭璘、行唐訓導趙端、長洲訓導鮑堯天爲給事中。

復楊信桐廬知縣。增俸從六品。孫貴五河典史。增俸從九品。俱邑人奏留。

夜。大星青白光。起羽林軍。行至濁。

壬午。曉刻。月犯軒轅南星。

癸未。起復工部尙書甄庸于南京。

甲申。嚴反逆家屬在逃之令。

乙酉。召遂安伯陳瑛還京。

夜。大星光青白。出昴。行入五軍。又大星赤光。出營室。行入南河。

九月頒朔。丁亥。武職旗軍見繫者。悉具情罪上聞。

賑霍丘、無爲、英山、懷寧、遂安、穀城、長壽饑。

夜。大星赤光。起壁。行入天苑。

戊子。夜。大星青白光。出營室。行至雲中。

壬辰。上閱囚。決遣四百餘人。

癸巳。遼東總兵官都督僉事巫凱進嘉禾。

甲午。夜。月犯十二國代星。

乙未。太子太傅安遠侯柳升兵至隘留關。黎利上書立陳氏。升受之不啓以聞。官軍連破賊柵。抵鎮南關。升意易之。左副總兵保定伯梁銘。參贊軍事兵部尚書兼太子少保順義李慶皆疾。郎中史安主事陳鏞言于慶曰。主將色驕。兵累日不得休。且賊或示弱。當設伏備之。慶强起語升。猶不戒。至倒馬坡。升獨與百數十騎馳渡橋。斷。陷淖中。賊伏起。升中鏢死。後隊皆不得前。右參將都督僉事崔聚斂兵飭伍。時新喪主帥。沮且懼。是日梁銘疾卒。明日李慶卒。又明日崔聚進昌江。值賊象戰。我軍亂。聚被獲。賊大呼降者不殺。官軍大潰。郎中史安主事陳鏞及□□李宗昉後府都事鄞縣潘禋等皆死之。七萬人無遺者。賊强聚降。終不屈遇害。聚懷遠人。以靖難功起家。升勇而寡謀。銘敢戰得士心。假銘在。聚未即敗。工部尚書黃福走支稜關被執。賊羅拜曰。公交父母也。福欲自殺。守者力止之。黎利曰。治交者人人如公。不有今日矣。護還之龍州。

袁袠曰。昔孔子稱忠信可行蠻貊。信矣哉。黎利之變。大臣如陳洽柳升輩皆死賊手。而黃福獨免。其惠澤誠固結其心也。予至廣西。聞交人稱公之德至今不衰。非忠信何以使然哉。

談遷曰。王通不任戰則退。柳升能戰則戇。豈天意屬此賊乎。至佐鉞大臣驚隕相繼。不潰不已。南師之邅厄。未有甚于此時也。

丁酉。朝鮮貢馬五千匹。

緬甸大頭目莽得剌爲緬甸宣慰使。初緬甸宣慰使新加斯仇木邦而死。子弟潰散。至是莽得剌攝事修貢。

夜大星青白光。出天紀。二小星隨之。行至游氣炸散。又大星起文昌。行至近濁。曉刻太白犯右執法

己亥。復林碩浙江按察使。初中官裴可立督運海寧。守禦千戶所千戶湯玉賄結之。碩飛章劾。抵罪。可立怒。訴

于上。謂沮格詔書。被逮。上親訊之。曰。但實對。毋怖。碩抗言不撓。曰。臣往爲御史。按浙江。小人不便。臣今至官未久。又慮不便。故以謬語可立。臣于可立無乖忤也。上曰。朕固未信。今白矣。命復任。敕責可立。改浙江按察使李素于湖廣。

庚子。上諭戶部曰。比聞平陽夏秋亢旱。稼穡不登。他州縣皆不以聞。有畏忌乎。其敕山西布按二司察旱傷所在。免其賦。令有司加意撫綏。毋使流移。

壬寅。夜大星光青白。起漸臺。行至天紀。

癸卯。封周府有爝逐平王。有爔封丘王。有熛羅山王。有烱內鄉王。有燏胙城王。秦府志埰宜川王。

蠲扶風岐山鳳翔寶雞麟游汧陽郿高陵武功醴泉旱災田租。

乙巳。松潘蠻就撫。行在錦衣衞指揮何敏請止陝西之兵。上命俟之。

丙午。四川龍州人請改宣慰司。不許。

戊申。封右軍左都督李英會寧伯。以西番功。祿千一百石。

壬子。蠲長垣開祁徐宿豐沛蕭碭山水災田租。

十月朔丙辰。上御奉天門。諭少師蹇義等曰。書云。萬邦黎獻。共惟帝臣。惟帝時舉。詔書求賢。朕日夜寤寐之。天下之士。豈無伊尹傅說諸葛孔明者。率未見也。比一二大臣所薦舉。授事未久。或以賄聞。朕何賴焉。進賢退不肖。卿尙愼職事。以副朕心。

丁巳。昏刻大星赤光出女床。行入閣道。又大星赤光燭地。起北河。行至參旗。

戊午。免蕪湖水傷田租。

夜大星青白光。出狼星旁。行至濁。又大星赤光。出紫微東蕃。行至濁。又大星青赤光燭地。出軒轅。行至星宿。

己未。以漸寒。命法司簡輕囚。
辛酉。夜。大星赤光。起天柱。行至天廚。
壬戌。行在大理寺左少卿李謙口訥。改饒州知府。
夜。大星光青白。出勾陳。一小星隨之。行入天棓。
癸亥。夜。大星光黃白。起畢。行至奎。
甲子。蠲西安洮岷等災傷田租。
乙丑。擢柳州照磨曾節爲行在河南道監察御史。起通判姚秉善行在江西道監察御史。皆求賢應薦者。
思南府通判卓禮秩滿。長官司誦其德。命進同知。吏部謂貴州例裁同知。上曰。勿拘例。復王謙壽州知州。增俸從四品。
丙寅。上閱法司所具囚狀。出八百餘人。
丁卯。昏刻。大星赤光。起婁。行至近濁。
癸酉。夜。大星赤光。起太微垣。行至游氣。
甲戌。廣昌王濟熇薨。謚悼平。
夜。月掩五諸侯星。
乙亥。琉球中山王入貢。
命行在戶部下有司寬恤東昌高唐咸陽盩厔興平安東清河俱旱傷。
丙子。松潘蠻復出掠。陷緜竹。殺鎮撫侯璉。上曰。果如吾料。
夜。大星光黃赤。起壁。行至車府。

戊寅。交阯總兵官成山侯王通知柳升敗。益懼。更啗利請和。集軍民棄交阯城出下哨河。立壇與黎利盟。互宴餽。約退師。

己卯。賑松滋新城壽昌饑。

庚辰。征南將軍黔國公沐晟等至交阯水尾縣之高寨。賊水陸拒守。道沮。乃分哨徐進。

辛巳。監察御史李琦羅汝敬爲行在禮工部左右侍郎。

夜。大星赤光。起閣道。行至近濁。

壬午。行在鴻臚寺上安遠侯柳升所奏黎利書。

癸未。黎利遣僞翰林待制黎少穎同成山侯所遣指揮闞忠進表及方物。表曰。安南先陳王臣暊三世孫臣暠。曩黎賊篡弑。臣族殆盡。臣暠奔老撾。以延殘息二十年。今國人聞臣尚存。逼臣還國。云天兵初平黎氏。詔訪先王子孫。一時未得。乃建郡縣。皆欲臣陳情請命。謹奉表上示諸大臣。英國公張輔曰。詐耳。太宗皇帝勞師有年矣。當益發兵。安遠成山侯非將也。而少發兵。少發兵不足以制敵。臣請出保一年擒利。上默然。蹇義夏原吉對如輔。楊榮楊士奇勸息兵安民。上曰。止戈爲武。吾民得安。人言奚恤。其與之。

高岱曰。成祖取安南。亦席百戰之勝。以復漢唐故境耳。不虞其數反覆。連兵之久也。雖其後屢叛而屢討定之。成祖亦心悔之矣。夫得之無益軍國之需。棄之非撤藩籬之險。又何必捐吾中國之赤子。而疲于奔命哉。當時北棄大寧。而南闕交阯。誤甚矣。宣宗之棄之。宜也。縱宣宗不棄。豈能至今存耶。祖訓曰。東南諸夷限隔山海。不可加兵。惟北虜吾之世仇。境壤連接。後世不可一日忘備。三復聖謨。太祖之神謀遠慮。眞卓越古今而不可及者。

王世貞曰。洪武時傅將軍下雲南。得大理郡。大理古六詔。唐時勝兵近百萬。與中國抗。幾併蜀。今斌斌然內郡亡慮矣。用兵等耳。豈善後之策異耶非耶。國家地嬴于交州而取奇大理。稍相折。然去漢唐時遠矣。

蘇濬曰。西京之時寬以文網。而因其習俗。故其民安。東京之時導以禮法。恐以兵威。故其民疑。至漢之季。而吏病民。民亦病吏。幾不可收拾矣。唐宋而後尤有甚焉。墨吏利于山澤之貲。以安南爲奇貨。豬山而冶。竭澤而漁。虎狠之性。反噬隨之。其號爲强有力者。喜以功名自樹。今日召募。明日徵輸。馘首未聞。而捉襟立見。奈之何民不窮且盜也。元姑亡論。我國家威德邁西京遠甚。然取之而不能守也。則其故可思已。西漢時交州置官爲刺史者一。爲郡守者三。邑令不數數。我朝則列爲三司。分爲十七府。州縣且以百計。而又鎮以中官。彼其人豈皆飲冰茹蘗。匪躬之故耶。聞之掌故。若參政馮貴。已有墨聲。而中官馬騏尤甚。初政若斯。後將安極。民之胥而夷也。勢也。

楊寅秋曰。嗟夫。予于交款未嘗不抵掌。仁哉章皇之禔福兩粵亡窮也。搢紳學士。勿身遘猥云。文皇得之艱難。章皇棄若遺跡。詎知石匏不可器。而石田之不可藝哉。宣皇豈忍塗中國肝腦以事外夷。千古明鑒。胡可易也。

冒起宗曰。交趾之罷。二楊以息兵養民爲言。其詳見之諭對中。英國蹇夏諸臣。始終異其詞。不能同也。斯二者謀國之大較也。爰稽其時。張輔尚在。宿將威名。南人震慴。黃福恩信浹乎侏儒。斯皆足以定交也。福以仁廟中詔還。宣廟命將至再。不及英國。豈非有數存于其間乎。

談遷曰。宣宗夙從成祖在行間。知兵事。神武英暢。後于交趾決棄之無少顧戀。非怯也。痛南服之民。觸鋒鏑。犯瘴霧。身膏草野者。不知幾十萬衆也。舍是勿戒。必大徵發。即以英國往殪此豕突。不十年旋讐又旋戢。羽檄相尋。事變猝起。天下事安知其所終哉。且地力微薄。分粵餉以贍之。不惟窮交。又窮粵矣。故宣宗之棄。義同舞干。不當以珠崖事等漢元帝之靡靡也。第王通懦甚。急于退師。陷華人數萬于絕域。深爲可罪。而馬騏之黷虐。宜肆諸市朝以謝此一方之歎恨。竟釋而不問。噫。三尺安在哉。三尺安在哉。

朱國楨曰。安南事人皆以吳漢東晉兼併爲例。不知古今之事勢。强弱便利不同。宋末漸强。勝國三破之而不能有。我朝三定之。悉郡縣其地。而亦終歸于棄。非直形勢之不便。亦事力有所不給也。兩廣僅隔一嶺。川楚江福環繞三面。二百年中大征凡九。所經重臣名將凡幾。猶時跲跲不能盡化爲良民。而況嶺外又數千里。惟滇廣兩路可入。谿谷周遭千回萬叠。蠻夷穴窟其中。教化所不及。雲風雷所不及。迅者哉。當時連兵二十年。初以討逆勢不得中止。而最後宣皇決策。三楊佐議。割此贅龐。纔得寧帖。蓋中國之力十七注西北。十三注各山海。而此荒荒者有之不爲利。反爲害也。至嘉靖間建議征討。虛聲恐嚇。幸而集事。稽首款關稱臣入貢。削其王號。僅復都統之名。頒以印文。遂停特遣之使。自後分爭歸命。詭云正名。略存舊案。不復以故事繩之。兩得休息。斯爲盛已。

茅瑞徵曰。國家拓境匹于漢唐。而既得復失。有遺憾焉。或謂英國膚功屢奏。即留鎮如黔國。南人當不復反。而以刑餘荼毒。隳于成績。且計黎利縱橫。英國尚矍鑠。令虎旅再發。應如子儀之走回紇。而竟引棄珠崖爲例。蓋天子意既厭兵。而伏波前車。英國當亦籌之熟矣。自韓魏公謂交州險僻多潦霧瘴毒。得其地恐不能守。縻以戎索。聽爲外臣是矣。頃黎莫互爭。悉我全力可乘其敝。而戍卒單弱。曾固圉之不遑。安問啓疆事。王弇州言國家地贏交州而奇大理。稍相折。殆幾是哉。

十一月乙酉朔。行在禮部左侍郎李琦工部右侍郎羅汝敬左通政黃驥鴻臚寺卿徐永達持詔赦交趾。詔曰。安南疆于海界。衣冠君長。不屬股肱。大明受命。其國王陳日煃恭天之威。首先百蠻歸誠。我太祖高皇帝逮于後嗣。一心終始。賊臣黎季犛父子稔惡。殺君篡國。屠宗交人。籲告我太宗文皇帝。愍其覆絕。出師致討。生擒兇渠。求故王後立之。屬族逃竄。歷久勿獲。乃割制爲郡縣。吏撫綏之。吏不得人。致其勿靖。以厪王師。冒露寒暑。朕忍一隅。獨淪蟄溺交人思陳之先曰其遺孤暠尚存。僉爲請命。甚契朕所以奉承祖宗存亡繼絕意。交趾吏民。無小大罪皆赦之。安南耆老具暠實以聞。册封朝貢。如洪武中故事。遣都指揮張凱指揮僉事田寬敕成山侯王通等。所置文武官吏皆班師解職還京。

丙戌。以寒至休百工。

瓜哇入貢。

曉刻辰星犯氐。

癸巳。增陝西布政司按察司各一員。監視寧夏甘肅洮岷等衞糧儲。

曉刻。大星赤光起角。行至天市東垣。

甲午。賜左都督把台姓名曰蔣信。忠勇王金忠之甥。錦衣衞指揮哈只姓名曰李誠。

乙未。皇長子祁鎭生。貴妃孫氏出。日下五色雲見。

己亥。詔赦。

庚子。命南京法司不預外訟。

夜。大星光青白起氐。行至游氣。

壬寅。英國公張輔等率百官上表請立太子。

甲辰。司禮太監侯泰有罪下獄。泰初通高煦。上疑之未發。及選駙馬。橫虐受賄。因罪之。

免衡陽水災田租。

夜。大星光青赤燭地。出閣道。行至雲中。

辛亥。琉球中山王入貢。

十二月鉀朔。己未。許寧夏罪囚納贖。

庚申。貴州永定衞長官司蠻作亂。

癸亥。內官張善伏誅。善監饒州磁器。貪酷不堪。又上供器分餽同列。

夜。大星青赤光燭地。起奎。行至天津炸散。

丙寅。行在工部營繕司主事黎澄爲右侍郎。祿而不任。澄。安南俘人。以善神槍得官。

己巳。進士繆讓黃成劉伯大後府都事張昇左府都事朱禮江西按察司檢校衞鎮灤州布衣王頤爲行在監察御史。西安府檢校李讓順德府檢校孫冕爲行在禮戶科給事中。

庚午。限僧道度牒如永樂十六年例。

交阯總兵官成山侯王通等退師。自陸還廣西。太監山壽及陳智等自水還欽州。我官旗軍吏等及家屬還者八萬六千六百四十人。餘被阻遏。

辛未。昏刻。大星赤光。起須女。行至游氣。

甲戌。長隨內使喜安坐誹謗伏誅。

夜。白虹貫月。

丙子。復嚴捕盜法。

丁丑。陝西旱。命有司開倉賑濟。出絹五萬匹。緜布十萬匹。給其尤艱食。止一切科徵。

壬午。廣西丘溫衞土官指揮僉事黃玹爲廣西都指揮僉事。

上作書媿詩。示行在戶部尙書夏原吉。詩曰。關中歲屢歉。民食無所資。郡縣既上言。能不軫恤之。周禮十二政。散貨首所宜。給帛遣使者。發廩飭有司。臨軒戒將命。遄往毋遲遲。命下茍或後。施濟安所期。吾聞有道世。民免寒與饑。循已不遑寧。因情書媿辭。
欽州澌凜峒長黄金廣等。以澌凜羅浮古森葛原等四峒十九村二百七十户叛附安南黎氏。封經略使經略同知僉事等官。世守其地。屬萬寧州。

戊申宣德三年

正月艸朔乙酉。命行在工部右侍郎黎澄全俸支米。澄安南俘人而貧。
丁亥。都指揮僉事黄玹張貴鎮守龍州坡壘等處。聽總兵官都督山雲節制。
庚寅。以哈密忠順王卜荅失里幼。立故忠義王免力帖木兒之子脱懽帖木兒嗣忠義王。同忠順王撫其部屬。
立奴兒干都指揮使司。
和寧王阿魯台貢使歸。上書諭之。賜綵幣五十雙。
夜。大星光青白。自張至翼。
癸巳。遣内官李信林春李貴郭泰等敕賜亦力把力别失把里亦昔闊哈烈馬綽兒八剌黑城把答失罕撒馬兒罕賽蘭城掃郎城達失干城失剌思亦思弗罕及坤城等國文綺。
夜。大星光青白。自軫至庫樓。
甲午。上南郊。
夜。大星光青白。自角行至游氣。
松潘叛蠻復就撫。
丁酉。行在通政使李嘉爲北京刑部左侍郎。

辛丑。四川萬縣訓導李鐸。請考正從祀先賢名位。免差訛失次。從之。

癸卯。貸酆縣民粟。

夜。大星光青白。起天廚。行至濁。

甲辰。瓜哇入貢。

乙巳。亦力把力王歪思入貢。

丁未。遣指揮僉事黃照化等敕諭兀良哈。時牧馬灤河。或請擊之。上不許。

戊申。朔州知州張復奏。舉軍中子弟楊鑑等。吏部謂例不及武人子弟。上以既薦。召驗之。

辛亥。吳縣巡檢譚復奏。舉宋范仲淹十二世孫希正。命吏部召之。

二月癸丑朔。甲寅。命御史彭謙給事中高舉往四川雲南。給事中楊鼎往北畿。御史趙儼給事中李蕃往河南。御史羅亨信給事中李錫往山西。御史王璉給事中李庸往浙江。御史汪景明給事中彭璟往江西。御史李立給事中孫確往蘇松常鎮。御史劉信給事中武達往應天安慶池徽寧國廣德太平。御史姚震給事中吳信往廣西。御史裴俊給事中李應庚往廣東。御史陳貞虞給事中楊中往淮揚廬鳳和滁。御史賀敬給事中車遜往湖廣。御史王俊得給事中丁銑往山東。御史尹崇高給事中吳澤往福建。各清軍。賜敕列條例十一。

乙卯。名皇長子祁鎮。賜璽書。

丙辰。宥交阯逃軍罪。限兩月回籍。

命招廣西富川縣獞賊。

戊午。立皇太子祁鎮。以尚幼。傳制冊寶入文華殿門。皇太子四拜。內官宣訖。受冊。四拜。內官出。以節授正副使曰。禮畢而退。詔天下。

己未。許慶王㮵復居韋州。

夜。大星光青白。起東井。行至玉井。

庚申。交趾總兵官成山侯王通等奏。黎利同陳暠奉表謝罪。貢代身金人銀人。幷還都督蔡福等官吏四百十七人。兵萬三千一百九十一人。馬騾千二百四。乞班師。上責通等擅歸南寧。無人臣禮。其貢儀入之。爾同內官山壽馬騏等還官。

壬戌。大星如斗。赤光燭地。起右攝提。有聲。五小星隨之。至近濁。炸散。

甲子。徙靈州千戶所于城東。

乙丑。陝西文縣守禦千戶楊瑛往諭生番。脅餉需索。激變。下都察院獄。

甘肅總兵官崇信伯費瓛卒。瓛定遠人。祖愚。燕府左相。後改燕山中護衞指揮使。再傳瓛。從靖難。歷後軍都督僉事。巡海捕倭寇。鎮守寧夏甘肅。平叛虜。積功。先帝封。性和易。善撫士卒。在西陲二十年。境內寧靜。予祭葬。

夜。大星赤光。起天廟。行至天相。炸散。

丁卯。上奉皇太后游西苑。上壽萬歲山。獻詩頌德。

戊辰。敕三法司愼刑。

己巳。儒士劉嘉會舉至京。以老。聽自便。

庚午。諭行在工部尚書吳中。昨奏徵陝西民工赴京。比年旱荒。又道遠。其止之。

南京戶部尚書古朴卒。朴字文質。陳人。洪武中監生。癸酉鄉舉。求祿養。授工部主事。憂去。改兵部。歷郎中。拜右侍郎。永樂初遷左侍郎。從北狩。洪熙初改通政使。尋長戶部。守官三十餘年。家無餘貲。第畏愼避事。知弊不革云。

甲戌。順天府尹曹會奏事失度。降廣東布政司右參政。

丁丑。上林苑監正康爵爲南京太常寺少卿。江西按察副使郭良爲順天府尹。安吉訓導徐偁德平訓導年富爲行在吏科給事中。鄢陵訓導王賢漷縣訓導郭麟爲行在戶科給事中。太平訓導吳瓛爲行在工科給事中。

復北流知縣李植黃巖知縣劉道成進祿一級。俱縣民奏留。

戊寅。昏刻大星赤光燭地。起郎位。行至梗河。

己卯。諭尚書蹇義等貢舉人材。皆引內廷考試。科道錦衣衛官監視，

誅松潘衛千戶錢宏。謫都指揮高隆爲事官。韓整鄧鑒等戍廣西。

庚辰。劉基曾孫劉貊以照磨聽補。上以基故。復刑部照磨。

是月。上作帝訓二十五篇。君德。奉天。法祖。正家。睦親。仁民。經國。勤政。恭儉。戒傲。用賢。知人。去邪。防微。求言。祭祀。重農。興學。賞罰。黜陟。卹刑。文治。武備。馭夷。保生。

三月楑朔。廢皇后胡氏。立貴妃孫氏爲皇后。先數日。召張輔蹇義夏原吉楊士奇楊榮。諭曰。有事欲與卿等議。誠不得已。然吾意決矣。中宮屢產不育。日者言其不宜子。今貴妃有子。母從子貴。古亦有之。第中宮何處也。因歷舉其失。榮請廢之。上曰。廢后有故事否。義曰。宋仁宗降郭后爲仙妃。上問輔原吉士奇何無言。士奇曰。古人云。臣于帝猶子事父母。今中宮。母也。羣臣。子也。子豈當議廢母。榮曰。有上命。何羣臣能止。士奇曰。雖上命。亦須善處之。上問輔原吉云何。皆求善處。原吉又請退議以聞。上曰。此舉得毋外議乎。義曰。在古有之。何議焉。士奇曰。宋仁宗廢郭后。孔道輔范仲淹率諫官十數人入諫。被斥。至今見譏。何謂無議。既退。榮謂原吉士奇曰。上意決矣。非臣下能止。原吉曰。正當議處中宮。士奇曰。今日所聞中宮之失。罪非當廢。議未決。明旦。上召士奇榮至西角門議。榮袖出一札。列中宮二十事。極詆之。云宜廢。上覽竟。色赧然變曰。渠曷嘗有此言。宗廟無神靈乎。遂袖

之。顧士奇云何。曰。漢光武廢后詔曰。異常之事。非國休福。宋仁宗廢后。後來甚悔。願陛下愼之。上不懌而罷。他日又召問五人。輔原吉曰。願陛下愼處。士奇曰。皇太后在上。必有主持。上曰。太后令朕與卿等議之。是日議未決。後獨召士奇武英殿。密諭當若何。士奇因問中宮與貴妃平昔若何。曰。甚睦。但中宮疾踰年。貴妃日過候也。士奇曰。乘其疾導之辭位。遜居別宮。則進退有禮。上首肯曰。吾試入導之。數日獨召士奇曰。卿前論中宮果欣然允矣。對曰。願陛下待兩宮如一。昔光武廢郭后而恩意加厚。上曰。然。吾不食言。明旦以語義等。皆曰善。議遂定。胡后濟寧錦衣衛百戶胡榮女。永樂十五年選入。及册后。官榮中軍都督僉事。兄安府軍前衞指揮僉事。后嘗規上游獵。見忤。坐廢。貶號靜慈仙師。

談遷曰。吾于册儲而甚疑當日之事也。去年十一月乙未。皇長子生。壬寅。廷臣上青宮之章。世安有子生纔八日。遽亟亟焉推奉之。如不及者哉。亡何而胡后廢矣。則册太子者。所以爲孫貴妃地。母以子貴之說。所由進也。胡后失歡久。其廢不在三月癸未。而在樹太子以爲名。諸臣順旨望風結舌。唐猶有褚遂良韓瑗。宋猶有孔道輔范仲淹。至于今日。直曰有漢宋之故事。不足異也。楊文敏首進謭說。重玷主德。楊文貞彌縫其失。亦規亦隨。脫五人執義以爭。如出一口。則帝終遲疑。蒹翟不改其色矣。而如五人之無有堅救也。文貞能存趙邸。未能存胡后。抑齒角之難全耶。乃實錄載胡后再請。就閒。貴妃再辭坤極。謂皆其誠心。大非人情。後史氏飾美。不爲有識者所胡盧乎。

夜。大星赤光。起文昌。行至太微西垣外。

甲申。暹羅入貢。

乙酉。夜。大星光青白。出參。入參旗。

丙戌。敕行在吏部戶部禮部兵部工部五軍都督府北京行後軍都督府錦衣諸衞親軍指揮使司。各諭以職任。

戊子。封張懋丞正一嗣教崇修至道葆素演法眞人。

逮彰德衞都指揮王友。以貪虐不法屢見劾。又藐趙王。兵圍之。趙王以聞。又不迎詔。

壬辰。上閱法司所上獄狀。決遣四百餘人。

夜。大星光青白燭地。起郎將。行至貫索。

癸巳。和寧王阿魯台入貢。

免畿內採辦柴薪及光祿寺散麥諸戶作麪。時役軍于白河渾河上流山中採伐。沿流至通州蘆溝橋積貯。麥則皇城外河西務作水磨三百。

甲午。前貴州按察使胡器卒。器新淦人。洪武中監生。授普安軍民府通判。進守泉州。敎養兼舉。遷貴州。三年民夷咸戴。年七十一。致仕。

丁酉。交阯僞翰林待制黎少穎上表謝罪。請封貢。進代身金人銀人各重百兩。銀罏一。銀瓶二。絹三百。象十四隻。沈速香百六十二斤。薰衣香二十罐。綫香二百枝。

朱國楨曰。金人代罪。乃蓋蘇文所以戲唐太宗者。黎利仍陋習。姍諸大臣。其未之考耶。

戊戌。行在禮部尚書胡濙乞增廣生員。定京府學六十人。外府學四十人。州學三十人。縣學二十人。其民少之處不拘此。從之。

召祥符王有爋。都指揮王友奏。彰德西門外濠上得祥符王射矢繫書。約趙王不軌。時友未知已見罪也。上得書。故召有爋。

免瀘州絕戶田租三千七百餘石。

庚子。夜。大星赤光。出天市東垣西行至雲中。

壬寅。封富平王志潔爲秦王。懷王庶弟瓊炟唐王。瓊燀新野王。佶熇黎城王。佶焆稷山王。佶熅沁水王。佶焯沁源王。孟炬江夏王。季堄武陵王。

癸卯。頒選武臣條式。

免山西被災處京役。

丁未。舊致仕武臣任各衞所事得七百四人。

夜。大星青白光燭地。起勾陳入八穀。

庚戌。補賜代府祖訓敕符底簿。先是代府火。

四月癸丑朔。交阯使人還。敕諭黎利曰。朕雖有罪。但立後事重。其同頭目耆老。以前王陳氏嫡孫奏上。仍還流人兵器。

昏。刻大星光黃赤。出闕丘。行入弧矢。

甲寅。敕諭兩京國子監。

新作公主府三于諸王邸之南。

罷南京諸司修作。初。襄城伯李隆請增匠數千人。修內府庫及光祿寺。上不信。遣御史陳搏察得其弊。

丙辰。少師吏部尚書蹇義請汰冗員及吏員濫收者。從之。

丁巳。定折收糧稅例。棉布每匹准小麥一石二斗。苧布准七斗。細絲每斤准一石二斗。大麥二石准一石。棉花五斤准一石。米豆紅花子皆抵斗。紅花依時直。絲緜二十兩折絹一匹。

戊午。有民言事。云首務重農。上大是之。

夜。月犯五諸侯。

己未。瓦剌順寧王脫懽亦力把力王歪思入貢。

辛酉。行在戶部請下郡縣採買香蠟銀硃等料三萬餘斤。上以太侈。命節之。

壬戌。上聞南京運船未半載輒道索軍役接送。令襄城伯李隆及南京工部都察院錦衣衛各官監視。務滿運。

癸亥。榜禁軍官凌害軍士。

停四川買辦。

甲子。免保定河間洪熙元年逋租。

丙寅。旱。遣成國公朱勇禱之。

逮山西布政使白思謙。參議魯瑶。按察使張政。副使魏清。並汚怠不職。見臺劾。

解州潞州旱饑。命戶部遣人撫卹。

上作曹參論示輔臣。論曰。漢世賢相稱蕭何曹參。何之相業著矣。參惟守何之法。以淸靜寧民。後世誚之。以爲不事事。朕意不然。嗣世之君。當守祖法。爲輔相者。固當以淸靜處之。書曰。監于先王成憲。其永無愆。詩曰。不愆不忘。率由舊章。參親見秦政紛更。以亂天下。又親見高祖立國之不易。則以鎭靜輔嗣君。固老成之士也。觀其居齊用蓋公淸靜民自定之言。及屬後相無擾獄市。至爲相。務掩人細過。擇謹厚長者爲丞相史。吏深刻者輒斥去。此其意固有在。豈誠耽于酒而塊然不事事者哉。吾故曰。參國之老成人也。後世有老成如李沆。相宋眞宗。務守祖法不變。一切浮薄新進喜事之人不用。君子論宋名相得大體者。推沆第一。則亦參之力也。有不爲參者。如王安石呂惠卿輩。相神宗以弊天下之人。其效可見矣。嗟乎。安石輩動引經義。謏三代。非參所能與知也。然國家用參。未至乎病民。參其未可深誚哉。

庚午。遺書周王有燉。召新安王有熹。以彰德守將王友被拷。不伏離間之罪。有熺至京。謂未嘗繫。素忤有熹。或其下人陷我。上遂召之。

辛未。增大名府通判。開州判官。內黃長垣南樂滑清豐元城濬魏大名佐貳官各一。專督馬政。

諭行在戶部。遣官巡視郡縣預備倉。

壬申。免竈戶遠役。

癸酉。定遣戍二千里以上留附近衞所。

甲戌。增修玉牒。以命翰林院修撰苗衷宗人府經歷張河。

雲南麓川宣慰使思任發侵南寧州。守臣議討。上不許。敕諭之。

松潘叛蠻平。總兵陳懷招撫復業萬二千二百六十九戶。

乙亥。逃虜人仍充御馬監勇力。復其家。

庚辰。推官王豫。知縣李灝閻皞張鉉周能進士薛瑄趙琰張善方鼎陳祥周弘章信宗監生張鵬趙勵李序陳斌欒鳳王泰蕭全戴謙楊茂潘綱陳恕陳宗頡文林俱爲監察御史。

辛巳。貸邢臺饑民倉粟。

閏四月壬午朔。賜皇妹嘉興公主冊封。井源駙馬都尉。行在禮科給事中井田子。

敍平松潘功。進都督同知陳懷右軍右都督。都指揮同知趙安爲左軍都督僉事。餘陞賞有差。

乙酉。雲南總兵官太傅黔國公沐晟請討麓川思任發侵鄰之罪。上敕晟再遣諭。如不悛。止調雲南官土軍及木邦等夷兵勦之。興兵動衆。不可不熟慮也。老撾宣慰刀線歹。寧遠州土官刀。吉罕。雖助交阯。已宥矣。

丙戌。夜。大星光青白。起紫微垣。行至濁。

戊子。裁遼東苑馬寺官吏。

辛卯。整飭神機營部伍。

南京都察院右都御史兼詹事向寶致仕。

癸巳。昏刻。大星光青白出氐行至濁。

乙未。降王友指揮同知備禦宣府。

丙申。暹羅入貢。

戊戌。陽武侯薛祿爲總兵官清平伯吳成爲副總兵。護餉開平。

庚子。河南按察僉事傅啓讓居官勤愼。秩滿。部民奏其築汴堤捍水多惠政。上復之。增祿正四品。

禁採番禺縣鉛沙。

壬寅。寧王權請南昌城外灌城一鄉田。命戶部勘報一千六百十七頃俱民業。上書諭之。

丙寅。行在工部尙書李友直刑部右侍郎樊敬右副都御史胡㢘往四川。吏部右侍郎黃宗載刑部右侍郎吳

廷用往湖廣。各採大木。

邵陽武岡湘鄉大雨水壞田稼。

丁卯。夜大星赤光燭地起危至雷電。

戊辰。械監察御史嚴曨方鼎吳傑。行在兵部郎中楊威。刑部郎中胡珏。主事鄭逑朱勤。戶部主事汪閏等。俱酣

淫廢職也。

巡按山西監察御史沈福言。山西蒲解臨汾等積旱饑。盡徙河南。宜遣官招撫復業。上曰。昨已遣賑。如不給。勸

富民分貸之。以俟秋成。

己巳。復遣行在工部右侍郎羅汝敬鴻臚寺卿徐永達詰交趾黎利再訪陳氏以聞。

成安永平吳橋滑吉饑。貸官倉穀麥。

庚午。貴州總兵官都督蕭授奉敕招各長官司叛蠻。

湖廣永寧衞大水。

辛未。建寧府教授彭勗乞建陽縣特祀朱熹。蠲其子孫徭役。下禮部議之。

南京翰林院檢討陳用爲修撰。

復孟驥貴州左布政使李蕃德安府同知。俱秩滿部民奏留。各增俸驥二品蕃四品。

南京大理寺右少卿嚴升爲右僉都御史。

賑蒲解隰絳吉霍澤潞臨汾河津翼城曲沃太平萬泉岳陽寧鄉浮山絳襄陵趙城聞喜芮城石樓榮河汾西猗氏蒲洪洞垣曲臨晉稷山大寧安邑平陸永和靈石夏沁水陽城陵川黎城旱饑。

上閱法司獄狀。遣輕罪六百餘人。

復行在刑部右侍郎樊敬右副都御史胡廙官。先督餉廣閒。警不行下獄。

甲辰。行在工部郎中李新還自河南。言山西饑民流入南陽等十餘萬。上命戶部遣官撫之。給廩。隨便居住。

戊申。成山侯王通。都督馬瑛。爲事官陳智。李安。方政。布政使弋謙等。內官山壽馬騏等下錦衣獄。籍其家。

己酉。曉刻歲星犯壘壁陣。

庚戌。下鎭遠侯顧興祖錦衣獄。

遣祥符王有爝還國。前書新安王有熹謂同汝南王有爋爲之。遂召有爋。

夜。大星赤光。起瓠瓜。行至心。

五月壬朔。行在禮部左侍郎李琦工部右侍郎羅汝敬等使交趾還。時黎利已殺陳暠自立。語琦等曰。暠正月十日死。別無陳後。國人共推利守國。敢自爲之也。汝敬怒。及宴有女樂。汝敬曰。吾等往來數月耳。暠安得遽死。且爾即言暠死。爾國嗣亡。豈用吉禮時乎。因盡破其尊罍樂器。時天晴忽陰。大雷雨震焚利居室。利懼起謝。

亦力把力以馬鬻陝西。

甲寅。行在後軍都督僉事沈淸總民兵二萬餘人轉餉宣府給開平。

夜。大星光靑白。起亢至濁。

乙卯。夜。大星赤光燭地。起大角。行至濁。

戊午。雲南大侯長官司改大侯州。土官刁奉罕爲知州。

己未。召少師隆平侯張信還京。

復沈友發襄垣縣丞。初任滿。邑人奏留。增俸正七品。

庚申。行在刑部尙書金純久稱疾。屢外飮。見糾。下錦衣衞。頌繫之。

辛酉。上親閱獄狀。遣輕繫五百餘人。

贈交趾殉節諸臣。故遼東都指揮同知永康李任。贈都督同知。故燕山前衞指揮使顧福。昌江衞指揮使劉順。廣西桂林中衞指揮使徐麒。俱贈都指揮同知。交趾前衞指揮僉事周安。贈指揮同知。南寧衞正千戶蔡顒。贈指揮僉事。燕山左衞副千戶桂勝。贈正千戶。諒江知府廬陵劉子輔。諒山知府湘陰易先。贈交趾布政司參政。政平州知州江陵何忠。贈政平府同知。內官馮智。贈內官監太監。俱賜祭。給米布。召任等子孫襲職。子輔先忠復其家。惟指揮陳麟亦殺賊自刎死。或言其同朱廣開門納賊。故恩不及。 按何忠楚紀廖道南撰云贈南寧府同知。實錄云政平府同知。攷政平止有州。非府也。則南寧爲是。

通泰高郵壽霍丘德化瑞昌饑貸倉粟。

壬申免趙定冀真定平山獲鹿井陘阜平欒城藁城靈壽無極元氏曲陽行唐新河隆平高邑贊皇臨城新樂平鄉內丘唐山沙河鉅鹿肥鄉邯鄲永平田租俱旱災。

甲戌汝南王有爋新安王有熏伏罪俱免爲庶人幽北京有熏嗜人腦肝膽常以日昳捹人殺而餂之新安之門無行人竟與有爋謀搆祥符王並廢。

廣西總兵官都督山雲上言黎利脅廣源州土官知州閉色新不從求援上報雲酌之若閉色新來歸善撫之。

丙子復設駙馬府學錄井源家訓導李鳴鶴爲學錄。

戊寅設湖廣劍南搖把峒上愛茶峒下愛茶峒長官司鎮遠隆奉東流臘壁峒西坪五蠻夷長官司皆前元土官子孫各擁蠻兵今就撫。

庚辰上作酒諭示百官時郎中御史多酗敗或請禁酒諭曰天生穀麥黍稷所以養人人以麴蘖投之爲酒周官有酒正以式法授酒材辨五齊之名三酒之物以供國用書秬鬯二卣曰明禋詩既載清酤賚我思成以享祀神明也厥父母慶洗典致用酒以事親也豈樂飲酒以燕臣下也酒醴惟醽酌以大斗釃酒有衍籩豆有踐燕父兄及朋友故舊也皆用之大者酒曷可廢乎而後世耽嗜于酒大者亡國喪身小者敗德廢事酒其可有乎自大禹疏儀狄戒旨酒成湯至帝乙罔敢崇飲文王武王戒臣下曰無彝酒曰德將無醉曰剛制于酒孔子言不爲酒困又禮有一獻百拜然則酒曷爲不可有哉夫非酒無以成禮非酒無以合歡惟謹聖人之戒而禮之率焉庶其可乎。

辛巳交趾都督蔡福指揮朱廣薛聚于瓚魯貴千戶李忠伏誅籍其家皆棄城降黎利者且爲鄉導。

六月壬午朔。甲申。北京渾河水決盧溝橋隄百餘丈即築之。

乙酉。夜大星赤光燭地。起羽林軍行至近濁。

丙戌。同耀蒲城郃陽韓城澄城白水高陵涇陽鄠中部甘泉宜川宜君膚施洛川保安秦旱災。免田租。

戊子。掌陝西行都司事右軍都督僉事劉廣爲平羌將軍總兵官。鎮守甘肅。

庚寅。諭行在戶部。遣視霖雨所潰河隄亟修築。

辛卯。遼王貴烚舉前荆州教授陳紹先爲紀善。永興王志墣舉隴西教諭馮益爲教授。並從之。

諭工部。炎暑。罷不急之役。

夜。大星赤光。出奚仲。行入天桴。

癸巳。上苦霖雨不止。命薪芻等入城免稅。

甲午。少保兼行在工部尚書吳中遺太監楊慶官木作私第。上登城樓望見。悉之。下中獄。

大同太原遼澤沁汾諸州縣旱。上曰。郡縣多告饑。朕發廩勸分無敢後。其令有司熟講救荒之政。

丁酉。南京大報恩寺成。

內官裴宗漢盜市官木賄太監楊慶求免。事覺。下行在錦衣衛獄。

通州大水壞城。

己亥。諭都察院。盜廠事庫局木石甎瓦等料。坐死。家戍口外。

釋吳中獄。復官。奪其少保。

夜。大星光青白。起郎位。行至濁。

辛丑。召山東布政司左參政段民。四川右參政李衡。江西左參議劉中敷。福建按察使邵玘。山西按察使鄭辰。

浙江按察副使魏源。四川河南按察僉事柴震傅啓謙。

遣內官洪孜生徐亮等往雲南賜孟養及八百大甸木邦宣慰使刁懷幹等綵綺。

蘇松湖杭嘉興大水。江溢渰稼。命巡視大理寺卿胡槩覈之。

夜大星赤光。出紫微東蕃西入文昌。又星赤光。出五車。行至雲中。

壬寅。增富峪等衛經歷及內外衛所倉皆置副使。

癸卯。夜大星青白光。出天市東垣五小星隨之。北入紫微東蕃外。

乙巳。簡換各處都指揮使。

丙午。澤州學正趙冕爲行在禮科給事中。

丁未。左都御史劉觀巡視河道。

己酉。停造新鈔。時鈔法阻滯。

七月辛亥朔。壬子。浦城建陽盜起。命捕之。

夜。大星青白光。出北斗魁。行至雲中。

癸丑。雲南潞江千夫長刀不浪班叛歸麓川。

甲寅。免泗州民牧馬及糧稅。

丙辰。行在通政使顧佐爲行在都察院右都御史。敕擇各道御史。

葉盛曰。佐性嚴重。聲望偉然。未嘗口毀譽人。且晚來朝房小憩。前呵雙藤立戶外。官僚行道以此爲驗。往往有挽驢駐馬折而還者。雖公遭時得君之盛。要亦有慴伏彈壓之實焉。

順天河間眞定保定廣平岳州各大水傷稼。議䘏。

己未。福清民鄭外進瑞麥。

夜。大星黄白光燭地。起五車。行至文昌。

辛酉。行在兵部議沈家門水寨于海寧衞。蓋自永樂七年移沈家門者。命下巡撫胡槩計之。

甲子。誅泗州妖人戴庚仔。庚仔僞爲御史。行鈔法至清河敗。

乙丑。封寧府磐烑宜春王。

中書舍人陳登卒。登長樂人。薦歷羅田蘭溪浮梁縣丞。工篆籀。入翰林中書。

夜。大星赤光。起紫微垣。行至東井。

丁卯。寧王權進扇。且求鐵笛。製予之。

鎭守河州都督僉事劉昭爲都督同知。往鎭西寧。兼理河州。

召守西寧都督史昭及會寧伯李英還京。

戊辰。上閱法司獄狀。釋遣千六百三十五人。

妖人奉化樓濂逃建陽民家。詐爲制書。稱故齊王衆進冠服。將起事。福建行都司捕送至京伏誅。

庚午。召鎭守彰德都督李玉還京。

辛未。停開平運糧。

甲戌。占城入貢。

乙亥。青州民劉中等奏。流徙棗强縣已二百餘戶。居二十年。今山東有司追還。上聽流民入籍。俱免追。

丙子。夜。大星赤光燭地。起貫索。行至雲中。又大星起宗人。西南行至濁。

八月朔辛巳。上御武英殿。問侍臣歷代戶口盛衰。對曰。禹平水土。民奠厥居。至桀而耗之。湯初視禹不之及。紂又耗之。武王視湯初又不及。成康時始蕃。耗于春秋戰國。嬴秦漢至文景戶口大增。武帝好征伐。減天下之半。

昭宗務農。至成帝稱極盛。東漢初率土之民纔十之二三。明章後滋殖。三國六朝分存無幾。隋文節儉。晚年最盛。煬帝又耗之。唐貞觀以至永徽戶口日增。開元又極盛。安史之亂耗之。宋太祖至神宗始盛。迨南渡僅一隅之民。此歷代戶口之概也。上曰。戶口之盛。必休養生息。其衰也必土木兵戈。人主可惕然興思矣。

壬午。皇次子祁鈺生。

行在工部侍郎許廓修居庸關城。

癸未。行在左副都御史陳勉。左右僉都御史李濬、凌晏如。監察御史繆讓。行在大理寺右少卿王文貴。評事陳永祥。諸哻。坐失出重四下獄。尋宥之。

致仕南京右都御史兼詹事向瑶卒。瑶字克忠。進賢人。洪武乙丑進士。試兵部員外郎。歷通政使。應天府尹。建文中謫廣西。永樂初復之。坐累下獄數年。謫兩浙鹽運司判官。先帝召拜右都御史。應詔陳八事。瑶有文學。歷仕四十餘年。蔬水自適。賜祭葬。

甲申。治各關稽留索賄之罪。

丁亥。昏刻大星青白光。自箕至雲中。

己丑。左都御史顧佐考上各省不職御史嚴暟、成林、韓瑄、繆讓、張衡、趙琰、趙礪、趙倫、楊居正、宋準、張士貞。司務段凱。俱貪淫無恥。張觀、王成、雷恭、王諭、司鐸、胡曄、潘畢、牟倫。俱貪汚不律。李孟瑄、王頣、蔡寧、晏鐸、張瑩、林眞、張嘉會、司務趙玭。俱不諳政體。趙安不習案牘。馮斌、周毅、周瑀老疾。上命貪淫貪汚者謫吏遼東。餘降縣典史。其老疾罷爲編氓。

夜。大星赤光。出天倉。行至濁。

庚寅。費釗嗣崇信伯。費瓛子。

運南京內府大絹十萬匹棉布二十三萬四千北京。

行在右都御史顧佐舉進士鄧玘等十四人監生程富等十一人聽選教官方端等二十人俱堪御史命歷政三月分三等擢用。

錄用交趾歸附土官知州阮得舉百戶丁射等。

龍陽武陵大水撫卹之。

辛卯裁北京行後軍都督府行部于是駙馬都尉廣平侯袁容掌行在後府事行部尚書李友直改行在工部侍郎李㬎李嘉改行在戶禮部。

甲午省各處差遣從進士魏淡之言時松江差遣官數百人淡亦戶部檄往徵糧極言其害。

行部右侍郎河間蘇瓚致仕瓚貪鄙阿諂上特免之。

夜月食。

癸巳諭朕將因田獵巡邊。

乙未英國公張輔陽武侯薛祿簡京衞軍士。

成國公朱勇掌行在前軍都督府事。

行在刑部尚書兼太子賓客金純致仕時敕疏獄純數游飲見劾下錦衣衞獄上宥其老。

行在山東道監察御史朱仲安爲河南按察使。

交趾古雷縣千夫長陳汀敢戰義不從賊脫走家口盡沒特授錦衣衞指揮僉事。

遵化衞夜丁張大川巡石匣口值虜騎四射得其馬上壯之授本衞百戶。

丁酉交趾宣化府土官知府陶季容等來朝許居雲南阿迷州。

庚子。琉球中山王入貢。

壬寅。都督陳景先修灤河橋。

吳江常熟華亭大雨水。蠲租。

癸卯。敕駙馬都尉廣平侯袁容少師隆平侯張信行在兵部尚書張本禮部尚書兼華蓋殿大學士張瑛戶部尚書郭敦都察院右都御史顧佐等居守北京。

乙巳。夜大星赤光出北斗魁行至濁。又大星赤光燭地。起北河。行至北斗魁。

丙午。告太廟巡邊。遣前鋒先發。

哈失哈襲後軍右都督（馬朵兒只子）。保保襲後軍都督僉事（把禿孫）。餘有差。

釋邊衞指揮千百戶罪。還職者百餘人。

丁未。上發京師。少師吏部尚書蹇義少保兼太子少傅戶部尚書夏原吉少傅工部尚書兼謹身殿大學士楊榮行在禮部尚書胡濙兵部侍郎王驥刑部侍郎施禮工部尚書吳中右僉都御史淩宴如太常寺卿兼翰林學士楊溥太常寺卿姚友直大理寺少卿王文貴等扈從。度潞河。駐蹕虹橋。見道經水潦。秋田無穫。遂戒將士無擾民。

戊申。次三河縣之草橋。

九月庚戌朔。入薊州境。刈田後稍有遺秉滯穗。上色喜。次州西五里橋。諭守臣曰。此漢漁陽郡也。張堪為政。樂不可支。爾曹毋自逸。

辛亥。至石門驛。諜報兀良哈以萬騎內犯。已入大寧。經會州。將及寬河。上召問諸將。咸請擊之。或欲徵兵。上曰。孽虜何能為。彼知朕在此。自駭走矣。直擒之毋失。然此出喜峯口。險隘止通單騎。若候併兵。緩甚。今鐵騎三千先赴之。或言其少。上曰。兵不貴多。遂決親征。

壬子。至遵化。簡三千騎。人持十日糧。

癸丑。敕駙馬都尉西寧侯宋瑛武定侯郭玹豐城侯李賢右都督冀傑。以朕親征。爾領營卒暫駐遵化。留扈從文臣于營。惟楊榮從上發遵化。宿灤陽驛東。

甲寅。次喜峯口。

定遼右衛副千戶益都潘雄從總兵官巫凱赴興和領前哨。値虜氊山。力戰被圍數重。中矢死。

乙卯。上出喜峯口。夜銜枚斂甲馳四十里。昧爽。及虜寬河。距虜營二十里。彼以邊戍也。即逆戰。上分鐵騎翼擊。手射中前鋒三人。殪之。方戰。神機銃叠發。虜死傷大半而潰。上以數百騎突前。虜望黃龍旂。知駕在。俱下馬乞降。生縛之。大獲其生口畜產輜重。

丙辰。斬其渠酋。次寬河。命諸將分道搜穴。忠勇王金忠及甥都督把台請自效。從之。或曰。彼類也。往且不復。上曰。去留亦任之。朕獨少二人哉。不聽。

丁巳。至會州。

戊午。諸將多俘獲殘虜。上大享。作詩歌慰勞之。

夜月掩壘壁陣。

壬戌。發會州。次鐵將軍店。忠勇王金忠獲虜百十。馬百餘。牛羊數百。上飲之。併大金爵賜之。都督把台俘獲亦至。賜如之。

癸亥。上念孟冬廟享。留都督任禮太監楊慶等以卒二萬俟諸將畢至而歸。

甲子。班師宿山站。

談遷曰：寬河之寇，適與大駕會，然輕萬乘之重，徑馳三千騎，亦危道也。兀良哈之强不及漠北，故宣宗敢身任之；否則彼雖孽虜尙萬餘人，豨突獸鬬，寧可料哉！故爲當日計，止付一健將足矣，不必馳翠華而控彤矢也。楊文敏在事，宜少爲白登慮，何獨無一言耶？成祖四出塞，俱不得全捷；宣宗巡邊，偶勝之兵無常勢。其後土木之陷，又其後應州之役，俱蔑視强胡，乘輿幾殆，或寬河有以啓之。所招之詩，敢預爲宣宗誦之。

乙丑，至偏嶺。

丙寅，入喜峯口，分遣近臣巡督關隘守備。聞近關虎暴，命都督李玉率壯士捕之，上往觀，射虎中焉。

丁卯，至遵化之雙城，命監察御史摘扈從擾民者。

戊辰，至石門驛。

己巳，至薊州。

庚午，至三河。

辛未，至虹橋，命從臣半歸。

癸酉，至京。

甲戌，受朝賀。

乙亥，山東新城知縣董諒奏老人岳景賢等四十一人陷害官府，侵剝小民。上命布政司治其罪。

蠲金壇、當塗水災田租，貸於潛、新昌、嵊、龍游、彭澤、邵陽倉糧。

丙子，滁縣饑，免辦銅鐵銀硃雜料。

鄭、祥符、陳留、滎陽、滎澤、陽武、臨潁、鄢陵、杞、中牟、沔陽、監利俱大雨水，免田租。

十月，虬朔，庚辰，諭各王府長史輯下，明日面諭鄭王瞻埈。

行在監察御史張循理等劾左都御史劉觀奸欺貪淫。御史嚴暟等贓穢狼藉。又通郎中許性汪潤等歌舞飲戲。每差辦事官出入各五金。受嘉興土豪馮本等賂。縱獄子輻開酒肆誘娼淫佚盜官器物。通奸吏安中其罪非一。上然之。遣人追觀河南。

壬午。夜大星赤光。出太微東垣行至濁。

癸未。韓王冲𤇰求還長沙。不許。

甲申。陽武侯薛祿爲總兵官。遂安伯陳瑛武進伯朱冕爲左右參將。率兵鎮守薊州永平山海。幷提督各關隘。都督僉事陳景先仍守薊州。

談遷曰。帝方凱旋。遽遣重將鎖鑰薊永者。懼兀良哈乘我之勝而快其忿也。廟謨不得不先之矣。

乙酉。上曰。古者師保之任。論道經邦。不煩以政。今少師蹇義少保夏原吉太子少傅楊榮。皆我祖宗簡在臣。黃髮弼亮。尙治有司。非朕優賚老成意。可各輟所務。朝夕朕側。討論至理。用寧邦家。職名俸職悉如故。

賜朝鮮世子六梁冠。舊五梁。等于陪臣。

夜大星赤光。出昴至濁。

丙戌。駙馬都尉趙輝豐城侯李賢分印兩京太僕寺馬騾給民牧。凡三萬九千五百七十二匹。

夜大星青白光燭地。起紫微垣行至濁。

丁亥。和寧王阿魯台貢馬。

戊子。夜大星赤光燭地。出天津。二小星隨之。行至濁。曉刻。熒惑犯太微西垣上將。

己丑。罷江西德興鉛山銅場夫徭役。各增縣丞一。管銅課。

昏刻。月犯外屏。

庚寅。上聽儒臣講春秋。賜坐啜茗。

辛卯。行在吏部右侍郎王讓兵部左侍郎曹本左僉都御史李濬。大理寺左寺丞楊復。鴻臚寺右寺丞焦循。分督南畿浙江江西秋租。

壬辰。夜。月犯昴。

癸巳。曉刻。月生五色雲。

乙未。停浙直造紙買銅鐵。幷撤催督主事等官。從大理寺卿胡槩之言。

戊戌。大雪。上喜作詩。

己亥。太子少保兼左都御史劉觀下錦衣衞獄。

夜。大星青白光燭地。起螣蛇。西行至濁。

庚子。太監郭敬同武安侯鄭亨鎭守大同。

甲辰。罷遣衞士工役七月以上者。

乙巳。賑蒲澤沁水靈石。

丙午。行在廣西道監察御史胡啓先坐薦舉不當削籍。御史趙倫奸樂婦。戍遼東。

丁未。都指揮同知蔣貴守密雲。

十一月配朔庚戌。册皇妹慶都公主。封焦敬駙馬都尉。

辛亥。浚常熟七浦塘。

賑遷祥縣饑。

戊午。夜。大星赤光。出軒轅。行至雲中。

庚申。貴州豐寧長官司賊羅文蕩平。

辛酉。賑臨安新城饑。

甲子。免追罰鈔。

曉刻。太白犯罰星。

丙寅。昏刻。歲星犯壘壁陣。

丁卯。監察御史張循理下獄死。初。御史趙儼按河南。虐斃多人論死。循理故善儼。召儼出獄飲而逸。循理瘐死。

戊辰。命御史巡察皇城門。

夜。大星赤光。出天苑。行至濁。

癸酉。按察使邵玘爲南京左副都御史。鄭辰爲南京工部右侍郎。參政段民署南京戶部右侍郎。按察副使魏源署行在刑部右侍郎。僉事傅啓讓爲行在大理寺少卿。柴震爲南京大理寺丞。

行在錦衣衛帶俸指揮東莞鍾法保請採珠東莞海上。同內官往。上以營利。下錦衣獄。

甲戌。上御奉天門。曰。風氣夜寒。邊士可念也。闕墩瞭卒其毛襖狐帽急予之。敝者易以新。

乙亥。思州府通判檀凱爲應天府治中。

丁丑。盧陵知縣孔文英黃州敎授趙奎霍州學正張杲。德清敎諭尹鐙。蒙陰知縣余濯。山陰敎諭袁海。蒲圻敎諭朱鑑。萬載敎諭董匡。新樂訓導李懋。富順訓導楊禧。南陽訓導王質。遂安訓導張政。新建訓導方端。臨安訓導白圭。鄭州訓導潘岳。江都訓導張昜。進士揭稽謝衡施信胡器鄧榮高舉熊翼張琦章聰王讓丘俊監生强敏梁軫趙敏郭原陳懋程富張鏞李志唐琛。並爲監察御史。以顧佐所列三等。其上中俱實授。下等再歷三月以聞。

中軍都督同知陳翼卒。翼長興人。襲驍騎前衛百戶。從靖難累功陞。予祭葬。

夜大星光黃赤。起輿鬼。行至游氣。

十二月戊寅朔。辛巳。築通州河隄。

癸未。撒馬兒罕入貢。

甲申。賑霍絳吉隰臨汾翼城永和汾西蒲浮山鄉寧大寧石樓襄陵太平萬泉稷山河津岳陽安邑猗氏絳垣曲趙城臨晉饑民。時繁霜殺菽。

駙馬都尉廣平侯袁容卒。容鳳陽人。尙永安公主。靖難時。永平城守功。封。追贈沂國公。諡忠穆。

庚寅。設筠連縣三岔巡檢司。高縣江口巡檢司。珙縣洞門巡檢司。各戍八十人。備敍州蠻。

癸巳。召陽武侯薛祿還京。

甲午。定儀賓班次從三品序同等官上。

乙未。命文武大臣錄囚。訴枉者五十六人。命覈上。

丙申。巡視浙江大理寺卿胡槩械海鹽盜平康等三百餘人至京。

丁酉。敕行在錦衣衛指揮任啓。右參政葉春。御史賴瑛。同太監劉瑛往常鎭蘇松嘉湖。巡視軍民利病。幷敕胡槩協力。

談遷曰。永宣之間。稱承平矣。而吳民乃頑悖屢干刑書。何也。如胡槩械大盜三百人入京。所遣護當不下千人。頗繁費。當日顧安之重。懲奸惡。雖津遣不恤。日者胡槩葉春並事。而又兼用此數人。其視此一方民。不啻狐鬼焉。葉春產海鹽。威行鄉曲。略無避忌。亦强特能自立者與。

庚子。廣西忻城等縣峒賊譚圓等平。

夜。大星赤光。起外屏。行至濁。

丙午。亦力把力入貢。

丁未。行在江西道監察御史定海陳憲卒于獄。進士任御史。歷江西湖廣。莊重得大體。舉劾公當。革南昌之供億三司。逮吉安千戶臧清之稔惡尤其著者。同官偶引憲下刑部。事且白。待命。施禮署部事不肅。臧清夜竊往憲所捶訴。竟忿死。時皆咎禮。上深惜憲而厭禮矣。

是年。中軍都督府都督同知陳輔卒。

國榷卷二十一

己酉宣德四年

正月戊午朔。兩京地震。

聽邊將自置私記關防。

敕南京左副都御史邵玘考察御史及諸司。

陽武侯薛祿護運開平。幷增戍獨石。

免宣府十七衛歲辦薪炭。

大賚從征諸臣銀鈔。加楊榮少傅。初上出喜峰口。文臣從者獨榮也。

鈔法壅。增兩京蘇松等門鈔。

許衍聖公孔彥縉市書福建。

戊辰。役軍民十二萬人。浚濟寧北舊河百二十餘里。

己巳。上居齋宮。諭翰林學士楊溥曰。滄海之大。江河助之。古君臣更相戒飭。所以致理稱良也。輔德陳過。卿等勉之。毋諛。

諭吏部速除內外各官。

敕行在法司。令雜犯死罪以下得贖米。

二月丁亥朔。賑高邑縣饑。

戊寅。隆平侯張信太監沐敬浚河西務河築堤。益京軍萬五千人。

中軍左都督馬聚卒。聚武定人。靖難功。有膽力戇直。追封邵陽伯。謚壯勇。妾陳氏自經以殉。贈淑人。子雄。留守中衞指揮使。

庚辰。夜大星光靑白。出軫。行入庫樓。

辛巳。左軍右都督冀傑卒。傑東安人。起行伍。靖內難。至今官。屢從征伐。性直無飾。高煦之反。列侯或持兩端。言其善用兵。傑曰彼詐而無胆。不足滅也。竟如其言。追封清源伯。謚忠壯。妾王氏自經以殉。贈淑人。子斌。彭城衞指揮使。

壬午。逮鎭守龍州都指揮僉事張貴。剝軍激變也。

夜。大星赤光。出軫。行入庫樓。

癸未。皇妹册淸河公主。封李銘駙馬都尉。

太師英國公張輔行在左軍左都督張昇輟府事。給全祿。敕專左右。

夜。大星赤光。出天市西垣。入天心。

甲申。遣官往鳳翔荆建昌韶安陸作鄭襄荆淮梁五邸。

乙酉。南京地震。

丁亥。行在工部右侍郎羅汝敬等還自交趾。黎利附使貢方物幷代身金人。具奏陳氏子孫實已盡。所喪吏士兵器家屬。悉因成山侯師還之矣。臣利有女九歲。于亂兵中失之。乃知爲中官馬騏進充宮婢。陛下幸旣以赦臣罪。歸此女。臣仰德萬死無二。

復遣監察御史何文淵給事中李本淸軍陝西。

己丑。南京守備襄城伯李隆獻騶虞二。出滁之來安石固山。素質黑文。馴甚。群臣請賀。不許。

庚寅。免漢陽逋租。除平谷縣逃賦。

壬辰。夜月食。

甲午。定陝西寧夏諸衞納贖例。

乙未。徙郢靖王宮妃居南京。敕太監王景弘等月給。

免各省文書差誤之罪。

申屯田比較舊例。

昏刻。大星光青白。出東井。行至雲中。

丁酉。敕法司曰。五刑之屬三千。莫大不孝。有烝父妾。收兄弟妻者。送京師治之。武臣及子弟犯者。失職毋襲。著爲令。

交阯按察副使海鹽戈定遠。以御史遷交阯。滿考。道梗。致仕。

戊戌。夜北京地震。

辛丑。太子太保忠勇王金忠進太保。清平伯吳成進封侯。都督僉事李玉封新建伯。祿八百石。並賜誥券。

壬寅。翟昌知府孫亶。昌黎知縣楊禧。文水縣丞徐文。襄垣主簿喬育。俱秩滿。耆民乞留。從之。各加俸一級。

南京左副都御史邵玘。考斥御史沈善、劉𨰾、王懋、蕭全、鄭道寧、楊昭、蕭昇、曾泉、木訥、王恭、欒鳳、潘絅、陶圭、戶部郞中黃玘等八十九人。

癸卯。前漢府教授海寧曹彥昌憂去。以高煦敗。服闋不起。吏部檄促之。始至。欲罪其同逆。上以先去置之。第服闋不起。謫高要縣典史。

乙巳。瓜哇入貢。

禁濫給驛騎。

三月杇朔。建州衞都指揮僉事李滿住求入朝宿衞。諭止之。

夜。大星光青白燭地。起張宿。至游氣。

戊申。皇妹冊眞定公主。封王誼駙馬都尉。

太師英國公張輔進特進光祿大夫左柱國。成國公朱勇兼太子太傅。

朵顔三衞頭目完者帖木兒等來朝貢馬。上宥其前罪。家屬被獲者悉還之。陞完者帖木兒都指揮同知。餘有差。

逮福建都指揮僉事洪貴等。以倭攻鎭海衞殺掠。

夜。大星光青白。出貫索。行至雲中。

辛亥。中軍都督僉事孫忠封會昌伯。祿千石。皇后父

壬子。免四川茶戶徭役。

前浙江永康縣丞歐陽齊言縣山產銅礦。宜開採。上斥之。

丁巳。召陽武侯薛祿等還。

壬戌。都督祁英郭義提督牧馬。

免前北京行部侍郎金庠官。庠淸軍。受淸豐知縣梁罐私賂。

癸亥。昏刻熒惑犯靈臺。

甲子。贈陜西都指揮使王俶妾時氏淑人。諡貞烈。俶備禦寧夏戰死。氏自經以殉。

乙丑。命少師吏部尙書蹇義少保戶部尙書夏原吉同諸大臣議諸司建言事宜。

戊辰。昏刻熒惑犯太微垣上將。

己巳。大星光青白燭地起市樓南行入雲中。

癸酉。大星赤光出織女一小星隨之行入天津。

甲戌。行在禮部左侍郎李琦鴻臚寺卿徐永達行人張聰等賚敕諭黎利。再訪陳氏子孫。送還中國器械人口。

四月丙子朔。寧王權奏。宣德元年八月江西布政司檄謂太祖高皇帝子孫以祿米定品級。臣不勝惶懼。祖訓所載祿米。蓋親親次序。無有品級。不意自今世始云云。上書報之曰。郡王庶子以下品級載于祖訓錄。靖江府將軍與群下相見禮。載于洪武二十九年欽定禮儀。此皆太祖高皇帝所制。非一朝一夕也。太宗皇帝以鎭國將軍等品級與歲祿不相應。遂加鎭國將軍從一品。輔國將軍從二品。奉國將軍從三品。鎭國中尉從四品。輔國中尉從五品。奉國中尉從六品。行之二十有八年矣。何以宣德元年八月之事至今始發也。

己卯。上虞李志道戍楚雄衞死。孫宗侃舉于鄉。衞責其補伍。事聞。除軍籍。上曰。朕方砥士。何急一卒之用乎。

庚辰。京師慶壽寺僧請募修萬安寺。不許。

辛巳。廣西總兵官都督山雲討平柳潯等盜。

甲申。釋方政穆肅獄。降政左軍都督僉事。肅都指揮僉事。

代州訓導曹鼐奏學不堪師。願試劇職。遂改泰和典史。候會試。

乙酉。行在右軍都督高成致仕。

行在兵部尙書張本薦北部行部員外郞徐琦人材。陳孜命改琦職方員外郞。孜職方主事。

丙戌。行在翰林院檢討胡穜爲修撰。進士張佑賈銓李運劉海爲行在給事中。

丁亥。禁臨清諸閘不時輕泄。

行在吏部左侍郎兼少詹事郭璡爲尚書。除兼秩。

戊子。議減漕運寬民力。遣行在工部尚書黃福同平江伯陳瑄經略。福兼督淮北河南山東屯田。

己丑。進士王懋其兄御史罪死。以極刑家屬例禁。上曰。皇祖時進士某以刑家子祿用。奈何錮之。授州判官。

辛卯。許犯贓官吏運磚後文還民籍。武調衛。毋概仍職役。從御史王翺之言。

癸巳。召太子太師致仕郭資赴京掌戶部。

少師隆平侯張信年高免朝謁。

丙申。命在外文武官歸所給官馬。洪熙初給覲官馬寄牧。雖止之。已有給者。

昏刻。熒惑犯右執法。

丁酉。薦鮮魚奉先殿。分嘗大學士楊士奇楊榮金幼孜。賜酒製詩。士奇等和。上曰。今日君臣當以卷阿相勖。

戊戌。行在工科給事中李庸爲順天府尹。

昏刻。熒惑犯右執法。

庚子。夜。南京地震。曉如之。

辛丑。夜。大星赤光。起天市垣。行至陣車。

五月辆朔。昏刻。大星赤光。出輦道。行入天津。

丁未。亦力把力捨伯沙來歸。居京師。授所鎮撫。

夜。大星青白光。出北落師門旁。行至雲中。

己酉。永清縣蝗。

壬子。袁禎嗣廣平侯。袁容子。

哈密貢使都指揮使把台爲都督僉事。餘有差。

上親決獄。釋輕罪二千二百餘人。

謫行在監察御史楊居正司鐸牟倫雷恭胡暐潘舉皆貪淫不律同嚴皚等至是復命自辨。命戍遼東。

癸丑。行在禮部尚書胡儼兼詹事府事。

甲寅。河南按察僉事趙純先以御史按山東受賂娶妾。在赦前。當納贖。上以憲職。削其籍。

丙辰。經理山海至薊州屯田。

丁巳。四川安岳縣敎諭何澄上十事。重兵制。擇守令。愼財用。興學校。選耆老。均賦稅。防奸弊。清吏役。肅禮儀。平獄訟。下禮部擇之。

戊午。修長沙谷庶人舊邸以居襄王。罷營衢州。

辛酉。府軍前衞都指揮同知陳敬王彧爲中軍都督僉事。

甲子。定詞訟原告逃者卽放遣被告人。

乙丑。行在工部尚書吳中請修代州圓果寺。不從。

己巳。諭行在六部都察院止捉辦科買。

辛未。榜禁倉場攬納偷盜。

壬申。敕勞遼東總兵官都督僉事巫凱。以敗虜西山。

敕監司守令曰。吏不得人。受賕縱奸。民之不平。求伸布政按察二司及巡按御史二司御史。又多非是枉直。或禁弊之所以赴闕日衆。而京師繁刑。夫安民之道。宜使有罪不逃誅。無罪不遭抑。今小民越訴京師。不恤死也。

何以設官。爲其易心滌過。鉏奸植良。毋使豪右肆虐。朝廷受怨名于下。

中軍都督府經歷彭遠爲淮安知府。進士李安歐陽洙張楷劉士昌爲南京監察御史。復趙次進太僕寺卿。

作典謨詩示廷臣。

是月。成安縣大雨。漳滏二河溢。傷稼。免田租。

六月丙朔戊寅。貴州庠生附試雲南。增科五人。初貴州附湖廣試。遠甚。

己卯。夜大星赤光。起天廩。行至濁。

辛巳。復山東管河布政司官。

乙酉。右軍都督僉事吳守義卒。初名把敦。杭海山人。永樂初自涼州來歸。賜姓名。官涼州衞指揮同知。從北征累功。追封西和伯。謚僖順。

丁亥。大興縣眞元觀女冠求給牒。不許。還其家。

戊子。夜五色雲見。

壬辰。太子太師致仕郭資至京。攝行在戶部。憫其老。惟朝朔。

癸巳。命開平衞千戶楊洪以二百騎專巡徼。

開封知府劉進犯贓。赦後又不法。謫爲吏。

甲午。定文官犯贓依律科斷。不贖。追誥敕。

昏刻。大星赤光。出營室。入建星。

丁酉。虜寇赤城。開平衞指揮方敏適屯赤城。追敗之。

戊戌。周府羅山王有爆薨。年二十一。謚悼惠。亡子。妃張氏自經。謚貞烈。

昏刻。大星光黃赤。出紫微東蕃。行入勾陳。

己亥。虜犯開平獨石。殺鎭撫張信百戶盧讓。

庚子。陽武侯薛祿爲鎭朔大將軍總兵官。武進伯朱冕爲參將。護餉開平。

行在戶部議。江南民糧舊貯淮安徐州臨淸倉。令軍轉運北京。後改民自北運。遠甚。宜江西湖廣浙江民運百五十萬石貯淮安。蘇松寧國池盧安慶廣德民運二百五十萬石貯徐州。應天鳳陽太平淮安常揚滁和徐民運百五十萬石貯臨淸。北畿山東河南民俱運京倉。上從之。增徐州倉二十四萬石。臨淸倉七十餘萬石。

辛丑。行在兵部右侍郞曹本降山西右參政。以催徵浙江求索非法。

定官軍有罪內衞調邊。邊衞調極邊。雜犯依例降調一等。

浙江按察僉事王鉉憂居受金脫人死獄。特削其籍。

昏刻大星赤光出北斗魁入亢。又大星光靑白起參旗行至濁。

壬寅。定塲房等項納鈔例。

癸卯。通涿霸東安武淸良鄕蝗。命御史督捕。

七月己巳朔丁未。置驛馬勘合。

戊申。遣兵部科道閱實京軍。

己酉。行在兵部請改保靖宣慰司流官土宣慰。絕。命擇土酋治事。

庚戌。錦衣衞帶俸百戶黃勝告老。請其子爲代。上以工藝特恩不許。

壬子。行在戶部上戶口登耗之數。

甲寅。琉球中山王入貢。

丙辰。廣東進白烏二。

己未翰林侍讀錢習禮修撰劉永淸主試應天。

河決獻縣。

上幸文淵閣與楊士奇楊榮論經史咨政務幷召諸學士及史官諭盡心史學賜鈔有差。

辛酉右軍右都督高成卒成金州衞人起騎士預靖難功予祭葬追封營山伯謚武毅。

夜大星光黃白出羽林軍行至濁。

癸亥管隊指揮張三擅收王榮李舟爲將軍帶刀上直下錦衣衞獄鞫之。

故御史嚴暟謫遼東衞吏逃入京下詔獄。

乙丑封行在左軍都督僉事金順順義伯右軍都督僉事滕定奉化伯並祿八百石。

夜月掩昴。

丙寅行在戶部郎中蕭翙刑部郎中金忠劉伯塤戶部員外郎張觀日妓飲廢事皆下獄除名。

昏刻大星色青赤流東北三丈餘分爲二又一星隨之至西北沒。

丁卯夜大星光青赤起輦道行至斗。

嚴京軍置籍防欺隱也仍令總督計多寡均額。

宣府守神銃內官王冠送海壽醉止田舍虜偵殺之幷殺千戶陳諒等因戒各邊內官毋輕出蓋內官恣肆總兵官不能制。

己巳占城入貢。

故都督冀傑子斌襲彭城衞指揮使命襲任能治事即註衞否則支俸操練。

庚午劉觀獄上論死宥之子輻戍遼東令觀隨往觀諳刀筆敢斷第墨聲久著至是人快之。

談遷曰。觀洪武末守嘉興。尊賢重士。修學政。興利除害。有通白金祈獄者。爲斷其手。事見嘉興志。總憲之日。史謂曲庇嘉興人所受黃白金動千數。羅綺不可勝計。何先潔而後緇也。政怠于宦成。小人千進。往往飾一節以爲名高。迨意得志盈。奸態備露。或位未極。敗未著。觀特其尤者耳。

辛未。鄭王襄王荆王淮王梁王加祿歲萬石。向三千石。

嚴逃軍之罪。

壬申。江西布政司右參政史怡爲應天府尹。順天府尹郭良降山東右參政。

指揮曹泰鎭守彰德。

甲戌。遣御史治遼東將軍失機之罪。

八月奺朔丙子。行在工部右侍郎羅汝敬。左僉都御史李濬。大理寺右少卿傅啓讓。鴻臚寺右寺丞焦循。郎中趙新胡添祺劉澤員外郎張鑑吳傑往蘇松浙江江西湖廣督運。

初設各處鈔關。

丁丑。鄭王瞻埈之國鳳翔。襄王瞻墡之國長沙。荆王瞻堈之國建昌。淮王瞻墺之國韶州。梁王瞻垍之國安陸。

己卯。增築山西偏頭關斥堠。

太常寺卿兼翰林院學士楊溥喪母。予祭葬。

辛巳。瓜哇入貢。

右春坊右庶子兼翰林院侍讀學士王直侍讀李時勉主試順天。

議海鹽縣輸京馬草十二萬束折糧。

癸未。增勾軍例二十二則。

乙酉。全椒敎諭杜琮。寧陽訓導孫純。黄州訓導李縉。大理訓導趙本。南安知縣張鑑。進士林英曹南陳質達旺劉濱劉敬俱爲行在監察御史。

太監楊慶等率神機營銃卒往薊州永平山海同都督陳景先備虜。戒毋偏執。

己丑。宣府前衞指揮章容私遣二卒採木被殺。命治其罪。

潛山知縣俞益言。國初元旦等節外官禮賀俱舞蹈行十四拜。後來惟進表行之。節日露祝九拜。乞仍其舊。從之。

庚寅。故兵部尚書陳洽贈少保。謚節愍。子樞。官刑科給事中。

乙未。河南右布政使蕭省身卒。泰和人。永樂初進士。授刑部主事。歷官廉介。在河南專務寬恤。能容人過。至身失不自宥也。人以是多之。年五十。

昏刻。大星光青白。出尾。入羽林軍。

丙申。禁文武官妓飮。廢事。

丁酉。夜。大星光青白。起天苑。行至濁。

戊戌。遣給事中楊頨武達王罃張居傑往山東河南山西順天淸軍萬人。赴京上直。

己亥。昏刻。大星光青白。出五車。行至濁。

庚子。行在翰林侍講高穀。光祿寺丞陶瑹。服闋。並復官。

昏刻。大星赤光。出貫索。行丈餘。發光。入濁。

九月辛丑朔。丙午。敕諭海西野人女直時數寇邊。

辛亥。令平陽王濟熺立平陽家廟。祭晉恭王。

遣將出塞燒荒。舊于初冬。今改命賜敕。

夜大星赤光。出紫微東蕃。行至北斗魁。

壬子。重陽節。宴文武羣臣于午門。三品以上及學士加賜御製詩一章。

癸丑。夜大星赤光。出南河。行至濁。

甲寅。放南北監生曠老者二百五十三人。

乙卯。復王豳洋縣知縣。加俸從六品。邑民奏留也。

令天下儒學生兼習書算。從北京國子監助敎王仙之言。

免東昌濟南高唐平原夏津陵今年旱傷田租。

丙辰。昏刻。熒惑犯天江。

丁巳。免萬泉縣旱傷田租。

己未。夜大星青白光燭地。起北河。行至東井。

壬戌。申明栽種桑棗之令。

癸亥。宥鎭遠侯顧興祖罪。

甲子。夜大星光靑白。起天倉。行至雲中。

丙寅。夜大星光靑白。起參。行至狼星。

丁卯。敕朝鮮國王李裪曰。王間者薦其遠誠。海青鷹犬。不以實苑囿。遣使來獻。使還。答王陶器十五几。王國誠多怪獸珍禽。然非朕所畜。幸自今已之。

戊辰。修嘉興陸贄祠。湖州胡瑗書院。蘇州范仲淹祠。魏了翁書院。

己巳。昏刻。大星赤光。出南斗杓。二小星隨之。行至北落師門。

夜。大星光青白。起北落師門。行至濁。

癸酉。夜。大星赤光照地。起卷舌。行入華蓋。

十月艸朔。夜。大星黃赤光燭地。起五車。行至文昌。

乙亥。封徽煝江川王。徽煠廣通王。徽焟陽宗王。

申舊制。禁約老人。犯者巡按御史按察司究問。

夜。大星光青白。出牽牛。行至濁。

丙子。復命都督僉事劉昭守河州。史昭守西寧。

賞捕倭功。倭攻海門衞城。千戶徐忠敗之。

夜。大星青白光燭地。出外屏。行至羽林軍。

丁丑。申禁府部公務。聽在外官管理。不得輒擬奏御史。

戊寅。常州府同知張宗璉卒。璉字重器。吉水人。甲申進士。以庶吉士遷刑部主事。先帝擢左中允。上進大理寺丞。改常州。愛民如子。御史李立清軍苛甚。璉爭之。不受。恚死。部民歸其喪。至數千人。祠于江陰。

庚辰。上幸文淵閣。與楊士奇楊榮金幼孜學士楊溥曾棨王直王英侍讀李時勉侍講陳循等閱典籍。咨時政。久之。賜酒饌。及于纂修官。已作詩賜士奇等。詩曰。祕閣宏開當巽隅。充棟之積皆圖書。仙家蓬山此其處。上與東壁星相符。罷朝閒暇一臨視。衣冠左右環文儒。瓊琚鏘鏘清響振。寶鼎馥馥香烟敷。維時日上扶桑初。始看曈曨綺疏。忽已璨爛明金鋪。從容燕坐披典謨。大經大法古所訓。講論啓沃良足娛。朝廷治化重文教。旦暮切磋安可無。諸儒志續漢仲舒。豈直文采凌相如。玉醴滿賜黃金壺。勖哉及時相勵翼。輔德當與夔龍俱。庶幾致治希唐虞。

夜。大星青白光。出北斗杓。行至濁。

壬午。宣府總兵官都督譚廣言。虜入寇。守關千戶蘇斌不能禦。臣親追敗之。宜正斌罪。上罰斌俸兩月。

丙戌。上出猗蘭操示大臣。曰。蘭生幽谷兮曄曄其芳。賢人在野兮其道則光。嗟蘭之茂兮衆草爲伍。於乎賢人兮汝其予輔。

戊子。朝罷。幸文淵閣。共論古帝王及祖宗時事。上甚悅。徧賜鈔。

夜。大星青白光。起羽林軍。行至濁。又大星赤光。出文昌。行至濁。

庚寅。行在禮部尚書兼華蓋殿大學士張瑛改南京禮部尚書。仍兼官。行在戶部尚書兼謹身殿大學士陳山專授內監書。

辛卯。命朝鮮止貢土物。勿用金銀器。朝使至王國中。飲食之足矣。毋有所遺。

甲午。上閱武郊外。發京師。豐城侯李賢、太子太師郭資、兵部尚書張本、都察院右都御史顧佐居守。宿順義縣。

召太師英國公張輔扈從。

乙未。獵峪口。

丙申。仍獵。

夜。大星光青白。出后星旁。行至濁。

丁酉。還順義。

戊戌。至京師。

辛丑。聞虜寇古北口。命陽武侯薛祿往。已虜退。不果行。

夜。大星光青白。出五車。行至濁。

十一月𣊭朔。敕陽武侯薛祿恭順侯吳克忠出宣府塞外巡哨。

乙巳。夜大星光青白出勾陳行至濁。

丁未。夜大星赤光出天棓行至濁。

己酉。復陳眞揚州知府。耿寬鳳翔府同知。王通許州判官。張庸保安知縣。莫魯休寧縣丞。皆任滿其民奏留。各加俸級。

南京地震。

庚戌。應天府尹蘄州薛均致仕。

辛亥。夜大星青白光出畢行至游氣。

壬子。皇太子千秋節。下令寬恤。

丙辰。增中河諸閘疏湖塘淤塞。

丙寅。和寧王阿魯台求馬市。許之。

夜。月犯角。

丁卯。慮朝覲官由陸患盜。遣御史張政白圭唐琛同錦衣衛官沿途巡捕。

己巳。賑黟縣饑民。

庚午。賑臨安於潛。除內黃水災田租。

曉刻。月犯天江南星。

十二月𣊭朔。甲戌。泰安州稅課局大使郝智奏。中官採天麻野味。虐民妨農。乞檄有司採進。命所遣人悉召還。戒其後遣。

乙亥。北京地震。

丙子。南海人華發請開番禺銀礦。不許。

丁丑。始給京官柴薪。

庚寅。南京地震。

壬午。夜。大星光青白。起弧矢。行至孫星。

癸未。有建言稍改舊制。上不聽。

甲申。行在戶部左侍郎李昺專督通州倉。

丙戌。慶戍王濟炫薨。年四十六。諡莊惠。

戊子。工部司務秦𡼖。萊州教授高超。常州訓導張昺。濟陽訓導張璘。武康訓導姚璧。俱爲行在監察御史。進士郭瑾。姚銑。李原縉。龔全安。葉穎。鄧嵩爲給事中。

己丑。蠲鳳陽。順天。保定。河間。眞定。大名。永平。廣平水災逋租十七萬四千九百五十餘石。

庚寅。秦王志潔被訐奏。辭三護衞。上書慰之。留其一。

壬辰。初命內官亦失哈等率吏卒往奴兒干作舡松花江。以煩擾。報寢。

行在兵科給事中李蕃巡關上五事。曰布花先給。曰時修衣甲。曰禁出捕獵。曰就近支糧。曰停入貢迎送。上從之。

戊戌。右軍都督僉事嚴宣卒。宣本遼陽胡人。初名火里歹。改名氏。襲新安衞千戶。累功陞。賜祭。

辛丑。夜。大星赤光。起平星。至軫。炸散。

庚戌宣德五年

正月𨚗朔。大觀受朝賀。

戊申。棲霞太平寺僧明本游成山衞。詐稱轉輪大王。作僞詔稱湧安元年。招誘文登人。械妖黨入京下錦衣獄。

泰寧侯陳忠卒。例祭葬賻贈。上以忠崇飲。止予祭。

己酉。大雪。作喜雪歌。

辛亥。昏刻月犯五車。

壬子。南京地震。

癸巳。上南郊。

乙卯。南京左副都御史邵玘卒。玘蘭溪人。永樂丙戌科進士。授御史。歷按江西廣東浙閩。望風振肅。進江西按察使。憂去。起福建。遷南臺。奉命簡黜御史部曹稱旨。性孝。好負氣。治獄少恕。年五十六。予祭葬。

丙辰。元夕宴羣臣。

辛酉。南京地震。

壬戌。進文皇帝仁宗昭皇帝實錄。

黃省曾曰。聞之長老。高廟實錄一百八十餘卷。學士解公輩掌之。文廟實錄一百三十卷。大學士三楊諸公掌之。修高廟時。列傳之記注。有金匱之鐵券。以是一時鷹揚之佐。制作之臣。咸得軒軒磊磊。與神功俊德並耀而無闕。浚至于修文廟時。列傳不知當柄之臣。何故抹殺其事。每載一人。不過述其姓名科甲轉歷歸老。如由狀然。中間略見其爲人若何而已。雖有殊功顯謨。竭力社稷。抗法萬世。一切不錄。皆隨飄風春葉以漸滅焉。爾噫。造俑之人。亦不仁矣哉。自是歷朝以來。遵習爲法。善者無大褒。惡者無深敗。而勸懲之意已矣。

癸亥。和寧王阿魯台入貢。

實錄恩賚監修官英國公張輔。少師蹇義。少保夏原吉。總裁官少傅楊士奇。太子少傅楊榮。太子少保金幼孜。太常寺卿楊溥各金百。幣六。織金羅衣一襲。馬一。副總裁官尚書陳山。張瑛。金六十。幣五。織金羅衣一襲。纂修兼考較官左右春坊大學士兼行在翰林院侍讀侍講學士曾棨。王英。右春坊右庶子兼行在翰林院侍讀學士王直。左春坊左諭德兼行在翰林院侍讀周述。行在翰林院侍讀李時勉。錢習禮。侍講余學夔。陳循。蔣驥。各金五十。幣四。素羅衣一襲。纂修官侍講藺從善。修撰苗衷。曾鶴齡。張洪。劉永清。編修周敍。孫曰恭。楊敬。檢討王雅。楊翥。五經博士陳繼。戶部主事陳中。行在四川道御史陳叔剛。福建右參議潘文奎。榮昌知縣萬節。衢州教授丘錫。漢陰教諭梁蓴。各金四十。幣三。素羅衣同。催纂官行在禮部主事張習。謄寫官行在禮部郎中朱暉。陳景茂。行在吏部郎中程南雲。員外郎宣嗣宗。夏衡。行在中書舍人俞宗大。陸友仁。蕭湘。羅淵。張益。各金二十五。幣二。素羅衣同上。謄寫副本官行在中書舍人宋琰。黃振宗。于霈。淩壽。胡濙。劉鉉。胡宜衡。解禎期。行在大理寺右寺副丘宗。楊玹。各金二十。衣幣同上。續謄寫副本官行在吏部主事蘇鑑。行在中書舍人周崇厚。各金十五。幣一。衣同上。謄稿及稽考參對官行在翰林院修撰邢寬。蔣禮。胡穜。編修劉矩。裴綸。陳詢。梁禋。檢討許彬。連智。馬信。周貴。孔目沈寅。行在中書舍人王璜。寇厚。胡宗蘊。龐敍。行在禮部郎中黃養正。主事黃觀。行在大理寺左右寺副洪益。中邵暹。各金十五。衣幣同上。收掌文籍官行在翰林院檢討胡讓。典籍李錫。牛麟。張禮。各金十。衣幣同上。時禮部尚書張瑛蒞南部。檢討周翰卒。陳景茂。龐敍。胡宗蘊。陳詢。梁禋。皆事去。例得賜

甲子。行在吏部奏選官退。上因論官制曰。唐虞建官惟百。夏商官倍。秦漢以下繁甚。何也。侍臣曰。時有不同。上曰。唐虞三代。其時簡淳。至唐太宗定內外官七百三十員。去古未遠。可法。侍臣曰。君心靜則事簡。事簡則官省。官省則民安矣。上曰。然。清心者省事之本。

丙寅。宴實錄預事諸臣于中府。

雲南永昌千戶所千夫長刀不浪班等就撫。

郡縣官貪汚者戍邊二十五人。老疾鄙猥五十五人。並削籍。

四川總兵官左都督陳懷奏蜀邸忽聲砲。察之。蓋四川都司私遣者。上責都司官。

戊辰。少保兼太子少傅戶部尚書夏原吉卒。原吉字維喆。湘陰人。少孤力學。舉于鄉。入太學。授戶部主事。部事曹務叢脞。迎刃而解。久之起右侍郎。建文初充採訪使。巡福建。永樂初拜左侍郎。逾月進尚書。治水江南。恤役賑饑。採木運北京營建。又南北征伐。治餉在部。纖悉明備。上問天下財穀之數。具對不失升勺。駕北征。兼掌行在六部都察院大理寺事。曰。朕以房玄齡委卿。每朝退抱案盈庭。口手應判。犂然就理。上嘗曰。夏原吉今周公也。後上又北征。言餉乏見忤。收繫之。先帝卽位。首釋原吉。咨以事宜。眷顧優禮。上初平漢庶人。原吉決之也。時蹇義簡重善謀。楊榮明達有爲。楊士奇博古守正。而原吉含弘善斷。事涉人才。則多從義。事涉軍旅。則多從榮。事涉禮儀制度。則多從士奇。事涉民社。則出原吉。可否相資。中外泰寧。而諸臣雅量推原吉第一。及卒。上輟朝。流涕。贈特進光祿大夫太師。謚忠靖。予祭葬。子瑄廕尚寶司丞。復其家。

丘濬曰。昔人論大臣。以德量氣節學術才能四者並言。謂非兼是不足以當輔弼之任。公歷事四朝。始終幾五十年。專掌國計。其間雖或兼他官。釐別務。未始一日離計相之任也。當內難始定。多事紛紜。國無乏絕。民有蓋藏。非明于學術。優于才能者。其能然乎。且一時大臣中稱有德量。以公爲第一。公其無愧古人所稱大臣者哉。

袁袠曰。北都初建。庶務皆草創。大者如宮殿諸司。封建征討。財用四出。而夏公從容經畫。沛乎有餘。天下晏然。不知有誅斂之擾。力役之征。節縮浮冗。以資計度。寬無濫竽。密無苛求。其大學所謂生財有大道者乎。留守北京。坐綰八印。叢脞紛錯。迎刃而解。贊襄幃幄。無非讜謨。薦賢引士。不啻己出。謀斷兼資。才德並優。世稱蹇夏。實媲美云。

鄧元錫曰。天之右人國也。必有敦龐壽俊之臣焉。斷斷篤醇。措天下于乂康。夏忠靖當國時。功奠社稷。澤被蒸民。乃如山如河。更險夷一節也。茹納調劑。與蹇忠定同功。故是時天下稱大臣曰蹇夏。或以沈默爲蹇尙書病。然矯亢爲名高者。去治象逾遠矣。

何喬遠曰。管仲晏子不死其君。仲尼無譏焉。孟子不顧管晏。然而不罪湯武也。明興二百餘年。三楊胡解蹇夏之勞。能爛然于紀載矣。君子猶有不死其君之譏。浮沈居位。又有不免訾者。予考三楊若胡舉在建文之朝。且士奇以處士徵。胡廣以及第擢。靖難師入。原吉居蘄縉方謫還。自小吏惟義列于六卿。爾太祖不爲君用之刑在前矣。士有抗志山林。臥病不出者誅僇其身家。故有自斬趾免者。有斷指免者。佯狂免者。覺則未有不死也。不則當若周是修矣。孔子不云乎。柴也其來由也其死。若夫成祖以英武臨之于上。仁宗父子危疑之間。漢庶人覬覦而從其後。自非周詳愼密。曷能保位而終所志乎。易曰。臣不密則失君。幾事不密則害成。苟錯諸地而可藉之用茅。愼之至也。蓋予觀楊士奇出迎稍緩。夏原吉一語婉諫。繫獄隨之。解縉廣嗣直論。其身之不免。諸臣所處難以論浮沈矣難以論浮沈矣。

庚午。封季境岳陽王。季墀永安王。

置遼東寧遠衞于寧池。

黜南京貪汚郎中黃玘等十七人。僉事郎中陳懋等十四人。

辛未。上親定都指揮使馬昇大寧。趙榮山東。都指揮同知李貴崔忠毛翔俱山西。李榮武興俱河南。韓雍山東。都指揮僉事馬驥俞綱俱中都。董興河南。姜源向得大寧。錢義趙榮山西。餘注地有差。

夜。大星光青白。起天廟。行至濁。

二月軠朔。癸酉。免房山良鄉災租。

丁丑。敕各都司按察司。及巡按御史。察衞所官才否奏上。

太子太保陽武侯薛祿爲鎭朔大將軍總兵官。恭順侯吳克忠副之。總兵武進伯朱冕奉化伯滕定充左右參將。率師巡邊。

昏刻大星赤光。出星宿。行至濁。

戊寅。右春坊大學士王英翰林院侍讀錢習禮主禮闈。

夜。大星赤光。起紫微東蕃。行至濁。

己卯。宥武定侯郭玹罪。玹令家人奪南皮民田宅。巡按御史白圭劾之。宥玹。治其家人并天津右衞指揮呂昪。行在光祿寺官竊減貢夷供給。庖人訴焉。下刑部獄。上顧侍臣曰。華元殺羊享士。羊斟不與。遂致喪師。飲食非細故也。

庚辰。萬壽節。宴群臣。爲故事。

癸未。建行在禮部于大明門之東。

丙戌。罷遣工匠老幼殘疾者。

丁亥。中官採江西泰和縣寒水石。恣虐。上問而召之。令自納。

都督僉事趙安等還自烏思藏。

戊子。罷採木軍人。遣歸農。

夜。月犯南角。

己丑。行在工部左侍郎許廓巡撫河南。并賜詩。

庚寅。行在工部尚書吳中兼行在吏部事。時尚書郭璡疾。

辛卯。建昌知府吳致文卒。致文浙江平陽人。□□進士。授刑部主事。出守九江。改建昌。愛民鋤弊。以賦重請折收布。既沒。民哀慕之。

總兵官陽武侯薛祿值虜鳳凰嶺。斬百餘人。俘男婦四十六人。進祿太保。

壬辰。減松江田租三十萬二千八百八十五石一斗。諭舊額官田不一。自今年爲始。每畝舊納糧自一斗至四斗。各減十之二。自四斗至石以上。各減十之三。著爲令。已杜宗垣上巡撫周忱書曰。太祖稅天下田畝三升一合。有三升五合者。獨蘇松賦重。國初籍沒土豪田租。有爲張氏義兵而籍入。有虐民得罪而籍入。有司不體聖心。將籍入田地一依租額起糧。每畝四五斗。七八斗。至石以上。民病自此而生。按宋華亭一縣。紹熙時秋苗止十一萬二千三百餘石。景定中賈似道買民田以爲公田。益糧十五萬八千二百餘石。宋末官民稅糧共四十二萬二千八百餘石。量用員斛。元初比宋尤輕。洪武以來。稅糧共一百三十餘萬石。租既太重。民不能堪。于是今上憐民重困。屢降德音。將天下官田額遞減三分二分。外松江尚一百二萬九千餘石。往古以來未有若是之重也。民俗日耗。錢糧年年拖欠。自永樂十三年至十九年。蠲免不下數百萬石。永樂二十年至宣德三年。積欠亦不下數百萬。由此觀之。有重稅之名。殊無重稅之實。顧閣下轉達皇上。稽古稅法。斟酌取舍。輕其重額。使民如期輸納。或以前代之法遠而難行。則宋初兩浙之田均于王方贄。元初天下之稅定于耶律楚材。閣下之才之德。賢于方贄楚材遠矣。而爲所當爲。夫何難哉。

顧清曰。宗垣均額之說。懇切如此。而文襄不行。必有深意。蓋時方減稅。復議均糧。其勢有難行者。且糧額既均。無復舊則。而民間租例。必重于官。將來復有籍沒。復照租起糧。則重而又重矣。昔人論古額征稅。當存其寀名。不可併省。一沒其名。後必有因而重徵者。元延祐初。江浙行省會十八郡守臣。欲概定田賦。平江總管劉胤力爭。以爲地有肥磽。賦宜不齊。一旦更始。民病何以瘳乎。文襄之意。殆或出于此也。

癸巳。敕行在部院曰。朕孜孜圖治。食念人飢。衣念人寒。今春氣已和。民瘼未舒。懼非所以膺天籙。承祖宗。特頒寛恤之令。盡朕審思所至者。凡州縣水旱蝗地。速視其災。以豁賦聞。蠲免三年以前芻薪之稅。招饑徙民復業。免役一年。毋責償倒死官馬驢騾及虧欠孳生馬四者。停止採買顏料生漆諸物。爲營造監採監買吏召還之。供物非土產毋徵。徵所產土。除他役。起科官田一斗以上者。減十之二。四斗至石以上者。減十之三。戶有二人役工匠者一人歸。四人者二人歸。一人者聽合于他戶。一歲二歲相更。役年老殘疾。悉放免之。贓汚士之極醜。理官上罪必核。毋辱人終身。

瓦剌順寧王脫歡等貢馬。

乙未。上奉皇太后率皇后如天壽山。上橐鞬導騎。步掖過淸河橋。宿沙河。

丙申。謁長陵獻陵。

丁酉。上侍兩宮謁長陵獻陵。過陵旁農家。皇太后召問老婦。閭進蔬食酒漿。爲嘗之。

昏刻。太白犯昴。

己亥。皇太后召張輔蹇義楊士奇楊榮見行殿。曰。皇帝數言卿等贊輔多用心。今太平無事。卿等力也。賜酒饌。

三月辛丑朔。雨。上作皇陵春雨詩。

癸卯。上閱馬行營。

甲辰。中官獲禽。上親割鮮上皇太后。畢。頒文武大臣。乃自御。

丙午。淸明節。奉皇太后祭陵。賜從官豆粥。

丁未，上獻大德頌于皇太后。

戊申，上省農昌平道中，三推其耒耜，農人皆呼萬歲，賜鈔六十。遂徧賜道旁諸農家，作賞春賦，宿沙河。

己酉，還京。

庚戌，上作紀農一篇，述昌平道中語示大臣。

安順侯薛貴卒。舊名脫火赤，昌平人。從靖難，歷中軍都督僉事，封安順伯。宣德初進侯，追封濱國公，謚忠勇，予祭葬。弟可帖木兒爲燕山衞指揮。

辛亥，陝西鞏昌等衞、山東沿海等衞俱赴京操練，苦遠，調內地官軍更換。

禮部左侍郎李琦等還自安南，黎利遣頭目陶公僎等貢金銀器及方物，奏陳氏無後，請利權國事。再還官吏軍旂萬六千餘人。

壬子，復宋琥駙馬都尉。

夜，大星赤光，起天門，行至雲中。

癸丑，昏刻，大星赤光燭地，起雲中，行至濁。

乙卯，策貢士陳詔等百人于奉天門，賜林震、龔錡、林文等進士及第出身有差。

丙辰，免平陽災糧三十二萬二百五十九石。

平江伯陳瑄密奏楚王强富可疑，請奪三護衞，不許。

戊午，廣恩伯劉才卒。才，霍丘人，元元帥，來附，百戶，歷營州中護衞指揮僉事，從靖難，封。悃愊無華，不苟且，予祭葬。

辛酉，大理寺卿胡槩奏復熊姓。

甲子。行在中書舍人胡濙求便養。改□□教授。

丙寅。進士胡敬丁寧監生李奈蕭清李雯蘇恆楊士敏張湑于奎爲行在監察御史。

乙榜貢士陳文昇乞依親還鄉校。特許之。時例俱授教職或入太學。

太白晝見。

丁卯。趙城知縣張秉杖殺一家二人。事聞。棄市。

應城伯孫傑印馬鳳陽諸郡。貪暴多受賂。還朝下獄。追入之。

戊辰。大理寺卿熊槩爲南京都察院右都御史。四川布政司右參政葉春爲行在刑部右侍郎。

析置秀水嘉善桐鄉平湖四縣。大理卿熊槩言嘉興海鹽崇德地廣事宂。宜割縣分治。遂命行在吏部員外郎余亨析之。

己巳。選翰林院庶吉士薩奇逯端葉錫陳璣林補王振許南傑江淵改庶吉士。令右春坊右庶子兼翰林院侍讀學士王直敎習。

平江伯陳瑄上餽運四事。俱補各衞旗軍。從之。

四月丙辰朔。癸酉昏刻月犯五車。

乙亥。法司上大辟十七人。上閱牘。止坐十人。

丙子。免平陽去年災租。

戊寅。陽武侯薛祿等築獨石雲州赤城鵰鶚堡。賜出車之詩。堡成移守。遂棄開平。開平卽元上都也。在宣府城東北七百里。金曰桓州。元中統初置開平府。曰上都。歲四月避暑于此。八月回燕。金元宮殿故址猶存。國初設開平衞。設馬驛八。東則涼亭沈河賽峰黃崖四驛。接大寧。西則環州威虜明安隰寧四驛。接獨石。由遼東通大寧。由大寧通開平。由開平通獨石。由獨石通興和。彼此有急。左右旦夕可相接。自大寧徙。興和廢。開平孤立。無可犄角。宣德中乃棄之。虜橫亙三百餘里。而移衞于獨石城。獨石挺出山後。虜犯必經宣之北門。胡騎充斥矣。尹耕曰。五原在豐勝之外。沙磧之間。昔人猶且開渠營田以規全利。何龍岡之沃。灤水之潤。開平獨不可田耶。又失開平則後背雖空。尚有宣府獨石之固。失大寧則肩背全弱。宣遼隔絶矣。故嘗爲薛祿計曰。開平可田。屯田可也。不可田。則易置大寧可也。

葉向高曰。兀良哈之爲中國患甚明也。分閫建藩。高皇之慮遠矣。內徙于文皇。非得已也。干戈初戢。障塞尚虛。愛弟之請難裁。征戍之勞在念。權宜移置。姑待後圖。覩其次鳴鑾。鎭有滅殘虜守大寧之諭。彼何嘗遽割以賚夷哉。犂庭甫定。楡木變興。雄謨莫究。遺憾可知。章皇寬河之役。威折奸萌。假令乘勝長驅。刈殘酋。復舊疆。善繼善述。誰曰不宜。顧上有雄略之主。下無謨遠之臣。後并開平而失之。遂使要害藉于犬羊。而宣遼隔若胡越。禦戎之策。從此絀焉。夫西河套而東大寧。失之皆我害也。然河套猶明知其奪于虜。而時圖恢復。乃大寧藉口于文皇。職方氏遂視若三衞之固有。故實莫稽。而傳訛日甚。可勝變哉。

何喬遠曰。葉夢熊曰。永樂八年北伐。至鳴鑾戍。語金幼孜曰。滅此殘虜。惟守開平興和大寧遼東寧夏甘肅。則邊境永無事矣。是棄大寧非成祖意。後世謂借屬夷藩籬中國。悞矣。至宣德五年。并開平失之。其地三百里。由是左右臂俱折。而松門潢水險固在我。夫不得祖宗之意。而揣摩其影響。以幸苟安。此二百餘年之大悞也。

戊寅。南京署刑部侍郎成均往蘇松等處專理農務。

己卯。定中鹽例。京倉雲南井鹽引米五斗。宣府倉淮浙鹽米三斗五升。山東福建鹽引二斗。河間長蘆鹽引四斗。四川廣東鹽引二斗。山海衞倉同。寧夏衞倉本衞所引米六斗。陝西山西引米麥四斗五升。又獨石例淮浙鹽引二斗五升。山東河南廣東四川鹽俱一斗五升。雲南井鹽三斗五升。
昏刻月犯軒轅。
庚辰。賑高唐等饑民。
癸未。重修玉牒成。
起復左布政使李昌祺仍河南。署行在刑部右侍郞按察副使魏源爲河南右布政使。
甲申。太子少傅工部尙書兼謹身殿大學士楊榮爲少傅。
夜。大星光青白出雲中。行至濁。
乙酉。安南使人還。敕諭黎利如前指。
己丑。起復浙江左布政使王澤。山西左布政使馬璘。湖廣按察副使余士悅。仍故任。
甲午。易州蝗。遣御史督捕。
丙申。陳灝嗣泰寧侯。陳鍾子。
丁酉。議京師至獨石糧運。立十一堡。各屯千人。用車六千。白可悉到。武進伯朱冕總督。
工部尙書兼詹事黃福上三事。曰足食。摘操軍十萬人。于濟寧以北。衞輝眞定以東。沿河屯種。淮浙長蘆官鹽。
籌邊外。餘召商納米京倉。兩廣福建稅糧折收絹布。貯濟寧。歲增價收糴市穀。曰足兵。曰省役。議行之。
五月彊朔壬寅。夜大星赤光。起軒轅。行至濁。
癸卯。追奪贓吏誥敕。著爲令。
丙午。始命巡按御史具薦廉能官。前劾而不薦。至是從御史金濂之言。
戊申。都督僉事陳敬爲總兵官。率衆備倭薊永山海。

壬子。內使韋宗盜官銅製鍍金器。過于上供。工人許之。治如律。

癸丑。夜月掩房星。

乙卯右春坊大學士兼翰林院侍讀侍講學士曾棨王英右庶子兼侍讀學士王直。並爲少詹事。兼如故。右諭德兼侍讀周述爲左庶子。侍讀李時勉錢習禮並爲侍讀學士侍講蔣驥陳循並爲侍講學士。藺從善爲司經局洗馬。修撰劉永清邢寬胡穜爲侍講。蔣禮爲左中允。編修周敍孫曰恭楊敬爲修撰。檢討王雅楊翥許彬周貴爲編修。五經博士陳繼爲檢討。典籍張禮爲行人。孔目沈寅爲司經局正字行在四川道御史陳叔剛爲修撰。儒士鄒循爲待詔。諸生朱銓爲侍書。行在禮部郎中蔣暉吏部郎中程南雲加俸從四品。兼翰林侍書。吏部員外郎夏衡宣嗣宗爲郎中。主事張習王觀蘇鎰陳中爲員外郎。中書舍人蕭湘張益淩爵胡宜衡解禎期周崇厚王璜寇厚爲大理寺左右評事。以實錄勞。

翰林院侍講余學夔致仕。

丙辰。行在翰林院修撰曾鶴齡爲侍讀。檢討連智胡讓待詔行在中書舍人朱祚爲修撰。典籍牛麟李錫爲檢討。行在中書舍人吳餘慶爲右春坊右中允。仍治中書舍人事。俱任滿。

進士嚴恭陳悌魏淡邵宏譽孫泓監生韓偉張玉爲行在監察御史。

復獲鹿知縣吳韞巢縣主簿范永。皆任滿耆民乞留。增品俸。

夜。月犯井。

丁巳。復應城伯孫傑爵。

癸亥。行在禮部郎中況鍾知蘇州。戶部郎中羅以禮知西安。兵部郎中趙豫知松江。工部郎中莫愚知常州。戶部員外郎邵旻知武昌。刑部員外郎馬儀知杭州。陳本深知吉安。監察御史陳鼎知建昌。何文淵知溫州。時郡守闕擢京官廉能者不以次俱賜敕乘傳敕曰察其休戚均其徭役興利除弊一順民情毋徒玩愒毋事苛簡毋爲權勢所劫毋爲奸吏所欺凡公差官員人等有違法害民者就提人解京

乙丑立臨安衞中右千戶所于黎花舊市柵而不城

置雲南廣邑州及東山口巡檢司永昌副千戶阿干地

丁卯永康侯徐安行在工部右侍郎羅汝敬提督運木

夜大星青白光起紫微垣行至濁

戊辰豹房勇士奏與民析居上曰彼在京十餘年獨無居乎必利民舍嗌之耳錦衣衞報其居城中于是械勇士示警

昏刻大星青白光起軒轅行至游氣

六月犾朔敕河南巡撫許廓蠲三年以前逃民逋租

辛未誅宣府前衞指揮僉事王林以龍門關守備不嚴也

壬申夜大星赤光出七公行入紫微西蕃

癸酉琉球中山王入貢

復陳璉南京通政使罷攝國子監時服闋來朝

夜大星青白光起閣道行至文昌

乙亥太子賓客兵部尙書張本署行在戶部

免易州淶水復業逃民九百九十五戶逋租

置雲南孟緬長官司

戊寅。遣太監鄭和等詔諭忽魯謨斯錫蘭山古里滿剌加柯枝卜剌哇木骨都束喃㴖利蘇門答剌剌撒溜山阿魯甘巴里阿丹祖法兒竹步加異勒等二十國及舊港宣慰司。

己卯。永平衞興州左屯衞靜海縣俱蝗。遣官往捕。諭戶部曰。往歲捕蝗之使。聞不滅蝗。卿尙飭而後遣之。因作捕蝗詩示尙書郭敦。

行在兵科給事中李本乞減敎官之數。不許。

壬午。置萬全衞都指揮使司。隸以宣武等十六衞。初。後府統之。

改雲南金齒軍民指揮使司千崖長官司隸雲南都司。

甲申。朝使還自西域。言曲先衞都指揮散卽思數劫使者。梗貢道。命都督僉事史昭爲副總兵。趙安王彧爲左右參將。同太監王安王瑾率兵征之。

乙酉。行在戶部以實徵總數編勘合。發各官塡繳按之。

運絲縣布絹棉花及農器茶鹽于各邊。依價收糴。陝西專參政陳瑛。山西專參政樊鎭。口外專戶部郞中王良等。

曉刻。月犯十二國秦星。

丙戌。戒內臣等官船私帶鹽貨。

戊子。召署湖廣都司事後軍都督同知鄭銘還京。

設雲南騰衝州。改騰衝守禦千戶所土官副千戶張銘請立州。從之。改銘土官知州。

己丑。令刑部主事一。監察御史一。監視南北各洪閘。治水訟。覈各處倉糧。溢者盡許折鈔。從長汀敎諭陳敬宗之言。

辛卯。都督僉事方政爲副總兵，自開平獨石至長安嶺永寧巡徼。

癸巳。免宣德以來逋欠桑穰。

乙未。鄭王瞻埈奏長史王淪典寶趙彝侮慢。上知淪直，逐併彝不問。

左春坊左司諫郭濟爲滕王紀善，居數年改行人。使諭安南。正統初出知鎭江。年七十餘卒官。

朱睦㮮曰：王公子淸在鄭，郭公濟民在滕，皆以諫諍議論，斐然可述。當是時，諸王雖有恣心，隱慝猶存畏憚而不敢肆也。其後子淸由長史入爲戶部侍郎，濟民由紀善累遷鎭江知府。自此法勿行，則傳相率老死王國，不得齒于有司而詮衡，遂多以耄昏者置之，故利祿之謀熾而諫諍之風衰，如此欲侯國勿奸于法難矣。

戊戌。太白晝見。

是月。虜再犯遼東。

七月妃朔。夜大星赤光，起天市垣，行至房。

甲辰。誅鄜州妖人申敏。敏府軍前衞卒，逃寧州，假佛法惑衆。

乙巳。太白晝見。

丙午。夜大星赤光燭地，起七公。

丁未。行在吏部文選郎中鄭鍼爲右侍郎，兵部武選郎中吳璽爲行在戶部右侍郎。翰林院侍講學士蔣驥爲行在禮部右侍郎。行在兵部職方郎中柴車爲右侍郎。行在刑部員外郎蔣勉爲右侍郎。刑科都給事中賈諒爲行在右副都御史。兵科給事中徐初爲行在大理寺卿。廣西道監察御史吳訥爲南京右僉都御史。

復會稽知縣陳𩐠。以詿誤當城旦，邑人言其廉平，上原之。

戊申。四川茂州進瑞麥，太廟側產嘉禾，止勿賀。

南陽大雨水。
昏刻月犯房星。
庚戌昏刻月犯箕星。
壬子命監察御史熊翼巡捕陝西京差之害民者。蓋御史于謙言之。
癸丑賑景州饑。
甲寅賑無爲州饑。
丁巳邵武通判周仕迪改開封署祥符事先宰祥符見思。
開臨清月河置閘免官舟徵稅。
庚申進士季在修吳晟監生許義劉睿秦俊爲南京監察御史。
復趙恂山西都司經歷吳祥嵩縣知縣朱宗才姚安府檢校羅盄恭水西驛丞。俱任滿吏民奏留進俸一級。
辛酉松潘衞指揮吳瑋貪虐激變番人棄市籍其家。
太保陽武侯薛祿卒。祿膠州人起卒伍。佐靖難功封智勇兼備。每戰輒克平居無事言邊事亹亹不置。追封鄞國公謚忠武予祭葬。
壬戌行在戶部左侍郎王佐同內官李德巡視京師臨清淮徐等倉員外郎楊貞內官粱谷監督。
癸亥敕吏部別守令賢否。
昏刻大星赤光起閣道行至內階。
甲子免安慶民歲運鹽鈔赴北京。
夜。大星赤光。起卷舌。行至天節。

乙丑。行在禮部右侍郎蔣驥卒。驥字良夫。錢塘人□□進士。授行人。永樂初。修實錄。改檢討。洪熙初。進左春坊左司直郎。上進侍講。歷侍講學士。予祭葬。

夜。大星青白光。流雲中。

是月。徐碭山豐沛成安內黄大雨水。傷稼。

夜。大星青白光。起營室。至羽林軍。

八月巳朔。日食。陰雨不見。禮部尚書胡濙請賀。不許。

庚午。遣都指揮康旺等往奴兒干都司撫卹軍民。

丁丑。昏刻大星光青白。出羽林軍。行至濁。

己卯。廣東布政使右參政吾紳爲行在禮部右侍郎。段民爲南京戶部右侍郎。按察副使成均爲南京刑部右侍郎。工部尚書黄福調行在。同尚書郭資張本議屯田。

夜。大星赤光。出壘壁陣。行至濁。

庚辰。昏刻大星光青白。起須女。行至游氣。

辛巳。遣御史二十三人照刷內外案牘。

倭寇海陽。

癸未。夜月食。

甲申。夜客星見南河東北。尺餘。色青黑。

乙酉。少保楊士奇老疾。朝而後命鴻臚寺勿問。

夜。大星青白光燭地。起天津。三小星隨之。行至游氣。

丙戌。禮部右侍郎李琦爲湖廣左布政使。鴻臚寺卿徐永達爲湖廣按察使。

戊子。刑部尚書趙羾侍郎俞士吉先論囚囚貝福全詐死得脫及他事爲御史張楷劾。命召之。右都御史熊槩兼理刑部。

己丑。夜。月犯五車。

庚寅。行在吏部郎中趙新刑部郎中劉澤榮華工部郎中張琰禮部員外郎吳政等經理江北至畿南近河屯田。已兵部尚書張本以勞擾格之。

薛應旂曰。嘗因黃福之言而有慨于西北諸處積荒之地不但可以屯種雜糧。雖江南之秔稻亦可植也。山東通濟汶泗沂諸水。河南鑿汝蔡恆息諸渠。陝西會涇渭漆沮諸流。則西北之田皆秔稻矣。奈何經畫疆理既無西門豹鄭國之徒。而築舍道旁之言又紛紛也。于是軍國之賦盡仰于東南矣。東南民力烏得而不竭哉。

癸巳。夜。大星赤光燭地。起梗河。行至濁。

丙申。夜。大星赤光。起天囷。行至濁。

九月己亥朔。免永平河間廣平開封去年災租。

壬寅。慶王栴入朝。書止之。

濬縣蝗。捕之。免稷山前年夏稅。

癸卯。夜。大星光青白。起五車。行至濁。

甲辰。昏刻。大星赤光。起紫微東蕃。行至天棓。

乙巳。更定在外罪囚贖例。

賑瑞昌縣饑。

夜。大星光青白起北斗魁行至游氣。

丙午行在吏部郎中趙新爲右侍郎。兵部郎中趙倫爲戶部右侍郎。禮部員外郎吳政爲右侍郎。監察御史于謙爲兵部右侍郎。刑部員外郎曹弘爲右侍郎。越府長史周忱爲工部右侍郎。皆總督稅糧新江西倫浙江政湖廣謙河南山西弘北畿山東忱南畿各賜敕仍行巡撫事。

朱睦㮮曰巡撫之設卽成周以王朝卿出監之意也洪永之際。或曰採訪。或曰巡視。事已卽還宣德庚戌。乃置專職。其遷轉亦以年資深淺計也。

夜。大星赤光出參旗行至濁。

丁未重陽節上喜歲登宴文武群臣。又特宴文武大臣學士。賜詩命屬和。各賜鈔二十錠。

天全六番招討司每二歲辦烏茶五萬斤易馬。至是兼辦芽茶二千二百斤。上念民艱止貢芽茶。

夜。大星赤光燭地起女牀行至雲中炸散。又大星光青白出昴南行至雲中。

曉刻。太白犯軒轅左星。

戊申或獻歷代紀年圖。上曰。唐亡不五十年。天下五易主。生民之禍極矣。周世宗英武進取之略。致治之心。足平天下。亦不永其年。何也。侍臣曰。帝王之興自有天命。非人謀所及。

昏刻。大星青白光出外屛南行至濁。月犯壘壁陣西星。昧爽。大星赤光出北斗魁行至近濁。

庚戌曹縣知縣范希正得民心。以械奸吏入京。反誣被逮。百姓訴其誣。上宥而復之。

免汾西前年夏稅。

辛亥免易州逃民千二百二十九戶唐縣復業民千二百九十五戶田租。

增崇明縣戍兵千一百二十人。

故御史嚴愷戍遼東。潛入京脅人財。下法司。棄市。

壬子。免濰縣復業民三千四百七戶田租。除鉅鹿水災秋糧。

甲寅。北京國子監博士汪奉許子謨爲翰林院檢討。仍監事。監生楊英爲南京刑科給事中。楊信民張紀爲行在工刑科給事中。

增廣平府通判白亨俸從五品。秩滿。耆民奏留之。

乙卯。上巡近郊。宿西湖之東。

夜大星光青白。起勾陳行入雲中。

戊午。夜大星出參。入雲中。

己未。還宮。

壬戌。成安侯郭晟建平伯高遠扈蹕先歸。夜入德勝門。宿私第。見劾。下錦衣獄。

夜大星青白光燭地。起天苑行至濁。

癸亥。免冀州應州災租。

乙丑。駙馬都尉趙輝永康侯徐安印馬畿內。

曉刻。熒惑犯靈臺中心。

丁卯。罷饒州燒造磁器。

十月戊辰朔。己巳。免金壇逋租萬六千九百五十六石。

克羅俄監粲襲董卜韓胡宣慰使。南葛次子。其長子班丹也失爲刺麻。

庚午。封磐烓新昌王。

辛未。餘千人張宇文詐稱龍虎山道士募緣。奉密旨體訪兩廣雲南。捕得伏誅。

壬申。山西布政司參議王儁巡沁州。勒賄挾妓。謫戍獨石衞。

夜。流星大如碗。青赤光燭天。起中台。行至北斗魁散。

癸酉。琉球中山王入貢。

定給由官所負糧稅立限追徵。不滿者治如律。從山西按察使張政之言。

曉刻。熒惑犯上將。

乙亥。遼海衞指揮同知壽州皇甫斌禦虜于密城之東峪。力戰死。之子弼亦死。三萬衞千戶汝州吳貴。百戶泗州吳聚。遼海衞百戶德州毛觀。皆從斌力戰死。所殺傷虜甚多。虜亦退。命有司褒卹。

丙子。上閱邊。發京師。宿玉河。戒成國公朱勇等扈軍無擾民。

昏刻。月犯壘壁陣西星。昧爽。大星如碗。赤光燭地。起郎將。行至五諸侯。

丁丑。至龍虎臺。召英國公張輔成國公朱勇尚書蹇義學士楊士奇楊榮金幼孜等至幄中論政。酒之。

戊寅。度居庸關。次岔道。

夜。流星赤光。出狼星旁。行至濁。

己卯。獵岔道。進鮮皇太后。遂命恭順侯吳克忠遂安伯陳英武進伯朱冕太監劉順等燒荒。

辛巳。至懷來。

壬午。至雷家站。賜學士楊士奇楊榮金幼孜楊溥果茗。曰。詰朝度雞鳴山。非唐太宗征遼時乎。曰。然。上曰。太宗雖英武。東征所喪亦不少。士奇等曰。太宗後悔之。故有憫忠閣。上曰。此山元順帝時崩。謂元亡徵。信乎。曰。順帝自足亡。雖山不崩何益。上是之。

癸未。至宣府之泥河。總兵官都督譚廣入謁。賜金織文綺衣一襲。鈔五千貫。晚留蹇義楊士奇金幼孜及行在刑部吏部都察院太常寺六科給事中于宣府。楊溥楊榮胡濙吳中等扈從。

甲申。至老鴉站。

乙酉。至洗馬林。

丙戌。上視師而整。大悅。勞諸將。

丁亥。獵。

戊子。還次泥河。

夜大星青白光燭地。出墳墓西。行至濁。炸散。

庚寅。次懷來。

辛卯。次岔道。

壬辰。還京。

談遷曰。巡狩雖載在虞典。徵于夏諺。而古人淸蹕不煩供億。今千騎萬乘。羽衞如雲。官罷于覊紲。民困于餱糧。偏州劇邑。望塵無地。游豫之風邈矣。宣皇好獵。宮僚屢忤。及正大寶。閱邊謁陵。動踰旬日。一時諸臣咸順旨扈從。蓋宇內淸晏。歲登民朴。所以聞和鸞而彌快。近垂堂而不忌也。

夜。大星青白光。出北河。行入雲中。

甲午。賑彭澤縣饑。

夜。大星青白光。出土司空旁。行至濁。又大星赤光。起奎。至營室。

乙未。賑於潛縣饑。

丙申。蓬星色白如粉絮。見外屏南。行經天倉天庾。八日滅。

十一月戊朔己亥。定寧夏納米贖罪例。

廣西總兵官都督僉事山雲平潯柳平樂慶遠等蠻寇。共斬七千八百二十餘級。

曉刻。熒惑犯左執法。

庚子。行在右副都御史賈諒行在錦衣衛指揮王裕參議黃翰同奉御張義興安巡視江西。

免河南積年絲稅。

夜。大星赤光燭地。起參旗。行至天苑。

壬寅。漢中多逋逃軍民。前遣兵部郎中劉文勇招撫。寄籍共千九百餘人。

昏刻。大星赤光燭地。自壘壁陣西行至濁。又大星赤光。自軫入雲中。

癸卯。上聞沅陵虎。敕總兵官都督蕭授遣捕。因曰。能使渡河者何人也。敕其守令修政。

太僕寺丞宋載劉璧馬政不修。下錦衣獄。

甲辰。昏刻。大星青白光出天囷。行入雲中。又大星自昴至天囷。又大星自閣道至雲中。

乙巳。南京地震。

戊申。夜。大星赤光燭地。出文昌。入紫微垣。又大星出天社。行至濁。

庚戌。罷松花江造舟。

曉刻。大星青白光自星宿行至游氣。

壬子。楚王孟烷辭三護衛。止留其一。許之。命王自選其一。而後歸兩護衛于朝。初。平江伯陳瑄密奏湖廣東南大藩。襟帶湖湘。控引蠻越。交廣黔蜀之會。人民蕃庶。商賈輻湊。楚立國三護衛。自始封至今。齒繁積充。兵强國富。魁于諸藩。護衛之官。交婣連婭。糵梗延蔓。小人行險。或生其心。惟陛下借乏餉名。選其健銳。使轉漕京師。因而留之。上曰。楚故無過。不可。王懼。故有是請。于是武昌中護衛改武昌護衛。調左護衛東昌。右護衛徐州。曰東昌衛。徐州左衛。

癸丑。刑部尚書趙狃。右侍郎俞士吉致仕。

甲寅。召山東按察僉事韓璽及□科給事中卜謙。故宮僚也。

河南招逃民十一萬五千六百餘戶復業。免徭役一年。

故開平衛指揮同知方敏子景請襲。以敏赤城失事。不許。後視此。

乙卯。蘇州知府況鍾械經歷傳得赴京。言其貪害。命下臺獄治之。

丙辰。南京右僉都御史嚴升卒。升字仲升。繁昌人。登進士。歷青神巫山縣。有聲。永樂初。遷江西按察僉事。坐累謫順慶府同知。改吏部歷考功郎中。六年。廉勤著。進大理右少卿。執法明愼。遷今官。同邵玘簡汰不肖。雖居顯庸。起居無異寒士。而風裁凝峻。不可觸也。

己未。戶部右侍郎段民改南京刑部右侍郎。

給事中薛廣知懷慶。許侃知廣西太平。李本知梧州。金文英知柳州。汪本知思州。張謹知思南。富敬知高州。王巒知肇慶。李顒知臨洮。監察御史李驥知河南。李奇知大理。賴瑛知臨安。戶部郎中徐鑑知瓊州。李興知廣州。刑部郎中傅佐知濟南。吏部員外郎蔡祥知延安。禮部員外郎許敬軒知汀州。光祿寺丞李郁知長沙。刑部主事徐孔奇知嚴州。鄭珞知寧波。大理寺正王昇知撫州。寺副張瑛知貴州鎮遠。司務王恕知銅仁。國子監學正陳顏知惠州。楊昭知太原。皆一時之選。賜勑給驛。如況鍾例。

庚申。瓜哇入貢。

賑會稽餘姚縣饑。捕金華浦江盜。

曉刻太白犯犍閉。

癸亥。浙江左布政使黄澤奏。溫處銀冶。永樂間歲辦八萬七千八百金。或礦脈盡絕。累民賠課。上命覈實。罷之。

乙丑。曉刻熒惑犯進賢。

十二月。乙亥朔。昏刻大星青赤光燭地。自離宫行至右旗散。夜大星如斗。赤光燭地。自畢行至濁。

辛未。昏刻月犯壘壁陣。

乙亥。夜南京地震。

己卯。大雪盈尺。

庚辰。行在兵部請朋合馬價。官馬死。十人共買補。上以煩擾。不許。

上作喜雪詩。宴示群臣。群臣屬和。語有儆戒者。錄而序之。

壬午。復李信遵化知縣。秩滿。見留。秩正六品。

虜百餘騎掠開原。都指揮佟答剌哈值之遁。指揮吳禎傷焉。上責總兵官巫凱等。

甲申。夜月犯軒轅大星。又流星赤光。自參至濁。

丙戌。命兵部選京衛軍十萬。隸五府訓練。

丁亥。敕副總兵都督方政及開平衛官撫恤新軍。皆罪戍也。

直登聞鼓給事中年富以重囚二十七人擊鼓訴冤。徒煩瀆。不可宥。上令錄進。勿禁。仍與辨驗。

行在浙江道監察御史張駿有臨海人四年未鞫。其家訴之。下駿獄。凡囚待理未結者。悉錄以聞。

昏刻含譽星見如彈丸黃白光潤又彗見九游旁旬有五日滅。

己丑夜北京地震

庚寅。增行在光祿寺大官珍羞掌醢良醞署丞各二監事各一。

壬辰曉刻月犯心宿

癸巳。總兵官都督僉事史昭等兵破曲先衞擒其黨答答不花及男女三百四十餘人馬駝牛羊三十二萬有奇還西寧。

甲午。北京國子監博士黃胤宗助敎郭俊爲翰林院檢討。仍監事進士王一寧以吏部稽勳司主事授內府宦監書。

復周義高州通判賈麒乾州知州。俱加正五品祿以任滿吏民奏留。

乙未。夜大星赤光自翼行至濁。

閏十二月酊朔。夜大星青白光自軫流庫樓。曉刻辰星犯建星。

戊戌。群臣表賀含譽星

昏刻大星赤光出雲中行至濁。又大星出狼星旁入雲中。曉刻辰星犯建西星。

庚子。免開州逃租。

夜大星赤光出參旂。行至濁。

壬寅。豁魏縣浮山逃租。

南京監察御史李安言糧長加耗害人。命戶部禁之。

癸卯。行在戶部左侍郎李昺爲尙書。

甲辰。夜大星赤光燭地。自軒轅行至柳。

乙巳。撒馬兒罕入貢。

丙午。昏刻月犯五車。又大星赤光。出文昌。行至濁。

丁未。上御奉天門。諭行在戶部曰。惠民無實。謂詔書何。聞者郡縣數水旱。民賦未充。有司逼迫。至于逋逃。其許以鈔絹布准民間直收之。

庚戌。議築海鹽捍海石塘。

甲寅。夜大星光青白。起天廟。行至濁。

丙辰。保安王志坰請故陝西都指揮使陳懷宅居洛川縣主。上以懷尚有戚屬。俟勘實。果虛宅。予之。

戊午。夜北雲蒼白二道。餘三丈。又大星如碗。青白光。出太微西垣。行至濁。

己未。夜大星赤光。自奎至游氣。

庚申。諭行在兵部曰。民七十以上及廢疾者。一子侍。詔書也。諸衛所勾軍。豈無父母老疾家獨子。有司其覈而傳之近地。

松潘蠻屢掠犍爲永川巴縣。敕責總兵官陳懷。

辛酉。大星光青白。自軫行至濁。

壬戌。許慶王栴還居寧夏。仍往來韋州。

甲子。立張巡許遠協忠廟于歸德。從歸德知州李志之請。侑雷萬春南霽雲賈賁姚誾。

襄府左長史周孟簡卒。孟簡吉水人。永樂甲申進士第三。授翰林編修。仁宗擢詹事府丞。改襄府。年五十。

乙丑。夜大星如碗。青白光。出文昌。行至濁。

辛亥宣德六年

正月甲子朔。丁卯。罷湖廣採木。

戊辰。夜。大星青白光燭地。起井。二小星隨之。行至天囷。又大星出天市。行至濁。

庚午。夜。大星赤光。出天槍。行至濁。

癸酉。行在兵部尚書兼太子賓客張本卒。本字致中。東阿人。洪武中監生。知江都縣。降文皇帝。擢守揚州。事平。拜江西右參政。亡何。進工部左侍郎。坐累謫交阯。仁皇召拜刑部右侍郎。議獄得情。及卽位。拜本兵。振舉積廢。上令兼戶部。精心興革。尙刻少恕。其鞫高煦餘黨。雖脅從不免也。年六十五。予祭葬。復其家。

袁袠曰。張本雖無赫赫名。然歷四曹。孜孜奉公。死之日。家無餘藏。亦可以觀其守矣。

丁丑。上南郊。

戊寅。昏刻。大星赤光。起閣道。一小星隨之。行至奎。

己卯。行在禮部尚書胡濙兼行在戶部事。

庚辰。福建都司遣撫鎭董禎捕麗水青田等縣盜。恣掠。命罪之。

壬午。工部左侍郎許廓爲行在兵部尚書。

甲申。南京右僉都御史李敏卒。儀封人。監生。庸懦自屈。

乙酉。賑四川萬縣饑。

戊子。夜。大星赤光。出文昌。入雲中。又大星自軫。二小星隨之。行至庫樓。炸散。

己丑。宥大寧福餘朶顏三衞剽竊之罪。敕諭之。

戶部給西北二虜布五萬售馬直。

夜。月犯南斗。

庚寅免安邑復業民三千七十一戶元年二年稅糧萬七千石有奇。

敕鎮守西寧都督僉事史昭宥曲先衛人罪。并招罕東令喻板納頭目。

二月辛卯朔。上聞阿魯台擊兀剌脫懽而敗。敕總兵官武安侯鄭亨備之。

上作招隱詩示大臣。天之生賢。道蘊厥身。幼學壯行。致君澤民。伊尹孔孟。皆古君子。孜孜行道。未嘗忘世。秦漢之衰。以退爲賢。絕類群倫。豈勿違天。嗟哉若人。于世奚補。區區百年。草木同腐。予嗣祖宗。統臨萬邦。求賢圖治。宵旰皇皇。群才偕來。布列在位。道行身尊。百世之貴。緬彼山林。豈無遐遺。往而不來。悠悠我思。漱石枕流。遠引高蹈。雖佚其身。而悖于道。卷阿之詩。梧桐飛凰。爾其皤然。予將爾揚。

丁酉。行人司副軒輗行人張聰判官傅誠知縣劉謙戴謙縣丞李實敎諭陳顥訓導倪傑監生張仲華姜永張斐爲行在監察御史。進士吳桐生張祺黃文政吳名監生鄭嘉朱鐸曹斌爲南京監察御史。

行在工部右侍郎羅汝敬往陝西經理屯田。時陝西參政陳瑛言寧夏甘肅腴土。皆鎮守官及各衞豪隱占屯。卒耕其瘠。遂命汝敬同瑛往。

直隸廣昌守禦千戶所隸萬全都司。

分山東河南民戶養馬。五丁養牝馬一。三丁養牡馬一。

己亥。改蘇松常鎮嘉湖治農通判縣丞曰催糧官。其正官仍督農務。從蘇州知府況鍾之言。

賞征曲先功。

浚金龍口。引河水達徐州利漕。從御史白圭之言。

壬寅。行在錦衣衛指揮使張信爲四川都指揮僉事。

滿剌加使臣訴國王欲入朝阻于暹羅。乞諭之。命太監鄭和敕諭暹羅。

行在禮科給事中姜士儀爲蜀王左長史。

許進表官得宿驛舍。乘驛馬。蓋監察御史胡智言之。舊止乘驢。

癸卯。昏刻。月犯五諸侯星。

甲辰。萬壽節。朝賀。明日。召蹇義楊士奇楊榮胡濙。賜詩特宴。

丙午。昏刻。月掩軒轅大星。

己酉。停緣邊緣海舍人赴京操練。

山西旱災。徵回催糧官參議王綱劉登鄭冕等。止遣侍郎于謙。主事翟喜參政樊鎮。

庚戌。命貴州都督蕭授山雲招諭安隆長官司頭目。

辛亥。夜。大星出虛。行至濁。

壬子。昏刻。西方蒼白雲南北竟天。

癸丑。昏刻。大星赤光。出北斗魁。行入軫。

乙卯。夜。大星青白光。起天津。東行至濁。

戊午。行在戶部遣官巡視民瘼。

己未。國子監助教張山觀加翰林院檢討。行在工部主事魏本高應爲順天應天府治中。訓導薛謙王永和朱純進士耿九疇監生張振欒惲章良民陳常鄭以誠爲給事中。以誠南京。

增扶風知縣宋端祿從六品。以秩滿民留之。

免鞏嵩永寧登封流民逋租。

庚申。巡撫侍郎趙新上五事。曰儀眞設壩。曰置提學官。曰提問貪官。曰開豁通鈔。曰詢察軍屯。上悉從之。

辛酉。蠲臨淸等處舍店課鈔。

癸亥。前監察御史趙儼淸戎河南。杖斃九人。逮獄論死。逸去。至是捕得。伏誅。

夜。大星靑白光起閣道。行至濁。

是月。巡按江西監察御史陳祚疏請上讀大學衍義。上怒甚。曰。此吾几案間物。豎子將謂吾目不知書耶。命械入之。舉家下錦衣獄。籍其產。明年壬子。父思恭死。弟禮死。癸丑。母顧氏死。兄祜死。甲寅。從子瑀死。並獄中。凡五年始釋。得歸殯終喪。

三月壬申朔。昏刻。熒惑犯亢。

丙寅。新淦縣丞厲忠與土豪苛斂激變。械入京。伏誅。

夜。大星靑白光。出五帝內座。行至雲中。

丁卯。增府縣佐貳官三百七十一員。專撫逃民。

戊辰。巡撫周忱減華亭上海官田租二萬七千九百餘石。准民田。戶部言其變亂成法沽名。上不聽。

壬申。雨。上作喜雨詩。賜楊士奇楊榮。

辛未。貸廣平和順饑民粟。

夜。大星靑白光燭地。起文昌。行至游氣。

癸酉。貸涉縣林縣饑民粟。

乙亥。巡撫江西侍郎趙新。請令吏部考察布按二司官。定其賢否。後可責其考察有司。上從之。

溫州知府何文淵奏。自永樂十年至宣德五年積欠弓箭若干。臣到任來。僅督完二年。右布政艾瑛將考滿。遂催徵嚴急。久逋猝辦。何以應急。乞聽布政給由。弓箭續解。從之。

丙子。兼行在戶部事禮部尚書胡濙等言。今清造黃冊。乞榜諭逃民復業。從之。

丁丑。廣東碣石衞輸京庫降香四百斤。虧四十餘斤。責償。上以權衡或重。免之。

辛巳。起復福建布政司左參政顏澤。澤憂去。部民乞留。

敕四川都指揮僉事邢安鎮守松潘。

壬午昏刻。大星如碗。青白光。起雲中。行至濁。又大星赤光燭地。出牽牛。行入雲中。

甲申。夜大星赤光。自軫行至濁。

乙酉。夜大星赤光。自壁行至濁。

己丑。松潘北定簇長官司言。蠟匝等寨生番恣劫。招之不服。上命再撫諭之。徐議兵。

昏刻大星赤光。自柳西行至南河。

庚寅。夜大星赤光。起文昌。行至濁。

壬辰。夜大星赤光燭地。自軫西行至游氣炸散。

甲午。蘇門答剌國王罕奴里阿必丁入貢。

四月礼朔。盆都知縣曹純言。戶部仍追復業民逋租。有違恩詔。上免之。

丙申。夜大星赤光。出軫。南行至濁。

戊戌昏刻。彗出東井。長五尺。

壬寅。夜大星青白光。出貫索。行至左攝提。

甲辰。賑五臺縣饑。

乙巳。行在戶部尙書郭敦卒。敦字仲厚。堂邑人。洪武中監生。癸酉鄉舉。授戶部主事。歲餘守衢州。七年。止火葬。禁淫祠。一志愛民。坐逮者老伏闕爲辨。後起御史。進河南左參政。調陝西。嘗入京。文皇帝拜禮部右侍郎。兼太僕卿。洪熙初。進戶部左侍郎。兼少詹事。宣德二年。長戶部。忘身憂國。知無不言。沒後家無餘貲。年六十二。予祭葬。

丙午。封志埴永壽王。

戊申。行在兵部右侍郎王驥署行在都察院事。

巡撫直隸侍郎周忱兼督蘇松常鎭并浙江嘉湖等軍衞巡捕賊盜。

夜。月掩房星。

己酉。行在兵部右侍郎柴車監察御史□□往山西經理屯田。

壬子。賑葉縣饑。

癸丑。召寧夏總兵官寧陽侯陳懋還京。

甲寅。曲先衞指揮同知散卽思等進馬謝罪。宥之。

命求賢應舉官四十三人會官考試授職。

乙卯。增置武功右衞。

丙辰。溧陽妖人錢成等伏誅。成子賢嘗危疾復生。云見李老君。遂萌異志。招黨焚掠。敕襄城伯李隆捕獲之。

命黥刺逃匠。尋以非制。停之。論如律。

夜。大星青白光。自房行至濁。

戊午。大理寺丞柴震爲右少卿。交阯右參政孫子良改山東。復董升許州知州。魏儀銅仁府推官。賈祺祁州判官。徐士宗貴溪知縣。俱秩滿吏民奏留。各加俸二級。

翰林院編修李眞引疾。改高州教授。

己未。北虜失都等四十九人擕家來歸。居京師。授官有差。

遣賜和寧王阿魯台盔甲襲衣。阿魯台逼于瓦剌。南奔。或請兵掩之。上曰。仁者不迫人于險。

壬戌。免霑化壽光樂安復業民逋租。

遣視蒲吉永和榮河猗氏臨晉太平稷山萬泉河津襄陵旱災。

宥浙江按察使閩縣林碩。初按察司吏訐碩受寧波知府黃永私餽。入京造舟。詰永。則鄉物。其舟碩自槖也。遂不問。

五月

甲子朔。起復蘇州知府況鍾。時郡人留之。巡按御史金濂乞奪情視事。

夜。大星赤光燭地。起墳墓。行至霹靂。

乙丑。瀋王模薨。母趙貴妃。初國潞州。改潞安。洪武二十四年封。永樂六年之國。惇靜守禮。在位四十一年。謚曰簡。

丙寅。黎利遣其僕射黎汝寬吏部尙書何栗等言。陳氏無後。奏聞。且謝罪。請封。許之。

賑富順縣饑。

己巳。申明御史巡按有司迎送之禁。

辛未。巡按四川監察御史王翺上便宜五事。曰。松潘衞極邊。去四川城八百餘里。總兵官陳懷嘗城居。緩急非便。宜往彼鎭守。曰。松潘茂州諸衞所軍餉。皆內地轉運。多被掠。宜貯成都等倉。農隙起運。撥軍護送。曰。四川所屬吏典。自洪武來多不給由。貽害良民。若立限許自首免罪。曰立社學。曰輕罪納粟會川衞銀場給餉。上悉行之。敕陳懷往鎮松潘。

壬申。遣內官楊琳敕諭老撾軍民宣慰使刀線達。

誅麗水盜陳才等。

甲戌。江西湖廣二都司兵三千餘人勦永新縣梅花峒賊。未克。適貽民害。命召還。止留二百人捕之。

夜。大星如碗。青白光燭地。起天井。行至濁。

己卯。起復鳳翔知府韓福。

庚辰。占城入貢。

辛巳。行在刑科給事中李芳好訐奏。降海鹽縣丞。

壬午。豁成安永年逃租。

甲申。右副都御史胡廙先採蜀木。私役官軍造什器。乾沒白金。白蠟。巴縣知縣雷升發之。下刑部論死。上宥之。安置遼東。

丁亥。行在吏部驗封司郎中章敞爲行在禮部右侍郎。行在兵部職方司員外郎徐琦爲行在右通政。

夜。大星青白光燭地。出文昌。行至濁。

戊子。松江知府趙豫上四事。曰清軍之害。曰勾補竈丁之苦。曰官田地一體減收。曰勘實逃亡人戶。命酌行之。

夜。月犯昴星。

己丑。命南京府部院寺正官公事赴京。俱給驛。

免關外軍丁運糧。從武進伯朱冕之言。

昏刻。大星赤光。出天井。入雲中。又大星出畢。入雲中。

壬辰。和寧王阿魯台使臣卜兒罕虎力爲都督僉事。時阿魯台二千騎駐帳集寧海子。

能仁寺西僧孤納芒葛辣遍干諸王。矯旨採察。遼王奏之。逮至棄市。

六月癸巳朔。己亥。行在禮部右侍郎章敞右通政徐琦持詔命黎利權署安南國事。黎利在國先私自帝。

田汝成曰。文皇帝當陳氏之微。黎氏之叛。怵惕水火。一戰而有之。誅其君而弔其民。龍編鳶壞。再覩官儀。赫乎漢武之烈也。雖噢咻稍疏。約束太驟。爲夷醜所不堪。而薰以學校。風以詩書。規模亦宏遠矣。迨乎黎利稱逆。袁兕鞠頑。士民淪陷者不可勝計。章皇帝不忍黔元之塗炭。捐其故宇。以安反側。百年以來。塞徼寧謐。無斥堠之警。不可謂無大造于南土也。惜乎當其時無有倡棄絕之義。以少示貶謫。而仍以王爵受其貢獻。爲稍靡耳。

壬寅。溫州大風雨。壞城舍。

甲辰。溫州商稅收鈔。從知府何文淵之請。

濟寧滋陽蝗。遣捕之。

乙巳。賑豐縣饑。

丙午。夜。月犯南斗。

丁未。築固安縣河隄。

上作憫農詩示吏部尚書郭璡。農者國所重。八政之本源。辛苦事耕作。憂勞亙晨昏。豐年僅能給。歉歲安可論。既無糠覈肥。安得緜絮溫。恭維祖宗法。周悉令具存。遐邇同一視。覆育如乾坤。嘗聞古循吏。卓有父母恩。惟當愼所擇。庶用安黎元。

己酉。霸州山水溢傷稼。

庚戌。慶都縣旱。

辛亥。蜀王友堉辭三護衞之二。許之。

癸丑。建昌知府陳鼎以廣昌縣丞徐政攝南城。令民供億日鈔五十貫。械政送京師、下臺獄、

都督郭志祁英楊澤俱年高致仕。

甲寅。昏刻熒惑犯氐。

乙卯。平江伯陳瑄上言。運軍十二萬。宜僉民倍增分班。以宥死充軍者。沿河立衞編伍屯種。江南民運對撥近衞給路費。長運至京。河道壅塞。濟寧設都水司。沿河郡縣各銓官專職。仍大臣二員督之。下廷議。其囚徒立衞、置都水司沿河設官寢之。餘命侍郎王佐往淮安與瑄及尚書黃福酌之。不果行。

廣東宜倫縣大風雨。山水溢。溺人畜。

昏刻熒惑犯氐。

丙辰。行在大理寺右少卿傅啓讓致仕

丁巳。後軍都督譚青致仕。

蘄州判官蕭亮古藤縣任敬敏安寧知縣熊翰留守中衞經歷顧理任丘敎諭劉淳進士鄭夏監生許敏廖文昌唐愼王雯何廣爲行在監察御史。

復嚴灊景東府同知李茂奇太湖縣丞俱任滿民奏留加俸。

夜。大星青赤光。出羽林軍。行至濁。

戊午。虞城知縣竇和南宮知縣隆英爲監察御史。和南京。

金壇主簿郝端因怒棰死四人。論磔。流妻子二千里。

昏刻。大星赤光出勾陳。行至閣道。

己未。曲沃鄉寧芮城旱。

辛酉。免開州逃民五年田租八百九十五戶。

壬戌。上作招隱歌。賜少師蹇義等。

夜。大星赤光出婁。東行至濁。

是月。徐沛東安新樂清苑安肅滿城博野蠡豐潤鉅鹿慶都新安南陽河間大雨水。傷稼。

七月

癸亥朔。乙丑。昏刻。大星赤光出右攝提。行入雲中。

丙寅。廣東布政司右參政楊勉卒。勉永樂甲申進士。以庶吉士受刑部主事。歷郎中。右侍郎。使山東坐罪。明年。復巡撫福建。復坐罪。起山東參政。改廣東。有才幹而懷市心。父事姚廣孝。至服喪。士論鄙之。

夜。大星赤光燭地。起天倉。行至濁。

丁卯。行在刑部獄反。停侍郎施禮等俸。

己巳。監察御史周安採木浙直。金華同知吳洙誣其科斂。受白金六鎰。安下臺獄。而安未嘗至金華。訊實。釋之。

上閱獄狀。遣輕罪八百餘人。

庚午。魚臺縣蝗。命捕之。

癸酉。賜武臣草場于三河等縣。侯四百畝。伯三百畝。都督二百五十畝。都指揮二百畝。指揮百五十畝。千戶衞鎮撫百二十畝。百戶所鎮撫百畝。

甲戌。昏刻。熒惑犯房。

辛巳。都指揮施聚操備遼東。

壬午。許三衛互市。

常州知府莫愚上言。宜興歲貢茶百斤。後增至五百斤。近至二十九萬餘斤。今負九萬七千斤。乞辦之州縣。免遣官督責。上悉蠲之。

癸未。夜。大星赤光出天囷。行至游氣。

甲申。申刻。大星青白光。流至游氣。昏刻。大星赤光。自箕入雲中。

丁亥。置龍門衞龍門守禦千戶所。李家莊。

己丑。除學錄一員敎習新駙馬都尉李銘焦敬王誼。

涿薊良鄉永清大城文安保定靜海獻定曲陽定興新城長垣俱大雨水溺稼。

賑興化碭山饑。

是月。祥符中牟陽武通許滎澤尉氏原武陳留河決傷稼。

八月睽朔。乙未。命給事中儲懋車遜掌吏科。年富賈銓掌刑科。李倜龔全安掌工科。上自擇掌科各二人。

益都縣丞何恭祁陽敎諭馮履清平敎諭胡淸清江敎諭朱良武寧訓導徐觀爲行在給事中。

和寧王阿魯台方敗于瓦剌。又懼官兵來襲。上敕慰之。

戊戌。大星赤光出左旗。行至濁。

己亥。常州知府莫愚奏公差官之橫。得旨許指名參劾。

壬寅。疏滹沱河。

甲辰。天津倉火。燬糧七萬一千餘石。

四川成都府雜穀安撫司土官㠂申據魯思麻寨。命先諭之。
乙巳。發卒數萬人開泰州白塔河。
丁未。湖廣五開黎平衞古州長官司羅里諸寨苗作亂。
戊申。夜。大星赤光。起天津。行至天棓。
庚戌。夜。月掩昴宿。
辛亥。琉球中山王入貢。
癸丑。行在翰林院編修朱孔暘爲左春坊左中允。
復徐彥麟平南知縣。加從六品俸。
丁巳。雲南騰衝守禦千戶所隸貴州都司。
戊午。趙王高燧薨。王母仁孝皇后。初封彰德。寡學好武事。留守北京。多進邪說。永樂七年。誅長史顧晟。選國子司業趙季通董子莊爲長史。講經論史。改節易行。仁宗初。力辭二護衞。奉藩甚恭。上卽位。漢庶人反。詞連王。上不聽。王盡納護衞。賜賚稠疊。王在位二十八年。謚曰簡。
己未。浚白塔河。
辛酉。太保忠勇王金忠卒。忠。元太保不花六世孫。初名也先土干。永樂末來降。賜姓名。先帝進太子太師。宣德三年。從巡會州。賈勇陷堅。明年進太保。驍悍善戰。明道理。予祭葬。
山東布政司右參政陳士啓卒。泰和人。
九月甲子朔。夜。大星青白光。起五諸侯。行至文昌。
癸亥。昏刻。熒惑犯南斗。

丙寅。工部右侍郎羅汝敬還自陝西。言搜寧夏甘肅宿豪占田萬四百餘頃。依屯田起科。增子粒十九萬五千五百七十餘石。

庚午。增造臨清廣積倉。度可容三百萬石。

壬申。寧波知府鄭珞請弛海上漁禁。不許。

昏刻大星青白光。出婁。行至濁。

乙亥。溫州知府何文淵以樂清知縣徐文樸貪虐。械入京。命論如律。

丙子。蜀王友堉薨。獻王之孫。年二十六。謚曰靖。妃李氏。侍姬黃氏。皆自經。賜祭。贈黃氏夫人。

丁丑。賑新河縣饑。

戊寅。敕太常寺卿孫時致仕。

貸孝感縣民粟。

辛巳。敕行在吏部右侍郎王讓致仕。

甲申。曉刻。月犯軒轅御女。

乙酉。前右副都御史胡廙降福建布政司右參議。

丙戌。河南人言嵩縣銀鑛。命主事郭皝開採。月餘止。黑鉛五十斤。銀二金。不足抵費。遂罷之。

昏刻太白犯南斗。

戊子。置寧夏甘州二河渠提舉司。

庚寅。夜大星赤光出闕丘。行至濁。

十月壬辰朔甲午。行在鴻臚寺卿楊善被劾下獄。尋復之。免冠帶治事。

乙未。賑桐城饑。

丙申。昏刻。月掩太白。

戊戌。昏刻。大星赤光燭地。出奎。行至游氣。

己亥。行在戶部尚書李昶卒。昶字文暉。涇陽人。洪武中監生。擢左府都事。進戶部郎中。永樂初。拜北京行部右侍郎。悉心經畫。十八年。轉戶部。從北征。宣德五年。長戶部。以廉勤稱。予祭葬。

辛丑。昏刻。大星赤光。出畢。入雲中。

壬寅。豐城侯李賢往大同探虜。

癸卯。通政使司左通政朱侃卒。侃海鹽人。監生。擢御史。歷廣東按察僉事。通政司左右參議。嘗巡撫廣西。察舉失當。

昏刻。大星赤光。出參。入雲中。

甲辰。總兵官都督陳懷討松潘叛番。平之。懷遣都指揮邢安以兵二百略寇境。都指揮趙得以千人援之。寇合勢追躡。指揮安寧等死之。懷身攻革兒骨寨。克之。自是連戰皆捷。

前禮部尚書蔚綬卒。綬字文璽。合肥人。洪武中監生。授戶部主事。歷今官。謹畏避事。漫無可否。又瑣細取厭。予祭葬。

夜。大星青白光。起危。至天桴。

乙巳。未刻。太白見。

丙午。上巡近郊。發京師。

庚戌。還京。

夜。月掩積尸氣。

壬子。夜月掩軒轅。

甲寅。昏刻大星青白光。出勾陳。行入文昌。

丁巳。蠲固安縣水災田租。

庚申。行在翰林院修撰苗衷爲侍讀。編修劉矩爲修撰。興化訓導朱應昌化訓導康振爲行在禮吏科給事中。

福建布政司右參政張璘爲應天府尹。

建昌府檢校周廉新建教諭王來常寧教諭賈進麗水訓導陳濬南昌訓導黃潤玉監生張謙史鑑朱純鄭昱爲監察御史。謙鑑純昱皆南京。

復石鼎裕州知州王瑀通州知州焦昉長垣知縣馬良合肥主簿。以耆民乞留加品俸。

夜。大星光青白燭地。起九游。至天囷散。

辛酉。召豐城侯李賢還京。

十一月庚午朔。癸亥。上作祖德詩九章。示楊士奇楊榮楊溥。

甲子。罷各處關津把截軍。巡按廣東御史陳搏以其邀阻索詐也。

丙寅。復楊善鴻臚寺卿。

丙子。行在戶部定官軍兌運民糧加耗之例。每石湖廣八斗。浙江江西七斗。南直六斗。北直五斗。民運兌淮安四斗。

內官袁琦有罪下獄。琦使廣東。擅遣內官各處淩虐侵盜。論死。幷逮其黨十一人。

趣工部頒邊軍裘帽。

內官裴可烈在蘇松貪暴尤甚。械至京。下獄死。

河南知府李驥奏冬至日謁伊王。方四更。嫌到遲。械下儀衞司一日。上書戒伊王。其承奉長史典儀悉械送京師治之。

己丑。敕曰。上帝之德。好生而已。嚴寒囹圄中有可憫者。三法司錦衣衞速從輕斷。若當體勘。待對出之。毋淹。

庚寅。太監馬俊還京。至良鄉。聞袁琦事。自經。上以同惡。梟于市。

辛卯。免夏縣災租。

太監唐受虐斂于南京。捕至。具伏。赴南京。磔于市。仍梟之。

昏刻。大星赤光。起婁。至羽林軍。

十二月甲午朔。夜。大星赤光。自庶子行至北斗魁。

乙未。磔袁琦。斬巨隊等十人。

丙申。榜戒內官內使毋怙寵作威。

庚子。夜。大星青白光。自翼行至庫樓。

壬寅。南京太僕寺卿趙次進卒。臨海人。監生。

乙巳。夜月食。

丁未。太子少保禮部尚書兼武英殿大學士金幼孜卒。幼孜新淦人。善春秋。建文庚辰進士。授戶科給事中。以文學。太宗改翰林檢討。亡何。直內閣。數月。進侍講。五年。進右諭德。從北巡。征虜。積勞。陞文淵閣大學士。兼翰林學士。仁宗初。進戶部右侍郎。踰月。以太子少保兼武英殿大學士。專典內制。簡易沈默。樂善。泛愛。文章豐暢。求請蹋至。臨終。有請為求恩澤者。幼孜曰。此君子所恥。言年六十四。贈榮祿大夫少保。謚文靖。賜祭葬。

戊申。免魏內黃廣平成安曲周新河隆平獻徐碭山豐沛去年水災田租。

己酉。行在兵部武選郎中呂爰正秩滿以詳練進四品俸復任。

監生倪宗瑾徐傑高瑢王驥陶鏞姜豫劉智鄭禧爲行在監察御史党恭李秉李昇爲行在給事中。

復劉釗鳳陽府通判竇文莊長安知縣安翊武鄉主簿王彥暉應天府上興阜巡檢皆九年考最其民奏留加品俸。

中都留守司都督僉事陳恭坐盜官物强納部民女私役軍匠等罪當死特宥之戍遼東籍其家。

庚戌。增置北京通州倉。

遣監察御史往寧夏甘州巡視屯田水利。

工部右侍郎巡撫江南周忱喪父命乘傳歸葬起服視事。

癸丑夜大星光青白起天鉤行至濁。

乙卯。沙州衞都督僉事困卽來告饑且懼罕東西番之侵求築城命侯之。

庚申。賑山西平盛旱災。

國榷卷二十二

壬子宣德七年

正月辛酉朔。日食。免賀。

壬戌。和寧王阿魯台貢馬。

夜。彗長丈餘。掃天津。漸東南行。十日滅。

丙寅。夜。大星赤光燭地。起梗河。行至角。

丁卯。中官李貴等使西域。敕諭哈烈沙哈盧鎖魯檀等。又敕撒馬兒罕頭目兀魯伯曲列干及卜霞兒城達失干城沙魯海牙城賽藍城亦力把力諸國討來思等處頭目亦如之。

癸酉。上南郊。

甲戌。夜。月掩軒轅。

丁丑。遂安伯陳瑛卒。賜祭葬。瑛爽闓。永樂時。鎮永平山海。人怨其貪酷。

戊寅。夜。大星青白光燭地。起中天。北行。聲如雷。

庚辰。命刑部都察院觀政進士分鞫獄囚。

辛巳。少詹事兼翰林侍讀學士曾棨卒。棨字子啓。吉安永豐人。永樂甲申進士第一。授翰林修撰。預修大典。進侍講。修洪武實錄。進侍讀學士。洪熙初。進左春坊大學士。兼前官。兩朝實錄成。進少詹事。天才英邁。喜薦士。文章沛然莫禦。善行草書。年六十一。贈禮部左侍郎。諡襄敏。賜祭葬。給舟歸其喪。

袁表曰。明興。劉宋以宗工司制代言。文體渾厚。繼以東里。溫醇雅則。有歐陽少師之風。子啓天才雄麗。倚馬萬言。其文如蘇長公。浩如懸河注之不竭。詩古體有魏晉風。律宗初盛唐。亦一代之鴻匠也。

免徐溝縣去年災租。

右軍都督同知楊澤卒。澤定興人。從靖難。陞。予祭葬。

甲申。安定衛指揮同知果脫卜花數陳征曲先時鄉導功。特進指揮使。

設開城廣寧苑牧馬四千三百七十四。百戶何通提督。

乙酉。留監察御史鄧棨再巡按南畿蘇松常鎮一年。從民望也。

陝西按察僉事林時言二事。曰申明善惡。曰文武並用。許衛所子弟入學出身。上是之。

丙戌。遣內官柴山諭琉球。遣人賚敕往日本。令朝貢。時日本久不至。

戶部請停趙府歲祿三萬石。不許。

丁亥。福建布政司右參政彭耆清軍汀州受賂。謫爲驛卒。

戊子。夜。大星青白光。起勾陳。至華蓋。又彗見西方。十七日滅。

己丑。磔濟陽衛指揮僉事王斌等。以糾黨夜劫都督譚廣家。

二月辛朔。壬辰。免長子縣逃民五百三十三戶逋租。

甲午。上親閱獄案。遣輕繫千餘人。

丙申。行在禮部侍郎章敞還自安南。權國事黎利遣審刑院副使阮文絢中丞阮宗贊隨表謝。貢方物。並歲輸五萬金。如洪武例。

戊戌。祭太社太稷。享先農。又萬壽節。時雨。上作甘雨歌。

己亥。增順天解額。凡八十人。

監察御史王寶監福建銀冶。苛役發塚。戍遼東。

辛丑。昏刻。月犯軒轅御女。

癸卯。給衍聖公孔彥縉乘驛。

免徽江陵醫士張文玉。時年九十。子純南京監察御史。貤封。仍加存問。

昏刻。大星青白光。出游氣。行至濁。

甲辰。給沙州衞都督僉事困卽來糧五百石。

山西按察使張政卒。政廣德人。□□進士。授御史。巡按山西有聲。還按察使。風紀益振。

丙午。修南京太廟。

作大同邊堡軍士住舍。

戊申。復監察御史金濂官。

令甘肅降虜悉處涼州便地。

庚戌。工部右侍郎羅汝敬復往陝西。總督屯稅河渠。

雲南總兵官太傅黔國公沐晟乞奔母喪。諭止之。

夜。大星如碗。青白光。燭地。出天關旁。西行至濁。

辛亥。行在刑部右侍郎樊敬。平江伯陳瑄。工部尙書李友直。覈沿河漂失竹木。

夜。大星赤光。起參南行。至游氣。

癸丑。行在兵部右侍郎柴車。右僉都御史淩晏如。通政司右通政徐琦。翰林院侍講苗衷。淸理軍職貼黃。

始令靖難武臣如亡子。或婿或義子繼之。時謂崇德報功固勝事。而獨薄於開國者。有司未必無過也。

甲寅。設保德州守禦千戶所。

曉。刻。月犯塡星。

乙卯。復趙濬吳縣縣丞。初知府況鍾言濬闒冗。送京師。吳民爭訴巡撫侍郎成均周忱。所言其治劇愛民。經歷傅得嘗干濬。又止糧長之賄。故譖於鍾。事聞。覈實。故復濬。鍾坐得罪。

談遷曰。況鍾能吏。宜待濬有加禮。惑於偏聽。蒼素不判。蓋讒說之易中如此。矧不爲鍾者乎。先朝淸問下民。凡閭閻有所陳請。輒蒙聖鑒。復官趙濬。寘鍾不問。以舒能吏之用。尤盛事也。

戊午。賑寧鄉臨祁淸源大寧河津永和介休縣饑。

己未。命貴州三司撫諭箄子坪叛苗。

三月庚申朔。敕行在府部院等官。䘏民求才。振擧庶政。列目二十二。

南京戶部左侍郎郝鵬致仕。

辛酉。市朝鮮牛萬頭給遼東軍。令員外郎李顯運絹布五萬售之。

上退朝。御左順門。諭署戶部事禮部尙書胡濙曰。朕聞者以官田賦重。百姓苦之。詔減十之三。而戶部多不遵守。甚者與有司期陰爲慢格。令闕恩。何等咎也。因作減租詩。

壬戌。申洪武中僧人化緣之禁。

建州左衛指揮僉事凡察招撫遠夷。敕進都指揮僉事。

河決固安。

癸亥。行在戶部右侍郎王佐督濬通州眞沽河道三百六十餘里。以河紆多灘淺滯舟。

丙寅。灤城縣積旱田租折徵鈔布老人駱得疏。

丁卯南京刑部右侍郎成均調南京戶部行在翰林編修裴綸爲修撰。中書舍人朱祚爲尙寶司丞。進士王學敏監生胡正顏繼莫敏吳瑜屐昭李杲爲行在監察御史。

復姜弘洪洞縣丞。加祿正七品以民奏留之。

己巳。蠲太原平陽去年旱災田租。

庚午。鎭守西寧都督僉事史昭爲征西將軍總兵官。鎭守寧夏。守河州都督同知劉昭兼治西寧。

壬申。命行在部院選五城兵馬指揮。

癸酉。大通關提舉司吏昌化文中奏臣永樂末廣東鄉擧。因疾阻試。又母喪。宣德六年八月至部。謂違限謫吏。

勅貴州治古答意等長官司新郎等寨叛苗。

乞下科會試。許之。

己卯。設各衛所儒學。赴本處鄉試。

昏刻大星青白光出入雲中。

壬午。始以兩京贓罰庫所積衣服布絹等驗直抵文武官月俸。

甲申。減南京光祿寺正官止寺丞二。典簿錄事各一。每署留三員。

夜。大星青白光。自危行至濁。

乙酉。廣西總兵官都督山雲平桂平等縣蠻寇。

丙戌。昏刻。赤星起天廟。行至濁。

四月𢀞朔庚寅。勅諭山東逃軍逃民嘯聚宜山等處復業滌罪。

辛卯。白塔河成。設江口巡檢司。

賑高陽完定興縣饑。命民乏食當先發預備倉後聞。

己亥。永安王孟炯薨。年五十一。謚懿簡。

庚子。命侍郎周忱清軍常州。初御史李立好株引。常人訴於朝。故委忱。

辛丑。以山西旱。免其逋賦二百四十五萬四千八百石。芻五百十三萬束。

甓獨石雲州赤城鵰鶚龍門等城。

壬寅。定各邊中鹽例。寧遠獨石肅州中淮浙鹽引米二斗五升。河間長蘆鹽三斗。山東河東福建四川廣東鹽俱一斗五升。宣府大同山海龍門甘州寧夏中淮浙鹽引米三斗。河間長蘆鹽三斗五升。山東河東福建四川廣東鹽俱二斗。

昏刻大星赤光。自翼至游氣。

賑汝州魯山曲周永年。

哈烈入貢。

丙午。日入後。大星如碗。青白光。出雲中。

己酉。拓北京國子監學舍。益以草場地。會饌月糧具如南雍。

辛亥。屯留縣暴風雨雹殺麥。

壬子。定巡撫與巡按按察使文移事例。下布政郡縣。轉行巡按。非切亘者不得徑行。時吏部右侍郎趙新撫江西。按察司以非部屬。所委多不報。新請定其規焉。

賑安肅縣去年水災。

乙卯。昏刻大星青白光。出內屏西行至濁。

丙辰。進士徐政為中書舍人。王裕章廣江玉琳劉準為監察御史。

河間府同知姜濤秩滿。民奏留之。進知府。

五月戊午朔。止慶王構入朝。

中軍都督同知任禮署行在右府。

甲子。夜大星青白光。起氐南行至雲中。

辛未。占城入貢。

復平涼達開城縣迭烈孫運道。陝西歲餉甘州。經平涼六盤等山險艱。開城縣迭烈孫地平衍。過河即甘涼。近五百里。國初開行。命復之。

上聞少詹事兼侍講學士王英母卒。問尙書胡濙。可得賜祭葬乎。曰。制三品四品親喪。曾封贈始賜葬。今英官四品。其母受五品封。上命予祭葬。不為例。

壬申。忻州食鹽米皆折鈔。時旱饑。

甲戌。山西進龍馬駒。羣臣請賀。上曰。山西不歲繼踵告災。一獸之異。足活民耶。其止之。

丙子。交阯土官百戶陳復宗等。以吏部概送河南山東就閒。非內附初心。乞留京勸天下臣子之忠義。從之。凡內附同。

丁丑。諭兵部侍郎王驥措置邊防。

復工匠月糧一石。時工部減五斗。多不贍。

庚辰。南京通政司左參議襄陽李文郁致仕。

辛巳。昏刻星犯積屍氣。

壬午。會寧伯李英甥祁監藏西寧衛指揮同知祁震庶子也。與嫡子成爭襲。英助之。下英詔獄。

癸未。遼東定遼左衞逃軍馬義誣告周王有爋交通庶人有熹。罪棄市。

修四川新津縣通濟堰。彭山水分十六渠溉田二萬五千餘畝。

甲申。廬山僧智順乞修高皇帝御製周顛仙碑亭及天池寺。從之。

丙戌。成國公朱勇上邊運八事。上從之。令郎中王良都督毛翔專理屯務。

是月。烏程歸安德清長興武康嘉善久雨腐田禾。蠲其租。

六月孩朔。蘇州知府況鍾上言。近奉詔召民開荒官田起科。視民田無種者。勘豁其租額。今所屬崑山諸縣民死徙從軍除籍者。三萬三千四百餘戶。召種官田可起科者二千九百餘頃。互相補藏。其間秋糧可除豁者十四萬九千五百石有奇。所屬長洲諸縣。舊三十六萬餘戶。官民秋糧二百七十七萬九千石有奇。民糧不能當官十之一。國初令有民糧者出馬四百餘匹。役遞濠梁桐城諸驛。約三歲一更。今三十餘年矣。出馬家如故。尙莫更者。工部徵蘇浙三梭布八百匹。浙江一大省。止百布耳。蘇州十居七。徵斂不均。比比而然。詔書所謂民多愁歎。乞除豁醒刷。以彰陛下鳲鳩之治。上皆從之。

易州官羊五千二百餘隻。歲賦毛如數。今羊止千二百。毛額不減。上停其徵。

己丑。賑吳橋饑。

庚寅。昏刻大星赤光出羽林軍。行至濁。

辛卯。南京工部尙書甄庸致仕。

壬辰。夜大星赤光出河鼓。行入須女。

甲午。琉球貢馬。

上閱獄狀。遣輕罪。强盜獄死勿斬首。

乙未。夜大星赤光。出天市西垣。行至濁。

丙申。行在右通政徐琦爲南京兵部右侍郎。

丁酉。益洗馬嶺守備兵。

始遣御史巡閱居庸關外長安嶺獨石龍門天城諸關隘。

僧錄司右覺義大旺等違禁募役。宜抵死。命錮之。

行在兵部尚書許廓卒。廓字文超。襄城人。監生。授錦衣衛經歷。擢工科。歲餘進鴻臚寺左寺丞。一年歷工部左右侍郎。性通敏釐事。在工部從北征。足運。招河南流民數萬口。本兵。承張本之後。濟以寬。年五十六。賜祭葬。

癸卯。上閱重囚罪狀。宥雜犯。皆戍邊。百七十餘人。

甲辰。拓皇城東安門外。徙民居於西隙地。

乙巳。敕部院曰。朕選能任賢。命以恤綏。頒璽書數矣。曩爲所任匪人。使百姓栖栖棄鄉離土。朕甚憫焉。已遣人招諭復業。免徭役一年。今聞有司不體朕心。如故。流民歸者。居無廬舍。耕無穀種。逼償故所逋稅。奈何不死且復亡也。其速加厚恤。諸雜賦蠲除之。有虐害者。無官民悉治罪。

湖廣江華縣盜廖馬孫等伏誅。

丙午。作朝天宮於西直門內。

丁未。太原大雨水。汾河溢。傷稼。

戊申。免寧遠縣逋租。

賜少師蹇義第於大明門。

己酉。曉刻太白犯歲星。

壬子。夜大星赤光出天棓。行至雲中。

癸丑。罷內官入番買馬。初內官李信李貴言西番多良馬。市之。亥陝西治裝。以遠勞止之。

乙卯。豁祥符中牟尉氏扶溝太康通許陽武夏邑秋糧五萬八千餘石。

夜。大星青白光。出天倉。行至天廩。

丙辰。昏刻大星青白光。出雲中。又大星出造父。南行入螣星。又大星赤光。出心。南行至濁。夜大星赤光。出文昌。

行至濁。又大星赤光。出勾陳。行至北斗杓。昧爽大星青白光出胃。行入天囷。

是月。上作官箴三十五篇。頒示羣臣。

是夏。開封大旱。停徵。

長洲吳江崑山常熟華亭上海宜興大雨。潮溢傷稼。濟南安州亦如之。

七月盯朔。滄州民馬產二駒。獻之。下御馬監。

戊午。停武陵王季堄妃魯氏冊禮。以先受穆肅子聘也。令季堄別娶。

敕賞三衞。謂能綏衆效職也。

己未。改交趾歸順土官知州知縣阮遷等四十五人於山東山西。各州判官照磨驛丞。

各省徵糧。以按察司一人協助巡撫。

夜。大星青白光。起外屏。南行羽林軍。

辛酉。戶部侍郎成均巡撫浙江。以侍郎趙倫法峻。召還。

夜。大星青白光。出華蓋。行至濁。

壬戌。行在翰林院編修尹鳳岐檢討黃裳劉麟應俱爲修撰。建寧府照磨謝良輸進士楊春爲行在監察御史。松江府同知陳智爲順天府尹。

復劉觀河間長蘆鹽運司同知秦銘新化府推官。徐岳河間知縣。朱輔蓬萊知縣。鄭福長沙縣丞。良能安慶白沙司巡檢。各加品俸。以當陞。其民奏留。

乙丑。行在戶部員外郎羅通理宣府軍儲。

丙寅。大星青白光。出營室。行至雲中。曉。熒惑星犯天罇。

戊辰。安陽王瞻塙進封趙王。武鄉王佶焞進封瀋王。羅江王友壎進封蜀王。美𡧃慶成王。美堅廣昌王。

辛未。行在翰林院侍讀學士李時勉侍讀苗衷主試應天。

霸灤三河香河豐潤瀞東安永淸俱大雨。河溢損稼。

壬申。封周王有燉侍姬施氏陳氏韓氏歐氏李氏張氏皆王夫人。賜王開封府稅課給民丁三百人。免校尉肅王瞻焰上還兩護衞之一。

置呂梁漕渠石閘。

庚辰。免泰州去年水災田租二萬二千九百三十餘石。

上閱元趙孟頫豳風圖。賦長詩一章。示詞臣。揭便殿。

夜。大星赤光。起女牀。行至濁。

辛巳。申明御史與外官相見禮。蘇州知府況鍾言。知府畏御史糾劾。諂諛拜跪。甘受辱詈。間有奉法不屈。輒求其小過也。

曉刻。太白犯熒惑。

癸未。上登萬歲山之廣寒殿。召儒臣周覽都城山川形勢。諭曰。此元之故都也。世祖知人善任。愛養民力。故混一區宇。至順帝荒淫。紀綱蕩然。遂致失國。脫使長守世祖之法。天下豈我明所有。儒臣曰。紂之跡。周之監也。

甲申。夜。大星赤光燭地。自天津行至匏瓜。

乙酉。令有司歲祭高郵康澤廟。平江伯陳瑄言。宋哲宗時。郡人耿遇死。爲神甚靈。累封靈應侯。禱之輒驗。

夜。大星青白光出天廩。行至閣道。曉刻。太白犯軒轅。

是月。開州長垣南樂內黃清豐滑濬旱。

八月刻朔。辛卯。夜。大星青白光起大陵。行至濁。

壬辰。妄男子大呼西華門謗訕。捽至上前。如故。上曰。古設誹謗之木以來諫。釋之。

左春坊左庶子兼翰林院侍讀周述翰林院侍讀學士錢習禮主試順天。

夜。大星青白光燭地。起天倉。行至濁。

甲午。復馮好學恩縣縣丞。好學坐累當調。邑人詣闕言其廉平。復之。

乙未。敕行在吏部曰。朕思得賢才共圖治理。寢食念之。令朝臣三品以上舉爾所知。復賦招隱猗蘭。告之朕意。近惟少傅楊士奇薦舉交趾南靈州知州黎恬吏部員外郎魏驥等諸臣。曠旬積月。無一人焉。巖藪窟穴。豈皆虛哉。吏部其會三品以上官。推擇才行文學之士。方面有司昏懦貪暴者。與都察院奏黜之。

戊戌。宥浙江左右布政使黃澤艾瑛等。左右參政熊本誠張子眞。左右參議張以澄戴同吉魏脩。以公廨治甍採桑役人屬縣。歸安知縣華嵩訐之。

己亥。行在戶部尙書黃福署南京戶部。

行在吏部考功員外郎魏驥爲南京太常寺少卿。南靈知州黎恬爲右春坊右諭德。建安教諭楊壽天臨清教諭彭琉爲行在翰林院編修。行在鴻臚寺丞周銓行在吏部郎中楊應春行在工部郎中王佐嘉李新方正爲布政司右參政。銓河南。應春雲南。佐嘉新陝西。正江西。吏科給事中張居傑行在禮科給事中武達行在光祿寺珍羞署丞李睿爲布政司右參議。居傑雲南。達浙江。睿貴州。行在刑部員外郎王暹行在監察御史焦宏杜時金濂胡智賀敬王豫爲按察副使。暹河南。宏江西。時山東。濂陝西。智福建。敬廣東。豫浙江。皆京薦也。

庚子。各省撫按考察方面官。仍同布按官考察郡縣。

召鎮守密雲都指揮同知蔣貴還京爲參將佐守松潘。

辛丑。陝西永壽等縣獻嘉禾。或同本二十莖。莖至數十穗。穗至尺餘。或一莖五六歧。或一節一歧。是日又獻嘉瓜。皆止賀。

戊申。蠲順天眞定順德廣平永平保定大名河間徐州水旱田租。

夜。月掩東井。

己酉。夜大星赤光。出紫微東藩。行至濁。

庚戌。夜月掩輿鬼。

辛亥。置蘇州濟農倉。初貧民歲輸糧長多厚費。巡撫周忱出鈔平糴米二十九萬石。分貯屬縣。令民自輸官糧。長不得預。減費得四十萬石儲官。通前所糴書諸籍。農人缺食及運夫遭風被盜者出賑貸之。春時驗田種多寡爲貸。限秋成償官。凶則復之。

壬子。薛詵嗣陽武侯。薛祿子。

上書戒遼王。王取總旗薛冬保長女。又求次女不從。誣送刑部贖罪。王怒。並訐刑部官黃昱受賄。而部官無黃昱。議罪其官屬造誣之罪。上恐傷王意。置不問。賜璽書焉。

復陳銘故城縣丞。初。太監劉寧奉命同御史往各路收內官內使外橐。並其人械入京。寧還故城。銘健吏。醉聞內官至。不復辨直。捽寧搏之。寧以聞。逮至。上曰。銘一時悞聞。釋之。或曰。雖釋不再任。上曰。彼當因此改過也

行在都察院右都御史顧佐上言。布按二司暨巡按御史考課。多偏信里老生員之言為去留。不知其假公濟私。是非顛倒。乞敕撫按毋徇其私。從之。

甲寅。止鄭王瞻埈來朝。

寧夏總兵官都督僉事史昭進嘉禾。

是月。平鄉廣宗積雨傷稼。

九月丙朔。昧爽。大星青白光。出軒轅。行入太微垣。

丁巳。令山西偏頭關外燒荒如宣大例。

命廣西泗城州以千人戍貴州陳蒙爛土長官司。防苗獠侵掠。

夜。大星赤光。自天舡行入紫微垣。

己未。監察御史包德懷給事中虞祥等劾順天府尹李庸科場詐冒者。宥之。

夜。大星赤光。起參。行至濁。

辛酉。夜。大星青白光。出天津。行入河鼓。曉刻。熒惑犯上將。

壬戌。大同參將沈固上四事。曰。先降神銃三千分撥邊堠柴溝等十八處。乞取回各城養銳。其力不分。曰。臨邊十二衛軍官多老弱。宜調內地。選內地精健者補之。曰。大同屯田畝徵一斗為重。曰。衛所仍設養濟院。上從之。

癸亥。諭郡縣督民栽桑棗。從順天府尹李庸之言。

夜。大星赤光。自畢至雲中。

丙寅。夜大星赤光燭地。自五諸侯行至軒轅。又大星出南河。行至濁。昧爽。大星青白光。出孫星。行至濁。

丁卯。復王佐徽州府同知。陳希恭盱眙縣丞。各加品俸。以民奏留之。

蘇州知府況鍾請修江南水利。從之。下巡撫侍郎周忱議行。

夜。大星赤光燭地。自羽林軍行至雲中。昧爽。大星青白光。自婁流至外屏。

戊辰。應天府尹張璘卒。璘黃岡人。永樂□□進士。擢山東右參政。改山西福建。考最。進京尹。聰敏廉潔。大能恤民。雖忤中官被讒。不顧也。

己巳。增北京倉廒。

隆慶衞指揮同知袁泰等言。同官李景守居庸關。善調度。請補指揮使。上不聽。曰。爵賞出自朝廷。唐中世河北將帥由軍中廢立。此猶欲效之耶。

夜。大星如碗。青白光燭地。自側星至弧矢炸散。

庚午。命諸將巡邊。

辛未。寬馬課於明年償官。

壬申。夜大星赤光。出營室。行至河鼓。

癸酉。昏刻。大星青白光。出營室。行至濁。

丁丑。南京兵部右侍郎麟游甄儀致仕。

夜。大星如碗。赤光燭地。自五車行至騰蛇。

己卯。夜大星青白光。自羽林軍行至濁。

庚辰。上朝退御便殿。論農事。出織婦詞一章示羣臣。

辛巳。誅長陵衞指揮僉事秦英等。以受人匹布。聽伐山樹也。

壬午。天下庫貯金銀珠玉翠紵絲綾羅布帛銅鐵顏料等及違禁物。皆送京師。其衣服等折充文武官俸。軍器給近衞。

癸未。夜大星赤光燭地。自婁行至營室。

甲申。增運軍共十六萬人。

十月丙朔。戊子。夜。大星青白光燭地。自天廩行至天囷炸散。

庚寅。行在大理寺卿徐初。寺丞楊復。詈於午門。復下錦衣獄。後釋爲廣西僉事。

辛卯。後府都督僉事張廉卒。廉天長人。從靖難累功。質爽不刻。追封榆次伯。謚忠敏。予祭葬。

遣覈濟南水災。蠲其租。

甲午。復李湘東平知州。湘爲奸吏所訟。耆民詣闕白之。

丙申。賑薊州豐潤遵化。

己亥。左副都御史陳勉服闋補任。

庚子。行在禮部左侍郎致仕李嘉卒。嘉宛平人。初事燕府。從靖難城守。授鴻臚寺序班。進通政參議。坐累降鴻臚寺丞。仁宗初拜左通政。歷通政使北京刑部侍郎。端謹克孝。第瑣隘無大臣體。

乙巳。夜月犯輿鬼。

丁未。夜大星赤光出天倉。行至壁。

戊申。夜大星赤光自北落師門南行至濁。昧爽。大星自弧矢南行至雲中。

己酉。賑遂平縣饑。

曉刻熒惑犯進賢。

辛亥。八百大甸土官宣慰使刀招散入貢。以波勒結土酋土雅殺掠。求討之。上以荒服。第降敕諭。

賑懷遠遂安縣饑。

癸丑。前鎮守寧夏寧陽侯陳懋侵倉糧及乾沒贓罰金珠紵羅畜產。皆累萬計。私中鹽六千七百餘引。又他罪非一。侍郎羅汝敬發之。御史凌暉等報實。故召還。至是再被劾。宥之。追入其贓。尋免。

十一月丙朔。夜。大星赤光。起輿鬼。流軒轅。

戊午。韓王沖𤆬告匱。命加給歲二千石。

除萬象縣荒租薪炭。

庚申。夜。大星青白光。出天苑。行至濁。又大星起芻藁。行至濁。

辛酉。召平江伯陳瑄及各省催糧侍郎趙新等。歲終入京計事。

乙丑。夜。大星赤光燭地。自天廩。行至游氣。炸散。

丁卯。復石珮泗州知州。張忠會同知縣。潘純陽信知縣。張鼎沅陵知縣。李養廣濟主簿。各加品俸。以部民奏留之。

西寧衛改軍民指揮使司。

戊辰。封貴燏應山王。貴烟宜城王。貴熠枝江王。貴熵沅陵王。貴煐麻陽王。磐熯信豐王。

辛未。朝鮮國王李祹獻鷹。菌諭自今服食器用如鷹犬等更勿進。

夜。大星赤光燭地。自參流至濁。

己卯。夜大星赤光。自參流星宿。
辛巳。聞阿魯台東行攻兀良哈。敕緣邊謹備。
癸未。肅王 贍焰 奏增歲祿。初止五百石。仁宗增爲千石。至是復請。不許。
甲申。周定王第十六子殤。追封固始王。
起復魏源左布政使。
增淮揚青兗濟南東昌登萊同知通判各一。專理賦稅。
貸臨安瑞昌饑粟。
大霜。陰霧木冰。
十二月烟朔丁亥。夜大星赤光。自軫南行至濁。
己丑。昏刻月掩泣星。
庚寅。琉球入貢。
乙未。曉刻大星如碗。青白光燭地。自軒轅流雲中。聲如雷。
丁酉。夜大星青白光。自角流庫樓。
戊戌。貴州按察使應履平請都督府遣人必驗勘合。又貴州萬人分戍廣西及更代逃者二千八百有奇。乞戍人還衞少息。上俱從之。
作懷慶北沁河丹河二橋。
改林縣儒學神像左祔。
庚子。捕會昌縣盜。

癸卯。致仕少保户部尙書兼武英殿大學士黃淮父喪謝祭入朝。奏留其子采報效。許之。

丁未。議伐木蔚州。以嚴寒止之。

是日。雷雨。

己酉。夜月犯心宿。

庚戌。曉刻月犯天江。

辛亥。平江伯陳瑄上糧運四事。從之。

是年以右參將吳亮言。令江南浙江湖廣各就本地長運南京。江北仍於瓜淮交兑。河南彰德等俱小灘鎮。山東濟南等俱德州。東平等於安山。沂州等於濟寧。餘民糧仍送納淮徐臨德諸倉者。支運十分之四。

丘濬曰。前代所運之夫皆民丁。今則以兵運。前代所運之粟皆轉遞。今則長運。唐宋之船。江不入汴。汴不入河。河不入渭。今日江河之船。各遠自嶺北湖南直達於京師。唐宋之漕卒猶有番休。今則歲歲不易矣。宋人漕法。其便易也如此。而其回船又有載鹽之利。今之漕卒比之宋人。其勞百倍。一歲之間。大半在途。無室家之樂。有風波之險。洪牐之停留。舳艫之衝激。陰雨則慮浥漏。淺澁則費推移。沿途爲將領之科率。上倉爲官攢之阻滯。及其回家之日。席未及煖。而文移又催以兌糧矣。運糧士卒。其艱苦萬狀有如此者。食此糧者。可不知其所自哉。

癸丑宣德八年

正月甲朔戊午。行在光祿寺酒庫火。

詔捕贛州信豐會昌雩都等縣盜。

癸亥。寶慶大長公主薨。駙馬都尉趙輝。

浙江仁和縣丞王綸奏巡撫侍郎趙倫非法杖斃糧長。人不能堪。下巡按御史覈實。

丙寅。上詣郊壇。故事朝百官後乃行。是早卽往閱祭物。

丁卯。上南郊。

敕諭天下朝覲官。

夜。熒惑犯房。

庚午。禁止出番馬數。

癸酉。湖廣布政司左布政使元氏李琦致仕。琦以御史遷大理寺副。罷。仍起御史。使安南占城榜葛剌諸國。有識量。善談論。進禮部左侍郎。復使安南。遷布政使。政譽靡聞。以老去。

甲戌。敕各巡撫侍郎趙新等以便民事具聞。

常州知府莫愚入朝。有吏訐其私。愚以此罪吏。方捕之。上曰。郡守除奸而奸反噬之乎。杖吏百。戍赤城。復愚任。

夜。大星青白光。出天市東垣。行至濁。

乙亥。遣中官范安賜蘇州知府況鍾招隱歌並詩三卷。時入覲陛辭。賜鈔千貫。

丁酉。宣府總兵官都督譚廣杖萬全都司經歷蕭翔死。上封劾章示之。

貸濟南饑民倉粟。

戊寅。許甘肅輸粟贖罪。

己卯。夜。大星青白光。起輿鬼。行至北河。

庚辰。敕南京守備襄城伯李隆同巡撫周忱總督各衞屯田。

上聞贑州盜皆逃民。命左副都御史陳勉賫敕撫諭。

夜。熒惑犯東咸。

辛巳。甘肅總兵官都督僉事劉廣言。晉卜等欲犯鎮番凉州。請先勦之。上敕同王安協謀遞出遞守。

癸未。禁內豎爲僧逃外。悉捕之。

二月乙亥朔戊子。貸開州南樂內黃滑平鄉任衞輝陽武濱鉅野饑民倉粟。

壬辰。致仕少保兼武英殿大學士黃淮少詹事兼翰林院侍讀學士王直主禮闈。

夜。大星青白光燭地。起匏瓜。一小星隨之。行至濁。

癸巳。夜。月掩歲星。

戊戌。建州左衞土官都督僉事猛哥帖木兒爲右都督。都指揮僉事凡察爲都指揮使。

盜陷石城陸川。

己亥。增長沙武昌黃衡荆岳佐貳官各一。專督稅糧。

庚子。琉球中山王入貢。

賑寶坻玉田饑。

嚴州知府徐孔奇卒。孔奇豐城人。□□進士。授刑部主事。歷知嚴州。布蔬如微時。興利除弊。屢屢愛民。誨導屬官。有長者之風。吏民甚感之。

壬寅。賑東昌泰安歷城饑。

禁中外橫稅。

乙巳。行在戶部右侍郎趙倫降山西布政司左參政。

賑盧龍雞澤饑。
丙午。曉刻。月犯南斗。
丁未。禁京貴積貨隱稅。能首者賞鈔千貫。
賑邳徐濟寧臨清武清饑。
和寧王阿魯台貢馬。
庚戌。定稽考勾軍之令。
免滿城去年旱災田租五千八百十一石。
辛亥。賑鄧南陽新野鎮平泌陽舞陽魯山唐縣饑。
壬子。上閱獄狀。遣輕繫五千餘人。
賑蒲絳萬泉稷山旱饑。
三月卿朔。策貢士劉哲等九十九人於奉天門。賜曹鼐趙恢鍾復等進士及第出身有差。
清僧道寄莊田開籍供徭賦。從廣東按察僉事曾鼎之言。
丁巳。故忠義右衛鎮撫李壽卒。婦趙氏自經。贈宜人。
戊午。賑西平修武磁涉武安魏樂清饑。
己未。命楊士奇楊榮胡濙選會試乙榜。
蠲儀眞以北至通州沿河民雜徭。專力農應役。從清河知縣李信圭之言。
壬戌。許三司官給驛。
癸亥。清河公主薨。

甲子。復置隆慶州守禦官軍。

乙丑。許梁王瞻垍以祿米市蘇松諸物。

夜。大星赤光。出招搖旁東行至濁。

戊辰。選進士尹昌黄瓚趙智陳霽傅綱黄回祖爲翰林院庶吉士。以侍讀學士王直教習。選乙榜貢士龍文章瑤李滄梁婺黄平陳韶田鈞李蒲王鑑朱奎袁和林同柴同恩張承翰陳康龔理相佐黄輿李柰王佐鄭觀胡如暘趙象蔣榮祖。給冠帶食訓導祿。入太學。月課同庶吉士。

北京國子監丞侯復爲翰林院編修。助教張信爲檢討。俱仍監事。庶吉士邢恭爲行在中書舍人。進士李聰爲行在工科給事中。丁俊方洙李聰魏清任鳳馬謹孫毓王濬張忠李芳監生張驥王俊閻肅陳嘉謨姚善爲行在監察御史。

賑薊涿固安順義饑。

壬申。乙榜貢士戴瑺顧仲賢韋觀田盛鄭暹王澍鮑經劉善慶宋公輔求入太學。許之。餘羅彙善等四百六十四人。俱署學正教諭訓導。

命越訴不實者戍邊。

癸酉。敕招黑水西番及阿容等族。地近松潘。數盜邊。

賑通景任丘邢臺唐山沙河內丘廣宗大名元城廣平永平冀南宮博野鈞中牟上蔡湯陰通許安陽密雲化饑民。

甲戌。免濟南兗東昌馬駒及科買顏料雜役。以去年旱饑。且賑之。

遣御史巡察京衞倉。

乙亥。上作庶吉士自勵詩示輔臣。

昏刻大星青白光出東井。西行至雲中。

丙子。修和州銅城閘。

戊寅。成國公朱勇掌行在後府事。萬全都指揮同知武興毛翔錦衣衛指揮同知王瑜署行在後軍右軍左軍都督僉事。

荆門州判官陳襄請天下關津詰捕游僧。歸原籍治罪如律。從之。

築完縣南關舊河及古城北河。

曉刻月犯泣星。

庚辰。詔中外優恤軍士。否者繩以法。

兼行戶部事禮部尚書胡濙。請官俸折鈔。匹絹准四百貫。匹布准二百貫。米石准十五貫。軍餉同京官米石。從之。初濙建議。蹇義等曰。先帝監國。知折俸之薄。故即位特增數倍。豈可違之。故濙意米石作十貫。聞義等言。作十五貫。自是下吏為苦。

王世貞曰。朝祿數視前代差已薄。而自宣德以後用糧運艱窘為詞。五品以上。三分折銀。七分折鈔。六品以下。四分折銀六分折鈔。折銀每石七錢。折鈔者又改絹折銀每二十石不能一兩。於是仰事俯育且不足。而不能不假借於皁隸銀矣。正統以前。每兼一官則支一俸。固辭者允。正統以後。兼官雖三四。止從高者。或以勞績勳猷加支則為特恩。苞苴之風所以日益盛也。其便莫若內外文武官四分本色。六分折色。每石定價六錢。而皁隸銀減十分之四。聽其正身或願募當役。國家不費數萬金數萬石米。而皁隸又足當其半。抑何正大光明也。

壬午。成國公朱勇新建伯李玉及兵部選京衛幼軍萬人侍東宮。

詔軍衞餘丁在營不得過二人。餘歸有司供賦役。

四月㞢朔丙戌。都督同知馮斌鄭銘尙書李友直等修京通倉。

丁亥。總兵官都督僉事蕭授勦貴州治古答意及筸子坪叛苗。久無功。上敕勉之。或討或撫。朕不中制。初。鎭筸苗叛。蕭授兵往。賊匿山中久不出。人皆疑怯。思南副長官李盤以孤軍深入。値賊斬數十餘。力竭被執。盤素勇敢。賊曰。而銅仁李耶。思南李耶。從卒曰。銅仁。賊欲釋之。盤厲聲曰。予思南李。何必諱之。遂遇害。

郭子章曰。李長官盤死留坡。孫大參渭爲黔名儒。貴陽徐公正死忠節。岡子中丞節遂爲黔名臣。誰謂天不右忠耶。而偷生乞降何爲者。

上作廣寒殿記示輔臣。時廣寒淸暑二殿西瓊島各貯書。

戊子。應城伯孫傑使蜀邸治喪。行在工部主事張魯使瀋邸治喪。各受金幣。御史王紹等劾其于宗室如此。他更何問。上大是之。貰其罪。追所餽入官。仍戒各藩毋餽。

贈大同左衞指揮使范安妾楊氏恭人。氏自經殉安。

昏刻。月犯歲星。夜。大星青白光。出天門。南行至濁。又大星赤光。起天津。流閣道。

己丑。許廣東囚納米贖罪。

夜。大星靑白光。出文昌。流至濁。

壬辰。賑汝裕旱饑。

乙未。增行在後府經歷司都事。

丙申。敕鎭遠侯顧興祖監督牧馬。

初。四川都司以總兵官都督陳懷兵。如寧夏例分兩番遞戍松潘。至是懷飾奏番蠻爲患。仍乞三番調征。上不許。

賑河間南和灤州饑。

戊戌。詔免南畿河南山東山西旱災田租及各採買課程顏色藥味香料金銀箔油漆茶蠟桑穰糖蜜牲口柴炭蘆葦秋草木植罪罰。

辛丑。金華處州多盜。殺永康縣丞朱俊。命捕之。

壬寅。定州知州林衡言行在禮部徵藥材非其產。停之。

賑金州洵陽饑。

丙午。行在右副都御史賈諒錦衣衛指揮僉事王裕同內官興安往四川調兵討郫彭諸縣盜。盜平卽巡視軍民。

賑安雄東光尉氏饑。

丁未。太僕寺少卿□謙致仕。

庚戌。夜大星如碗。赤光燭地。自八穀流至濁。

五月朔甲寅。日本國王源義教入貢。

乙卯。琉球中山王入貢。

丙辰。夜大星赤光自亢流庫樓。

丁巳。貴州治古等長官司叛苗平。

辛酉。賑全椒肥鄉吳橋安邑饑。

癸亥。新寧伯譚忠卒。忠滁州清流人。事母孝。夙志功名。年四十二。予祭葬。

乙丑。賑順義清河宿沛確山旱饑。

丁卯。廣西總兵官都督僉事山雲討宜山等縣蠻。平之。

戊辰。賑直隸梁城守禦千戶所饑。

己巳。貸青興濟廣宗濬縣粟。

庚午。賑淮安鳳陽徐州饑。

占城入貢。

命愼選都司衞所掌印官。

壬申。召開平副總兵都督僉事方政還京。

四川總兵官都督陳懷請陝西兵征番蠻。四川轉餉。上召懷還京。敕參將都指揮蔣貴往勦。

癸酉。陳濬爲後軍都督僉事。充參將。提督開平獨石長安嶺永寧等巡備。

乙亥。文安昌平良鄉密雲冀隆平贊皇安易慶都博野定興清苑蠡完滿城高陽靜海興濟邢臺沙河任丘內丘成安西平安邑萬泉稷山大無麥禾。命寬恤。

丙子。宜興武進水災。折徵棉布。

丁丑。豐城侯李賢掌行在前府事。

賑蒙城深澤樂亭曲周絳縣饑。

己卯。夜月犯昴。

六月。壬午朔。開平千戶楊洪巡紅山。値虜引卻。誘至禮拜寺擊敗之。遂敕邊將嚴備。

癸未。右軍都督僉事方政爲平蠻將軍總兵官。參將都指揮同知蔣貴爲左軍都督僉事。充副總兵。鎮守四川松潘。

遼東總兵官都督巫凱奏。朝鮮擅攻建州衞。請詰問之。初朝鮮奏毛憐衞建州之人詐裝忽剌溫野人犯境。建州毛憐二衞謂已還所掠。上各諭之。至是止巫凱但謹備邊。

甲申。進士徐朝宗吳鎰葉清爲監察御史。

起復隴州知州宗儀。

賑遵化玉田饑。

乙酉。上作閔旱詩示羣臣。亢陽久不雨。夏景將及終。禾稼紛欲槁。望霓切三農。祠神旣無益。老壯憂忡忡。饘粥得不繼。何以至歲窮。予爲兆民主。所憂與民同。仰首瞻紫微。籲天攄精衷。天德在發育。豈忍民瘝痌。施霖貴及旱。其必昭感通。翹跂望有渰。冀以蘇疲癃。

丁亥。定松潘中鹽例。

戊子。釋輕囚。

壬辰。鴻臚寺少卿潘賜行人高遷中官雷春等使日本。賜國王源義教金幣。

甲午。裁漢中府同知金州判官。

邳州桐城望江定遠襄垣皆饑。賑之。

乙未。起復貴州右布政使王敏。

丙申。復廣安州守禦千戶所。裁房山縣丞主簿。

蠲永清固安靈壽灤城獲鹿行唐元氏藁城寧晉高邑析鄉臨城新河唐山南和鉅鹿廣宗南皮獻雞澤邯鄲

開魏長垣元城內黃懷遠靈璧海邳沭陽清河安東贛榆宿遷安丘昌邑解屯留臨晉上蔡汝鄧陝魯山新野舞陽南陽唐泌陽鎮平葉各州縣旱災田租。

丁酉夜月食。

己亥信豐會昌等縣逃民復業。

辛丑敕法司錄囚曰比命疏理獄囚。念炎暑也。旬日矣。寂不奏。謂朕虛文耶。當死罪者長繫之餘期以五日遣。須質理者。聽保領存在毋遲。馳諭中外具如敕。

癸卯齊化門外木廠火。

夜。大星赤光自壁宿流至濁。

乙巳行在大理寺左寺丞楊復爲廣西按察僉事。復忤寺卿徐初。被下獄除名。

敕江西署都指揮僉事吳堅以千人鎮守贛州衞。巡信豐南安會昌。

丙午行人章聰侯璡諭解烏蒙烏撒爭地仇殺之事。俱悅服。

戊申築臨漳決隄。

夜。大星青白光燭地自左攝提流氐宿。

己酉減稅鈔三分之一。

虜寇開平沙窩。殺百戶王貴。

行在刑部右侍郎葉春卒。春字景暘。海鹽人。本縣吏。給事禮部。永樂初尙書呂震薦之。授主事。進郎中。歷兩淮鹽運使。福建右參政。宣德三年。調四川。未赴。改巡撫蘇松常浙西。擢侍郎。致仕。賜祭葬。

談遷曰。立賢無方。豈不信哉。葉司寇起刀筆吏。以文無害推擇爲郞。奉職循理。易見也。其巡浙直。多奸豪鋤之。家怨而戶仇。能奮不自顧。非其威信足恃耶。

七月壬朔。捕宜陽永寧蝗。

甲寅。增戶科給事中戶部廣西司主事各一。專理後湖冊。

夜。大星赤光。自傳舍流女床。

丙辰。以鎬連茶課司積茶三百萬斤。准戶口食鹽給鄰衞有司。

己未。申私通番國之禁。

宥永新賊蕭彥眞等復業。

免大同等衞屯租。

庚申。昏刻。月犯房宿。

辛酉。會昌縣盜劉仁遠等伏誅。

壬戌。設武騎左右騰驤左右四衞。俱御馬監牧卒實之。

巳刻。大星青白光。流雲中。聲如雷。

乙丑。崇安廣信大雨水。

丁卯。福餘衞都指揮僉事安出告饑。求邊城貿易。免馬課。從之。

戊辰。陝西左布政使周璟以侵官磚石。改雲南右布政使。上素知其乏廉譽。語都察院曰。璟罪不止是。姑薄譴耳。

昏刻。大星青白光燭地。自左旂流建星。

辛未。敕戒羣臣修省。

壬申。虜入大同鴉兒崖。殺千戶朱銘等。

蠲南昌南康饒廣信九江吉安建昌臨江水災田租。

癸酉。敕行在戶部右侍郎王佐監督京城倉糧。

蠲膠州高密日照博興蔚渾源絳稷山安邑夏萬泉介休武安及衞輝六縣去年旱災田租。

丙子。上元江寧當塗蘇松淸河鹽城山陽桃源高郵寶應興化定遠蕭沛碭山霸州平山肥鄉淸豐南樂濬滑。俱去年旱災。寬卹之。賑高郵米三千四百石。

丁丑。少傅大學士楊榮考滿。賜褒敕。

戊寅。上與侍臣論漢高祖唐太宗皆創業者。孰優。侍臣右太宗。上曰。太宗才勝。高祖義勝。

嚴隱匿逃囚之禁。

己卯。河南左布政使魏源爲署行在刑部左侍郎。

庚辰。諭禮部。檄各省擇考官。

是月。薊州魏縣廣平河溢傷稼。

八月辛巳朔。夜大星赤光燭地。自軍井。四小星隨之。流游氣。

壬午。雲南總兵官太傅黔國公沐晟。以摩沙寨萬夫長刀甕等侵據馬龍他郎甸長官司。請都督同知沐昂討之。命馳諭。果不順。進師。

夜。大星青白光燭地。自奎西流營室。

癸未。宥四川都指揮宮聚趙諒罪。初總兵官陳懷遣之夜走襲叛蠻。適天曙賊覺。諒被執。尋脫歸。以都指揮邢安先退也。下安獄。

甲申。復廬陵忠節祠。祀歐陽修周必大楊邦乂胡銓楊萬里文天祥。

乙酉。華陽王悅燿薨。謚悼隱。

大理寺左少卿山陰呂升致仕。

己丑。夜大星青白光燭地。自危宿流羽林軍。

辛卯。濟寧東平汶上陽信長山歷城淄川蝗。捕之。

安南黎利入貢。

壬辰。召南京兵部右侍郎徐琦。命南京户部尚書黄福兼兵部事。

行在右軍左都督陳懷有罪下獄。懷鎮四川。尊嚴如王者。受賄占田宅。縱酒失事也。

癸巳。裁行在户兵工部大理光祿鴻臚北京行太僕寺及順天府冗中等官七十七人。

甲午。洛陽偃師孟津鞏猗氏滩新城滁全椒來安丹陽江陰各旱災。命户部寬卹。

湖廣都指揮同知黄榮卒。揚州人。

丁酉。賑瑞昌縣饑。

己亥。寧夏總兵官都督僉事史昭進嘉禾。

南京都知監請修內府各公署。不許。

癸卯。行在工科給事中卜謙爲陝西按察僉事。仍授內豎書。

進士趙金盧琉蕭啓房威張慶施慶監生張羽邢端成功吳誠尹晉張善李岷爲行在監察御史。

復楊清扶風典史食正九品俸。

丙午。昏刻熒惑犯南斗魁。

丁未。昏刻。熒惑犯南斗。

閏八月辛亥朔。蘇門答剌國王宰奴里阿必丁古里國王比里麻。柯枝國王可亦里錫蘭國王不剌葛麻巴忽剌比佐法兒國王阿里阿丹國王採立克那思兒甘巴里國王兜哇剌別忽魯謨斯國王賽弗丁加異勒國天方國各入貢。天方進麒麟。上御奉天門受之。蘇門答剌以弟哈利之漢來朝。卒京師。贈鴻臚寺少卿。賜祭葬。

夜。大星赤光。自北河流至濁。

壬子。昏刻。彗出天倉。芒丈餘。己巳入貫索。掃七公。己卯入天市垣。又二十四日滅。

癸丑。日本入貢。

丁巳。長沙知府李郁署行在兵部右侍郎事。

貴州左布政使孟驥致仕。

南京監察御史張僉失於奏對。降秀水縣丞。

戊午。昏刻。景星見天門。

己未。禮部請賀景星。不許。

慶王栴進嘉禾瑞麥。

甲子。置遞送日北軍四宿舍。

丙寅。夜。大星青白光。自參流濁。

己巳。召南京都察院右都御史熊槩。

夜。大星青白光。自天鈎流游氣。

庚午。昏刻。彗出貫索。三十四日滅。

辛未。昏刻大星赤光流雲中。

甲戌。夜大星赤光自文昌流至濁。又大星自天苑流至濁。

乙亥。兀剌順寧王脫歡遣使來朝。廷臣言明使者三入兀剌皆未返。宜留之。上曰。尤而效焉。非禮也。敕曰。明三使人於王矣。皆未返。我國家撫遠甚厚。王亦效誠意。阻於道路乎。使歸遣之。

丁丑。昏刻歸邪星見。色黃赤。

談遷曰。戊午景星見天門。學士王直進頌。鄭曉曰。是月有怪星。或曰歸邪。按王充論衡。王莽時太白經天。精如半月。唐咸通五年彗出於婁。長三尺。司天奏爲含譽瑞星。宣示中外。今彗與景疊見一時也。

戊寅。賑霍丘饑。貸糧五千九百八十五石。

九月庚朔。癸未。許諸生年四十五以上貢禮部。

貸餘杭於潛昌化建德遂安分水饑民粟。

丙戌。暹羅國王悉里麻哈入貢。

戊子。夜大星赤光自南河流至濁。

庚寅。昧爽大星青白光自天船流雲中。

辛卯。夜大星赤光自北斗魁流紫微垣。

壬辰。昏刻大星青白光自天紀流華蓋。

戊戌。熊概理行在都察院。

罷四川梁山採銅。時僅得銅三千三百餘斤。費工一月。

巳刻太白見。凡十七日而滅。

己亥。敕各邊將嚴守備。時和寧王阿魯台部屬沓卜犯涼州永昌。甘肅總兵官都督劉廣。遣指揮使李榮追敗之。殺沓卜等八十餘人。擒三十餘人。

夜。大星青白光。自壁宿流雷電。又大星自弧矢流雲中。

癸卯。順義伯金順卒。順夗剌人。初名阿魯哥失里。永樂七年降。授大寧都指揮僉事。八年從北征。進同知。洪熙初進都督僉事。宣德三年從巡邊。明年封。卒賜祭葬。子忠。指揮僉事。

乙巳。夜大星赤光。自北斗魁流游氣。

丙午。陝西按察副使酈埜爲應天府尹。

復王璉行在湖廣道監察御史。璉嘗使遼東。設斥堠。嚴橫擾。坐累遣戍。遼人訴其功也。

復賈忠吳江知縣。祿從六品。

戊申。置雲南東倘長官司。仍隸緬甸。

十月

壬子朔。置雲南鈕兀長官司。

壬子。木邦宣慰使罕門法奏麓川平緬宣慰使思任發侵占緬甸宣慰使莽得剌亦奏木邦侵地。孟璉長官司奏孟定侵地。下沐晟計之。

乙卯。夜大星青白光。自星宿流至濁。

丙辰。少師吏部尚書蹇義少傅大學士楊士奇各滿三考。賜敕。

起復茂州知州陳敏。

丁巳。夜大星赤光燭地。自天陰流閣道。

戊午。行在刑部左侍郎樊敬致仕。

庚申。前吏部右侍郎王讓卒。讓益都人。監生。授國子學錄。進助教。直東宮。進右贊善。上卽位。拜侍郎。有儒者矩度。篤於自守。

癸亥。大星赤光。自氐宿流游氣。曉刻。太白犯亢。

乙丑。夜大星赤光。自營室流至濁。

丙寅。雲南金齒永昌千戶所改潞江州。千夫長刀珍罕爲知州。

滿剌加國王西里麻哈剌者來朝。

平江伯陳瑄卒。瑄合肥人。父聞。官指揮同知。坐罪。瑄代戍遼陽。與賈哈剌再日二十戰。累進都督僉事。建文時。召防江。具舟迎北軍。太宗卽位。封流伯。以總兵治漕內渠有功。洪熙初。許世襲。追封平江侯。諡恭襄。贈太保兼太子太傅。

袁袠曰。成皇帝定鼎幽燕。據天下形勝。以制御北虜。輓運東南。其初海運多漂溺之患。賴平江之功。疏通河渠。鑿石築隄。江浙之粟。皆輸淮歷濟灌輸京師。誠萬世之利也。今黃河數徙。漕渠淤淺。議者不知疏濬之術。而驟開昭陽新河。卒以中止。又有議復海運者。何迂闊也。予嘗北遊。涉淮濟間。觀夫大隄高柳。路人猶能談平江伯之遺烈。噫。安得興事成功。上利國家。下安黎民。如斯人者哉。

戊辰。河南布政司右參政周銓爲行在左通政。

庚午。貸崇安上杭饑民粟。

甲戌。昏刻。熒惑犯壘壁陣星。夜大星青白光燭地。自天廩流天苑。

戊寅。總兵官都督劉廣鎭守都督劉昭及太監王安。問罕東番寇劫殺使臣之罪。

十一月庚朔。昏刻。大星赤光。自天倉流參宿。

壬午。禁私文由驛。

乙酉。署左軍都督僉事指揮同知王瑜爲都指揮僉事。充副總兵。專督漕運。

辛卯。曉刻太白犯罰星。

癸巳。誅江西盜朱南鵬。

夜。大星靑白光。自北河流文昌。

丙申。仍給永寧衞瞭卒皮裘狐帽。

甲辰。進士徐珵賴世隆吳節李紹姜洪虞瑛潘洪王玉陳金劉實鄧建方熙何瑄俱選翰林院庶吉士。學士王直敎習。

丙午。夜。大星靑白光燭地。自軒轅流文昌南。京地震。聲如雷。

戊申。和寧王阿魯台入貢。

己酉。命行在吏部選外吏文學之士。明日。列六十八人。命閣試。得知縣孔友諒。進士胡瑋祁慶莊宋璉。敎諭黃純徐惟超。訓導婁昊。改進士爲庶吉士。餘歷事六科。

十二月朔甲寅。淸平侯吳成卒。成遼陽人。初名買驢。洪武二十年來歸。充永平衞總旗。從靖難。累進山西都指揮使。歷征胡功。宣德初。追錄大松功。封卒。追封梁國公。謚壯勇。

太子太師署戶部事郭資卒。資字存性。武安人。洪武乙丑進士。授戶部主事。進左僉都御史。改北平右參議。左布政使。從靖難。守城給餉。太宗嘗曰。朕蕭何也。卽位。拜戶部尙書。平生一介不取。年七十三。追封湯陰伯。謚忠襄。子佑。廕戶部主事。

己未。昏刻大星赤光。自壘壁陣。數小星隨之。流至濁。

癸亥。遣金吾右衞百戶劉祥使烏思藏。
己巳。夜大星青白光。自紫微西藩流至濁。
壬申。赤城備禦都指揮僉事方貴還守松潘。
甲戌。行在工部右侍郎羅汝敬以往陝西提督屯種受賂。引伏。下獄。

甲寅宣德九年

正月朏朔癸未。夜大星青白光燭地。自七公流天棓。
乙酉。虜百餘人牧大同官山近地。命招之。
辛卯。上南郊。
丁酉。行在戶部議運糧屯糧及納贖事例。
虜也先帖木兒來歸。敕寧夏總兵官都督僉事史昭以虜狡毋墮其計。
增給宣府諸衞神銃。
癸卯。萬全都指揮使馬昇充參將。提督開平獨石長安嶺永寧等處備禦。
夜。大星赤光。自庫樓流至濁。
甲辰。夜大星赤光燭地。自天棓流天津。
丁未。貸武平縣饑民粟千一百七十一石。
二月朏朔庚戌。賑淮揚鳳陽徐州。停買辦科徵。
乙卯。敕河南山東山西兩畿淮揚滁徐三司及巡按御史加意撫綏。

遣諭曲先等衞。

戊午崇信咸陽漢陰雹災停徵。

昏。刻大星赤光。自天船流至濁。

己未。未刻大星如斗。赤光流至濁。

庚申。上朝罷出思賢詩示羣臣。

辛酉。擇武場於平則門外。或言民樹藝之地。罷之。仍德勝門外。

命行在監察御史二人察視光祿寺。

甲子。改冗甸長官司隸都司。

乙丑。武安侯鄭亨卒。亨合肥人。襲副千戶。持榜招胡。進指揮僉事。從靖難功封。後鎮大同。境內晏然。嚴肅重厚。善撫士卒。人不敢干以私。追封漳國公。謚忠毅。妾張氏自經。贈淑人。

丙寅。募商中鹽開平。舊二斗五升。減一斗。

辛未。罷行在右軍左都督陳懷。

廣寧伯劉湍卒。以不知檢身。止賜祭。

癸酉。建州左衞都指揮僉事凡察爲都督僉事。

甲戌。嚴攬納之禁。

上閱四罪。遣有差。

敕沐晟及三司勦楚雄等鑛盜。

乙亥。妖僧李卓等伏誅。

夜。大星青白光。自星宿流雲中。

丁丑。南京刑部右侍郎段民卒。民字時舉。武進人。永樂甲申進士。選庶常。授刑部主事。歷郎中山東左參政。署南刑部。所至舉其職。寛恕廉潔。終不負學。年五十九。予祭葬。成化中。謚恭肅。

瓦剌脫脫不花王子率衆至兀良哈海襲殺阿魯台妻子部屬。阿魯台輕騎走。

三月戊戌朔。皇太子始受朝於文華殿。

敕各按察司及巡按御史並兩畿督察都司衞所官貪賄侵餉之罪。

廣西總兵官都督僉事山雲討思恩叛蠻。斬千五百五級。又慶遠蠻忞掠。命廣東都指揮將千五百人助勦。

己卯。夜大星青白光。自匏瓜流危宿。

庚辰。召鎮守遼東太監王彥。

壬午。貴州總兵官都督蕭授請討都勻衞合江州等叛蠻。命善御之。毋輕用兵。

夜。大星赤光。自天槍流文昌。

癸未。行在翰林編修陳詢爲修撰。國子助敎王仙加檢討。

甲申。廣西總兵官都督僉事山雲奏。黎利死。長子狂暴。次子麟幼。奸臣黎問黎察搆黨仇殺。諒山土官阮世寧等來歸。命受之。

乙酉。琉球中山王入貢。

丁亥。中軍都督僉事祁英卒。儀封人。

辛卯。行在浙江道監察御史張駿爲行在大理寺左少卿。行在刑部郎中賀祖嗣爲右少卿。

壬辰。申內府擅修之罪。

敕南京守備襄城伯李隆僉都御史吳訥等如眞盜卽決。

甲午。嚴皇城出入及守衞交直之禁。

山雲剿潯柳及思恩叛蠻斬七百三十六級。

乙未。賑登州武進興化徐州任丘保安蓬萊寧海萊陽招遠棲霞福山及萬全都司災民。

丙申。知府李郁爲行在兵部右侍郎。布政使魏源爲行在刑部左侍郎。

庚子。命都督劉聚總督南京湖廣運物。監察御史周暐協治。

倭二十餘艘寇連江縣。

辛丑。起復行在刑部右侍郎白勉。禮部右侍郎吾紳。

四川布政司右參議沈升服闋。命參贊薊州軍務。

福建都指揮鄒玉捕盜尤溪南靖間。死之。

壬寅。夜大星青白光自太微垣流翼宿。

癸卯。命行在錦衣衞指揮王裕御史張琦往安慶捕盜。

四月幟朔。辛亥。賑安陸黃陂等縣。

夜。大星青白光燭地。流雲中。

癸丑。設畢力朮江衞指揮使司。西番孔道。其部長迎送勅使有禮。上嘉之。以管著兒監藏阿黑巴爲指揮僉事。

貸鳳陽饑民倉粟。

丁巳。罷南昌臨江廣信顏料竹木等雜派。

己未。錄輕囚。

兵部右侍郎徐琦還自安南言黎麟告喪。

庚申建州左衞都督僉事凡察奏去年野人木荅忽木冬哥哈當加等糾七姓野人入寇殺右都督猛哥帖木兒。宜問罪命指揮僉事施者顏帖木兒等諭宥之。

辛酉迤北和寧王阿魯台言爲瓦剌所敗上敕慰勞之。

乙丑滿剌加國王西哩麻哈剌入貢。

戊辰上閱獄決遣千三百餘人。

宥行在工部右侍郎羅汝敬罪充爲事官仍提督陝西屯租。

壬申定北畿山東贖罪納米例。

賑富陽錢塘昌化上虞山陰會稽定海鄞縉雲嘉興黃巖饑。

行在鴻臚寺丞劉清受人二金論死已謫佃通州右都御史熊概執論仍繫之。

五月丁丑朔濟寧滋陽鄒祥符蝗命捕之。

戊寅順慶府大雨水。

己卯行人郭濟朱弼往祭安南黎利。

定貴州輸粟贖罪例大辟三十石流罪二十五石徒罪以下遞減有差。

壬午瘞京師暴骸。

募商中鹽輸粟密雲黑峪口倉資霧靈山採木軍匠。

癸未書讓遼王貴烚以諸弟失愛也。

暹羅入貢。

賑蘇州和州吳橋安邑旱饑。

孝陵衞指揮使梅景純卒。予祭葬。梅殷子。

甲申。夜大星赤白光自羽林軍流至濁。

己丑。河南按察使朱仲安卒。仲安蕭山人。授教諭。自武進主簿進知縣。降定興縣丞。薦拜御史。進湖廣按察副使。調交趾。降御史。還今官。仁宗嘗曰。朱仲安御史之翹楚也。居官廉重務存大體。

癸巳。北京國子監助教潘哲加行在翰林院檢討。

復師懋沔陽衞經歷。祿從六品。周禮靈壽縣丞。祿從七品。

乙未。敕責巡按浙江監察御史王憲及三司捕盜。

許宜黃縣苧布准租。

貸和州滑縣官廩。

丁酉。嚴侵害軍士之禁。上曰。朝廷優恤軍士。贍以衣食。使感恩而勇公戰也。比聞官旗吏胥率侵牟其月糧布絮。主者或夤緣下鄉。以其糧絮易賄充饋。則蛇豕也。欲便按法行誅。謂朕不教而殺。自今犯者死。家戍邊。

庚子。起復行在禮部右侍郎吾紳。至京。改南京刑部。

行在戶部議屯軍如洪永例。邊衞十三。城守十之七。內衞十二。城守十之八。從之。

昏刻。歲星犯軒轅大星。

是月。薊霸武清永清東安固安曲周廣平鉅鹿元氏各大雨水。

六月。犆朔丁未。占城國王占巴的賴入貢。

戊申。今秋期民居離城二十餘丈。毋偪城。時民家火延燒文明門樓。

修容城決隄。

昏刻大星青赤光燭地自房宿流斗•又大星赤光。自太微西垣流游氣。又大星自文昌流至濁。

己酉木柵長官司改隸施州衞。

壬子。復樊鎭山西布政司左參政。祿正三品。

授巫英廣寧衞指揮僉事。上聞巫凱中流矢傷足。故錄其子。

乙卯。夜大星赤光。自婁宿流梗河。

戊午。廣西總兵官都督僉事山雲爲右軍都督同知。

庚申。成國公朱勇禮部尙書胡濙封什迦也失爲萬行妙明眞如上勝淸淨般若弘照普應輔國顯教至善大慈法王西天正覺如來自在大圓通佛。

錄廣西征蠻功。

甲子。雨雷震大祀壇西門獸吻。

昏刻大星青白光。自南斗流至濁。

丙寅。蜀王友壎薨。初封羅江王。淳厚端謹。言動率禮。未嘗有過。年二十六。諡曰僖。

免涿文安鉅鹿去年水災田租千三百四十五石。

丁卯。夜大星赤光。自左攝提流至濁。。旦赤星自雲中流至濁。

戊辰。昏刻。赤星自東咸流角宿。

己巳。以遼王貴烚恨衡陽王貴烪母子遏絕之。上書諭其速改。

豐城等縣饑民強掠富家穀。巡撫侍郎趙新等請罪之。上不許。敕賑撫之。

庚午。增桂陽興寧縣丞主簿各一。

免涿州文安等災租二萬八千八百七十二石。

渾河水決狠窩口至小屯廠。

溧陽江寧通泰如皋興化泰興蕪湖來安和含山稷山各旱災。

辛未。除青萊揚江浦永平廣平河間平陽霍遣租。

行在工部尚書吳中請禁蔚州湖廣產木山場擅採伐。上以利民姑已之。

趙欒城高邑隆平寧晉蕭無爲臨邑德武定陽信樂陵陵縣各旱。

七月丙朔丁丑。夜大星赤光自危宿流雲中。

己卯。昏刻大星青白光。流雲中。

癸未。夜大星靑白光自畢宿流參宿。

甲申。增騰驤右衞指揮同知一。

大名元城內黃南樂長垣魏滑邯鄲雞澤肥鄉成安永寧靈璧山陽安東汶上濮濰壽光長山輝汲獲嘉新鄉胙城湯陰安陽臨漳修武濟源河內溫孟滎陽河陰蘭津汜水延津滎澤各大蝗覆地尺。遣御史給事中錦衣衞官分捕。

乙酉。蠲通州宛平遵化大城文安保定香河淸苑高陽新安新城雄完任丘淸河水災田租。

夜大星赤光。自虛宿流雲中。

辛卯。捕蝗於歷城長淸齊河齊東禹城肥城平原鄒平商河文登沭陽鹽城河津。

夜大星赤光流雲中。

庚子罕東念刋族番札兒加等伏劫使之罪。宥之。

壬寅。行在翰林編修習嘉言爲修撰。

復鄒良邵武知縣。孫珏鉛山知縣。祿從六品。俱秩滿。邑人奏留。

雲南布政司左參政楊應春。以冗員改南京太僕寺卿。

行在山西道監察御史梁軫巡按江西。坐妄劾王府違禮。謫元謀典史。

癸卯。夜大星青白光自紫微東藩流至濁。

是月脫歡復襲殺阿魯台及失揑干。部屬潰散。

八月癿朔。己酉寧國大長公主薨。年七十一。

丁巳。行在太常寺卿兼翰林學士楊溥爲行在禮部尚書。仍兼學士。

起復行在刑部右侍郎白勉。至改南京。

戊午。工部請發河間眞定保定壯丁協築渾河口東狠口決岸。從之。都督鄭銘董其役。

己未。捕蝗高郵。

行在右僉都御史淩宴如卒。宴如歸安人。善書。授吏科給事中。宣德二年僉院。雖和易。在憲府依隨唯唯。清議無取焉。予祭葬。

壬戌。蠲遼東大寧屯租。

甲子。免兩畿山東馬課。

敕巡撫侍郎吳政周忱于謙趙新曹泓及湖廣河南江西三司中都留守司遼東都司兩畿郡縣各巡按御史。以災傷數上。免今年秋糧屯糧十之四。

乙丑。遣行在刑部左侍郎魏源敕諭永豐等縣亂民。宥其罪。又遣指揮任禮率兵繼之。

止湖廣河南江西兩畿工部派辦物料。召催辦官回京。即餘郡縣非災地亦從緩輸。毋迫。

丙寅。曉刻。月犯井鉞星。

丁卯。昏刻。大星赤光。自斗宿入房。夜大星青白光。自五車流至濁。

戊辰。選四夷館譯書三十人肄翰林院。

修桑乾河橋。

上聞阿魯台爲瓦剌所殺。部屬離散。命來降者官之。

己巳。瓦剌順寧王脫歡入貢。告殺阿魯台。請獻前元玉璽。敕曰。比北虜降者。皆言阿魯台已爲瓦剌所殺。部屬分散。有渡河依邊者。朕憫其失所。亦慮困窮或鼠竊。其令總兵官嚴邊堠。善待其歸附者。朝廷且處之善地。與官職俸賜。王克紹爾先王之志。來朝進貢。具見勤誠。玉璽亦悉王意。然觀前代傳世之久。歷年之多。皆不繫此。王可自留。

左軍都督僉事婁兒里卒。先永平人。洪武中歸附。授燕山中護衛鎮撫。從靖難。

虜入大同榆林莊陽和口。

癸酉。命行在翰林修撰馬愉陳詢林震曹鼐編修林文龔錡鍾復趙恢大理寺左評事張益同庶吉士薩琦何瑄鄭建江淵李紹姜洪徐珵林補賴世隆潘洪尹昌黃瓚方熙許南傑吳節葉錫王玉劉實虞英趙智陳金王振逯端黃回祖傅綱蕭鎡陳惠陳睿於文淵閣進業。俱上試之左順門。第其等。賜賚有差。

祁易唐蠡定興博野安肅容城定河間昌平鄚洋通許各大雨水傷稼。命行在戶部遣視。且寬恤之。

甲戌。夜大星赤光燭地。自北河流文昌。

[illegible]月[illegible]朔。蠲江都安陸等五縣今年災租。

戊寅。蘇常松江鎭江旱。命寬恤。

庚辰。將巡邊。命少師蹇義少傅楊士奇楊榮禮部尚書吳中等扈從。

壬午。少保戶部尚書兼武英殿大學士黃淮陛辭。賜御製詩及鈔二千貫。

癸未。上發京師。宿唐家嶺。

甲申。次龍虎臺。

乙酉。度居庸關。宿岔道。

丙戌。獵。

丁亥。獵。

戊子。次懷來。夜。召楊士奇幄中。問所見。曰。居民比五年過時增多矣。上曰。然。士奇曰。臣問途人。今年大稔。上喜。示御製詩數首。

己丑。次雷家站。

庚寅。次宣府之泥河。

辛卯。次萬全。

夜。月犯昴宿。

壬辰。代王桂請朝。書止之。

癸巳。虜朶兒只伯等竊寇涼州殺掠。

甲午。後軍左都督譚清卒。大興人。從靖難。

乙未。阿魯台子阿卜只俺來歸。

丙申。次安家堡。

丁酉。次洗馬嶺上歷覽城堡。謂近臣曰。比五年又謹飭。此邊將克用命也。

戊戌。江西按察使童寅卒。寅字以敬。隨州人。永樂甲申進士。授御史。歷按南畿雲南遼東。皆著丰采。進交阯按察使。改江西。廉介勤敏。疾不廢事而明恕。故吏民哀慕之。家無餘貲。婦孺困悴。

夜。大星赤光自柳宿流雲中。

己亥。獵。諸將請因獵掩虜。上曰。彼不爲患。且朕已遣諭。非信也。夜問楊榮曰。諸將計胡如何。對曰。虜聞駕出必先遁。雖出兵何利。徒失戎心。上曰。何也。曰。陛下屢敕招之。獵今感恩而來。遽擊之。則前敕爲誘矣。上善之。賜酒饌。

夕。大星青白光自雲中流至濁。

庚子。上回沙溝。

辛丑。次泥河。

壬寅。次雷家站。

癸卯。次懷來。

是月。霍州學正曹端卒。端字正夫。澠池人。篤尚理學。專靜研究。座下著足處兩甎皆穿。事父母孝。肔志愉色。父信佛。端作夜行燭書。略曰。佛氏以虛爲性。非天命之性。人受之中也。老子以虛爲道。非率性之道。人由之路也。其辨析甚精。父卒向於學。永樂戊子舉於鄉。己丑授霍州學正。殆十年。憂去。廬墓六載。壬寅服闋。改蒲州。甲辰考績。吏部。蒲霍諸生各疏留之。太宗以霍先覓予霍。霍人親之如父母。及卒。巷哭。留葬焉。子曰瑜曰琛。亦廬墓先後死。葬墓旁。正統中。僉事張敬祠於澠池。丁巳。編修黃□捐貲返其葬。端所著四書詳說。太極圖通書西銘釋義。經述。解性理。文集。儒家宗統譜。家規輯。存疑錄。及夜行燭諸書。彭澤曰。我朝一代文明之盛。經濟之學。莫盛於劉誠意。宋學士。道學之傳。斷自澠池。始致書河南巡撫。請上章從祀文廟。

崔銑曰。月川曹端之敦篤。介庵李錦之清固。學皆守朱氏。識或未逮。沿襲之近也。荒陋之中。卓然自興。今士習改。民僞滋。安得斯人矯之哉。

何喬遠曰。仲尼一生好學人也。而當其身。魯國之人已謂之聖人。今欲爲聖人而不由學。可乎。朱氏生於有宋諸儒之後。直欲上接乎洙泗之傳。推明大學格物致知之旨。明興。高皇帝立教著政。因文見道。使天下之士一尊朱子爲功令。自餘姚王氏出。始卓然自振。其始爲知行合一之論。其終又爲致良知之說。至今天下翕然歸之。竊其緒者。多別摘一言一行以爲顓門。其意皆欲返躬而歸諸實。而其弊也不免於高虛。夫儒未有不學者也。有明諸儒二百年來從祀孔廟者。薛河東。陳新會。胡餘干。王餘姚。四子。其他篤行尙俟更僕。就論四子之學。則河東餘干。恂恂乎聖人之教。而新會以靜。餘姚以頓。論者皆疑其入於陸氏之禪。予觀新會少年盡讀天下之書。晚節俛仰天地萬物。嗒然而悟。而後敎人以靜。餘姚故馳騁經史文字。最後得良知之說。則皆未嘗不以學入者。夫奈何以之入門。不以設敎也。吾師乎。吾師乎。

馮時可曰。嗟乎。近世學者紛紛爲標識。爲門戶。何多歧哉。倘二氏則虛寂其萬。而並虛寂其一。驚百家則綢繆其萬。而遂曶闇其一。若蹈冥海而罔測東西。處榆枋而不知廣大。弊也久矣。如先生蹠玄閫。蹈實域。眞學者指南哉。浮沈一博士十餘年而不徙官。甚矣世之輕儒也。

林之盛曰。月川先生勵志甚嚴。其窮理篤學。庶幾得聖人之情。使之斷然以聖爲可學。眞自先生啓之。彭濟物之言不謬也。嘗考國朝諸先生之學。敬軒嚴。敬齋純。陽明夸。白沙高。吳聘君毅。陳布衣。胡太僕正。雖立敎有殊。其反身實踐則一。故信今傳後。設科待來。有以也。且夫學以自學。非有可講以示人。獨文成講學之會特盛。然文成得龍溪泰州講之而益光。亦自龍溪泰州講之而啓弊。決裂至顔山農李贄一派。大壞極矣。安得眞實若河東澠池六七先生之身教。俾正學爲有託。不然。其講是也。其人非也。亦何取於能言哉

張鼐曰。孟氏稱有諸己之謂信。曹先生其信人也。夫醇粹平實。亦既有之矣。觀其所著述如月川書圖夜行燭諸篇。如穀之必飽。豈第以渺論立門戶者哉。浮沈博士十年不徙官。豈篤實之效耶。易言不成乎名。不見是而無悶。若先生者。更亡得而稱焉。其亦幾於潛有龍德矣。

十月甲辰朔。駕次龍虎臺。

夜。大星青白光。自游氣流至濁。聲如雷。

乙巳。次唐家嶺。

丙午。還京。

永豐賊夏九旭等就擒。餘受撫。召任禮等回京。

灊山知縣兪益卒。益餘杭人。進士。預修永樂大典。授靖安知縣。民德之。憂去。起補灊山。持己愛民。始終一節。公暇授諸生春秋。卒時室如懸罄。吏民哀之。助其殯。

丁未。虜五十餘騎入山西長城東溝。官軍擊斬十餘級。

己酉。免溧水六合江寧上元句容當塗災租。且賑之。

武昌荆長沙岳德安漢陽衡永杭衢金華紹興各旱。命行在戶部分遣寬恤。

賑鳳陽淮安揚廬徐滁和濟南東昌兗獻縣旱饑。

夜。大星青白光。自北河入軍市。

辛亥。錮奉新豐城清江旱災田租。

昏刻。大星青白光。自天市東垣流至濁。夜。大星赤光。自王良流至濁。

壬子。夜。大星赤光。自弧矢流至濁。昧爽。大星青白光。自軫宿流至濁。

癸丑。夜。大星青白光。自天苑流至濁。

甲寅。命黎利子麟仍權署安南國事。初。麟遣門下右司侍郎阮富。右刑院郎中范時中。上表請命。遣禮部右侍郎章敞。行人侯璡往。又行人郭濟。朱弼祭利。麟一名龍。改紹平元年。僞謚利太祖高皇帝。

廣州府吏董玭以撫猺二百十五戶附籍。授懷集典史。俾專招撫。

行在都察院右都御史熊槪卒。槪字元節。豐城人。永樂辛卯進士。授御史。進廣西按察使。改廣東。仁宗拜大理寺卿。治水吳中。兼巡民瘼。宣德初賑饑。鋤豪。召進南京右都御史。內召。或誣其受金。不聽。年五十。予祭葬。槪初姓胡。官大理後改熊。姓既大用。改素節。徇子弟之欲。昧是非。虧廉行。君子惜之。

乙卯。盜入奉新縣。

曉刻。大星青白光。自文昌流至濁。

丙辰。行在大理寺左少卿張駿改行在左僉都御史。

四川總兵官都督僉事方政等討松潘蠻。初。政以精卒五千擊其西北。副總兵都督僉事蔣貴以四千人破任昌大寨。都指揮趙得宮聚等各進兵。先後斬千七百餘級。墜溺亡算。進政。貴左軍都督同知。敕勞之。餘陞賞有差。

松江旱災。巡撫周忱奏以棉布萬五千九百二十五匹折支武官月俸。從之。

丁巳。革雲南車里靖安宣慰司。復車里軍民宣慰司。

壬戌。敕責甘肅總兵官都督僉事劉廣縱虜入寇之罪。時虜寇涼州。廣追擊之不及。還。
夜大星青白光自北斗杓流至濁。
癸亥。遣視西安延安旱災。命寬恤之。
甲子。罷陝西買馬。從右布政使王敏之言。
乙丑。上聞代王桂褻服行游市中。捶擊人。書戒之。
召四川總兵官都督同知方政還。命副總兵左軍都督同知蔣貴爲平蠻將軍總兵官。仍鎮守四川松潘。
土魯番舍人卜烟川兒等來歸。授正千戶。
行在翰林院學士沈度卒。度字民則。華亭人。善書。授翰林典籍。累進侍講學士。宣德初進學士。孝友眞靜。不苟附合。雖故舊未嘗輕造。士論高之。年七十。予祭葬。
寧夏總兵官都督僉事史昭追虜至闊台察罕。擒男婦四十人。械入京。
丁卯。免浙江湖廣江西兩畿逃民復業徭賦一年。
南京國子司業陳敬宗爲祭酒。北京國子助教劉琢加行在翰林院檢討。金鄉教諭趙琬爲行在翰林院待詔。
復朱景賢長沙府通判。祿正五品。
許江南絕戶所遺田亡論古額近額。並視民田起科。從周忱之言。
辛未。夜大星赤光自文昌流至濁。
壬申。敕緣邊總兵鎮守官曰。今西北胡虜敗者離散。勝者驕縱。當嚴兵保境。若虜境外往來。不侵擾。聽之。勿妄動開釁。來則戰。去勿追之。
十一月庚申朔。丙子。阿魯台部屬把塔等來歸。授正千戶。

戊寅。裁賀縣縣丞主簿。

己卯。近臣言遼東外屬夷以幼子來易米。恐爲他日患。宜禁。上曰。此饑耳。命總兵官巫凱等給其直。送幼子京師。

曉刻。熒惑犯氐宿。

壬午。肅州衞指揮同知胡祺等巡邊。至窰兒站。値虜。斬六級。

乙酉。夜。大星赤光。自參南流至濁。

丙戌。夜。大星赤光。自昴流至濁。

庚寅。歸朝鮮流人於揚州者七十八人。並諭國王備黑龍江七姓野人。時議侵朝鮮也。

免永嘉平陽魚課。

辛卯。行在戶部言北京養象馬牛羊等處倉場收料之奸弊。命通政使李暹等往來督察。仍戒監收御史等官。

許吉安官廪貸饑民。

壬辰。昏刻。太白犯壘壁陣。

癸巳。上憫寒。罷緣河軍民運木。俟來春就役。

乙未。臨江吉安瑞袁撫贛南昌南康平陽蒲州各旱。遣覘寬恤。

戊戌。錄囚百六十四人。俱伏罪。宜論。命繫之。

己亥。翰林官講周書畢。上因論周事曰。周家積德數十世而復興。其本已深。成王守成。周召輔之。皆天也。豈偶然哉。

昏刻。塡星犯太白。

庚子。併裁貴州新化府入於黎平。新化湖耳亮寨歐陽中林驗洞龍里赤溪楠峒七蠻夷長官司皆隸黎平府。

蠲四川田租。

前戶部尙書兼謹身殿大學士陳山卒。山字伯高，沙縣人。貢士。敎諭奉化。預修大典。自敎官薦授吏科給事中。侍上講讀。進左庶子。及卽位，進戶部左侍郎，直閣。寡學亟利，昧於大體。漢庶人反，請執趙王。見薄。歸不加禮。年七十。

曉刻，大星青白光，自庫樓流雲中。

辛丑，召建寧知府張順署南京工部侍郎事。

壬寅，監察御史顗文林檢南京贓罰庫索賂，又私囚婦，戍遼東。

癸卯，行在禮部言：宣府總兵官譚廣立彌陀寺，朝玄觀，欲度幼軍爲僧道。上不許。

十二月岬朔，監生李源爲永寧宣撫司訓導。本司人。

丙午，有僧自陳欲募化，祝聖壽。斥之。語侍臣曰：商中宗、高宗、周文王皆享祚緜遠，其時豈有僧道。自秦皇漢武求神仙，梁武帝事佛，宋徽宗事道，其效可見。何世之未悟也。

戊申，命雲南罪囚如在京例納贖。

己酉，嚴內官內使侵盜官物之禁。

貸樂清遂安桐廬彭澤饑民官廪。

曉刻，熒惑犯鉤鈐星。

庚戌，內使馮林出郊調鷹，杖殺平民。立誅之。

甲寅，蠲阜平平谷縣田租。

乙卯。夜大星青白光燭地自天囷流天苑。

己未。甘肅總兵官都督僉事劉廣言朵兒只伯以三千人屯也可林察兒丹之地去涼州十餘里絕糧欲來歸。且乞還其甥卜魯罕虎里。上諭行在兵部尚書王驥曰朵兒只伯必不來宜嚴邊備。

庚申。泰州儀眞寶應道州永明桂陽臨武藍山衡山鄖雲夢潊浦涪各饑疫。上諭禮部尚書胡濙等曰。水旱饑癘。四方薦告天災頻仍。民何以堪。朕深憂懼。卿等勉圖匡濟有可回天捄民者。其悉以聞。

辛酉。王驥請招撫朵兒只伯若來歸亦省邊慮。從之。

壬戌。行在吏科給事中儀銘爲行在翰林院修撰。進士李素宋傑爲行在吏兵科給事中。陳詔李彬李瓘爲行在監察御史。

上朝退御文華殿召楊士奇等。示御書洪範篇及序。因曰。朕在宮雖寒暑不輟覽。各對曰。願陛下此心終之。上笑曰。卿等亦常須直言。

癸亥。巡撫江西侍郎趙新言。湖口德化彭澤歲欠蘆葦。奉詔宣德六年前皆免。今工部以歲辦不在免例。且乞停鹽鈔。上謂工部尚書吳中等曰。詔布大信。乃欲背之耶。悉免之。旣民饑。停鹽鈔。

欽州奏貼浪如昔二都接交趾萬寧縣。陷入。今招之不從命。檄廣西三司計之。

甲子。上不豫。

太白晝見。

乙丑。廣西署都指揮僉事田眞勦潯州大藤峽等寇。斬九十六級。

戊辰。夜大星赤光燭地自亢宿入翼。

庚午。昏刻大星青白光自軒轅流至濁。

壬申。浙江都指揮僉事佘斌卒。斌合肥人。弱冠襲處州衛指揮使。好學。宣德五年。調定海衛。立義學。自課之。作公勤廉謹四銘。六年。仍調處州衛捕盜。七年至今。官年三十二。人惜之。

乙卯宣德十年

正月。癸酉朔。上不豫。免朝。命百官朝太子於文華殿。

甲戌。停兩京工部一切採辦市買並營造物料。放軍匠回。召還使者。

罷遼東採捕造舟運糧。

昏刻。太白犯外屏星。

乙亥。敕羣臣曰。朕疾不起。天也。命皇太子嗣位。爾文武大臣。盡心輔導。家國重務。必稟皇太后皇后行之。

上崩。年三十一。遺詔曰。朕以菲薄。獲嗣大位。十一年矣。德澤未洽於天下。心恆媿之。比者遘疾彌留。夫死生常理。惟不能光列聖之德業。終奉聖母。雖沒勿寧。皇太子嗣位。廷臣協佐。務安養軍民為本。毋作聰明以亂舊章。喪禮。日易月。悉如皇考洪熙元年五月遺詔。無改山陵。掌軍兵及守土吏。毋自臨闕。

戊寅。殯。

李維楨曰。章帝之治。文武相配。大略舉焉。今製繡範金埏埴之屬。必以宣德為貴。班氏稱宣帝吏稱其職。民安其業。至於技巧工匠器械。鮮能及之。帝之謂矣。於時海內方枕藉宋儒糟粕。幃幄大臣所建明。不能超乘而上。惜哉。

何喬遠曰。高皇帝承胡元縱弛之弊。宏振威武以儆天下。成祖以英達之資。纘緒大服。海內竦然振厲者。五十餘年。昭皇帝至德深仁。不久於位。章帝繼之。乃涵濡以醇懿。陶埴以德義。聞四方有水旱蝗蟲之災。憂形於色。遣人賑救。如恐不及。隆寒盛暑。先下法司蘇洗冤獄。奏上刑名。垂神省察。並從輕典。優禮老成勳舊。具有始終。寤寐思賢。內自廷臣外及方岳郡守。咨簡詳擇。不以輕畀。褒獎賢良。使久於官。是以在任之人。奇才異能。皆極一時之選。至有文學胥吏。袁然濯祓。致位名卿。十年之內。吏稱民安。比於文景。下及民間木埴器用。莫不精堅殊倫。亦可以見一時無呰窳偷惰之風矣。至夫郊廟之禮。必躬必親。奉事太后。祗敬夙夜。宮中欲用一木架。工匠飾繪金綵。輒命易之。嘗命侍臣遊東苑。指草舍一區曰。此朕致齋之所。雖不敢上比茅茨。庶幾不忘儉德。未嘗一日去書。下筆灑湧。皆傳修齊治平之道。翰墨圖書。隨意所在。盡極精妙。歲秋冬巡邊閱武。親橐鞬騎射。威震乎殊俗。休矣哉。文武恭儉之主也。

談遷曰。國初嚴御。每重囚歲械入京。輒千百簿尉巡檄之任。輒煩聖慮。蓋詳極矣。宣宗幼侍文皇帝出入塞垣。深諳民事。及即位。遽有樂安之駕。非素才武。疇克滅此而朝食也者。然兵不輕試。惓惓以生靈爲念。水旱朝奏賑貸午暨。親閱囚牘。多所釋遣。好文學之士。一才一技。皆被甄錄。蓋睿質天縱。文翰並美。而不矜其能。嘗有自下之色。國家之治。寬嚴有制。煩簡有則。帝實始之。而於廢胡后棄南交。孰爲帝諒者。嗚呼。廢后非盛德事也。其棄南交。比於漢之朱崖矣。

鄧元錫曰。當仁宗章皇帝時。天下新脫於鋒鏑湯火。願休息。而二聖禮賢親輔。撫民親下。與寧謐於養恬。斯國脈宜單厚哉。又尊宋哲爲天下極。故異時流亡復業。行丐餘糧。畝畝盈廩庾。賓士尊經。尙行無華言。吏務長厚。黎庶滋殖。

國榷卷二十三

英宗法天立道仁明誠敬昭文憲武至德廣孝睿皇帝。諱祁鎮。宣宗皇帝嫡長子也。宣德二年丁未十一月乙未生。母后孫氏。生時日下五色雲見。光灼殿陛。明年立爲皇太子。天資秀傑。顧盼有威。

乙卯宣德十年

正月癸酉朔。乙亥。宣宗賓天。皇太子年九歲。皇太后取金符入內。或謂立襄王。太后聞之。立至乾清宮。携太子召閣臣泣曰。此新天子也。閣臣伏謁呼萬歲。羣臣隨之。浮議乃息。

壬午。上卽皇帝位。詔曰。仰惟祖宗肇造之功。守成之道。規模弘遠。光昭萬世。我皇考皇帝以至仁大德。統承之。率循憲章。恢弘政化。方期國家永底雍熙。不幸奄茲遐棄。肆予眇躬。祇承遺命。于宣德十年正月十日卽皇帝位。付畀攸重。兢惕惟深。允惟神天之典。惟敬斯承。生民之衆。惟仁斯保。卑成之績。惟儉乃克有成。顧予涼薄。勉衆永圖。尙賴親王宗室。益修藩屛。中外文武羣臣。宣力効忱。以副委任。以惠我蒼生。用臻富庶。躋于泰和。其以明年爲正統元年。與天下更新。一應寬恤事宜。條示于後。云云。於戲。自古生民獲福。咸由君臣同心同德。圖厥成功。亦罔不在初。尙協嘉猷。以隆邦本。詔告天下。咸使聞知。

敕沿邊宣府總兵官譚廣等嚴守備。

癸未。作大行皇帝陵。敕太監沐敬、豐城侯李賢、工部尙書吳中、侍郎蔡信督工役軍匠十萬人。

守制監察御史宋原端豪奪田塋。好賄囑事。聞。逮論削籍。

乙酉。衞王瞻埏攝南郊。

錦衣衛奉詔奏李景隆家屬十四人。成山侯王通等家屬二百九十五人。擅棄交趾侯伯都督三司等官。命仍圄之。故交趾按察僉事郭瑀瘐死。詔瘞其骸。

丙戌。朝鮮國王李裪貢賀。

丁亥。駙馬都尉李銘卒。

少師兼吏部尚書蹇義卒。義字宜之。巴縣人。初名瑢。幼孤。鞠外舅李氏。蒙其姓。洪武乙丑進士。授中書舍人。改姓蹇。上曰。豈蹇叔後耶。御書義名賜之。義篤實。滿九載。數在左右。預機密文字。建文初拜吏部右侍郎。太宗轉左。數月。進尚書。時惡建文改舊制。一切反之。義從容言損益隨時。間舉數事陳其顚末。太宗從之。尋兼太子詹事。輔東宮監國。兼署禮部。父喪歸。奪情。嘗巡撫江南。仁宗初兼少保。歷少師。參大政。宣宗甚優之。輟部事。論道如古三公。歷事六朝。通籍五十年。諳于典故。練達政體。雖在塡委。分處豁如。顧沈厚遇事少斷。世疑其無所建明云。年七十三。贈特進光祿大夫太師。謚忠定。子英。官尙寶司丞。復其家。

袁袠曰。蹇忠定歷事五朝。以忠實受知遇。文皇北征。全國是屬。不動聲色而天下晏然。官冢宰者凡三十年。其所取士。先純朴而斥浮華。故永宣之間。士風吏治。龐厚可觀。秦誓所謂斷斷兮無他技者。蹇公其人哉。

戊子。松江祁門黟縣臨湘福安饑。貸倉穀。

庚寅。琉球國中山王尙巴志入貢。

撤各省鎭守內臣。仍敕各三司加意撫綏軍民。

減貴州屯糧三之一。

壬辰。賜親王宗室公主金綺絲羅鈔。

乙未。無爲知州王錫言。歲供南京象房蘆根菱草十萬八千斤。今象送北京。乞按象量數採辦。從之。

丁酉。上大行尊謚憲天崇道英明神聖欽文昭武寬仁純孝章皇帝。廟號宣宗。

己亥。令内臣上遞年收用錢糧之數。

庚子。頒謚詔。

止瀋王佶焞入臨。自是諸王皆止。

少傅兵部尚書兼華蓋殿大學士楊士奇等條初政合行事宜。曰整飭内外兵務。曰南京重地。宜設參贊。曰江西湖廣河南山東災荒。宜重臣鎮守。曰備邊宜給馬騎操。曰校尉宜減。仍堂上官戒約。曰考察内外文職。上嘉納。令悉行之。

辛丑。敕戶部尚書黄福參贊南京機務。時襄城伯李隆守備南京。福事任焉。或少之。曰。李侯未嘗一事悞也。

監察御史王翺進行在右僉都御史。同都督僉事武興鎮守江西。都督僉事毛翔右副都御史賈諒鎮守湖廣。都督僉事韓僖戶部右侍郎王佐鎮守河南。都督同知馮斌兵部右侍郎李郁鎮守山東。皆賜敕。

壬寅。駙馬都尉西寧侯宋瑛掌行在前軍都督府事。

陝西邊衞官軍備操京師者。俱還原衞。

二月辛丑朔。遣指揮丁全敕諭和寧王阿魯台子昂克孛羅及諸部目。

敕行在五軍都督府練兵。

員外郎李儀賜朝鮮國王李裪文綺綵幣。諭朝貢如期。非常貢之物。悉止之。

甲辰。興安伯徐亨都指揮同知韓鎮等鎮守永寧等衞。兼提督沿邊關隘。

乙巳。皇太后壽節。免賀。

命監察御史給事中巡視邊關。

戊申。祭太社太稷。衞王瞻埏攝之。

上聖祖母尊號曰太皇太后。

陝西都指揮僉事劉永鎮守河州衞。

庚戌。上聖母尊號曰皇太后。

敕福餘衞都指揮安出等還所掠北虜阿卜只奄妻伯顏剔斤子著乞孛羅。

辛亥。封弟祁鈺郕王。封平陽王美圭爲晉王。保寧王悅燇爲蜀王。致書美圭仍居太原。

尊號禮成。詔赦天下。

趙王瞻堈奏盜入磁州。命捕之。

行在工部尚書李友直提督供應柴炭。時僉都御史李濬憂去。

壬子。賚在京文武軍民人等金絹布鈔有差。

右軍都督同知沐昂爲右都督。

甲寅。敕諭兩京文武及內臣。

賚鎮守守備內外文武官金幣。黔國公沐晟幣五。襄城伯李隆幣四。俱百金。駙馬都尉沐昕金八十。幣四。都督山雲史昭劉廣巫凱蕭授王貴李謙王眞譚廣蔣貴陳敬許亨尚書黃福各金五十。幣三。都指揮馬昇李達曹儉各金四十。幣三。都指揮王瑜吳亮張義劉斌各金三十。幣二。高迪韓鎮穆肅馬驥李英錢敬劉銘劉永指揮使陳震參政沈固劉璉參議李穀葉仕寧沈升各金二十。幣二。遼東甘肅等鎮太監王彥等賜如之。其厚于廷臣。以外勞也。

行在都督府言。京衞七十七。官軍校尉總旗二十五萬三千八百。除屯守外。供役內府各監局十一萬六千四百。今營操僅五萬六千。乞還各監局役占。從之。

談遷曰。永宣時以綜覈稱。而內府役占已夥矣。況後之汲汲者乎。宜京營終于影冒也。

丙辰。鄭能嗣武安侯。鄭亨子。陳佐嗣平江伯。陳瑄子。劉安嗣廣寧伯。劉榮子。吳英嗣清平伯。吳成孫。

丁巳。太皇太后賜書長兄彭城伯張昶、左都督張昇曰。吾起寒微。叨蒙國恩。榮及祖宗。顯受褒寵。諸兄嗣膺崇爵厚祿。合門貴富。與功臣等。皆列聖天地之賜。豈嘗有汗馬勞哉。夫受非分之福。宜存非分之虞。古人有言。知足不辱。知止不殆。可不思永保之道乎。吾不幸。侍仁宗皇帝日淺。長子宣宗皇帝又逝。今長孫皇帝幼冲。保持輔翼。實繫于吾。執玉捧盈。不遑寧處。言念外家。同歸于善。諸兄可不體吾心哉。尙其循禮度。修恭儉。以率子姓家人。咸愼蹈履。自今惟朔望朝參。勿預聞政事。已閣臣謂張昇公正可預議。竊勿爲嫌。太后不聽。初。先帝喪。太后罷宮中一切玩好及諸不急之務。而上幼。大臣請太后垂簾聽政。太后曰。毋壞我祖宗家法。委政閣臣。從中主之。時太監王振秉司禮。太后令凡事付閣議乃施行。已遣中官問驗。或不付。必責之。故朝委裘而治。

戊午。南京戶部尙書兼詹事黃福爲少保。仍兼尙書。參贊機務。

行在右軍都督同知山雲爲右都督。都督僉事史昭、劉廣、王貴、巫凱、王眞、蕭授、李謙俱爲都督同知。都指揮使衞青、許亨、李達俱爲都督僉事。都指揮僉事吳亮、張義、劉斌俱爲都指揮同知。指揮使高迪爲都指揮僉事。

己未。爲事官孟瑛。世京衞指揮使。瑛初襲保定侯。坐事削爵。

庚申。閣議作九廟。從之。尋寢。

辛酉。令內府倉粟出納俱平斛。

壬戌。夜。月犯天江星。

甲子。隆慶州學正劉鑑。生徒之科舉當戍雲南。生徒乞留。復之。

乙丑。命廷臣同法司錄囚。

太子太保成國公朱勇新建伯李玉提督大營五軍三千等營。

丙寅。貢士詹萬里爲唐府紀善。唐王薦故長史詹恩子萬里補紀善。吏部不可。上特從之。

夜。大星如碗。赤光出入雲中。

丁卯。陳瀛嗣泰寧侯。（陳瀛弟。）譚璟嗣新寧伯。（譚忠子。）

戊辰。裁行在各衙門冗費。

革上林苑監所轄冰鑑川衡典察左右前後六署。惟存嘉蔬蕃育良牧林衡四署。

定府學歲一貢。州學二年。縣學三年。

辛未。柳溥嗣安遠侯。（柳升子。）梁瑤嗣保定伯。（梁銘子。）

武進伯朱冕都督沈清提督神機營。

壬申。清明節。遣官祭長陵獻陵。

三月癸酉朔。還朝鮮婦女五十三人。俱徵自宣德初。

賑芮城縣饑。

丙子。南畿牧黄牛七萬餘隻。歲供光祿寺三千。以病民。止留三萬隻。餘給軍民任耕。

丁丑。故武城侯王聰從孫玘襲彭城衛指揮僉事。

戊寅。虜朶兒只伯等乞降。命甘肅總兵官都督同知劉廣察之。云去年九月犯邊。其孫卜魯罕虎里見擒。託降而索之。遂不許。

江西樂安曾法良等據大盤山作亂。至三萬餘人。時洊饑。有司失撫故也。命都督僉事武興右僉都御史王翺勦之。尋平。

朱國楨曰。以二祖蕩滌之後。威震殊俗。可謂盛矣。而中土數十餘年休養生息之民。顧時時見告。此豈經制未明。芽孼易作。以致潢池之弄。想當時兵權尙屬都司。布按藐爲武吏。若不相干。有司觀望。不肯盡力。都司亦未必得人。所遣衞所之兵。素無紀律。不用命。而新設巡撫。行移體統間。尙多彼此齟齬。故窺伺者易動。結聚者難除。衆且數萬人。聞于朝。甚至大臣往諭。大將領兵。雖夷滅甚易。德音時頒。其亦少煩料理矣。今法網日密。權柄有歸。似可無慮。而所在潛伏。倏忽不必有主名。而實有暗竊爲鄉里害。賦稅之督責日煩。官吏之浸漁日甚。此江南之大患。而江北則流賊充斥。所幸聖天子厲精如日中天。節儉身爲之先。可以足給神武時用不測。可以用兵。是且計日待矣。

放敎坊司樂工三千八百餘人。

己卯。罷浙江定海沈家門等水寨守備。時吏周頌言。國初設衞所。置哨船。分汛。永樂間。內官王鎭使日本。奏調海船立水寨。而船大不便操。且乏城守者。乞改海船作快船。哨港口尤便。從之。

庚辰。行在翰林院修撰劉翀爲山西按察司僉事。行在工部主事王一寧改行在翰林院修撰。行在禮科給事中朱應康振改檢討。

發陝西官布市馬給邊。

辛巳。行在兵部郎中徐晞試右侍郎。浙江按察副使陳鎰爲行在右副都御史。行在山西道監察御史羅亨信爲行在右僉都御史。晞與都指揮僉事朱通往臨洮鞏岷。鎰與都督同知鄭銘鎭守陝西。亨信與都指揮僉事魏榮往平涼莊浪河州西寧。都指揮陳忠欒貴往寧夏。各提督官軍操練。

召浙江都指揮僉事張眞丁信河南毛禮曹義馬翔楊福茂山衞指揮使高亮潞州衞指揮使徐文隆慶州右

衞指揮同知陳霞鎭西衞指揮僉事葛亮赴京。

癸未。放庫役二千六百四十餘人。

甲申。法司上赦外别犯可矜者四百餘人。俱戍邊輸作。

減行在光祿寺料米粟九萬二千餘石。他物有差。

乙酉。安南滿剌加哈密俱入貢。

賑肇慶雷州饑。

丙戌。夜。大星赤光出紫微西藩流大陵。

丁亥。靜寧州判官向侃當裁。以公勤得民。復之。

定吏典犯法無贓者。斷決就役。贓則納鈔。完日俱發爲氓。

夜。火星犯壘壁陣。夜。月生五色雲。

戊子。故中軍都督僉事李英贈蒙陰伯。謚襄毅。

夜。月犯房宿。

己丑。故安順侯薛貴亡。子弟可可帖木兒請嗣。予京衞指揮使世襲。

石州知州陳道憂去。州人乞留。許之。

罰鍰悉輸承運庫。先入司禮監。

賑順義香河永清饑。免涉縣災租。

甲午。停公侯伯都督私馬日料。

丙申。敕三法司錦衣衞刑科都給事中。自今死罪臨決。須三覆奏。

丁酉。逮山西都指揮僉事呂整。以虜十餘騎來降。殺之。

行在禮部尚書胡濙等奏。比奉敕旨節一切冗費。而四夷使臣動以百數。疲于供給。宜敕邊官。審其來者。量遣正副使從人赴京。餘悉留彼給待。從之。

戊戌。興安伯徐亨備禦永寧。

己亥。進士高峻元亮徐璟毛宗魯李璽爲行在監察御史。程憲爲南京監察御史。

廣平妖賊班興等伏誅。

庚子。贈皇庶母何氏貴妃。諡端靜。趙氏賢妃。諡純靜。吳氏惠妃。諡貞順。焦氏淑妃。諡莊靜。曹氏敬妃。諡莊順。徐氏順妃。諡貞惠。袁氏麗妃。諡恭定。諸氏恭妃。諡貞靜。李氏充妃。諡恭順。何氏成妃。諡肅僖。俱殉葬。

辛丑。御馬監勇士廣昌謝廷桂初年十二。以虎得母周氏。竟麻鞭逐之。虎釋母獲全。詔旌其孝。補宿衞。至是母年八十三。乞歸養。許之。

四月壬寅朔。衞王攝享太廟。

諭行在兵部尚書王驥等曰。比聞河南軍民有困迫饑饉。流離就食。因而羣聚爲盜。原其初心。良可矜憫。爾部即榜諭之。榜至悉宥罪。

江南歲進鳥獸。遣送南京光祿寺。便程日。

癸卯。蘇門答剌國王宰奴里阿不丁年老。封其子阿卜賽亦的蘇門答剌國王。

減遣行人巡茶四川陝西。期三月一遣。先是月遣四人。苦道費。

乙巳。修鳳陽祖陵。

河南盜李剛等伏誅。宥其家屬。

丁未。免金州新增茶課。

己酉。海陽教諭袁均哲請祀唐潮州刺史韓愈。從之。

壬子。給鎭守永平山海總兵官都督僉事陳敬闕防。

乙卯。減在京韃官月俸。

丙辰。夜月食。

戊午。免順天逃戶逋租。

己未。戴罪陝西巡撫工部右侍郎羅汝敬擅引詔書復職。連刻吏部宥尙書郭璡。逮汝敬及侍郎黄宗載、鄭誠等獄。尋復宗載等。汝敬戍赤城。

辛酉。修長陵獻陵。始列石人石馬于御道。

行在左軍都督同知方政爲征西前將軍總兵官。大同參將都指揮使曹儉爲都督僉事左副總兵。山西行都指揮使羅文爲都督僉事右副總兵。賜敕鎭守大同。

起李安行在右軍都督僉事副總兵。同甘肅總兵官都督同知劉廣提督操備。時涼州東虜朵兒只伯、鎭夷北虜阿端只、肅州西虜猛哥卜花各蝕邊。

鎭守湖廣都督僉事毛翔還京。掌都督府事。鎭守江西都督僉事武興往淮安。同都督僉事王瑜提督漕運。

太監阮堯民、都指揮劉淸等下獄。以造舟松花江捕海青。因市女直激變。失亡八九百人。後戍淸于邊。

壬戌。元翰林學士吳澄從祀孔子廟。初慈利貢士教諭蔣明疏澄功不下許衡。閣議韙之。故有是命。

湖廣貴州總兵官都督同知蕭授爲征蠻副將軍。都指揮同知吳亮爲行在右軍都督僉事副總兵。時授年老。

監察御史鄭禧覈工部廠庫受賄。廖文昌按廣西縱隸卒詐擾。俱有罪下獄。

乙丑。去年浙江寧海縣五月潮決。陷地百七十餘頃。至是驗除其賦。

丁卯。天久不雨。命考察羣吏。方面凡郡守有闕。令遵先帝敕旨保舉。若犯贓罪。幷坐舉者。

命三法司赦後罪犯。即會官覆審毋淹。

行在刑科給事中年富上四事。曰邊備。曰城池。曰停補幼軍。曰清理僧道。上議行之。

戊辰。行在後軍都督同知李謙爲右都督。

山西平陸縣大雨雹傷稼。命蠲之。

兩京山東河南蝗蝻傷稼。命御史給事中馳驛往捕之。

五月軠朔。命兵部右侍郎徐琦工部左侍郎鄭辰刑部右侍郎吾紳行在左通政周銓幷巡撫山西。行在兵部右侍郎于謙鎮守河南。行在戶部右侍郎王佐鎮守山東。行在兵部右侍郎李郁鎮守陝西。行在右副都御史陳鎰巡撫浙江。戶部右侍郎成均鎮守江西行在右僉都御史王翺巡撫湖廣。行在禮部右侍郎吳政考察兩畿守令及各省布按堂上官。

癸酉。令吏部。初入仕者毋輒除風憲。監察御史有闕。都察院堂上及各道官保舉以聞。吏部審察不謬。然後奏授。

甲戌。賑揚徐滁諸屬縣饑。

丙子。減南京光祿寺內官監供用庫御馬監及巡視官役歲費。

戊寅。巡按陝西監察御史兼理屯田。

己卯。下北畿河南山西鎮巡官。招撫逃民復業。免其徭賦。

西安知府顧煜秩滿。以廉勤。部民乞留。從之。進正三品俸。

庚辰。行在禮部上祖宗忌辰禮儀。初諭禮部議其禮。大學士楊士奇等請是日服淡淺色衣。不鳴鐘鼓。視事奉天門。從之。

革兩京都察院交趾道并戶部刑部交趾司。

復南昌知府任肅以績最郡人留之。加正三品俸。

命廷臣覆死獄宥百十九人戍邊。

免邯鄲縣去年貸粟。

辛巳。加毛憐衛都督僉事撒滿苔失里都督同知。

壬午。虜寇大同樺木溝罪千戶朱敬百戶張弘。戍邊。

命監察御史郭原等七人給事中戴弁等七人巡邊閱軍。

癸未。故靖安侯王忠無子。從子斌世京衛指揮僉事。

丙戌。頒詔安南。

丁亥。行在監察御史程富爲行在大理寺左少卿。富巡按江西。善巡撫侍郎趙新。以吉安知府陳本深餉軍捕寇功。富冒焉。

戊子。故駙馬都尉永春侯王寧孫彝求嗣爵。以非戰功。命襲羽林前衛指揮僉事。

行人郭濟知鎮江。郎中姚文知太平。黃璿知開封。葉宜知衛輝。程瑩知九江。王源知瓊州。員外郎李儀知潮州。易節知成都。監察御史蔣彥廣知慶遠。司務陸震知潯州。大理寺副唐復知平樂。俱廷薦賜敕。

始命監察御史往揚州捕販私鹽。歲受代。

台州盜殺指揮鄭宣李遠百戶傅勝郭斌等。

己丑。定淮浙長蘆鹽每引米四斗五升。山東河東福建廣東四川鹽每引米二斗。仍不拘次時。議遼陽開原二衞極邊中鹽備積貯。

薦宣宗陵號曰景陵。

壬辰。行在禮部奏七月朔例遣道士賫香帛徧祭皇陵及歷代帝王陵岳瀆海鎭。今登極初。宜命廷臣。停道士。從之。

行在錦衣衞軍匠陳猷進煉丹法。卻之。

乙未。行在刑科給事中年富言。江南佃戶歲輸租。今詔免災賦。特及富室。細民輸租如故。乞如例蠲免。又爲貧民立券貸富人粟分給。仍免富人雜役爲息。從之。

談遷曰。遇災勸貸可也。蠲及佃戶。則富人重困矣。方歲之凶。租必不及額。少得升斗以贍公私。恆情也。一聞敕旨。則諸佃羣撓。而富人之雜役如故也。能無累乎。里有富人。將貧民多效役自活。或質錢。或貸息。血脈灌輸。彼此交藉。若惡猗頓之餘沃。啓侮窮黎。非周人保富之道矣。

丙申。右都督馬亮爲左都督。都督同知高文任禮馮斌程忠俱右都督。都督僉事韓信梁成王敬把歹沈淸王彧李通俱都督同知。都指揮僉事張眞馬翔曹義丁信楊福俱署都督僉事。眞還浙江。翔還中都。並署司事。

戊戌。韓王沖㶠告匱。命平涼稅課司歲給鈔二萬貫。

己亥。行在翰林院待詔趙琬爲北京國子監司業。

罷文明惠河二閘官吏。

庚子。監察御史楊政以按福建因怨杖斃一家四人。事聞。下臺獄。削籍。

南京刑部侍郎俞士吉卒。士吉。象山人。洪武末貢士。授兗州訓導。歲餘上書言時政。擢廣西道監察御史。巡畿內湖廣尤著績。永樂初署都察院事。還右僉都御史。使朝鮮日本。還治水浙西。蠲租六十萬石。賑民粟。尋守襄陽。還山東左參政。洪熙初進詹事。先帝改南京刑部侍郎。致仕。予祭葬。

六月辛亥朔。太保寧陽侯陳懋爲平羌將軍總兵官。降總兵官都督同知劉廣爲左副總兵。副總兵都督僉事李安充右副總兵。兵部試右侍郎徐晞參贊軍務。同鎭守甘肅。

罷守日照縣官軍。國初沂州衛分戍百人。而縣南有安東衛。故罷。

癸卯。給鎭守陝西行都司內官闕防。

虜千餘騎寇大同。逮都指揮鄧瑛等。

甲辰。左軍都督僉事吳也兒克台爲都督同知。

丁未。命瘞天下暴骸。

彭德等逃民五萬餘戶復業。免其逋租。諭有司存恤。

廣西總兵官右都督山雲奏閹思恩州俘男。進之命。後俘人功臣家。毋私閹。

戊申。大同左副總兵都督曹儉報殺虜數十人。敕曰。豈有殺虜數十人不獲一馬者乎。責總兵官都督同知方政輕信。

巡撫浙江戶部右侍郎成均還部。行在戶部郎中王瀹爲戶部右侍郎。巡撫浙江。

己酉。以兀良哈福餘衛夷犯遼東。奪都指揮裴俊王祥佟勝俸半年。

庚申。賑應天鳳陽太平廬池淮揚旱蝗。駕龍江積薪。易米麥賑之。

夜。金星犯天關星。

辛酉。章皇帝葬景陵。陵制庳隘。嘉靖丙申始再拓。

占城入貢。

癸亥。監察御史張聰請各處撫按會審繫囚。行在刑科給事中賈銓朱純乞南京法司錦衣衞錄囚。如聰言。從之。

丁卯。祔宣宗皇帝主于太廟。衞王瞻埏攝祀。

戊辰。宋鉉爲南京錦衣衞指揮僉事。駙馬都尉宋琥子。

夜。大星赤光燭地。自天廩流至濁。

七月庚午朔。衞王攝享太廟。

行在左春坊左庶子兼翰林侍讀周述侍講苗衷主試應天。

赤斤罕東等衞夷劫敕使指揮把台等禮幣。敕頭目詰獲。餘宥之。

增松潘衞卒月餉。

辛未。行在戶部郎中扈暹爲鳳翔知州。賜敕。

下行在大理寺卿徐初少卿賀嗣祖行在刑部郎中劉寬等獄。以失入故奪侍郎施禮俸三月。

甲戌。岷王楩請符驗。上特予之。惟遣人赴京則給。

起復岷州衞經歷許轟。轟憂去。土民諸生各頌其德。上以一遠幕能得下。復之。

乙亥。瓜哇從使哈災等自永樂中隨貢。因國亂止京師。至是遣還。

丙子。敕修宣宗皇帝實錄。監修太師英國公張輔。總裁少傅兵部尚書兼華蓋殿大學士楊士奇。少傅工部尚書兼謹身殿大學士楊榮。禮部尚書兼翰林院學士楊溥。少詹事兼侍講學士王英。侍讀王直。

免山西今年夏稅幷屯種夏稅之半。

復故少師蹇義家。

丁丑。鎭守永平總兵官陳敬參議沈升還京都督同知王茂充總兵官。守備監察御史王憲爲按察副使佐茂。

戊寅。行在翰林院修撰金問爲行在太常少卿兼侍讀學士。行在吏科都給事中王榮爲北京行太僕寺少卿。

己卯。起復按察使徐永達。改山西。

後軍都督僉事馬昇黃眞爲左右參將。分守開平獨石懷來。

命各衛所倉改屬有司。惟遼東甘肅寧夏萬全沿海衛所仍舊。風憲官時覈。

辛巳。巡撫河南山西行在兵部右侍郎于謙言四事。曰有司考滿。冊塡逃民復業。聽殿最。曰邊將莊田不得私役軍人播種。曰考察都司衛所正佐官。斥庸劣。曰止官吏朝見親王。免妨事。議行之。

壬午。夜大星赤光自左旗南行至濁。

甲申。河南山西俱安。鎭守河南都督同知韓信侍郎王佐內官張名山西內官張溥還京。敕于謙兼理。

民匠在逃充軍者仍民匠。

定北京山西陝西萬全大寧遼東所賜衛卒冬衣。俱巡按御史同戶部官給之。

乙酉。許陝西按察使王文奔喪。卽赴任。

遼王貴烚請復護衛。不許。加祿千石。

起復江西布政司左右參政郝珩方正。仍任。

丁亥。增大同邊卒月餉。

金星晝見井宿。

戊子。提督京倉參政李新爲行在戶部右侍郎。巡撫陝西。

作靈濟宮。

己丑，禁私下海捕魚。

壬辰，益大同備禦兵。

癸巳，選京營二千騎戍遼東，以中軍都督僉事曹義充副總兵往。

定遼衞百戶畢恭入試，超指揮僉事。

監察御史莫敏馬謹盧琉督雲南銀冶，奉詔罷採，不卽行，至是入京，被劾下獄，俱贖還職。

甲午，溫州知府何文淵、黄巖知縣周旭鑑，俱治最，加俸二級，賜敕以勸民牧。周旭鑑或作徐姓。

乙未，曉刻，大星青白光，自□□流至濁。

丙申，選京營四千騎，以都指揮僉事黄順往大同，署都指揮僉事田忠府軍前衞指揮僉事馮玉往宣府分守。

開平衞指揮僉事楊洪爲指揮使，以禦虜功。

丁酉，太師英國公張輔請出師勦虜，下廷議。謂胡兵去來莫測，第選驍卒，得智略如楊洪者領之，利械豐餉，分守可也。又簡總兵官選四萬人，按甲以待。上從之。時舉總兵官成國公朱勇、新建伯李玉，加楊洪游擊將軍，給二千餘騎。

戊戌，加行在工部尚書吳中少保。

復宋顯懷寧知縣。初，巡按御史張清考顯闒宂不任，顯訟枉，覆按得白，清坐罪。

陝西布政司右參政王士嘉爲行在禮部右侍郎，順天府尹李庸爲行在工部左侍郎，兼府事。溫州知府何文淵、武昌知府邵旻爲行在刑工部右侍郎，建昌知府陳鼎、四川按察副使朱與言爲行在右副都御史，福建按察僉事魯穆爲右僉都御史，陝西按察僉事陳卤爲行在大理寺少卿，行在禮工科給事中虞祥、龔全安爲行在通政司左右參議時吏部尚書郭璡會大臣保薦。命何文淵舉賢自代。薦御史劉謙。以監銀冶于溫之平陽。廉而且才。守溫州政績卓異。

鄭曉曰。蹇義典銓三十年。內贊宸謨。外康流品。疇詢密斷。莫敢侵官。新安代之。望輕寡學。始開保薦之塗。寓請寄之術矣。

行在刑部左右侍郎魏源施禮俱爲尚書。行在吏戶禮兵刑部右侍郎黃宗載王佐章敞柴車吳廷用俱爲左侍郎。廷用調禮部。右僉都御史吳訥爲左副都御史。大理寺卿徐初改太常寺卿。行在右副都御史陳勉爲大理寺卿。

免保定眞定順德河間淮安黃州去年水災田租。又蠲萬全都司新增屯糧。

八月預朔。黃巖知縣周旭鑑爲台州通判。仍署縣事。旭鑑盡鋤奸頑。稱能吏。

癸卯。行在翰林院侍讀學士李時勉侍講高穀主試順天。

限寺僧府四十人。州三十人。縣二十人。給田自耕食。餘畝皆給貧民。

丙午。減光祿寺廚役四千七百餘人。量留五千人。國初止八百人。

丁未。增宣府月餉如大同。

封乳母李氏恭聖夫人。府軍前衞指揮僉事胡信妻。

戊申。夜月犯建星。

己酉。前刑部右侍郎白勉卒。涪州人。居官廉介。

辛亥。巡撫陝西行在戶部右侍郎李新兼理屯田。

壬子。行在陝西道監察御史張惠爲光祿寺卿。

甲寅。徙淮王瞻墺于饒州。以韶州多瘴。

乙卯。大理寺右少卿柴震卒。

丙辰。教諭黄純徐維超訓導婁昇爲行在給事中。

始命御史給事中巡視行在光祿寺。月一遣。從禮科給事中李讓之言。

曉刻。金星犯軒轅大星。

戊午。中軍左都督阿卜只奄卒。予祭葬。

奉聖夫人李氏卒。

庚申。設花石潭巡檢司。

行在翰林院庶吉士蕭鎡林補賴世隆吳節徐珵薩琦江淵爲編修。王玉李紹姜洪何瑄王振爲檢討。進士張睿朱良暹白琮爲吏兵工科給事中。張文時紀柳華薛希璉趙忠爲監察御史。張紀爲大理寺左評事。俱行在。

辛酉。命各稅課司增收物料。舊止竹木三十之一。至是及麻油等。

甲子。作鹵簿。

丁卯。曉刻。老人星見。

戊辰。逮鎭守開平獨石左參將都督僉事馬昇參謀山西右參議葉仕寧下臺獄。時互隙相訐。

九月巳朔。夜。大星青白光。自閣南至室宿。

庚午。給居庸等驛甲軍月糧。

徵河間保定官牛五千。給宣府赤城雲州鵰鶚屯卒。

辛未。增行在戶部郎中員外郎主事五人。監督甘州寧夏涼州莊浪蘭縣倉糧。

壬申。夜。金星犯上將。

癸酉。置六科庋閣于承天門外。

行在山西道監察御史陳祚言。臣先繫獄。父隆貳連坐死獄中。會赦臣復職乞給假還葬。從之。

甲戌。汰各衙門冗吏。

乙亥。上元知縣李彬秩滿。以廉勤加應天府同知。

北京國子監祭酒貝泰。以近例監生年五十以上揀斥。有虛恩養。乞考其學行補教職。從之。

夜。大星如碗青赤光。出大陵。入紫微西藩。又星青赤光。出羽林軍。流至濁又星青白色。出雲中。流至游氣。

丙子。行在光祿寺廚料悉取給外府。

己卯。行在刑部尚書施禮改刑部尚書。行在吏部左侍郎黃宗載爲吏部尚書。

大同左副總兵都督僉事曹儉有罪。謫甘肅立功。

辛巳。都指揮僉事李福李謙張榮俱行在署都督僉事。

癸未。以庫貯洪武永樂時紵絲紗羅綾絹付工部。頒各省如式織造。監察御史同部監驗收。

甲申。廣東神電衛指揮僉事張演署都指揮僉事。巡備雷廉。

乙酉。行在光祿寺欲京民寄養牲畜。上不許令寄內官監。

戊子。右軍署都督僉事丁信爲都督僉事。

夜。月犯天闕星。

己丑。瓦剌順寧王脫歡貢馬。

庚寅。命都督僉事丁信鎭守江西九江方行。以涼州警召還。

四川龍州宣撫司獻瑞麥。上以旱蝗相望，一麥瑞何以免民饑，自今天下凡類此皆毋獻。

辛卯，夜，大星赤光，出十二國秦星，南至濁。

壬辰，僉運糧儲總兵官及各巡撫、左侍郎與廷臣會議軍民利益：曰漕兌，湖廣、江西、浙江每米石加耗六斗，南畿五斗，北畿四斗，徐州三斗五升，山東、河南二斗五升。民運瓜州、淮安，正糧尖斛，耗糧平斛，仍二分米一分折物。曰明年漕運四百萬石，收京倉十四、通倉十六。曰各立濟農義倉儲賑。曰淮、徐、臨清倉各遣監察御史監收。曰松江徵豆萬石到京易腐，改輸縣布。曰運軍歲支行糧二石。曰疏南北運河。曰歸德設閘，引睢水濟各洪。曰運糧總兵官及巡撫官歲八月赴京議事。上皆從之。

甲午，定邊餉軍民僉運。

乙未，游擊將軍開平衛指揮使楊洪獲虜，進都指揮僉事，賜織金衣一襲、鈔三千貫。

丁酉，夜，大星如杯，光赤，出八穀，流至北斗杓。又大星青白色，出弧矢，流至近濁。

戊戌，行在中軍右都督任禮爲左都督，率兵赴涼州備禦。

十月，妃朔，衛王攝享太廟。

行在戶部左侍郎王佐往甘肅提督軍餉。

庚子，以虜阿台朵兒只伯等患邊，諭兵部示擒斬賞格。

前行在光祿寺卿郝郁、少卿張澤、寺丞王興、倪琮等既有罪下獄，上宥郁，餘謫外。

昏刻，火犯土星。

壬寅，重立孝陵神功聖德碑。

敕諭阿台王及朵兒只伯等。

丁未。翰林院庶吉士宋璉胡端禎廖莊爲行在給事中。監察御史劉濱酗恣降典史。

戊申。許山西罪人納贖大同。

己酉。減除天下增額并人戶消乏課程。

庚戌。革廣東高要縣清岐關。

辛亥。晉王美圭請鎭國將軍美垸美垙美埻居平陽守先塋。從之。

出京庫布市馬甘肅。

設天下衞所儒學。陝西按察僉事林時言之。

壬子。召太常寺少卿魏驥行在翰林修撰王鈺檢討陳璲。

癸丑。日本入貢。

甲寅。署都督僉事李謙守備赤城。

乙卯。鎭守遼東太監亦失哈等請討朶顏三衞。上不許。第敕頭目約束。

潮決海鹽。

昏刻大星赤光自壁宿流至游氣。

丙辰。重慶知府孫曰良言四事。罷雜造局額鹽二十五萬餘斤。免赴成都等衞。令自關領巴縣稅糧。宜貯廣濟倉。俟農隙運小河守禦千戶所。省茶倉正副官。上從之。

庚申。諭行在吏部曰。方面郡守九年陞用。其與大臣會議。使常流不得倖進。

豐城侯李彬督運京倉米豆三萬石給赤城獨石雲州鵰鶚哨馬營。

湖廣災賦俱准鈔。

曉刻大星赤光自雲中南流至濁。

辛酉順天保定順德眞定旱蝗許豆准租。

壬戌陝西罪人發陝西苑馬寺牧馬。

丙寅廣平侯袁禎卒予祭葬。

是月西虜數百騎犯陝西紅寺兒〇掠右副總兵都督李安遣指揮彭智千戶樊玉等追至黑河大敗之。

十一月戊辰朔日食。

庚午遼東總兵官巫凱副總兵曹義不協敕責之。

行在吏部請起補守制御史上以奪情不許。

辛未城臨清縣。

壬申妖賊孫旭林等伏誅旭林本吉水僧至安福武功山同婦人匡氏幻惑游南京託符水療疾云神與劍印。

誘人官爵闌入東安門刃傷門卒被執。

癸酉復敕諭海西各衞野人女直都指揮頭目人等令鈐束諸夷。

行在兵部尙書王驥言事繁請監生十人書寫歷三年照例出身從之。

甲戌夜大星赤光出天大將軍西流至霹靂。

丁丑敕行在兵部曰比聞順天直抵山東歲歉民艱所養馬匹死損合償補者俱俟來歲收成後。

戊寅萬壽節遣祭長陵獻陵景陵。

辛巳命各布政司都司嚴督所屬栽種桑棗。

壬午。行在兵部左侍郎柴車往甘肅同總兵鎭守官整飭邊備。召還右侍郎徐晞。

癸未。戶部郎中員外郎主事四人監收南京諸衞倉儲。

甲申。浚祥符金龍口舊河。

丙戌。行在左通政周銓爲行在右副都御史。總督南京糧儲。

禁僧道私度。

己丑。朝鮮國王李裪遣賀明年正旦。

行在兵部請遣監察御史淸軍。命俟來歲。

夜。大星如碗。赤光。出文昌。流鬼宿後。三小星隨之。

庚寅。儒士盧忠以經明行修應薦。吏部驗忠軍籍。當補伍。上命試之。試可用。擢太平府訓導。曰。戎伍得人。孰與學校得師。

壬辰。朝鮮訴建州衞都指揮李滿住屢誘忽剌溫野人擾境。乞討。諭細寇王自備之。

癸巳。夜月掩氐宿。

丙申。行在翰林院編修梁禋爲修撰。進士羅綺王通爲監察御史。

復楊祕徐州知州。祕秩滿當遷。軍民乞留。遂加從四品俸。

行在大理寺右少卿陳卣考察畿內官。

丁酉。行在右通政李暹爲通政使。仍提督京倉糧儲。巡撫陝西侍郎李新調宣府大同。復羅汝敬行在工部侍郎。仍巡撫陝西。

十二月戊戌朔。行在欽天監進正統元年大統曆。御殿受之。故事。十一月朔進曆。是日日食。移之。

故左都督阿卜只奄子脫脫孛羅襲錦衣衛帶俸指揮使。

己亥。定赤城堡中淮浙長蘆鹽引米一石。四川福建山東河東鹽引五斗。哨馬營中淮浙長蘆鹽引九斗五升。四川福建山東河東鹽引四斗七升。獨石衛中淮浙長蘆鹽引九斗。四川福建山東河東鹽引四斗五升。皆不拘次支給。

妖賊張普祥伏誅。普祥以眞定衛卒匿井陘。稱七佛祖師。勾黨河南山東山西畿內。約先陷彰德、率百餘人入磁州而敗。普祥走柏鄉。遞運大使魏景厚獲之。械入京。

庚子。吏部考功郎中余可才爲通政司左通政。

故監察御史海寧李貞爲揚州知府。長洲知縣韓瑄爲武昌知府。貞建文末棄官去臨平山中。因謫佃玉田。至是薦用。

撥罪人補國子監膳役。

壬寅。命少傅兵部尚書兼華蓋殿大學士楊士奇。少傅工部尚書兼謹身殿大學士楊榮。行在禮部尚書兼翰林學士楊溥輪議建言事。以禮部尚書胡濙請也。

丁未。行在右僉都御史李濬巡撫遼東。

庚戌。昏刻大星赤光。自□□行至雲中。

辛亥。免甘肅士民雜徭。

壬子。甘肅報官軍連敗阿台朵兒只伯于平川黑山。擒斬二百六十餘人。

癸丑。沙州衛都督僉事困即來以侵于哈密。率部衆二百餘帳款塞。命給米麥。

甲寅。給事中朱良暹。李運右評事荆璞。行人蕭鑾。序班苑格。博士譚善。同知王英。知縣閻濟彭鑑胡敏。府經歷姚勉縣丞王順俱爲監察御史。起復監察御史王讓孔文英陳穀鄧棨軒輗張政。召予告監察御史曹習古鄭嘉各淸軍京省。

丁巳。復張麟定興縣丞。從邑人之請。

戊午。作大德觀。

甲子。四川布政司右參議沈升爲北京行太僕寺少卿。

定四川松潘茂州轉餉民運七之。兵運三之。

丙辰正統元年

正月虰朔。上御殿受朝賀。

戊辰。琉球入貢。

庚午。行在右軍都督僉事丁信爲寧夏左參將。召甘肅總兵官太保寧陽侯陳懋。守備延安綏德行在右僉都御史郭智還京。

乙亥。宥雲南等失朝官。

丙子。裁貴州銅仁府稅課司。

丁丑。夜大星赤光。出天囷。流天社後。四小星隨之。

己卯。衞王攝南郊。

府軍右衞指揮僉事金玉署都指揮僉事。鎭守西寧。

論莊浪等八衞禦胡功。右副總兵都督僉事趙安爲都督同知。餘陞賞有差。

辛巳。分遣廷臣祭各陵歷代帝王先師岳鎮海瀆。

勑諭文武羣臣。

乙酉。廣東布政司左參議黃翰言四事。曰保薦宜破格。曰黜生就近充吏。曰清軍須實究。曰告狀不許老幼出名。從之。

丙戌。召鎮守湖廣行在右副都御史賈諒。

罷貴州銅仁府金場局。

丁亥。行在兵部郎中呂爰正爲行在通政司右通政。清理武選貼黃。

庚寅。大學士楊士奇等言京軍數多。宜令餘丁于北京曠土屯種。從之。以京軍三萬分屯。

壬辰。山西行都司署都指揮僉事石亨爲都指揮僉事。獲虜功。

甲午。行在中軍左都督任禮爲平羌將軍左副總兵。行在左軍都督同知趙安爲右副總兵。仍鎮守甘肅。右軍都督僉事李安爲都督同知。同行在兵部右侍郎徐晞鎮守涼州。

吏部大計。去老疾二百五人。闒宂七十四人。酗暴五人。

減陝西苑馬寺官吏二十餘人。

二月酉朔戊戌。勑沙州衛都督僉事困卽來罕東衛指揮僉事可兒卽等。還所掠西番阿端貢物。

庚子。右僉都御史郭智參贊寧夏軍務。

勑太監李德同通政使李暹提督太倉幷象房牛羊等房倉場。巡視通州至臨淸徐州淮安等倉。

壬寅。定沿海衛所官軍犯徒流納贖。調戍限程三千里。

癸卯。進士王偁陳浩爲刑兵科給事中。

少詹事兼翰林院侍讀學士王直侍讀學士陳循主禮闈。

禁內外法司鍛鍊刑獄。

乙巳。四川長寧安撫司改隸疊溪守禦千戶所舊隸松潘。

丙午。嚴逃民不復業之禁。

丁未。應城伯孫傑誘娶良家子爲妾。責業太學。不謝。見劾。下錦衣獄。

己酉。始設直隸永寧縣儒學。

夜。月犯軒轅右星。白虹貫月。

壬子。行在鴻臚寺左少卿張隆爲行在右通政。

癸丑。誅行在戶部郎中蔡穟。錦衣衞百戶王輿。穟覈糧廣東索賄。事聞。命輿逮之。受賂不即至。

甲寅。行在吏部言監生淹滯。或白首不霑一命。乞年四十五十以上聽補典史吏目稅課河泊倉場等大使。從之。

乙卯。諭襲爵公侯伯悉從成國公提督操習。稍暇究書史。

設雲南金齒軍民指揮使司儒學。

丙辰。行在禮部上經筵儀注。初。大學士楊士奇等請開經筵。命推講讀官。于是敕太師英國公張輔知經筵事。少傅兵部尚書兼華蓋殿大學士楊士奇少傅工部尚書兼謹身殿大學士楊榮禮部尚書兼翰林學士楊溥同知經筵事少詹事兼侍讀侍講學士王直王英侍讀學士李時勉錢習禮侍講學士陳循侍讀苗衷侍講高穀修撰馬愉曹鼐兼經筵官。儤直。太子太保成國公朱勇少保兼工部尚書吳中吏部尚書郭璡禮部尚書胡濙兵部尚書王驥刑部尚書魏源都察院右都御史顧佐侍班。日講止講讀官四人儤直。不侍班。先書次經史。

虜寇大同東房口千戶葉林死之。又百餘騎入黃牛坡。都指揮石亨追敗之。敕責總兵官都督同知方政以指揮丘昂李政失援。斬以徇。

丁巳。琉球國中山王尙巴志入貢。

己未。南京內官屢求增軍匠。不許。敕南京守備太監王景弘襄城伯李隆參贊尙書黃福曰。朕體祖宗恤民之心。造作一切皆罷。爾等宜益從儉約。

癸亥。吳縣主簿吳復爲知縣。以廉能邑人留之。

丙寅。擇通經秀才爲敎官塾勳臣家。

夜。大星靑白光自星宿流至濁。

三月丁卯朔。策貢士劉定之等百人于奉天殿。賜周旋陳文劉定之等進士及第出身有差。

瓜哇入貢。

戊辰。遵化衞指揮使陳亨爲都指揮僉事。鎭守密雲。

辛未。行在兵部右侍郎李郁下獄。以私囑錦衣衞事也。

癸酉。報虜犯山丹衞。殺指揮陳玘。

行在刑科給事中李原縉下獄。以予告還湘鄉。聞國喪不臨。且娶妾。湘鄉訓導姜士榮劾之。

乙亥。始御經筵。吏部考功郎中李茂弘歎曰。君臣情不相浹。經筵具故事耳。未必無意外虞也。茂弘尋予告。

談遷曰。上時十齡。雖徇齊敦勉。豈遽能隆泰交而洽咸受哉。旃席之上。橫經敷析。功需歲月。于大臣誼不薄。而猶廑李考功之扼腕者。或王振微露其奸乎。不然。何先幾去之也。

戊寅。選翰林院庶吉士王鑑劉鉞佘忭王尙文伊侃李震王忠王偉徐珵徐瑛吉鏞顧暟雷復。命少詹事兼侍讀侍講學士王直王英敎習。

祀唐江西觀察使韋丹于南昌。按察使石璞等疏。

己卯。增南京旗軍月餉。

四川左布政使甄實縱子侵利。削其籍。

庚辰。除行在都察院右都御史顧佐軍籍。佐父澄。大同稅課司大使。戍貴州普安衞。

改雲南廣邑州于石甸。

壬午。梁王瞻垍言居地卑窪。求改建。不許。

行在吏科給事中王俈匿父喪。下獄削籍。

癸未。安成公主進封安成大長公主。

甲申。行在工部尚書李友直提督京倉糧儲。

命南京運胡椒蘇木三百萬斤于北京。

召鎮守甘肅總兵官太保寧陽侯陳懋少監林壽回京。械副總兵劉廣入京。以虜入鎮番衞被論。

逮遼東都指揮僉事康政。以虜入大水峪舊獐驛也。

乙酉。復陶銓武清縣丞。時汰冗員。邑人伏闕言其廉平。從之。

丙戌。夜大星青白光。自軫宿流至庫樓。

丁亥。東安知縣王睿薦陞合州知州。邑人乞留。令仍署縣事。

戊子。蔚州衞改蔚州左衞。

少保兼戶部尚書黃福言四事。曰鈔法日輕。宜收舊鈔。量出新鈔換銀。曰鹽商久候不得支。宜遣勘補足。曰行在衞所官軍俸米俱南京運給路遠多道費。宜派有司折收銀布絹段輸北京准俸。曰兩畿權豪占田。遣官勘報起科。上以遣官騷擾。且需之。

己丑。豐城侯李賢督口外運糧時轉京倉十萬石赴永寧隆慶懷來諸衞。

守備宣府都督僉事馬昇失事。謫遼東立功。

庚寅。湖廣布政司檢校程富言四事。曰親近師儒講明道德。曰採洪武以來舊制。如官制禮儀財帛軍國賞賚刑罰。著爲定式。頒示遵守。曰歸順韃官人等日累月增。動以萬計。乞量賜資裝。遣往江南衞所省京廩。杜厲階。曰選大臣巡視邊塞。凡戎馬出沒之地。皆高城深塹。謹其關隘。廣植榆柳。虜來林木阻遏。虜去伏兵邀路。上嘉納之。

辛卯。先陽和衞指揮僉事丘昂失機。命斬昂。委內官官保巡邊。怯敵。遂降保內使。杖昂百。戍大同。

謫光祿寺丞董正等四十四人戍甘肅。坐侵費俱械入。

甲午。增赤城等堡烽堠。

增廣寧前屯衞抵義州廣寧烽堠。

夜。大星青白光。出貫索。流漸臺。

四月

酊朔。上親享太廟。

己亥。賚勳臣都督太常光祿等及官軍有差。

庚子。進士高旭舒曈石瑁劉益金昭伯劉剛鮑暉爲行在給事中。

行在禮部右侍郎王士嘉行在工部右侍郎邵旻行在右副都御史陳鼎右僉都御史魯穆行在大理寺左少卿程富巡視畿郡捕蝗。

忠州訓導宋廣乞校勘孔廟從祀先賢名爵位次刊圖頒行從之。

定陝西行都司屬衛軍田如民田起科仍給月餉。

四川鹽井衛募商中鹽。

庚戌增內外衛所知事吏目各一。

汰涼州各衛冗官冗卒。

壬子賑畿內流民雜停柴炭等役。

癸丑復張麓高平主簿以秩滿邑人留之。

雲南右布政使周璟以妻服內娶再醮婦逮下臺獄免官。

乙卯夜月犯牛宿。

丁巳封韓王子範圯開城王。範垭西鄉王。範壄平利王。範埕襄城王。範壂通渭王。

戊午安南權署國事黎麟遣陪臣黎龍進香阮文絢梁天福賀登極兩宮尊號。

右僉都御史李儀巡撫宣府大同提督屯種糧儲。

己未復胡信滄州判官。

庚申以歲歉勳臣都督祿厚無兵事者罷其馬匹草料。

辛酉秦府保安王志垌薨年二十七謚悼順。

壬戌行在戶部左侍郎王佐乞覈五軍各都司衛所太僕苑馬寺馬數兵部議文皇帝祕馬數不許人知宜仍軍民舊牧從之。

癸亥進士王弼李詢鄭悠侯臣宋雍爲給事中。

甲子。琉球中山王入貢。

命河南湖廣三司往嚴鄧州均州內鄉光化等縣客戶入籍。以野僻聱聚。不受徭賦也。

乙丑。初山東鄉試。教諭朱經路彌封官易卷。訓導江振代答策事覺。巡撫御史任敬布政司參議杜子良按察副使杜時僉事楊潤俱逮下獄。

逮陝西西寧衛指揮僉事穆肅下獄。肅索西番把沙簇思俄可馬不得。誣以盜掠死。思俄可致叛。

五月丙寅朔。右春坊右庶子沈粲爲行在大理寺右少卿。仍直文華殿。

丁卯。新編敕符簿遣寧周楚魯肅瀋遼韓唐伊鄭襄荆淮梁趙秦晉靖江二十二王。仍各賜書。以易世紀元。更屬稱換年號也。

逮廣東按察使陳禮下刑部獄。禮婪惰見劾。

虜朵兒只伯犯肅州新城營大殺掠。

戊辰。命山東按察司遣官分按遼海東寧。

巡撫遼東右僉都御史李濬劾御史王濬給事中陳樞苛索廩給。散各衛易貂布。巡按御史邵嵩章杲朋奸不舉。俱徵下刑部獄。

己巳。命寧夏等衛收放糧芻。同布按二司佐貳官及主事。

庚午。肅州衛指揮使故麟爲陝西行都司都指揮僉事。同都督王貴鎭守肅州。兼署衛事。

寧夏總兵官都督同知史昭稱老。求子鑑代。不許。授鑑寧夏衛指揮僉事侍昭。

辛未。巡按陝西監察御史曹翼爲右僉都御史。提調甘肅兵備屯種。

壬申。罷修兩京冰池冰窖。俱內官監取給。舊隸禮部。

湖廣布政司檢校程富請增小吏俸養廉。行在戶部言。國初有定例。惟畿內文職及軍衞幕因缺米全折鈔。宜與米一石。從之。

甲戌。占城入貢。

朶顏衞都指揮哈剌哈孫貢馬。求使臣敕諭。上恐生釁。令來使賫敕。

夜。大星赤光出亢宿。流至濁。

乙亥。增濟南府通判。專督易州山場柴炭。

命各驛丞遞運所大使任滿。俟代至給由。

丙子。貴州都指揮僉事顧勇鎮守普定等衞。

丁丑。起復山東按察副使王憲仍分巡遼東。

減京寺番僧。初番僧曰大慈法王。曰西天佛子。曰大國師。曰國師。曰禪師。曰都綱。曰剌麻。俱光祿寺日餼。又支廩餼。上即位奉敕減六百九十一人。至是慈恩隆善能仁寶慶四寺減四百五十人。

戊寅。大同後衞指揮僉事潘興爲署都指揮僉事統領神銃。

敕淮府長史宋濟審理鄭勗等。啓王杖斃軍三人。又招逃民三十餘家種田。皆違法。朕姑宥罪。還善改過無累王令德。

夜。金火星抗于井宿。

乙酉。免行在吏部尙書郭璡軍籍。

廣西布政司右參議胡永成削籍。

戊子。虜數騎犯寧夏石空寺堡。殺百戶□弘。

己丑。曉刻大星青白光。後三小星隨之。行至游氣。

庚寅。占城使歸。敕其王還暹羅貢使及我西洋軍二十餘人。

行在戶部右侍郎李新巡撫陝西。怠事。改宣大。引疾。見劾下臺獄。謫番禺知縣。

壬辰。監察御史傅誠毛宗魯邵嵩王濬胡正陳懋陶鏞削籍。秦璥邵宗章杲李縉降秩。張璘盧琉張慶邵新致仕。時行在都察院右都御史顧佐考察。因敕佐御史有嘗犯贓罪及暴酷枉死人者悉降斥之。他諸衙門官一聽堂上官考察。有徇私容隱。御史舉劾之。

始設提調學校官。湖廣布政司檢校程富建寧教授彭勗為監察御史。富北畿。勗南畿。兩浙鹽運司同知胡軫為浙江按察副使。鬱林知州劉虬監察御史薛瑄高超工部郎中高志吏部主事歐陽哲修撰王鈺編修彭琉檢討陳璲康振國子監學正莊觀皆為按察僉事。虬湖廣。瑄山東。超福建。志山西。哲河南。鈺江西。琉廣東。璲廣西。振四川。觀陝西。各賜敕。蓋少保兼戶部尚書黃福請之。

癸巳。祁州知州余徽獻瑞麥。

乙未。起復行在刑部郎中謝莊為西安知府。給驛赴任。

是月。虜百餘騎犯遼東撫順之三角山。都指揮裴俊擊敗之。斬三級。

海陽縣大雨水。

懷仁縣雨雹傷稼。

六月輌朔。丁酉。裁天下郡縣吏。

庚子。申鎮守總兵官驛傳私給之禁。

辛丑。罷運茶支鹽例。右僉都御史羅亨信言商人恃引私販。虧官課也。

壬寅。香河知縣曹銘爲順天通判。仍署縣事。銘秩滿。邑人詣闕留之。

大興左衛帶俸署都指揮僉事李信爲都指揮僉事同都督李達鎮守洮州。

乙巳。作公生門于長安左右門外稍南。

南京馬快船百艘至京。命留半。非奉敕不得應付。

行在都察院右都御史顧佐致仕。賜敕鈔復其家。

丙午。江西右布政使陳智爲行在都察院右都御史。

丁未。虜百餘騎犯肅州臨水站。

山東備倭□軍都督僉事衛青卒。

己酉。黃巖颶風潮溢。

庚戌。遼東都指揮使劉淸等轉餉松花江。女直野人掠之。戍淸甘肅。

辛亥。瓜哇入貢。

壬子。行在中軍署都督僉事李福往山東提督備倭。

禮部左侍郞吳廷用歸省。父景亮年九十三。

癸丑。考察故監察御史陳懋被斥。求敍用。命追奪敕命。

甲寅。山西布政司左參政王來乞容逃民隨處附籍。免糧稅一年。係軍籍俟勾補。從之。

乙卯。署都指揮僉事李謙總督赤城獨石等處守備。召永寧守備興安伯徐亨還京。

設涼州九溪永定鎮海太倉等衛儒學。

先是敎官九年秩滿得貢士八人方陞。至是行在吏部量減其數。定敎授得五人。學正三人。敎諭二人。訓導一人。從之。

行在兵部左侍郎柴車請徙在京降胡于江南。尚書王驥謂如永樂例徙河間德州等處。從之。

己未。裁南京主事二十餘員。

增萬全都司各衞經歷。同收支糧餉。

辛酉。給遼東官軍馬價。中馴絹五匹布十五匹。下馴絹二匹布十二匹。

壬戌。保定知府周監秩滿。部人留之。加山東布政司左參政。食正三品俸。

閏六月乙丑朔。丁卯。定蘇松官田賦如民田。每畝糧四斗一升至五斗以上減至二斗七升。二斗一升以至四斗減作二斗。斗以上至二斗減作斗。有司具數送部磨勘。

考正孔廟兩廡從祀名爵位次。頒示天下。以忠州訓導宋廣言。

嚴自宮之禁。

戊辰。致仕福建都指揮僉事胡雄言子興嘗刲肝療臣目。求旌其孝。上謂非恆道。不允。

己巳。罷陝西續織駝毼。初永樂中歲進五十匹。陝西布政司右參政年富言。既造綾絹氈毼九百餘匹。又加駝毼。民困。免之。

壬申。昏刻月犯氐宿。

癸酉。昏刻月犯鍵閉星。

乙亥。夜月犯南斗杓。

戊寅。兩京文武官萬全大寧都司畿內各衞所官。折俸半支鈔半支胡椒蘇木。

巡撫河南山西行在兵部右侍郎于謙言十事。接濟邊儲。（文武官犯贓。赴宣大甘寧納贖。）優養軍士。（山西山東河南直隸班軍赴京分三班。一赴京。一守城。一屯種。減省吏役。清理軍伍。查勘逃戶。禁止攬納中納鹽糧。取用監生辨理刑名。存恤孤老。上下部議。

庚辰進士沈譓王用爲吏部主事。

靜海縣蝗饑。有司徵索如故。上聞。命撫按官分覩。凡被災處悉免其物料稅糧。

壬午。定陵祭百官皆淺色衣從朕。如洪武永樂故事。

行在右副都御史賈諒等舉推官吳宗知縣嚴敬魏忱馮成縣丞王受序班劉甄可御史。上重其任。命理刑半歲乃除授。

順天蝗。捕之。

癸未。秦州衞大雨雹。山水溢。漂官倉粟麥豆萬八千餘石。布三千三百餘匹。

丙戌。虜六千餘騎犯肅州石關鹽池。

丁亥。太子太保成國公朱勇等。以五軍各衞歲辦草百七十萬。今又加七十二萬。宜量減。上然之。毋過勞軍士。

戊子。行在吏科給事中儲懋爲行在翰林院修撰。

復楊節四川灌縣蠶崖關巡檢司巡檢。關當番夷孔道。節任滿。羌民奏留之。

己丑。起復山東左布政使劉中敷。

庚寅。故清遠侯王友孫鑑求嗣爵。不許。授羽林前衞指揮僉事。

辛卯。安南入貢。遣僞國公阮叔惠表求封。許之。

甘肅都指揮僉事后能冒功進都指揮同知。賜金幣。至是論奪。

壬辰。瓜哇使臣財富八致滿榮奏本龍溪縣漁人洪茂仔被倭掠。間走瓜哇。乞復業。許之。

癸巳。古里蘇門答拉錫蘭山柯枝天方加異勒阿丹忽魯謨斯祖法兒甘巴里眞臘貢使同瓜哇俱還國。賜敕。

選北京行太僕寺牡駒三千匹。牧于御馬監。

是月。西安驟雨水溢傷稼。

七月甲午朔。行在左軍都督同知蔣貴爲右都督。征番功。

貴州妖賊卓馬等攻各番長官司。奪其印。官軍擊敗之。斬數百級。

乙未。行在工部左侍郎李庸修狼窩口蘆溝橋潰隄。役二萬人。

丙申。武城左衞改獻陵衞。右衞改景陵衞。

武陟知縣何翕加懷慶府通判。

庚子。夜月犯房宿。

癸卯。遣祀順天眞定水災。遼東高郵平定兗州蝗。

甲辰。襄王瞻墡自長沙遷襄陽。初王以長沙卑溼。求遷亢爽地。遂改襄陽。

丙午。夜大星赤光自斗宿流游氣。後一星隨之。

丁未。河間知府姜濤爲順天府尹。

戊申。前刑部尙書趙紘卒。紘字雲翰。夏縣人。徙祥符。入太學。洪武庚午。授兵部職方主事。進天下屯戍圖。進武庫員外郎。浙江右參政。永樂初。使交趾。卻餽。進刑部右侍郎。歷工禮部。至尙書。丁酉。改兵部。尋憂去。起復。專塞外。仁宗初。改刑部。宣德庚戌致仕。紘英偉多才。善詩文。雖久貴。自奉如寒素。卒。予祭葬。

己酉。運河耍兒渡決。

庚戌。順天推官徐郁言四事。曰。南宋衍聖公孔端友扈蹕僑衢州。宋儒周敦頤程顥程頤司馬光朱熹子孫。宜復其家。修祠墓。曰增設社倉。曰戶口食鹽概收鈔。曰罪人僉遞外。餘項止給引回籍。上從之。

壬子。夜大星如椀。赤光燭地。起壘壁陣。流室宿。

丁巳。新野王瓊㷂薨。年二十五。謚悼懷。

己未。運絹十萬于宣大。折官軍俸糧兩月。

庚申。修獻陵。

辛酉。琉球日本入貢。

是月。臨洮縣霜傷稼。彰德久雨。

八月甲子朔。乙丑。行在福建道監察御史張忠邢端。故出人罪。下獄。

丙寅。廣西按察僉事楊復爲大理寺右少卿。進士李賢爲吏部主事。

命各處歲辦禽獸俱准鈔。惟鹿天鵝生致之。

丁卯。夜東西黑雲竟天。

修白河新隄。

戊辰。行在戶部主事言陜西邊務四事。曰陜西遠運甘州各衞三千餘里。車摧牛仆。請自今運至蘭縣。另軍轉涼州。自涼州轉各衞。曰莊浪涼州各衞中鹽道遠。召商不至。請納蘭縣。每引米麥豆四斗于淮浙支鹽。曰禁富室取息加倍。曰獻俘止首虜。餘戍江南。上從之。

庚午。河南布政使李昌祺言三事。曰設村市社學。曰禁約僧尼。曰廬陵祠宋丞相文天祥。追賜謚。上納之。

丁丑。滄州知州劉謹加河間府同知。

命提學憲臣兼督民間栽種桑棗。

平江伯陳佐卒。

戊寅。敕諭兀剌順寧王脫歡。

己卯。行在户部右侍郎王瀹巡撫浙江。喪母。命奔喪訖卽任。

庚辰。折收南京江西布絹白金代租稅。免輓運之勞。從右副都御史周銓巡撫江西侍郎趙新之請。上又問禮部尚書胡濙可行否。對曰。太宗皇帝于陝西浙江行之。故有是命。遠近稱便。而廩積少矣。

初。追徵兩淮鹽課逋負七十餘萬引。巡撫侍郎曹弘言荒旱不堪。遂盡免流亡者。

許順寧王脫歡使臣市其私馬。

壬午。修景陵。

乙酉。昏刻。終夜大小星流百餘。

丙戌。夜。大星青白光。自昴宿流至濁。後二小星隨之。

丁亥。給還故交阯布政司右參議解縉家產。

昏刻。土星退犯壘壁陣。

戊子。德州知州常景先加濟南府同知。

辛卯。汰錦衣衛帶俸食糧官校。令有小技者自食其技。或爲諸王公主守莊墓者自食其力。四夷降附老弱者悉就食南京。以省冗費。

九月㬅朔甲午。監察御史軒輗等十七人清軍天下。

漕運總兵及各巡撫入京會議軍民利便。因停山西旱災夏稅。設淸江提舉司造船。用都指揮提督南京各衛屯租。

滹沱河溢。

有僧自宮者特戍遼東。

命錦衣衞取囚刑部者賜駕帖以防僞。

乙未。修曲阜顏子廟。

丙申。夜大星青白光出參宿流狼星旁後二小星隨之。

丁酉。行在工部右侍郎黎澄爲左侍郎。

戊戌。陝西邊地民犯罪者聽納米麥豆自贖。

辛丑。停陝西雜辦。

夜大星赤光燭地自弧矢流至濁。

癸卯。行在刑部右侍郎何文淵行在戶部左侍郎王佐右副都御史朱與言同內臣提督兩淮長蘆兩浙鹽法。

復徐善德平縣丞善先內艱服闋邑人奏復之至是又外艱服闋民又詣闕留。

甲辰。作行在禮部印時尙書胡濙失印自劾不問。

監察御史楊翰督理浙江沿海軍儲。

夜大星自井流至柳。

乙巳。作應天府社稷壇春秋祈報初京郡不置今太社太稷北祭故特及之。

安南入貢。

瓦剌順寧王脫歡使臣願受朝秩遂授阿都赤都指揮僉事皮兒馬黑麻指揮僉事。

丁未。免西寧衞土達稅糧。

夜。白虹貫月。

戊申。敕緣邊諸將謹備兀剌。時兀剌敗阿魯台兵勢甚盛。因通兀良哈女直諸部。

辛亥。許壽州黃荼豆抵租。

未刻。黑氣東西亙天。廣二丈餘。夾蒼白色。

癸丑。秦府永壽王志埴女弟選配行在右通政李錫子珍。禮部謂錫司喉舌。不得連姻宗室。從之。遂更選。

乙卯。蘇州知府況鍾劾巡按浙江監察御史王璉越驛乘舟需索。下璉刑部獄。

丁巳。惜薪司供役定河間永平順德一年。大名廣平一年。順天一年。遞代。

夜。參宿狼星動搖。

己未。都知監太監洪保度家人爲僧二十四人。

庚申。行在兵部右侍郎李郁行在通政司左通政李亨封黎麟安南國王。賜駝印金印重五鎰。麟告廟。司徒黎察等表賀。遂遣雄捷軍管領蔡士明同知審刑院大夫阮日升謝貢方物。李亨一作蔡。

辛酉。廣東按察使陳禮怠事。又賤直市香百斤。見劾。下獄削籍。

壬戌。赤斤蒙古衞都指揮同知且旺失加等言。擊北虜脫歡帖木兒猛哥不花勝之。進都指揮使。陞秩五十一人。

定大同副總兵羅文巡東路陽和高山天城鎭虜四衞屬之。參將陳斌巡西路大同左右雲川玉林朔州五衞屬之。其北責總兵官方政提督都指揮孫智。

是月。大寧都司大雨水。大無禾。

十月。燚朔。揚蘇常大風海溢。

行在吏部主事李賢乞重建太學。從之。

丙寅夜。大星如椀。赤光燭地。自天囷流天苑。後二小星隨之。

禮部尚書兼華蓋殿大學士張瑛卒。瑛字子玉。邢臺人。洪武丙子貢士。歷寧州武德衞宿遷縣訓導。永樂戊子。擢吏科給事中。侍皇太孫句讀。仁宗初。進春坊中允。尋進諭德。改洗馬。皇太孫即位。進行在禮部右侍郎。歷左侍郎兼華蓋殿大學士。丁未進尚書。調南京。甲寅憂去。起復之。年六十二。碌碌無建白。賜祭葬。

戊辰。進士湯鼎齊整王鐸吳昇爲給事中。徐璟沈翼爲監察御史。

武安知縣馬忠加彰德府通判。

辛未。行在兵部尚書王驥言。北虜阿魯台敗績。降人非率所部及眷屬來歸者。俱發江南衞所管束。聽征調。從之。

甲戌。作通州白河浮橋。

丙子。免松江今年旱災田租。

修江陵公安荆門江隄。

丁丑。泗州判官楊誠加同知。

江陵知縣范理爲德安知府。

辛巳。慶府岐山王秩煉薨。年二十一。謚悼莊。

癸未。沙州衞都督僉事困即來追護阿端貢使。上嘉之。進都督同知。

免唐縣災租。

丁亥。左僉都御史張駿卒。瀘州人。永樂辛丑進士。

戊子。兀剌順寧王脫歡入貢。

甘肅左副總兵左都督任禮先後獲虜百九十六人。俘八人入京。

己丑。五色雲麗日。

庚寅。命行在戶部左侍郎王佐同監察御史蕭啓措理長蘆鹽務。

辛卯。太監阮安。都督同知沈清。少保工部尚書吳中役軍數萬人修建京師九門城樓。

前南京兵部左侍郎甄儀卒。麟游人。鄉貢士。授戶部主事歷南樞正統初致仕。

十一月廷朔。免兩浙運司逋課五萬七千引有奇。

癸巳。進賢知縣余耀加南昌府通判。

談遷曰。先朝意在惠民。篤視守令。不輕去其官。既治行著聞。雖九載秩滿。徇吏民之請。輒加銜留任。下至丞尉游徼之賤。亦曲從輿望。朝懇夕俞。朝野流洽。眞若家人父子然。有情必達。有籲必伸。三代不是過也。正嘉以後。勢隔情殊。徒憑保薦。又實俸不踰五年。序遷貴于三省。于是傳舍郡縣。動希汲引。令府倅加于勞。令州守進于牟刺。不曰右職。祇同沈錮。所以吏治日窳而莫可問也。

夜。月犯牛宿中星。

甲午。衍聖公孔彥縉來朝。

遣祀西安慶陽臨洮災傷。

丙申。陝西按察副使金濂督運邊儲。時督運官羅汝敬傷于虜。

湖廣蠻賊阿遲阿哈等伏誅。

丁酉。以虜寇莊浪。敕大同總兵官都督方政甘肅副總兵都督任禮等嚴備。

壬寅。免畿內被災草束。

甲辰麓川宣慰使思任發侵孟定灣甸大殺掠雲南總兵官黔國公沐晟以聞。

夜。月犯畢宿。

乙巳。修臨漳縣漳滏二河隄。

丙午。都察院檢校葛祟大理寺評事俞本行人司副王復行人范霞李柰推官粱輯知縣吳復周乾州判官向侃以舉臺秩送行在都察院讞獄。

興化知縣李元學鳳陽主簿董翰俱秩滿邑人乞留加俸二級。

丁未。淮河清踰月。禮部請賀不許。

工部署右侍郎事知府張順爲右侍郎。

定州知州張麓署高平縣事麓以高平縣丞進定州。高平人詣闕請留。時高平已除令。上以民望。從之。鎮原縣丞李顯憂去亦以民籲復任。麓丞高平日。行在工部尚書吳中薦之。已右都御史陳智等言。麓在高平贓私狼籍。及知定州畏其繁劇。自爲高平人作奏留縣。愈恣貪黷。乞正中濫舉之罪。上宥中。

監察御史章聰督延安綏德邊備。

戊申。免濟南災租萬九千石有奇。

都察院右都御史陳智以御史李聰錄囚駁于大理寺。怒責笞御史張勗四十。于是給事中謂失憲體。上不問。

己酉。命在京官軍俸糧于通州倉支給。

庚戌。令逃民即占籍客土。毋游食不賦。

辛亥。蘄州知州李信圭署清河縣事。信圭令清河。薦授蘄州。清河人奏留之。

壬子。巡撫陝西爲事官羅汝敬言轉餉莊浪衞之紅城子。被虜掠毋再困民。上悉蠲之。

甲寅。夜月犯角宿

乙卯。命三品上京官各舉可御史者一人。四品官及國子監翰林院堂上官部屬科道官舉可知縣者一人。吏部察用之。

復陝西巡撫爲事官羅汝敬行在工部右侍郎。仍理前事。

新鄉知縣諸賢憂去邑人奏復之

免長沙宣德十年災租五萬二千七百石有奇。

辛酉。巡撫遼東行在左僉都御史李濬爲左副都御史。仍理前事。

復遵化縣鐵冶。

十二月甲戌朔。免淮安戶口鹽鈔。

甲子。行在中軍右都督高文卒。贈縣谷伯。謚壯靖。

夜。火星犯天江星。

丙寅。行在光祿寺少卿李畛爲行在右通政。往理南京諸衞官俸。

丁卯。夜大星如杯。赤光燭地。出折威。至天市西垣後。三小星隨之。

戊辰。前軍署都督僉事都指揮僉事楊福卒。

庚午。都指揮僉事楊洪副署都督僉事李謙守備赤城。

甲戌。各邊總兵官不得遣人內地催徵芻粟。

乙亥。給金牌信符送歸老撾等處頭目。

丁丑。故和寧王所部阿台王子及朶兒只伯數寇邊。下兵部會廷臣議。五日不上奏。上曰。謂朕冲人耶。執兵部尚書王驥右侍郎鄺埜下獄。已釋之。遂尋御史給事中各杖二十。奪俸三月。

戊寅。起復濱州知州梁昭。

己卯。敕右都督蔣貴寧夏總兵官都督同知史昭大同總兵官都督同知方政等出兵勦虜。

壬午。曉刻月犯亢宿。

癸未。敕甘肅左副總兵都督任禮以騎一千卒二千從蔣貴勦寇。

乙酉。命河南罪人納米蘭縣贖罪。

廣西賊蒙冉萬等悉平。

庚寅。發回先後死刺使臣。

行在吏部主事李賢言。京師韃官不下萬餘。較畿民三之一。月俸亦較朝官三之一。而實支之數。或全或半。又且倍屣。以有限資無窮。欲百姓富倉廩實不可得也。近者荒旱連年。五穀不登。天下米粟歲入數百萬。軍民涉寒暑冒風霜。然後一夫得以數斛至京師。中途衣食不贍。至難救死。有司嘗莫惜。督責益嚴。奪赤子。豢降胡。又困餽運之卒。而驅其力。仁人君子。寧不痛心。夫夷狄人安獸心。荒忽無常。來降不絕。非誠悅服。慕中國利也。彼其在胡。未有不種而食。自致而衣者。今在中國。則不勞而坐享之。是故其來不絕者。中國誘之也。誘而愈來。無益之費。尚不足惜。前代五胡之鑒。殆有甚焉。近者邊塵數驚。臣私嘗恐懼。不能安寢。乞敕兵部。漸次除調韃官于天下都司衞所。減殺其俸祿。實所以分彼勢而銷未萌也。上是之。議行不果。

是年。增鑄鐵蒺藜。給開平赤城分布要害。游擊將軍楊俊謂邊用利之。行在兵部言。洪永間。諸司衞所各有雜造局造械。其料出于軍民。今動請之武庫。非置局初意也。于是南京等郡以贖鍰給造。不足則軍鈔戶食鹽稅鈔給之。

丁巳正統二年

正月辛巳朔甲午祔宣宗皇帝于太廟。

乙未征西將軍寧夏總兵官都督同知史昭爲右都督。

夜。大星赤光出紫微東藩流至游氣。

丙申征西前將軍大同總兵官都督同知方政爲右都督。

丁酉廣東陽江等縣盜張三木仔公等作亂。敕左布政使王俊德等勦之。

己亥。虜數犯寧夏。敕大同總兵都督方政都指揮楊洪率兵二萬出大同寧夏總兵都督史昭選卒屬都督僉事丁信出寧夏右都督蔣貴甘肅右副總兵都督同知趙安出涼州。會丁信等追襲阿台朵兒只伯等。

壬寅。太常寺博士方勉大理寺評事張哲侯爵行人楊永序班孫眷張鏞趙倫。斷事張文昌知事康榮照磨判官胡信縣丞酈傑教授上官民瞻教諭韓陽鄭顒訓導鄭觀曹泰成規齊韶王巍陸儔唐震俱爲監察御史。

癸卯。鎭守山西右都督李謙爲左都督。偏頭關獲虜功。餘陞賞有差。

丙午。衛王攝南郊。

戊申。前工部尙書甄庸卒。予祭葬。廕子昱入監。

己酉。寧世子磐烒薨。年四十三。謚莊惠。

右軍都督同知蕭授爲右都督。都督僉事吳亮爲都督同知。

巡撫江西行在吏部右侍郎趙新母喪。命奪情視事。

庚戌。廣西總兵官都督山雲等。以泗城州土知州岑豹攻破利州。知州岑顏屢諭不服。當討。敕更諭之。

巡撫大同右僉都御史李儀言和寧殘虜窮無所歸。乍臣乍叛。小爲邊寇。此常情也。嚴烽火。謹斥堠。練士馬。待其自遁。則無事矣。今重兵出境。棄所守地。僥一勝。賊倘偵伺。襲我空虛。非策也。上是之。然方政等已發。不之止。竟亡功。

辛亥。鴻臚寺序班馬昂爲監察御史。

夜。月掩木星。

壬子。免福州逃民逋租四千七百餘石。

己未。賑淮安揚州饑。

是月。涼州部夷孛董哈剌苦出與妻來降。入京。卒。孛董猶言平章也。妻入宮。子孛羅官御馬太監。

二月辛朔壬戌。給陝西河州等八衛備邊土官俸。舊不俸。

癸亥。賑鎮番衛饑。

乙丑。行在光祿寺卿郝郁卒。

戊辰。豐城侯李賢爲征西前將軍總兵官。代都督方政鎮守大同。

巡撫大同宣府右僉都御史李儀下獄。初。儀劾管糧參政劉璉不法。璉誣儀淫亂。參將都指揮石亨欲糾鎮守太監郭敬。啓儀。慢泄之。敬亨各訐儀。因逮儀。瘐死。

夜。大星赤光燭地。自宗正流至濁。

己巳。復田恆衡水縣丞。進從七品俸。恒秩滿。邑人留之。

辛未。進士馬諒高諒張敏曾世良爲行在給事中。

瓦剌使臣辭歸。

癸酉。發營卒五萬，畿民一萬，塞耍兒渡決口。武進伯朱冕、工部尚書吳中開通濟河，河去通州二百里，係貢賦總會。命太監阮安往視，安請役萬五千人，從之。

甲戌，兩廣福建所輸南京税糧，聽納布絹。

乙亥，設行在欽天監渾儀。

丙子，敕諭順寧王脫歡，復敕諭阿台及朵兒只伯等。

己卯，西鎮吳山廟火。

癸未，巡撫浙江戶部右侍郎王瀹等，以松門等衛累被倭寇，乞如洪武例免衛所轉輸，專捍禦，歲令都指揮一人提督。從之。

甲申，巡按陝西監察御史張政請鹽商載糧赴甘肅上納，轉遵化熟鐵十萬斤作兵器。從之。

乙酉，省京師海印寺收鈔官。

丁亥，賑大名、順德、廣平饑。

戊子，裁甘肅苑馬寺，併于陝西。

三月辛卯朔，監察御史盧睿爲行在右僉都御史，巡撫大同、宣府。

癸巳，會寧伯李英有罪。襲爵初，西寧衛指揮祁震死，子幼，震庶姪謀篡襲，震叔太平爭焉。英幽太平及義子，拷于家，義子死，英被劾下獄。

乙未，鶴慶土官知府高倫弟純、叔宣互爭殺。敕雲南總兵官黔國公沐晟、鎮守雲南都督沐昂等勘諭之。

建陽縣丞何景春爲知縣。

丙申。瓜哇入貢。

丁酉。亦力把力也先卜花王入貢。

壬寅。友墀嗣華陽王。

癸卯。增雲南儒學師生廩米。

乙巳。夜。月食。

庚戌。貴州蠻賊阿哈等平。

癸丑。增南京戶部主事監督草場。又主事監督內府諸監局并光祿寺。通委御史巡視。仍右副都御史周銓總之。

丙辰。敕工部侍郎鄭辰右副都御史賈諒分治濟寧南北河道。王瑜武興協焉。

丁巳。眞定知縣李守義加眞定通判。

賑長垣縣饑。

戊午。命監察御史金敬往大名河南陝西撫輯逃民。時漢中府深谷中潛居四五萬。黃河北岸亦團聚千餘。

四月辛酉朔。定文武官犯贓者解京。餘本處訊結。

辛酉。皇弟郕王冠。

行在大理寺副夏銘。推官曹瑋。經歷李俊。知縣馮誠。判官馮傑。縣丞王受。俱爲監察御史。

江西按察司獄逸二十餘人。

蠲新安縣去年水災夏稅。

壬戌。賑鳳陽旱饑。

丙寅。復唐振滁州知州。加正四品俸秩。滿民奏留之。

戊辰。臨江知府朱得加布政司右參政。

庚午。行在刑部右侍郎何文淵請提學官採訪山林才學之士。從之。

辛未。御史李彝等奉命清南京中官外戚占田六萬二千三百五十畝。分撥新軍。

壬申。監察御史李濬劾太監僧保金英等私創塌店牟利。指揮馬順等擲還奏。喧論事聞。俱下獄。順論死。

癸酉。夜。月犯木星。

乙亥。曉刻大星色赤。自天船流紫微西藩。後小星隨之。火星犯壘壁陣。

丙子。禁伐天壽山樹木。

戊寅。命戶部官督捕蝗于畿內山東河南。

壬午。毛憐等衞都督同知李撒滿荅失里等來朝。貢珠五百。上諭行在禮部曰。先王盛時。四夷之獻。惟服食器用。毋有珍寶。撒滿荅失里貢珠。本意卻之。宴使者而予之直。聊酬遠誠。毋以爲例。

免廣平順德去年旱蝗田租。開封彰德河南懷慶衞輝去年水災田租。

癸未。陳豫嗣平江伯。陳佐子。

甲申。賑西安鳳翔漢中饑。

乙酉。復管裕宛平知縣。裕母喪。邑人奏留之。

夜。大星色青白。出天市西垣。流游氣。後一小星隨之。

丁亥。下嚴州祀漢隱士嚴光。

己丑。行人李磐序班劉甄推官胡宗知縣魏忱姚福爲監察御史。

五月觀朔。行在兵部尚書王驥往甘肅理邊務。

壬辰。封代府遜炓宣寧王。遜熷懷仁王。楚府季埱黔陽王。季堺東安王。季塾永安王。韓府範圯開城王。範坩西鄉王。範壑平□王。範堣襄城王。範墅通渭王。魯府泰墭東阿王。泰塍鄒平王。

癸巳。起復陝西布政司左參政郭堅。

甲午。順德蒲州旱。蠲其租。

乙未。行在中軍都督僉事陳敬卒。

丁酉。琉球中山王入貢。

淮安邳州蝗。遣捕之。

庚子。夜月犯木星。

辛丑。夜月犯罰星。火犯土星。

壬寅。行在刑部尚書魏源往大同整飭邊儲。

癸卯。湖廣四川廣西雲南貴州官旗雜犯坐死以下。俱送總兵官立功。滿日復秩。其犯盜及土官軍民情輕者。納米贖罪。

乙巳。虜五千餘騎犯寧夏唐來渠。

戊申。增大同等八衛經歷司經歷。支收糧儲。

辛亥。夜大星赤光出卷舌。流入文昌。後五小星隨之。

壬子。封漢紀信滎澤侯。諡忠烈。祠于滎澤。鄭州訓導郭明郁上言。滎澤孝義保。漢紀信死節地。遺墓尚存。祠廟廱立。故有是命。四川通志紀信安溪人。

復張信行在尙寶司卿。加正四品俸。

夜。大星赤光。自奚仲流至濁。

癸丑。安南入貢。

乙卯。敕鎭守陝西右副都御史陳鎰巡寧夏延安綏德徧歷邊徼。同總兵官史昭都指揮王永區畫。

戊午。順德知府張時加山西布政司右參政。

旌義民吉安謝子寬浮梁范孔孫榆次于敏邛州翟得海石州張雷淮安梁辟李成俞勝徐成。各出穀千石助賑。賜敕復其家。自是爲故事。

六月紀朔。行在大理寺右少卿賀祖壽率京軍採草。

癸亥。徙陵水縣于南山萬寧縣于蓮塘。

甲子。誅陝西行都指揮使安敬。初。右都督蔣貴右僉都御史曹翼勦虜。率兵至魚海。敬黷而怯。云前途無水草。阻師。都御史劾貴等失機。上密敕尙書王驥責貴死狀而僇敬以徇。驥大會諸將。責敬曰。若何逗撓誤大計。斬之。而謂貴曰。將軍當死。且責狀以報。因誓師若等亡懾敵。亡棄將不用命。有如敬。吏卒悚服。分部都督李安趙安任禮蔣貴等。自爲戰守。虜大舉則合拒之。遂能軍。

丙寅。敕讓寧夏總兵官右都督史昭等。以蔣貴進兵。爾報虜往亦集乃。致貴不前。今賊又犯唐來渠。實爾等之咎。其圖所以自贖。

戊辰。行在右僉都御史魯穆卒。穆字希文。天台人。永樂丙戌進士。授御史。敢言。進福建按察僉事。瘞暴骸。毀淫祠。理冤繩奸。時稱鐵面。正統初。薦擢內臺。捕蝗大名諸郡。還朝。沒不能殮。同郡咸賻之。工部尙書吳中具棺衾。重其行也。賜祭給舟歸其喪。子崇志。南京太僕寺少卿。天啓初諡端敬。

己巳。賑江都縣饑。

定國公徐景昌卒。賜祭葬。

辛未。陝西旱蝗。遣官視之。

壬申。行在行人司副王復、行人范霖、推官馬恭、陳固、知縣計澄、嚴敬俱爲監察御史。

甲戌。命軍職老疾者悉致仕。

禁罷閒吏及奸民結攬寫發、把持官府、起滅詞訟者。杖戍遼東。

乙亥。命宋儒胡安國、蔡沈、眞德秀從祀孔子廟。蓋肇慶知府王瑩、順天通判曹銘等言之。

滑縣縣丞周斌爲知縣。仍理馬政。斌秩滿。邑人奏留。

命乙榜貢士不願就敎職者入監肄業。從南陵敎諭任倫之言。

順天通判曹銘請鄉試取士不拘額。樂安敎諭鄭顒請生員如舊制學書習射。泰州判官王思敏奏內外官如洪武例免原籍差徭。肇慶知府王瑩乞禁部民綁縛有司赴京。俱從之。

罷丹徒縣歲貢蘆柴。

己卯。夜大星赤光出紫微東藩。流至文昌。

庚辰。行在右副都御史賈諒、工部左侍郎鄭辰分賑鳳陽、淮揚、徐、和、滁、開封饑民。

癸未。西虜阿台朶兒只伯遣使納款。

甲申。敕占城三年一貢。時歲貢。瓊州知府程瑩言其勞費。

七月朏朔庚寅。遣指揮岳謙、千戶張阿老丁等使朶兒只伯。賜襲衣幣鈔有差。

弛淮揚川澤之禁。

辛卯。行在右軍左都督陳懷爲征西前將軍總兵官。鎭守大同。

壬辰。隆慶衞指揮同知李景爲署都指揮僉事。鎭守居庸關。

癸巳。瓜哇入貢。

行在福建道監察御史王學敏納賂請託。杖之百械三月。戍遼東。

乙未。行在行人李奈知縣胡鑑王子倫張斌周銓俱爲監察御史。

虜寇莊浪。都指揮魏榮等擊敗之。擒渠帥把禿孛羅。朶兒只伯姪。

丙申。時韃官軍校勇士人等在畿內多占民田。相聚騎射。强掠民財。監察御史成規言之。詔錦衣衞分捕。犯死梟于其處。徒流者戍邊。仍罪其頭目。

庚子。夜月生五色雲。

丁酉。平虜將軍右都督蔣貴出塞。駐天鵝灣。哨卒三人深入遇害。御史劾之。記罪立功。

丁未。寧夏總兵官右都督史昭降都督僉事。參將都督僉事丁信降都指揮僉事。參贊軍務右都御史郭智降監察御史。署都指揮僉事施雲降指揮僉事。仍總兵參將參贊如故。

戊申。行在廣西道監察御史黄潤玉爲廣西提學僉事。

夜。月掩大星。

庚戌。武清縣大雨雹。傷稼。

乙卯。蔚州衞經歷夏寧加萬全都司都事。寧秩滿。官軍奏留。

增四川按察僉事。巡收邊儲。

丙辰。守備獨石都指揮僉事楊洪敗兀良哈。擒渠帥朶欒帖木兒。

丁巳。哈密忠順王瓦剌順寧王入貢。

八月铖朔。衡州蝗。免田租。

庚申。行在兵科給事中金昭伯削籍。時試明經儒士闌入午門。欲代筆也。

癸亥。進士侯瀾相佐爲行在禮兵科給事中。

乙丑。固安縣雨雹傷稼。

戊辰。行在右僉都御史王翺還自江西還院。

賑清河縣水災。

辛未。行在左通政李亨爲行在光祿寺卿。

壬申。夜大星青白光自參宿流至游氣。

癸酉。封晉府美境交城王。美垙陽曲王。美埻西河王。美垣方山王。美塔臨泉王。美堣雲丘王。美堛寧河王。

撒馬兒罕等入貢。

甲戌。光祿寺大官署正萬節湖廣都司副斷事周濟爲監察御史。

上海縣丞張禎爲知縣。時縣令闕。上海人乞補禎。而禎未九載。上特從之。

乙亥。武安侯鄭能修在京通州倉。安遠侯柳溥役萬人修神木廠。

夜大星赤光燭地。自文昌流至濁。

戊寅。進士鄒冕劉福爲行在禮科給事中。

遣視開封水災。

己卯。夜月犯井宿。

壬午。免山東順天廣平眞定淮揚去年水災糧芻。

甲申。敕廣西總兵官都督山雲勦義寧縣叛蠻。

夜。北方黑氣東西亙天。

九月戊朔。命鳳陽陵戶附籍太常寺祠祭署。舊隸皇陵衞。已附籍郡縣。

諭祭莊浪陣亡官軍。

己丑。蠲鳳陽淮揚漢陽水災糧芻。

庚寅。行在戶科給事中吳繪受賂以試明經入午門代筆。械長安門。戍遼東。

壬戌。行在左軍都督同知方政右軍都督僉事羅文還理府事。

乙未。誅中都留守司署都指揮僉事陳鑑。鑑先備禦林州。縱盜脅商。嫌百戶白旺蔣斌不贄。杖斃之。有卒索民饌不嗛。拔刀殺其女。知州林長懋疏其罪。長懋宣宗時忤旨坐係十年。上卽位赦之。官以思恩撫民淸儉自奉。朝夕惟鹽菜。卒葬桂林黃峽口。州人祠祀之。

戊戌。都察院檢校葛崇大理寺評事俞本推官梁輯判官向侃知縣方冊爲監察御史。

庚子。起復河南按察副使榮華。仍督理漕運。

壬寅。兀剌貢使都指揮僉事阿都赤進都督同知。察占進都指揮同知。

甲辰。蘇州通判邵諶爲同知。諶秩滿。耆民乞留。

夜。月犯畢宿。

丙午。暹羅貢使泊廣州登陸。其舟風失之。事聞。厚遣其使。

戊申。停大河衞軍器局

己酉。河決陽武原武滎澤。役民二萬軍千餘人治隄

庚戌。守備獨石署都指揮僉事李謙被劾還京。游擊將軍都指揮僉事楊洪提督守備獨石。

乙卯。析雷州衛後千戶所置石城千戶所于高州。析南海衛後千戶所置靈山千戶所于靈山縣。

遣賑寧海壽張東阿汶上陽穀鄆城范縣水災。六月淫雨河溢。

十月丁巳朔。戊午。廣西總兵官都督山雲言潯州大藤峽等山猺時刼掠。而左右兩江土官狼兵素勇。猺寇憚之。乞委土官都指揮黃竑領耕近山荒田。遇賊併勦。從之。

己未。修江陵松滋公安石首潛江監利決隄。

辛酉。起復巡撫兩淮山東行在刑部右侍郎曹弘。時母喪。

壬戌。左春坊左庶子兼翰林院侍讀周述卒。述字崇述。吉水人。永樂甲申進士。授翰林編修。進侍讀。尋進左諭德。宣德初實錄成。進左庶子。厚重簡靜。性孝友。文章雅贍。能書

癸亥。進士陳韶爲行在戶科給事中。周瑄行在吏部主事。

甲子。左軍都督僉事王瑜。後軍都督僉事武興。爲左右副總兵。專總漕運。瑜初鎮守淮安。

中軍左都督任禮爲平羌將軍總兵官。左軍右都督蔣貴。左軍都督同知趙安。爲左右副總兵。兵部左侍郎柴車。右僉都御史曹翼。羅亨信。俱參贊軍務。率兵討虜阿台朵兒只伯等。行在兵部尚書王驥。太監王貴。監督之。都督李安。侍郎徐晞等居守。甘肅參將丁信領後軍俟遣。

乙丑。修聊城陽穀決隄。

丙寅。通州知州楊衡秩滿。民乞留。加順天府治中。食從四品俸。

丁卯。行在兵部左侍郎鄺埜乞敕列侯五府幷各營把總官在外三司巡按御史各舉謀勇堪戰之士。不稱則

連坐從之。

夜。月犯外屏星。

辛未。麓川宣慰使思任發侵南甸州土官刀貢罕地。命雲南總兵官黔國公沐晟諭還之。

壬申。如皐知縣吳復歸安知縣周軏鹽亭知縣吳昌衍爲監察御史。

癸酉。封遼府貴烑衡山王。貴爅蘄水王。蜀府友㷮華陽王。

定聖節表各司堂上官進。正旦冬至首領官所屬佐貳代行。

甲戌。太子太保成國公朱勇。新建伯李玉。武進伯朱冕。都督沈淸。尙書魏源。同太監王景弘等大選京軍。得十五萬一千有奇。

夜。大星青白光出閼丘。流至雲中。

乙亥。行在刑部右侍郎何文淵請申輕罪收贖法。給窮囚衣糧如錦衣衞。命行之。

戊寅。罷滑縣靈寶湘鄉旱災。

辛巳。甘肅參贊軍務右僉都御史羅亨信言。都督蔣貴趙安等出塞。駐魚海。彼此齟齬。逗留十日竟返。今水凍草枯。兵難再出。乞來春專命智勇總兵官調兵。仍出魚海。如仍前委任不專。彼此抗衡。則賊無授首之期矣。上深然之。

壬午。中山王欽賜田地。揚州河南歸魏國公。陝西順天歸定國公。

癸未。命行在兵部榜。有壯勇膂力通武藝。願自效者在京許赴通政司。沿邊赴總兵官自陳。亡論奴隸亡命坐罪人。一槪試用。有謀略出衆者不次擢。

諭遼東總兵等官。今後外夷來朝。止許二三人或四五人。非勘毋輒入之。

乙酉。上書止淮王祁銓入朝。

十一月㓒朔。復劉恭盧龍知縣。加從六品俸秩。滿邑人留之。

壬辰。命優恤交趾歸附官民。

甲午。封哈密脫脫哈木兒忠義王。

丙申。安定王亦攀丹入貢。

衍聖公孔彥縉來朝。

戊戌。建州左衞右都督猛哥帖木兒子童倉。訴七姓野人殺其父臣。同叔都督僉事凡察百戶高早化等五百餘家遁朝鮮。今欲出遼東。乞毋爲朝鮮所留。上敕朝鮮國王李裪善遣之。

己亥。敕總兵官都督陳懷譚廣李謙王彧等嚴備兀剌。時兀剌順寧王脫歡部落屯飲馬河購兀良哈三衞幷野人女直出沒。

乙巳。蠲河南水旱免田租。賑饑。

戊申。停陝西今年田租十之五。屯糧十之二。

壬子。復林巍完縣主簿。范文忠思州府都坪峩異谿蠻夷長官司吏目。俱秩滿民籲奏留。巍食從八品俸。

癸丑。虜五百餘騎入延安金剛溝。官軍追敗之。擒五人。斬二級。

十二月㒳朔。左副都御史吳訥行在右通政李珍下獄。珍貪墨。訥不糾舉被劾。

戊午。册皇姊順德長公主。歸駙馬都尉石璟。

己未。禮部左侍郎章敞卒。敞字尙文。會稽人。永樂甲申進士。選庶吉士。授刑部主事。辨山西冤盜。雪數百人。遷員外郎。歷禮部。佐胡濙以嚴肅。遇事不媕婀。予祭葬。

辛酉。夜。大星青白光出南河。流至濁。

丙寅。夜。月入畢宿。

丁卯。少傅兼尚書大學士楊士奇等言。御史淸軍。以北人戍南。南人戍北。彼此違土。多死寒瘴。宜淸出北方軍發遼東甘肅一帶。南方軍發雲貴兩廣一帶。上命行之。

己巳。徽州知州蔡茂。銅陵知縣商賓。俱任滿。民留。加茂鞏昌府同知。賓池州府同知。各署縣。

庚午。武進伯朱冕爲總兵官。以宣大兵巡邊。

甲戌。益宣府大同糧餉。以宣府餉半輸大同。以宣府近地糧料悉輸宣府。

乙亥。靖江王佐敬請立悼僖王碑。以非故事。不許。

署都督僉事馬翔爲右副總兵。赴淮安。同左副總兵王瑜提督漕運。

己卯。河南山西入操官軍二萬四千人。調赴宣大延安綏德。

辛巳。福餘等衞會阿魯歹等糾五百餘騎。渡葭州河。敗歸。西涼亭游擊將軍都指揮僉事楊洪邀擊之。斬六級。擒百戶乞里麻等三人。明年正月。俘入京。集兀良哈貢使斬之。梟于喜峯口。進洪都指揮同知。

甲申。西虜朶兒只伯貢馬。

乙酉。行在刑部右侍郎陳鼎卒。鼎字重器。新興人。登進士。授御史。按江西。有聲。擢守建昌。治最。遷右副都御史。尋佐刑。居官廉愼。澹泊如初。予祭葬。

是年。改永寧州隸貴州布政司。

國榷卷二十四

戊午正統三年

正月朔庚寅遣指揮同知陳友指揮僉事李全賚敕及綵幣八百往大同賜瓦剌使臣。又敕諭太師順寧王脫懽。時脫懽請合兵擊阿台朵兒只伯上虞其譎敕各邊備之。

大同都指揮僉事石亨戴旺追虜于豐山。敗之。時虜三百餘騎飲馬黃河。

癸巳召兩淮兩浙長蘆整理鹽法內官同監察御史回京。其事悉令鹽運司領之。

甲午。太常寺卿姚友直卒。友直蕭山人。洪武甲戌進士。

乙未。裁各邊夷使餼廩。毋重擾軍民。

丙申。游擊將軍都指揮僉事楊洪連敗虜于伯顏山寶昌州。

丁酉。衛王攝南郊。

己亥。復高文深澤知縣。加從六品俸。秩滿。邑人留之。

福建左布政使周頤等頌巡按御史趙奎蒞事捕盜功。宜陞擢。行在吏部謂御史興利除害。職也。何擢爲。上從之。

庚子。陝西按察使王文爲行在右副都御史。鎮守陝西。副使金濂爲右僉都御史。參贊寧夏軍務。召巡撫陝西工部右侍郎羅汝敬還京。

池州知府葉恩請裁貴池縣學。不許。

寧夏等衞草湖隸寧夏河渠提舉司。

增清浪靖州二衞積儲五萬石備急。

乙巳。曉刻東方大星青白光流雲中。

丙午夜大星青白光出游氣。

丁未右春坊右諭德黎恬卒恬字率性淸江人□□進士。授御史。薦守南靈州。不鄙夷其民而治教之。會黎利

變北歸以文行擢諭德至是展墓。没于家。

辛亥。夜月犯斗宿。

壬子。免河間大名保定荆襄陽去年災租。

癸丑。免文縣永寧縣水災田租。

二月甋朔丁巳閱武于安定門外。

修蘭縣黃河橋便甘肅餽運。

庚申免河南田租七十六萬三千三百餘石。

甲子。夜月犯井宿。

己巳。景州同知劉深爲知州。深先守景州坐事降同知。至是任滿。部民詣闕留之。

庚午夜月食。

辛未。夜大星赤光。自天乳流游氣。三小星隨之。

甲戌。進士錢奐李春陳傳爲給事中。

各邊巡倉御史歲代。初浹歲受代。易狎玩。

行在工部左侍郎李庸同太監山濤專治兵器軍匠五千七百七十餘人。

丙子。巡按浙江監察御史王璉謂蕭山主簿周仁怠事當斥。邑人訴仁勤敏非怠事者。布政司勘如之。命復仁。奪璉俸半年。

談遷曰。主簿斗食之吏。一經臺抨。無堅席矣。先朝徇耆民之意。伸于方伯。曲坐豸使。勞不遺賤。罰不貸貴。刑政得其平矣。今有司稍遭白簡。類無以自白。卽按覆懼威不敢反異。況簿尉者流又何容喙乎

賑山東海豐縣饑

給寧國大長公主子孫賜田之半。

丁丑。夜大星赤光自玄武流游氣。

戊寅。留陝西署都指揮僉事陳斌守備延安衞寧塞哨馬營。

己卯。琉球國中山王尙巴志暹羅國王番里廝哈賴入貢。

行在後軍都督僉事馬昇降山西行都指揮使。先失機故。

辛巳。行在兵部尙書王驥偵朵兒只伯往狼山。使左副總兵都督蔣貴擊之。驥同太監王貴都督任禮等率兵繼進。檄寧夏總兵官史昭等分道追勦。誓曰。勉旃。不能成功。毋相見也。貴感奮直前。搏虜敗之。虜渡河遁。

癸未。行在吏部驗封主事李賢言。頃命文官誥敕九年乃給。夫誥敕之典。人主所以摩厲臣下。故事居官無過。方許請給。稍有私罪。輒有追奪。是以其未得也。兢兢畏愼。其旣得也。斤斤保守。九年之中。人事不齊。或有未滿遷去。或有身故親老。人見榮難久。必怠廉。請京官三年給誥敕。外官三年與本身。六年請封贈。上從之

三月乙朔。敕宣府都督僉事黃眞都指揮同知楊洪爲左右參將。修開平龍門獨石潮河川堡斥堠。

丙戌。設大同威遠衞。

夜。大星如椀赤光燭地。自心宿流至游氣。

戊子。夜月犯畢宿。

辛卯。馬湖府貢士王有學疾阻。計偕踰期至京。當罰吏。而有學故籍長官司。貢馬求宥。許之。

癸巳。免鳳陽災租。

乙未。夜京師地再震。

廣平湖廣盜平。

庚子。夜地震。

辛丑。賑平涼鳳翔西安鞏昌漢中慶陽饑。

壬寅。行在工部尚書李友直治通濟河畢。擅放役者。自劾下獄。尋宥視事。

癸卯。北京國子監助教李洪請南人歲貢聽入北監。本監官仍給牙牌膳役。一年一代。從之。

甲辰。地震。暮又震。昏刻大星犯井宿。

丁未。東平知州傅霖言。陛下即位。卻珍奇之獻。罷不急之征。取回內官糧儲之事。以命巡撫侍郎。清軍之事。以命監察御史。天下歡忭。歌誦聖澤。而徐州臨清等倉。仍用內官收糧。淮浙等鹽場。仍遣內官併錦衣衛官校緝捕。以臣愚見。所在收糧。自有有司。巡鹽已有監察御史。內臣錦衣衛絡繹四出。瘠民膏血。安所用之。上嘉納焉。

戊申。行在工部言。通州白河自正統元年水溢為災。請令把總都指揮同知劉斌及通州役夫塞之。上曰。決河非細事。再踰年乃言之。何緩也。部言歲三月始得順天府報。上怒。下府尹姜濤治中楊衡等于獄。

己酉。總督獨石永寧游擊將軍都指揮同知楊洪為都指揮使。

庚戌。禁天下祀孔子于寺觀。從永川訓導諸華之言。

壬子。行在錦衣衛後千戶所司吏莫煥等言本宣德七年鄉舉。疾蹄試期。責充吏。乞仍會試。圖報。從之。

酉刻大星如椀。青白光燭地。南流至游氣。

癸丑。孔顏孟三氏子孫教授裴侃言闕里家廟顏淵曾參孔伋子也。配享文殿。顏路曾皙孔鯉。父也。從祀廊廡。名分不正。乞進孔鯉曾皙公爵。偕顏孟之父遷配啓聖王叔梁紇。上然之。

四月卿朔。乙卯。敕賑淮揚流丐。

行在兵部尚書王驥同總兵官都督任禮蔣貴等擊朶兒只伯于石城。敗之。虜食盡。竄兀魯乃地。北依阿台貴以二千五百騎間道出鎮夷。兼程三日夜。虜拒戰。指揮毛哈剌衝堅大敗之。擒左丞脫羅等百餘人。斬三百餘級。逐殺八十餘里。阿台朶兒只伯僅數騎走。是日任禮至梧桐林。執僞官十五人。明日俱至亦集乃。執僞萬戶二人。令爲鄉導。將二千騎追之五百里。至黑泉而還。僞平章阿的干以餘黨降。右副總兵都督趙安等出昌寧至刀力溝。擒僞右丞等俘三十人。時出塞千餘里。東西合擊。虜幾盡。

談遷曰。王襄毅臨邊。雖斬都指揮安敬。有李光弼狄青之風。而丁巳再出師並無功。戊午夏始夾擊克之。猶是兵將也。遞試則遞練。蔣貴等不嘗駐魚海逗留十日乎。敕責再四。終致振凱。則襄毅發縱指示之力也。往者蔣貴趙安彈文盈篋。上不爲動。則御將有其術。非可以人言遽予遽奪之矣。

夜。大星青白光。自柳宿流至游氣。

癸亥。裁雲南尋甸軍民等六府同知推官知事照磨檢校官。

乙丑。宣宗章皇帝實錄成。

賑碭山寶應淮安嶧光澤饑。

丙寅。封左都督任禮寧遠伯。右都督蔣貴定西伯。並祿千二百石。都督同知趙安會川伯。祿千石。行在兵部尚書王驥兼大理寺卿。支二俸行在兵部左侍郎柴車行在右僉都御史曹翼羅亨信俱進俸一級。禮貴安驥各金八十。幣八。車翼亨信各金四十。幣四。餘陞賞有差。

談遷曰諸將報捷纔八日而爵賞及之矣。鼓厲行間曾不淹刻。酬功之速如此。諸將有不競勸者乎。假坐俟驗覆。必需歲月。不惟戰士解體。且薄視制閫為不足信矣。當時即凱即封。制閫無所飾。廟堂無所疑。則三楊能知人善委任焉。

實錄恩。監修官太師英國公張輔。總裁官少傅兼兵部尚書華蓋殿大學士楊士奇。少傅兼工部尚書謹身殿大學士楊榮。禮部尚書兼翰林院學士楊溥。總裁兼纂修官少詹事兼翰林院侍讀侍講學士王直王英各賜百金。幣六。羅衣一襲。鞍馬一。纂修官侍讀學士李時勉錢習禮洗馬蘭從善侍讀苗衷曾鶴齡馬愉侍講高穀胡穜邢寬。修撰周敍尹鳳岐孫曰恭習嘉言陳叔剛陳詢曹鼐儀銘王一寧杜寧儲懋編修楊翥董璘楊壽夫林文鍾復主事劉球劉鉉洪璵評事張益各金四十。幣三。羅衣一襲。侍講學士陳循。金三十。幣三。御史邵宏譽。金二十。幣一。羅衣同稽考參對并催纂官編修蕭鎡賴世隆吳節檢討李紹姜洪何瑄主事潘勤正字沈寅各金二十五。幣二。羅衣同謄錄官金幣各有差。已賜宴禮部。

庚午。除泗州清河等縣去年水災田租。

辛未。總裁官楊士奇楊榮俱少師。楊溥少保兼禮部尚書武英殿大學士。總裁兼纂修官王直王英俱禮部左侍郎。兼職如故。纂修官李時勉錢習禮蘭從善俱翰林院學士。苗衷侍讀學士。曾鶴齡馬愉高穀俱侍講學士。周敍尹鳳岐孫曰恭習嘉言陳叔剛陳詢俱侍讀。曹鼐儀銘王一寧杜寧儲懋俱侍講。楊翥董璘楊壽夫林文鍾復張益御史邵宏譽俱修撰。主事劉球劉鉉洪璵俱改侍講。

壬申。祀元雲南行省平章政事瞻思丁于雲南。以按察副使徐訓言其降羅槃甸功。迄今感慕。

癸酉。涿州知州朱巽加順天府治中。復衞昉汝上知縣。皆任滿部民留之。

甲戌。復武全處州知府。鍾榮奉化主簿。初。巡按御史王璉參政俞士悅副使江鐵斥之。訴枉得其實。士悅等以附御史罰俸三月。

戊寅。遂平王有熲薨。年三十四。諡悼恭。

己卯。北京國子助教翁瑛子世資求入監。不許。命自今入監俾科目出身。勿得諸司歷事。

庚辰。虜三百餘騎犯翟昌迭烈孫城。千戶王瑀遁。論死。巡按御史賈璡疏慢。逮下獄。

夜。大星赤光出危宿。流至梗河。

五月甲申朔。乙酉。作太倉庫于京城東北。

夜。大星赤光。出南斗。流至雲中。

丙戌。復張軏汾州知州。食從四品俸。

丁亥。裁貴州鎮遠州。舊鎮遠府附郭。

戊子。夜。月犯軒轅左星。又大星赤光燭地。出天津。流至雲中。

庚寅。書天下文武姓名于文華殿。

增兗州通判。專督閘壩河道。

裁貴州烏羅府其平頭著可二長官司隸銅仁府朗溪蠻夷長官司隸思南府。

昏刻。火星犯積屍氣。

癸巳。遷甲乙丙丁等庫于內府。

乙未。復光祿寺少卿張惠。

戊戌。陝西按察副使郭振奏最進山東左參政。食正三品俸。復郭麟晉州判官。食正七品俸。

己亥。瓜哇入貢。

庚子。修天下郡縣申明旌善二亭。戶部主事張清言之。

壬寅。雲南南甸騰衝二州、花甸千崖二長官司、潞江安撫司、仍隸金齒軍民指揮使司。

丙午。燕山左衞指揮使馬鋮侵餉械兵部前三月戊威遠衞。

蠲淮揚失耕田租。

壬子。溫處逃民數千人潛掠福安縣銀鑛。命浙江三司招諭之。

六月。癸丑朔。甲寅。曉刻大星赤光南流至近濁。夜大星出天囷。流雲中。

乙卯。眞定同知黃忠爲知府。以考最當遷。吏民數千人留之。

彭城伯張昶卒。昶永城人。太皇太后兄也。靖難初從征。克大寧。擢義勇中衞指揮同知。尋進指揮使。仁宗初進

中軍左都督。封給誥券。

丙辰。給事中湯鼎、行人高寅勑諭安南國王黎麟。以侵安平思陵二州地。擄人畜。其悉歸之。

戊午。許瓜哇國通事良殷還龍溪縣。

己未。雲南總兵官黔國公沐晟等言。麓川宣慰使思任發累侵南甸千崖騰衝潞江金齒。上勅晟相機勦捕。又

勑思任發果革心宥罪。

辛酉。行在吏部文選主事吳昉歸省。縱舍人詈有司。又黷貨亡算。事聞。戍大同。

甲子。行在翰林院學士李時勉乞假還里。

乙丑。行在大理寺右少卿陳㦤、李畛赴陝西西寧。儹運川茶百萬斤。

設福建永福堡守禦千戶所。

丁卯。安遠侯柳溥爲征蠻將軍總兵官。鎮守廣西。都督僉事田眞爲參將。時都督山雲疾。以溥等代之。

設古浪守禦千戶所。

止巡撫陝西右副都御史王文八月入京議事。

戊辰。夜。月犯牛宿。

癸酉。行在兵部郎中羅通降北流縣。容山閘官。初從王驥甘肅。私中鹽。索諸將金帛裘馬。又攘蔣貴戰功。奸軍婦。驥以聞。下獄謫。

行在刑部尚書魏源。以旱災請各省錄囚。從之。事歸巡撫。否則屬巡按淸軍御史。

乙亥。麓川宣慰使思任發侵金齒。黔國公沐晟遣署都指揮僉事李友直拒之。且濟師。上命右都督方政署都督僉事張榮往雲南協同鎭守。使右都督沐昂率兵討之。

丁丑。停河南戶口食鹽二年。

行在刑部以子弑父妻殺夫之獄上。命即誅之。

夜。月行畢宿。

戊寅。錦衣衞指揮劉源賫敕戒諭遼王貴烚。王不友于諸弟。待庶母寡恩。奸江陵瀘溪二郡主。捶死長史杜述。居國多過。

右都督馮斌鎭守荆州。

庚辰。敕諭木邦宣慰使罕門法會討麓川。

辛巳。署浙江都司左軍都督僉事許亨卒。

杭衢處台溫金華紹興寧波嚴南昌九江各旱。

七月癸未朔。行在都察院照磨周瑮司務官受國子學錄李奎知事章琏爲監察御史。

行在禮部失印。尙書胡濙等下錦衣獄。尋釋之。

賑無爲高郵興化碭山奉新淸水上虞饑。

甲申。復鄭談廣平府推官。食從六品俸。

遣視西安延安慶陽平涼鞏昌臨洮雹霜傷稼。

夜。大星青白光。出七公。行至雲中。

丙戌。翰林院學士錢習禮侍讀陳詢主試應天。

戊子。夜。大星如椀。赤光。自右旗行至近濁。

庚寅。行在戶部尙書劉中敷右侍郎吳璽等改支通倉官軍俸糧于京倉。被劾下獄。

乙未。行在戶部左侍郎王佐仍提督京倉。

己亥。夜。中天蒼白雲氣亙天。貫南北斗。

庚子。以思任發假貢金銀器象馬。尋據潞江。因羈其使于沐晟所。

癸卯。遣視陽武武陟廣平順德河決。歸德蝗。俱傷稼。且築沁河隄。

甲辰。夜。月入畢宿。

乙巳。鴻臚寺卿劉順卒。予祭。

庚戌。復楊彥楨嚴州府同知。食從四品俸。彥楨任滿。郡人留之。

辛亥。減南京官吏食鹽之半。

壬子。晝大星赤光流雲中。

是月。應天安慶常徽池旱災。

八月癸丑朔。金筑安撫司。鎮寧永寧安順三州俱隸貴州布政司。普定衛隸貴州程番等十三長官司平壩驛俱隸貴州宣慰司。木瓜麻響大華等四長官司隸金筑安撫司。增金筑安撫司流官同知

設安順州流官。

罷陝西諸邊提督收糧主事。

甲寅。保定伯梁瑤印馬太僕寺少卿白素私遺之。下素獄。後削籍。

乙卯。慶王栴薨。王好學有文章。年六十。謚曰靖。

行在翰林院侍講學士曾鶴齡侍講王璵主試順天。

蠲京城外菜地稅鈔及江南蘆鈔。

己未。築高郵湖石隄。

庚申。保定伯梁瑤印馬納賄。且聚妾。被劾逮下獄。

辛酉。北闈火。改十五日更試。

壬戌。復寧夏總兵官史昭右都督。參將丁信都督僉事。仍鎮守寧夏。

乙丑。復葉騏東阿知縣。食從六品俸。

河決邳州。灌諸邑。山東魚臺金鄉嘉祥尤甚。巡撫右侍郎曹弘以聞。命隨宜捍築之。

戊辰。覆視兗萊水災。德安黃岳荊武昌漢陽旱災。

己巳。翰林修撰陳用爲侍講。進士黃平爲吏部主事。

辛未。巡撫直隸工部右侍郎周忱兼理松江分司鹽課。

癸酉。江西按察使石璞降副使。以囚逸不盡復。

乙亥。行在吏部尚書郭璡爲朝臣考滿者請勳階。上曰。勳階所以寵百官。例授罔勸。初考不稱者。勿濫與之。

丁丑。復吳堂富陽知縣。

己卯。命祭孔廟非土所產者。鹿兔代以羊。榛棗代以果。從桂東知縣范忠之請。

九月任朔。知州柯暹監察御史郭智爲浙江福建按察使。監察御史李敏王琦爲廣西山西按察僉事。

癸未。遣覘濟寧東平徐州水災。

乙酉。行在工部尙書李友直卒。友直字居正。淸苑人。充北平布政司吏。靖難初。告密功。授北平布政司右參議。後改行部左侍郎。董營繕。改行在工部。仁宗初。拜北京行部尙書。宣宗初。改行在工部。自刀筆小吏歷亨榮壽。誠至倖矣。予祭葬。

許相卿曰。友直閭閻匹夫。刀筆賤役。從齊豹例書盜宜矣。不祥姓名。奚足汚簡牘爲哉。于時卿大夫改面易詞。生安與友直同朝。沒安與友直同傳。小黠大貪。其歸一揆。是亦一友直焉爾。後雖高才震世。偉烈格天。終千古不足掩斯恥云。

丁亥。荆王瞻堈請徙河南。不許。

戊子。夜。月掩建星。曉。熒金星犯軒轅左星。

庚寅。工部右侍郎蔡信卒。予祭葬。信本木工。

夜。月犯牛宿。

癸巳。益四川諸衞軍月餉二斗。

免兩畿湖廣稅糧子粒六十三萬九千九百八十一石有奇。

丙申，行人張彥江西布政司都事桑景春爲行在監察御史。

己亥，許巡撫陝西右僉都御史羅亨信歸葬父，仍赴任。

夜，月入畢宿。

壬寅，山西都司越獄。

癸卯，疏潞州溝渠二十八所。

乙巳，占城入貢。

丙午，起復保定府同知錢寧、醴泉知縣胡璉，俱憂去，部民乞之。

丁未，召太監王貴、尙書王驥還京議邊事。先是虜脫脫卜花王殺阿台朵兒只伯。

己酉，釋囚四百餘人，俱戍邊。

庚戌，賜雲南大侯州土官知州刀奉漢金牌信符。先是奉漢欲同木邦宣慰使罕門法糾十萬衆勦麓川，故賜之。

十月壬子朔，榜葛剌國貢麒麟，羣臣稱賀。

增東昌府通判，專理河道。

癸丑，賑平涼、鳳翔、西安、鞏昌、漢中、慶陽饑，發粟三十一萬七千六百四十餘石。

甲寅，夜，二大星俱赤光，一自八穀流北斗杓，二小星隨之；一自五諸侯流近濁。

乙卯，張瑾嗣彭城伯。張景孫。

丁巳，徐顯忠嗣定國公。徐景昌子。

庚申。賑如皋興國縣旱饑。

壬戌。昏刻大星赤光自雲中流游氣。二小星隨之。

癸亥。夜月土星同度。

乙丑。巡撫直隸行在工部右侍郎周忱奏。蘇松羨粟。縣各一二萬石。移貯揚之鹽場。准爲縣明年田租。聽場戶上私鹽給粟。官民攸便。從之。

丙寅。瓦剌順寧王脫歡貢馬。

行在吏部考功郎中畢昌爲右通政。

辛未。進士張固蔣性中爲刑科給事中。

戊寅。夜月合金星。

己卯。南康大長公主薨。年六十六。駙馬都尉胡觀。

衞王瞻埏薨。王孝謹。雅好學問。留居京師。年二十三。謚曰恭。亡子。國除。妃楊氏自經。謚貞烈。

十一月辟朔甲申。右都督山雲卒。雲徐州人。父青百戶。從靖難。歷都督僉事。雲始襲金吾左衞指揮使。從文皇帝北征。力戰。累遷都督僉事。宣德初。柳慶諸蠻不靖。命雲往討。溪峒猺獞悉力迎戰。雲一鼓擊卻之。賊退保山巔。勢險峻。賊掛木于藤。壘石其上。官軍至。斷藤下木石。無敢近者。雲夜半束火牛羊角。縱之山下。賊謂官兵至。亟斷藤。比明。木石且盡。乃率衆鼓噪而登。遂盡破之。斬首數萬。俘降甚衆。築堡九城四。鋪舍五百餘區。居民安堵者可十年。進都督同知。歷右都督。謀勇驚發。而端潔如寒士。公賞罰。嚴號令。同士卒甘苦。盡卻土官餽獻。馭之皆服。征調亡敢後。廣人甚稱之。予祭葬。贈懷遠伯。謚忠毅。子俊。府軍前衞指揮使。

袁袠曰。予官廣西時。時蠻寇橫甚。將官皆束手坐視。劫殺公行。問廣西人。咸稱永宣中都督韓觀山雲之賢。

獠獞皆望風竄匿不敢出。及論考其行事。信如所聞。夫兵。凶器也。聖人不得已而用之。然將不殺賊。則賊將殺人。要之不可盡誅。誅其尤者以警其他。使遠竄深藏不至殺吾良民足矣。今之陋者咸以兵食不足爲解。夫世患無山韓耳。何患無兵食哉。故曰。征蠻之道莫要于擇將。

吏部左侍郎鄭誠卒。誠字文實。南城人。鄉舉。任吏部司務。譽甚。尋考功員外郎。改文選司。洪熙初進郎中。宣德中薦擢侍郎。詳雅練達。少廉介之行。賜祭葬。

乙酉。復房岳鄒縣知縣。岳任滿。邑人留之。

夜。土星犯外屏星。

丙戌。更定州學三歲貢二人。縣學二歲貢一人。繁昌主簿黃鍵言之。

癸巳。夜。月犯畢宿。

丙申。上御奉天門。諭都察院右都御史陳智曰。今武臣子弟。忘祖父起家之艱。漫不省武藝。赴京比試。多有過期及覓代者。自今犯者全家戍邊。官吏受賂及不審實。罪如之。

除行在兵部左侍郎鄺埜軍籍。

戊戌。行在翰林院侍講洪璵爲吏部試右侍郎。

壬寅。敕雲南總兵官黔國公沐晟。左都督方政。右都督沐昂。率兵討思任發。太監吳誠。曹吉祥監軍。兵至金齒司。賊沿潞江立柵。晟遣指揮車琳等諭降。賊佯如約。晟信之。無渡意。刑部主事楊寧曰。不可。兵未加。稱降。此詐也。懼有後悔。晟迂之。檄寧督餉金齒。賊將緬檢數挑戰。政怒。造舟六十艘欲渡江。晟不可。乃夜渡。擊敗之。追至潞江。賊走景罕寨。指揮唐清擊敗之。指揮高遠等又追敗之高黎共山下。共斬三千餘級。

談遷曰。沐晟嘆咭宿將。樹威名于南西最久。麓川狡夷。既稱兵四掠。猶遣使詣闕飾奸文逆。故晟欲籠致之。

亦未達時變矣。彼遐裔僻阻。所謂夜郎王孰與漢大也。假不費斗糧。不折一兵。遽仰就羈勒。委命下吏。則向者桀驁當不見告矣。晟胡厭兵至此也。

己酉。增陝西布政司參議僉事各一。監收甘肅食糧。

十二月辛亥朔。癸丑。安定王亦攀丹貢馬。

甲寅。賑鳳陽徐兗饑。

丙辰。起復開封推官李鉉。鉉善捕盜。

行在刑部尚書魏源右侍郎何文淵都察院右都御史陳智右僉都御史王翺大理寺左右少卿程富賀賢嗣等下錦衣獄。以巡撫湖廣禮部右侍郎吳政巡按御史陳祚等論遼王諸罪。上逮政等至京。法司議罪未當。被劾。

丁巳。浙江按察使林碩爲廣東左布政使。

復王庸南昌府同知。食正四品俸。

辛酉。夜月犯畢宿。

壬戌。復命監察御史巡視兩淮兩浙鹽課。歲代。

甲子。廣東左布政使林碩卒。碩閩縣人。永樂壬辰進士。授御史。秩滿。進浙江按察使。雪寃澤物。不畏强禦。

乙丑。閉浙江福建銀冶。

行在刑部郎中丁鉉主事張鳳爲行在刑部右侍郎。行在監察御史張純丁璿爲行在右僉都御史。

丙寅。中書舍人邢恭推官趙敬知縣羅經主簿劉景爲監察御史。

禁江西窰場燒造青花白地瓷器貨賣。餽送違者正犯論死。全家戍口外。

丁卯。遼東總兵官都督同知巫凱卒。凱句容人。廬州衞百戶。歷都指揮同知。永樂初。以都指揮使調遼東。宣德初。進征虜前將軍都督僉事。鎮守。性剛毅。饒智略。在遼三十年。威惠並著。賜祭葬。

癸酉。進兀剌使臣阿都赤右都督。把伯察占昂克都指揮使。

夜。白虹貫月。

乙亥。太監王貴鎮守甘肅。起劉廣陝西行都指揮僉事。

錦衣衞指揮僉事劉勉監察御史蕭鑾率兵捕盜。自通州至東昌。

丙子。遼東副總兵中軍都督僉事曹義爲征虜前將軍總兵官。鎮守遼東。

太常寺少卿魏驥爲行在吏部試左侍郎。

起復威州知州陳冕。冕母喪。州民赴闕頌其德。

丁丑。召遼王貴𤏪入京。議其罪。

戊寅。夜。金星犯木。

己卯。巡撫山東淮揚行在刑部右侍郎黃弘卒于揚州。弘長沙人。永樂乙未進士。授刑部主事。進員外郎。宣德庚戌。拜巡撫。事集而民不擾。年四十。賜祭葬。

是年。福建按察僉事廖謨杖死驛丞。丞楊溥鄉。故僉事楊士奇鄉故也。溥欲坐謨抵命。士奇欲坐謨因公殺人。爭論不決。請裁皇太后。太監王振曰。二人皆挾鄉故之私。抵命太重。因公太輕。宜對品降調。太后從之。降謨同知。自是振言售。漸摭朝事。

　薛應旂曰。自古小人竊柄。必覘上行事。偶以一二中其肯綮。然後以漸入之。王振蓋其故智也。

淩翰曰。國家閹宦實與公孤之權相盛衰。天子早朝晏退。日御便殿。則天下之權在公孤。一或晏安是懷。相臣不得覩其面。則天下之權在閹宦。蓋公孤虛侍君側。累日積月。朝鐘不鳴。章疏之入司禮監文書房。則主之可否時出于內批。公孤不得而與矣。故三楊在宣宗時。言無不售。至英宗初。則拱手唯命。莫如之何。蓋宣宗則日臨羣臣。躬攬庶政。故與公孤親而權在公孤。英宗初政。頗事燕閒。故與閹宦親而權在閹宦一人之身。前後所遭如此。國家政權所寄之繇也。

己未正統四年

正月朔壬午。左都督方政乘勝攻思任發舊大寨。破之。初。思任發幼育于沐氏。故晟意在撫之。思任發部酋緬檢法守潞江柵之。政自率衆渡江。擊走緬檢。乘勝北至上江。上江。思任發所居也。遠攻疲甚。求援于晟。遣指揮某以少兵往。知晟意。至夾象石不進。政自渡江。追至空泥。賊出象陣擊我。政語子瑛曰。若急歸。吾死分也。遂策馬突陣死。軍殲焉。晟聞之。焚江上積聚。奔還永昌。事聞。贈政威遠伯。諡忠毅。祠于永昌。土人哀慕。又祠于金齒之大保山。

乙酉。夜月掩土星。

丁亥。考察外官。

己丑。撤專巡甘涼御史。

甲午。郊英國公張輔代。

乙未。夜大星赤光。自雲中流近濁。

丁酉。行在左副都御史賈諒卒。諒字子信。嶧人。永樂鄉舉。入太學。直東宮。擢刑科給事中。宣宗初。進左副都御史。嘗巡視四川江西湖廣。民瘼。剗除奸豪。徐州獄逸。往捕。還卒德州。予祭葬。

戊戌。寧府信豐王盤熿薨。年十九。諡悼惠。妃劉氏自縊。諡貞烈。

復馬玉隆德知縣。食從六品俸。玉任滿。邑人留之。

時裁運河官。止存右少卿徐儀右通政王孜南北分巡。至是漕運左副總兵都督僉事王瑜言。永樂間督理運河官至百二十餘人。宣德間猶十餘人。今非二人所能辦。于是仍遣郎中孫昇等六人。

己亥。瀋府沁水王佶焻薨。年二十九。諡悼懷。

庚子。復張晟東鹿知縣。食從六品俸。晟秩滿。邑人留之。

辛丑。起復四川右布政使李敷。

尙寶司少卿袁忠徹。令中書舍人私錄書林別集四卷。被劾。下錦衣獄。

癸卯。左副總兵定西伯蔣貴爲平羌將軍總兵官。鎭守甘肅。會川伯趙安爲副總兵。鎭守涼州。都指揮使朱通副趙安。行事兵部左侍郎柴車右僉都御史曹翼參贊軍務。

兀剌使回。敕諭可汗脫脫不花曰。高皇帝兼愛中外。待漠北尤誠信。朕遵守不敢失。可汗順天道。遣使通好。人民安樂。此亦可汗祖宗愛民遺澤之所致也。今遣都指揮康能陳友王政等賫書幣往致朕意。宜益敦前好。使命往來無間。將後嗣蒙澤。可汗名亦千萬世不磨。可不念與。賜丞相把把的右丞相脫歡左丞相昂克等有差。

甲辰。行在通政司右參議陳瑺爲戶部右侍郎。

戊申。復王榮肥城主簿。食從六品俸。榮任滿。邑人留之。

二月庚戌朔。豐城侯李賢鎭遠侯顧興祖兵部左侍郎鄺辰都察院右僉都御史丁璿提督通倉宣大邊儲。

壬子。武進伯朱冕爲總兵官。都指揮同知石亨爲參將。鎭守大同。

丙辰。哈密忠順王卜荅失里兀剌順寧王脫歡入貢。

行在禮部左侍郎兼翰林院侍讀學士王直行在翰林院學士蘭從善主禮闈。

夜。月犯天高星。

丁巳。湖廣貴州總兵官都督蕭授平叛苗金蟲等。

己未。大學士楊士奇展墓中官護行。

庚申。起復伏羌知縣武寧寧憂去邑人留之。

工部主事趙欽署都指揮僉事張孟喆增置懷來隆慶等倉。

甲子。復劉晟汧陽知縣晟任滿耆民留之。

丙寅。起復潯州通判龐本原。

丁卯。行在戶部乞仍遣侍郎巡撫不許。

辛未。湖廣貴州總兵官右都督蕭授爲左都督都督同知吳亮爲右都督。

方政敗聞召都督吳亮馬翔回京分遣監察御史益徵兵。

癸酉。嘉興大長公主薨。適駙馬都尉井源。

甲戌。更定山東浙江江西南畿罪囚贖銀例。

丁丑。遣右僉都御史丁璿錦衣衞指揮倪正往雲南議徵兵五萬。

夜。大星赤光自屏星流近濁。

閏二月躬朔曉刻火星犯壘壁陣。

辛巳。山西按察僉事劉翀言二事曰振業貧民令墾荒田停徵五年。曰加惠邊軍。許沿邊空地耕種。免其子粒。

上卽行之。

乙酉。命諸生犯罪。除註誤外。廩膳追米。餘發充吏。不准收業。以山東提學僉事薛瑄言之。

丁亥。起復思州知府郭晟。改西安。晟初任西安同知。民思之。

己丑。改靈武監于鎮原縣。萬安苑清平苑改于開城縣。

貴州苗復亂。殺沅州衞千戶黃端百戶徐瑾等。

夜。彗見張宿。

乙未。授馬翙張榮都督僉事。

夜。月犯亢宿。

丙申。免淮揚田租十九萬九千四百五十餘石。

賑岷河鞏昌西安饑。

丁酉。武定侯郭瑄太監雷春修皇陵。

夜。彗餘五尺。掃酒旗。

己亥。修各關烽堠。

庚子。召參贊甘肅軍務行在右僉都御史曹翼還院。

秦府保安王志坰薨。

夜。彗長七尺餘。犯鬼宿。

辛丑。釋行在刑部尙書魏源都察院右都御史陳智令復職。尙寶司少卿袁忠徹致仕。前太監馬騏成山侯王

通左都督馬瑛布政使戈謙俱放爲編氓。

丁未。增畿內山東山西河南陝西湖廣招撫逃民官六十四人。

三月配朔。大赦天下。詔曰。朕嗣承大統。夙夜祗愼。一切不急之物。悉已停罷。尙冀羣生樂業。上協天心。切慮民情幽隱。庶職未盡得人。承流宣化。有所未至。深歉于懷。茲當春和。萬物發舒。吾民或不得其所。悉從寬恤。以遂其生。爾中外臣僚。其體朕心。盡乃職務。求實效。

行在戶部請派各省黃白蠟芽茶等物。上以民饑。不許。

庚戌。策貢士楊鼎等百九十九人于奉天門。賜施槃楊鼎倪謙等進士及第出身有差。

起復湖廣按察僉事張思。

戊午。榜葛剌滿剌加琉球入貢。

敕湖廣處置征南糧儲。

夜。大星如椀。赤光有聲。出貫索。流至文昌。後二小星隨之。

庚申。復陳暉吳縣縣丞。

廢遼王貴烚爲庶人。歸守遼簡王墓。歲祿千石。貴烚至京。上示以諸臣劾章。伏罪。

巡撫直隸行在工部右侍郎周忱母喪。命奔喪。即蒞任。

癸亥。行在兵部左侍郎柴車爲尙書。仍參贊甘肅軍務。

乙丑。封周府子墉遂平王。

丁卯。雲南總兵官征南將軍太傅黔國公沐晟卒于楚雄峨嵃驛。自方政敗績。上責狀。晟知不免。仰藥卒。以安南功。贈定遠王。謚忠敬。

　田汝成曰。麓川之役。舉朝皆以爲非。謂王振專權逞忿。而李文達亦言麓川初叛。不委晟而遣別將。遂致喪師。此皆失實。潞江致敗。晟實罪魁。第朝議以晟元勳之裔。鬬土安南有功。復畏法引慝自殞。得蒙贈謚。亦已幸矣。思任抗王師。殲大將。釋而不誅。辱國益甚。振之罪惡通天。若主征麓川。義正言順。不可非也。三原王公撰忠敬王廟碑。其言亦與文達同。溢美文過。爲家狀所蒙。第未知國史所傳竟何稽也

談遷曰。國史于空泥敗績。云失方政所在。竟沒其功于沐晟。云以疾還。至楚雄峨碌驛卒。不著其覆軍飲藥。蓋大爲晟諱矣。晟協平安南。績不容泯。以麓川之敗準之。得世其赤社。業爲厚幸。何至以王爵終哉。安南之功。孰與靖難。麓川之敗。不亞朧朐。執此以論丘福。且十世宥之矣。雖然晟之保鎭西南。造德于民者。固未有涯也。

張志淳曰。李賢古穰雜錄。謂麓川初叛。沐晟尙在。彼時宜布朝廷恩威。數其罪撫安之。未必不從。輕動舉兵。又不委晟而另遣將。以至王師失利。適王振操柄。逞忿驥阿其意云云。夫麓川初叛。討之在正統三年戊午。政死江上。在己未正月四日。晟敗回永昌。在正月五六日。自永昌回。二月盡卒于楚雄。在三月十六日。驥總督大征。在九年甲子。事平在十二年戊辰。李名相國史。皆其總裁。失實顧至此。良可歎也。左都督死極慘。欲不興師得乎。嘗見楊文貞作詩送楊郎中至雲南。意與李同。又王吏書作沐忠敬廟碑。與李所言同。李牽于私而不復考也。

己巳。復趙登湖州知府。食正三品俸。登秩滿。郡民留之。

左副都御史吳訥致仕。

思任發犯景東孟定。殺大侯知州刀奉漢等。破孟賴諸寨。降孟璉等長官司。

辛未。巡撫湖廣行在禮部右侍郎吳政。巡撫湖廣監察御史陳祚。俱調南京。

癸酉。增南京及在外文武官吏旗軍俸糧。

四月戊戌朔。安南國王黎麟遣使隨給事中湯鼎等謝侵地之罪。表貢方物。

辛巳。復長蘆巡鹽御史。
癸未。河南左布政使李昌祺致仕。
丁亥。夜。月犯左執法星。
己丑。禁外夷市銅鐵器。
庚寅。張家灣通濟倉草場火。
壬辰。命陝西罪人納草贖罪。
夜。月食。
甲午。興山王貴燰進封遼王。
乙未。起復荆州知府劉永。
丙午。京師門樓城濠橋閘工成。
賑長垣諸城饑。
五月朔。倭犯桃渚千戶所。
庚戌。鎭守雲南右都督沐昂爲左都督征南將軍總兵官。右都督吳亮爲副總兵。都督僉事馬翔張榮爲左右參將。進討思任發。
鳳陽淮安徐兗濟南開封蝗。命捕之。
丁巳。行在兵部右侍郎徐晞爲戶部左侍郎。
陽武侯薛詵卒。
戊午。復徐寄剛錢塘縣丞。食正七品俸。寄剛秩滿。邑人留之。

辛酉。大學士楊士奇還朝。

召商于陝西納馬。

壬戌。復周邕大名縣丞。食從七品俸。

京師大雨雹。

丁卯。衞府左長史金寔卒。寔開化人。博學能詩文。永樂初上書。除翰林典籍。仁宗監國。進右春坊司直郎。洪熙初。授今官。

庚午。遣祀眞定保定廣平順德大名河間延安彰德懷慶開封衞輝旱災。

壬申。京師大雨水。溢壞官府民居。溺人甚衆。人多露宿。

甲戌。周王有燉薨。王博學善書。年六十一。謚曰憲。乙酉。上移祥符王有爝書。夫人以下不必殉。年少者許歸其家。議者曰。上異時止殉之漸也。

起復淸苑知縣屈義。

是月。倭舟四十餘夜入大嵩港。陷城。轉陷昌國衞。時誅失事將官三十六人。

六月丁丑朔。湖廣都指揮僉事張善爲參將。征蠻副將軍鎭守湖廣。時總兵官蕭授年老召還。

開寧夏五渠。

戊寅。巡撫河南山西兵部右侍郎于謙秩滿。爲左侍郎。

彗見畢宿。長丈餘。至七月二十五日沒。

辛巳。復張道陽曲知縣。食正六品俸。

壬午。福餘衞都指揮歹都等數言賞薄。互市失利。非永樂時比。上因使者還。敕曰。文皇帝以爾通阿魯台。歲徵馬三千匹贖罪。爾俛首聽命。朕實爾寬。而妄意無厭。是速敗也。其亟改圖。否者將遺悔。

癸未。重定雲南中鹽例。時征麓川。遞減。未幾。再減至米一斗。仍不夾支給。

乙酉。復丁耀臨川主簿。食正八品俸。

敕總兵官都督同知。以兀良哈泰寧朵顏福餘三衞通瓦剌。罷其部落貢獻。止大頭目。

丙戌。夜。月犯氐宿。

己丑。賑蘭縣邢臺桐城潛山旱饑。時陝西按察僉事卜謙言。蘭州衞蘭縣久旱。及詔下立雨。此聖德格天。上以貢諛。不聽。

庚寅。裁廣東宜倫寧遠萬寧縣。俱附郭民少。

許甘肅備禦都督僉事曹儉回京。

癸巳。涿通霸薊晉安祁新城新安定興雄開封衞輝彰德各久雨。河溢傷稼。

乙未。周憲王妃鞏氏自經殉王。諡貞烈。夫人施氏歐氏陳氏張氏李氏同日死。俱諡貞順。上雖令止殉。蓋無及云。

京師地震。

命工部右侍郎邵旻。右僉都御史曹翼。同給事中。擇亢爽地及各廠房居軍民無室者。戶部右侍郎吳璽。順天府尹姜濤。存問被水家。給米一石。溺者加鈔五百貫。

丁酉。遣官告災于昊天上帝后土地祇。

戊戌。敕羣臣修省。求直言。

行在翰林院編修劉定之上言。雨水。陰之盛也。臣聞扶陽抑陰。在進賢退不肖。皇上日月之明。臣下人品。罔不周知然公卿侍從有政事言責之寄者。尤宜時召。俾承清問。因以觀察其才能心術。又陽爲中國。陰爲外夷。盛夏陽剛之月而陰雨不止。猶中國文明而夷狄未服。竊見去年西戎犯順。今年雲南作寇。誠宜督兵將。脩兵備。至于降胡處之京畿。從來久遠。多至千萬。豺狼之性。潛爲盜竊。不及今潛散其類。移近南方。則生聚愈多。他日之慮也。今京官不願爲守令。而守令亦自謂不得入爲京官。坐此不自愛惜。竊見唐宋以來。士大夫多銜京秩任外事。牧守互兼出入。洊更以備公卿。通練有數矣。臣願聖明略倣此制。臣又見今令大臣及五品以上薦舉考官。誠爲愼選。然舉人者其心難公。舉于人者其情難盡。竊考唐制。常參官上任。三月內保舉一人自代。吏部記其姓名。舉主多者。必合公論。舉主賢者。必爲善類。遇有員缺。選擇任用。臣願聖明亦略倣此制。至于守令。牧養爲先。今有專尚酷毒。而以辦集得名。自此迂闊仁恕。肆爲貪婪。而以交託得顯。因此鄙賤廉特宜令風憲銓司詳加密考。又古者人臣有喪。君三年不呼其門。所以厲廉恥。勸忠孝也。後世或以金革大事。或以輔弼大臣。姑俟起服。蓋需求之急。今海內安瀾。才能不乏。文臣遭喪。不使終制。殊非敎本。臣又見近來民有出粟賑濟者。表爲義官。斯亦饑年荒政。顧非明時常法。行之不已。若見朝廷吝惜官廩。德不究于無告。惠使出于有力。兼其間誠非好義。意在希恩。假上人之寵光。增私家之聲勢。宜准官員誥敕事例。犯至某等者。坐名追奪。臣見識淺薄。不知避諱。伏望寬斧鉞之誅。使天下才智之士。繼續而言。臣之願也。疏入。留中不下。

戊戌。授沙州衞都督困卽來子阿木哥都指揮僉事。

行在翰林院編修陳文祖母彭氏喪。許歸葬。

壬寅。越王瞻墉薨。王國衢州。未行。年三十五。謚曰靖。無子。國除。妃吳氏死殉。謚貞惠。

癸卯。裁正陽門及沿河收鈔御史及戶部主事。

居庸關城橋多雨圮。發隆慶永寧懷來等衞修築。

太僕寺少卿白素削籍。

七月丁未朔。遣道士賫祀幣往命所在守臣祭歷代帝王陵寢。

慶府眞寧王秩熒求改冊庶長子。上以父薨未朞輒奏。改切責之。

戊申。戶部右侍郎鹽城成均致仕。均□□鄉舉。歷官清謹明大體。尋卒。

薊易遵化淶水蝗。命捕之。

庚戌。復霍泰汶川知縣。食正六品俸。

免兗萊九江瑞撫贛彰德淮安鎭江揚常大名廣平順德南昌去年水旱田租。

久雨。滹沱沁澤之水決饒陽獻縣衞輝彰德。命隨宜修築。

壬子。封彭城伯張輔卒。輔彭城伯昶子。素疾。長子瑾嗣爵。封輔未下而卒。

金星晝見。

癸丑。故行在左軍左都督方政子瑛襲指揮使。從軍雲南。

乙卯。修元世祖廟。

丁巳。夜。月犯建星。

庚申。免安吉縣貢粟。去歲旱枯。

辛酉。夜。月食。

壬戌。許雲南軍官土官等納粟金齒。陞級有差。從按察使賴巽之請。

東昌蝗。命捕之。

癸亥。免兩京各省武職官菜園鈔。

甲子。鎮守雲南右都督沐昂上潞江之捷陞賞有差。
乙丑。修邵伯高郵寶應白馬諸湖隄。
行在工科給事中吳昇言御史朝廷耳目理刑特其餘事。邇年悉命三品上京官保舉。夫御史既蒙大臣舉拔。大臣或奸回不法。孰肯背舉主之私。罄彈劾之公乎。乞暫停保例。上是之。廷議御史闕于進士監生教官儒士歷一任考最送都察院理刑半年覆用。從之。
丁卯。行在大理寺右少卿李畛巡視畿南。其河南山西。令巡撫侍郎于謙巡視。時旱澇互告。
戊辰。命公侯伯都督俱隸成國公朱勇操習。否則科道劾治。
勑內外文武大臣幷巡按御史各舉智勇武藝之士。待徵。御史給事中任滿九年。果廉幹。許都御史都給事中各奏保陞擢。後坐贓罪及舉主。如無奏保。仍陞府同知。蓋從右都御史陳智之言。
庚午。徐宿蕭山蝗。命捕之。
辛未。夜大星如椀。赤光燭地。出紫微垣右樞星旁。流至天囷。化赤白雲而散。
壬申。復解伯通任丘主簿。食從八品俸。
汰行在戶部等冗官八十員。改用。
甲戌。夜大星赤光。出文昌。流至近濁。後一小星隨之。
八月丙朔。久雨。白溝渾河溢。
己卯。大星赤白光。自參宿流至近濁。後二小星隨之。
辛巳。敕行在右僉都御史張純巡視畿內旱澇。撫卹之。或賑濟勸貸。
壬午。賑南和縣饑。

癸未。行在右僉都御史王翺捕盜廣信。盡獲之。還京。

丁亥。裁保安隆慶二州同知判官幷撫民同知各一。

戊子。行在兵部尚書柴車兼領陝西屯種。

行在廣西道監察御史顏繼先按山西。好捶軍職。降廣西太平府遞運所大使。

庚寅。增遼東瞭邊軍士口糧。

左軍都督僉事王瑜卒。瑜字廷器。山陽人。以淮安衞總旗調常山護衞。永樂中。告密。授遼海衞正千戶。洪熙初。進錦衣衞指揮同知。宣德八年。進都指揮僉事。署左軍都督僉事。佩漕運印。鎭淮安。上初實授前職。雅尚文學。寬大不猛。喜讀史傳。而告密時有枉者。疾革。自東兩手如縶。號呼求解不輟。賜祭葬。

癸巳。夜。月犯畢宿。

乙未。都督僉事武興爲總兵官。提督漕運。

復康英濬縣主簿。食從八品俸。

敕遼東總兵官曹義等。以女直野人諸衞多借貢營私。今許一年來朝。或三年。不必頻數。其市易聽于遼東開原。毋來京。

丙申。南安知府林華言。比者提學僉事薛瑄議病生追廩。臣謂疾人所時有。罷之足矣。給廩累歲。追償一朝。且使父兄懲徵納之患。則孰遣子弟就學者。命行在禮部除其令。

免鳳陽去年被災田租六萬五百四十餘石。

丁酉。命給事中御史各一。監收南京各庫追納物料。

召回各處淸軍御史。

夜。月犯井宿。

戊戌。提督沿海備倭官都指揮同知張翥改提督福建都指揮僉事吳凱提督浙江。

旌故汜水縣典史曾泉。復監察御史恤其子孫。泉以進士授御史。謫汜水。徧履田廬。勸貸賑乏。墾荒伐木積其羨買牛助耕造船紓運。三年邑大治。沒數年民猶思之。河南右參政孫原貞請復官追卹。報可。

罷浙江巡撫官。

己亥。京師地震。

庚子。祥符王有爝進封周王。慶世子秩煃封慶王。

辛丑。增南京文武官六品以下官俸月本色米五斗。

夜。東南方黑雲衡二丈。南北亙天。

壬寅。楚王孟烷薨。王性敏好學。敬愼不失。年五十八。謚曰莊。

癸卯。夜流星大小二百六十餘。

甲辰。監察御史馬昂巡督宣府大同偏頭等關。幷察軍民利病。

乙巳。復楊璉昌平知縣。食從六品俸。

嘉興知府黃懋上言。部民入京告訐。株連百十人。曠歲無稽。善良抱寃。請禁止。上深然之。命法司概禁于天下。

賑徐州儀眞宜興邯鄲遂安淳安饑。

九月辆朔。免宣德十年歲辦弓箭。

夜。大星赤光。出羽林軍。流至近濁。

己酉。琉球占城入貢。

壬子。築深州決隄。

癸丑。免貴州戶口食鹽鈔。

甲寅。罷江西陝西巡撫右侍郎趙新還吏部。右副都御史王文還都察院。

丁巳。右參將楊洪至白塔兒值兀良哈五百騎。擊敗之。進都督僉事。

戊午。曉刻。赤星自參宿流至游氣。後二小星隨之。

癸亥。復丁賢新建縣丞。食正七品俸。

甲子。賑溧水溧陽句容上元江寧水災。

己巳。夜大金星青白光流壁宿。曉刻。月犯平道西星。

癸酉。曉刻。月犯亢宿。

乙亥。復王安南樂縣丞。食從七品俸。

十月預朔。裁貴州布政司右參議按察司副使各一。僉事二。

戊寅。雲南按察僉事鄭雍言爲太常寺少卿。

復黃紱泗州判官。食正七品俸。

己卯。遣視蘇松常鎮江水災存恤之。

辛巳。起復金華知府蔣勸。

甲申。宣府大同偏頭諸關旱霜傷稼。

夜。大星青白光。出北斗魁。

丙戌。進廣西思恩州爲府。初土官知州岑瑛勦賊功。進田州知府。而瑛輒欲領田州。與知府岑紹交惡。時議瑛紹各知府杜其事。
丁亥。作渾天玉衡簡儀。
瓦剌脫脫不花王貢馬。
復遣監察御史巡視山海紫荆等關。
遣祀常德襄陽岳州旱災。
戊子。賑廬揚延安嚴衢饑。
己丑。工部作海運船十有六。
庚寅。行在兵部司務李儼陞瓛博士陳璞正字沈寅初知縣陳浩照磨陳嶷爲行在監察御史。
乙未。命監察御史點閱皇城各門守衞官軍。
丙申。復李青山陽主簿食正八品俸。
金星晝見。
己亥。前行在工部右侍郎羅汝敬卒。汝敬吉水人。永樂甲申進士。選庶吉士。嘗召試不成誦。謫戍江南。尋釋之。始力學。擢修撰。秩滿進侍講。仁宗時言事忤旨。左遷御史。平反寃獄。宣德初。進工部右侍郎。諭黎利再往冊封陳暠還。督漕兩浙。錄囚陝西。又督邊餉。値虜中流矢墜馬得免。文學才幹皆有可稱。命予祭
庚子。諭行在禮部都察院曰。憲綱一書。肇于洪武。厥後官制不同。宜因時改定。而中外憲臣。或任情增益。先帝嘗敕禮部同儒臣考舊文申明之。益之訓戒之言。臣下所增並削去。書成。先帝上賓。朕今考定。益以見行事宜。爾部其卽頒中外諸司。敢有不遵。必罪不恕。
辛丑。罷龍江大勝關收鈔官。

免順天河間保定順德眞定廣平大名災租。

十一月乙巳朔。丙午。弛山海至密雲湖山榛果柴薪魚蝦之利。以贍饑人。

免隰州災租。

丁未。行在刑部右侍郞張鳳提督京倉。

丙辰。捕蝗壽州。

丁巳。復張恭雄縣縣丞。食從七品俸。

癸亥。右參軍都指揮使楊洪爲行在後軍都督僉事。

萬全都司斷事楊剛爲行在河南道監察御史。

丙寅。免池州去年災租。

丁卯。以兀良哈掠延安綏德。敕宣府總兵官譚廣邀擊之。

戊辰。進士劉昭爲行在工科給事中。

庚午。巡守廣東珠池內使王眞乞再遣內官。增巡兵。不許。

辛未。鎭守延安綏德都指揮同知王禎邀虜于響水寨。敗之。擒五人。斬五級。獲馬四十。

甲戌。吳玘嗣廣義伯。

十二月乙亥朔。乙亥。修乾淸宮。

丙子。免萬全都司保安衞屯租。

丁丑。松潘番寇作亂。命都督同知李安爲總兵官。右僉都御史王翺參贊軍務。兼督糧儲。調兵二萬討之。

禁衞所軍官與所屬旗軍結婚。

戊寅故哈密忠順王卜荅失里子哈力鎻魯檀嗣忠順王。

敕行在右僉都御史張純于順天保定河間永平大理寺右少卿李畛于眞定順德廣平大名。各往來巡視民瘼。

己卯樂平王冲㶿以平涼苦寒。求內地不許。

壬午署都指揮僉事盛琦往揚州。提督官軍備倭。初倭寇定海爵溪大嵩桃渚。值官軍則稱貢。稍弛即焚剽。沃嬰兒戲架上。剖視孕婦以爲笑樂。東南慘喪。官吏罰論三十六人。

起復貴州蠻夷長官司流官吏目張順。

癸未定監生越選之禁。

庚申正統五年

正月辟朔。戊申南京守備參贊機務少保兼戶部尙書黃福卒。福字如錫。昌邑人。太學生。洪武甲子鄉舉。授項城主簿。改清源。皆有惠政。遷金吾衞經歷。上書論大計。進工部右侍郞。永樂初遷左侍郞。拜尙書。經始北行部尙書。累年民得不困。交趾叛。專治餉事。平。兼署布按二司事。威惠並浹。洪熙初召兼詹事。後交趾屢叛。乞福往。無及矣。宣德初改南京戶部。上初進少保。參贊守備。嘗坐襄城伯李隆。勢楊士奇謂然。而福如故。公正廉恕。年七十八。予祭葬。成化時贈太保。謚忠宣。

袁袠曰。昔孔子稱忠信可行蠻貊。信矣哉。黎利之變。大臣如陳洽柳升輩皆死賊手。而黃公獨免其患。誠信固結其心也。予至廣西。聞交人稱公之德。至今不衰。非忠信何以使然哉。

辛亥賑順天保定河間永平饑。招眞定太原逃民三萬六千六百餘戶。免賦三年。

甲寅。裁大通關副提舉二員。

己未。上南郊。

辛酉。定國公徐顯宗下獄。顯宗表姑馮自內出。適千戶解剛。馮弟倫韓府護衞指揮也。母劉氏同居。馮迎劉赴京。不欲行。或曰迎劉顯宗意。韓王冲㶁言顯宗詐狀。獄成。命繫之。

令北方民出穀五百石賑濟者。旌爲義民。復其家。外民能出米豆三百石者亦如之。

壬戌。復劉岳寧鄉知縣。食從六品俸。

癸亥。監察御史軒輗言御史不得委辦雜務。從之。

甲子。巡撫河南山西侍郎于謙籍流民三萬四千二百三十戶。詔優卹曉諭。

免追宣府官軍多支馬豆。

夜。月犯氐宿。

丙寅。造浙江海舟百二十六艘備倭。

丁卯。給還鹽商資本鈔。

己巳。順天推官徐郁。翰林院孔目劉烈。邵陽知縣何永芳。杭州推官段信。太常博士張淑。俱爲監察御史。

壬申。行在右副都御史王文爲行在大理寺卿。

二月。𠰺朔。乙亥。增行在光祿寺大官良醞珍羞掌醢四署署丞監事各一。

翰林院侍講學士馬愉侍講曹鼐直文淵閣。

占城入貢。

賑大同饑。

戊寅。行在右僉都御史曹翼參贊甘肅軍務。兵部尚書柴車還朝。自是遞代爲常。

己卯。嚴江北貧民。給官牛一萬牧種。

保定大饑。給柴炭夫三千九百七十一人月糧。秋後停放。

庚辰。以鶴慶軍民府土知府高倫妻劉氏同倫弟昌等糾羅羅麽些人歃盟恣暴。命雲南總兵官左右都督沐昂吳亮參將都督僉事馬翔張榮等按之。械首惡于京。

營建宮殿役軍匠各三萬餘人。

夜火星犯井宿。

辛巳。行在光祿寺廚役白大有奏。父年八十。無他子。乞歸養。上曰。禮。八十者一子不從政。即遣之。

癸未。署都督僉事李謙。都指揮林叢。同帥親軍有隙。叢被劾。引謙。獄上。俱謫威遠衛立功。

甲申。增在京飯堂食米。

增營造軍月餉五斗。外衛來操軍增餉一斗。

乙酉。行在禮部左侍郎兼翰林院侍讀學士王直還部。

丙戌。少師工部尚書兼謹身殿大學士楊榮展墓。

丁亥。定罪囚無力輸贖事例。

己丑。時討麓川思任發。抵隴把。去賊巢甚近。右參將都督僉事張榮。先令都指揮盧鉞擊賊。大敗。榮棄符驗軍器以遁。昂等不之救。師還。敕責總兵官沐昂等。留昂鎮守。左參將都督僉事馬翔協贊軍務。召副總兵右都督吳亮還京議之。右參將都督僉事張榮失事。貸還三司。仍轉餉金齒。

庚寅。山東按察副使蔡錫爲順天府尹。

轉德州倉米麥十萬石賑眞定保定。仍勸貸耕種。
辛卯。敕左都督沈清少保兼工部尚書吳中提督軍匠營建宮殿。
敕兵部右侍郎徐琦參贊襄城伯李隆守備南京機務。仍理部事。
癸巳。廣西奉義州土官知州黃宗蔭苛斂至欲殺母。命械宗蔭入京。
甲午。琉球入貢。
禮部左侍郎吳廷用致仕。
乙未。南京大風雨。
復趙智陽城典史食從九品俸。
庚子。夜大星赤光。出角宿。流至近濁。
辛丑。監察御史李紀巡撫遼東提督屯種。
壬寅。欽州民黃寬等叛附安南。上命蠲其田租。敕廣東三司招撫之。

三月朔富戶徙京逃者戍之。
戊申。作奉天華蓋謹身三殿乾清坤寧二宮。其材料俱舊積。故事集而民不擾。
己酉。復趙豫松江知府食正三品俸。
庚戌。復耿輝夷陵知州食從四品俸。
定大同宣府八月燒荒。初邊軍秋深出塞燒荒。近備虜刺貢使入大同。十月往。多雨雪。右僉都御史盧睿乞乘其未貢爲便。從之。
夜。大星赤光。自軒轅流井宿。

癸丑。革德州廣川闕。

丁巳。敕諭麓川思任發曰。爾遣陶孟刀等貢象錦績。又來貢。知爾悔心。特宥爾前罪。宜革心向化。睦鄰保境。庶享太平之福。

戊子。沐儼嗣黔國公。沐晟子。

李郁補行在兵部右侍郎。

辛酉。以兩京風雨遣告郊廟各壇。

癸亥。定徽州夏稅苧布折銀。

丁卯。停徵大名逋餉。

己巳。宥定國公徐顯宗。

行在錦衣衛指揮僉事王裕馬順拷囚死。諱爲病沒。驗得之。錮于獄。

辛未。夜火星犯井宿。

四月軠朔。詔山西歲荒。議賑救。

癸酉。行在浙江道監察御史軒輗爲浙江按察使。

初。靖江王佐敬與弟奉國將軍佐敏互訐。命械其內使張信等廷鞫。

丙子。廣西總兵官安遠侯柳溥勦羅城縣叛獞。

己卯。夜。大星青白光。出北斗杓。流紫微東藩。

庚辰。逮巡撫大同宣府行在右僉都御史盧睿下獄。初。𢈛刺使回。大同總兵官朱冕等欲增給羊二百。睿以歲凶止之。語聞。上責狀。其詞飾。被劾。

辛巳。行在吏部考功主事宋琰進士錢溥授官暨書于內府。

壬午。封怕木竹巴灌頂國師吉利思巴永耐監藏巴藏卜嗣闡化王。

癸未。復石浩大名府通判食正五品俸。

行在右僉都御史張純賑順天保定河間永平官民廩穀共三十三萬一千七百餘石。大理寺右少卿李畛賑眞定大名廣平順德官私共十九萬一千六百八十餘石。

立平湖梁莊堡倭船易泊也。

乙酉。保定蝗遣捕之。

丙戌。復命松潘祁命簇商巴爲淨戒弘慈國師。初。鎭守松潘都指揮同知趙諒惡商巴。誘執之。掠其貲。謂糾衆寇邊。遂命都督同知李安右僉都御史王翺以兵往。已聞其枉。翺出商巴于獄。招所部皆聽命。還商巴銀印。誅趙諒。松潘遂平。

戊子。陝西布政司經歷計琠爲行在山西道監察御史。

鑄總督管糧關防二。給宣府大同參政劉璉沈固。

己丑。平定岢嵐朔代壽陽靜樂靈丘等饑民流徙。命賑卹。

庚寅。開封彰德兗州俱蝗。遣捕之。

辛卯。江西提學僉事王鈺秩滿謁都察院左都御史陳智不跽。訶之。引疾致仕。鈺博學守正。在江西大得士。議者惜之。

乙未。嚴違例收息之禁。時駙馬都尉石璟舍人私徵子錢。故下都察院懲而禁之。

丁酉。武陵王季堄進封楚王。

平涼大雨雹。傷人畜田禾。

戊戌。賑永平開平龍門懷來隆慶保安等衞軍餘。

滿城大雨雹。

庚子。復唐九萬上元主簿。食正七品俸。

刑部主事黄瓚視獄淫貪。左副都御史周銓劾之。瓚亦誣銓失實。戍邊。

五月戊午朔。順天廣平河間順德蝗。遣捕之。

癸卯。永平大長公主乞蘆溝橋免權所市蔚州之木。不許。

甲辰。行在兵部左侍郎鄭本右僉都御史丁璿翰林院侍讀學士曾鶴齡編修董璘清理武臣貼黄。

朶顏衞都指揮同知朶羅干貢使還。易犂鉏。關吏止之。詔聽歸。

乙巳。瀋陽中屯衞卒訴日操飢。其孥乞農時暫耕資養。上從之。著爲令。

丙午。曉刻。金星犯土星。

壬子。楚府壽昌王孟焯薨。年五十八。謚安僖。

應天鳳陽淮安蝗。遣捕之。

許濟南輸布准夏税。

癸丑。降左都督沐昂都督同知。械右都督吳亮都督僉事馬翔等入京錮于獄。

甲寅。前廣西提學僉事陳璲服闋。補江西提學僉事。

丙辰。慶都大長公主薨。駙馬都尉焦敬。

賑無爲州饑。

庚申。偃師人關泰進白兔。

華亭上海水災。徵布二萬匹。每匹折糧二石。

丁卯。減通州衞開荒田租。

翰林院修撰吳縣施槃卒。年二十三。

戊辰。湖州紹興大雨水傷麥。

六月丙子朔。壬申。敕行在右僉都御史丁璿往雲南金齒預備糧料。

乙亥。陳循服闋。補行在翰林院侍講學士。

丁丑。免去歲災傷田土糧鈔。順天保定眞定大名順德蘇常淮安糧三十九萬六千一百七十一石。鈔等有差。

戊寅。巡撫直隸工部侍郎周忱賑蘇松常鎭水災。

諭法司疏滯獄。

庚辰。免山西逃戶糧六十五萬四千七百四十五石有奇。

壬午。宥吳亮死。降都督僉事。

甲申。赤斤蒙古衞都指揮使且旺失加來朝。進都督僉事。

賑宜川縣饑。四月雨雹傷稼。

丙戌。衢州饑。售民倉穀。

丁亥。行在吏部文選郎中吳敬爲北京行太僕寺卿。行在刑部郎中仲昌爲南京太僕寺卿。

庚寅。德州淸平觀城臨淸館陶范冠丘恩蝗。

辛卯。固始訓導黃俊乞再頒高皇帝孝慈錄。從之。

部侍郎李庸治渾河決隄。

甲午。令進士觀政一年。監生歷考中幷坐監三年以上有學識者。由吏部授官。歷兩考廉潔愛民才識相稱者。悉得保舉送吏部考用。後犯贓罪。連坐。

陝西饑。甚命賑之

乙未。行在翰林侍講劉球請疏京城積水。從之。

丁酉。行在右軍都督僉事吳亮爲征蠻副將軍副總兵。鎭守湖廣貴州。都指揮僉事張善仍參將。

談遷曰。沐昂吳亮以十萬之師。問罪麓川。逗留致敗。詔旨詰責。僅輿而北。殆無生理。旋宥旋擢。豈秦晉之用孟明耶。湯網雖開。操左契以冀後效。而邊臣覬倖之念。此避彼營。其何道以止之乎。

賑延安衞饑。

夜。大星赤光。流至近濁。

戊戌。洮州衞大雨雹。傷稼。

己亥。行在刑部主事張用瀚同右侍郎何文淵糴粟儲備。

咸寧大長公主薨。駙馬都尉西寧侯宋瑛。

庚子。汝上大雨水。溺田禾。

七月辛丑朔。初。大學士楊士奇言備荒之政。于是行在刑部右侍郎何文淵往畿內。行在戶部主事鄒來學往江北。行在刑部署郎中劉廣衡往浙江。監察御史薛希璉往江西。行在刑部郎中王瑄往山東。行在戶部郎中王綸禮部員外郎王士華往湖廣。其江南命巡撫侍郎周忱。山西河南命巡撫侍郎于謙。陝西命鎭守副都御史陳鎰。四川兩廣雲南貴州福建命布按二司。正官賜敕。

賑鞏昌臨洮寶應饑。

壬寅。復慕寧山西山陰知縣食正六品俸。

少師工部尚書兼謹身殿大學士楊榮卒。榮字勉仁。建安人。建文庚辰進士。授翰林編修。壬午迎文皇帝。被選直文淵閣。付之密務。而兩制悉歸焉。日承顧問。率漏下十數刻始退。警敏通練。往寧夏視師。規畫稱旨。進右庶子兼侍講。尋母喪起服。從北巡。復使甘肅。旣還。又使亦集乃。從北征。始奔喪。又使甘肅。從征兀剌。進翰林學士。上言積弊。進文淵閣大學士兼翰林院學士。甲辰。駕次楡木川。受遺命。仁宗初。進太子少傅兼謹身殿大學士。尋兼工部尚書。宣德初。勸親征高煦。久之進少傅。歷少師。與楊士奇楊溥協恭輔政。時稱三楊。士奇曰西楊。溥曰南楊。榮曰東楊。而果斷之才。卒歸榮也。立朝四十年。大政未決者。取片言信。又周習地里兵將險阨强弱。然于禮樂儒雅。則無稱焉。是春展墓。還卒杭州。年七十。贈左柱國太師。謚文敏。賜祭葬。子恭。蔭尚寶司丞。

廖道南曰。宋儒有言。德勝才謂之君子。才勝德謂之小人。信斯言也。豈得謂之才哉。夫國家多難。羽檄旁午。匪才勿達。上下多違。蕭牆交搆。匪才勿定。醜虜窺伺。內猜外疑。匪才勿靖。奸雄僭竊。彼甲此乙。匪才勿協。是故陳平燕居深念。張良借箸前籌。才矣。而謂之小人可乎。或謂文貞正而不譎。文敏譎而不正。則予奚敢。

何喬遠曰。楊榮歷事四朝。善承人主意旨。靜而正之。成祖愛趙王。與榮語。榮以王相貌對。愛頓弛。而太子益安。翰林學士錢習禮者。與練子寧有親。奸黨禁嚴。鄉人數持之。習禮殊不自安。榮乘間言上。上欣然曰。令子寧在。朕固用焉。遂下令禁止。夏原吉吳中下獄。呂震順上意。言二臣柔奸。榮獨爲解宣宗中。都御史劉觀坐贓下獄。觀子輻亦不法。宣宗欲重觀死刑。榮再三請。上發爲邊吏。榮曰。發邊吏等死耳。天下無謂陛下辱大臣耶。上曰。卿欲父子俱貸乎。榮曰。宜發子邊戍。令觀隨居。上曰善。

談遷曰。史稱文敏隨機應變。無愧唐姚崇。而有所不檢。亦似之。蓋好通賓客。無崖岸也。噫。彼年少未更事。文皇帝又武斷絕世。同七臣于綸扉之上。朝政鞅掌。而料敵制勝。出入邊圉。馬援聚米爲圖。無能踰焉。樹效如此。卽餐璧之及。猶之塞門反坫也。何足汚簠簋而湼素絲哉。

遣視順天保定河間順德廣平金華衢兖水災。懷慶衞輝蝗。

臨洮山西行都司雨雹。

中都大龍興寺火。

乙巳。四川都指揮僉事王杲高廣守松潘。

丙午。復韓謹陽城知縣。食正六品俸。

丁未。雲南總兵官都督同知沐昂言。麓川思任發糾百夷數萬。屯孟羅大掠。據者章梗寨。臣率都指揮方瑾指揮柳英王宣知府陶瓚等進擊之。斬五百餘級。賊宵潰。又威遠州土知州刀蓋罕戰于威江。又敗之

戊申。武安侯鄭能牧馬通州。受賂。被劾下獄。謫獨石衞自贖。

己酉。木邦宣慰使罕蓋法陶孟刀板放等。同祖母美罕板擊思任發于孟彌孟臉。殺渠帥二十人。斬三萬餘級。獲象馬兵械甚衆。事聞。封美罕板太淑人。罕蓋法懷遠將軍。賜金帶綵幣。

庚戌。夜大星赤光。出宗人。流至雲中。

壬子。招廣東黃連大羅諸山猺人。

修容城縣決隄。

癸丑。臨洮衞大雨雹。傷稼。

甲寅。夜木星犯壘壁陣。

乙卯。廣西羅城縣賊韋公振等招之不下。命勦之。

戊午。前行在刑部尚書金純卒。純泗州人。贈山陽伯。

己未。各省按察使專理屯田。

設四川芒兒者寨阿角寨安撫司。潘幹寨長官司。

甲子。增每道御史五人。

乙丑。應天府治中檀凱爲府丞。凱秩滿。巡撫侍郎周忱言其端謹得民也。

丁卯。汝寧知府李敏爲應天府尹。

廣東右布政使石首劉永清致仕。

戊辰。行在禮部以慶王上瑞麥瑞瓜。稱賀。不許。

夜大星赤光。一自天市西垣。一自羽林軍。俱流近濁。

前軍署都督僉事李謙卒。南陽人。襲羽林前衞指揮使。

八月庚午朔。陝西右參議郝敬過華池驛。呼驛丞張耕野不至。杖死之。謫敬戍大同。

辛未。復范衷壽昌知縣。

壬申。工部右侍郎邵旻修都城。

癸酉。巡撫江南行在工部右侍郎周忱爲左侍郎。仍巡撫。

丁丑。夜月犯東咸。

戊寅。置河東運司儒學。

己卯。瓜哇貢使回國。値風覆溺五十六人。餘留廣東俟國人至附載。

行在戶部尙書劉中敷奏大同宣府歲稔旗軍給糧請代以布。上曰。邊士執戟而暇耕乎。稔亦給之。

庚辰。賑揚州杭州饑。

保定大雨雹傷稼。

壬午。復莫愚常州知府食正三品俸。

乙酉。禮部左侍郎吳廷用卒。

丙戌。行在錦衣衛指揮僉事王息。故居朝鮮磨鐵嶺。至是貢使金振。胞兄也。求見振。并延款諸使。許之。

己丑。淮安同知楊理爲知府。

壬辰。復黃惟順聊城縣丞。仇運益都縣丞。俱食正七品俸。

增陝西官吏人等俸米。右參政年富言粟支十年。易朽腐。量給本色。從之。

乙未。進士戴瑺爲吏部主事。

丁酉。沙州衛都督同知困卽來爲右都督。

故四川都指揮僉事陳翊。故貴州都指揮僉事王軫。顧勇。贈都指揮同知。皆賜祭。

夜大星靑白光。自弧矢流至雲中。

九月庚子朔。初。建州左衛都督僉事凡察走朝鮮。尋歸建州。朝鮮國王李祹以凡察竊歸臣而善遇之。今背德必索焉。凡察以留其私屬。請檄還。否者隨以兵。詔兩解之。諭李祹曰。國家以王爲東藩。如凡察直夷畜之。何敢望王。彼其懷鳥獸心。去留亡恒。王第善自備。毋與較。

行在前軍右都督韓僖卒。賜祭葬。追贈泌陽伯。諡榮襄。

哈密都督皮剌納通胡。謀殺忠順王倒瓦荅失里。其兄撒蠻赤同弟馬哈失力頭目猛哥禿等力捍之。得免。事聞。進撒蠻赤都督同知。倍賚之。

壬寅。上作觀天之器銘。

許雲南煎鹽罪人納贖。

癸卯。柳城頭目米兒咱阿都剌入貢。

乙巳。博興知縣梁吉。襄陽訓導馬進。俱匿喪削籍。

丁未。河南衞河提舉司改山東衞河提舉司。

戊申。遣御史清軍陝西廣東福建浙江江西。

修海鹽縣海岸。

乙卯。八百大甸軍民宣慰司使刀招散等入貢。奏土人不通漢語。乞如永樂例。仍通事賫金牌信符催貢。從之。仍護使來往。

丙辰。裁廣西理定縣入永福縣。

盡免山西柴炭。

敕鎮守遼東太監□□總兵官都督僉事曹義。凡海西哥吉河黑龍江等處野人女直苦納亦里加納等來朝貢。擇譯人護行。厚撫之。

癸亥。夜月犯軒轅星。

乙丑。夜大星赤光。自五諸侯入參宿。

十月庚朔。蘭縣莊浪地震。聲如雷。十日乃止。壞城廬人畜甚衆。

乙亥。中外官缺。命吏部會廷臣舉可任者。既舉。復命尚書郭璡精覈之。

戊寅。宜君知縣王奎調合水。奎嘗丞合水。其人乞還之。

切責行在都察院右都御史陳智。罰俸三月。智銜山西按察使徐永達。令巡按御史吳昌衍孫睿索垢不得。署昌衍等下考。各不服。疏其枉。大見劾。

行在河南道監察御史周瑮爲鄭府右長史。時鄭王瞻埈怒輒斃人。故命瑮嚴之。仍書戒王。王稍戢。

甲申。行在金吾左衞帶俸都指揮使康能言。比賜脫脫不花王及平章伯顏帖木等。復索諸部賜。臣借官軍綵段六百六十八雙。布五千八百七十四予之。求給還。行在禮部謂貪胡無厭。宜折以大義。奈何輒斂軍實長其奸萌。且殊域所借。疇爲券之。遂不許。

欽州人黃寬等不受命。守臣以聞。又考州志。州西南銅柱西北分茅嶺。今嶺內三百餘里。柱內二百餘里。悉入安南。乞還其地。則叛民不招而至矣。下兵部。俟貢使至諭之。

丙戌。思任發頭目陶孟忙怕等入貢。禮部議減其宴賚。上曰。彼來雖緩我師。而朕不逆詐。遂宴而不賚。賜敕諭之。

庚寅。夜。月犯軒轅大星。

辛卯。起復保德知州田耕。

曉刻月犯靈臺中星。

癸巳。廣東右布政使孫曰良父喪。適命總督廣西預備倉糧水利。訴其情。命奔喪訖赴任。

甲午。復黃致寶應縣丞。食從七品俸。

參贊寧夏軍務右僉都御史金濂。請禁伐賀蘭山木。從之。

乙未。翰林院侍讀儀銘修撰楊䕫爲郕府左右長史。

己亥。莊浪衞地震。

十一月庚朔。通州同知李經以劇才。部民求爲知州。而格未及上。特從之。順天府。

壬寅。行在右僉都御史張純調都察院。刑部右侍郎吾紳調禮部。吏科都給事中鄭泰爲刑部右侍郎。

賑嘉湖台處紹興寧波金華旱饑。

丁未。行在工科給事中吳昇言中外言事有切直者。會議之時。執政或因中己病。或見與己乖。輒駁令指實。乞敕自今會議。可行則允。不可行則止。毋駁言者。以通下情。從之。

戊申。行在戶部主事鄒來學言江北糴粟預備不多。乞暫令馬課入粟。從之。

庚戌。大藏經刊成。六百三十六函。六千三百六十一卷。上序之。

辛亥。鄭州學正沈衡訓導陳永張斌史濡爲監察御史。

壬子。免蘇松常鎮杭嘉湖田租百三十四萬六千五百五十石。

行在工科給事中吳昇言四事。曰京官保薦方面官縣令。可暫而不可常。否則有賄賂請託之弊。曰給事中御史九年任滿。令都御史都給事中連名舉薦陞用。若此則人悅求進。莫肯持正。慮見忤矣。乞一歸其責于吏部。曰給事中近臣。頃大臣推薦郎中等官。不及給事中。乞拔一二爲勸。曰詔求賢良方正文學才行等。多勢豪子弟。徒負虛名。今後果通經曰儒士。果才幹曰秀才。不必立科。上然之。命方面官郡正官如先朝敕旨會舉。知縣吏部自選授之。給事中有才行者。同御史例。舉滿九載。吏部考覈推用。因敕吏部毋朋比請託。如濫薦。即以聞。

甲寅。浙江布政司參議武達按察副使王豫專理浙西預備之政。

乙卯。敕雲南總兵官都督同知沐昂等招諭維摩阿迷彌勒等州妖人。

丁巳。有僧年九十餘。自雲南至廣西。語人曰。我建文帝也。張眞人云我四十年苦。今期滿。宜返宗國。遂書黃紙。令徒淸進投思恩土官知府岑瑛。瑛送總兵官柳溥所。械至京。廷訊。則鈞州白沙里人楊應祥。洪武十七年度爲僧。歷遊西南。錮詔獄。四閱月死。同僧十二人。俱戍遼東。 程濟從亡隨筆云。庚申四月。師題寺壁詩。有長樂宮中雲氣散。朝元閣上雨聲愁之句。有遊僧冒所作。五月。其僧紿言建文帝事。聞藩司。司囚繫僧。幷繫師。建文帝稱師 蓋同寓于寺故也。飛章以聞。詔械入京。師不敢承。但令程濟從。八月。師至金陵。九月。師及諸僧至京。朝廷命御史鞫之。僧稱九十餘歲。且死。思附葬祖陵。御史以壬午迄今僅三十九年。何及百歲。廉其狀。僧實楊應祥。鈞州白沙里人。奏上。僧論死。下錦衣獄。從者戍邊。師先有南歸之思。適値此。竟陳其實。御史疏聞。命太監吳亮往察。不能辨。師曰。我昔飮便殿。汝伏而受遺饍于地。遂忘耶。聞楊士奇尚在。得見乎。亮大慟。密以聞。遂命迎入。稱老佛。養大內。程濟聞師入內。歎曰。今日方終臣職矣。乃入雲南。焚其庵。散其徒。紀始末以付了空。名曰從亡隨筆。師沒。葬西山。不封不樹。題曰天下大法師之墓。程濟從亡隨筆略。建文四年六月十二日。帝出西華門。沿河走登州。申刻。抵南門。乘月入神樂觀。十六日。次丹陽。十九日。抵吳江史仲彬家。八月十六日。師別史仲彬。附舟至京口。過六合。陸行至襄陽。九月十五日。處大悲寺。十月。盡至廖平家。已。平家被人發其蹤。決意往滇。 癸未春正月十三日。到雲南。投永嘉寺。 甲申正月十八日。離雲南。二月。至重慶。三月。到襄陽。六月。入吳。八月八日。到仲彬家。十五日。會于杭。九月。至天台。十一月四日。離台州。 乙酉春二月。至重慶。遇雪和尙在善慶里。師及諸弟子往焉。 丙戌四月。師往西平侯晟家。住旬日。五月。結茆白龍山。 丁亥十二月。師齋祭死難諸人。自爲文哭之。 戊子六日。菴災。七月。濟出山募葺。 己丑正月。師東行。三月。到善慶里。五月。到襄陽廖平家。已徙蜀。師還滇。 庚寅三月。師坐菴。 辛卯春。有司遂毀菴。四月。師至浪穹。濟曰。其地頗佳。因募建數月。菴成。 壬辰三月。應能卒。四月。應賢卒。因納一弟子。名應慧。 癸巳五月。師南行至甸。六月。師還。十二月。渡馬嶺。遇寇。會遇官軍。僅免。 甲午四月。遣濟募糧。九月。師學易數。 乙未八月。師及濟游衡山。十月。還庵。 丙申六月。師足疣發。濟乞藥于城西。三日乃反。師飮獲愈。十月。師命濟錄述從亡傳。藏之山巖中。師自爲敍。 丁酉二月。師曰。此中久居。恐人覺之。因卜于鶴慶山中建一小靜室。十一月。師避暑東行至衡山。 戊戌三月。師返至黔。　己亥六月。師始觀佛書。　庚子六月。師命濟移居菴西偏。十月。師命濟從入蜀。偏游諸勝。登峨嵋。有詩云。登高不待東翔首。但見雲從故國飛。　辛丑七月。師入粵游海南諸勝。十一月。師還菴。　壬寅四月。師避囂于菴南四十里。名滌泉。　癸卯二月。師命濟從游楚地諸勝。登章臺山賦弔古詩。楚歌趙舞今何在。惟見寒鴉繞樹啼。六月。師游漢陽。登晴川樓。吟云。江波猶涌憾。林鶴欲翻愁。七月。師留大別山。　甲辰二月。師東下。十月。至吳江史仲彬家。十一月三日。至寧波。六日。渡蓮花洋。　乙巳正月朔。謁大士于潮音洞。五月。師始歸。覓自閩粵還山。　丙午八月。師祭從亡諸人于菴前。　丁未正月。移居鶴慶之靜室。八月。滇寇亂。師命濟從入蜀。十月。師宿永慶寺。題壁詩云。杖錫來游歲已深。山雲水月傍閒吟。塵心銷盡無些子。不受人間物色侵。　戊申五月。濟從師游神女廟。七月。游黃牛磯。十月。游漢中。　己酉二月。師至成都。再宿而去。五月。還至浪穹。六月。到鶴慶山中。　庚戌四月。師欲廣其庵。濟空等出募。　辛亥二月。師有陝西之行。四月。至延安。七月。東行至蜀。九月。至夔。阻雪。　壬子正月。入楚。至公安。五月。至武昌。八月。下九江。九月。遊杭州吳山。十一月。遊天台。　癸丑春。師在赤城。　甲寅五月。師命濟從入吳江。六月。入會稽。八月。還故夔。　乙卯三月。師往粵西。十二月。何洲死。　丙辰八月。還至滇。卜築舊日之浪穹。　丁巳五月。師游峨嵋。十一月。還至浪穹。　戊午七月。師欲粵西行。不果。十一月。智遁師恐智露其跡。遂有粵西之行。濟從。　己未四月。濟勸師還滇。不聽。　庚申三月十三日。師謂濟曰。我決意東行。子盍為我筮。得兌之歸妹。濟拊几曰。大凶。今太歲干支皆金。火必尅之。行夏之時。其危乎。

薛應旂曰。弘治中。禮部主事楊循吉請追謚建文。以景皇帝及元順帝為比。謂以親親言之。固當視景皇。以避位言之。尤當視順帝。追謚之典。豈容已哉。伏覩天順初。英廟憫建庶人亡辜。釋其囚而聽其出入。萬曆改元。詔復死事諸臣。祀于其鄉。則加建文謚號。比諸景帝。行當恭覩盛典矣。

錢士升曰。從亡二十三人。惟程濟與師始終。雖饒智數。實天鑒其忠精也。師在重慶時病痢。雪和尚以柏葉丸進。三服而愈。結茅白龍山時。師復病。不得前藥。濟採柏葉為湯療之。師慟念方黃諸臣。鬱鬱病劇者數年。逾年而後起。適郭節程亨史仲彬等來見。師骨立幾不支。皆環泣莫能仰視。後濟亦病。師親為煮糜。坐榻旁。不刻離。濟曰。師不死。濟何敢死。顛沛君臣。相依為命如此。嗚呼。　或曰。高翔與程濟約。翔願為忠臣。濟願為智士。及濟從君亡。朝夕周旋。險阻深箐。霜雪窮寒。未嘗或變。此智巧之士所不爲者。而濟爲之。何與。曰。此乃濟所以爲智也。孔子稱寗武子愚不可及。愚政智之深者耳。今濟行遯空山。孰與宛濮乞食。種圃孰與橐饘。以萬乘之威。物色于天南海西之外。危機密網。孰與深室之坐。醫衍之酖。而卒能脫然。縉紳臣職。克供貞固。足以幹事。濟之謂矣。故曰。非天下之大愚。不能成天下之大智。非天下之大智。不能成天下之大忠。

談遷曰。王郎託成帝之子。邯鄲響應。成逐假衛戾之名。北闕聚觀。所謂黎丘之鬼。惑于其似也。初政如遜國。朝歌暮吟。而又天崩地隕。行道傷惻。脫喉間作聲。不無勝廣立楚之憂。自今觀之。遜荒行野。終其身魚服。以泰伯子臧自晦。倦羽知還。首丘得瞑。天之默相固自不爽。惜乎楊文敏有負于當日也。壬午諸責。已愧周是修。況廢興易代之久。寧留餘面以相見哉。聞嚴尚書震直使雲南。道見帝。悲愴吞金而死。噫。革朝舊臣之死晚矣。實錄第書粵僧之僞。不知因僞得眞。蓋微有所諱也。史雖闕文。義不容沒云。

辛酉。夜莊浪衛地震有聲。

癸亥。夜天鳴。明日地復震。

乙丑。雲南芃甸長官司早貴執于思任發。脫歸。進安撫司。

雲南師宗州賊金郎剌金福阿牟僞稱帝后。總兵糾衆千人。沐昂遣兵擊敗之。斬金福。擒阿牟金郎剌。奔貴州。阿牟伏誅。

丁卯。召鎭守松潘總兵官都督同知李安還京。

初。雲南總兵官都督同知沐昂等議。麓川險遠。攻之非十二萬人不可。今官軍止四萬六千餘。宜徵之湖廣川貴。各委善戰指揮。分三道。灣甸芒市騰衝約日並進。上下廷議。太師英國公張輔等言。分兵勢孤。彼或扼險邀我。非萬全計。宜擇大臣充總兵官。往雲南專征。上善之。

戊辰。起復紹興知府羅以禮。

十二月己巳朔。修中和韶樂器。

敕行在右僉都御史丁璿雲南選兵集餉。

庚午。賑桃源萬縣饑。

辛未。寧遠伯任禮爲平羌將軍總兵官鎮守甘肅。定西伯蔣貴還京。

甲戌。司禮監火者賈麥兒干請吏部尚書郭璡戶部尚書劉中敷。上聞之。戒璡等械麥兒干于司禮監。

壬午。免應天淮揚萊彰德南陽開封衞輝懷慶田租五十六萬九千三百三十七名。

癸未。起復雲南布政司右參政張鉞。仍提督金齒等處糧儲。

乙酉。右春坊右中允吳餘慶爲通政司右參議。

丙戌。定四夷貢使朝參止正副使給馬。

戊子。進士胡拱辰焦寬爲監察御史。

起復嘉定知縣辰昭。

增科額會試百五十人。鄉試應天百人。順天八十人。浙江福建六十人。江西六十五人。湖廣五十五人。河南廣東五十人。山東四川四十五人。陝西山西四十人。廣西三十人。雲貴二十人。從國子祭酒陳敬之請。後復增順天二十人。

庚寅。韓王冲烕薨。王孝友恭儉樂善循理。聲聞中外。年四十五。有惠迪堂集千餘篇。諡曰恭。

辛卯。起復山東布政司右參政洪豫。

癸巳。起復邳州知州郭珏。

甲午。山西流民復業萬一千五百五十三戶。

免池州絕戶漁課。

丙申。貴州都指揮使宮聚徵兵討麓川。私受賂。命徵金媿之。

丁酉。敕曰。欽天監言。明年正月朔日食凡九十一秒。故事。日食不一分者不救護。朕惟敬天之變。毋敢豫康。況

茲獻歲。其以是日免賀。行救護如常儀。

是年。修京城。工部侍郎蔡信議役十八萬人。上命太監阮安役營卒萬人。均勞加廩。卽歲而竣。

國榷卷二十五

辛酉正統六年

正月妃朔。日如不食。行在禮部請賀。不許。

丙午。夜。大星青白光。自張宿流至近濁。

庚戌。上南郊。

壬子。行在右僉都御史王翺鎮守陝西。盧睿參贊寧夏軍務。代陳鎰金濂。歲一更。時溢濂久鎮。

惠安伯張昇卒。昇太皇太后弟也。國初累官羽林衞指揮僉事。宣宗爲皇太孫。昇嘗隨侍。甚恭。生平循理奉法。沒。戒子孫諄切。士林多之。

夜。月犯軒轅大星。

右軍都督同知徐甫卒。鳳陽人。襲大興左衞指揮僉事。從靖難。

癸丑。召都督僉事劉聚還京。

增外衞知事。

甲寅。復王源潮州知府。

行在刑部右侍郎何文淵言。麓川之在南陲。彈丸耳。疆里不過數百。人民不滿萬。餘大軍易克。然得其地不可居。得其民不可使。宜寬其天討。與我羽旄之舞。官軍于金齒。且耕且守。仍遣官宣諭。俾咸虞舜之敷德。同有苗之格心。計不勞征伐而稽首來王矣。事下廷議。太師英國公張輔等。謂思任發世職六十餘年。屢抗王師。釋此不誅。恐木邦車里八百緬甸等夷。覘視窺覦。示弱小夷非策。乞選定西伯蔣貴。都督李安劉聚。都指揮宮聚冉保。或爲總兵官及左右副將。分統南京湖廣川貴官土軍人。仍命戶部左侍郎徐晞往來巡督。先遣諭禍福。或詣軍門納款。又諭木邦車里八百緬甸大侯等。起兵協力。刻期並進。上從之。

定西伯蔣貴爲平蠻將軍總兵官。都督同知李安爲左副總兵。都督僉事劉聚爲右副總兵。都指揮使宮聚都指揮僉事冉保充左右參將。行在兵部尙書兼大理寺卿王驥總督軍務。率兵討麓川思任發。蔣貴王驥先赴雲南。會計軍餉。李安宮聚領川貴兵。劉聚冉保領南京湖廣兵。

王世貞曰。李文達有經世才。其所持論麓川事甚正。但公生當其時。而所記有不能無牴牾者。謂麓川初叛。沐晟尙在彼時遣人宣布朝廷恩威。赦其罪撫安之未必不從。遂輕動舉兵而另遣將以致王師失利。此大悞也。按正統二年十月。雲南南甸州知州刀貢罕等奏。麓川宣慰思任發侵奪其羅卜思莊等二百七十七村。乞遣官賫金牌信符諭還所侵地。詔沐晟處置以聞。自是思任發不奉詔。因發兵侵噬不已。而討捕之命下矣。然每歲未嘗不撫諭也。後遣沐晟爲大將總兵。而都督方政等爲副。攻虜逐北。渡潞江遇伏敗沒。晟引兵還。上疏請罪。逾月暴卒。人以晟爲服毒。今云不委晟而另遣將以致王師失利。何也。又云麓川不如中國一大縣。縱得其地于人何益。而軍需所費萬萬不可計。兵連禍結。以有今日。此又大謬也。高皇帝命穎川侯以三十萬衆下雲南大理。而文皇帝復命新城侯以八十萬衆下交趾。以故諸土夷環雲貴二廣以十百計。咸惕息而不敢動。迨宣德初柳升王通再敗黎利而捐交趾。益之。中國自是輕矣。麓川之所以驁肆。爲棄交趾也。若再敗于麓川而竟不誅。則土官之弱者。不二十年而爲强者有矣。强者不誅而益强。則中國之在西南者亦非我有矣。其所以失。在中國之政不修。而驥等之用兵未盡善也。不然。穎川新城之興師。甚于麓川倍矣。何以不爲天下累也。

丁巳。寧世子磐烒薨。孝友仁厚。有淵騫之譽。諡惠莊世子。

戊午。行在金吾左等衛帶俸都指揮同知方瑛王斌都指揮僉事徐定。署都指揮僉事李信黃讓。皆戰將。從征麓川。

建州左衛指揮使董山爲都督僉事。

行在翰林院侍講劉球上言。周伐崇不克。卽修德待降。至玁狁則城朔方備之。漢征南越不利。卽罷兵。至匈奴雖和親。猶募民入粟備邊。蓋釋小敵。防大患也。今麓川殘寇。僻居南徼。滅之不爲武。釋之不爲怯。奈何復議大舉。欲屯十二萬兵于雲南。以急其降。夷性不可驟馴。地險不可用衆。客兵不可久淹。皆兵法所忌。臣謂宜緩其誅。如周漢之于崇越也。若北虜猶古玁狁匈奴。世爲邊患。今雖少抑。然部曲尙强。戎馬尙衆。今欲移甘肅守將以事南征。恐邊人以北虜爲不足慮。遂弛其防。卒然有警。或致失措。臣謂宜防其患。如周漢之于玁狁匈奴也。伏望皇上罷大舉之議。分屯金齒。且耕且練。乘間進攻。寇可自服。至于西北邊。謹烽堠。修城堡。選將練卒。豐餉備械。庶幾無患。上不聽。

己未。吏部考功主事夏瑜爲員外郎。

庚申。復況鍾蘇州知府。食正三品俸。鍾敦本抑訟。務淳悶。有隱士杜瓊鄒亮。薦于朝。力辭不上。鍾甚禮重之。秩滿當遷。郡人乞留。

劉鳳曰。國家故事。守令皆得自言事。故往者若姚守善。況守鍾。其德入人深固。亡論而千旄之風。至今詠之。所薦達者亦甚衆。若今雖未嘗禁之。而不敢言上者。以畏部使者。欲白又卻。遂顧望用爲俗矣。

壬戌。梁王瞻垍薨。王資度英偉。好學不倦。年三十。亡子。諡曰莊。

徐學謨曰。安陸故郢地。鍾祥松林之山。隱隱隆隆。盤礴鬱葱。砥柱洪流。龍翔鳳翥。故興王地也。乃郢封六年而絕。梁封十年而絕。正德末始啓。肅皇帝入繼大統。豈地靈至是方驗耶。

復傳善灤城知縣。雷震主簿。俱進俸一級。

甲子。瓦剌使者辭歸。賜可汗書。又賜太師淮王也先書。俱厚賚之。淮王太師者。虜酋大號也。是時虜衆皆服屬也先。脫脫不花具可汗名而已。顧下妻也先姊。主臣並使貢。我亦兩敕答之。賞賜繒綵帽纓珠寶靴刀琵琶火撥思之屬。不可勝計。及其妻子部屬。皆有等差。針綫脂粉絲絨皆具。

省大同內地守墩官軍行糧。

遣視建平衡辰沅柳長沙重慶旱災。

乙丑。諭都察院遣御史二人禁約南征軍。

丁卯。饒州推官艾茂爲行在山西道監察御史。

二月戊辰朔。陝西按察副使陳斌協贊延安綏德軍務。

壬申。裁行在光祿寺四署署正署丞監事十六人。裁河南布政司及衞輝懷慶彰德河南撫民官。

甲戌。敕戶部左侍郎徐晞右僉都御史丁璿分督轉運南餉。

山東都指揮僉事張安從征麓川。引疾。錮之。

乙亥。行在兵部左侍郎清理貼黃鄭辰還部。

鎭守延安綏德都指揮使王禎爲右軍都督僉事。

夜。月犯井宿。

戊寅。命布絹折大同軍餉兩月。

給雲南木邦緬甸車里八百大甸威遠大侯施甸各長官司信符金牌各一。將合討麓川也。

己卯。右軍都督僉事羅文卒。

復韓福翟昌知府食從三品俸。復王弼高陽知縣。食從六品俸。

昌邑人王坦請復膠州河故道。通海運。報寢。

夜。月犯上將星。

壬午。轉粟二十萬石于金齒。

癸未。行在山西道監察御史房威讞獄失入。謫淶水知縣。

發官廩三十五萬石。杭州平糶。

甲申。以右監丞曹吉祥鎮守雲南。

丁亥。少保禮部尙書兼武英殿大學士楊溥省墓。中使護行。

嘔罕河衞都指揮同知乃勝貢馬。求陞。進都督僉事。

復齊翼太和主簿。食從八品俸。

庚寅。金吾右衞帶俸指揮使蔣斌薦授署都指揮僉事。

監察御史韋廣服闋入京。言臣廣西慶遠人。自永樂二十年。宜山思恩忻城猺獞黃公擅韋萬廣等入寇。鎭遠侯顧興祖兵往。皆遁。兵退仍入寇。後都督山雲進勦。斬獲亡算。忻城殘賊委土人莫賢撫服。惟宜山之莫往淸潭等村。思恩之川山廣南等里。猶朝降暮叛。軍民積毒。乞敕總兵官柳溥發兵搗穴。置長官司以撫其餘。上嘉納之。

浙江左布政使黃澤以撻鹽運使丁鋐。又擅歛部民三千金償官物。命削籍。

壬辰。起復貴州按察僉事屈伸。

免開封彰德大同順天保定大名河間鳳陽鎮江米麥木棉有差。

乙未。起復山東按察副使王憲。

三月戊戌朔。廣宣府大同屯田裁冗費。

庚子。下行在兵部左侍郎于謙獄。謙初舉參政王來孫原貞自代被劾。至是來朝。復被劾。

戊申。戶部右侍郎王瀹致仕。

己酉。賑中都皇陵等衞饑。

辛亥。行在刑部右侍郎張鳳改戶部。

太師英國公張輔及府部奉命選都指揮紀廣等四十四人。上命讀武經百將傳。講略練武。特試而用之。

壬子。行在大理寺少卿李畛考察官吏有私削籍。

癸丑。書止淮王瞻墺入朝。

署遼東都司都督同知王眞卒。眞盱眙人。本定遼前衞指揮使。在邊三十餘年。廉勤果決。吏卒信之。

乙卯。免陝西累歲鹽課。

戊午。翰林院侍講學士曾鶴齡卒。

己未。都督梁成署都督僉事許瑛提督官軍牧馬。

行在右副都御史陳鎰回院。

庚申。起復宛平知縣馬俊。

癸亥。起復金華知縣余寬。

賑淮安鳳陽揚滁和徐杭紹興饑。

南京大風。折孝陵樹覆溺五十餘人。

甲子。召復行在翰林院編修江淵賴世隆檢討李紹何瑄俱剩員需命。

四月軒朔戊辰。書止荆王瞻堈來朝。

己巳。禁僧道私創寺觀。先是巡按直隸御史彭勗疏其敝。

禮部左侍郎陳璉致仕。

庚午。巡撫南畿行在工部右侍郎周忱兼領浙江嘉興湖州稅糧。從民望也。

壬申。李暹服闋復行在通政使。

甲戌。花朝節。始賜文武百官宴。

乙亥。命行在戶部右侍郎陳瑺通政司右參議王錫。大理寺右少卿顧惟敬寺丞仰瞻。光祿寺少卿王賢分往順天保定眞定河間順德廣平大名淮安鳳陽捕蝗。

丁丑。賑望江縣饑。

己卯。以去冬至今少雨雪。屢大風蝗生。遣告于天地社稷山川諸神。

壬午。命歷事監生有攜家者。給月粟一石。

癸未。行在右僉都御史金濂回院。時盧睿代往寧夏。

敕廣義伯吳玘還定州統領流胡。

戊子。逮山西布政司左參政王來下獄。巡按御史曹泰劾其徵糧酷急也。

庚寅。復命監察御史分巡陝西邊衞。

壬辰。復荆瑜寧國府照磨。食從八品俸。

甲午。故奉化伯滕定子福襲□□衛指揮使。

敕法司選官分錄天下疑獄。于是監察御史張驥李廷芳姜永。刑部郎中林厚周得琳彭謙方彰。員外郎蕭維楨主事竺淵。大理寺正李從智評事王亮馬豫。推擇往。賜敕以行。

五月柄朔戊戌。瓦剌太師也先等貢馬。

故中軍都督僉事胡榮卒。妾陳氏自經。贈淑人。

廣西都指揮僉事史雄馬文等勦潯州盜。濫殺四百八十餘人。被劾。上命巡按御史逮訊。幷責總兵官柳溥參將田眞。

辛丑。復李翔扶溝典史。楊青尉氏典史。俱秩滿。食從九品俸。

壬寅。設京衛武學教授一。訓導六。

戊申。特給行在禮部左侍郎兼翰林院侍讀侍講學士王直王英誥封贈祖父。故事。文臣例滿九載。至是方三載乞恩。

雲南總兵官都督同知沐昂言。先遣署都指揮僉事李福。以八千人進攻麓川。破寨十二。斬百五十級。今瘴盛。俟秋往。從之。

行在鴻臚寺卿賈庠卒。

己酉。廣東按察僉事彭琉上五事。崇節義以勵俗。（修古今忠臣烈士孝子節婦墳墓。）重士祿以養廉。舉祀典以勸忠。（請崖山立陸秀夫廟。）均鹽利以實邊。（瓊州新安等場積鹽無商販。請聽軍民每鹽一引納米五斗。作戶口食鹽。）儲載籍以養士。（刻行兩漢史記諸書。）上從之。

庚戌。敕鎮遠侯顧興祖安鄉伯張安都督同知王彧通政司右參議張隆鎮守密雲都指揮陳亨鎮守居庸關署都指揮僉事李璟鎮守通州都指揮劉斌大寧都指揮張鋭等督軍民捕蝗。

起復杭州知府陳復。

修兗國復聖公廟。

金星晝見。

壬子。遣視武城靜海旱蝗。

甲寅。行在刑部右侍郎何文淵大理寺卿王文審在京刑獄。巡撫南畿行在工部右侍郎周忱行在刑科都給事中郭瑾審南京刑獄。

命朝貢番僧止宿會同館。毋擅入各寺。大國師班丹箚失阿木葛各館夫十人。剌麻館夫二人。著爲令。

巡撫河南山西行在兵部左侍郎于謙釋獄。降行在大理寺左少卿。宥鎮守偏頭關左都督李謙罪。先貪暴論死。

乙卯。徙廣西南丹衞于賓州。奉議衞于平南縣向武千戶所于貴縣。俱避瘴也。

庚申。增行在刑部主事十三人。

賑武昌長沙德安常德漢陽荆衡辰岳郴沔陽饑。

免麗水寧德銀冶。

泗州大雨。水溢高丈餘。漂廬舍。官民咸走盱眙山。

六月辛酉朔。丁卯。免淮安災租十八萬一千二百二十餘石。

辛未夜。大星青白光。自天江流尾宿。

乙亥。修南京太廟社稷壇殿。

行在大理寺少卿程富爲行在右僉都御史。參贊甘肅軍務。代曹翼。時尚書柴車當代。疾甚。

丙子。曲靖衞鎮撫丁顒爲指揮僉事。以王驥薦。

己卯。占城國王占巴的賴卒。其孫摩訶貴來。幼遜國于舅摩訶貴該。至是來貢。

辛巳。免徐豐沛災租二萬二千四百餘石。

壬午。大寧都指揮僉事張銳爲貴州都指揮同知。貴州布政司右參議李睿爲按察司副使。俱保薦。

時水旱蝗蝻。科道交劾行在吏部尚書郭璡。少保工部尚書吳中。左副都御史李濬。太僕寺少卿崔奎。右通政李錫。國子祭酒貝泰。中軍左都督陳懷。右軍左都督蕭授。俱老疾。工部左侍郎李庸。新建伯李玉。後軍左都督沈清。中軍都督同知王貴。俱貪婪。吏部右侍郎洪璵。戶部右侍郎陳瑺。右僉都御史程富。俱不端。通政使李暹瞰奏粗俚。太常寺少卿蔣守約。寺丞王一居。臧慶祖。俱不潔。順天府尹姜濤失撫字。國子司業趙琬性刻。乞罷璡等弭災。上宥之。行在後府太子太保成國公朱勇。吏部尚書郭璡等各上章引咎。不問。請矢心選擇大臣考察在外官吏。上亦罷之。

丙戌。行在國子監祭酒金華貝泰致仕。

丁亥。蠲河間壽光臨淄災租。

戊子。行在都察院右都御史陳智。行在工部左侍郎李庸。通饋被劾下獄。免。削其籍。

己丑。敕赤斤蒙古衞都督僉事且旺失加。都指揮僉事革古者。可兒郎等。近使者至哈密。爾與沙州衞護行。爾獨不奉命。革古者又時率其屬往來沙州爲盜。暴苦行旅。甚負朝廷所以建衞設官封殖爾等之意。其改圖毋忽。

行在大理寺卿王文爲行在都察院右都御史。

改福建各衞所倉隸郡縣。

免全椒來安災租千三百十餘石。

夜。大星青白色。自尾流房宿。後七小星隨之。

庚申。敕廷臣修省。曰。間者畿內旱蝗。朕心警惕。有言大臣所致。朕明下其章。俾之修省。而言官指摘過當。朕慮涵溷。悉置不問。乃犯者不悔過。言者猶忿攻。今最甚者皆已罷斥。爾大小諸臣。宜益勵厥心。洗改焉。

行在兵部尚書柴車卒。車字叔輿。錢塘人。建文己卯貢士。授兵部武選主事。轉員外郎。從北征。遷江西右參議。尋坐事左遷職方郎中。守岳州三年。仍職方。宣德中。拜右侍郎。轉左。參贊陝西甘肅軍務。敢任勞怨。諸將冒功賞。一切裁之。同官燕會無所預。上嘉其誠。屢賜金綺。秩滿。進尚書。至是當出鎭。阻疾。歷官四十餘年。操履淸愼。中外稱之。賜祭葬。官歸其喪。

夜。月犯畢宿。

辛卯。封晉府鍾鐸徐溝王。

壬辰。晉王美圭薨。王和厚易直。年四十三。謚曰憲。

七月紇朔。監察御史周軏陸瓛章珪成規方洙以考察削籍。

丁酉。復顧晃淸江縣丞。

行在吏部右侍郎洪璵被劾下獄。尋以事曖昧。釋之。

彰德衞輝開封南陽懷慶太原濟南東昌青兗登萊遼東東勝興州前屯二衞蝗。命捕之。

己亥。敕雲南威遠州土官知州刀蓋罕。爾母子躬擐甲冑。斬麓川頭目刀派罕。逐賊過江。斬數百級。深足嘉尚。特進爾奉政大夫修正庶尹。封爾母太宜人。賜銀帶綵幣。

談遷曰。當時荒裔。稍效尺寸。旄綸亟下。不俟專閫之彙敍也。以此勸功。企踵恐後矣。

減大同屯租之半。

庚子。修玉牒。

壬寅。定武學規制。

甲辰。夜大星赤光。自天棓流天井。

丙午。詔給事中舒瞳。行人吳惠。封占城國王摩訶賁該。

增順天解額二十人。共百人。

命州縣不及三里祭文廟。第行釋菜禮。過三里。祭如制。從石泉教諭黃士文之言。

丁未。大理寺少卿顧惟敬。復捕河間順德蝗。

己酉。行在翰林院侍講學士陳循。翰林院侍講周用。主試應天。

董卜韓胡宣慰使克羅俄監粲貢馬。遡保縣雜谷瓦及谷墩人阻之。敕四川三司開諭。毋失遠人向化之心。

辛亥。戒宣府總兵官都督譚廣等造神銃火槍神箭。其祕之。毋再。

壬子。張琮嗣惠安伯。張昇孫。

陝西苑馬寺卿楊應春致仕。

甲寅。進順寧土知府猛蓋勛大中大夫資治尹。賜金帶綵幣。旌從討麓川之功。

乙卯。羅鵠。丁澄。蔡愈濟。丁瑄。爲行在監察御史。

己未。免寧陵縣孔氏子孫徭役。

壬戌。裁德安府撫民通判。

八月乙丑朔。遣視眞定平陽旱災。

庚午。新建伯李玉求世爵不許。

賑武進江陰無錫宜興桐城饑。

辛未。翰林院學士錢習禮編修薩琦主試順天。

新建伯李玉卒。交河人。追封新建侯。謚榮僖。

癸酉。遼東都司經歷黃琰爲遼東苑馬寺少卿。兼署行太僕寺事。

裁遼海煎鹽提舉司。令遼東都司兼攝鹽課。

甲戌。賑蘇州饑。

丁丑。罷收南京上新河船鈔。

上御奉天門。諭行在都察院曰。朝廷優士至矣。將領不恤。輒私役爲工匠。月日亡休。沿邊軍屯操稍暇。邊將亦輒令捕野味治薪炭。勾至補伍者。所隸官盡索其擕。何怪不貧窘逃竄也。今犯者與法司執之。

乙卯。行在刑部侍郞林厚言。臣讞獄四川。七月戊戌。卿雲見昴胃間。繪其圖以上。

庚辰。眞定縣雨雹傷稼。

辛巳。行在工部都水司主事錢源在刑部五年。勤愼。及調工部。未五月。右侍郞邵旻察處之。訴枉得實。復源。下旻獄。

壬午。行在工部郞中王佑署部事。

乙酉。禮部右侍郞吾紳卒。紳開化人。永樂甲申進士。選庶吉士。授刑部主事。多平反。進郞中。超拜禮部右侍郞。尙書呂震擠之出廣東右參政。尋復部。改南京。考察兩廣福建官。雖故人不私。性率直。于世味泊如也。

丙戌。行在大理寺左少卿于謙仍巡撫河南山西。

丁亥。山東左布政使王晉爲行在工部右侍郎。

戊子。劉鉉疾愈。復行在翰林院侍講。

辛卯。行人虞禎學錄周道爲行在陝西雲南道御史。

思任發糾衆三萬至大侯州。欲攻景東威遠。行在兵部郎中侯璡同都指揮馬讓盧鉞等擊敗之。斬三百五十二級。上敕勞之。

九月甲午朔。奉天華蓋謹身三殿乾清坤寧二宮成。

壬寅。封周府子墜通許王。子瑾原武王。子塈鄢陵王。子𡑞河陰王。子堰項城王。

癸卯。賑南京饑。

乙巳。周敍服闋。補行在翰林院侍讀。

遣祀淮揚濟南臨清水災。

貴州福祿永從蠻夷長官司改永從縣。置流官。土官李瑛久絕。

庚戌。山東布政司右參議孫子良秩滿。爲參政。

癸卯。召河南按察使包德懷山東按察僉事薛瑄乘傳詣京。保薦四人。惟徵二人。

丙辰。華亭上海旱。命量輸布代租。

丁巳。復丘陵萍鄉知縣。

十月甲子朔。乙丑。陝西行都指揮僉事王敬爲右參將。鎮守甘肅。

戊辰。復王昇撫州知府。食從三品俸。

己巳。復陳本深吉安知府。食正三品俸。本深鄞人。歷政寬簡。御史程富掠其治盜功得遷。本深竟不言。吉安人留本深十八年。洪訟不待詞。嘗榻前口理其曲直。士人有佳慶。爲本深置酒。輒往。歸攜其果餌啗市小兒。久之廨前民有女及笄。本深歎曰。是女吾見其舉。女今已字。尚可留乎。投牒告老。人益思之。

癸酉。總督雲南軍務兵部尚書兼大理寺卿王驥言。雲南按察僉事徐觀。大理知府賈銓。楚雄知府馮淯。善餽運。宜陞。行在吏部以請。上曰。觀等誠有勞。如諸將未敍。何論功不宜遽先也。尚書郭璡等謝不及。

行在禮部右侍郎王士嘉致仕。

丙子。王驥分大兵東路。右參將冉保自緬甸趨孟定。會木邦車里之師。驥同總兵官蔣貴中路至騰衝。會保。俾思任發腹背受敵。

丁丑。械行在戶部尙書劉中敷。侍郎吳璽。陳瑺于長安門。以京城草乏。御用牛馬欲分牧民間。言官劾其紊制。下之獄。論死。命械之。

巡視通州倉儲行在戶部左侍郎王佐署部事。

覆視平陽旱災。

辛巳。賑徐豐饑民。

癸未。豫備陝西邊儲。

南京守備豐城侯李賢。太監劉寧。提督修築江岸。

夜。大星青白光。自弧矢流至游氣。後二小星隨之。

甲申。兀剌脫脫不花王貢馬二千五百三十七匹。

乙酉。吏部右侍郎趙新改禮部。

大同總兵官武進伯朱冕聞警率四千八百餘人出龍門伯顏山等處探虜。

丙戌曉刻月犯靈臺上星。

丁亥左參將都督僉事黃直等巡邊。至伯顏山。値虜百餘騎。敗之。明日至閎安山。値兀良哈三百餘騎。適都指揮朱文廣等兵至。又敗之。

己丑敍殿功。封都督同知沈淸修武伯。世祿千石。少保工部尚書吳中進少師。太僕寺少卿馮春楊靑爲工部左侍郞。各賜鈔幣。太監阮安僧保各金五十。銀百。之幣八。鈔萬貫。

命行在戶部。檄山東參政洪璵僉事蕭啓。專撫安人民。

庚寅悉蠲畿內被災田租。

壬辰行在通政司左參議朱孔暘爲順天府丞。仍供奉內府。

癸巳宥劉中敷等。

談遷曰。劉司徒等議寄牧忤旨。未有深㣲。罰同重典。其故何與。王振竊權。則箝刼大臣以張其燄。奸萌于是著矣。

十一月甲午朔。上御奉天新殿。大赦天下。罷稱北京行在。冠南京于南京府部司寺院局。悉改其印。

談遷曰。是年八月丁丑。寧波知府鄭恪請定都京師。改號南京。宗伯胡濙寢其說。無何詔如之。議蓋自恪始也。

減金華台州歲造兵器。

王驥蔣貴以二萬衆自中路至上江。

乙未復御殿受曆。

監察御史計珩。犯贓削籍。

丙申。廷臣表賀。

戊戌。大兵渡江。賊伏四起。奮擊斬千餘級。賊遁入寨。圍之。

壬寅。內官曹吉祥。蕭保。副總兵劉聚。左參將宮聚。自下江夾象石合攻。明日。因風焚其排栅。大破之。拔上江寨。賊千餘猶迎敵。我長戈蹴之。賊將刀放戛父子俱沒。刀招漢闔家自焚。生擒刀門項。先後斬五萬級。上江平。

癸卯。封總兵官都督譚廣永寧伯。仍鎮守宣府。遼東備邊都指揮同知焦禮施聚爲都指揮使。

丙午。福餘衛夷脫火赤完哈等假射獵屢犯邊。至是被擒。磔于市。

昏刻。月犯畢宿。

己酉。禁邊夷擅入界碑。

刑部右侍郎何文淵予告。

壬子。昏刻。大星如椀。青白光。自天苑流至濁。

癸丑。免河南山東南畿災租四十四萬三千四百餘石。

丙辰。命副總兵都督僉事吳亮駐湖廣。往來貴州爲備。

庚申。翰林院庶吉士黃以春爲中書舍人。仍譯書。

閏十一月甲子朔。四川右布政使李敭爲吏部左侍郎。

丁卯。免徽州府災租四萬五千九十餘石。

京城安定門火。

王驥命大兵由夾象石渡下江。通高黎共山道。至騰衝。留左副總兵都督同知李安戍之。王驥等取道南甸。至羅卜思莊。令指揮江洪等以八千人抵木籠山。思任發乘險以二萬衆列七營相救。左參將宮聚右副總兵劉聚分攻之不下。驥貴同奉御蕭保自中路進。左右夾攻。敗之。斬數百餘級。乘勝至馬鞍山麓川大震。

戊辰夜大星赤光自軫宿流至庫樓。

己巳。故翰林院待制王禕贈學士謚忠文。先是建文初謚禕文節。靖難後無稱焉。義烏縣丞劉傑以贈謚請。從之。

辛未。禮科給事中鄒冕私忿毆從叔。削籍。又引赦求復。謫戍邊。

徙神木縣于平川。

壬申。增保德州判官專收偏頭關糧料。

甲戌。復下戶部尚書劉中敷右侍郎吳璽陳瑺于獄。時瓦剌貢駝馬。上問其數幷芻秣若干。不能對。太監王振嗾上論死。左侍郎王佐仍署部事。

大風霾。

丙子。翰林院學士李時勉爲國子監祭酒。

壽州同知李亨秩滿留食從五品俸。

丁丑。瓦剌使臣都督阿都赤卒于會同館。殯祭祔崇文門外先墓。

免開州內黃滑濬邯鄲肥鄉成安永年正統四年災租五萬二千四百九十八石。

己丑。復李素贛縣知縣。食正六品俸。

辛卯。翰林院侍讀周敍上三事。興學校。勸農桑。愼銓選。上議行之。

十二月癸巳朔。甲午。免當塗蕪湖繁昌災租萬七千七百三十餘石。

王驥等直搗賊巢。山周三十里。柵堅壍廣。其東南依江壁立。以三千人探之。賊象陣伏泥溝突起。敗之。賊又自永毛摩尼寨至馬鞍山。伺我後。令都指揮方瑛以六千人攻拔之。而右參將冉保從東路。合木邦車里大侯之兵先後斬二千三百九十餘級于是進攻麓川積薪焚其柵思任發挈妻子間道渡江走孟養。焚溺數萬。餘黨皆盡。

丁酉。廟祀平江侯陳瑄于清江浦。

癸卯。山東右布政使王質爲戶部右侍郎。

復冀信洛陽縣丞。食七品俸。

甲辰。亦力把力等入貢。

乙巳。故新建伯李玉子英襲府軍前衛指揮使。

丁未。安定王亦班丹等入貢。

王驥蔣貴平麓川。班師。

庚戌。復李宗政鞏昌府通判。食從五品俸。

甲寅。禁軍民私宰馬牛驢騾。違者罪死。謫其家邊衛。

庚申。戶部左侍郎王佐爲尚書通政使李暹爲戶部左侍郎。仍提督各倉場。

辛酉。忽魯謨斯國王速魯檀土蘭沙入貢。求通使禮部乞降敕諭其安守。從之。

壬戌。夜大星青白光。自天廟流至近濁。

是年。巡撫工部侍郎周忱浚吳淞江。

安南遣內密院副使阮田僉知內密院副使阮有光僉知陶孟珙入貢。求冠服。詔予皮弁服常服各一襲。

壬戌正統七年

正月癸朔甲子。夜大星赤光。自氐宿流天市。

南京西安門火。

乙丑。江西右布政使焦宏爲戶部右侍郎。

己巳。夜月犯畢宿。

革陝西甘肅茶馬司。仍布政司管糧官提督。

癸酉。夜月犯鬼宿。

甲戌。上南郊。夜大星赤光。自東流至濁。

戊寅。敕大同總兵官武進伯朱冕參將都指揮同知石亨曰。往者瓦剌貢使多五人。今脫脫不花也先動遣千餘。供億勞費。令都指揮陳友等敕諭瓦剌。自後不過三百人。如增至爾第遵額入之。餘先回或俟于貓莊

鎮守密雲都指揮僉事陳亨失事下獄。戍威遠衛。

東昌府通判傅寬上太極圖說以辟謬悖理。斥之

己卯。補給毛憐衛印。都督同知李撒滿答失里來朝。云失印。故給之。進秩右都督。

右軍左都督蘇火耳灰卒。

癸未。命吏部左侍郎魏驥往順天永平。通政司右參議王錫往鳳陽淮揚。大理寺右少卿賀祖嗣往眞定保定。

光祿寺丞張如宗往河間順德。大理寺左寺丞仰瞻往廣平大名。督有司預絕蝗種。

停禪師領占剌麻三丹等口糧。

都指揮僉事陳友指揮同知李全季鐸同瓦剌使臣往賜脫脫不花可汗及也先書賞賚之。

甲申。瀋府稷山王佶焴薨年三十三謚悼靖。

建州衞都指揮僉事李滿住爲都督僉事。

丙戌推官王永壽爲廣西道監察御史。

丁亥。復俞觀嘉定縣丞食正七品俸。

己丑。琉球國中山王尙巴志薨子尙忠入貢。

庚寅。麓川寇平奉御蕭保爲都知監左少監仍鎭守雲南召鎭守右監丞曹吉祥還京。

二月壬朔。工科都給事中李偁爲湖廣布政司右參議賜敕提督太嶽太和山宮觀。

乙未。貸蒲臺民黑豆。

戊戌禮部左侍郎兼翰林院侍讀學士王英翰林院侍讀苗衷主禮闈

庚子。免蕭縣災租六千八百八十餘石。

夜大星赤光自天鈎流至閣道。

壬寅。令觀海定海臨山寧海四衞水師泊定海之烈港徼巡沈家門黃溪港海道。

癸卯。福州倉火燬糧二萬八千九百七十餘石

甲辰建州衞都指揮僉事李滿住爲都督僉事。

分建州左衞設右衞都督僉事董山凡察皆爲都督同知分署左右衞事。初建州左衞以難亡其印既更給而故印在詔上更給者。凡察匿不出。遂析左衞分領之。

丙午。右都御史王文等劾吏部考察不公浙江左布政使石執中按察使軒輗等二十人。命執中等記罪罰俸。

吏部堂上官宥之。

潯州叛猺藍受貳等怙亂。至是千戶潘智誘執之。伏誅。

己酉。右副都御史陳鎰鎮守陝西。代王翶。

庚戌。築大同西路玉林城。去右衞五十里。有險可據。參將都指揮石亨請以護屯。

辛亥。滄州知州上官儀奏饑民食草實。乞停去歲所貸倉粟。從之。

壬子。修會同館觀星臺。

癸丑。增各王府折米鈔每石各十貫。

乙卯。罷大臣朔望酒饌。著爲令。

璽書旌楚王季堄孝行。王侍母鄧氏疾。籲代。累月不解帶。

山西按察使徐永達卒。永達歸德人。□□教諭。永樂間拜翰林編修。侍皇太孫。已遷右中允。宣德初。還鴻臚寺少卿。以寺卿使安南。諭降黎利。拜湖廣按察使。憂去。補山西。淸嚴不擾。日蔬食。婦在故里自績。劾巡按御史顏繼之虐忤。都御史陳智不能中也。巡撫少卿于謙臨其喪。廨舍蕭索。解金帶賻之。

戊午。誅南京尙膳監內使郭敬。以尙膳監火也。

庚申。上發京師。詣天壽山。先是工部右侍郎張琿除道。

辛酉。至天壽山。

三月壬戌朔。祭長陵獻陵景陵。

甲子。還京。

乙丑。徵國子監饌銀分給。

辛未。國子祭酒李時勉上國學五事。重歲貢。嚴私假。均撥歷。給醫藥。毀怪刻。從之。

壬申。占城入貢。

進士豐慶爲兵科給事中。劉煒尙達爲南京刑工科給事中。

乙亥。設雲南永年軍民指揮使司。

都指揮胡誌李昇等分守金齒蒙化等要害。從王驥之請。

丙子。策貢士姚夔等百五十一人于奉天殿。賜劉儼呂原黃諫等進士及第出身有差。是科。李森南昱俱吏。鄭溫松陵驛丞。

丁丑。毛憐衞都督同知李撒滿答失里爲右都督。

復蔣文愷上海縣丞食正七品俸。

壬午。詔給事中仝忭行人劉遜往封尙忠琉球國中山王。

監察御史吳瑜專理兩淮鹽課。

右僉都御史金濂參贊寧夏軍務。代盧睿。

昏刻。大星赤光。自東南流至近濁。

癸未。前通政司右參議權謹卒。謹字仲常。徐人。十歲喪父。母李氏訓之。孝友純至。永樂初。薦授樂安知縣。仁恕廉明冠最山東。遷光祿寺署丞。母喪。廬墓三年。有烏鳴兔馴之異。仁宗聞之。召拜文華殿大學士。侍東宮于南京。從臣俱道獻。東宮卻之。謹獨進孔門聖賢圖。宣德初。告老。加通參致仕。雖文學非所長。其內行卽古人亡媿也。

何喬遠曰。仁宗在位一年。所用權謹。出自簡在。其于風勵世教遠矣。

戊子。遵化縣蝗。命捕之。

四月辛丑朔。覈陝西邊糧借支不能償者免之。從鎮守右僉都御史王翺之請。

給事中楊信民請自通州至南京沿途收銀鈔官如巡按例歲代。從之。

壬辰。諭河南山東兩畿捕蝗種。

甲午。以鎮守松潘都指揮僉事王杲高廣遣招粟谷等寨叛蠻。敕戒之。

復范希正曹縣知縣。李忠分宜縣丞。吳瓊樂淸主簿。楊意南陵典史。俱秩滿乞留。

免平陽去年田租六十五萬三千餘石。

賑西安鞏昌平涼臨洮鳳翔慶陽旱饑。

乙未。武安侯鄭能卒。

丙申。夜大星靑白光自七公流文昌。後一小星隨之。

丁酉。琉球入貢。

戊戌。山西太原左衞卒張敬言。頃者山西擒盜功非實。此屬雖紿朝廷。然衆耳目不可塗也。恐天下皆然。宜御史廉其實。剷其冒陞。置于法。都察院覆議。從之。

己亥。少師兼工部尙書吳中疾。辭部事。仍給祿。

壬寅。鎮守洮州都督僉事李達致仕。子瓛爲洮州衞指揮使。

總督雲南軍務兵部尙書兼大理寺卿王驥以臨安衞指揮使萬城等勦韋郎羅。克之。郎羅走安南。黎麟擒獻。撫其衆四千餘人。

癸卯。作宗人府吏戶禮兵工五部鴻臚寺欽天監太醫院于大明門之東。翰林院于長安門之最東。

甲辰。裁漢陽同知通判知事檢校各一。

丙午。設南京京衛武學。

丁未。遣戶部左侍郎王質以羊酒途勞蔣貴王驥凱旋將士。悉給舟車餼廩。

戊午。增戶部主事五人分督京通等倉。

復潘原淸崇仁縣丞食正七品俸。

免濟南去年災租四十萬六千石。

己未。敕鎭守陝西右副都御史陳鎰兼督陝西歲運及河渠提舉司幷各倉廠收支芻粟。

五月[車+庚]朔。辛酉。刑部左侍郎包德懷戍威遠衞。德懷初任河南按察使。數通周王䰟遺妾婢。竊議之。至是閉妾婢一室。忿縊者三人。事發。下諸婦詔獄。讞上。當削籍。上特戍之。

壬戌。敕朝鮮國王李祹毋納逋逃。但漢人女直至卽擒獻。

刑科都給事中郭瑾爲刑部左侍郎。

癸亥。山東布政司參政沈固爲戶部右侍郎。

丁卯。少師隆平侯張信卒。信臨淮人。父興。永寧衞指揮僉事。信嗣。紫江草塘功。進都指揮僉事。建文初。調北平。令伺燕邸。縛之。信反通款。累功封侯。太宗欲納其女爲妃。堅辭。人以此多之。追封鄖國公。謚恭僖。

郭子章曰。予過平越。平越人言隆平侯張信母塚。仙人張三丰阡也。閱通志。張信居家孝友。蒞官忠勤。好禮下士。爲時所重。隆平功未著而取侯如劵。信地靈乎。旣讀吾學編。震澤紀聞。乃知隆平之母識文皇于邸中。貽子孫以茅土。所謂女智非耶。而豈專在一抔土也。

戊辰。順天廣平大名河間鳳陽開封懷慶河南蝗。命捕之。

辛未。南京增遮洋船三百五十艘。航海轉餉薊州。

壬申。進定西伯蔣貴爲侯。祿千五百石。總督軍務兵部尚書兼大理寺卿王驥靖遠伯。祿千二百石。右副總兵都督僉事劉聚爲左都督。左參將都指揮使宮聚右參將都指揮僉事冉保俱爲都督同知。總督糧餉戶部左侍郎徐晞爲兵部尚書。右僉都御史丁璿爲右副都御史。從征將士悉論功。驥拜爵奉朝請。不預部政。

癸酉。錦衣衛帶俸都指揮使毛福壽湖廣都指揮使鄭通俱爲都督僉事。

甲戌。監察御史高峻提督浙江海道。

都督同知李安下獄。初安駐潞江護餉。恥不與功。聞賊屯高黎貢山。擅攻之。不利。賊躡我。失都指揮趙斌等千八百人。

乙亥。北京行太僕寺卿李賁爲工部右侍郎。兵部郎中侯璡爲禮部右侍郎。刑部郎中楊寧爲右侍郎。俱從征麓川也。

夜。月食。

戊寅。立皇后錢氏。

庚辰。詔天下。

辛巳。倭二千餘人寇爵溪千戶所。卻之。尋陷大嵩千戶所。

甲申。參贊寧夏軍務右僉都御史盧睿回院。金濂往代。

乙酉。巡撫河南山西大理寺左少卿于謙請郡縣各設機兵數十人捕盜。從之。

賑巢縣饑。

丙戌。雲南總兵官都督同知沐昂爲右都督。

己丑。都指揮使李信總督浙江海道備倭。

夜。大星犯右執法。

是月。楡社王鍾鉉進封晉王。

六月庚寅朔。錦衣衛千戶王山爲指揮同知。世襲。王振姪。

復劉説瑞州知府。食從三品俸。

辛卯。敕總督備倭都指揮使李信等。徙水市居民築要害。併城門禁闌出。

復饒景春新建主簿。沈斌鄱陽主簿。俱食正八品俸。

癸巳。昏刻。大星赤光。自心宿流至濁。

甲午。夜。大星青白光。自天市西垣流右攝提。

乙未。松滋王貴烆薨。年三十九。謚安惠。

壬寅。起復咸陽知縣王瑾。

甲辰。復張璟平山知縣。食從六品俸。

壬子。戶部右侍郎焦宏往浙江。整飭備倭。

茂名教諭傅璿乞停保舉。專責吏部精選。如往例。部覆御史知州。闕停保舉。餘仍舊。從之。

丙辰。貴州道監察御史馬謹爲吏部驗封郎中。時闕數年。

少師兼工部尚書吳中卒。中字思正。武城人。洪武中監生。授營州後屯衞經歷。靖難迎駕。歷右都御史。肇建北京。改工部尚書。歷刑部。洪熙初進太子少保。宣德初進少保。累朝山陵之勞。然諂中貴。輕民力。黷于色貨。寵妾數十。各室具衣帶隨服之賞。拜誥。妻聽其終篇。曰。何無一廉字也。年七十一。予祭葬。追封茌平伯。謚榮襄。子賢。

陞工部主事。

七月紀朔。遣視濟南青萊松江揚南昌吉安袁辰淮安鳳陽徐州水旱。

甲子。禮部右侍郎侯璡往雲南參贊軍務。

乙丑。右僉都御史金濂爲右副都御史。仍參贊寧夏軍務。

丙寅。賑陝西饑。停逋租。蠲戶口鹽鈔。贖粥子。

戊辰。福建按察僉事李在修箠斃八人。被劾。特戍邊。

庚午。工部虞衡主事吳賢訟其父尚書中功。乞武職。改賢錦衣衞帶俸百戶。世襲。

癸酉。召商陝西中鹽。淮引米菽一石二斗。浙引一石。長蘆引六斗。

戊寅。工部左侍郎王卺爲尚書。

哈密忠順王倒瓦答失里奏。瓦剌太師也先爲弟娶其女。詔任之。

庚辰。夜月犯畢宿。

壬午。裁保定府撫民通判。

免淮安田租九萬餘石。

木邦宣慰使罕蓋法合南甸千崖等兵攻逆黨思機法兄弟。沐昂以聞。

癸未。山東夏麥俱折布鈔。

甲申。選官旂等善騎射者六百十一人。都督同知冉保都督僉事毛福壽率往雲南勦寇。

夜大星青白光。自天棓流貫索。

乙酉。吉慶周紀張魁蔣誠孫慶歐陽澄劉仁宅程勉李瓚爲監察御史。

八月戊子朔。己丑。監察御史趙全等淸軍京省。

四川董卜韓胡宣慰使克羅俄監粲來朝。乞王爵。不許。

庚寅。廣西泗城州土官岑豹與利州土官岑顏仇殺。命諭解之。

乙未。復孫昇宜春縣丞。食正七品俸。

辛丑。蘇常松江杭湖嘉興糧長每歲一更。從御史柳華之請。

壬寅。兵部尚書靖遠伯王驥往雲南總督軍務。仍給金牌印符。便宜行事。時思任發未就俘。冉保毛福壽爲左右參將。

右僉都御史曹翼參贊甘肅軍務。代程富。

己酉。江西按察副使石璞爲山西右布政使。

辛亥。以河州黑城廠地賜大慈法王釋迦也失。立弘化寺。

癸丑。賜大學士楊士奇楊溥三代誥命。故事九年考滿始給。上重二相。特給。士奇言伯祖公辰所出繼。幷贈如制。

乙卯。赤斤蒙古衞都督僉事且旺失加都指揮僉事革古者可兒郎懼瓦剌侵掠。求內徙肅州白城山。敕止之。

丁巳。工部左侍郎周忱以兩奪情。乞假展墓。許之。

九月戊午朔。湖廣參將都指揮僉事張善總督守備湖廣貴州都指揮同知郭瑛充參將。總督守備貴州。召副總兵都督僉事吳亮還京。

昏刻。金火星相犯于氐宿。

壬戌。□□知縣陳員韜爲山西道監察御史。

嚴揚池松江淮安武昌黃岳常德衡荆會稽臨海天台水旱。

乙丑。雲南都司瀾滄衞軍民指揮使司北勝州改隸雲南布政司。

丙寅。誅浙江都指揮僉事李貴指揮沈容千戶劉濟以倭陷大嵩也。

丁卯。永平薊州山海關總兵官都督同知王彧等言兀良哈三衞假射獵犯邊乞勦之。不許。

都指揮僉事紀廣充右參將協守宣府。都指揮同知胡源充左參將協守開原。都指揮劉端充右參將協守遼東。都指揮僉事王榮充右參將協守寧夏。都指揮同知宗勝充右參將協守薊州永平山海。都督僉事楊洪充左參將守備獨石永寧。

庚午。封代府遜㷿隰川王。秦府公銘臨潼王。公鏜郃陽王。

定興人訴知縣張粦被誣。法司請按其實。上竟宥之。

甲戌。耀州進嘉禾三百餘本。禮部稱賀。止之。

丁丑。前戶部右侍郎吳璽陳瑺宥死戍威遠衞。

戊寅。命河北民採薪輸易州柴廠。免平陽之役。俾專農事。

庚辰。敕瓦剌使臣卯失剌孛端等。前諭爾少遣人來。亦敕大同總兵鎭守官。凡來使定數外。餘留猫兒莊。今聞來人仍多。念天寒邊遠。特俱縱爾等來朝。和好之道。貴以至誠。況遣人動以千計。寧無越分違理者乎。爾等宜戒約從人。庶保和好。敕大同總兵官武進伯朱冕參將都指揮同知石亨酌待。毋啓戎心。

辛巳。陝西都指揮同知汪壽世土官守鞏昌六衞。前調西安。土人乞復舊。從之。

寧波人鄭道堅等殺倭功。各賞布一。鈔五百貫。

壬午。免青萊逃民夏稅秋租。

十月彧朔己丑。遼府㢡陽王貴煥薨。年二十六。謚悼僖。

庚寅。太皇太后不豫。禱太廟。

定邊衞指揮使陳信鎮守通州。

壬辰。兀良哈糾野人女直千餘人自氈帽山犯廣寧前屯等衞。

癸巳。兵部郎中鄧浩爲南京太僕寺少卿。仍督江南白糧。

敕四川三司。番僧入貢多土人。邊人冒隨。今審實赴京。多不過三五人。回日帶茶人止二百斤。

甲午。初。兀剌密令女直誘脅朝鮮國王李祹。拒之。以聞。敕賜彩幣。至是遣崔士康等表謝。

乙未。逮監察御史胡鑑、胡宗下獄。初。南京戶部主事張溥監鳳陽糧儲。忤管糧右副都御史周銓。相訐。俱不問。銓囑鑑、宗劾之。溥下獄訴枉。刑部言銓等罪。上寘銓俟獄具。

丙申。復劉炫日照知縣。食從六品俸。

行人司行人尙褫上二事。大臣位任去天子不遠者也。古者黥劓不及大夫。今或被言官彈劾。或罹旂校緝訪。露頂跣足。束縛奔命。若繫囚然。事實尙可。倘涉虛妄。行當復職。則今日衣冠之卿。執卽昔日窘辱之囚。拘非所以重體也。請自今有犯者。命錦衣衞官召至午門。敕諸大臣以禮會問。踪跡可驗。疏上輕重。如其無端。卽奏復職。又旂校緝事。未必悉實。有爲他人報仇。或以自泄私忿。倒置是非。誣陷平民。請今不實所緝者。量罪輕重。以半坐之。下刑部集議。褫言可采。而律例無文。上命旂校察不實者坐罪。

戊戌。許兀剌後使百餘人入朝。大同總兵官朱冕以請。念遠至。納之。

復嚴瓊萬安知縣。瓊屢被薦。同知費斌因入朝。以闒宂黜。瓊訴枉。上以石璞、趙新之薦。留之。

增各道御史十一人。

己亥。太皇太后疾久。思見襄鄭荆淮四王。遣內官以敕符召之。

庚子。戶部主事劉湛總督懷來隆慶運糧。

壬寅。復楊節敍州府推官食正六品俸。

乙巳。太皇太后崩。遺詔曰。吾自洪武中配仁宗皇帝三十餘年。爲未亡人十八年。今命止此。得全歸以從先帝于地下足矣。惟國家重事存沒在念。皇帝聰明孝敬。爾內外文武羣臣。宜盡誠輔導。庶幾克濟。吾素無德。身沒之後。喪服悉遵仁宗皇帝遺詔。皇帝成服三日後卽聽政。后永城人。彭城伯張麒女。始爲太子妃。操女行甚謹。手庖爨供太宗帝后。徽后當太宗意。太子幾廢。旣爲后。中外政事。羣臣才品。莫不周知。上卽位二年。太監王振干寵。太后御便殿。召張輔楊士奇楊榮楊溥胡濙入。女官左右侍。雜佩刀劍。上東立。輔等立西下。太后顧上曰。此五臣先皇所簡。皇帝必與計。頃召振。振至。太后改色曰。汝侍皇帝不律。多賜汝死。女官刃加頸。上跪請。五臣皆跪。太后曰。此輩自古多悞人國。皇帝幼。烏知之。且以皇帝故寬汝。毋再也。振爲少戢。事見餘冬敍錄。

王世貞曰。攷史正統中。絕不載太后召見諸大臣事。以太后召見大臣于朝廷。爲盛事于諸公。爲盛遇。責數王振。爲盛德。楊文敏行實與聖諭錄。何故佚之。史于太后之聖政。王振之蠹國。蓋娓娓焉。何所諱而不書。意者何文簡驟聞前輩之言。喜而筆之。不知其悞也。

何喬遠曰。內宮之位。本朝家法爲正。孝陵長陵不立繼后。獻陵至康陵。皆以一后終。其他用子爲天子。稱太后矣。張太后當宣英之際。可以預政而不預政。視漢唐女主何如哉。

談遷曰。昭聖紹高文二后之盛。于獻陵則邑姜也。于景陵則太任也。至裕陵。負扆嚴。外戚之預政。裁凶閹之竊權。社稷賴以晏如。而勢不馬鄧。席不向高。受茲介福。于其王母。誠昭聖之謂也。世傳大漸時。召楊士奇楊榮楊溥楊前。問國事未辦者。士奇云。建庶人立四歲。雖已亡。當修其實錄。一弛建文方孝孺諸臣遺書之禁。

后默然。竟不見諸遺詔。按楊榮先卒。此蓋倣宋之宣仁而悞者也。

丁未。夜大星赤光。自中台流至濁。

辛亥。夜二大星青白光。一自文昌流至近濁。一自上台流至近濁。

乙卯。裁湖廣郡縣撫民官。

復屈義清苑知縣。義被誣下刑部。民伏闕稱枉。得雪。

丙辰。泉州知府尹宏卒。宏歷城人。貢士。善撫字。禱旱而雨。民被其惠。留葬郡城東。祠祭不絕。

夜天鳴。

十一月丁巳朔。夜。天鳴。

戊午。祀武城王太公望于後軍都督府。

夜天鳴。又大星赤光。自翼宿流土司空。

己未。夜天鳴。

庚申。上孝誠恭肅明德弘仁順天啓聖昭皇后尊謚。初太后甚禮廢后胡氏。及薨。廢后不敢同孫后自列名妃嬪中。慟甚。

辛酉。給甘肅戍卒布花。

旦天鳴。夜大星青白光。自天苑流天關。

壬戌。作刑部都察院大理寺于宣武街西。詹事府于玉河左。

癸亥。頒謚詔。

瓦剌遣使二千三百二人。貢馬二千五百三十七匹。

工部右侍郎楊靑卒。

乙丑。兀者衞都指揮使剌哈爲都督僉事。右僉都御史王翺提督遼東軍務時東鎭屢失事。翺至鎭守將旅謁。詰玩寇故將斬之。哀懇乃釋。繕烽選銳謂邊人不當用常法。量罪贖粟。遼左稍安。

己巳。增湖廣布政司右參政柴璉按察司副使陳質專督屯種。

泰和人奏大學士楊士奇子稷不法事。士奇待罪。命逮稷至京。連及三百餘人。

庚午。萊州推官牛宣爲山東道監察御史。

辛未。復傅貞定遠知縣。貞憂去。繼非其人。邑民乞貞。適服闋。

壬申。夜月食在井。

己亥。免平陽去年夏稅十一萬七千六百三十餘石。

壬午。命章官保梁貴使瓦剌。自元年來。康能陳友凡六人。故休之。

甲申。復劉恕武城知縣。食從六品俸。

監察御史時紀使陝西。枉道還里。脅長垣民女爲妾。下之獄。

諭法司錦衣衞今後愼選。

錦衣衞指揮僉事王瑛上八事。禦邊莫善于燒荒。使胡馬無水草可恃。積糧莫善于屯田。虜使入貢。非禮凶虐。令其酋長自責罰。邊卒演武。果才勇特出。量加賞賚。備倭戰船。私販鹽捕魚採薪。致失備。乞監察御史時加巡視。沿海衞所軍士。或摘運糧或屯田百里外。不及調。乞沿海軍士免運屯軍。附郭軍官多殘貧役富。宜才幹武臣提督修城實伍法。令歸一。海上盔甲器械有損壞。將在官贓鍰修理。上頗採之。

是月。安南國王黎麟死。子濬嗣。遣陪臣阮廷歷來告哀。黎傳來請封。濬一名基隆。僭號太和。

十二月朔戊子。嘔罕河衞都督僉事乃勝卒。

己丑。瓜哇占城入貢。

禮部尙書胡濙言。山東左參政沈固。右參政劉璉。並以中外官舍軍民。戴帽穿衣。語言跽拜。尖頂禿袖。垂纓插翎。輒效胡俗。請令都察院嚴榜戒治。從之。

壬辰。免濟南青登萊田租。

乙未。起復晉府右長史陳瓊。從晉王鍾鉉之請。

己亥夜。月犯井宿。

辛丑。白虹貫月。

癸卯。祔太皇太后主太廟。

乙巳。襄王瞻墡入朝。

安南入貢。

免戶部尙書劉中敷官。先下獄。訴母老。放歸終喪。來受罪。至是宥之。

丁未夜。大星青白光。自大陵流六諸侯。

戊申。揚州推官張海爲河南道監察御史。湖廣都司副斷事黃英爲陝西道監察御史。

兀良哈賊孛台盜邊。獲之。會三衞來朝。僇辱之。

庚戌。翰林院編修徐珵上五事。曰治兵。宜歲九月。京營兵巡邊。分三路。一自宣府抵赤城獨石。一自大同抵萬全。一自山海抵遼東。各出塞三五百里。燒荒。冬出春歸。曰延安綏德至寧夏甘肅地數千里。有警難援。乞遣科道集民丁。五人以上取一爲兵。免糧役。每郡立一營。遇調支餉。曰今將官概舉。有指揮卽陞都指揮。都指揮卽陞都督。曾無寸功。遽登重任。宜從公察舉。隨各總兵官領兵。果才能立功陞職。曰汰京營老弱。令歸衞所。壯丁補隊。邊兵亦如之。曰唐有軍謀之科。宋有武舉之選。乞兵部檄天下軍衞有司。訪謀勇之士。不限南北。不拘額選。至京問攻守之策。試騎射合格。月餉二石。隸京營聽遣。上議行之。

辛亥。麗水盜陳善恭青田盜葉宗留合二千人。盜福建寶峯場銀冶。命浙江福建捕之。

甲寅。琉球入貢。

丙辰。蘇州知府況鍾卒。鍾字伯律。靖安人。自學吏給事禮部。尙書呂震薦授儀制主事。進郎中。宣德五年守蘇州。首斥經歷傅得等數人。盡剷宿弊。公正勤能。民甚便之。憂去。起復。奏蠲重額糧七十餘萬石。開枉戍千八百餘戶。綜理周密。出納徭役皆籍記。而綱提甚省。見豪右強梗。立斃之。遇細民寒士甚厚。秩滿。食三品祿。及卒。巷哭立祠。同鍾出守松江趙豫。常州莫愚。杭州馬儀。吉安陳本深。西安羅以禮。其治皆相伯仲。而豫尤和易近民。時稱鍾能吏。豫良吏云。

林之盛曰。世之論守令者。輒尙慈和。不貴強幹。吾以爲慈而惠奸。何取于慈。強而詰暴。無病于強。僑作刑書。稱爲衆母。威所以爲惠也。從來遠矣。況公之治蘇。剪厥巨奸。民用以和。正刑期無刑之理乎。乃好語鸞鳳。而令豪右食人。甚者沒其賄而傅之翼。亦足咤矣。

談遷曰。史稱伯律治劇才。惜其貪虐。猶有刀筆餘習。噫。彼精敏銳鷙。恤民下賢。薦處士鄒亮。歷御史。有聲。大非刀筆吏所辦。以趙廣漢尹賞之才。終爲潁川河內。而猶訾以刀筆。得毋資格絕之耶。起于科第。雖毛舉鷙擊。不曰刀筆。餘自雜進。雖卓卓如伯律。輒有後言。俗習大抵然矣。

是月。虜寇寧夏柳義渠。

癸亥正統八年

正月已朔免賀。

壬戌。敕廣東按察使郭智整飭緣海備倭軍務同都司徧歷各衛。革弊興利。仍與三司御史推都指揮或指揮智勇堪任者以聞。

敕總督雲南軍務兵部尚書靖遠伯王驥等擒捕麓川餘孽。

浙江備倭戶部右侍郎焦宏兼福建備倭。

丁卯。上南郊。

吏部左侍郎魏驥。刑部右侍郎薛希璉。通政司右參議王錫。大理寺左寺丞仰瞻。光祿寺丞張如宗。分往順天永平河間保定廣平大名眞定順德鳳陽揚徐滁滅蝗種。

夜大星青白光。自張宿流游氣。

己巳。太常寺少卿兼翰林院侍講學士金問太僕寺少卿王槃調南京。

免淮安夏稅麥十五萬四千三百三十五石有奇。

罷吏部尚書郭璡。時六安知州游璧因郎中蘇鎰員外郎夏瑜賂璡子亮求方岳事覺。璧瑜遣戍。鎰削籍。御史孫毓等劾璡娶鄙汙銓地。遂勒免。

庚午。封祁鏞襄世子。祁鑛寧鄉王。祁鉦棗陽王。

禮部左侍郎兼翰林院侍讀學士王直爲吏部尚書。吏部左侍郎魏驥調禮部。

大理寺右寺正李從智爲蘇州知府。賜敕。

麓川思機發遣弟招賽等來朝謝罪。命安置雲南。時其黨攻芒市。敗去。

癸酉。順德長公主薨。駙馬都尉石璟。

得翟章于大明門外俱刺法司。上示刑部尚書魏源等。仍命邏捕之。

甲戌。寧波推官陳克昌爲四川道監察御史。

免宿州去年田租。

乙亥。安南入貢。

壬午。迤北使臣還。賜書可汗。厚賚之。并敕諭太師淮王中書右丞相也先加賜。

宣府操備署都指揮僉事王良提督萬全都司屯種。

甲申。沙州衛右都督困卽來。來朝。進左都督。

前刑部左侍郎樊敬卒。鄆城人。進士。歷官四十餘年。明敏有才。賜祭葬。

乙酉。夜大星赤光。自鈎陳流天鈎。後二小星隨之。

丙戌。赤斤蒙古衛都督僉事且旺失加來朝。進都督同知。

二月。匃朔。武邑典史張斌爲知縣。雖任淺。重民望也。

己丑。裁南京吏部員外郎四。戶部主事九。兵部主事四。刑部主事一。并六部都察院司務各一。司獄三。大理寺左右寺副各一。左評事二。右評事五。司務一。太常寺博士典簿各一。光祿寺典簿錄事各一。署丞十二。鴻臚寺鳴贊二。序班三十二。

庚寅。敕尚膳監內官曰。供養若御膳。并宮中食物。毋不潔。蠲褻神而耗費。

壬辰。吏部尚書王直禮部署部事左侍郎兼翰林院侍講學士王英仍直講。

瀘州知州林遒節爲鶴慶軍民府知府。鶴慶本土官高氏。至是罪絕。改流官。

免陝西貧民歷貸倉穀。

丁酉。晉府永和王濟烺薨。年五十五。謚昭定。

進士劉炁爲兵科給事中。賈恪爲監察御史。孟瑛李柰爲吏部主事。

戊戌。淮王瞻墺來朝。明日。百官朝王于奉天門東廡。

己亥。在京文武官各置倉儲官吏俸米。

作司禮監。

庚子。夜大星赤光。自鈎陳流紫微東藩。

癸卯。免廣平夏稅千三百七石有奇。

甲辰。敕勞雲南木邦宣慰使罕蓋法等綵幣。

丙午。荆王瞻堈至京。

右副都御史丁璿巡撫貴州。

戊申。代府宣寧王母徐氏夜擊世孫門。厲甚。世孫奔訴都司。命遣武定侯郭玹往諭。因書賜代王桂。

庚戌。以荆王瞻堈以建昌山瘴。求遷善地。命遷撫州。已改長沙。又改蘄州。

辛亥。曉刻。大星青白光燭地。自北斗杓流閣道。五小星隨之。

癸丑。許鄭王瞻埈徙懷慶。

甲寅。哈密忠順王倒瓦荅失里。瓦剌太師也先入貢。

乙卯。南京通州知州魏復請天下里置木鐸。誦教民六諭。如國初舊。從之。

三月劂朔戊午。令戶部榜諭天下。民流移境外。願占籍其處者聽。仍免役三年。願復業者。記名優卹。秋成遣之。公私逋負悉與蠲除。

高苑博興齊東久雨傷麥。

守備獨石永寧左參將都督僉事楊洪巡灤河。逐虜。亦把禿河擒那歹。斬十級。

庚申。巡按直隸監察御史彭勗奏。皇上承列聖之緒。躬履節儉。子育元元。甚大惠也。夫何守令未盡得人。凡水旱災傷。慮煩勘覆。輒匿不聞。間有上陳。部吏又以用匱不爲蠲免。致凍餒貧困。轉徙流移。臣見鳳陽潁州一帶。扶老攜幼。風棲露宿者。動以萬計。詢其所自。皆眞定保定山東民。因洊荒。稅糧孳牧逋負者多。有司不量情力。且責償遠年賑米。飢窘轉切。箠楚日加。若不轉徙。何以自存。乞廷議便利。凡天下旱澇之處。一切應徵錢糧鹽鈔并孳牧雜辦賑米。悉皆蠲免。仍取勘缺食之人。不問土著流移。驗口賑給。自今殿最守令。一以戶口增減爲差。上從之。

夜。月犯土星。

壬戌。遼東都指揮使焦禮施聚守備寧遠義州。

癸亥。安南入貢。

南京大理寺少卿楊復致仕。

甲子。封祁鉷鄭世子。祁鋭新平王。祁銑涇陽王。祁鎔朝邑王。封祁鎬荆世子。祁鑑都昌王。封祁銓淮世子。祁鑌鄱陽王。祁鋮永豐王。

乙丑。致書鄭王贍埈。曰。比念皇考同氣至親。久處封國。特召諸叔父宮眷子女來京。不幸皇祖母遐棄。痛何可言。近襄王荆王淮王俱至。叔獨疾不果來。悵然在念。茲遣內官郝順特齎奉金銀綵幣鞍馬諸物。餘賜世子郡王郡主。叔宜勉進藥食。遠副瞻望。

楚王季埱薨。王自武陵王進封。年三十一。謚曰憲。王事母孝。亦以文稱。士林誦之。

瓦剌也先土罕來歸。授南京錦衣衞副千戶。

辛巳。進士姚夔包良佐翟敬爲吏科給事中。陳宜伊侃爲工科給事中。

增國子監生饌米。

壬申。追封張輿安鄉伯。從其子安鄉伯安之請。

癸酉。襄王荆王淮王還國。

甲戌。獨石開平衞幷馬營堡召商中鹽。

乙亥。御製銅人腧穴鍼灸圖序。

復黎用顯郴州判官。食從六品俸。

丙子。左軍都督同知吳也兒克台改名克勤。

丁丑。南京右僉都御史張純上言。宋臣包拯謂古禮。人臣七十致仕。所以優崇老成。且開止足之端也。歷代皆行。國朝尤重。切見內外文官。有踰厥紀。亦或年及者。精神昏晦。在公日少。請急時多。曠廢甚矣。間畏淸議。勉告致仕。吏部又以精力未衰。奏留如故。彼此相蒙。乞申明古禮。有因循覬覦之輩。許給事中奏斥。其苟重眷留無可去之義者。自難繩拘。上是之。下吏部。先曉諭百官。許其自陳。自是多有致仕者。

戊寅。夜。大星青白光。自上台流庫樓。五小星隨之。

己卯。昏刻。大星青白光。燭地。自貫索流雲中。後二小星隨之。

癸未。刑部尚書魏源致仕。賜敕。

復張序廬陵知縣。食從六品俸。

浚瓜州壩東港。

免荆州河泊所逃亡歲課。

乙酉。戶部右侍郎王質爲刑部尚書。初。命吏部咨訪廷臣。尚書王直。疏王質及兵部左侍郎鄺埜刑部員外郎劉廣衡監察御史張驥以聞。上卽用質。

復張順盧氏知縣。馮熙湘潭縣丞。各加俸二級。

浚常州孟瀆白塔德勝等河。

四月朔丁亥。設雲南芒市長官司。隸金齒軍民指揮使司。初。陶孟刀放革從思任發。至是來降。授長官。

己丑。占城入貢。

敕總督雲南軍務兵部尚書靖遠伯王驥等。前報緬甸囚思任發于阿瓦城。欲自貢。章械至今。云合官軍攻思機發。取孟養與之。始械至。爾等宜諭木邦及附近土官。集衆俟秋進師。緬甸頗遠。非夷兵不可。爾等選萬卒從之。其上方略以聞。

庚寅。翰林院學士蘭從善致仕。

免鳳陽靈璧夏麥萬五千四百石有奇。

辛卯。右僉都御史盧睿參贊寧夏軍務。代金濂。

通政司右參議虞祥爲戶部右侍郎。吏科給事中湯鼎爲通政司右參議。

壬辰。雙流典史蘇會爲仁壽知縣。左布政使邢寬薦之。

癸巳。臨安知府賴瑛爲雲南布政司右參政。食正三品俸。

甲午。朝鮮貢鷹及方物。

遼東指揮同知王崇以女直野人盜入鎮北山。追及海西寨。獲二人。進崇指揮使。

乙未。錦衣衞指揮僉事王息爲指揮使。東寧衞正千戶王武爲指揮僉事。兀者等衞都督僉事剌塔爲都督同知。都指揮僉事木當哈爲都指揮同知。莽加爲指揮使。俱使兀良哈功。

丁酉。故安南國王黎麟子濬上表請封。并貢方物。

都察院右都御史王文劾少師楊士奇縱子宜斥。上不問。

戊戌。修武伯沈清卒。清滁州人。世燕山前衞百戶。從靖難。累指揮同知。出塞。進後軍都督僉事。充參將。鎮大同。洪熙初守居庸。宣德中進都督同知。正統四年修京城門樓。進左都督。五年宮殿成。封素附太監王振。因營繕累陞。貪淫無行。賜祭葬。謚襄榮。

庚子。久旱。遣告于天地社稷山川諸神。

行人王琳葉蓁潘洪朱昇知縣嚴熙教諭張子初訓導汪澄劉安史頤譙明爲監察御史。

壬寅。鎮遠侯顧興祖管神機營。定西侯蔣貴管五軍左哨。

甲辰。蟲食中都皇陵松葉。命捕之。

丙午。設女直成討溫衞。初兀者衞指揮僉事婁得。以都督同知剌塔弟析居成討溫。故立衞。

己酉。赤斤蒙古衞都督僉事且旺失加請建寺于也恪卜剌。其地近肅州。總兵官寧遠伯任禮謂寺而不已。且予之巢。勿許。便報可。

夜大星青白光燭地。自天市流箕宿。

庚戌。錦衣衞指揮僉事吳良言。臣使海西。見女直野人家多漢人耕作。詢之。非被掠。則逃亡也。請榜諭女直野人。俾宥罪來歸。從之。

辛丑。刑部右侍郎楊寧母喪。命奔喪復任。

甲寅。泰州判官王思旻議修淮安西湖隄。初。光祿少卿王賢。淮安知府彭遠。俱以爲言。命督漕總兵官武興等議。取物料于直隸湖廣江右。于是思旻言朝廷設宮殿及文武官署。不役天下一人。今奈何以西湖隄困民。各處徵需。宜可罷。從之。

減延綏等處屯糧。初屯卒一人納糧六石。至是減二石。

五月。丙申朔。開城王範圯進封韓王。恭王庶長子。封豪壒遼世子。伊府勉𡎗洛陽王。

翰林院侍讀周敍上言。比者天旱。皇上躬自引咎。命羣臣齋求禱詞。三日而雨。然禾稼未大沾溉。生民未盡滿望。皇上惓惓是念。臣下所當欽承德意。思陳闕政。以消譴助理。乃共致憂勤効忠補過之疏。未聞告老陳情自乞留用之章繼進。掌銓選者。諏詢不審。資格徒拘。司國計者。農桑生殖不加勸。而賦稅科征日見益。軍士困于造作。刑罰失其中正。風憲乏激揚之公。言官惟緘默之尙。至若僧道之流。無益政敎。多至數萬。額溢十倍。徭役乏人。戶口滋耗。蠹政傷和。莫此爲甚。又近年畿甸山東流民。推原其故。皆由守令不加矜恤。或窘衣食。或迫征徭。竊謂守令寄撫字。風憲司耳目。風憲得人。守令自職。尤宜精選。方可望治。上示章諸大臣。吏部尙書王直等皆引罪自訟。上命加毖愼。以副朕意。

賑無爲海門興化饑。遣覡文安旱災淸苑雹災。

丙辰。江西去年田租半折鈔。

斥國子監生衰鄙陳義等百有二人。

壬戌。進士劉華甫胡淵盧祥張雲翰爲南京給事中。

南京吏部尚書黄宗載致仕。

甲子。山東布政司右參政孫子良致仕。

丁卯。免雲南屯軍逋糧五十九萬四百石有奇。

己巳。定西侯蔣貴爲平蠻將軍充總兵官。都督冉保毛福壽充參將。兵部尚書靖遠伯王驥總督軍務。徵雲貴川廣兵五萬再征麓川。初思任發走緬甸。官軍索之不得。蓋挾賊餌我地也。其子機發據麓川。勢益雄。故有是命。

勞堪曰。百夷之種。麓川緬甸。數數爲梗。元江永昌之外。設宣慰司七。以統百夷。以沐氏遙轄。亦其轂中事。雲南之地。南以元江爲關。車里爲蔽。而達八百大甸。西以永昌爲關。麓川爲蔽。而達木邦。西南通諸緬以底南海。東南統寧遠而界安南。西北盡麗江而通吐番。蓋南北重地。沐氏世規。可世運不乏。諸省惟雲南諸夷雜聚之地。其爲中華人。惟各衛所戍夫耳。

夜。月食。

辛未。倭寇海寧衛。官軍禦卻之。

壬申。復周健全州知州。陳嗣南昌縣丞。各加俸二級。

癸酉。戶部分官往湖廣四川貴州理軍餉。

甲戌。行人程瑊諭祭故安南王黎麟。光祿寺少卿宋傑兵科都給事中薛謙往封黎濬爲安南國王。

敕緬甸宣慰使莽得剌木邦宣慰使罕蓋法孟養宣慰司大小頭目。各發兵協討麓川。

前山西按察僉事王琦服闋。補四川。

守備獨石永寧左參將都督僉事楊洪爲都督同知。

右僉都御史程富往雲南督理軍儲。

丙子。定外遣先行人方進士時行人劉瀚。許禮部郎中葉蓁遣進士錢森伴送占城使臣。非制。尚書胡濙言。往使死刺或員外郎主事進士。不專行人。命定其制。陝西道監察御史曹泰言。考洪武二十七年五月行人陳升等奏定詔赦賞勞使夷祭祀賑濟軍務徵聘閱軍之類俱遣行人。如奉特旨不拘例。遂准洪武行。

戊寅。雷震奉天殿鴟吻。

己卯。上輟朝三日。遣祭天地。敕諭文武羣臣曰。朕顒顒之誠。不違夙夜。上天垂戒。厥有所繇。典祀之官。誠勿至與。養民之職。政失當。與軍旅之臣。令過苛。與銓選之任。進退乖。與爵賞之行。明公不盡。與至于刑罰過當。尤干陰陽。抑訴冤有詞。菀結不理。指告有禁。違例故行。與或操不潔。白受人賄囑。或聽不明。公爲人脇制。枉誣平民。傳致其罪。與朕思省惕懼。爾羣臣其卽革心改慮。勉效自新。天道顯明。可忽違哉。

壬午。大赦天下。

工部虞衡郎中王佑爲右侍郎。仍理各廠。佑諂事振。遂超拜。佑美而無鬚。振曰。侍郎何無鬚。佑曰。阿父無鬚。兒敢有耶。聞者笑之。

六月辛丑朔。日食。

敕大理知府劉烈屬官不法。衞所官害民。俱指奏。

乙酉。立南京武學。

丁亥。翰林院侍講劉球下錦衣獄。被殺。球上言。臣按春秋。君心之所感。天心之所應。如響答聲。如影隨形。國家成敗興亡。靡不繫之。桑穀而太戊政雉。雊而武丁德。旱虐而周宣懼。三君遇災修行。以動天地之心。比者雷震奉天殿。陛下素服輟朝。下罪己之詔。出省躬之言。甚盛甚盛。臣惟今日之急。乃有十。曰勤聖學。自古哲后動與天合。雨暘寒暑罔不時若。惟能專志問學。悉屏無益。心正而天從之。臣願陛下日御經筵。少居禁苑。數進儒臣。講求至理。篤精一之功。極修齊治平之道。曰攬乾綱。權之下移。宵人預政也。太祖太宗畏民敕天。日三視朝。順門便殿。時召大臣。裁決庶務。疑則確之。自折其衷。所以權歸于上。臣願陛下守二聖之成規。復親決之故事。毋俾權移宵人。曰親正士。諸葛孔明曰。親賢臣。遠小人。先漢所以興隆也。內外之臣。賢不肖殊。器皆駢臂錯踵受事。陛下。惟陛下察己詢人。親遠惟精。以追興隆之治。曰選祀臣。太常古秩宗也。非其人不可以交神。故堯命伯夷。猶讓夔龍。今太常卿貳久缺。或不潔蠲。宜精選儒臣。使領其職。寅清端重。明習典故。毋後夷龍。曰嚴覈吏。近考察吏治。責成布政按察二司及巡按御史。徒具文爾。吏無善政。民多失業。軍衞之臣。爲害尤酷。誠宜選擇公明廉幹廷臣。行天下。無分文武官吏。皆得考察。斥退奸墨。旌表廉異。曰愼刑典。古者人君不親刑獄。悉付理官。書曰。予辟勿辟。予宥勿宥。惟厥中。近法司上獄。有奉敕旨減重爲輕。加輕爲重。法司畏卻。不敢執奏。慮囚之際。多所觀望。希合上旨。枉實繇之。竊謂一切刑獄。宜從所上。設有不當。便當參聽。聽不如初。罪初聽者。又磚米納贖。雖云古法。然貪者幸免。廉者蒙辜。宜令文武臣非犯公罪。毋得入贖。宥辟惟中。曰罷營作。土木之工不息。則天地之和不訢。京師興作五六年矣。雖不煩民。顧皆役軍。軍非民乎。須之禦暴。用之力役。人勞不蘇。是亟宜罷。曰寬逋賦。比四方災荒。乞減租稅。有司多行扞格。或有聽准。亦無實惠。流徙失業。實可傷痛。宜下戶部。遇有報荒。勘實量減。安養流民。毋俾失業。曰息兵威。兵凶器也。動必傷人。如麓川連歲用兵。死亡大半。今創夷未瘳。又遣蔣貴總楚蜀貴陽兵。以從緬甸。受其所拘首寇思任發。借彼爲名。果生得首寇以歸。不過宣諸廷。磔諸市。梟諸衢。而彼且挾爲功。賞必求與地。與則民夷角立。其勢坐大。是增一夷也。不與則怨。是生一麓川也。臣每見陛下憫錄死囚。猶示曲原。免爲逋卒。今乃驅十萬餘衆無罪之人。而欲生得一失地之竄寇。兵爭無已。傷人必多。臣謂宜召還蔣貴。幷止楚蜀貴陽兵。敕王驥遣諭緬甸。斬獻寇首。卽與厚賞。不煩生致。仍令思機發盡削四面之地分與新附之夷。許以小職。使仍麓川。則兵不用而十餘萬生靈之命無傷。曰修武備。比年北虜入貢遣人歲增。誠恐包藏禍心。防備宜預。莫若于京師邊塞。數遣給事中御史閱督操備。使借工各廠及服役私家軍士。悉就訓練。公武舉以求良將。定召募以求武勇。廣屯田收中鹽以厚儲蓄。此十者皆今急務。所以感格上天招致太平。誠在于此。陛下設誠行之。殷宗周宣不足法也。疏入下廷議。或以所擇太常寺官可從令吏部推舉。而翰林修撰董璘。遽自乞為太常寺官。太監王振。以球為璘地并下獄。初太監王振憾球阻麓川之師。錦衣衛指揮彭德清附振勢張甚。球以鄉人獨易之。德清譖于振曰。公知之乎。劉侍讀疏之三章。蓋詆公也。矯旨從朝班中捽球出下獄。嗾錦衣指揮馬順夜殺之。支解瘞獄中。順以卒沒。聞璘從旁匿其血裙。球子釪鉞求屍。僅得一臂。球字廷振。安福人。永樂辛丑進士。授禮部儀制主事。正統初實錄成。改侍讀。人聞其死。皆惜之。馬順子年二十餘。病孱久困矣。欻起捽順髮拳且蹴之曰。死老奴。令而異日禍踰我。我劉球也。順再拜謝。不可。俄子死。餘姚布衣成器聞球事。為文祭縣龍泉山上。正統己巳。贈翰林院學士。諡忠愍。鉞廣東參政。釪雲南按察使。

馮時可曰。劉侍講之言甚切至。其受禍亦甚慘烈。然得與龍逄比干遊于地下。即九死何恨耶。禍莫踰于振。自此而後。有吉祥。有直。有瑾。翳翳其角。咸祖其術以行。迨世廟以還。政地無侵。虎豹絕跡。則永嘉之功。寧可泯哉。

何喬遠曰。李時勉械也。劉球死也。而皆王振矯旨欺主上冲年。甚矣。予聞周新于謙死而見形。精氣為物。游魂為變。殆有之也。球死正統中。至今久遠矣。其邑人王德新者。以萬曆初言事。捕繫錦衣獄中。夜作鄉語曰。君亦來此乎。知其精靈尚在也。

談遷曰。方劉忠愍上書時。西楊待罪。南楊輩獨當國。何勿能救也。橫閹之勢張矣。借董璘以擠之。吹疵洗瘢。務羁罪于貞人剛士。足杜一時之口。而清議不沒。徒自表其阱耳。噫。以文貞文定之賢。不能裁一振。他固無望矣。汲黯所以難社稷臣也。

戊子。進士黃裳熊璘尹禮劉福白圭魏貞韓雍芮釗劉懷曹祥閻寬尹鋐劉賢强宏爲監察御史。辛浩夏裕潘英聞人謨左輔王凱鄭敬呂昌楊觀左鼎爲南京監察御史。

戊戌。復宋顯懷寧知縣。陳廉黃縣知縣。

壬寅。復馮泰大邑知縣。食從六品俸。

賑岳州饑。

遣視邳州海州雨災。徐州旱。鄒平蝗。

癸卯。吏科給事中姚夔請追謚故日南知州何忠。今後大臣無善否並如古定謚。禮部尚書胡濙等言。諸司職掌云。公侯卒有謚。文武大臣卒。功績顯著特謚。今概謚非制。何忠已贈南寧府同知。其謚惟上命。遂已之。

大理寺左少卿薛瑄賀祖嗣右少卿顧惟敬等下獄。坐論囚不實也。瑄嘗會議東閣。獨揖太監王振。振銜之。瑄又忤右都御史王文。反其案。會校尉妻岳氏姦美弟當調。岳不遂而校尉死。乃誣岳有他意成獄。瑄廉之因劾文。詔奪文俸。不伏。謬言瑄得岳氏金。遂磔岳。論瑄死。惟敬等降調。一云。王振從子山通百戶□安妾。安死。欲納之。安妻賣妾持服不與。山敎妾告妻魘魅夫死。下御史。自誣服。瑄三覆三反。王文大怒。承振旨劾瑄是古非今。故異成獄。有詔廷問。瑄呼文曰。若爲御史長。當嫌避。文怒。奏瑄强囚不服問理。坐當死。下獄。

薛應旂曰。文淸之佐大理。王振引之也。當時若辭而不往。豈不愈于抗而得禍乎。此後渠崔子夢中所得之言也。

乙巳。刑科給事中廖莊雲南道監察御史張驥署大理寺事。

丙午。蠲湖廣正統五年災租八十九萬石有奇。

戊申。進士林聰徐簡爲吏禮科給事中。

己酉。渾河水決固安命隄之。

七月衶朔夜大星赤光自八穀流近濁後三小星隨之。

乙卯。大理寺左寺丞仰瞻戍威遠衞坐囑薛瑄脫岳氏也。

丙辰。初朵顏福餘泰寧三衞人屢盜邊命錦衣衞指揮同知季鐸往詰之于是朵顏衞都指揮使完者帖木兒福餘衞都指揮同知安出泰寧衞都督僉事拙赤各謝罪上敕勞之。

戊午。枷國子祭酒李時勉于太學門王振嘗詣監衙時勉無加禮伺其伐文廟樹。謂私官物。矯旨同司業趙琬掌饌金鑑並荷校監前蓋彝倫堂有樹元許衡手植以蔭翳芟其旁枝耳枷三日合監生徒三千餘人周旋左右監生豐潤石大用獨上疏請身代助教李繼求孫太后父會昌侯孫忠附奏始得解初時勉厭繼浮薄至是得其助大用邏魯。初不爲六館所知一時名動都下。明年舉北雍。

古田縣久疫。

庚申。誅通倭叛人黃巖周來保龍溪鍾普福皆勾倭內犯倭去潛留縣境被執伏誅。

壬戌。增福建布政司左參政周禮右參議竺淵浙江布政司右參議吳昇時各有海寇礦盜。

甲子。復周璘渭南知縣食正六品俸。

汴河水溢潰隄隨築之。

戊辰。瓜哇入貢。

辛未。雷震南京西角門西角樓獸吻。

大同巡軍至沙溝驟風雪裂膚墮指二百餘人各人給毛襖。

癸酉。命山西布政監督糧參政阮存同淸軍參議尹弼兼督有司招撫逃民。

乙亥。蠲山東竈戶逃課。

己卯。訓導夏誠左𠑹金愷姚鵬爲監察御史。張永儀溥爲南京監察御史。

沈榮嗣修武伯。初沈淸子鑑夭。榮其外婦子。預托中貴得嗣。

辛巳。敕瓜哇國王楊惟西沙三年一貢。毋數。蓋廣東右參政張琰言頻貢勞敝中國也。

壬午。修國子監。

慶王秩煃進瑞麥嘉瓜。盧龍縣進瑞穀。俱免賀。

八月秋朔。右副都御史金濂爲刑部尙書。監察御史馬昂爲右侍郎。

乙酉。營國子監。

戊子。復故文亮海康知縣。楊慶通城知縣。進慶從六品俸。

庚寅。免鄒平蒲臺商河災租。

壬辰。復宋儒周敦頤程顥程頤司馬光朱熹子孫。以順天推官徐郁言之。

修宣府大同屯堡。

刑部尙書王質降戶部右侍郎。左侍郎郭瑾降滈州知府。杖刑部主事王彰。司獄王溫張森。戍威遠衞。主事王

儉削籍。郎中唐璉員外郎丁芹主事羅瑛俱降黜。時刑部盜越獄。質等俱下都察院。至是獄上。

乙未。安成大長公主薨。駙馬都尉宋琥

處州盜夏景輝等伏誅。

丙申。蒲州判官張廉爲知州。以惠民擢之。

丁酉。總督雲南軍務兵部尚書靖遠伯王驥奏。緬甸宣慰使卜剌浪馬哈省約今冬送思任發于貢章。臣先遣指揮使李儀等進兵南芽山。直搗貢章。伺敵。大兵繼之。俟任發至。合木邦兵夾攻。報聞。

戊戌。行人陳鑒爲雲南道監察御史。

己亥。刑科給事中廖莊御史張驥爲大理寺左右寺丞。

巡撫遼東左副都御史李濬致仕。

辛丑。逮南京廣西道監察御史王復以貪淫不法。遂敕責南京部院大臣。率屬遴戒。復下錦衣衛。得實。戍鐵嶺衛。

夜。火星犯鬼宿積屍氣星。

丁未。進士宋儒爲禮科給事中。張瀾爲監察御史。

大理寺少卿孫璧卒。

己酉。前太子賓客國子祭酒兼翰林侍講胡儼卒。儼字若思。南昌人。好學博覽。洪武□□貢士。歷華亭長垣餘干教諭。己卯。薦授桐城知縣。永樂初。解縉薦其文。遷翰林檢討。尋進侍讀直閣。甲申。進左諭德。未幾。拜祭酒。庚寅。從北征。命署翰林院。輔導太孫。洪熙初致仕。儼持正善教。嘗楚試。拔楊溥登科。甚期之。人謂其知人。議論微戇。飭慎早退。有足多者。

是月。台州大雨水。

九月壬子朔。夜。大星如椀。赤光。自華蓋流紫微西藩。二小星隨之。

癸丑。祠鎮遠侯顧成于貴州。

乙卯。聞瓦剌也先遣三千騎攻哈密。刦王及王母去。掠千餘人。益兵二萬。欲掠沙州赤斤及肅州。敕邊將嚴爲備。

丁巳。仍命監察御史丁瑄王通清軍陝西山西。

戊午。南京太僕寺丞韓進秩滿。以廉勤仍任食正五品俸。

癸亥。夜。大星赤光。自參宿流游氣。

甲子。總督雲南軍務兵部尚書靖遠伯王驥奏。思機發求款。臣約至南甸騰衝。須身至。上許之。

丙寅。瓦剌入貢。

己巳。夜。月犯畢宿。

庚午。召寧夏總兵官都督史昭還京。

辛未。像宋儒胡安國蔡沈眞德秀于孔廟。

命延綏寧夏于花馬定邊二營間畫界分守。

壬申。都指揮僉事王敬劉法貴爲左右參將。協守甘肅。都指揮使石亨馬義爲左右參將。協守大同。

乙亥。都督同知黃眞爲征西將軍總兵官。鎭守寧夏。都指揮使朱謙爲宣府右參將。守備萬全左衞。

大理寺左少卿薛瑄論死。子淳等三人請一人代死。二人戍。贖父罪。不許。將決。王振老僕泣于爨下。振問之。曰。薛少卿之不免。是以泣。曰。何自知之。曰。鄉人也。因述其平生。振少解。得不論。瑄在獄日誦周易不輟。

丙子。免萊陽文登棲霞旱災田租。

戊寅。監察御史李純巡撫遼東。刑部右侍郎薛希璉清鳳陽田糧。

禁私牧南海子。

下清平伯吳英太監吳亮范弘金英阮讓等錦衣獄。俱私牧南海子。奪民芻。

己卯。夜。大星赤光。自北斗魁流鈎陳。

庚辰。韓府進士奉祠正周禮爲右長史。從韓王範圯之請。

十月壬午朔。敕禁內官內使私結外廷。囑託營求。

敕戒內外官交通作弊。畏勢圖賄。致那移文武銓選。出入囚罪。勞斂軍民。

禁私鬻南海子。

癸未。增戶部雲南司主事一。專督御馬監芻豆。

丁亥。內使張環顧忠爲蜚章責數王振罪事覺。下錦衣獄。以誹謗磔于市。令內官俱出視。

庚寅。作光祿寺牲房。

辛卯。武城後衛帶俸都指揮使王斌爲署都督僉事。協守延綏。懷慶衛指揮僉事蕭敬爲署都指揮僉事。協守涼州。初兵部同成國公朱勇等試武臣。斌敬俱能對策騎射。餘六人不善對策。

壬辰。周王有爝言。先祿二萬石。今止萬石。不贍。命給萬四千石。餘折鈔。

癸巳。兵部左侍郎鄺辰予告。雲南左布政使應履平致仕。

乙未。夜。大星赤光。自五帝座流紫微外藩。

庚子。免桃源鹽城清河去年災租二萬三千七百三十餘石。

敕諭瓦剌也先勿侵哈密。還其王母。

昏刻。大星赤光。自西南雲中流雲中。

癸卯。夜。月掩軒轅。

己酉。增御馬監倉。

庚戌。長淸典史何聰爲長壽知縣。聰先以長壽典史憂去。除長淸。而長壽人詣闕以請。從之。

增浙江布政司右參政。督巡海道。

懷安教諭丁泰亨爲廣西道監察御史。

十一月壬朔。日食。

許彬服闋。補翰林修撰。

癸丑。廣東海南衞指揮使石聚入朝宿妓。戍威遠衞。

甲寅。復紀振武學教授。時秩滿。改吉安。武學生留之。

遣祀黃巖樂淸水災。

戊午。禮部左侍郞魏驥調南京吏部。

己未。右僉都御史王翺爲左副都御史。仍提督遼東軍務。

乙丑。迤北瓦剌脫脫不花王等貢馬。

丙寅。參政俞士悅爲河南右布政使。孫原貞爲浙江左布政使。給事中楊信民爲廣東左參議。

賑巢縣饑民稻五千三百石有奇。

夜。月掩木星。

戊辰。監察御史刷陝西山東山西案牘。

己巳。巡撫山西右僉都御史羅亨信改遼東。監察御史李純仍理屯糧。

御馬監草場火。御史會劾戶部尙書王佐左右侍郞王質焦宏。罪不問。

庚午。夜。土星犯井。

辛未。汝州妖人張端伏誅。

故皇后靜慈仙師胡氏殂。

己卯。增各省按察僉事專理屯種。

庚辰。免安慶災租八萬五千七百餘石。

是月。虜千騎犯寧夏。官軍追敗之白狼山。

十二月辛巳朔。壬午。夜土星犯井。

癸未。學正劉泓敎諭馮靖訓導潘楷盛琦爲監察御史。

免山東復業逃民田租二年。

丙戌。駙馬都尉焦敬受留守衞舍人賕。被劾枷長安右門。

戊子。靜慈仙師葬金山。每節太常寺例祭。

談遷曰。胡氏以無罪廢。宣帝晚甚悔之而不及復。終于覆水。麗華之寵。潛移坤極。逌昭聖賓天。益加悽咽。嗟乎情之所鍾。金屋不足喻其榮。憎之由來。長門不足宣其怨。雖霜露之感。切于抔土。孰與迴永巷之車也。

壬辰。兵部主事甄讓爲宿州知州。讓初判宿州。見思。至是宿州衞卒伏闕以請。

癸巳。蠲南京通州災租三千四百六十九石。

丙申。均配兩淮鹽場分上下。便商販。

丁酉。國子監成。

進士魯文爲刑科給事中。甘澤爲監察御史。

乙巳。開封知府黃瓚以子阜配周府汝陽王女。被劾閒住。阜兄平吏部文選主事。

丙午。錦衣衛指揮同知丁全往祭故沙州衛左都督困即來。赤斤蒙古衛都督且旺失加。

戊申。吏部郎中夏衡爲順天府丞。仍直內閣。

免順德災租。

是年。巡撫周忱奏。松江賦役繁重。以闊白三梭布一匹准平米二石五斗。加津費二斗五升。闊白棉布一匹准平米九斗八升。加津費一斗二升。每匹長四丈二尺。重三斤。兩端織紅紗防盜剪。華亭細布萬六千一百八十五匹。四直六錢一分。粗布四萬八千九百三十五匹。匹値二錢。上海同。

國榷卷二十六

甲子正統九年

正月辛丑朔。夜大星赤光，自霹靂流近濁。

甲寅，都察院右都御史王文巡視延安、寧夏。

戊午，兀剌貢使都指揮僉事把失罕卒于會同館，諭葬。

辛酉，上南郊。

甲子，刑部員外郎丁芹降知縣，主事羅瑛、李泰、趙倫降衛經歷，時失囚。

乙丑，周府汝陽王有爝薨，年四十九，謚恭僖。

翰林院侍講曹鼐爲學士。

寧夏總兵官後軍都督史昭卒。

己巳，錦衣衛帶俸都指揮僉事陳友爲游擊將軍，巡寧夏。

辛未，成國公朱勇、興安伯徐亨、都督馬亮、陳懷等分勦兀良哈。時三衛陰寇邊，勇同太監僧保出喜峯口，恭順侯吳克忠佐之；亨同太監曹吉祥出界嶺口；亮同太監劉永誠出劉家口；懷同太監但住出古北口；各領萬人。期至遼河土河，會遼東總兵官都督僉事曹義之師。

癸酉，敕戶部右侍郎焦宏治餉，敕宣府總兵官永寧伯譚廣、大同總兵官武進伯朱冕，令參將朱謙、石亨各率兵出塞，會楊洪勦兀良哈。或遇兀剌人，明諭以東往，毋驚疑相犯。

乙亥。免饒陽縣災租。

右副都御史陳鎰秩滿。爲右都御史。仍鎮守陝西。

瓦剌使回敕賚可汗并太師也先。

丁丑。大同左參將都指揮使石亨爲後軍都督僉事。內官韋力轉爲都知監右監丞。初。虜犯延安。亨追敗之金山。擒六人。斬七級。

命鴻臚寺序班祁全往諭四川松潘黑虎等寨番族。擒叛賊贖罪。

召雲南總督軍務兵部尙書靖遠伯王驥還京。

戊寅。大理寺左右少卿賀祖嗣顧惟敬降知漢州光州。

己卯。兵部右侍郎虞祥往順天永平。工部右侍郎王永和往鳳陽淮揚。通政使右通政呂㤅政往大名廣平。左參政王錫往眞定順德。光祿寺丞張如宗往河間保定。各巡視督捕蝗種。

孝陵衞指揮使梅永善卒。寧國大長公主孫。

二月辛巳朔。夜。大星青白光。自華蓋流至近濁。

壬午。右軍都督僉事毛翔卒。

乙酉。安定王市茶五百斤。官運國師二百斤。徒衆百斤。俱自運。著爲令。

丙戌。監察御史羅綺參贊寧夏軍務。時右僉都御史盧睿疾。還京。

遣內臣勞楊士奇。卿子有違家訓。干于國紀。以祖宗之法拘繫之。卿其勉進藥食。用副注望。

戊子。獨石永寧左參將都督同知楊洪敗兀良哈安出等于以克列蘇陞洪左都督。

夜。月犯木星。

辛卯。修武伯沈榮管神機營左哨。

壬辰。鎭守延綏都督僉事王禎降都指揮僉事。寧夏左參將都督僉事丁信降都指揮使。右參將都指揮僉事王榮降指揮使。陝西按察副使陳斌降按察僉事。餘謫遣有差。去歲虜千騎入延安定邊營。諸將怯敵失事許。廣西養利州判官汪浩久任。浩善撫民。頭目趙四乞永任。吏部難之。上特從其請。

癸巳。故赤斤蒙古衞都督同知且旺失加子阿速來朝。爲都督僉事。

甲午。暹羅國王谷戎有替下入貢。

乙未。左軍都督僉事曹儉薦廣東東莞縣河泊所官羅通文武才。不聽。

丁酉。守備獨石永寧左參將都督同知楊洪爲後軍左都督。右參將都指揮使朱謙爲後軍都督僉事。內官韓政爲都知監左少監。

戊戌。朱勇等渡柳河經大小與州。過神樹至全寧。遇福餘衞。逆戰敗之。次虎頭山。及流沙。遇泰寧朵顏。又敗之。

丙午。湖廣布政司右參議楊復致仕。以復子謍選江夏王儀賓。

總督雲南軍務兵部尚書靖遠伯王驥上捷云。臣等合木邦等夷兵。進緬甸。累捷。緬人載思任發于江上覘我。復匿之。欲以麓川予木邦。孟養戛里予緬甸。始獻任發。詭思機發致仇爲解。乃縱兵搗思機發寨。獲其私屬及從賊九十餘人。象十一隻。班師。

興安伯徐亨等敗兀良哈于土河北川。

安鄉伯張安。右軍右都督程忠卒。

戊申。濬鎭江常州運河。

庚戌。琉球中山王尚忠入貢。

寧夏總兵官都督同知黃眞等言。奉敕逐虜黃河灘。東西袤千餘里。未宜輕動。宜十月初會延綏兵出塞。從之。

增延安衞安邊營戍卒。

三月辛卯朔。新建太學成。上幸學。謁先師。行釋奠禮。

始復晚朝。

甲寅。瓦刺太師也先入貢。

庚申。重給暹羅國王鍍金印。以前燬也。

命廣西招諭桂林叛蠻。

癸亥。總督漕運官不得委武弁分管閘壩。

裁湖廣興山縣。併于歸州。

甲子。兵部尚書徐晞等劾太子太保成國公朱勇等出塞無功。上宥之。

少師兵部尚書兼華蓋殿大學士楊士奇卒。士奇字□□。泰和人。少孤。游學武昌。薦直翰林。授□府審理。文皇帝初擢編修。直閣。進侍講。東宮。進兼左中允。尋左諭德。兼侍講。上北征。輔東宮監國。及即位。進禮部侍郎兼華蓋殿大學士。歷少保少傅。洪熙初。兼兵部尚書。宣德初。漢庶人反。勸全趙邸左右密勿。上即位。進少師。士奇受知三朝。弼益弘多。但薦士必出其門。不能獎恬抑競。有攻己者。目爲浮薄。必欲斥逐。王振擅權。不能匡救。猶戀榮寵。士論以此少之。然秉謙篤義。論事存大體。在帝前表德掩瑕。所推轂皆名士。文謹嚴有法。卓然爲當世望。贈左柱國太師。謚文貞。賜祭葬。子穛廕尚寶丞。

廖道南曰。予觀沙羨稿石臺稿。見文貞早歲跅弛魁岸。視天下莫已若。及觀國史暨三朝聖諭錄。乃知管仲之才。優于召忽。魏徵之績。多于王珪。輔亮東宮。保全趙邸。歷事四朝。終始如一。或者乃以周是修之死。子稷之獄少之則吾不知也。

鄧元錫曰。予讀楊文貞公文。如揖耆宿老儒。造次立談。必于道。而儀度儼雅可敬也。史記其語曰。天下萬世之事。當以天下萬世之心處之。大哉相言。諸調劑輔拂。功秉道守。一歸主于爲德爲民有以耳。

乙丑。時雨澤愆期。遣祭郊社山川諸神。

南征麓川達官舍人家屬給絹二匹布三匹。有願省覷者。給口糧脚力。

丙寅。太子太保成國公朱勇爲太保。封中軍左都督陳懷平鄉伯。右軍左都督馬亮招遠伯。以勦虜功。戶部劾勇奉命出喜峯口迂道。支糧萬六千餘石。菽八千石。芻八萬餘束。宜責償。上不問。時三衞寖衰滅。而怨我次骨。雖朝貢如故。陰通兀剌。

庚午。寧夏總兵官都督同知黃眞。都指揮陳友。擊兀良哈。獲四百餘人。畜產萬餘。

乙亥。崇仁縣丞潘源清爲知縣。食正七品俸。

定廣西屯兵。歲九月至次年三月戍柳州。四月至八月瘴盛回桂林。

丙子。復衞景嚴眞定知事。食正八品俸。

四月覸朔。雨澤愆期。徧告羣神。

甲申。永平大長公主薨。駙馬都尉李讓。

乙酉。交河典史楊貴爲知縣。時邑人求貴代。吏部以掾難之。上從民望。報可。

江西道監察御史朱本言三事。曰。去冬少雪。今春不雨。饑饉薦臻。咎在臣下。乞敕大臣率屬修省。不悛者許言官指實彈糾。天下貪酷官吏。皆考覈之。曰。刑官人命所繫。今在外按察司及斷事理問推官。多不諳律。乞加精選。曰。在外儒學。故以貢士任教官。比因任滿生徒應舉乏人。行充河泊等官。續將年深監生選補。往往廢職。不能育才。宜遴簡之。用稱模範。上納之。諭吏部尚書王直等曰。廷臣俾共乃職。有司不稱者。巡按御史布按二司官廉察罷黜之。其貪酷畢劾。刑名官當選有學行通律意者。敎官選文學。任滿九載。生徒如無登科試學。果優許任如故。一作俞本

故翰林院修撰龔琦先以父避戍削籍。屢瀆辨戍鐵嶺衞。

丙戌。翰林院學士陳循直文淵閣。

增山海衞戶部主事。提督屯糧。幷巡視永平界嶺口劉家口喜峯口倉場。

丁亥。沙州衞赤斤蒙古衞各告饑。戶部謂遠夷不餉。上量給之。

戊子。樂陵典史孫智爲主簿。智秩滿被留。

朝鮮國王李祹獻犯邊逆倭五十七人。敕勞之。

己丑。恭順侯吳克忠進太子太保。

辛卯。黔陽王季埱進封楚王。季堄大冶王。芝㘓唐世子。芝址舞陽王。芝城新野王。秩靈安塞王。

南京右副都御史周銓言。各處解果品廚料。俱經南京光祿寺轉運。限八月交納。物不及時易壞。乞自今隨產輸北。免煩南寺。從之。

壬辰。禁勢豪攬納芻粟中鹽。

甲午。敕部院順天尹。凡造作物料。先給價買。不許損民。

丙申。金吾左衞帶俸都指揮使王喜。錦衣衞帶俸都指揮使額里孛羅那罕赤。俱爲都督僉事。從征迤北功。額里孛羅賜姓名高禮。那罕赤賜姓名莫淸。

巡按山東監察御史曹泰言。今布政使即古州牧。按察使即古監司。近歲有缺。必令大臣會舉。然或循資格。或

涉親故任之者昏耄時有。庸懦亦多。乞精厰選。上然之。

丁酉。琉球入貢。

己亥。復李文斌懷遠典史。食從九品俸。

癸卯。旱。遣翰林院侍讀周敍習嘉言。編修薩琦呂原倪謙楊鼎江淵徐珵。檢討王玉。給事中姚夔章瑾李素劉

益尙達。中書舍人李廷修張傑分祭岳鎭海瀆鍾山之神。

淸苑主簿高儼爲縣丞。邑人詣闕留之。

乙巳。宣府贊理軍務山東布政司右參政劉璉爲戶部右侍郎。仍舊任。

吏部言。敎官任滿無貢士試學優者。敎授學正敎諭俱降訓導。訓導調任邊遠。試不中。除雜職。從之。

丙午。復尙俊元氏主簿。食從八品俸。

戊申。安南入貢。上言欽州地。又遣阮叔惠參知番刑院事程眞入貢。言龍州赤城地。

己酉。命陝西糧存留三分。餘本折半之。悉輸甘肅寧夏延綏。

守備鎭番衞都指揮使馬麟侵餉。以赦復秩。不許。

夜。大星靑白光。自軒轅流雲中。

洱海楚雄地震。

五月甗朔辛亥。都指揮僉事陳友爲都督僉事。

思機發子菌蓋等械至京。沒入御馬監。餘十二人戍邊。

癸丑。免淮安夏麥五萬五千餘石。

甲寅。濬新安縣長溝河。

前兵部左侍郎鄭辰卒。辰字文樞，西安人。永樂進士，授御史。歷使稱旨。擢山西按察使。潞州盜起，議遣兵。獨主撫。旋平。拜工部左侍郎，考察雲南四川大吏。還濬漕河。正統中改兵部。疾去。賜祭葬。

乙卯，工部右侍郎邵旻降柳州知府。旻坐盜官物下獄，適值赦。喪去，至是服闋，吏部以聞，特謫。河南按察僉事孔謌苛暴，降廣南府通判。

己未，時遣官錄天下疑獄。刑科給事中陳傅請兩京亦如之。遂命左副都御史張琦往南京，刑科給事中王鐸錄京師。琦道疾。改刑部右侍郎馬昂。

庚申，大同總兵官武進伯朱冕等言：鎮卒止二萬四千六百餘人，除諸處守備，恐策應不給，馬隊尤少。請步卒二千四百人屯田，山西行都司者仍遣回，半充馬隊。更選河南山西千五百人充馬隊。從之。

辛酉，丁鉉服闋，補刑部右侍郎。

癸亥，夜月食。

甲子，命文武大臣試各衛所官策射。

乙丑，復張孟昇德安府經歷，食正七品俸。

丙寅，哈密衛都指揮使脫脫不花來貢，進都督僉事。

丁卯，刑部右侍郎丁鉉、光祿寺丞呂泰往四川，督茶運西寧。

太監王振言：饒州陶器不堪，命錦衣衛指揮往杖其提督官，仍責造。

己巳，占城入貢。

庚午，韓王範圯薨，年二十五。謚曰懷。

雲南總兵官右都督沐昂奏：思機發負固，但我力匱，乞遣諭木邦緬甸俾俘獻。否則再舉。從之。

壬申。召提督遼東軍務左副都御史王翺還京。

崖州守禦正千戶陳政副千戶洪瑜。勦黎賊濫殺熟黎激變。政被殺。事聞。瑜戍廣西。

癸酉。後軍都督僉事陳友出塞招胡四百八人來歸。賜衣幣。

左軍都督僉事曹儉卒。

昏。刻火星犯左執法。

乙亥。復王從均州知州。食從四品俸。

罷四川高縣筠連茶課司。以茶惡折鈔。

丙子。泰州判官王思旻爲同知。思旻秩未滿。郡民競乞之。

丁丑。敕諭緬甸軍民宣慰使莽得剌子卜剌浪馬哈省以速剌等。爾四思任發于阿瓦城。約官軍于貢章接取。爾恃詐襲我諸將請兵之。朕念傷及亡辜。今爾果擒獻。卽宥罪陞賞。若復不悛。貽悔無及。又敕木邦軍民宣慰使罕蓋法等開諭緬甸。執賊來獻。

免保定和州去年災租。

六月朔。禮科給事中余忭行人劉遜還自琉球。受餽下獄。杖而宥之。

庚辰。大風雨拔木。

壬午。敕寧夏總兵官都督同知黃眞等選靈州土達從征。以署都指揮僉事許宗指揮僉事韓鵬領之。

湖廣貴州苗各蟲鼠傷稼。求伐木販土物易粟。許之。幷勅賑恤。

癸未。河南右布政使俞士悅爲大理寺卿。

雲南南甸州及千崖長官司俱改宣撫司。

總督雲南軍務兵部尚書靖遠伯王驥以邊民潛入木邦緬甸車里八百等夷。牟利生釁請嚴其出入。從之。

丙戌。總兵官定西侯蔣貴益祿五百石。王驥三百石。賜金百。幣十雙。鈔萬貫。總兵官右都督沐昂為左都督。都督同知冉保為右都督。都督僉事毛福壽為都督同知。左少監蕭保為太監。各金八十。幣八。鈔五千貫。時驥老師亡見績。而王振為之內主。勿恤也。

庚寅。禁官軍詐奪寧夏靈州等土達畜產器械。

李賁服闋。補工部左侍郎。

遼東總兵官都督僉事曹義為都督同知。守備義州都指揮使施聚為都督僉事。

四川廣西土官近貴州者。聽守備貴州參將都指揮同知郭瑛節制。

辛卯。廣西荔浦等縣蠻莫公喬等作亂。議討之。

乙未。禮部右侍郎侯璡為左侍郎。右僉都御史程富為左僉都御史。戶部員外郎鄒來學為郎中。兵部主事趙敏為吏部員外郎。麓川轉餉功。

丙申。增密雲斥堠戍卒。

武康伯徐禎卒。

丁酉。監察御史魏貞弛罪人桎梏。下錦衣獄。

戊戌。復柴林安定縣丞食從七品俸。

壬寅。歷城縣丞熊觀為知縣。

七月帳朔己酉。駙馬都尉石璟詈家閹呂寶。太監王振惡之。下錦衣獄。

處州盜走福安。掠銀鑛。殺右參議竺淵。

辛亥。敕刑部右侍郎楊寧參贊雲南軍務代侯璡。

貴州施秉蠻夷長官司改施秉縣。轄于鎭遠府。

壬子。免隰州災租七千四百九十餘石。

癸丑。免開封衞輝南陽河南懷慶彰德去年災租三十萬三千二百五十餘石。

申明植桑棗法。勸貸富民。

乙卯。楚府通山王孟㷍薨。年五十七。謚靖恭。

嚴科舉冒籍。從雲南道監察御史計澄之言。

丁巳。命寬恤廣西猺民徭役。

戊午。台州通判周旭鑑爲知府。旭鑑署黃巖。甚得民。故從其請。

己未。夜。月掩南斗魁。

庚申。封祁鎡趙世子。祁鎜臨漳王。祁鏋湯陰王。祁鍟襄邑王。

壬戌。翰林侍講學士高穀。侍讀陳詢。主試應天。

甲子。應天蘇松常鎭廣德大風雨。拔木。溺人畜。傷稼。江都縣沙民溺千餘人。

丙寅。復王得仁汀州府經歷。食正七品俸。

丁卯。少保大學士楊溥乞休。不允。

庚午。敕邊將以兀良哈頭目安出言女直來侵。且修怨。又也先索三衞流人。其情叵測。宜整士申備。

昏刻。彗見太微東垣。閏七月己卯。滅于角宿。

辛未。陝西布政司右參政年富爲河南右布政使。

應天府丞檀凱致仕。

江西道監察御史潘楷繫募僧兵馬司尙膳監太監班祐謂門僧。不當坐。下楷錦衣獄。除名。

丙子。前鎭守山西後軍左都督李謙卒。

丁丑。前南京吏部尙書黄宗載卒。宗載豐城人。丁丑進士。授行人。歷左右司副。還司正。永樂癸未。擢湖廣按察僉事。鉏强起瘠。丙戌。召修永樂大典。還任。坐累謫役。楊靑驛。已起山東道御史。侃侃不附。巡交阯。還擢詹事府丞。洪熙初。進吏部侍郎。歷尙書致仕。宗載廉正有文學。賜祭葬。

閏七月賊朔。戶部右侍郎王質重開福建浙江銀場。國初閩課歲二千六百七十餘金。浙課歲二千八百七十餘金。永樂間。閩至三萬二千八百餘金。浙至八萬二千七十餘金。宣德間。閩歲四萬二百七十餘金。浙歲九萬四千四十餘金。民困甚。上初閉冶。獲蘇。至是多盜鑛。御史孫毓福建參政宋彰浙江參政俞士悅謂開則利自上。浙江按察使軒輗謂開之患尤深。上是之。而刑科給事中陳溥復以爲請。中貴附和。故有是命。閩額二萬一千一百二十餘金。浙額四萬一千七百餘金。供億之費。殆過公稅。盜又不絕。至己巳。勤兵民始安。

順天眞定保定大名永平順德河間應天濟南開封衞輝懷慶嘉興湖台各大水傷稼。遣覛。

庚辰。兵科都給事中薛謙爲應天府丞。刑科給事中王鐸爲順天府丞。

辛巳。工部右侍郎王佑太監阮安視蒲溝漷縣等決河。

甲申。令岳鎭海瀆郡縣社稷山川文廟城隍及祀典神祇壇廟有損壞者。有司以時修葺。

令有司掩瘞暴骨。禁發塚。

定邊衞指揮使陳信爲署都指揮僉事。提督通州。

戶部右侍郎焦宏等巡墈上馬房草場言。內官占役軍士私墾。或建寺立窰。命內官各地一頃。內使淨軍各半之寺廟勿除餘悉還官歲遣科道巡視。

立眞定南關稅課局榷山西之木。

丙戌潘府黎城王佶熽薨年三十五謚昭僖。

庚寅免池州災糧三萬三千二百九十石。

賑楚雄臨安曲靖大理饑。

癸巳鎭守遼東太監王彥卒命太監喜寧籍其貲彥妻吳氏訴寧私取蒼頭駞馬器具田園鹽引上宥寧第追入之。

丙申都指揮僉事李信鎭守洮州。

戊戌夜月犯天街上星。

庚子左通政李錫爲通政司使。

勞京營吏卒二十二萬餘人計三十萬金有奇。

辛丑命各土官子入學從思南府經歷李驥之請。

壬寅雷震奉先殿鴟吻。

癸卯太常寺少卿蔣守約爲寺卿。

諭戶部存恤南北災民賑饑蠲田租歲辦。

命都察院禁官司巧斂尅害軍民。

甲辰河間同知廖謨爲知府部民奏乞之。

乙巳上親告雷譬于太廟遣祭天地。

停雲南銀冶。總兵官左都督沐昂等言課不償費也。

丙午。故沙州衞困即來子喃哥襲都督僉事。少子克羅俄領占除都指揮使。

前刑部尚書魏源卒。源字文淵。建昌人。丙戌進士。授御史。有聲。進浙江按察副使。尋署刑部右侍郎。會河南饑。調左布政使賑之。民蘇。進刑部左侍郎。整飭四川邊務。羣廢畢舉。還拜尚書。已從西征。督察諸將。指畫俱中綮。雖忤權勿顧也。還朝。病足自免。寬厚有量。嘗怒屬官。尋請事。即善遇之。得大臣體。賜祭葬。

八月朾朔。遣視平陽荊州沔陽旱災。

黃巖縣疫。死萬人。

敕太保成國公朱勇等幷五軍三千神機等營曰。朕賚軍士。爾頭目名備軍裝掊克之。爾等不禁。何也。已命御史察糾。尚亟改。毋後悔。

戊申。申明習尙胡虜衣服語言之禁。

刑科給事中鮑輝言。近例浙江計口月納米三升。買鹽一斤。彼饑民安能計口出米哉。請自今禁舟車私載外。其肩負十斤以下勿問。民間食鹽聽自買。毋復計口月給。從之。

庚戌。武定侯郭玹爲鎭朔將軍總兵官。鎭守宣府。召宣府總兵官永寧伯譚廣還京。

刑科給事中鮑輝言。郡縣官九年考滿。多在任買田置宅。娶妻立籍。恐遷他境。邀民保留。弊政爲甚。下吏部。言保留故事。不可以一妨十。惟宜上司嚴覈。上從之。果徇私。俱治以罪。

蠲陝西田租十之四。凡四十八萬六千石有奇。餘收粟布。

壬子。復徐聖保定府推官。食正六品俸。

甲寅。翰林院侍讀周敍。侍講王一寧。主考順天。

進士畢鸞胡貫任寧張文爲監察御史。

大理寺卿俞士悅等言。文職受財枉法滿貫當絞者。例充軍。不滿貫者。並贖爲民。武職坐流徒杖者概充軍。夫武職出萬死得官。例概充軍。則前功盡棄。罪反重于文職。乞令武職受贓私縱操卒滿貫當死者充軍。其不滿貫當流徒杖者如舊贖罪還職。從之

乙卯。赤斤蒙古衞都督僉事阿速言。先臣都督且旺失加以瓦剌也先求婚未即聽。今又求臣妹。邀往受聘。乞內附避之。敕曰。也先求婚。向許而父自擇便自中阻。顧受聘非宜。往而見詐。悔將何及。赤斤爾世守地。奈何棄之。爾第保險綏衆善自備。朕且命邊將緩急爾矣。時也先强赤斤沙州罕東名內屬。陰臣于也先。受平章等秩。

丁巳。應城伯孫純爲總兵官。鎮守薊州永平山海。召鎮守總兵官都督同知王彧還京。

辛酉。浙江按察僉事彭貫奏。屯軍畝輸粟五斗。田有餘。授之軍餘及民。輸亦如之。夫餘丁非正軍比。民有雜差。又非餘丁比。請遞減之。餘丁畝輸二斗。民畝一斗。其荒田三年始科。從之

乙丑。免山東及揚州災租。

丙寅。夜大星赤光燭地。自危宿至羽林軍。後三小星隨之。

甲戌。前山西左布政使華亭馬麟卒。麟永樂間舉人。才超拜布政使二十年。民安之。

九月

𥞊朔。庚辰。南京國子祭酒陳敬宗秩滿至京。仍任。

溧陽縣丞鄔璘爲知縣。

丁亥。命靖遠伯王驥都察院右都御史陳鎰往西北沿邊閱軍。

增給遼東延安綏德甘肅永寧宣府寧夏銅銃。

鎮守延安綏德都指揮僉事王禎爲都督僉事。仍鎮守。

己丑。興安伯徐亨鎭守陝西。監察御史馬恭協贊寧夏軍務。

戶部右侍郞王質卒。質字夢瑾。鳳陽太和人。由貢士訓導南陽。擢御史。宣德末。進四川參政。屢言時弊。行部茹蔬。蜀人皆稱青菜王。尋進山東右布政使。正統六年。進戶部右侍郞。八年。進刑部尚書。俄失囚。左遷戶侍。會閩浙銀礦盜起。命質往。卒杭之武林驛。賜祭葬。質平易廉介。雖博記不善文。嘗曰。吾之學如蜂華而不蜜。

庚寅。訓導孫謨。周文李忠。周文盛。陳雍。曹敬。爲監察御史。

辛卯。鎭守陝西都督同知鄭銘年老。召還。

定西侯蔣貴擅領左哨。上切責之。

免鎭江旱租九萬九千八百二十餘石。

夜。大星青白光。自危宿流至游氣。

乙未。曉。刻月犯井宿。

戊戌。楊稷死錦衣獄。稷豪奪子女田宅。私商稅。毁人墓。屢殺不辜。怨家訴于朝。逮入京。初。楊榮沒。鄕人訴其子。士奇擬遣緹校事覺。白子得官尚寶。至是陳循忌士奇。遂以建安例嗾鄕人奏其子稷。太監王振竟逮之。

己亥。立雲南隴川宣撫司。麓川頭目恭項先來歸。累功。于是即麓川故地設宣撫使同知副使僉事各一。

壬寅。肥河衞都指揮別黑格修怨于兀良哈同嘔罕河衞都督你哈苔等。敗掘赤安出等于格魯坤迭連。遣指揮咬失報捷。

癸卯。南京吏部右侍郞趙新改吏部右侍郞。

甲辰。許廣西提學僉事考校應襲武職。

夜。大星赤光。自奚仲流天紀。後二小星隨之。

十月辆朔日食。

命大同總兵官武進伯朱冕寧夏總兵官都督同知黄眞鎮守延安綏德都督僉事王禎守備偏頭關都指揮馬貴巡視塞外。

丁未道錄司右演法邵以正校道經于禁中。

壬子。許貴州輸布代租。

癸丑。瓦剌脫脫不花王及太師也先貢馬三千九十二匹。遣使千八百六十七人。

丙辰處州衞指揮使王敬爲署都指揮僉事。提督溫州等衞海道。

戊午。疏上虞湊湖。

己未監察御史李儼監收光祿寺祭物值太監王振。不跽下錦衣獄。戍鐵嶺衞。

辛酉。南京右副都御史周銓爲左副都御史。仍提督倉儲。

夜月當食不食。

談遷曰。日食修德。月食修刑。自閹振竊柄。衰闕多矣。而月當食不食。噫。是何祥也。或大禍之延。盈我主聽。貽其咎于日後耶。

癸亥。夜大星靑白光自室宿流游氣。

甲子。孝誠昭皇后主祔廟。

永寧伯譚廣卒。廣丹徒人。燕山左護衞百戶。從靖難。再從出塞征胡。以左都督鎮守宣府。正統六年。捕虜獲胡馬中律。封。祿千二百石。流爵。起戎伍。大小百餘戰。未嘗敗。統神機營騎兵整銳。人稱譚家馬。鎮宣府二十年。吏卒感慕。年八十二。贈祭葬。謚襄毅。

乙丑。頒釋道大藏經于天下。

丁卯。順天府尹姜濤爲戶部左侍郎。光祿寺少卿王賢爲順天府尹。

庚午。大興知縣蘇敬杖斃老人蕭永。戍威遠衞。

甲戌。兵部右侍郎虞祥通政司右通政呂經。正翰林院侍講劉鉉。檢校王玉。淸理軍職貼黃。

陝西都指揮僉事後能鎭守岷州。

遣都指揮季鐸哈剌苦出諭沙州罕東赤斤蒙古三衞。未報。沙州衞頭目薛令言。也先授喃哥平章等官。又瓦剌欲自大同寧夏謊力山亦集乃入寇。復敕鐸諭之。且察其向背。

十一月丙子朔。庚辰。衍聖公孔彥縉來朝。

甲申。也先復入貢。

丁亥。獨石備邊府軍衞指揮僉事楊俊爲署都指揮僉事。

己丑。滿剌加國入貢。

辛卯。賑靖州鎭遠府饑。

癸巳。山西樵者王渙狂走哭入長安右門。言百姓饑亡。請面訴。下錦衣獄錮之。

夜。大星赤光。自室宿流至游氣。

甲午。免廣平去年災租千九百餘石。

丙申。進士王宣爲吏科給事中。

壬寅。遼東提督屯種監察御史李純爲右僉都御史。仍任。

遣視蘇松常鎭水災。

甲辰。前四川按察使龔鐩卒。鐩字子諫。南昌人。貢士。授兵科給事中。擢雲南按察僉事。改廣西。至按察使。廉潔自將。建白俱切要。雖歷憲臬。未嘗樹威。家計泊如也。

十二月乙朔。提督易州山場柴炭通政司右通政陳恭爲工部右侍郎。仍故任。

運南部絹布萬八千匹。賚雲南吏卒。

戊申。疏鎭江常州運河。

夜。大星青白光。自北斗魁流近濁。

己酉。提督大木廠大理寺右少卿韓翼爲左少卿。

壬子。南京太常寺少卿兼翰林院侍讀學士金問爲南京禮部右侍郎。

癸丑。免常州去年災租十萬五千七十餘石。

夜。大星赤光。自星宿流至游氣。

甲寅。增蘭縣戍卒三千人。以甘肅要害也。

會川伯趙安子瑛授□□正千戶。

陝西都指揮使魯失加爲右軍都督僉事。

丙辰。置彰義門官房收商稅。

丁巳。後軍都督僉事王喜爲甘肅左參將。山東都指揮僉事李進守備蘭縣。

壬戌。命甘肅總兵官寧遠伯任禮祭山川之神。先是風晦。

會川伯趙安卒。安狄道人。從兄琦爲土指揮同知。坐罪死。安株戍甘州。永樂初進馬。除臨洮百戶。使西域。從北征。進陝西都指揮同知。宣德二年充左參將。征松潘散剌。進左軍都督僉事。五年充左參將。從史昭征曲先。十年。援甘涼鎮番正統元年以都督同知充副總兵征朵兒只伯。捕首虜中律。封流爵。勇毅有將略。故多戰功。

甲子。令囚雜犯死罪以下遞減二等笞杖罪悉宥之。休息工匠赴役待明歲。

丙寅。給陝西運茶軍人月糧三斗。

丁卯。免南京各衞差操屯軍餘糧。

己巳。許尙寶司丞夏瑄終養母氏。

甲戌。賑西安饑。

乙丑正統十年

正月妃朔。己卯。令吏部都察院會同禮部察入覲官。仍各詢所屬治行。具最以聞。

壬午。逮福建左布政使方正。按察使謝莊下獄。正削籍。莊戍威遠衞。俱脅取指揮女爲妾。又仗飲。吏部糾之。

甲申。忠義後衞倉火。戶部右侍郎李暹等下獄。

丙戌。上南郊。

丁亥。夜大星赤光自天鈎流天津。後五小星隨之。

戊子。命中外官各推舉將才。

辛卯。琉球中山王入貢。

魏國公徐顯宗等二十八人失朝。被劾。令跽于午門媿之。

壬辰。吏部大計罷黜四百五十三人。

癸巳。浙江都轉運鹽使司運使丁鎡。鞏昌知府韓福。南昌知府胡本惠。寧國知府袁旭。松江知府趙豫。鳳陽知府楊瓚。海豐知縣王懋。霸州知州張雷。吳縣知縣葉錫。慶雲縣典史趙亮等十人。俱察最。命人賜金織衣一襲。鈔五百貫。宴禮部。吏部錄姓名。敍擢之。初因刑科給事中鮑輝之言。

薛應旂曰。此實勸賢盛典。祖宗朝間一行之。迨後遂爲故事。凡復任者。通給敕諭。無復旌別。而淑慝溷淆矣。

談遷曰。超卓之績。薦寵守令。事之恆也。縣尉卑極。宴賚相匹。賞不遺賤。當日所風厲。猶有古人之餘意。後此無望矣。

甲午。晨刻。大星如椀。青白光。流至游氣。後小星隨之。

丙申。都指揮同知黃讓往陝西慶陽。提督操備。

錦衣衛卒王永陰揭太監王振罪于通逵。匿其名。邏校緝得之。詔磔于市。不覆奏。

己亥。舊太倉曰京都太倉。

知縣劉訓。王紹宗。訓導胡淵。王震。張瀾。錢濟。葛詡。張昊爲監察御史。

庚子。江西左布政使吳潤憂去。屬官言其廉惠。乞奪情。從之。

蒲江典史安都爲知縣。

免順天山西災租。

辛丑。河南濟源縣道士宋本澄進綵幣緋綠各一。銀瓶一。云浮自濟瀆。賜之鈔。

定西侯蔣貴領五軍左哨。

壬寅。兩淮都轉運鹽司同知耿九疇爲運使。九疇憂去。商人乞起服。太監王振聞其廉介。故允之。

癸卯。尚寶司少卿朱祚卒。祚海寧人。九歲能詩。永樂八年。薦至十三年。獻元宵觀燈賦。稱旨。洪熙初。授行在中書舍人。宣宗善其文。進翰林修撰。秩滿進尚寶少卿。敎內豎書。祚詩文援筆立就。負氣好直言。晚稍自懲。號默齋。

二月乙朔。夜。大星青白光燭地。自天津流敗瓜。後二小星隨之。

參贊甘肅軍務右僉都御史曹翼秩滿。爲右副都御史。

進士王詔爲禮科給事中。

戊申。令陝西贖囚運芻甘州衞。

己酉。定大同班軍歲再代。

辛亥。翰林院學士錢習禮侍講學士馬愉主禮闈。

譚亨除□□衞指揮使。永寧伯譚廣子。

眞定人薛茹瑞以妖言伏誅。

乙卯。譚敬宗服闋。復鄢陵知縣。

丙辰。起服湖廣按察使孔文英。

丁巳。免永福縣災租并絕戶糧三千二百九十餘石。

京師地震。

己未。免陝西逋租。

辛酉。中軍都督僉事曹義爲都督同知。仍鎭守遼東總兵官。

癸亥。陝西山西饑民流河南。巡撫河南山西大理寺左少卿于謙請發河南懷慶倉粟八十一萬石平糶。從之。

甲子。滿剌加國錫蘭山國入貢。

申纂越誣告之禁。誣十人以上。軍戍邊衞。民流口外。

丙寅。陝西行都司都指揮僉事劉廣爲右軍署都督僉事。充副總兵。鎮守涼州。

設鎮番衛右千戶所。專罪戍

福餘衛泰寧衛所部盜邊。被獲。求貢馬貸死。不許。悉伏誅。

庚午。正一嗣教眞人張懋丞卒。賜祭葬。

壬申。上發京師。宿沙河。

癸酉。至天壽山。

三月甲戌朔。謁祭長陵獻陵景陵。

乙亥。還宿沙河。

丙子。還宮。

丁丑。夜土星犯天罇星。

庚辰。設雲南騰衝軍民指揮使司。以騰衝要地。城守之。四旬而成。因建學舍。選生徒。訓農務學。以變其俗。

麓川思機發遣頭目刀孟永等來朝。貢金銀。乞貰罪。受之

雲南浪蠻等叛。據刺撒山寨。官軍攻破之。走洞索山。又大敗之。斬三百餘級。擒四十七人。誅于旬尾。

癸未。毛憐衛右都督李撒滿答失里乞居京自效。從之。賜名曰忠。

甲申。申禁私創寺院庵觀。

立獻陵衛。

敕右僉都御史李純巡撫遼東。代李濬。

戊子。策貢士商輅等百五十人于奉天殿。賜商輅周洪謨劉俊等進士及第出身有差。輅鄉榜亦第一。

敕雲南總兵官左都督沐昂參贊軍務右侍郎楊寧曰。緬甸卜剌浪。約爾等及木邦罕蓋法。至貢章付思任發。而罕蓋法云。卜剌浪索地獻賊。爾等酌計毋墮其奸。

誅四川黑虎寨賊多兒太。

庚寅。天鳴有聲。

己亥。故少師楊士奇子穟爲尙寶司丞。

推官劉琚。行人呂囦。劉文。知縣王鎰。胡拱辰。莫源。爲南京監察御史。

衞輝府同知張亨爲知府。

庚子。亦力把力使臣馬黑麻爲副千戶。速來蠻爲百戶。以遠至嘉之。

辛丑。勅鎮守陝西都察院右都御史陳鎰巡撫河南山西。

勅大理寺左少卿于謙曰。近御史馬恭奏陝西遠近居民求食日二千餘人。饑死甚衆。咸陽渭南富平等縣。閉戶塞門。逃竄趁食。及爾謙奏祥符饑民屯聚男婦千餘。原武亦如之。朕卽位以來。輕徭寬負。詔書屢矣。今歲歉未甚。流散若此。豈非有司侵暴之耶。又聞衞所官亦往往剝害諸軍士。方面風憲。與同流汙。疾苦不在心。是皆不可原。今姑予自新。其各飭令正佐能幹官分巡所屬。量發廩。或勸富家賑貸。不急之務。遂爲停止。有所不便。具實以聞。逃移至境者。設法安插之。爾等爲國重臣。宜盡心區畫。有司貪暴闒宂者。起送赴京。軍官具奏處治。欽哉。復分敕陝西河南山東山西都布按三司及保定大名眞定河間順德廣平各如前旨。謙勸助平糶。河南富人趙守賓年七十亡子。讀所示。悉貲助荒。謙異之。以聞。得旌。令里老擇一貧女命妾之。逾年生子。抱至院叩謝。

哈密衞都指揮使脫脫不花爲都督僉事。

浙江松溪縣礦脈竭。除其銀課。

癸卯。吏部郎中洪英爲山東左布政使。

復扆暹鳳翔知府食正三品俸。

寧波疫。

四月辛巳朔。日食。

乙巳。命監察御史曹祥馮傑往勘浙江福建銀場。初戶部右侍郎焦宏言銀場可開。須御史巡閘。

戒飭各提學官。許巡按御史糾舉。

辛亥。守備獨石左都督楊洪嘗請旗牌。不允。洪私作箭旗五十。未牌二十。爲交鋒緩急之節。工部論其擅。上不問。

甲寅。前鎭守洮州右軍都督僉事李達卒。達在邊四十餘年。威名甚著。年八十八。

乙卯。右僉都御史羅亨信爲右副都御史。

工部右侍郎王佑。太監尙義。修大功德禪寺。

延安慶陽二衞召商納馬中鹽。

壬戌。設山東靈山衞儒學。

乙丑。國子監司業趙琬爲左春坊左諭德。助敎李洪孔鐸翁瑛爲翰林院檢討。俱仍監事。

定寧夏班軍歲正月放歸。十月赴邊。

丙寅。安南入貢。

戊辰。進士路璧王庚爲戶科給事中。

張元吉襲正一嗣敎眞人。張懋丞孫。

大雨雹。

辛未。選秦府西安右護衞千人歲九月戍延安。

四川威州土官巡檢董敏仇州人王永搆兵累年。命御史趙敬同三司面諭之。

壬申。通政司左右參議龔全安王錫爲左右通政。

戶部右侍郞姜濤卒。忻州人。□□貢生有治才。賜祭葬。

五月岬朔。命翰林學士陳循曹鼐馬愉參朝議。

彭城伯張瑾匿私閹不發。下刑部獄。

丙子。靖遠伯王驥奏延安至肅州六千餘里。戍卒不過五萬六千餘人。部議甘肅凡四萬二千八百人足備。遂益寧夏千人。延安五百人。

漕運參將都指揮僉事湯節言濬滕縣運河。從之。

丁丑。蠲眞定河間夏麥。

己卯。虜入安化縣。陝西操備都指揮僉事楊信慶陽衞千戶曹旺俱避敵縱掠。杖之戍延安衞。

庚辰。廣西總兵官安遠侯柳溥勦潯梧等叛蠻。斬七百三十餘級。署都指揮僉事范息等勦慶遠等蠻。

甲申。羽林前衞忠義後衞倉火。

陽武縣蝗。命捕之。

丙戌。吏部驗封主事李賢爲考功郞中。

戊子。廣東按察使郭智作威索賂。被劾下獄。

庚寅。平鄉伯陳懷奏薦山西行都司都指揮僉事吳浩。宜召用之京師。上曰。正可障邊。因命兵部。臣有邊才者。自今勿輒動。

巡按四川監察御史姚鵬。都指揮周貴。左布政使侯軏。僉事王琦。至松潘諭歪地寨番。下之。

辛卯。免河間去年災租。雲南屯糧。

甲午。進士郝璜爲吏部驗封主事。

丁酉。免萬全都司屯糧。

夜。二大星一白光。自紫微西藩流閣道。一赤光。自雲中流游氣。

戊戌。占城入貢。

己亥。刑部右侍郎薛希璉巡撫直隸保定河間大名順德廣平鳳陽淮安揚廬滁徐。大理寺右寺丞張驥巡撫山東。

壬寅。免濟南逃戶逋糧。

曉刻。大星青白光。自八穀沒于五車。

六月鯀朔。以紹興寧波台西安疫。遣禮部左侍郎兼翰林院侍講學士王英。祭南鎭會稽山。通政司參議湯鼎祭西嶽華山。西鎭吳山。爲民祈福。亡人蠲其租。病賑恤之。

甲辰。起復睢州知州仲廣。

丁未。潯州通判龐本厚爲同知。本厚秩滿。以善撫猺獞。進之。

戊申。免平陽太原河間眞定田租。

監察御史吉慶箠死人。下獄。戍鐵嶺衛。

己酉。修杞縣離溝隄岸。濬牛墓岡舊河。

癸丑。定河南牧地開封七。衞輝六。彰德四。

甲寅。工部左侍郎黎澄爲尙書。仍直內府。

丙辰。南京刑部尙書施禮卒。禮字仲節。東安人。洪武丁丑進士。授行人司副。進河南布政司參議。坐事免。起守淮安。又免。俄拜山東道御史。進大理寺丞。遷少卿。宣德初。進刑部右侍郎。正統元年。進尙書。調南京刑部。以敦朴淳謹稱。年七十三。賜祭葬。

丁巳。貸全椒縣穀萬四千餘石。

戊午。提督雲南糧餉右僉都御史程富爲右副都御史。

金華府照磨吳熙爲推官。從軍民之請。

庚申。封班丹堅剉爲靈藏灌頂國師贊善王。

南京大理寺左評事張昇秩滿。求就敎便母養。改敎授。

免常州去年災租九萬一千四十餘石。

甲子。雲南總兵官左都督沐昂卒。昂。晟叔子。洪武中。授散騎舍人。進府軍左衞指揮僉事。永樂初。進雲南都指揮同知。洪熙初。進右軍都督同知。宣德末。進右都督。鎭守雲南。正統三年。征麓川功。進左都督。總兵官。復征麓川。敗績。降都督同知。七年。進右都督。從征麓川。復左都督。

乙丑。免彌勒州逋租。

丙寅。南京國子監丞諸質爲翰林院編修。杜寧服闋。補翰林院侍講。

戊辰。甃京城。

辛未。增西安府通判。專督水利。

七月軒朔甲戌。修滁陽王廟。

霸州知州張需下錦衣獄。需善字民。順天府丞王鐸嘗旌異之。有牧馬官擾民。需置于法。牧馬官以譖太監王振。遂被逮。幷坐鐸私舉。下法司。宥復職。

戊寅。保定眞定濟寧蝗。命捕之。

己卯。復孫理三河知縣。

順天南石渠草場火。

庚辰。敕駙馬都尉井源太監陳□修鳳陽陵殿城樓。

辛巳。進士丘嵩李侃錢森爲戶科給事中。熊文禮科給事中。鄧海刑科給事中。張文質工科給事中。守備遼東寧遠衞都指揮使焦禮爲左軍都督僉事。仍守備。

免鎭江廣平保定大名水災田租七萬六千五十餘石。

丁亥。整理大同邊儲戶部右侍郎沈固母喪。許奔喪赴任。

戊子。撒馬兒罕國兀魯伯苦列干王並入貢。

己丑。免山東昌樂縣逃租千五百三十石。

庚寅。緬甸宣慰使卜剌浪馬哈省以木葉書約十月終歸思任發于貢章。付金銀鐵三刻爲信。索木邦眇額之地。其頭目哈答至京。上敕卜剌浪馬哈省卽俘至論功陞賞。又思機發刼隴川宣撫司使恭項印。

壬辰。減平陽潞汾沁今年布花之二。田租之三。

癸巳。通州義勇右衞倉火。燬米穀萬八千五百餘石。

乙未。巡撫河南山西大理寺左少卿于謙奏。山陝饑民。俱餬口于河南懷慶。河南有貯米六十萬餘石。請減糶。上許之。命戶部馳報毋緩。

丙申。黔國公沐儼改名斌。

丁酉。復荆王瞻堈書曰。承諭漁于蘄州之赤東湖。朕特允請。然山澤之利。自昔共民。叔氏宜體此意。

戊戌。賜哈密忠順王倒瓦答失里駝紐鍍金銀印。

芒市土官放革會木邦兵殺思機發刀怕囊等。斬五百餘級。

辛丑。增順天府通判專督匠役。

召商納糧騰衝中淮浙四川鹽三十萬五百九十引。

八月甲辰朔。黔國公沐斌爲征南將軍總兵官。鎭守雲南。

夜。大星青色自天津北流女牀後。二小星隨之。

乙巳。遣祭司鐘之神曰。維神職司禁鐘。朝儀是肅。茲晨扣擊失常。朕惕政乖。特申祭告。

丙午。夜月犯房宿。

己酉。監察御史彭勗爲吏部考功郎中。京衞武學教授紀振爲員外郎。

省邊衞教官冗員。

壬子。河南多逃民。委開封同知王靖南陽同知汪庭訓汝寧通判周海。又增陳州知州。專撫逃民。其復業者。免賦役三年。

癸丑。免武昌襄陽常德長沙岳辰荆旱災田租二十八萬八千四十餘石。

戶科給事中王弼言。旱蝗饑饉。致災之由。則官吏貪暴相尙。刑罰失中。宜御史指奏。以憑罷斥。上納之。

山西按察使曹習古貪淫下法司。戍鐵嶺衞。

乙卯。減路南州銅課之半。

丙辰。參贊寧夏軍務四川道監察御史羅綺爲大理寺右寺丞。

蠲蘇松常鎭浙江水災田租四十九萬三千五百六十三石。

辛酉。西安鳳翔旱饑。

賑江都縣饑。

乙丑。翰林院檢討姜洪爲修撰。

定宣府龍門衞赤城鵰鶚堡每一金糴粟二石二斗。獨石馬營龍門所雲川堡每一金糴二石。

丙寅。浙江道監察御史陳嶷爲陝西按察副使。專巡甘肅水利屯種。

丁卯。戶部左侍郎李暹覈儲于河南陝西。酌糴買裕邊。

庚午。沂水縣丞馬麟爲知縣。

九月粹朔壬申。仍遣監察御史巡茶。

書誡秦王志潔。以折山川壇獸吻。拒宜川王入廟。燬儀賓柩。偪承奉自縊。拔紀善鬚髮。誘軍民子弟自宮之類。不可悉數也。

夜。大星青白光自羽林軍流近濁。後二小星隨之。

癸酉。吏科都給事中張睿爲戶部右侍郎。

甲戌。諭吏部尙書王直曰。給事中職封駁糾劾。非行誼莊飭。才識優長。儀偉言端。曷克稱之。今後愼選。毋以輕畀。

乙亥。吏部右侍郎趙新言銓衡四事。曰人無全才。古今皆然。身言書判。法固當因器使。隨才亦或不遠。若責短棄長。捨僉議而自用。變舊典以徇私。則選任失宜矣。曰薦賢臣。忠考察才覈也。今孝謹人才。有司舉到。不辨眞贗。輒自發回。匪惟蔽賢抑且違詔。曰各衙門送到辦事年滿官員。需次取選。故事也。今不論日月先後。却候積累人多。雜亂文狀。隨手取寫。謂之公道。後薪前魚。欲人無怨。不可得也。曰官吏詐匿親喪。厥罪惟均。今匿喪者罷爲民。而詐喪者職役如故。禮法乖違。輕重失等。臣敢冒昧以聞。上一從新言。命詐匿親喪者並削籍著爲令。

戊寅。始免監生徭役。

辛巳。起復郿縣知縣石琰。安定縣丞柴林復李簡。韓城知縣。皆鎭守陝西都察院右都御史陳鎰薦之。

癸未。進士林廷舉王允徐行童存德周鑑仝智姚恭申祐張洪宋瑮李賓吳中羅篪柴文顯何琛周瑜齊讓黃綬陸厚曾蒙簡常茂崔璵邵進爲監察御史。

丙戌。停徵兩畿災傷孳牧牛馬。

丁亥。山東布政司左參議黎璉專撫流民。罷濟南等撫民通判。以驛騷故。

兵部右侍郎虞祥卒。祥崑山人。歷金華訓導。上虞敎諭。宣德間擢禮科給事中。慶壽寺僧創毘盧閣下瞰皇城。祥疏上立毀閣。正統初進通政司左參議。善敷奏。八年進戶部右侍郎。改兵部。巡撫畿內。剗除貪酷。存問疾苦。素謹默。人尤安之。賜祭葬。

劉鳳曰。予觀謹愿者事未嘗不爲動容也。曰。羔羊之詩見之矣。伯有侈奢而子産嘻。晏不敢盈禮焉。匡濟道缺。樹德務滋。豈厚封之謂耶。仲禎用誠長者處官。雖畏愼庸不乃愈。敎子孫不失秩。可謂能遵業哉。

戊子。江西都指揮僉事馮鎭爲署都指揮同知。仍督漕運。

庚寅。兵部左侍郎鄺埜爲尙書。

夜。大星赤光。流南至游氣。

辛卯。吏部左侍郎李斅卒。斅字居學。涿人。永樂初入北雍。嘗試第一。授衞經歷。進禮部主事。歷員外郎。遷江西右參議。改四川。除歲買茶課。從近轉餉松潘。遷右參政。正統初。遷右布政使。憂去。奪情至佐銓。剛直勤慎。在蜀十餘年。績最著。吏部爲不逮也。賜祭葬。

壬辰。遣監察御史李琮□鸞。王鎰。盛琦。劉訓。任寧。王震。王淵。呂淵等清軍各省。

癸巳。戶部左侍郎李暹卒。暹字賓暘。長安人。洪武貢士。永樂初授北京行部戶曹主事。調行在戶部。坐累。左遷清河監副。奉使西南諸夷。還進戶部郎中。正統初進通政司右通政使。內艱起復。仍理京儲。遷戶侍。歷官餘四十年。以強敏稱。

甲午。夜。月犯軒轅。

乙未。南宮等縣野蠶成繭。眞定知府張玉稱賀。下禮部。

丙申。增定邊營中鹽納馬例。上馬一。鹽百二十引。中馬一。鹽百引。初。戶部定上馬百引。中馬八十引。商病其遠。不卽赴。

丁酉。戶部右侍郎張睿。內官阮忠。巡視提督京通臨清徐淮倉糧。幷象馬牛羊房。

夜。大星赤光。自天船流華蓋。

庚子。河決山東金龍口陽穀隄。

十月辛丑朔。夜。大星青白光。自虛宿流羽林中。曉刻。火星犯上將星。

癸卯。敕戶部右侍郎焦宏往河南陝西抵甘肅。巡視倉儲。整理屯種。

蠲鳳陽揚州岳荆常德長沙襄陽南陽平陽旱災田租。

甲辰。兵部尙書徐晞致仕子固安縣丞訥廕都督府都事以雲南督餉功。

乙巳。始授乙榜貢士劉震等教授學正監生侯琰等敎諭訓導俱翰林院考定。

丙午。上畋于南海子。

辛亥。修睢磁祥符杞陽武原武封丘陳留安陽臨漳湯陰林縣沙縣決隄。

癸丑。工部右侍郎李賁調兵部清理黃選。

丁巳。翰林院學士錢習禮爲禮部右侍郎侍讀儲懋爲戶部右侍郎。初命吏部與諸尙書都御史推舉可侍郎者。咸舉懋等習禮則上自擢。

右軍署都督僉事劉廣卒。賜祭葬。

戊午。役浙江二萬人疏海鹽永安湖。

辛酉。翰林院編修謝璉爲侍讀。

乙丑。都察院右都御史王文鎭守陝西代陳鎰。

戊辰。翰林院學士曹鼐爲吏部左侍郎陳循爲戶部右侍郎侍講學士馬愉高穀爲禮工部右侍郎侍讀學士苗衷爲兵部右侍郎。兼職各如故衷穀並直文淵閣。

十一月庚午朔。辛未。南京光祿寺少卿張惠爲光祿寺卿。

壬申。太常寺丞戴慶祖王一居爲少卿。

交阯土官知縣阮世寧頭目黃正等先僑居應山縣。不自給。命給俸終其身。

癸酉。故和寧王阿魯台次子火兒忽答孫顧來歸。敕迎之。

乙亥。通政司右參議侯潤失奏對。謫和州知州。

丙子。隆平侯張淳卒。

戊寅。故會川伯趙安子英龍爲臨洮衞指揮使。

癸未。戶科給事中王弻爲順天府丞。

丙戌。增濮州同知亳縣縣丞各一。

免貴州程番等長官司土民絕戶糧三百石。

己丑。復史簡河間知縣。食從六品俸。

辛卯。甘肅左參將都指揮僉事王敬爲署右軍都督僉事副總兵鎮守涼州。

夜。月犯火星。

甲午。夜。月犯氐宿。

丙申。錦衣衞指揮僉事陳端捕盜于順天保定。

己亥。吏部右侍郎洪璵卒。璵淳安人。永樂辛丑進士。授刑部主事。改工部。使陝西。大學士楊士奇才之。正統初。直經筵。進翰林侍講。士奇又薦。進吏侍。進退人才必詳愼不苟爲異同。其妾淫奔。士論少之。

十二月[illegible]朔。夜。大星赤光自紫微西藩流螣蛇。

乙巳。戶部郎中楊謀巡視福建銀場。增處州建寧福州撫民通判各一。時處州盜葉宗留糾衆恣劫。

罷江西均徭冊。初議自按察僉事夏時。頗擾民。寢之。

丙午。吳江縣丞王懋本爲知縣。

濬長樂縣嚴湖。

丁未。設曹州。以曹縣土廣民稠。故析之。曹縣知縣范希正爲知州。

己酉。瓦剌貢使云。太師也先求人參木香諸藥。陰陽占候算卜等書。上以其詞悖。不予。

甲寅。野蠶絲製幔褥陳于太廟各祭告。

丙辰。瓦剌使臣皮兒馬黑麻等貢馬八百。青鼠皮十三萬。銀鼠皮萬六千。貂鼠皮二百。上侈之。命收其駿。青銀鼠皮各一萬。貂全收。餘令夷自售。

雲南千戶王政奉敕幣諭緬甸宣慰使卜剌浪馬哈省索思任發。未卽遣。適晝晦二日。術者曰。天兵至矣。卜剌浪馬哈省懼。以思任發及妻孥部屬三十二人付政。思任發已不食垂死。政遂斬首函獻京師。

談遷曰。思任發老緬甸四年矣。王襄毅再黷武。曾不得其要領。一千夫長銜尺一之命。遽束身受組。非緬甸前倨而後恭也。介使得其人。賢于十萬之師。鹿走山林。命懸于庖廚。任發之死晚矣。然儂智高走大理。終于不獲。則明之威德遠也。

辛酉。大慈恩寺禪師也失哩監剉自陳乞陞國師。上不允。

壬戌。廣西盜韋萬王伏誅。

乙丑。廣西太平府照磨揭冕爲試通判。冕得夷民心。

丙寅正統十一年

正月己巳朔。是日立春。上御殿。幷受朝賀。

壬申。敕大同總兵官武進伯朱冕。宣府總兵官武定侯郭玹等。以西洋河極衝。如國初畫河守之。

丁丑。暫停在京工役。二月朔趨事。

己卯。上南郊。

庚辰。賜司禮太監王振及各監太監錢僧保高讓曹吉祥蔡忠白金寶楮綵幣諸物。振姪林爲錦衣指揮僉事。僧保姪亮。讓姪玉。吉祥弟整。忠姪英。俱副千戶世襲。賜振敕褒許甚至。

死剌太師也先請灌頂國師剌麻禪師封號銀印衣飾等。以非例不許。

壬午。復林伯興開州判官食正七品俸。

癸未。有虎入中都皇陵土城。命捕之。

甲申。禮科給事中李實下獄。合州判官劉若冲糾其家居不法也。

戊子。增鳳陽大名開州同知長垣滑天長縣丞各一。專撫民。

己丑。錢溥服闋補翰林院簡討。

庚寅。吏部驗封主事趙敏爲署員外郎。

吏部考功主事仍二員。

壬辰。陽曲知縣燕雲爲潞州知州。雲初令曲沃。撫字有方。郡徵羊數百。雲託生日開宴。富民爭餽羊。如額而止。歷陽曲。善治如之。秩滿食正六品俸。至是巡撫于謙薦陞潞州。

甲午。修太廟。

乙未。白虹彌天。

戊戌。行人尙褫爲南京貴州道御史。訓導張承翰爲南京河南道監察御史。

復徐彬順德府同知。齊郁寧陽縣丞。

設遼東苑馬寺永寧監復州龍潭二苑。

二月己亥朔。巡撫山東大理寺右寺丞張驥上三事。曰山東旱。卽椎初葬之塚。殘其骸。曰打旱骨椿。惡俗宜禁。曰臨清千戶所宜改守禦千戶所。除吏目。便鞫訟。曰永利諸鹽場地近長蘆。即命巡鹽轄之。俱報可。

壬寅。南京中軍都督僉事徐景瑀卒。賜祭葬。

癸卯。亦力把力等處地面也密力虎者王入貢。

丙午。復潘峻東鹿典史食從九品俸。

庚戌。琉球入貢。

太僕寺少卿沈升卒。升字志行。海寧人。永樂甲申進士。選庶吉士。授刑部主事。預修永樂大典。性理大全等書。戊戌。進四川右參議憂去。已調河南。尋參贊薊州軍務。宣德末進北京太僕寺少卿。秩滿。餽王振百金玉帶。振漫視之。頗失望。卒賜祭。

談遷曰。沈志行富于文學。文皇帝首開瀛洲之選。其人俱髫髦也。多坎壈以終。志行亦不敢望王英陳敬宗輩。亦卓有士望。史譏其賂閹振。倘亦有牛鼎之意乎。鄉人如志行者未多見。奈何深訾之也。

甲寅。陳塤嗣遂安伯。陳英子。

乙卯。中書舍人龍文爲吏部驗封員外郎。

夜。火星犯平道東星。

丁巳。廣東猺寇八百餘人掠石城遂溪諸縣。

戊午。瀋府平遙王佶焞薨。年三十九。謚僖靖。

處州通判黃聰爲同知。仍提督銀場。

庚申。增麗水青田縉雲慶元松陽龍泉縣丞專管銀場。

夜。月犯南斗星。

辛酉。有異氣現華蓋殿金頂及奉天殿鴟吻之上。遣告天地。

禮部請度僧道。命如永樂例。

翰林院學士蘭從善卒。從善磁人。永樂末自教諭選侍皇太孫。宣德初。修兩朝實錄。進司經局洗馬。正統初。修

宣宗實錄。進學士。直經筵。悃愊不少飾。表裏洞徹。于經術則未也。

癸亥。以春和下詔寬恤。

鄭宏嗣武安侯。鄭能子。

丙寅。協贊陝西軍務陝西道監察御史馬恭爲右僉都御史。

增開封衞輝彰德通判。磁陳判官。封丘蘭陽儀封陽武項城考城汲輝胙城新鄉獲嘉安陽湯陰臨漳縣丞。管

馬。

丁卯。安鄉伯張安與弟寧爭祿。下錦衣獄。

三月甑朔。禮部右侍郎兼翰林院侍講學士馬愉歸省。

下戶部尚書王佐右侍郎儲懋刑部尚書金濂右侍郎丁鉉馬昂都察院右都御史陳鎰右副都御史丁璿程

富于錦衣衞獄。以安鄉伯爭祿。法司戶部互委。上怒其緩。尋宥之。

南京中軍右都督陳政卒。

壬申。監察御史柳華往督福建浙江江西兵。勦鑛盜。

癸酉。上發京師。宿沙河。

甲戌。至天壽山。

丁丑。祭長陵獻陵景陵。

己卯。吏部聽選官龐昌獻白兔。

庚辰。上還京。

工部右侍郎王佑督修大覺寺。

辛巳。前兵部尚書徐晞卒。晞字孟□。江陰人。永樂初由椽史。時營北京。授都吏。授營繕主事。歷郎中。改兵部。正統初試右侍郎。練兵臨洮鞏昌。已參贊甘肅軍務。丙辰召。實授。往守莊浪涼州。立儒學。尋轉南京戶部左侍郎。辛酉。轉餉麓川。功進尚書。乙丑致仕。賜祭葬。

談遷曰。徐晞起刀筆吏。躋于八座。其禔躬有長者風。仗馬箠于西隴南徼之間。觸風雪。冒炎暑。橫身疆埸。卽依日月之光。非云幸也。世儒不識時變。輒喋喋此曹子牛馬走。不足于經術。嗟乎。六經且糟粕。安所得司空城旦言乎。亦顧其實何如耳。

癸未。靖遠伯王驥展墓。

嚴僞銀之罪。戍邊。

夜。月食。

甲申。廣西大藤峽賊流刼。

夜。大星赤光。自左旗流天津。後一小星隨之。

丁亥。召山西按察副使寇深。山西署都指揮僉事朱忠等薦其才。

駙馬都尉趙輝掌南京左軍都督府事。

壬辰。起復荆州知府劉永。

癸巳。暹羅國王思利波羅麻那惹智剌入貢。

滄州判官宋訥爲知州。

免濟南去年災租二萬二千九百七十石。

甲午。崇信伯費釗提督官軍牧馬。

召都督同知毛福壽于雲南左參將右都督冉保協贊鎮守。

乙未。復嚴肅濟南府經歷食正七品俸。

丁酉。夜火星犯平道東星。

四月戊戌。朔癸卯。濬任丘縣淩城港接大河入直沽。

丙午。召致仕浙江按察使柯暹至京。

戊申。賑六安衞軍。

癸丑。命蘇州知府朱勝乘傳赴任敕諭之。

乙卯。紹興府通判白玉爲知府。

丙辰。延安知府陳虯爲陝西布政司右參政食正三品俸。

丁巳。翰林院庶吉士劉文爲中書舍人仍隸四夷館。

戊午。遣諭麓川思機發。

賜雲南芒市長官司長官放革綵幣嘉其去年助討麓川功。

右僉都御史盧睿參贊寧夏軍務代大理寺丞羅琦。

庚申。五臺山僧請修圓通寺上難民力不允

辛酉。進士王竑爲戶科給事中監生于泰蘇霖禮兵科給事中。

甲子。安南琉球入貢。

訓導李俊祝傑戴驥王珉爲監察御史專辦銀課。

乙丑。設雲南景東衞儒學。

丙寅。陝西大雨水傷人畜民饑命有司存恤。

丁卯。翰林院侍讀周敍遣祭衡山。訖過其家。被訐。不問。

五月。甗朔己巳。夜大星青白光燭地自天市東垣流牛宿後二小星隨之。

辛未。起復山東布政司右參議張允中仍理易州薪炭。

甲戌。國子祭酒李時勉再乞休不允。

乙亥。免黃巖寧海天台臨海去年災糧二萬八千餘石。

戊寅。夜月犯亢星。

庚辰。高唐夏津蝗。

辛巳。青州旱許布折夏麥。

戊子。起復石阡府經歷楊彬。

除林縣荒田租。

會昌伯孫忠舍人倍徵子錢。被劾上宥忠。戍舍人鐵嶺衞。

己丑。封張元吉正一嗣教冲虛守素紹祖崇法眞人領道教事。

先是四川歪地等寨番人作亂。鎭守都指揮王杲高廣不能制。廷議推都督同知宮聚都督僉事陳榮。上欲撫之。命山西按察副使寇深鴻臚寺署丞祁全往諭。

壬辰。封晉府美塲永和王公錫秦世子公鐕汧陽王。公鍊保安王。

免冀州南宮寧晉柏鄉去年旱租四千五百九十七石。

甲午。監察御史李俊提督福建銀場。

嚴京城外窰禁。時太監賈亨僧保內官雲保山黃義俱私陶。下獄。

修南京大報恩寺。

乙未。前軍都督僉事鄭通卒。賜祭葬。

六月酉朔。內使阮愷擅啓寶藏庫鑰。特僇之。

戊戌。亦力把力等處地面也密力虎者入貢。

己亥。勞廣西吏卒。

免嘉興湖台災租十一萬七千八百餘石。

庚子。免順德去年災租萬一千二百餘石。

壬寅。琉球中山王尙忠表賀今年正旦。

停懷慶轉餉陝西。時陝西稔。以戶部右侍郎焦宏請。延安綏給自近縣。從之。

右僉都御史馬恭協贊延綏都督僉事王禎軍務。

癸卯。光祿寺卿奈亨秩滿。爲戶部左侍郎。署寺事。

丙午。安南入貢。

戊申。光祿寺卿張惠爲四川右布政使。

責廣東都指揮何貴左布政使吳掦僉事楊輔等勦高雷等叛猺。

辛亥。修京城。

甲寅曉刻大星青白光。流雲中後二小星隨之。

丙辰山西按察副使寇深爲右僉都御史提督松潘兵備。

夜地震有聲。

壬戌。進士章綸爲戶科給事中。

木邦宣慰使罕蓋法求麓川地鎭守雲南太監蕭保總兵官沐斌侍郎楊寧議已設隴川宣撫司惟餘孟止地。

上命覈之卒從所請。

癸亥敕占城國王摩訶賁該以安南訴其侵升華思義近又攻化州也又敕三年一貢泊廣東市舶提舉司河或瓊州。

甲子。久雨。渾河溢固安。

七月虹朔。晉州請疏滹沱河故道修隄岸命侯秋成。

己巳。封友垓蜀世子。豪埊松滋王。

戶部右侍郎張濬提督京倉糧料焦宏還部。

庚午遼府應山王貴熾薨年三十三。謚悼恭。

設四川思曩日安撫司頭目以阿思覲爲安撫轄松潘。

辛未順天河間保定應天鎭江松江蘇常太平寧國池杭湖嘉興開封衞輝各五月六月大雨水。傷稼。遣視之。

癸酉復各處稅課司局。凡辦鈔萬五千貫悉復設。然增俸而課實如故也。

甲戌選朝覲卓異慶雲典史趙亮爲知縣。

海門縣丞郭得秩滿被留進通州判官。

京都太倉大寧中衞倉火。

丙子。工部尚書黎澄卒賜祭葬。

談遷曰自漢以來遠夷俘隸得列交戟。叨右職而令終爲難。黎澄以季犛之逆屬。傾否圖新。白首冬署。雖僅效神槍之技亦秺侯之流亞也。讀南翁夢錄。述陳氏興替。愴然有餘悲焉。首丘之感。夫所謂越吟耶。

庚辰。大理寺右少卿沈粲秩滿進左少卿仍直內府。

少保禮部尚書兼武英殿大學士楊溥卒。溥字弘濟石首人。洪武庚辰進士。授翰林編修。永樂初直東宮。進司經局洗馬。後坐累繫獄十年。仁宗卽位。釋之。擢行在翰林院學士。尋進太常寺卿兼學士。未幾直弘文館。宣德初。總裁兩朝實錄。憂去奪情。進禮部尚書兼學士。至上進少保兼武英殿大學士。時同官楊士奇以學。楊榮以才。溥以度。天下引領望治焉。贈太師諡文定。賜祭葬。孫壽廕尚寶司丞。

丘濬曰我朝相業三楊偉矣。然當其時南交叛逆。軒龍易位。敕使旁午。頻泛西洋。曾無一語。權歸常侍。遠征麓川。兵連禍結。極于土木之變。誰實啓之。

鄭曉曰西楊士奇玉質金相。通達國體。東楊榮揮斥游刃。遇事立斷。南楊溥安貞履節。調羹釀醴。參合成名。並稱賢相云。予聞之先人曰文貞輔導監國。危心慮患。卒能保其身以濟其主。文敏經略北塞。金湯萬里。有武蹟焉。文定中更險難。比入內閣。遲二楊者二十三年。復還弘文。再入內閣。昭皇后臨朝。與民休息。四海晏然。皆其力也。

癸未。吏部右侍郎趙新曹義文選郎中張琛禮科給事中章瑾等下獄。初新私其從子澄。令婿瑾囑琛。琛不從。及左銓相忤。又受知縣洪鈞賂。薦銅仁知府事。發并劾及尚書王直。上宥直。餘下法司。俱釋。

甲申。金星晝見。

上聞沙州衞都督僉事喃哥等陰附瓦剌。命甘肅總兵官寧遠伯任禮等密執之。

丁亥。夜火星犯氐宿。

戊子。敕思機發入朝。量授爾官。又敕孟養護爾家屬毋失。

兵部左侍郎侯璡參贊雲南軍務。代楊寧。

壬辰。招遠伯馬亮卒。亮淇人。靖難初自百戶歷都指揮使。屢北征。洪熙初。進右軍右都督。宣德初。征漢庶人。進左都督。正統九年出塞征胡至黑山大松林流沙河。俱捷。得封。勇悍善騎射。戰輒當先。爲時驍將。賜祭葬。謚榮毅。

癸巳。起復應天府尹。

甲午。□□致諭林祥鳳爲貴州道監察御史。

八月辆朔戊戌。免湖廣田租四十二萬八千二百七十餘石。

參贊寧夏軍務大理寺右寺丞羅綺下獄。先以陝西署都指揮僉事陳斌總兵官都督同知黃眞屢奏其貪酷也。至是入朝。下法司擬贖。上改錦衣獄。引伏。于是錦衣指揮同知馬順等劾右都御史陳鎰右副都御史丁璿刑部尚書金濂右侍郎薛希璉馬昂大理寺卿俞士悅寺丞廖莊張驥蒙蔽。上責狀。謫綺戍邊。

右軍左都督蕭授卒。授華容人。世府軍右衞千戶。從靖難。歷河南都指揮同知。改總兵官。鎭守湖廣貴州。進右軍都督僉事。宣德末進都督同知。正統初召還。贈臨武伯。謚靖襄。賜祭葬。

己亥。陝西按察僉事莊觀爲副使。仍提督學校。

壬寅。夜月掩心星。

丁未。作通州八里莊橋。

戊申。黎城知縣李善爲汾州知州。

免濱州田租。

己酉。武昌火。

辛亥。增延安府同知一。

江陰人劉源上司馬法注五篇。

癸丑。裁烏蒙東川軍民府知事檢校。

復張亨沙河典史食從九品俸。

庚申。吏部尚書王直右侍郎趙新曹義署光祿寺事戶部左侍郎李亨相訐被劾。各下獄。

辛酉。禮部右侍郎錢習禮署吏部。

徐榮服闋。仍藁城知縣。

遣視大名廣平眞定順德廬淮安安慶濟南東昌靑萊水災。

河州衞番僧加失領眞在罕東衞通瓦剌。至是來朝。安置南京。

癸亥。沙州衞都指揮同知桑哥失力來朝。願率所部三十家內徙甘州。許之。

乙丑。右軍都督僉事魯失加卒。莊浪衞西大通人。

九月癸酉朔。遣視徐州南陽太原兗登武昌長沙襄陽岳黃荆漢陽德安常德水災。

前左副都御史李濬卒。濬字伯濂。武定人。監生。擢四川道御史。憂居。告漢庶人之變。進右僉都御史。正統初。巡撫遼東。邊事大飭。進右副都御史。八年致仕。賜祭葬。

己巳。宥王直曹義奪趙新俸二月。李亨三月。

禁邊衞官舍取直輸草。

辛未。火星犯天江。金星犯軒轅。

癸酉。增新會縣丞管糧。

丙子。沙州衞都督僉事喃哥兄弟不協。部衆有二志。甘肅總兵官任禮先招諭而大兵乘之。遂入居甘州塞。凡二百五戶。千二百三十餘人。

丁丑。夜雷電。

己卯。夜大星赤光。自紫微西藩流近濁。

庚辰。勑緬甸宣慰使卜剌浪馬哈省以速剌曰。爾能調夷兵南據戛里。北渡金沙。思機發立可擒。勿爲他人功。時緬甸請孟養泄里之地。

辛巳。廣西猺賊流刼化州。執知州茅自得索贖。殺千戶汪義。命廣東立營界上。調兵戍之。

有僧私立寺于彰義門外。下法司。戍邊。

禁應天鎭江太平寧國湖濱淺灘築圩耕種。以巡撫工部左侍郎周忱言壅水妨民也。

沙州衞都督喃哥弟鎖南奔就婚罕東衞。上聞其臣瓦剌僞封祁王。命總兵官寧遠伯任禮遣人招撫之。

丙戌。陳文服闋。補翰林院編修。

夜。月犯五諸侯。

丁亥。勑漕運總兵官及諸巡撫官曰。租稅出民。漕輓以軍。苦勞矣。所司不恤。復侵擾之。卿當加意。暴官汙吏。必致之法。

夜。金星犯木星。

戊子。兵部言。瓦剌太師脅哈密忠順王及王母頭目陝西丁等往瓦剌。屬其整兵聽調。報聞。

己丑。夜。月犯軒轅。曉刻。金星犯太微垣右執法。

辛卯。右副都御史程富參贊甘肅軍務。代曹翼。

壬辰。前都察院右都御史顧佐卒。佐字禮卿。太康人。建文庚辰進士。授莊浪知縣。治邑廉平。永樂初拜監察御史。守正嫉邪。久之進江西按察副使。勤敏威嚴。奸黠遁匿。三歲餘拜應天府尹。人擬之包拯。勳戚豪貴不利佐出貴州按察使。未行。仁宗卽位。改通政使。宣宗三年。進右都御史。盎振風采。時貴斂跡。後居其位者莫及也。家居十餘年。啓迪後學。賜祭葬。

癸巳。刑部右侍郎馬昂改右副都御史。參贊甘肅軍務。

赤斤蒙古衞都指揮鎖合者來朝。初苦朮娶西番女。生塔力尼。又他娶。生鎖合者。革古者。乃三分其部。自領中帳。塔力尼領左。鎖合者領右。至且旺失加阿速父子相繼長赤斤部。衆强。欲幷右帳。相仇殺。鎖合者迫。故自歸。

夜。大星青白光。流丈餘。倍大如碗。光燭地。東沒于軒轅。

是秋。陝西大稔。

十月耴朔。丙申。彭城衞南新倉火。

始遣戶部主事兌漕。

漕運總兵官後軍都督僉事武興爲都督同知。

監察御史虞禎降博平知縣。禎巡按貴州。劾畢節衞教授孫隱。訐其酗酒鬻廩。俱徵下錦衣獄。

曉刻。金星犯太微垣左執法。

丁酉。暹羅瓜哇占城俱入貢。

中禁文武官訐奏。

疏常州孟瀆河。

戊戌。兀剌入貢。

曉刻木星犯太微右執法。辛丑。復犯。

己亥。汝寧同知張鑑爲知府。

夜。大星青白光。自天船北流鈎陳。

辛丑。守備獨石左參將都督楊洪邀護兀剌部屬三十人。上以非寇邊。命遣之入京。

癸卯。巡按浙江監察御史黃裳言。御史給事中考滿黜陟取上裁。其後吏部奏定近年三品以上廷臣保陞。夫科道專糾察參駁。若考滿待陞。求如文彥博之薦唐介呂夷簡之舉范仲淹幾何人哉。乞今後吏部照例陞授。上是之。

兵部尚書鄺埜等上集議禦虜方略。蓄糧邊境。增大同東西路宣府古北口延綏定邊營之戍。乞二大臣巡視西北邊。俱報聞。

復梁瑄邢臺知縣。食正六品俸。

乙巳。兀剌也先遣使奄克求見大同鎭守太監郭敬。且云。也先兵往兀良哈回乞餉。上敕敬奉命守邊。辭不敢擅見。京師儲峙如山。爾可自請也。仍傳語爾攻兀良哈。已敕邊將勒兵宜禁所部毋近邊。恐難辨也。

丙午。中都留守司正留守蕭讓卒。賜祭。

夜。金星犯進賢星。

丁未。賑淮徐濟寧災民。免田租。

命膽襲都指揮幼劣者。即本司帶俸操練。俟年長練達選任。

戊申。西安水利通判黃鏞請鐫溉田之數用水之期于石。庶人遵畏。從之。

壬子。許罪人于通州轉粟龍門開平二衞自贖。

癸丑。夜大星青白光燭地。流雲中。後二小星隨之。

甲寅。遣給事中御史分勞邊卒各一金。共二十五萬七千一百五十三金。

遼東都指揮使裴俊卒。賜祭。

乙卯。夜月犯五諸侯星。

丁巳。設女直塔山左衞。

己未。敕瓦剌太師也先曰。來使把秃不花等不由大同貢道。自塞外險路。值巡軍不明言貢使。幾悞勦。特宥不問。館待尤厚。今後須賫鐵牌印符入大同。

辛酉。桂林中衞指揮同知武毅屢殺賊。進署都指揮僉事。守備鬱林州。

甲子。命吏部推監司郡守。第舉其人。不許定秩。其由椽吏。必軼才清譽。方保薦。

雲南按察使賴巽卒。巽。廣昌人。永樂乙未進士。授御史。按蘇松。糾治豪猾。考察湖廣。斥參政以下三百餘人。進雲南按察副使。至今官。

十一月甲朔丙寅。陝西都指揮同知楊得乞募西安沿山獵戶土民。復其家。殺賊有功。例賞。分命都司官訓練班軍。從之。

丁卯。山西布政司檢校劉因爲曲陽知縣。

戊辰。裁四川烏撒軍民府。

己巳。夜月犯壘壁陣西星。又大星青白光燭地。後數小星隨之。沒于鬼宿。

庚午。命浙直織紵絲紗羅綾紬錦九千四。

辛未。改舊禮部爲貢院。

乙亥。誅內使吳忠及養子勇士欽。以欽唆訟也。

丙子。淮王瞻墺薨。王母李氏。初國韶。上以韶瘴。徙饒州。王嘗從左右有他請。長史上海李伯嶼曰。朝廷之上。有賜無求。賜則惠。求則瀆。王疾。府中人欲祈禱。伯嶼曰。何如貸丁錢以甦衞士之困。王皆從之。年三十七。謚曰靖。

己卯。肥河衞都督僉事別里格嘔罕河衞都督僉事你哈答來朝。俱爲都督同知。

錦衣衞指揮僉事李效良致仕。子榮襲。效良銀工。直御用監積陞。

夜月生暈。參畢五車諸宿圍焉。

庚辰。敕雲南署都指揮僉事司韶提督屯種。

蠲順天淮安廬徐沂宿瀘廣安田租。

辛巳。戶部雲南司主事胡紀爲吏部文選員外郎。

甲申。封子壂汝陽王。友墦內江王。友域德陽王。

重給兀剌也先順寧王駝紐金印。初永樂舊印失于兵。

廣西思恩府爲思恩軍民府。

壬辰。夜月犯心宿。

癸巳。右副都御史周銓調南京。仍督理糧儲。翰林院侍讀周敍爲南京翰林院侍讀學士。監察御史齊韶爲南京刑部右侍郎大理寺左寺丞廖莊爲南京大理寺左少卿。
前右軍右都督吳亮卒于武昌。亮來安人。以青州護衞副千戶從靖難。進旗手衞指揮僉事。宣德中進湖廣都指揮僉事。尋充總兵官。總督漕運。兼鎭守淮安。正統初進都指揮同知。平新淦賊。進都督僉事。嘗佩征南副將軍印。鎭貴州。累進右都督。改雲南。已還視右府事。致仕。亮饒智略。每用兵不嗜殺。故蠻夷懷附。惟寬簡喜文學。至老手一編不輟。賜祭葬。

十二月钾朔。乙未。周府災。
庚子。進士涂謙馬垸陳叔紹爲監察御史。
壬寅。燕山右衞帶俸都指揮使董興。大寧都指揮僉事田禮。錦衣衞帶俸都指揮僉事范雄張軏。俱署都督僉事。
京城大雷雨。
癸卯。設廣西巡檢司三十六所。
故少師楊士奇子稌廕國子監生。
甲辰。遣左通政王錫祭西嶽西鎭。太常寺丞李宗周祭境內山川。時甘肅疫。
置銅鼓衞儒學。
乙巳。代王桂薨。王母惠妃郭氏。初封豫王。後封代。國大同。王與蜀王同母。蜀賢而王暴。建文時。廢爲庶人。使如蜀觀法。永樂初復國。不悛。屢敕讓之。召王不至。再召乃朝。革三護衞。王老矣。尚時與子遜料遜[火靑]。短衣褻帽。袖錘斧傷人市中。誘納軍民婦女入宮。移怒其子遜煓。母子出居外。舍于山西行都司。甚困。王妃徐妒甚。王寵其侍女二人。糞其口。漆其身。復令衞卒誘去之。年七十二。謚曰簡。

談遷曰：傳云仁者壽。代簡王之傲狠悖慢，屢靡訓戒，拘囚困辱。不記建文時耶。以同氣曲貸，其不爲齊谷之續者無幾矣。而享國獨永，反出諸王上。噫。是遵何德哉。

增南京户部主事四人。

丙午，築登州河隄。

戊申夜，月犯五諸侯星。又大星青白光，自房宿流近濁。後二小星隨之。

己酉，雲南左參將右都督冉保卒。贈宣良伯，謚榮壯。

辛亥夜，月犯軒轅。

壬子，免順天大寧災租。

癸丑夜，月犯木星，復犯太微垣左執法。

乙卯，楚府景陵王孟炤薨，年五十三，謚順靖。

丙辰，復沈敬浙江按察僉事，食正四品俸。

戊午，陝西逋負食鹽鈔，折徵米麥豆布絹。

壬戌，四川都指揮僉事徐貴郭禮孫敬分守松潘。貴自西寧關至平夷堡。禮自金瓶崖至靖夷堡。敬自永鎮堡至新堡。

户部郎中楊諶招閩浙盜礦流民三千五百三十九户。

癸亥，進兀剌使臣都指揮使把伯都督僉事。

丁卯正統十二年

正月玾朔乙丑。夜大星青白色。光燭地。自玄戈旁流天市。

癸酉。上南郊。

乙亥。魏國公徐顯宗卒。賜祭葬。

丙子。免江安合江災租六萬二千二百七十石。

命鶴慶軍民府土官四品以上免家僮十六人。五品六品免十二人。七品以下遞減其二。餘悉爲編氓。從知府林道節之請。

戊寅。諭工部禁僭用織繡蟒龍飛魚斗牛等服及違禁花樣。

己卯。遣還烏思藏宣德間淹留貢使三百餘人。其久家河州者任之。

庚辰。兵部尚書鄺埜等言。瓦剌也先分攻兀良哈三衞。東西俱定。遂將窺邊。乞遣京兵戍大同。上寢之。

辛巳。夜月犯木星。

壬午。瓦剌也先誘㾞亦哈等處頭目阿剌答瓦米兒咱貢玉石。俱不堪。卻之。乞憐。遂牛其賞。

起復光祿寺少卿高寅。

癸未。建州衞都督僉事李滿住來貢。進秩都督同知。

甲申。免順德水災租。

遣䄏重慶府旱災。免田租。

乙酉。蠲大同屯糧。其卒盡戰守。從總兵官武進伯朱冕之請。

丙戌。都督僉事方瑛爲參將。整飭雲南兵備。

鎮守山西太監郭敬部卒以甲胄易胡馬。被劾。上宥之。

南京兵部右侍郎李郁卒。郁字文煒，洛陽人。洪武丙□貢士。授邛縣訓導。擢工科給事中。敢直言。坐事戍五載。薦採木四川。洪熙初轉禮科。尋遷光祿寺丞。出守長沙。宣德八年。進行在兵部右侍郎。已鎮山東。又使交趾。正統丁巳艱去。後補南京。郁有才智。臨事明練。鄉貴自謂不如也。賜祭葬。

庚寅。太僕寺少卿崔奎年八十三。自陳靖難城守功。進寺卿。

辛卯。起柯暹雲南按察使。

太僕寺卿吳敬予告。

二月癸巳朔。減京城及通州市舍稅鈔。

甲午。設銅鼓衛儒學。

乙未。增大同貓兒窪屯堡。

丙申。敕福餘衛都指揮同知安出、泰寧衛都指揮同知隔千帖木兒、朵顏衛都指揮同知朵羅干等曰。瓦剌侵爾。朕甚憫之。然部屬私通。實亦自取。今毋聽其誘。或有警。急馳奏。

戊戌。翰林院侍讀陳詢爲侍講學士。黃諫服闋。補編修。

庚子。署光祿寺事戶部左侍郎奈亨子鑽爲中書舍人。亨營得之。

壬寅。外戚孫奉祖凶暴殺人。上念皇太后。姑戍邊。遂敕戒府軍前衛指揮孫繼宗及弟紹宗、顯宗、續宗、純宗曰。朕觀前代戚屬。馮藉聲勢。肆爲暴橫。卒致禍敗。我祖宗法度嚴明。褒善罰惡。非前代比。宜洗心守分。庶保爵祿。

甲辰。琉球中山王尚忠卒。子思達入貢請封。

汀州府經歷王得仁爲推官。

廣西荔波縣改隸南丹州。舊隸慶遠府。

丙午。通政司右參議張隆致仕。

丁未。清河主簿王良爲桃源知縣。

頒道藏經。

壬子。戶部右侍郎張睿專巡視京師倉場。

增戶部主事。收臨淸淮安船鈔。

故安定王亦班丹子領占斡些兒封安定王。

癸丑。免雲南木邦軍民宣慰使罕蓋法歲辦銀八錠三年。仍賜各土官綵幣。

甲寅。翰林院侍讀江淵裴綸侍講杜寧謝璉王玉。修撰劉儼商輅。編修陳文呂原李紹楊鼎劉俊。肄業東閣學士曹鼐陳循馬愉督之。遞侍經筵。

丁巳。大理寺丞張驥爲右少卿。監察御史李奎刑部郎中蕭維楨爲左右寺丞。

復李善汾州知州。

守備馬營署都指揮僉事楊俊總督馬營官軍操練。時虜入廈兒嶺夾牆。不追擊。敕責總督獨石等處左都督楊洪協同守備都指揮僉事趙玫有急併力。毋私執失事。

戊午。御用監太監喜寧乞青縣地四百十五頃。遣視多民業。別賜閒田七十九頃有奇。

己未。募商納粟于廣寧前屯寧遠鐵嶺三萬遼海六衞中鹽。淮引米豆四斗。浙引一石二斗。長蘆引六斗。支俱不次。

遣視寧遠衞旱災。

禮科給事中余忭言。銓選。經也。保舉。權也。仰惟太祖太宗之世。一凡銓選。吏部專職之。仕版得忠良。豪門無奔競。宣宗時。慮有遺佚。爰命大臣旁求俊人。布按二司知府有缺。令京官三品以上保舉。初意未嘗不善。法行既久。多所比周。舊例。犯贓連坐舉主。今復未聞。所以互相倣習。略不警憚。先所薦揚。或有過惡。力為掩覆。能人貞士。恥媚拙容。內而御史。外而知府。有任九年。尚仍厥官。賢否溷淆。何所激勸哉。臣惟昔之銓衡。或未精。是以先帝改為保舉。今之保舉。既未公。伏望皇上復祖宗之故。廷議。命如舊。比周攀援者。御史給事糾劾之。報可。

辛酉。禮部辦事官鄭與常上太平十二策。興學。安民。崇儒。正俗。用賢。養士。選兵。牧馬。行鈔。積糧。考官。擇吏。議行之。

命提學官課督社學。選子弟需次補儒學增廣生。

三月癸亥朔。上發京師。宿沙河。

甲子。次天壽山。

提督遼東軍務左副都御史王翺奏。同總兵官都督曹義巡廣寧。兀良哈賊伏起。義擊破之。左參將都指揮胡源等出開原。遼陽都督焦禮出寧遠。俱值賊破之。共斬三十五級。俘七十餘人。獲畜產四千六百有奇。

乙丑。上祭長陵。獻陵。景陵。

己巳。還宿沙河。

庚午。還宮。

景陵衛倉火。

貸昌邑濰縣饑民粟四萬餘石。

壬申。敕褒襄陵王冲烋孝弟。侍母疾。事兄韓恭王。俱備禮。

逮南京左副都御史周銓下法司。以南京御史范霖等劾其擅置功過二簿。設各倉軍斗。令義子入內府領折俸布占官地多奸人妻也。

癸酉。鳳陽知府楊瓚請各儒學增廣生開科應試。從之。

許雲南武職就本鎮會官比試。

乙亥。給甘肅新附達官四十八戶各田五十畝。

丙子。右副都御史曹翼仍參贊甘肅軍務。先傷足。故馬昂代。近疾愈也。

復雷銘吳江主簿。食正八品俸。

免杭湖嘉興去年災租五十一萬五千五百十二石。

戊寅。守備偏頭關都指揮使馬貴上備邊六要。操士卒。便器械。選馬隊。謹烽堠。識地利。修城塹。上從之。

四川茂州草坡寨首加悟。仇蘇村寨。走雜谷數年矣。至是貢鐵甲□乞貰罪。許之。

己卯。沙州衞都督僉事喃哥等率所部千二百三十餘人來歸。分置山東平山東昌二衞。各賜田有差。

庚辰。減開平龍門二衞屯卒餘糧舊領五十畝納六石。今減開平四石。龍門二石。

辛巳。疏平定州河道。

壬午。安南朝鮮入貢。安南遣御史中丞何甫審刑院同知阮蘭等言欽州地。殿中侍御史程馭言龍州地。

裁武定軍民府通判知事檢校和曲祿勸州同知。

癸未。國子監祭酒李時勉致仕。時勉任祭酒六年。規條嚴肅。恩意稠至。諸生疾或不婚喪。贍給之。嘗潛察一生出舍跡問所在。曰。亡奴尾之。時勉憮然曰。游學之力曷資薪水耶。生見其意誠。自媿悔。因謝曰。奴實不亡。離學甘罪。屢求去。至是朝臣及國子生出都門外餞者殆三千人。商賈廢市。又百餘人送至通州。泣別。初時勉平恕。南雍陳敬宗嚴重。士望均屬。時稱南陳北李。

翰林院侍讀蕭鎡爲國子監祭酒。

裁萊州府管糧同知。

乙酉。停蔬薪徵鈔。

丁亥。定朔州歲課仍三十稅一。

蠲雲南河泊虧課。

命四川布政司廣濟庫綾錦衣被布褐等物依時値准官吏旗軍俸糧鈔。

命科給事中陳傅行人萬祥祭故琉球中山王尙忠封世子思達琉球中山王。

夜大星青白光自角宿流太微西垣後二小星隨之。

戊子。鄧州流民馬貴等三百五十餘戶求附籍有司不卽受疏上許之。

己丑。五倫書成梓之。

四月甑朔。福建銀場進去年萬三千四百金。虧戶部侍郞焦宏之半。命各場補辦。

乙未。提督遼東軍務右副都御史王翺爲右都御史總兵官都督同知曹義爲右都督右僉都御史李純爲右副都御史都督僉事焦禮施聚俱爲都督同知。

敕保定伯梁瑤左都督梁成署都指揮僉事田忠提督各營牧馬。

丙申。免歸善長樂海陽揭陽災租萬四千三百四十餘石。

己亥。雲南總兵官黔國公沐斌奏招思機發不聽又掠緬甸牛馬金銀臣分諭木邦緬甸刻期進兵。上從之。

辛丑。發萬金于密雲遵化糴糧備餉。

癸卯。免保定河間大同大寧災租萬七千二十五石。

賑淮安饑。

武功中衞指揮使華嵩與太監王振姪林爭伎當杖特髡其首漆之械示敎坊司戍大同。

甲辰。戶部照磨張瑾上八事。曰各鎭選銳士爲頭班有警先行。次班隨應。曰沿邊營堡隘口甃磚石。曰邊卒全給本色。免折胡椒蘇木。曰邊吏折俸如在京例准銀絹。曰沿邊墩臺瞭卒人給皮襖禦冬。曰迎送瓦剌使臣。預借官旗耕牛駕車免軍士推輓。曰隆慶州楡林土木二驛改屬附近萬全都司。曰各總兵官增陰陽學官審天時地利。上從之。惟改驛增陰陽官不行。因諭禮部。月一集議羣臣所言事。

戊申。諸城縣饑。逃萬三千餘戶。停其徵。

己酉。湖州饑。免班匠赴京。

庚戌。免大名廣平眞定去年災租萬八千二百四十餘石。

辛亥。貸襄陽荆岳柳饑民倉糧。

巡按福建監察御史柳華上言。處州流民多盜福建江西諸銀鐵鉛場。屢諭復業不聽。臣令每村置金鼓揭燈擊應。諸坑場埋銳竹鐵蒺藜。窒其徑穴。禁兵器。已復業二千五百餘人。乞免徭役一二年。從之。

癸丑。慶王秩煃留民間自宮者五人。以長史不諫不奏。下都察院逮之。

乙卯。故少保楊溥孫尙寶司丞壽入朝。特留翰林院讀書。

丙辰。增廣東布政司右參政鍾祿。巡視海道。

鬱林州判官吳環爲同知。

減文武官吏俸鈔。

丁巳。復肥鄉知縣許顯任。食從六品俸。

免蘇常松江鎮江災租八十八萬四千七百七十餘石。

戊午。翰林院編修徐珵爲侍講。檢討王振爲修撰。進士王鎭爲刑科給事中。葉盛葉斌爲兵科給事中。戶科給事中章綸往浙江督光祿寺廚料。杖麓上虞二解戶。劾下法司。謫應州判官。

己未。弛山西邊民樵採禁。

庚申。故府軍前衞指揮僉事胡信子眞襲職。信妻保母恭聖夫人李氏。故累進。至是求襲。非例。特世之。

巡按直隸監察御史呂囦言七事。曰寬免災賦。已徵者亦給還。曰選法司官同各按察司巡按御史平反寃獄。曰添設撫民管糧管馬等官非要地悉取回。曰諸淫祠悉廢。召民佃其地。曰定民間婚喪式毋奢僭。曰舉山林修謹文學之士。曰廷臣三載考稱乞例賜誥敕。下廷議。

辛酉。免廬州災租萬四千五百餘石。

崖州黎賊殺千戶陳政。按察使郭智署都指揮杜信諭降之。

郭棐曰。黎人居郡邑之中。爲腹心之疾。非外夷比也。漢唐之際。舉數千里之疆而棄之。天下豈有歷世不賓之盜哉。以羅旁之險。浪賊之衆。一旦夷之。而井邑其地。況婺嶺之黎乎。嘗觀歷代禦黎失策。則撫之說勝也。撫非不善。在彼不在我。將何懲焉。成化丁未征陳那洋之後。黎人惴慄。見軍卽跽。軍士藐其愚騃。無故笞詬。哨守等官又多淩虐困辱之。不久復叛。是以激之道啓之也。正德丁卯千家羅活諸村之横。兵憲王繼招之而益肆。是以撫之道悮之也。及王倬疏至。獨持鵰勦。不假外兵。不費斗粟。不遺寸鏃。僅數日而亂定。其逃入旁峒者。率令擒斬解報。莫敢違命。賊死既定。乃下撫令。自是崖之封內。牛畜被野。盜寇絕跡。然後知變生于激。玩生于撫。欲服黎者。將何從乎。

閏四月庚辰朔。甲子。免太原汾州災租萬三千八百八十餘石。

丁卯。進士許仕達王福劉孜訓導王鼎爲江西陜西山東廣西道監察御史。

保定淮安濟南蝗命捕之。

庚午。太監喜寧侵英國公張輔田宅不受。寧弟勝率私閹毆輔舍人妻死。事聞。宥寧。贖勝。戍私閹于南丹衞。

夜。月犯木星。

辛未。敕禮部申諭內外毋得私收閹人。于是成國公朱勇等各首私閹百十一人。俱隸南海子。

復楊聰三原知縣。

免溧陽災租三萬六千七百三十餘石。

龍溪縣盜起。

甲戌。除羅雄州逋租。

戊寅。許朶顏衞指揮乃兒不花等移居白山。避兀剌也先也。

兔兒山東馬房倉火。

己卯。免昌樂縣逃租。

各道監察御史陳璞等上言。山東湖廣等布政司。直隸淮安等郡縣。連被水旱。人民艱窘。或採食野菜樹皮。或鬻妻妾子女。或流移他鄉。甚至聚爲盜。乞令有司加意賑䘏。蠲免雜徵。停止正賦。貪酷不才坐視民患者。皆究治之。命所司議行。

工部營繕所所副蒯祥陸祥爲工部主事。蒯木工。陸石工。時錄修城功。順天府帶俸經歷張忠乞陞。上怒其干澤。下獄奪秩。仍石工。

壬午。張福嗣隆平侯。張淳子。

肅王瞻焰子洵陽王祿埤擇妃得甘州中護衛指揮樊俊女。已奏封。或言俊惡疾。宜廢。禮部謂俊惡疾。女無疾。宜遂其婚。從之。

翰林院檢討金達爲禮科給事中。故兵部尚書金忠子。

進士原俊朱海季駿周璹徐彬朱縉陳詠監生李鑑胡灝趙雯李弼蔡鑑黃福生馮進俱爲南京監察御史。進士張讓莊敏監生洪本昌覃浩季春奚倫俱爲南京給事中。時御史給事中范霖等俱奏事失實。繫獄。

甲申。耀州學正康拯請科場落卷俱付提學官詳校。庶考官不敢忽。諸生不敢倖。下部議。

丙戌。南京太常寺贊禮郎馮必政爲寺丞。初。永樂間召仙女焦奉眞。因薦母舅馮仲彝爲太常寺丞。仲彝卒。眞薦其孫必政爲眞武廟官。進贊禮郎。至是奉眞又乞陞。從之。

戊子。增四川茂州同知。

庚寅。免應天太平寧國池州安慶災租九萬二千二百餘石。

五月辛卯朔。琉球國中山王世子思達貢馬。

壬辰。邢寬補翰林院侍講。先剩員家居。至是言事召至。

丙申。遣覜吉安水災。

瓜哇國使臣陳厤勿卒。賜祭。

丁酉。周府河陰王子墍薨。年二十一。妃翟氏自經。謚王懷僖。妃貞肅。

署都指揮僉事陳悳提督廉雷高肇官軍守備。撫治夷人。

己亥。敕大理寺左少卿張驥賑濟山東濟寧以南至淮揚。雜泛徭役。悉與蠲免。流移者招撫之。所司官吏貪酷害民。依法究問。

辛丑。駙馬都尉王誼卒。誼濟寧衞指揮僉事王佐子。尙眞定大長公主。

壬寅。廣東按察使郭智犯贓削籍。

增陝西都司斷事往延安綏德理刑。

常熟人魏宏通餽朝貴。仇家奪之以聞。上按所餽。兵部右侍郎李賫。翰林院修撰張益。順天府丞夏衡。監察御史虞禎呂囦。中書舍人金鈍。皆宏鄉人。罰俸三月。副都御史丁璿。禮科都給事中章瑾。監察御史曹偉。皆宏託交。罰俸六月。

甲辰。平陽旱。開封河南彰德蝗。

丙午。修南京奉先殿。

行人賈恪成始終知縣陳价博士張晳爲陝西河南山西四川道監察御史。

吏部聽選官陳倫言。洪武時。夏秋二稅。但輸正耗。後轉漕北京。每石耗至二三斗。今至六七斗以上。官吏糧里索費又至三四斗。且淋尖收之。計正耗一石。通用二石二三斗。宜戶部定例。都察院榜禁。以革奸弊。疏下戶部。謂近例湖廣江西浙江每石耗六斗五升。南畿五斗五升。徐州四斗。山東河南三斗。江南運至瓜洲耗三斗七升。至淮安三斗。正糧尖斛。耗糧平斛。覆上報聞。

丁未。外供用庫草場火。

己酉。修南京各祠廟。

庚戌。命戶部歲運十萬金于遼東廣寧糴糧。許永平贖罪運米山海倉赴遼東寧遠。

壬子。巡撫河南山西大理寺左少卿于謙言。流民至河南將及二十萬。乏食。請量減稅糧。暫停逋租馬匹雜辦。各處解京鹽糧鈔。暫存本處。米麥每石折鈔五十貫。改三十貫。上俱行之。

癸丑。復常熟致仕知縣郭南任。南勤敏有治劇才。邑民當役。諭之曰。能出粟四石准役乎。皆對曰。善。貯其粟。歲用才三之二。南請老。紳民乞之。

乙卯。給思機發弟招賽居食。隸錦衣衞。初。思機發遣招賽入謝。命留雲南。至是移京。冀款思機發也。

丁巳。翰林院檢討王玉爲修撰。南京國子監助教孫士用爲檢討。仍理助教事。

戊午。朶顏衞指揮乃兒不花弟阿魯花報瓦刺也先弟賽罕王攻殺乃兒不花。命阿魯花襲指揮僉事。領其衆。

六月辟朔。甲子。南京大風雨。山川壇災。

南京左副都御史周銓先下錦衣獄瘐死。給事中劉煒劉華甫千璠盧祥劉昭張雲翰贖徒復秩。御史胡鑑辛浩潘英戍鐵嶺衞。左輔閩人譏張斌張禮楊觀王紹宗儀溥張承翰尙褫俱謫驛丞。范霖楊永論死。給家貲之半。瞻銓家以劾銓多誣也。

賑贛州臨江吉安水災。

丁卯。禮部右侍郎錢習禮致仕。時朝貴多趨王振。習禮不爲屈。請老。

賑沂州饑。招逃民。

庚午。會稽趙伯泰自言宋裔。奏宋孝宗理宗攢宮在會稽。安定郡王墓在諸暨。福王墓在山陰。豪民田宅樵牧之。臺基垣墉。盡見毀斥。下巡按御史王琳左參議李源僉事高璐發豪民戍遼東。

壬申。占城國使臣左粟提朋卒。南雄之淩江驛。賜祭。

甲戌。大同府通判霍瑄爲知府。

乙亥。諭吏部毋以夷人爲御史。

中軍都督同知錢貴卒。

昏刻。金星犯太微垣上將星。

丙子。監察御史柳華請閉麗水平陽等縣銀礦。以礦少累民也。從之。

戊寅。夜大星如椀。流丈餘。青白光如斗。燭地。自天津流羽林軍。後小星十餘隨之。聲如雷。

庚辰。象山縣疫。免沒者田租百八十四石。

癸未。進士胡深張春爲南京四川廣東道監察御史。監生程亨郭鑑眞鍾蘇廉祿爲南京陝西廣西雲南山東道監察御史。

甲申。免垣曲縣旱租。

七月辛卯朔。賑永平鳳陽河南蝗災。

癸巳。巡撫河南山西大理寺左少卿于謙外艱。命奔喪。卽赴任。

甲午。左軍都督同知焦禮守備遼東寧遠。

丙申。免代忻郯城費逃租布絹鹽鈔。

丁酉。眞定大名蝗。命捕之。

己亥。復蕭增江浦主簿食正八品俸。

故占城國王占巴的賴姪摩訶貴來遣使言。先王以臣爲世子。臣幼遜國于舅摩訶賁該。屢侵安南。安南兵抵舊州古壘。擒摩訶賁該。臣代其位。請封。遂遣科給事中陳宜行人薛幹往封爲占城國王。

翰林院侍講王一寧檢討錢溥主考應天。

故定遠忠敬王沐晟祔黔寧王英廟。歲祀。從雲南軍民之請。

辛丑。贊理雲南軍務戶部右侍郎沈固上言。帝座有宦者之星。周官設常侍之職。今內官保護聖躬。贊翊皇化。

其功尤著。乞如外臣例給誥敕。爲身家榮。不聽。時瑺焰方熾。故固媚之。
癸卯。監察御史粱輯憂居淩寺僧。僧訴于京。謫知縣。
甲辰。命外解紵絲羅絹各署號提調織造官吏名氏。
敕邊將練士選銳備出塞。
乙巳。復杜讓安定知縣。食從六品俸。
巡視河道山東布政司右參議王聰下臺獄。以盜決隄也。
丙午。武定侯郭玹卒。
庚戌。泰寧等衛夷掠于也先。乏食。附邊。求土物易粟。命果來歸。安置廣寧魏家嶺關外。否則聽收塞外。毋近邊。
上聞瓦剌復欲侵兀良哈。敕海西野人女直建州三衛都督李滿住凡察董山等。如虜蠱誘。卽擒獻。
停泗城州利州逋租。
癸丑。雲南右布政使賈銓爲左布政使。
夜。金星犯亢宿。
丁巳。杭州府同知侯昌爲處州知府。
戊午。瓜哇貢鸚鵡紅綠白三色。
曉刻。火星犯土星。
八月⿰巾庚朔。日食。
封幼⿰土學瀋世子。幼圩清源王。幼⿱𢀶土遼山王。幼壃平遙王。幼⿰土爰黎城王。幼垬稷山王。幼⿰土表汾水王。季坪通山王。
增獨石永寧等墩臺百四十六。自龍門亂泉寺至龍門衛。

壬戌。應天安慶廣德山東阜蝗相仍。軍民饑殍。上惻然。謂戶部曰。天災未有甚于今者。朕夙夜惶懼。卿等思弭之道。亟行之。

總督獨石等處守備左都督楊洪爲鎭朔將軍總兵官。鎭守宣府。都指揮僉事楊俊總督獨石永寧等處守備。

丁卯。翰林院侍讀習嘉言。侍講邢寬主試順天。

己巳。監生吳玉楊伸爲戶部主事。

寧夏總兵官黃眞乞選河南操軍三千人分戍寧夏延綏。不許。俟邊警赴援。

辛未。暹羅國王思利波羅厤那惹智剌入貢。

甲戌。京衞帶俸都指揮同知丘眞提督雲南臨安衞守備。

夜。月犯外屛西星。

乙亥。起復四川布政司右參議徐璟仍理邊儲。

丙子。邳州蝗。

己卯。後軍都督僉事李珪卒。

月犯五諸侯南星。

己丑。靖遠伯王驥上鐵蒺藜圖。馬革衡三尺。長四尺。布釘百八十。芒一寸有奇。每步一具。四百具列一里。四千具列十里。値寇卽置地稍退。寇突至馬蹶。安營環于外。部議利于守不利戰。下邊將酌之。

兵部右侍郞李賁卒。賁長洲人。進士。授兵部主事。歷郞中。太僕寺少卿。從王驥征麓川。外艱不聽歸。功成。遷兵部左侍郞。終喪。兵部尙書鄺埜薦其才。補兵部右侍郞。在兵間久。知邊郡地圖阨險遠近。埜深以此倚之。爲人長者。居鄉甚著行義。賜祭葬。

劉鳳曰。聞之長老云。當英宗時。朝野方以虜爲事。埜實謀之。賛。賛爲具言所以戒愼。而中官振務激一時。謂納偏說不參稽。且席中國累葉盛强。氣奮決策于內。茂實言不用。亦前死。故得不被禍。書云無侮老成人。則計之生熟于得失可知矣。

九月甲辰朔。守備開平獨石軍務山東布政司右參政尹聰還京。

夜。大星青白光燭地。自天廪流天苑。

癸巳。敕巡按山東直隸監察御史史濡童存德各選卒聽征。

都指揮僉事曹廣于東昌平山二衞安插降夷耕種生業。

甲午。夜。東南天鳴有聲。

乙未。減徵船戶課鈔十之八。

禮部右侍郎兼翰林院侍講學士馬愉卒。愉字惟和。臨朐人。宣德丁未進士第一。授翰林修撰。進侍讀。宣宗實錄成。進侍讀學士。正統五年直閣。十年進今官。端重簡默。門無私謁。再主禮闈。精心檢閱。年五十三。賜祭葬。贈禮部尚書兼翰林學士。故事。贈無兩官。自愉始。謚襄敏。

丙申。山西左布政使石璞左參政朱鑑按察使林文秩僉事黃文政考官郭明郁教諭吳驥同考官知縣黃子嘉鄉試題詩經維周之楨犯楚昭王諱。禮部糾舉。各罰俸一月。

丁酉。停濟南青登萊逃租。

初。錦衣衞籍撫州徐翰家。刑科給事中王理知之。語按察副使王裕。裕語翰致匿。理等俱下錦衣獄。論死。命錮之裕。禮部左侍郎兼翰林院侍講學士王英子。英待罪請逮。裕宥之。已理代裕戍大同威遠衞。

夜。月犯壘壁陣西星。

禁兩京陝西河南湖廣甘肅大同遼東以白地青花瓷器售外夷。

移解州長樂巡檢司于鹽池南。

辛丑。夜月犯外屏西星。

壬寅大同把總操備都指揮僉事吳浩爲左參將。

大同總兵官武進伯朱冕侍郎沈固等上禦虜六議曰守。每秋深亟收田禾窖藏。老弱盡入城寨。曰戰。大同分三路。若小寇則一路出禦大寇則三路互援。曰刼。虜晝馳夜宿選銳士夜刼其營。斬獲重賞。曰追。虜得利出塞。負重行遲。不得利則罷困。或據險設伏。或分擊躡後。曰選兵。曰車戰。上悉從之。

乙巳。夜大星青白光。自閣道旁流游氣。

丙午。晉府臨泉王美埁薨。年二十八。謚莊簡。

戊申。浙江文武官俸米減支如舊。初倉粟溢恐腐。故增給。

後軍都督同知王彧卒。（盧龍人。靖難功。）

己酉。敕提督遼東軍務右都御史王翺曰。也先侵兀良哈脅泰寧朵顏二衞。惟福餘奔惱溫江。欲冰凍追之。因往海西收女直。爾宜遙振軍聲。使聞風遠避。斯全策也。

庚戌。陝西按察副使陳嵓謫揭陽桃山驛丞。坐妄言惑衆也。

癸丑。夜月犯太微垣上將星。

丁巳。駙馬都尉沐昕掌南京後軍都督府事。

府軍衞正千戶馬雲驍騎右衞副千戶馬青賚綵幣萬三千三百五十五匹。率吏卒百七十一人使瓦剌。以脫脫不花王及太師也先使臣皮兒馬黑麻等二千一百四十九人來貢馬四千一百七十六匹。宴于大同也。先前掠大同卒四人。雲等索之。已遇害。遂還遼東卒四人。時也先誘回回鎖魯檀哈密使臣脫脫卜花撒馬兒罕使臣馬黑麻的等俱入貢。公私驛騷。邊患日棘。

遣祀松江紹興旱災。

戊午。河南道監察御史萬節等言。遣祭行禮各官怠忽。或託代。或家宿。或羣飮。或嬉笑。乞禮部嚴飭。從之。

十月紀朔戊申。駙馬都尉井源掌宗人府。

丙寅。敕南京戶部右侍郎張鳳兼提督倉場。

己巳。右僉都御史盧睿爲右副都御史。仍參贊寧夏軍務。

戶部郞中鄒來學服闋。進通政司右參議。督理永平山海等處草。

廣西總兵官安遠侯柳溥乞父升封謚。許之。

辛未。賑巢縣饑。

壬申。遣祀徽滁廣德濟南襄陽黃荆岳常德沔陽順慶旱災。

庚辰。巡按直隸監察御史林廷舉言。吏部者。朝廷所使進退流品考課銓選也。近來三司等官及軍民人等。概將方面有司具奏保留。至擅擬陞某官。擬改某任。夫改任者。以爲才。固不必改也。不才則彼民非民與。保留者。以爲不賢。固未必留也。果賢。曷若多方分惠與。矧其所舉。多以逢迎諛悅爲卓魯。以催科掊尅爲龔黃。撫字心勞。目爲迂懦。剛介不阿。斥爲愚戇。闒宂之吏。互相倣習。煽惑愚民。蒙昧保舉。復任之後。惟圖私報。曷念在公。紊亂侵官。莫此爲甚。乞加嚴禁。下吏部議。命滿九年去任者。聽保留。未及去者不許。幷下廷舉所言于中外。

辛巳。夜。月犯太微垣右執法星。

癸未。襄城伯李隆卒。隆。永樂四年嗣父濬爵。累從北征。充總兵官。鎮守山海永平。尋守備南京。兼署中後二府。

正統六年召還掌行在中府十年巡大同器量弘偉讀書知大義臨事侃侃馭軍有紀律人莫敢犯鎮留都十八年威惠並著富貴尊嚴擬于王者人仰望丰采既徵還始近聲伎為自安計賜祭葬

王直曰晉之郤縠以詩書禮樂將中軍晉是以大漢諸葛武侯不使有餘財以負昭烈公庶乎是矣公自號湛然道人人亦以是稱之於乎茲其所以為湛然者與

雲南總兵官黔國公沐斌等率兵進攻思機發思機發懼遣使入貢命斌等趣其入朝毋貽患

四川按察司僉事王琦致仕

戊子修武伯沈榮管三千營左右十隊平江伯陳豫管神機營右哨

十一月己丑朔賑南昌吉安臨江廣信九江饒撫及瑞金縣饑

庚寅皇長子見深生

大理寺左少卿于謙服闋入朝時裁河南山西巡撫除兵部右侍郎謙外鎮十九年歲饑糴民粟儉則平直以糶齊秦流民至者給田牛而以次責其稅毋與土著淆隄河廣屯吏民賴之

辛卯瓦剌脫脫不花王及也先使臣至遺宣府守將楊洪書事聞敕洪禮之報札申國家威德毋嚴拒失虜歡時洪著威望虜畏之往來輒覘

癸巳總督邊儲山西布政司右參議張維下都察院獄維委官理儲多匱適進表至被劾

夜大星青白光自鬼宿流近濁

戊戌沙州衛遺衆矮爾丁把剌亦等來歸分隸東昌平山二衛

己亥夜月犯昴宿

庚子解州獻瑞粟一莖二穗至五穗

辛丑。免濟南青登萊災租。

壬寅。設益實左衞。女直。

癸卯。都人王官孫自言其女有奇相。請入掖庭。不許。

甲辰。福建布政司右參政宋彰入朝。賫緣得左布政使。

乙巳。都指揮使杜忠守備山西偏頭關。

林聰服闋。補刑科給事中。

丁未。北虜阿兒脫台來歸。言也先謀入寇。脫脫不花可汗止之。也先計吾自爲之。日騎蹂塞下。彼田不得耕。民不得息。乃可逞也。也先又釋所掠哨卒二人偵京師。命阿兒脫台授南京錦衣衞鎭撫帶俸。

癸丑。考郎兀衞都指揮哥哈遣官入奏。黑龍江諸部野人欲來朝貢。乞付敕招之。上曰。朕不能勞人以事遠。若其自來。固不拒也。

甲寅。欽天監監正彭德淸言。欽造銅儀。夏官正劉信測驗。北京北極出地四十度强。南京北極出地三十六度。日出時刻南北不同。今宮禁及官府漏箭皆南京舊式。不可用。遂命內官監改造。

乙卯。嚴私鹽之禁。

丁巳。都督僉事喃哥卒。困卽來子。弟克羅俄領占嗣。後賜名氏羅秉忠。

前吏部尙書郭璡卒。璡新安人。永樂初授戶部主事。勤能。遷福建布政司右參議。年財二十四。歷工部右侍郎。轉吏部左侍郎。秩滿進尙書。持銓十四年。名稍不及蹇義。然潔廉務採實。行不用浮薄。進士李賢揭選試嘉禾詩。卽奇爲輔相才。補驗封主事。其知人類此。朴實安靜。無遽色。年七十七。賜祭葬。

十二月甲朔。命死罪疑輕者戍邊。

辛酉。夜。大星赤光照地。自貫索流天市東垣。

壬戌。限一品官誥五軸。二品三軸。三品二軸。四品五品一軸。六品以下敕一軸。三考始給。時工部尙書王卺言。文官貤封誥軸。或十道。或八九道。致闕給不敷。故減之。

甲子。貸高郵州饑民粟九千五百餘石。

丙寅。哈密衞都督僉事脫脫不花爲都督同知。都指揮使陝西丁爲都督僉事。

戊辰。夜。月犯五軍星。

己巳。翰林院編修江淵爲侍讀。

起復陝西右布政使王暹。

壬申。免池州去年災租萬一千餘石。

甲戌。禁饒州私造黃紫紅綠青藍白地青花等甆器。冒者首犯磔死。籍家貲。丁男戍邊。知不告者連罪坐。

丁丑。嚴四川陝西私茶之禁。

辛巳。進士黃鎬項璁朱英嚴樞張翰胡端曹得監生錢淸張凱爲監察御史。

癸未。夜。大星光赤黃燭地。自中台流太微西垣。後三小星隨之。

甲申。瓦剌也先所部把把來王以二千騎屯伯塔山。哈密猛哥不花子與頭目滿剌平章乘其出。率衆襲之。悉俘其人畜事聞。命甘寧延綏總兵官備也先之報復。

乙酉。召陝西按察副使張楷。楷理邊餉。中官薦其博雅。兼善兵。

國榷卷二十七

戊辰正統十三年

正月孩朔癸巳。釋南京故曹國公李景隆家屬三十八人拘繫。

乙未。封淮世子祈銓爲淮王。代世孫仕𡐤爲代王。鍾𨧩河東王。鍾鉉大谷王。

丁酉。上南郊。

吏部大計。罷斥五百一人。

庚子。敕通政司右參議鄒來學往理薊州山海永平糧餉。

禁口北路售弓矢軍器于夷使。

迤北瓦剌使臣都指揮同知皮兒馬黑麻爲都督僉事。

壬寅。琉球赤力把力等入貢。

命兩京山東河南捕蝗種。

丙午。夜火星犯房宿。

戊申。李賢服闋。補吏部文選郎中。

庚戌。免廣平縣去年災租千二十餘石。

壬子。行人甘澤爲江西道監察御史。

乙卯。南京禮部右侍郎金問卒。問字公素。吳人。家貧無書。厲讀于人。學于俞貞木。永樂初。薦善書。授司經局正字。直東宮。會有累。與黃淮楊溥繫詔室十年。洪熙初。進翰林修撰。時引對有所匡益。宣德乙卯進太常少卿兼翰林侍讀學士。正統癸亥調南京太常寺。明年進禮部右侍郎。歷四朝皆在肘腋。參預時政。每有撰述未嘗不在。其學長于訓詁。尤工書。解星曆。兄聲嘗病。禁寒時欲得贏蚌。即解衣覓進之。其友愛如此。賜祭葬。

是月。太湖大小貢山鬬。踰時而止。

二月丁亥朔。敕哈密忠順王倒瓦答失里及各頭目曰。朝廷樹立之恩于爾先世甚厚。背德不祥。愼勿爲人所誑惑也。時哈密畏也先。故稍貳于朝。

戊午。夜。火星犯罰星。

己未。隆平縣丞米進爲欒城知縣。復李顯鎮原縣丞。食正七品俸。尋調安陸知州。

翰林院侍講學士陳詢主試應天。訖。枉道還松江。被訐。下獄。還秩。

修大興隆寺。寺初名慶壽。在禁城西。金章宗建。太監王振言其敝。命役軍修之。費物料巨萬。壯麗甲于京都。上臨幸焉。

免廣德建平災租。

庚申。進士馬瑱爲湖廣道監察御史。學正謝獻爲南京陝西道監察御史。

辛酉。復李茂平陽府通判。食正五品俸。

命四川徵細茶易番馬。

許雲南屬夷仍納馬。先是徵金。

金星晝見。昏刻月犯昴宿。

甲子。工部右侍郎兼翰林院侍講學士高穀侍講杜寧主禮闈。

乙丑。敕諭麓川叛賊思機發入朝。幷孟養宣慰司各頭目勸駕。而思機發竟不至。則孟養陰右之也。

夜。月犯五諸侯星。

丙寅。臨安府同知徐文振爲知府。

丁卯。工部尙書王巹致仕。

廣東新會新興等縣盜起。

戊辰。戶部主事張用瀚爲吏部驗封司員外郎。

己巳。改工部主事理淮安儀眞瓜洲河道。

令戶部主事孟玘同監丞李保住于各草場植柳辨界。

麓川思機發貢象馬。賞其使如初。惟留思機發賜物俟自至。

濬睢州巴河。

辛未。巡按直隸監察御史□□□有妻再娶。下獄。

癸酉。忠義前衞倉火。

甲戌。將樂訓導王昌順請宋儒楊時從祀孔廟。下廷議。

李珍嗣襄城伯。李隆子。

乙亥。楚府崇陽王孟煒薨。年六十一。諡靖簡。

丙子。山西按察僉事戴誠爲河南布政司右參議。疏通河道。

夜。月犯心宿。

巡視銀場監察御史王瑔言。福建先侍郎焦宏定歲課二萬八千二百五十金。後御史馮傑按止萬三千四百金。今礦徵民匱。乞如傑擬。不聽。

己卯。麓川思機發逃。孟養不出。雲南總兵官黔國公沐斌進兵金沙江。瘴阻。俟秋往。且乞師。命徵南京各省兵。期八月至雲南。

壬午。上發京師。宿沙河。

乙酉。祭長陵獻陵景陵。

戊子。還京。

三月炳朔。灾天壽山。

敕責孟養軍民宣慰使司大頭目刀變蠻等匿思機發之罪。能擒獻爲上策。拘思機發報官軍圖之爲中策。否且見討悔無及也。

監察御史林廷舉言。元時衛河分引漳水支流。永樂塡淤。舊跡去廣平大留村十八里。宜鑿通遏漳水轉入。庶免民患。且可增衛水以資漕。從之。

庚寅。署都督僉事張軏田禮董興范雄俱實授都督僉事。

夜。月犯五車星。

壬辰。陝西按察副使張楷爲右僉都御史。

增淮安課鈔。

癸巳。免順天河間重慶災租七萬五千三百餘石。

甲午。賑和州饑。

庚子。策貢士岳正等百五十一人于奉天殿。賜彭時陳鑑岳正等進士及第出身有差。是日臚唱。彭時後至。鴻臚寺卿廷劾上遲之良久置不問曰宣索之故事廷劾當捕逮羣臣服上敏。進士李泰伯父太監李永昌。齒錄稱繼父。

壬寅兵部尚書靖遠伯王驥總督軍務都督同知宫聚爲平蠻將軍總兵官都督僉事張軏田禮爲左右副總兵方瑛貴州都指揮同知張銳爲左右參將率南京雲南湖廣四川貴州官土軍復征麓川思機發。俾孟養舊宣慰刀孟賓爲嚮道。又敕木邦緬甸南甸千崖隴川等宣撫使刀蓋發等各助兵餉。

談遷曰思任發旣誅其子思機發潛竄孟養直孤雛耳招之不至伺隙乘釁付之滇閫足矣。復勤王師萬里徂征。憊西南之民力褻九廟之神威彼閫振何足責。王襄毅身爲大帥久在行間宜力陳利害深爲天子詳其曲折當遙制于幃幄之內。乃附和權貴遽受脤而出。獨不念滇民亡辜腦髓塗地耶。噫。

乙巳廣東猺賊掠瀧水縣守備署都指揮僉事陳憓遣指揮僉事張玉等追敗之擒四人斬十二級。

夜月犯箕宿。

戊申貸寧波紹興饑民倉糧。

已酉廣西蠻刼高州。

辛亥工部右侍郎王佑父喪令奔喪赴任。

大星赤光晝流至游氣。

癸丑鎭涼州副總兵署都督僉事劉廣卒。世甘州中衞指揮同知。

四月厤朔丁巳免浙江江西去年災租九十一萬餘石。

戊午戶部右侍郎焦宏督運雲南軍餉。

前軍左都督馮斌卒。追封邢臺伯謚襄武賜祭葬。

己未。知縣焦寬爲雲南道監察御史。

庚申。皇次子見濟生。

定國公徐顯忠卒。

夜。大星青白光燭地自天市流天弁。

甲子。貸黃梅縣饑民倉糧。

乙丑。給遼庶人貴烚妻子歲祿如故。

夜。月犯太微垣右執法星。

丁卯。召大同總兵官武進伯朱冕。

巡按河南監察御史夏裕言王府長史紀善伴讀敎授專匡王不逮。今賫表奏事。累曠年月。乞後遣他官。庶盡輔導。從之。

己巳。南京翰林院侍講學士周敍請刪修宋史。選文學三四人共加論述。上曰。毋擇人。卽敍自竟之。

安南入貢。

夜。大星青白光自天大將軍流近濁。

庚午。諸城縣蝗停逋租。

癸酉。選進士萬安曹鼐熊瓚劉吉孫茂劉珝王勤謝瓚白行順李泰宋琬邢讓劉淸喬毅李本李鏞王恕孫昱孟祥曹輔韓敏尹旻張斐李讚李寬華顯霍榮郭安李堅成章爲翰林院庶吉士。引見內廷。侍讀習嘉言侍講王一寧編修趙恢敎習。

瀧水電白等縣猺賊作亂。敕廣西總兵官安遠侯柳溥會廣東署都指揮僉事王淸剋期並勦。

甲戌。遼府益陽王貴桴薨年三十七。謚安僖。

乙亥。夜月犯十二諸國秦星。

丙子。敕泰寧福餘朶顏三衞。爾收遺衆。歸爾舊地。如虜偪脅。奏來安插于遼東。

己卯。翰林院庶吉士倪讓爲中書舍人。仍四夷館習譯。進士孫祥曹凱爲兵刑科給事中。

庚辰。刑部右侍郎薛希璉右僉都御史張楷分詣兩畿鳳陽保定捕蝗。

免湖廣旱災田租七十五萬一百餘石。

歲貢生江陵張槃廷試懷挾。特戍邊。

辛巳。詔熱審。

癸未。禁募僧載像鳴鐃擊鼓。

五月乙巳朔。夜大星如椀。青白光燭地。流雲中。

丙戌。濟南青登萊俱蝗。命捕之。

丁亥。山西左布政使石璞爲工部尚書。璞秩滿入朝。太監王振薦之。

己丑。夜大星青白光。自華蓋流至濁。

庚寅。禁用銅錢。時鈔一貫准錢二文。監察御史蔡愈濟請罪行錢者。

壬辰。南京右僉都御史張純爲右副都御史。

乙未。逮四川左參政連均。以唆訟枉人也。

丙申。行人雷復羅澄爲陝西雲南道監察御史。

丁酉。烏思藏番僧綽吉堅粲爲灌頂弘慈妙覺大國師。賜鍍金銀印。

己亥。敕安南國王黎濬。釋占城國王摩訶賁該毋搆怨稔毒。

辛丑。遣禱于寺觀祠廟諸神。

免在京菜戶納鈔。

癸卯。定雲南騰衝衛中鹽例。兩淮四川鹽每引米四斗。浙引三斗五升。雲南五井引六斗。黑白二井引五斗。

甲辰。河南山東旱蝗。敕刑部右侍郎丁鉉巡視賑濟。

丁未。妙勝禪師鎖南藏卜爲國師。剌麻劄失班丹爲都綱。給銀印。

庚戌。都察院右都御史陳鎰乞嗣子佳入太學。不允。

壬子。命中外學宮元時所塑孔子像爲左衽者悉改之。從絳縣訓導張幹之言。

賑無爲州饑民粟萬一千餘石。

懷柔劉廣鄱陽樊侃盩厔李肆漢皆自宮求用。戍鐵嶺衛。

何喬遠曰。祖宗朝宦侍皆出俘孥罪囚。至景泰中乃有自宮求進者。暫置之罪。竟得收用。自是畿甸之民。以至山東西齊魯關陝之間。其希圖避徭以幸富貴者。家有數子。輒一閹之。名曰淨身男子。上書求用。至以千數。其無所附託。流爲棄人乞子者。亦相屬矣。正德中于經得志。經父來見。下簾笞之曰。爾忍閹兒。後乃上堂稱父子。抱持而泣也。

癸丑。免隰州鄉寧等縣去年災租三萬四千七百餘石。

甲寅。襄王瞻墡奏妃父指揮僉事李玉卒。請遣官祭葬。又爲郡王郡主請弔賀于其外戚家。禮部尚書胡濙請如韓王往南京祭掃祖墳例。允所請。上責濙。祖塋也。而何可比外戚。不許。

六月。朔。廣西蠻殺掠潯梧等處。命總兵官安遠侯柳溥勦撫。如受撫。且息兵嚴守。

丙辰。兵部言。宣府總兵官楊洪改靑邊口牧馬。右少監趙琮謂其非便。將奚從。上如洪言。責琮偏執。

戊午。裁湖廣僻縣儒學訓導。

賑郯城縣饑。

己未。復施守正泰安知州。

廣西蠻破電白縣。命驗被害家優䘏之。

庚申。雲南蒙化州爲蒙化府。

辛酉。復王用觀城知縣。

壬戌。雲南布政司右參政馮郁參贊軍務。

廣東淸軍監察御史劉訓言。高州肇慶猺人爲信宜瀧水猺人誘刼撫之遺害。乞如瓊州例。命猺首能撫五百戶以上授副巡檢。千戶以上授典史。二千戶以上授主簿。上從之。

丙寅。賑如皋縣饑。

庚午。弗提衞都指揮使察阿奴進秩爲都督僉事。

癸酉。翰林院修撰張益爲侍讀學士。

陳留縣言。河決金村隄及黑潭南岸。已築治復決。乞發軍協助。從之。

甲戌。嚴越訴誣告之罪。

丙子。開封汝陽蝗。有禿鶖萬餘啄之盡。命禁捕鶖。

丁丑。兵部右侍郎于謙內艱。命奔喪還任。

己卯。免濟南災租三萬七十餘石。

夜。大星如椀。赤光燭地。自室宿流羽林軍。

壬午。鎮遠侯顧興祖。成安侯郭晟。永康侯徐安。恭順侯吳克忠。駙馬都尉焦敬。永順伯薛綬。忠勇伯蔣信。遂安伯陳塤。都督李忠。陳友。吳克勤。俱失朝奪歲俸。

大星青白光。晝流雲中。

甲申。浙江按察使軒輗上四事。曰求賢。近薦舉懷才抱德賢良方正經明行修之士。多權勢戚故。經學不諳。案牘莫曉。今後徇濫連坐其罪。曰曠職。浙江都司衞所官或二三日不至堂。或至堂卽回。乞巡按御史察詰。曰明律。曰私債。上悉行之。

荆州知府劉永卒。永字克修。大庾人。登進士。自刑部郎出守。愛民如子。及沒。郡人巷哭。有古循吏風。

大名府淫雨。河決。渰三百餘里。壞私舍二萬餘區。溺千餘人。命戶部遣官賑卹。除其租稅。

七月乙酉朔。遣視河間濟南東昌青兗寧夏水災。

京師飛蝗蔽天。

丙戌。夜。大星青白光。自天津流天市東垣。

丁亥。免西安平涼夏稅屯糧二分之一。

沙州衞鎖南奔等以也先僞封祁王。甘肅總兵官寧遠伯任禮率兵抵罕東擒之。上念其父兄忠順。安置東昌衞。

戊子。徐承忠嗣魏國公。徐顯忠弟。

辛卯。誅南京刑部右侍郎齊韶。下獄。南京水師右衞指揮僉事賈福以異姓陳玦爭襲賂韶。右之。大理寺少卿廖莊駁其獄。韶竟杖福死。事聞。逮韶等下詔獄。指揮馬順謂韶稱太監王振鄉戚。凌其部長。淹囚歲死百二十餘人。百戶史宣姪女被內選。逼爲妻。僧市永嘉大長公主臥床。遂論死。詔屢訴。卒棄市。

壬辰。南城妖人龔謙善媚術。因禮部尚書胡濙賂事發。戍鐵嶺衞。

癸巳。巡按河南監察御史涂謙言。竊見內外官初任之時。莫不砥礪束修。及得授方面知府。歲不二三。遂改恒度。往往累及薦舉大臣。誠以厥初希望而後怠緩。乞遵洪武永樂舊制。一從吏部選擇陞授。或皇上親擢任用。從之。遂罷大臣舉官例。

丁酉。免眞定太平揚州災租二萬九千餘石。

戊戌。寧夏久雨。河決漢唐壩黑山營。

丙午。陝西行都司都指揮使毛哈剌爲右軍都督僉事。

己酉。河決新鄉八柳村口。漫流山東。經曹濮。衝張秋。潰沙灣東隄。壞田廬無算。命工部右侍郎王永和治之。

癸丑。浙江左布政使孫原貞請益立義塚。不果行。

八月甲寅朔。順天府通判沙安爲治中。

乙卯。遣祀鳳陽徽州水災。

福建盜起沙縣。鄧茂七初自建昌亡命入閩。巡按御史柳華患盜。檄鄉各立隘門望樓。什伍其民。茂七推擇爲長。雄于鄉。閩田輸粟主家。餽少物。茂七令毋餽。而田主自往受粟。主家訟之。不受逮。格殺吏卒。攻掠沙尤二縣。殺千戶楊琮。擄千戶張能。刼上杭烏合數萬。僭號閩王。署官屬。尤溪爐主蔣福成又應之。閩大震。延平衞千戶張聰。指揮僉事范眞。參議金敬。副使邵宏譽各往勦。不克。茂七攻沙縣。執致仕知縣廖文昌。羅拜以爲帥。文昌大駡死之。文昌由貢士拜御史。巡按兩廣。會蠻亂。貶星子典史。遷東阿知縣。

戊午。夜大星青白光燭地。自天紀流梗河。

己未。免應天鎭江松江蘇常去年災租五十五萬四千七百餘石。

庚申。進士沈紀監生王晉包瑛爲廣西貴州浙江道監察御史。

辛酉。免磁州涉縣逃租。

昏刻大星自大角流雲中。

甲子。鄧茂七攻延平。巡按監察御史張梅參議金敬等登城諭之。有緋衣賊曰。我曹苦富民魚肉。有司不我直耳。如朝廷宥我。且立散。乞免徭三年。都指揮范眞等戰于城外。先登舟。衆遂潰。眞與指揮彭璽等俱死。都指揮同知雍埜隱其敗。云眞夜行而溺。

丙寅。太常寺少卿兼翰林院侍書程南雲爲寺卿。仍內直。

己巳。溫州推官宮安爲廣東按察僉事。

翰林院修撰許彬父喪。命奔喪。仍習譯。

夜。月犯外屛西星。

辛未。杭州知府高安言歲課鈔十萬六千八十貫有奇。或年久店絕。容補其新者。上從之。命戶部布其令于天下。

甲戌。秦府宜川王志埰薨。年二十九。謚莊靖。

命監察御史丁瑄撫鄧茂七。又左軍左都督劉聚往勦。右僉都御史張楷監其軍。上才楷。得用鼓吹導騎出都門。文武大臣祖餞。兵部遣錦衣千戶劉壽。丁瑄諭茂七不聽。曰。吾取延平。據建寧。塞二關。傳檄南下。八閩誰敢難焉。都指揮張劉等以四千人道雙溪。隘甚。賊伏三千人村舍。伺兵行盡。兩將殿後。猝舉排柵塞道。前驅不可返。遂殺將吏。官軍大潰。

丙子。罷各部郎中員外九載會考之制。從吏部都察院考覈。

辛巳。禮部左侍郎兼翰林院侍講學士王英爲南京禮部尚書翰林院侍講王一寧爲禮部右侍郎。

巡撫大同宣府右副都御史羅亨信奏。塞卒勞邊。歲無寧日。餘丁無他生業。惟事田作而已。今計一歲得盡力南畝者十無八九。蓋每歲正。塞卒候接北虜使臣。二月出境。三月始得就田。七月又復採草。八月以後修關備邊。十月又將迎接使臣矣。邊地沙鹻磽瘠。霜早雨遲。收穫甚薄。聽之自食。猶慮不足。若徵其稅。必致逃竄。昔太宗皇帝時。詔闢邊土者無徵。皇上初年亦有是命。今大同宣府所有新闢。戶部遣官經量。人除八十畝外。餘地每畝徵稅五升。臣竊謂爲戶部者。但知積粟實邊。孰知守邊在人。人心不固。誰與共守。乞罷其役。上嘉納之。

壬午。廣東布政司左參政王來爲河南布政使。

占城國王姪摩訶貴來貢舞象。

同州知州秦銘請州學四年三貢。從之。

九月丙戌。廣西道監察御史王永壽爲工部右侍郎。

九月艸朔乙酉。進士應顥李粱爲監察御史。

賜寧遠伯任禮世券。以捕沙州部落功。

丁亥。寧夏守備都指揮同知張泰爲右軍都督僉事。征西將軍總兵官鎭守寧夏。召寧夏總兵官都督同知黄眞。以衰老召回。

曉刻。土星犯靈臺星。

戊子。兵部言。正統十三年四月前。中外衞所冊報清軍。共六十六萬六千八百有奇。今御史盛琦等僅清出六萬一千二百人。餘分十次遞報。從之。

晉府永和王美埢烝庶母白氏生子。詭云宮人出。請名鍾鉠。亂其女弟。縱衞卒奸宮人翠兒死。弟鎮國將軍美垾奏之。召鞫俱實。詔廢美埢爲庶人。錮京師。

選浙江江西卒各三千人。委都指揮征鄧茂七。

內使金榮等三人走密雲爲僧。緝獲誅之。

癸巳。左副都御史張琦卒。孟縣人。進士。授交阯道御史。歷工部左右侍郎。賜祭葬。

甲午。江西新城縣疫。

夜。火星犯狗星。

丁酉。故代世子遜燂追封代王。謚悼戾。

戊戌。寧王權薨。王母楊妃。洪武二十四年封大寧。古會州也。東連遼左。西接宣府。爲要鎮。王所統邊城九十。帶甲八萬。革車六千。諸胡騎若朶顏諸夷皆驍勇善戰。靖難初。燕王從千餘騎直趨大寧。以王還北平。蓋王善謀。陰刼之而西。後封南昌。邑人告王誹謗巫蠱事。竟已。自是不敢有求請。覆殿瓴甋用瓦而已。不琉璃。而搆精廬一區。蒔花藝竹。鼓琴讀書其間。用是得終。仁宣時。王自謂尊叔父。數有請。然數見拒。他日求鐵笛。宣宗曰。笛滌也。予之。王白皙美髯。負氣好奇。嗜學博古。自其童時自稱大明奇士。晚號臞仙。弘奬風流。儒雅之士並得游從。著通鑑博論。家訓。國範。天運紹統錄。醫卜修煉琴奕諸書。手作博山爐。古瓦研。皆極工。年七十一。謚曰獻。

巡按福建監察御史張梅奏賊延平乞降狀。上許之。免徭三年。諭兵部遣錦衣千戶劉壽貸賊招撫。

庚子。諭禮部曰。聞內外官有事至王府者。多方需索。致其窘迫。自今止許禮待酒饌。勿與餘物。三司幷巡按御史體實來聞。犯者悉論死。全家戍邊。三司御史知而容隱者。重治之。

辛丑。寧都縣大雨水。

壬寅。長興縣丞國臻爲知縣。

夜。月犯五諸侯北星。

甲辰。復王玉翼城主簿。食從八品俸。

十月甲寅朔。乙卯。復田玉桐鄉知縣。

司設監太監吳亮請老。從子江廕錦衣衛百戶。

少監林壽賫敕諭甘肅總兵官任禮王敬王喜劉法貴都御史馬昂等。整兵備虜。

丙辰。曉刻水星犯亢宿。

丁巳。大興隆寺成。

禮部儀制司帶俸郎中胡穜以妻凌其妾。被訐下獄。戍邊。

戊午。免兗州逃租萬三千九百五十餘石。免池州災租四萬七千七百餘石。

庚申。工部右侍郎王佑免。佑進士。授武選主事。父事太監王振。擢侍郎。佑美姿貌。不鬚。振嘗曰。侍郎何無鬚。佑曰。大人不鬚。兒何敢有。貪淫不檢。夤緣奪情。權貴厭之。欲調外。引疾乞骸去。

夜。月犯壘壁陣。

辛酉。迤北瓦刺太尉完者帖木兒平章烏馬兒來朝。太監劉增迎勞之。

壬戌。夜。大星青白光。自天津流漸臺。三小星隨之。

乙丑。行人顧睢爲福建道監察御史。

免安慶去年災租糧八萬二千八百六十餘石。

丁卯。夜。月犯昴宿。

己巳。雜谷安撫使阿漂妄毒夫及子死。賂威州千戶唐泰。欲從銅山門西羅朴頭開道通貢。乞官軍迓于日駐。巡按御史張洪以聞。下鎮守右僉都御史寇深等議之。

辛未夜。大星赤光自鬼宿流翼。

甲戌。許陝西沿邊納草贖罪。

乙亥。命巡河官三年更代。

丙子。命刑部右侍郎楊寧往江西。大理寺少卿張驥往浙江。撫安人民。練兵勦寇。寧至江西。修城練兵。寇入輒斬之。盆鎮以簡靜。深求民瘼。遠近威服。

巡按廣東監察御史楊剛等言。嶺南被寇。多因有司撫寧失宜。今廣東都司經歷司都事鄧敏。布政司廣豐庫大使周剛。南海縣典史楊傑。皆通練有斷。乞署敏于化州。剛于瀧水。傑于新會。俾展所長。庶宋僚鼓奮。罷民蘇醒。上從之。

夜。大星青白光。自五車流五諸侯。

己卯。疏山西涑水河。

庚辰。減安慶寧國徽揚淮安鳳陽災租。

調京營兵二萬征鄧茂七。

辛巳。徵浙江漕卒二萬人。江西漕卒七千人。總兵官寧陽侯陳懋領之。征鄧茂七。

十一月䑓朔。廣東署都指揮僉事王清守備雷廉高肇。

頒曆。夏冬二至晝夜各六十一刻。翰林編修岳正曰。求諸古曆家。無有也。以私智揆之。國其搖乎。

甲申。淮府鄱陽王祁鑌薨。年十八。謚懷僖。

乙酉。唐世子芝壛薨。年十五。諡悼簡。

嘉興知府黃懋爲福建左布政使。

丙戌。寧陽侯陳懋爲征夷將軍總兵官。保定伯梁瑤平江伯陳豫爲左右副總兵。都督僉事范雄董興爲左右參將。刑部尙書金濂參贊軍務。統京營江浙兵南征。太監曹吉祥王瑾提督五軍神機銃砲。

丁亥。起復鳳翔知府扈暹。

免通渭平涼華亭水災田租。

戊子。命福建秋糧俱資餉。仍運廣東折銀給之。

己丑。鄧茂七謀攻建寧。下福州諭所司備之。

夜。月犯壘壁陣。

庚寅。兀剌也先益糾結諸胡。貽書兀良哈曰。爾祖父皆元成吉思可汗薛禪可汗所授官。俱宜供頓過軍。兀良哈以聞。成吉思者。元太祖。薛禪者。元世祖也。敕諭兀者等衛都督剌塔別里格等曰。虜以元成吉思薛禪可汗事誘爾。元亡百餘年。子孫奔竄被害。今其首領冒稱。脇部屬耳。部屬尙不信服。况欲遠方之別類乎。爾女直野人。自國初設衞授官。毋受其誑。

壬辰。夜。大星青白光。自五車流中台。

癸巳。盜刼陽春縣。

乙未。免五涼鞏昌臨洮災租。

丙申。昏刻。月犯五車。

辛丑。故唐世子芝壛妃胡氏自經。事聞。諡肅貞。

壬寅。迤北瓦剌脫脫不花王幷太師也先貢馬。

癸卯。進士陳璿錢昕監生柳春白仲賢馮節鄧洪爲監察御史。

甲辰。處州賊葉宗留僞稱王流刧金華武義崇安建陽鉛山諸縣。初處州多鑛盜。慶元葉宗留以鑛徼。遂鼓衆自浦城縱掠建陽。無賴麇集。閩浙道梗。

乙巳。罷懷來懷安龍門等儒學。極邊尙武乏人也。

丙午。量賑福汀漳建寧興化延平災民。寬賦役。

四川雜谷安撫司番僧南哥藏等貢刀劍鐵甲。舊賜鈔六十錠。幣二雙。折衣綵幣四雙。靴襪各一。近例過厚。部議如舊。南哥藏不肯拜賜。命罷賞。錮之會同館。

逮廣東按察使黃翰左參政楊信民下獄。初承平久。禁網疎闊。仕嶺外者。黷貨殃民。信民至廉潔寬大。暇步衢市。問民所苦。有以公事至而無罪者。輒言按察使縱遣之。按察使郭智不法。信民劾去之。及黃翰受賂使酒奪人妻妾。又復劾之。詞連僉事韋廣。廣先入朝下獄。廣訐信民作威放囚玩寇失城。並逮。臨去。民爭擲翰舟瓦石。以金帛贐信民。不受。

丁未。免沙尤等縣鐵課。

庚戌。永康侯徐安總督山東海上備倭。安鄉伯張安鎮守高廉雷肇。

會同館貢夷鬭。出毆人命。都指揮昌英杖其人。命宴賜後例互市五日。著爲令。

壬子。復程忠淮安府同知。食正四品俸。

除鎭江寧國廣德滁宣辰州等衞災糧。

前錦衣衞指揮僉事句容王裕卒。諭祭。

十二月癸丑朔。旦。大星青白光。自西南流近濁。

乙卯。夜。大星青白光。自天園流近濁。

丙辰。右副都御史丁璿致仕。

戊午。葉宗留自福建桐木關至祝公橋。拒鉛山官兵。時張楷南征至廣信。以宗留阻浙。未即進。巡按御史韓雍。請移兵先擊宗留爲便。楷命指揮戴禮以五百人往。命劉得新自建昌會于邵武。楷自浙入。戴禮擊賊黄柏舖。殺傷相當。宗留中流矢死。官軍勿知也。葉希八率餘衆屯車磐嶺。都督僉事陳榮以二千人。合戴禮搜山至玉山。中伏。榮及指揮劉眞等皆死。張楷間道入閩。葉希八焚浦城。還龍泉。衆數萬人屯雲和。麗水楊□陶得二。陳鑑湖俱率衆從之。

庚申。建寧知府張瑛爲福建布政司右參政。署府事。鄧茂七以二千餘人攻建寧。瑛率建安典史鄭烈。鄉兵吳保等。合都指揮徐信兵。分道乘霧。襲斬五百餘。拔其寨。故有是命。烈進主簿。保授巡檢。

禮部言山西行都司都指揮馬義。鎭守居庸關署都指揮僉事李景。俱報迤北瓦剌及回回等貢使共三千五百九十八人支給。今會同館覈脫脫不花王使臣止四百十四人。也先使臣止千三百五十八人。回回止七百五十二人。計少千七百四人。命下馬義。巡按御史治如律。

辛酉。陝西甘州中護衛軍餘段興。以段干木後。乞往安邑修祠。許之。

壬戌。陝西布政司右參議柴重。除喪三年方謁選。戍鐵嶺衛。

甲子。禁各王府爲外戚求職。

賑濮州水災。

乙丑。順天宋丞相文天祥祠像。儒士。改塑丞相冠服。

南京監察御史葛崇先自朝回。道娶妾。尋坐事戍鐵嶺衛。

己巳。翰林院編修趙恢爲侍講。

總兵官左都督劉聚等敗鄧茂七于建陽。斬二千餘級。道始通。

減處州今冬春銀課之半。

庚午。廣東山賊趙普旺等僞稱天寶將軍。刼瀧水電白二縣。

辛未。鴻臚寺卿楊善爲禮部左侍郎。仍署寺事。

壬申。免如皋縣災租。

甲戌。瓦剌使臣都指揮使察占爲都督僉事。

初。哈密忠順王倒瓦答失里以也先召其母不敢往。上敕勞之。至是聞其五月親往瓦剌。七月還。敕讓焉。

乙亥。許錦衣衛帶俸指揮僉事郭登世襲。登自陳宿衛及麓川功。

丙子。前右副都御史丁璿卒。璿上元人。永樂甲申進士。選館授工部主事。坐戍潞河十年。起山西道御史。按湖廣陝西。使雲南。進左僉都御史。督儲宣大。又往視麓川。巡撫雲南事平。進左副都御史致仕。仁恕孝友。歷官俱有聲績。賜祭葬。

庚辰。增麗水等縣縣丞。專撫民行保甲法。

是年。貴州叛苗圍興隆清平平越等衛。而平越尤急。或以無積貯。欲委棄賊。巡按監察御史黃鎬不可。曰。平越貴之咽喉。無平越是無貴也。乃集衆固守九閱月。至掘鼠羅雀而亡叛志。會援兵至始解。

己巳正統十四年

正月壬朔。癸未。處州盜五百餘人自永豐流刼遂昌。殺指揮龔禮。巡按浙江監察御史李俊乞移閩兵勦賊。命巡撫浙江少卿張驥先徵各衞兵及民兵往勦。

甲申。江西龍南盜起。

丁亥。夜金星犯壘壁陣東星。

己丑。指揮吳良千戶紀信賫金帛勞兀剌也先。

辛卯。瀧水縣猺賊出掠民居。

兀剌使臣指揮使昂克爲都指揮僉事。

夜。月暈色黃赤五車參畢井俱暈內。復生左右珥白虹貫之。

甲午。上南郊。

乙未。蠲平度州戶口食鹽布。

丙申。夜月當食不食。

敕左都督劉聚。滅閩賊後。移兵討浙賊。

曉刻木星犯房宿。

丁酉。夜月犯靈臺中星。

戊戌。河決聊城。命工部右侍郎王永和築之。

己亥。總督獨石永寧等處守備署都指揮僉事楊俊爲都指揮僉事。

命畿內山東河南有司捕蝗種。

庚子。巡按貴州監察御史陳鑑爲雲南布政司右參議。往騰衝招撫思機發。

夜。大星如椀。青白光照地。自郎將流大角旁。

辛丑。巡按福建監察御史汪澄。失事下獄。

沙縣賊林宗政等萬餘人攻後坪延平通判倪冕南平縣丞李茂先設木石。都指揮雍埜等預伏邀擊。敗之。斬二百餘級。擒渠帥陳阿巖。

壬寅。定西侯蔣貴卒。貴江都人。偉力善騎射。從靖難。歷指揮同知。從征南北。累功。宣德初。以參將征松潘。進都指揮同知。鎮密雲松潘。平羌功進都督僉事。副總兵。歷都督同知。平蠻將軍。正統初。進右都督。拜平虜將軍。往甘肅。勦虜朶兒只伯。大破之。封伯。七年。平麓川。進侯。其爲將同士卒甘苦。臨敵輒當先。故戰必克。幃幄之算惟儒臣是命。追封涇國公。謚武勇。賜祭葬。

乙巳。暫停浙江福建銀課。

戊申。起復上元知縣姜德政。

己酉。迤北瓦剌使回。上致可汗書。幷諭太師也先。詰所貽兀良哈書。不報。故事。虜使歸。我使送之。因留明歲與俱來。虜時要索中國貴無有者。使者輒許以媚虜。又往往出好語迎中之。也先奏胡樂使者曰。安能及漢伎也。他日請賜若也先因請婚。使者諾。吾爲若奏上許矣。也先大喜。夸示諸虜。前貢馬報使三千人。上答詔不及婚事。禮部復不盡予。三千人餼予之物不及所請五之一。虜大媿怒。

庚戌。留浙江江西漕米四十一萬石餉福建。

辛亥。免大名河間開封災租。

貸高郵慶都饑民粟。

貴州布政司左參議顧理專巡視民瘼。從各長官司之請。

太白晝見。

二月壬朔癸丑。夜大星青白光燭地。流雲中。

甲寅。初赤斤蒙古衞都指揮總兒加陸指揮寫帖兒鎖南卜等糾罕東衞都指揮阿黑巴等。乘哈密使臣脫脫不花等還苦峪城。以千餘人圍之。遂敕諭赤斤蒙古衞都督僉事阿速等。罕東衞都指揮同知賞卜兒加等。

免順天山東災糧十八萬五千七百餘石。

太監阮安陳鼎巡視通州至南京漕路。

夜。大星青白光燭地。流雲中。

丙辰。夜月犯昴宿。

丁巳。湖廣妖賊蔡妙光攻破龍南縣。

巡按福建監察御史丁瑄率指揮劉福擊鄧茂七于延平。斬之。時沙縣羅汝先誘賊復攻延平。都督僉事劉得新軍城北。設伏溪側。賊南渡。伏發。殺數百人。賊大潰。茂七中流矢死。茂七兄子伯孫主其軍。寧陽侯陳懋未至。

戊午。昏刻大星青白光。自屏星流近濁。

己未。作鹵簿大駕。

庚申。命劉聚等合江浙福建之師勦處州賊。初賊自松溪縣攻掠浦城等縣。

辛酉。通政司右通政王錫致仕。

徽魯府護衞軍七百人協治沙灣。

夜。月犯鬼宿。

癸亥。戶部請市藍靛染官庫布帛。不許。命俟官靛。

乙丑。裁大同通判應州同知蔚州朔州判官大同縣丞各一。

忠義前衞倉火。

丙寅。故兵部尙書徐晞孫世英爲中書舍人。

增晉州判官專理柴炭。

禁邊衞僭服麟獅虎豹犀海馬及禿袖夷帽。

丁卯。南京吏部左侍郎魏驥爲尙書。

遼東總兵官右都督曹義等追虜鶉鴿觜。擒男婦六十人。賞賚有差。

戊辰。以御史楊剛言。開詔必遣行人。如乏員。方遣進士。進士乏員。遣本衙門官。從之。

己巳。總督雲南軍務兵部尙書靖遠伯王驥。總兵官都督同知宮聚。左右副總兵都督僉事張軏田禮。左右參將都督僉事方瑛。指揮同知張銳。侍郎侯璡等。自騰衝衞進兵。航千崖至南牙山。登陸抵沙壩。復航金沙江達嶺。思機發拒于西岸。官軍順流至管屯。適木邦緬甸夷兵數萬協攻。斬數百級。得穀四十餘萬石。賊營鬼哭山各三寨。又承以七寨。亙百餘里。每寨列栅二。上懸大木石。我克其左寨。乘風縱火大破之。思機發遁。或曰死亂兵也。上賜敕獎諭。命驥聚軏禮回京。瑛留雲南充右參將。銳回貴州都司。璡留雲南贊理軍務。敕緬甸宣慰使卜剌浪馬哈省以速剌治孟養。緝捕思機發等。時大軍踰孟養至孟那。孟養距麓川千餘里。諸夷震怖。

高岱曰。麓川之役。所謂輕病而重療也。遐僻小夷。稱亂戕殺。縱欲問罪。付之沐晟足辦矣。乃至廷議遣將。節制不專。而致潞江之敗。旣敗則晟爲罪魁。釋不問足矣。而追封王爵何爲哉。王驥傾國家之力。集數鎭之兵。而先後十年之久。卒不能殲殄渠魁。竟從姑息。得免于罪。幸也。何至裂茅土哉。向如劉球言。移此力經略西北。已巳之變必有以禦之者。窮疥癬之拒搔。而耗腹心之元氣。安得不敗乎。

嚴從簡曰。清苑志田禮字思敬。靡保定中衞指揮僉事。幼有大志。既長以名節自期。練達老成。諳曉兵法。同王驥討孟養。生擒其子思機發。則思機發又是被擒者。此言死于亂兵何也。

戶部右侍郎儲懋往福建理軍餉。

辛未。以麓川平告于天地宗廟。

錦衣衞指揮使徐恭。濟陽衞指揮同知孫鏜。俱爲都指揮僉事。和陽衞署都指揮僉事陶瑾實授都指揮僉事。恭充總兵官。鏜瑾充左右參將。工部尚書石璞參贊軍務。率浙江官軍民兵討葉宗留。備倭署都指揮僉事脫綱率千人聽節制。

乙亥。翰林院編修倪謙爲侍讀。劉定之服闋。補編修。

進士劉璉爲刑科給事中。

遼東總兵官右都督曹義等出廣寧塞。斬虜一。擒男婦五十人。

浙江右參議耿定。僉事王晟。台州衞千戶楊淸等以四千人擊麗水賊。俱敗沒。賊遂攻處州。聲言趨金華。命兵部檄諭各官固守。王晟鄆城人。正統丙辰進士。後贈參政。蔭監。

田汝成曰。浙有三臺臣。藩臬諸司乃惴惴以攖城固守。纔一出戰。卽駢首就戮。不知藩垣屛翰之寄。當如是乎。嗚呼。孔子曰才難。不其然哉。

令沙縣賊屬俱戍南京。

夜。木星退犯房宿。

戊寅。命兵部重定內外官皁隸等額。

賑蘄水縣饑。

夜。大星靑白光。自翼宿流近濁。

己卯。行人張諫爲福建道監察御史。

福建流賊掠江西寧都縣。泰和奸民亦效之。命刑部右侍郞楊寧等勦捕。

賑巢縣饑。

庚辰。夜。金星犯火星。

是月。貴州卭水苗陷思州府。爛土凱口苗攻都勻城。官軍卻之。草塘苗龍惟保陷石阡府。殺知府胡信。信廬陵人。事不以聞。

三月辛卯朔。琉球國中山王尙思達入貢。

尤溪賊鄧永祖以四千人攻延平。都指揮雍埜蔣貴等敗擒之。

壬午。處州賊犯江西廣信境。永豐知縣樂昌鄧顒死之。時賊侵上饒。顒奉張楷檄禦卻之。賊大至。或勸其走。不聽。遂被執。不屈罵賊死。時陞僉事未行。事聞。賜葬。給布六十端。米三十石。贈光祿寺少卿。謚忠毅。顒□□壬戌進士。

南京大理寺卿陳勉內艱。命奔喪赴任。

癸未。敕湖廣布政使馬謹。御史侯爵。招諭靖州衞洞苗。

起復蒲州知州張廉。

總兵官寧陽侯陳懋。趨建寧。鄧伯孫邀絕餉道。左副總兵保定伯梁珤擊斬九百級。擒七十餘人。賊潰。幕府頒賞格。能擒斬其黨。與斬敵同。自是擒斬而降者日衆。

敕責左都督劉聚。右僉都御史張楷。怯賊負託。其勉圖後効自贖。

初。戶部尙書王佐等以畿內河南山東水旱。改通州秋草飼馬。御馬監丞李保住劾佐及內官阮忠侍郞張睿等紊舊制。至是議罪。宥之。

乙酉。光祿寺丞呂泰爲少卿。

丁亥。指揮同知劉福爲指揮使。官軍鄧子勝爲所鎭撫。降賊羅汝先爲沙縣縣丞。黃琴爲建安主簿。

都指揮同知胡麒鎭守肅州。

戊子。上發京師。

庚寅。上展祭三陵。昌平人獻牛馬羊。命羊馬給賞。還牛耕。賜鈔三錠。

遼東總兵官右都督曹義等巡邊。至廣平山。擒虜五十九人。斬首一。太監楊宣擒六十人。俱械入京。

辛卯。湖廣參將都指揮僉事張善率軍勦五開苗賊及廣西獞蠻。命廣西總兵官安遠侯柳溥貴州參將都指揮同知郭瑛各率兵助之。

癸巳。上還京。

海寇泊福建鎭海衞。攻玄鍾千戶所。禦卻之。

江西龍南縣賊蔡妙光爲縣吏楊伯顒劉興老人徐志能等率民兵捕之。走始興縣。被誅。授伯顒興巡檢。志能副巡檢。

工部右侍郞王永和奏治河事宜。先是沙灣之役。永和以冬寒遽停工。又以決自河南。宜敕彼共事。上切責之。至是言黑陽山西灣已通水。從泰通寺資運河。東昌則置分水閘。設三空洩水入大淸河。歸于海。八柳樹工猶未可用。沙灣隄宜時啓分水二空瀉上流。庶可亡後患。從之。仍戒永和速之。

丁酉。榜諭處州賊。

梟思任發鄧茂七于京城。

己亥。徵直隸浙江馬草銀。如不願銀者。仍聽納草。

辛丑。諭吏部禁約內外官。

平陽賊千餘人殺溫州衞指揮劉安。

免陝西行都司災租。

誅處州賊僞指揮趙滿等于市三日。

癸卯。令江西浙江民明年漕北京。暫休吏卒。

甲辰。福建賊流刼江西贛州境。攻破瑞金。刼廣昌石城。

己酉。處州賊陳鑑湖破松陽龍泉二縣。刼青田諸縣。自號太平國王。改泰定元年。

四月[illegible]朔。辛亥。處州賊陳鑑湖掠崇安等縣。殺都指揮吳剛等。

壬子。四川播州宣慰使楊綱致仕。子輝嗣。

夜。大星如椀。黃赤光燭地。自氐宿流角。

命靖遠伯王驥旋師。沿途相機勦殺湖貴苗賊。暫屯武昌。徐入京。時貴州苗叛。攻靖州。陷平越衞。黃平所。思南府。貴陽東道梗。驥等還師。所至人泣。陳苗害。皆曰。吾征麓川。非征苗也。違之。苗前後截我軍。死數萬。張軏等僅身免。

郭子章曰。靖遠三征麓川。滇人不能無怨。至謂貴苗因之以叛。如天順日錄所云。則恐未然也。貴中苗禍。何代無之。自靖遠以後。如銅仁米魯爐山凱口播州皮林六大役。不在麓川下。豈靖遠之尤耶。嗟乎。大臣不爲國任事。則天子怒。爲國任事。則邊人怨。白起不行而杜郵之劍賜。姜維屢出而仇國之議起。故爲邊臣者亦難矣。

逮湖廣提學僉事韓陽。陽經三歲試士不徧屬縣也。

昏刻月犯金星。

甲寅遂昌縣賊蘇牙俞伯通等攻蘭溪之蘇村寨。金華知府石瑁等集衆擒斬之。

丁巳。福寧流賊犯平陽縣。攻蒲門千戶所。禦卻之。

戊午。提督遼東軍務右都御史王翺爲左都御史。總兵官右都督曹義爲左都督。左右參將都指揮使胡源劉端爲都督僉事。守備都督同知焦禮施聚爲右都督。右副都御史李純爲左副都御史。

司禮監內使邵智聰私寬東城兵馬司指揮范質之枷。命斬智聰。不覆奏。

庚申。命崇信伯費釗刑部右侍郞薛希璉鎭守福建。新寧伯譚璟大理寺右少卿張驥鎭守浙江。

昏刻金星犯井宿。

壬戌。苗薄貴州。敕靖遠伯王驥率湖貴兵勦之。

癸亥。免濟南東昌災租十八萬七千一百七十餘石。

疏和州姥鎭河張家溝。

乙丑。復楊禧慶遠知府食正三品俸。

遣監察御史李浚等同內使閘辦浙江福建銀場。

以哈密杲誘死刺掠沙州罕東等衞。敕甘肅總兵官寧遠伯任禮等遣使責還之。

福建賊平。鄧伯孫屯後洋。官軍稍擒斬。漸有降者。或言尤溪山賊可撫而下也。千戶龔遂榮驛丞周鑄請行。賊驍將張留孫。遂榮遺之書而故致之伯孫所。伯孫疑而殺留孫。賊人人自疑。來降。伯孫竟敗被執。妖婦廖氏號女將軍。捕誅之。左都督劉聚等兵至南平順昌甌寧。擒餘黨六十二人。斬首亡算。縣人復業者五千六百九十七戶。二萬三千六百六十八人。令劉聚等閩賊平卽回討處州賊。

高岱曰。茂七狂豎子耳。遂至屠城邑。亂八閩。豈其勢果難制哉。閩中武備久弛。兵紀不嚴。將權不重。旣不能愼萌蘖而撲之于始發。又不能振兵威而遏之于旣逞。況朝廷遣將。事權多中制。張楷輩勉效馳驅。而師老寇玩。雖卒戡定。生民荼毒甚矣。金濂之出。值寇勢已衰。撲滅餘燼。未可言功也。是役也。幸其誅茂七猶在己巳二月間。使更數月未燼。則朝廷有土木之難。不暇南顧矣。不將有尉佗之憂耶。然豈非天幸哉。

丙寅。金吾右衞帶俸都指揮僉事孫斌鎭守居庸關。

東莞人鄧恭言七事。曰欽州衣服語音類交趾。乞遣官變其俗。曰免廣東重囚戍欽廉。曰中鹽欽州。曰邊海義倉移城內。絕盜心。曰南雄南安二千戶所宜積儲十年。曰加修淸遠韶州城。曰丈量韶州南雄田土定賦額。上從之。

夜。月犯心宿。

丁卯。大理寺左寺丞李奎巡撫河南及眞定保定順德河間。吏部右侍郎趙新巡撫山東及鳳陽淮安廬揚。以賑失業之民。

戊辰。處州賊陳鑑湖屯金公巖。分刼義烏武義東陽。

庚午。進士王璧羅俊張鎣朱永寧程昊李玘倪敬謝騫徐溥楊宜吳淳王常李本道沈義沈宗戴昂黃溥葉普亮王豪桂怡朱瑄邢宥楊文琳陳璘陸阜楊斆余復黃譽爲兩京監察御史。

貴州鎭遠苗作亂。命靖遠伯王驥總兵官宮聚等同都指揮同知郭瑛張善分勦。

辛未。大同左參將都督僉事石亨備禦署都督僉事馬麟巡邊至箭豁山。各值虜敗之。擒四十六人。斬四級。尋召麟還京實授都督僉事。

福建左布政使宋彰乞刊行將門八寶箴勵武臣。禮部駁其俚淺。且罪彰溺職。俟賊平逮治。從之。

禮部請故中軍都督僉事陳榮祭葬。上以覆師不許。

壬申。久不雨。遣告于天地百神。

癸酉。秦府興平王尙埛薨。年六十一。謚恭靖。

陝西按察使鄧棨爲右副都御史。

海寇陳萬寧攻破潮陽縣。殺主簿鄧選。

甲戌。諭禮部試僧道然後給牒。

丙子。廣西總兵官安遠侯柳溥以都指揮孫麟等往懷遠。遏淸浪鎭遠叛苗。

丁丑。廣東都司獄逸百七十人。命逮都指揮僉事姚麟。

戊寅。閩賊二千餘人攻廣東海陽縣。官兵擊卻之。

己卯。以沙縣賊陳政景等攻汀州。命總兵官寧陽侯陳懋援之。

五月庚辰朔。福建都指揮僉事鄧安等奏前巡按御史柳華擅置村樓給兵杖之罪。時華遷山東按察副使。卒。詔籍其家妻女入浣衣局。男戍鐵嶺衞。

辛巳。建昌府推官黎忠爲知府。閩寇始獗。郡人亦多嘯聚。忠悉力撫捕。適闕守。從郡人之請。

錦衣衞帶俸署指揮同知牛循指揮僉事郭登王英府軍前衞指揮使過興騰驤右衞指揮使馮洪。金吾右衞指揮同知方善俱爲署都指揮僉事。

順天永平蝗。命捕之。

壬午。逮福建都指揮僉事鄧安。初盜千餘人陷羅源縣及延亭巡檢司。官軍殲焉。後謫柳州所鎭撫。

癸未。昏刻月食金星。

甲申。賊圍汀州。都指揮僉事馬雄按察僉事況眞等擊敗之。知府劉能推官王得仁又伏兵邀賊歸路。擒陳政景等八十四人。

丙戌。總兵官寧陽侯陳懋破沙縣陳山寨。獲鄧茂七家屬幷僞都督黃宗富等百五十五人。按察副使邵宏譽等擒僞官五十七人。

免濮州屯糧萬五千一百六十餘石。

丁亥。夜金星犯鬼宿。

戊子。責廣東巡按御史同布政使揭稽往潮州勦賊。

己丑。封季埒壽昌王。豪墿應山王。

麗水縣丞丁寧。以老人王世昌等入賊巢。招陳鑑湖等出降。官追還所掠人口。命進寧處州府同知。世昌等授巡檢。仍勞十金。凡招賊者。賞如之。

辛卯。復姚文袁州知府。食正三品俸。

壬辰。大理寺卿俞士悅等以久旱請淸獄。從之。命太監金英同法司會訊。釋內外輕繫。

甲午。天津武淸二衞屯地鈔改徵米。

增神機營餘丁月餉三斗。

丙申。命鎭守福建浙江刑部右侍郎薛希璉大理寺右少卿張驥訪察貪汚官吏。逮送京師。

遼東都指揮使梁瑄爲左軍都督僉事。

丁酉。寧都知縣周昂廣昌知縣江浩俱爲贛州府通判。寧都縣丞田肇爲知縣。以捕盜撫民也。

南安妖人羅天師等妄稱彌勒佛謀亂。巡撫刑部右侍郎楊寧捕斬之。

己亥。翰林院侍讀學士張益直內閣。

庚子。免兗州去年災租萬六千七百二十二石。

磔巡按福建御史柴文顯籍其家。誅汪澄。以文顯匿鄧茂七初警不卽聞。澄信賊降止軍養患也。

辛丑。兩淮都轉運鹽司運使耿九疇爲刑部右侍郎。通政司右參議湯鼎爲右通政。九疇廉儉嚴正。門絕私謁。楊士奇過淮。上饌之一雞。時浙江按察使軒輗剛介有聲。九疇與齊名。嘗坐水旁。有童子曰。此水雖清。不如使君已。坐判官薛華送守支鹽商于南戶部。給鈔姓名占二牘。命法司逮治。遣主事陳汝言往究。汝言奏九疇等受賄重冒支給。下法司論罪。旣察誣得釋。時鹽運同知義烏葉思銘。與九疇同心守法。不畏强禦。至是並逮。上旣察釋九疇。特擢之。思銘亦復官。九疇餞而拊之曰。無蹶而躓。思銘竟爲良吏。

占城哈密入貢。

刑科給事中王復爲通政司右參議。

岳州知府易善爲湖廣左布政使。

命大臣考察中外官吏。遣錦衣衞馳令福建撫按究賊所以起。與有職事于其上者。悉械送京師。幷撫捕實狀以聞。

陝西都指揮使汪壽卒。賜祭。隴西人。世襲昌衞指揮同知。

癸卯。建陽人林惠言三事。曰鹽糧。鄉民納米。市民徵鈔。乞概折。曰丈量。嘉禾里均賦。曰武仙山銀坑。歲課千二百餘金。乞減半。上從之。

前戶部右侍郎焦宏卒。宏字克明。葉人。永樂辛丑進士。宣德初授御史。巡按貴州。壬子。進江西按察副使。平恕得民。歷江西右布政使。辛酉。佐戶部。累奉敕理餉浙直福建京邊河南陝西。寬嚴有節。賜祭葬。

甲辰。義烏民兵胡彥陞等擒渠帥蘇紀養。授副巡檢。

丁未。江西右布政使張裴生杖斃奸吏。謫雲南中衞經歷。

禮部右侍郎王一寧往湖廣轉餉貴州。

戊申。翰林院侍講劉鉉修撰王振教習庶吉士。修撰許彬□部郎中潘勤提督四夷館。

刑科給事中陳傅戍大同威遠衞。初傅使琉球還里遷延不行被劾至是使回下錦衣衞。

是月四川黑苗流刧石阡府城知府盧陵死之。婦弟亦被殺事不以聞。

六月配朔。開封蝗。

庚戌。通政司右通政湯鼎光祿寺丞張如宗往四川運茶八十四萬三千六十斤。至陝西西寧河洮市馬。

靖州等處苗賊流刧辰溪等縣。殺都指揮高亮。

辛亥。涼州衞糧儲案牘火。逮都指揮陳斌。

逃民涂仁用上詩文干進。戍鐵嶺衞。

前少保戶部尚書兼武英殿大學士黃淮卒。淮字宗豫。永嘉人。洪武丁丑進士。授中書舍人。太宗初召對稱旨。入翰林備顧問。尋直內閣。進編修。歷侍讀。定儲議。甲申以左庶子兼侍讀直東宮。丁亥進右春坊大學士。輔皇太孫。戊子癸巳上北狩再留守。爲漢庶人所搆下獄。仁宗初出。進通政使兼武英殿大學士。內艱起復。進少保戶部尚書大學士如故。宣宗初致仕。外艱賜祭葬。入謝。賜遊西苑。贈御製詩。癸丑入賀壽。留主禮闈。廕子寀中書舍人。淮直亮多才略。諳習朝政。永樂初止告訐。停西番僧玉印。沮阿魯台之聯女直吐番諸部。此其大者。年八十三。予祭葬。諡文簡。贈太師。

廖道南曰。楊文貞所載日錄。謂潍忌胡廣解縉。再覩省愆錄。乃知潍之不幸。夫一黃潍耳。下獄十年。家食二十餘年。杜門掃軌。不問國事者三十餘年。而同事七人。縉既罹。廣亦螻天。惟文貞秉鈞。文敏謀幄。潍之蒙詬。其可知也。

壬子。甌寧賊林拾得不受撫。殺右參政張瑛。瑛擊林拾得不利。與其子敬死之。事聞。贈按察使。錄一子瑛建德人。

甲寅。濟南青州蝗。

乙卯。許雲南永平縣中鹽。每引輸三金于金齒糴米。

法司論浙賊陳鑑湖等六十餘人不赦。上宥之。錮錦衣獄。

丙辰。靖州告急。命都督宮聚等分援之。

夜。南京大雷雨。奉天華蓋謹身等殿災。

己未。重定雲南文武官俸。初麓川用兵。各依品減支。

新寧伯譚璟卒。

庚申。湖廣貴州生熟苗蠻蜂起。命靖遠伯王驥調師十萬滅之。

夜。月犯房宿。又大星青白光。自牛宿流近濁。

壬戌。蠲吉安南昌臨江水災田租。

敕諭兩京文武羣臣修職。遂下詔大赦天下。

保定河間旱。停夏麥。改徵菽粟。

夜。大星赤光。自氐北流角。

甲子。勑諭兩京文武羣臣省愆修職。

乙丑。駙馬都尉西寧侯宋瑛總督大同軍。預戰守。

丙寅。吏科都給事中孟鑑爲戶部右侍郎。

丁卯。四川會川衞訓導詹英上邊務十三事。內言。靖遠伯王驥都督宮聚等。輩重至六百人。多散綵幣于其屬。使責重報。鹵蠻豎。輒閹之以爲己役。大軍十五萬。以一日行。因有蹂踐死者。又每卒負粟六斗。不任登涉。至自縊。師抵金沙江。彷徨不敢渡。渡而縮朒不敢攻。攻而失都指揮洛瑄指揮崔亨等。侯賊解散。多俘漁戶。此何異李宓之敗而楊國忠以捷聞也。章下兵部。欲按驥等罪。特原之。以英從宮聚軍前自效。英走京奏辭。不許。會土木之難。轉雲南河西縣敎諭。英正統戊午貢士。

羅玘曰。嗚呼。正統己巳之先。變未釁也。而四方亦既騷動。日入于多事矣。疎遠小臣。有能奮不顧身言天下事如英者。而天子又能聽之。不徒聽之。而又用之。當時大臣不徒不沮之。而又欲薦之。是可謂不諱之朝。而言猶不壅于上聞也。故雖遭莫大之變。而卒亦莫之能災者。豈無自哉。英任敎諭。又疏薦侍郎張固可撫蜀。從之。

郭子章曰。麓川之役。舉朝卷舌。內則劉忠愍爭之。外則詹敎諭爭之。劉以言階禍。竟死于獄。而詹幸免于身。不踰時而有土木之變。窮黷之禍人國如此。嗟嗟。臺省寒蟬。而讜論出于講論師儒之口。亦足羞矣。

己巳。詔大赦天下。

曉刻。大星青白光燭地。自昴宿流井後。三小星隨之。

辛未。大同參將都督僉事石亨爲都督同知。

壬申。翰林院編修劉定之爲侍講。國子監助敎羅伯初爲檢討。仍理監事。

申海上通夷之禁。

癸酉。夜大星如椀。赤光。流雲中。

戊寅。命太保成國公朱勇選京營四萬五千人。令平鄉伯陳懷駙馬都尉井源都督耿義毛福壽高禮太監林富率三萬往大同。都督王貴吳克勤率萬五千往宣府。各備虜。

七月朔。遂昌鄭仕本楊實寧擒渠帥華宗濵等。授副巡檢。

虜大入寇。有聲息。命邊將謹備之。

熒惑入南斗。時侍講徐珵知天文。私語其友劉溥以爲不祥。久之不退舍。曰。禍不遠矣。遂命其妻孥南歸。

庚辰。命給事中翟敬監察御史羅篪等分勞宣府獨石大同延安綏德寧夏甘肅偏頭關遼薊永平山海等軍士各一金。

復董智南城知縣食六品俸。

令直隸山西夏麥改豆輸宣大。

夜大星光燭地。自羽林軍流至濁。

壬午。苗賊掠武岡州及黔陽縣。官軍不援。命王驥杖各將六十。

乙酉。大理寺左少卿沈粲致仕。

夜大星青白光。自北斗杓流近濁。

丁亥。河內知縣吳鑑爲南陽知府。

戊子。處州張佑率民兵王應參王金禮等殺賊千餘人。擒八十餘人。獲皮甲八百餘。授應參金禮巡簡。責總兵官徐恭等玩寇。于是御史張洪等劾恭及左右參將都指揮僉事孫鏜陶瑾參贊工部尚書石璞曠歲糜餉。福建總兵官左都督劉聚都督僉事劉得新右僉都御史張楷俱縮朒。命還師曰按之。

己丑。漳州逃囚陳萬寧鄭利貞郭乾。孝鄭本成。俱應募殺賊授副巡檢。

虜分道入寇也先寇大同至猫兒莊。右參將吳浩敗沒。脫脫不花王寇遼東。知院阿剌寇宣府。圍赤城。又別部寇甘州。諸將馮城拒守。上議親征

庚寅。召商中鹽永平。納糧界嶺口劉家口。

壬辰。吏部尚書王直率廷臣諫親征曰邊鄙之事。自古有之。惟在守備嚴固。陛下得天之助。將士用命可圖必勝。不宜親御六師以臨塞下。況秋暑尚盛。旱氣未回。青草不豐。水泉猶澁。人畜之用。實有未充。且車駕既出。四方急奏。豈能卽達。其他利害。難保必無。天子至尊。而躬履險地。臣等至愚。以爲不可。上不聽。蓋司禮太監王振從中主之也。

巡按四川監察御史李琮乞停採辦物料及遣大臣巡撫。上以巡撫增擾。不許。

癸巳。命郕王祁鈺居守。駙馬都尉焦敬輔之。太師英國公張輔。太保成國公朱勇。鎭遠侯顧興祖。泰寧侯陳瀛。恭順侯吳克忠。駙馬都尉石璟。廣寧伯劉安。襄城伯李珍。修武伯沈榮。建平伯高遠。永順伯薛綬。忠勇伯蔣信。左都督梁成。右都督李忠。都督同知王敬。都督僉事陳友。安朶兒只。戶部尚書王佐。兵部尚書鄺埜。刑部右侍郎丁鉉。工部右侍郎王永和。右副都御史鄧棨。通政司右通政龔全安。左參議欒惲。太常寺少卿黃養正戴慶祖王一居。大理寺右寺丞蕭維楨。太僕寺少卿劉容。署鴻臚寺事禮部左侍郎楊善。左寺丞張翺。尙寶司少卿凌壽。翰林院學士曹鼐張益及諸給事中監察御史等官俱扈從。

虜圍馬營三日。宣府總兵官都督楊洪告急。

大同總督軍務西寧侯宋瑛總兵官武進伯朱冕左參將都督石亨等。值虜陽和後口。敗沒。左參將石亨奔還

大同。時太監郭敬監軍。籠制諸將。致覆師。敬伏草間免。後追封瑛郢國公。謚忠順。冕謚忠愍。

甲午。遣告廟社。發京師。親征。詔下踰二日卽行。文武吏卒倉卒就道。科給事中鮑輝當蹕諫曰。陛下縱自輕。如宗廟社稷何。王振叱之。前軍五萬騎。吏卒私屬可五十萬人。夕宿康家嶺。

乙未。次龍虎臺。軍夜驚。

丁酉。度居庸關。羣臣請駐蹕。不允。風雨連朝。六軍患苦。文武將士皆無紀律。

戊戌。次楡林站。

廣寧右衞指揮僉事趙忠爲指揮同知。贈妻左氏淑人。初忠守備鎭靜堡。虜攻之急。左氏曰。堡且破。吾義不受辱。遂同母女皆自經。忠力守得全。事聞。賜祭葬。旌其門貞烈。

己亥。次懷來。

庚子。次雷家站。

辛丑。至宣府。風雨大至。羽報益急。羣臣復交章請駐蹕。王振怒。俱令掠陳。

談遷曰。閹振用事。狃太宗宣宗之故。駕勸上親征。廷臣伏爭不得也。噫。平城之歌。澶淵之轍。漢宋相懸。失得判然。則敬忽繫之矣。英宗襲于久治。目不辨旌旗。耳不諳鼙角。乍聞羽警。遽拊劍擐甲。思銘燕然而禪姑衍。抑何所恃也。不過用其衆耳。權璫弄兵。挾天子。筊朝士。謂强胡數萬騎。猶我圉隸。欲借之以市威重。孰知塡五十萬人之骨。未足築窮荒而潤塞草也。亦可爲萬世之大戒矣。

壬寅。次雞鳴山。衆皆危懼。上素以事付王振。振威益張。公侯請事。膝而前。令戶部尚書王佐兵部尚書鄺埜領老營。佐埜先行。振怒。跽之草間。至暮方釋。欽天監正彭德淸曰。虜未可乘也。象緯示警。脫致疎虞。陷乘輿于草莽。誰執其咎。振怒曰。卽不幸。天也。翰林院學士曹鼐曰。我輩不足惜。惟主上事重。奈何輕進。振終不從。必進師。

我師漸進。虜漸退。伏塞外嘗我。

癸卯。次萬全峪。

夜。金星犯亢。

甲辰。次懷安。

夜。黑雲四塞。

乙巳。次天城西。

丙午。次陽和。伏屍蔽野。衆心爲寒。

夜。火星犯土星。

丁未。次聚落驛。

是月。貴州苗寇攻赤水城。都指揮張祥死之。

八月帗朔。至大同。日暈終夕。

己酉。雨益驟。鎮守太監郭敬密告王振曰。休矣。行且墮虜計。振始懼。遂議旋師。

命廣寧伯劉安充總兵官。都督僉事郭登充參將。鎮守大同。參將石亨降秩。俾募兵自效。

庚戌。上東還。夕宿雙寨。有黑雲覆營如蓋。須臾大雷電風雨。徹夜驚亂。初議入紫荆關。王振欲上幸蔚州里第。已慮損稼。轉趨宣府。

談遷曰。當時諸臣知出師爲非。而不知旋師亦未爲得也。六飛遠駕。天聲咸竦。今未見一虜。未折一弦。輒引旆以東。驕虜聞之。彌張其燄。勢如風雨之驟至。而吏卒氣奪。邊陲膽裂矣。大非策也。既不得已。天子臨戎。堅守大同。分驍銳之士各保要害。繕烽清野。俾進無所乘。退無所掠。浹旬之間。虜必自解。智不出此。遄征遄返。

輕萬乘于一擲。國無人甚哉。

辛亥。夾滴水崖。

壬子。夾洪州方城。

癸丑。夾白登。

夜。月犯心宿。

甲寅。夾懷安城西。

都指揮使孫安爲後軍都督僉事。仍鎭守。

乙卯。夾萬全峪。

丙辰。夾陽和北沙嶺。

夜。金星入月。天官書太白入月。軍出將敗。

丁巳。夾宣府。

鎭守宣府都指揮僉事紀廣爲後軍都督僉事。仍充右參將。

戊午。夾宣府東南。

己未。夾雷家站。

甘肅副總兵王敬劉震爲右軍都督僉事。

庚申。將發宣府。諜報虜襲我軍後。遂駐蹕。恭順侯吳克忠殿。戰敗。沒。遣太保成國公朱勇永順伯薛綬以四萬人繼往鷂兒嶺。遇伏亦陷。初克忠下馬跪射。矢盡。猶刺殺數十人。與弟克勤皆死。綬以空拳擊虜。虜支解之。既知其故山後人。相與哭之曰。吾儕也。故爾勇。天順初。追封勇平陰王。謚武愍。贈克忠邠國公。謚壯勇。克勤遵化伯。謚僖敏。綏謚武毅。克忠綏驍勇善戰。勇鬛蛸張。好禮縉紳。善大書。然方略不足也。

辛酉。次土木驛。日未晡。去懷來僅二十里。衆欲入堡。以王振輜重千餘輛未至。俟之。鄺埜再上章請車駕疾驅入關。而嚴兵爲殿。不聽。初每夕必司設太監吳亮擇地駐蹕。至是王振恥失利。即止土木。絕水。掘二尺餘不得。其南十五里有河。虜據之。我人馬饑渴。虜分道自土木旁近麻峪口入焉。都指揮郭懋力拒之。終夜虜益至。土木隆慶州西南八十里。相傳遼主幸此張大幕。因名統幕。俗訛爲土墓。今又訛爲土木。

壬戌。上欲行。虜繞我營不得發。虜詐退請和。上命曹鼐草敕許之。王振使移營近水。陣動。虜四面至。官軍大潰。虜奮力乘之。大呼解甲投兵者免。官軍裸而相蹈藉也。宿衞士受矢如蝟。上騎突圍不得出。遂坐地陷虜中。太監喜寧忠勇伯蔡信從王振等皆死。或云護衞將士安州樊忠以所持瓜捶死振。士卒死者數十萬。太師英國公祥符張輔。泰寧侯太原陳瀛。駙馬都尉邢臺井源。平鄉伯合肥陳懷。襄城伯和州李珍。遂安伯巴縣陳塤。修武伯滁州沈榮。都督梁成。王貴。戶部尚書海豐王佐。兵部尚書宜章鄺埜。吏部左侍郎兼翰林院學士寧晉曹鼐。刑部右侍郎豐城丁鉉。工部右侍郎崑山王永和。右副都御史南城鄧棨。翰林院侍讀學士江寧張益。通政司左通政蘭溪龔全安。太常寺少卿瑞安黃養正。溧陽戴慶祖。上元王一居。太僕寺少卿劉容。尙寶司少卿□□凌壽。給事中蘭谿包良佐。侯官姚銑。□□鮑輝。中書舍人□□俞拱。□□潘澄。□□錢昺。監察御史□□張洪。平谷黃常。□□魏貞。錢塘夏誠。婺州申祐。□□尹竑。蘭谿章存德。□□孫慶。□□林祥鳳。郎中□□齊洋。保昌馮學明。甌寧滕員。建安雷潛。員外郎□□王健。婺源程思溫。常熟程式。□□逯端。主事侯官陳銑。懷安周傑。□□俞鑑。□□張鏜。□□鄭瑄。大理寺左寺副臨淸馬豫。光祿寺署丞黃陂鄧鑑。行人司正吉水尹昌。行人廬陵羅如墉。欽天監夏官正劉信。序班□□李恭。□□石玉等皆死焉。張輔字文弼。父玉。河間忠武王。靖難元臣也。輔以蔚州衞指揮僉事同知嗣都指揮同知。永樂初封信安伯。已進新城侯。五年平交趾。封英國公。自後再總兵。擒餘寇簡定陳季擴。鎭守交阯。已召還。洪熙初拜太師。器度弘偉。端重靜默。承平二十餘年。名震四夷。王振雖橫。惟輔抗禮。遠權勢。守謙約。然勳戚之重。方議北狩。不力陳利害。及行間危急。不痛折兇餤。分兵拒敵。論者惜之。年七十五。賜祭葬。追封定興王。謚忠烈。陳瀛追封寧國公。謚恭愍。井源。父中。大理寺評事。尙嘉興大長公主。追封鉅鹿侯。謚榮愍。陳懷。父甄。眞定副千戶。嗣職。進通州正千戶。從靖難。歷遼東都指揮僉事。後征安南進山西都指揮使。尋充參將。鎭守寧夏。洪熙初進右軍都督同知。宣德丁未充總兵官。征松潘番。進左都督。鎭守四川。正統甲子領兵出古北口虎頭山。捕斬首功。封懷嗜書。雖老不釋。追封平鄕侯。謚忠毅。李珍贈襄城侯。謚悼僖。陳塤贈遂安侯。謚榮懷。沈榮贈脩武侯。謚僖愍。梁成贈任丘伯。謚壯勇。王貴歷都指揮使。永樂末進右軍都督僉事。鎭守肅州。正統初進都督同知。又明年召入朝。贈阜城伯。謚武僖。王佐。永樂中授吏科給事中。宣德初進戶部右侍郎。往陝西經理糧儲。疏言軍衞倉弊百端。請改隸有司。天下稱便。已鎭守河南。民安盜息。未幾召回。提督京倉。久之進尙書。寬厚坦夷。不沾名伐技。勤于學問。在官節省調劑。雖無赫赫名。而政未嘗不舉。景泰初贈少保。謚忠簡。鄺埜。字孟質。永樂辛卯進士。授御史。使南京。遼東。稱旨。擢陝西按察副使。賑饑雪枉。庚戌憂去。除喪。宣德間進應天府尹。多所興革。正統初拜兵部左侍郎。進尙書。從蹕墮馬。或勸留懷安城就醫。不從。及旋師。埜請疾驅入關。嚴兵爲殿。振怒曰。豎儒安知兵事。叱出之。明日師覆。埜性謹畏。節儉。居官四十年。終始無日不廑職爲念。年六十五。贈少保。謚忠肅。曹鼐。字萬鍾。宣德丁未貢士。乙榜辭學職。授泰和典史。癸丑廷試第一。授翰林修撰。正統初直經筵侍講。五年直文淵閣。九年進翰林學士。十年進吏部左侍郎。仍兼學士。疏敏俊爽。識達政體。被上眷注。楊士奇卒後。大事皆決于鼐。其才亦大類士奇。贈榮祿大夫少傅吏部尙書文淵閣大學士。謚文襄。天順初加贈太傅。謚文忠。丁鉉。字用濟。乙未進士。授太常博士。歷工吏刑部員外郎。尋署刑部郎中。有聲。正統三年進刑部侍郎。姿貌潔白。恂恂寡言。退然若無能。及任事才恒有餘。嘗承命賑饑江淮暨山東河南。撫循勞來。出于至誠。大發倉廩。悉停不急。民氣勃然。賜祭。贈尚書。謚襄愍。王永和字用節。永樂甲午貢士。授嚴州訓導。擢兵科給事中。劾都督王彧縱虜薊州。不避權勢。以都給事中擢工部右侍郎。撫監淮右。治水徐州。鑿呂梁。疏河流。賜祭。贈尚書。謚襄敏。鄧棨字孟擴。永樂進士。授御史。按蘇松諸郡。用寬平治。以父老乞留。再歲憂去。乙卯進陝西按察使。十年不攜家。兵民安堵。遷右副都御史。及上蒙塵。從者請棨脫去。棨叱曰。鑾輿不返。何面目見人。逐虜深入死之。贈資善大夫右都御史。謚襄敏。張益字士謙。七歲而孤。母倪自課督。卽勵學。年十九。永樂乙未進士。選庶吉士。善楷書。改中書舍人。進大理左評事。仍直翰林。正統戊午。遷修撰。進侍讀學士。知制誥。直閣。益爲文立就。軍中書符敕。皆其草。初與夏㫤同寫竹。㫤善。益文爲輟筆。㫤圖竹稱絕。益亦絕不爲也。天順初。贈翰林院學士。謚文僖。龔全安。進士。授工科給事中。進通政司右參議。歷左通政。贈通政使。黃養正。善書。薦授中書舍人。歷太常少卿。文淵閣供奉。贈太常寺卿。戴慶祖。王一居。俱樂舞生。授太常寺贊禮郎。歷太常少卿。贈寺卿。虜取惟貴細者。數日不能盡。餘棄之。虜騎才二萬也。

王世貞曰。古者司馬掌邦政。以平夷寇亂。雖其文曰張皇六師。然豈必天子在行而從[illegible]之武哉。我高皇帝彭蠡之後。不復親駕。大將拜籌于受脤之頃。而九有茀靡于賜履之下。王者無敵。夫豈欺我。文皇帝斬神鰲之足而立北極。與虜牙角。躬啓六飛。爲吏士先。夫豈遠慕雄略而近遺廟算哉。夫亦鑒弟子之輿尸。且爲萬世深長計也。然而披堅馳輕。冒犯霜露。以媒叵測。北望而抱遺弓之痛。至今猶若新矣。宣宗神武。將强士良。而從事屬國之孱夷。若山壓卵。然使閫振狎之。而輕以萬乘委敵。卽今氈裘懾魄。紫蓋還雒。而蒙塵之辱。畢世莫可洗矣。三改代而狃不知戒。輕從中貴惡少。編虎鬚而幸脫于其吻。胡可再恃也。語云。千金之子。坐不垂堂。夫人主之價。寧直千金。據九重之沈沈。而尚不能忘戒心。今率然而臨廣漠。寄命鋒刃。其殆寧獨垂堂哉。故曰白龍魚服。豫且制之。

談遷曰。以土木爲罪閹振乎。振之肉誠不足食。設鐃歌鼓吹。奏澶淵之捷。抑何以置之彼矯命雄行。適自沈其族耳。當時最善兵望重。不爲振屈。毋踰張英公。其人雖老。獨不爲趙營平馬伏波乎。以三十年之威名。將干掫幃幄之是賴。竟徇一腐豎。委骨塵露。傳所云智老而偷耶。

嚴從簡曰。張英公歷事四朝。爲元老上將。自王振盜權專橫。三楊皆避禍。不以國家安危自任。己巳親征。心知不可而從之。出不免于難。若早與三楊謀而去振。則禍不待避。節不須折。何至臨老身膏草野乎。

唐樞曰。土木之變。死者十萬餘人。而臣工且五十二人。蟪僵靡腐。無所見于其生。則無所齒于其死。中間所惜張輔王佐。然英國老不任役。戶書弱不任事。其耿耿不死。獨曹鄺而已。於乎。安得更進于是。求可夕死于生存之日哉。

廖道南曰。予觀李文忠公及劉文安公奏疏。謂自古夷狄之禍。未有甚于土木之難者。夫漢之冒頓桀黠。方張。唐之安祿。豢養已久。宋之遼金及元。則又中國偏安。勢非其敵。我明當全盛之時。王用三驅。高墉射隼。而乃專制閹豎。親勞六飛。至使全師覆沒。善人殄瘁。如鼐者爲廷魁首。元喪犬羊。身膏草野。不亦可悲乎。曹鼐

劉鳳曰。張益慷慨有志略。師出深憂之。竟爲中官振覆焉。振亦死于師。而人未知。蓋非天敗。振振實自敗也。己巳之事。皷猝不謀。然兵久不用漸驕。令少不能戢矣。征伐未爲非計。而將帥之臣不無罪焉。張益。

馮時可曰。國初風氣未漓。士大夫皆以羔羊素絲相敦勉。以公摛藻摛詞。鳴筮留于帝側。凡四十年。而官不過五品。產不滿百金。何其恬靜無求如此。遭時不造。身膏漠北。然忠孝大節。昭然炳日月。卽馬革。公魂亦妥哉。張益。

癸亥。上之陷虜也。南面坐地。一虜來稅上衣。上不受。虜怒欲兵。上一虜詰之曰。此非常人。與見賽罕王。上見賽罕王。曰子也先乎。子伯顏帖木兒乎。子賽罕王乎。子大同王乎。伯顏帖木兒賽罕王大同王皆也先諸弟也。賽

罕王驚•馳告也先曰•今得一人。問我那顏名字•問我等名姓。甯大明皇帝耶。那顏•華言君也主也。也先曰。安在。遣前貢使覘之。曰。明皇帝也。也先問諸酋。若何處之。有乃公曰。明。我仇也。天賜那顏。其可違乎。伯顏帖木兒怒。搏乃公頰。曰。大明皇帝。天人也。天偶怒焉。推而棄之地下。然戰時不億人馬。或刃或矢或踐壓。明皇帝獨否。我等受漢德深厚。何可反天。那顏若遣使告明朝來迎。則歸之耳。亦萬世下美名也。諸酋是之。也先顧伯顏帖木兒曰。汝善事大明皇帝。遂居其營。

次雷家站。錦衣校尉袁彬見上。以能書留侍。是日。命彬作書。使千戶梁貴偕虜使一人回京。取九龍蟒段及珍珠六□黃金二百金銀四百金賜也先。又書示懷來守將。以金帛犒虜。

時京師戒嚴。羸馬疲卒下滿十萬。人心洶洶。羣臣聚哭于朝。議戰議守未決。翰林侍講徐珵曉天文。好談兵。倡南遷。禮部尙書胡濙曰。文皇帝定鼎于此。示子孫不拔也。而尙可遷。刑部侍郎江淵曰。當固守。兵部侍郎于謙曰。言遷者可斬也。速召勤王兵死守之。學士陳循曰。于侍郎言是。衆皆是。皇太后禁中疑懼。問太監李永昌。對曰。是也。陵廟宮闕在此。倉廩府庫百官萬姓在此。南遷大事去矣。且陛下不聞宋靖康乎。因述靖康事。皇太后悟。自是中外始有固志。天下臣民聞北狩。痛恨號哭。河州衞軍周敖慟甚。七日不食死。子路爲諸生。聞之。不易儒衣幘。奔至家。觸庭槐亦死。

甲子。也先奉上宣府城南。鎭守總兵官昌平伯楊洪先避去。上命紀廣朱謙羅亨信等開門。登陴遙對曰。天暮矣。所守者。陛下城池也。上涉河北。袁彬控馬。夜大雷雨。震死也先所乘馬。虜衆皆驚。袁彬出覘。赤光覆幄。虜大駭異。時有他志而寢。詰朝。也先頓首幄前。進熟餉皮服寢具。上遣太監喜甯同通事岳謙至京師。徵金銀綵幣。

乙丑。皇太后命郕王祁鈺攝總百官。

募謀勇捕奸諜。榜于禮部。從駙馬都尉焦敬之言。

丙寅。賞官舍餘丁人一金。布二匹。城守卒人布二匹。徵順天車五百輛運通州糧。官軍皆預給半載祿餉。聽其自運。又募運二十石于京者。給銀一金。令戶部官御史給事各二人。沿途提督。左都御史陳鎰錦衣衞指揮同知馬順都督同知武興都指揮湯節等總之。

兵部言。選南畿山東精卒四千五百。江北北畿漕卒三萬六千。俱徵入京。閩浙賊垂盡。惟湖廣貴州苗害僅一隅。總兵官寧陽侯陳懋靖遠伯王驥等皆取回京。郕王從之。惟王驥留勦。

參贊福建軍務刑部尙書金濂擒甌寧賊林拾得等七十一人。斬四百餘級。

賑偏橋衞饑。

丁卯。召石亨爲後府右都督。領大營。駙馬都尉焦敬領神機營。忻城伯趙榮領三千營。

戶科給事中李侃言三事。曰精選吏卒。智勇者擢步將騎將。隨長取用。曰遣官于畿內山東河南山西陝西募兵。郡各五千人。練之。簡二千人赴京。曰徵京城千輛。列陣。承以步騎。內藏神銃。每車五人。用刀。乘間馳擊。王下部行之。

守備懷來署都指揮僉事康能及懷來隆慶龍門衞指揮易謙等各棄城遁。鎭守居庸關都指揮僉事孫斌以聞。王宥其罪。責協斌守備。

東南天鳴有聲。

戊辰。虜二千餘人擁上至大同城下索賂。守將都督僉事郭登閉門不內。曰。虜給我耳。上曰。傳語郭登。與朕姻連。何得便爾外朕若此。登遣奏曰。奉命守城。不敢擅啓閉。竟不出。袁彬持駕牌觸門而呼。大同人縋之。廣寧伯劉安出見。上曰。勿疑。汝主也。安伏哭。隨虜二十餘人上。令通事來安入城。袁彬出。伯顏帖木兒求賞。少頃。郭登同右侍郎沈固給事中孫祥知府霍瑄等出見。伏哭。上曰。將驕卒惰。朕爲所俘。復何言。爾奏報皇太后。朕在虜中亡恙也。先欲送還使來。厚賞之。遲之益深入矣。問庫藏若干。登曰。十四萬金。命取二萬二千金。以二千賜也先。五千賜伯顏帖木兒。若賽罕大同王。餘以與虜衆。

郕王諭文武羣臣曰。國家爲政。莫急于聽言用人。人臣爲國。莫先于輸忠薦士。爾等國之股肱耳目。凡有治國安民。除邪輔正。禦災捍患。備賊方略。並許直言。毋隱毋徒事虛文。古人有言。忠厚者舉老成之士。正直者舉廉能之士。凡智勇廉能詘在下僚。不得展布其蘊。並許舉薦擢用。毋曰爲親故。書曰。舉能其官。惟爾之能。稱匪其人。惟爾不任。欽哉。

兵部左侍郎于謙爲尚書。大理寺卿俞士悅爲都察院右都御史。仍署寺事。通政司右參議鄒來學爲右僉都御史。參贊應城伯孫傑等軍務山西。右布政使楊鼎。左參政朱鑑爲左右布政使。于謙入對。慷慨泣曰。虜得志挾我大駕。勢必長驅而南。今六軍實耗。武庫兵器盡矣。司馬宜亟分道募兵。及留漕卒自益。司空宜併日而蒐乘繕械。九門要地。宜令都督孫鏜。衛穎。雷通。張軏等分守之。都御史楊善。給事中王竑等參焉。凡兵皆出營郭外。毋令避而示弱。郭外之民。皆徙入內安堵。毋令失所。而置通州倉。欲守之或不能。委以與虜則可惜。宜令官軍皆給一歲祿俸。聽其自運。仍以贏米爲之直。虜所急者草。諸廠宜亦聽軍稱力取之。不盡則焚之。毋以飽虜馬。石亨。楊洪宥前罪。與安遠侯柳溥爲大帥。而身總其機宜。進止不效。則治臣罪以謝天下。從之

署都指揮僉事衛穎爲都指揮僉事。京營把總操練。指揮左能爲署都指揮僉事。仍守紫荊關。

諭守備居庸關都指揮孫斌及邊將。以虜所獲御器。龍旂。御馬。駕牌等。或託還駕。脅爾開關。萬勿輕聽。當出奇挫之。

禮科給事中金達。李實各言二事。曰。敗軍回京。各關隘不詰問。或虜溷入。宜五城兵馬家覈之。曰。畿內守令非其人。盡汰之。以補能吏。仍簡文臣鎮守。李實亦言。京師九門架砲銃。濠內樹木相妨。當伐去。餘丁民兵俱承平

驕惰。臨敵失措。乞選正軍操練。王從之。

湖廣官軍擊武岡綏寧叛苗。斬首六十餘級。

釋四川按察使曹泰。

令戶部錦衣衛賑潰卒創痍者。

己巳。郕王遣告廟社。

上遣袁彬入大同城。索賞武進伯朱冕。西寧侯宋瑛。太監郭敬。括家貲蟒服并諸指揮千百戶出衣幣分犒虜。置酒大勞。上召郭登諭固守。刈秋稼。毋資虜。愼警報。虜不足信也。是夕上駐城西二十里。初登盟壯士七十餘人。因餉虜奪弓刀。輦上過石佛寺。乘間迎入。密語袁彬以聞。上曰。我命在天。勿蹈危。

皇太后詔曰。邇因虜寇犯邊。毒害生靈。皇帝恐禍連宗社。不得已。躬率六師征正其罪。不意被留虜廷。尚念臣民不可無主。茲立皇長子見深爲皇太子。郕王爲輔。代總國政。於戲。國必有君。而社稷爲之安。君必有儲。而臣民有所仰。布告天下。咸使聞知。

工部左侍郎周忱爲戶部尚書。

王錡曰。國家儲積。多倚東南。惟蘇爲最。永樂洪熙間。徵斂制下。多侵尅。官得其十之四五而已。宣德七年。周文襄來巡。創立調收之法。自此利始歸于上。又自況鍾爲守。奏減三分七邑。計減正額七十二萬餘石。二公既去。朝廷每遣巡撫及守土之官。必降璽書申戒。使無輕改焉。弘治二年。官有善變法者。遽革調收。易以新制。糧胥得爲奸利。每石擅增無名之耗三斗。盡入私家。自茲利權復移于下。七十二萬石之多。官不得取。民不得免。使二公之良法大壞。甚可惜也。

顧淸曰。鄉父老陸翁嘗言。周文襄侍郎巡撫十九年。又尚書二年。百姓不知有凶荒。朝廷不知有缺乏。或問故曰。當時濟農倉米常數十萬。一遇水旱。即據實奏聞。免糧奏上無不從所免之數。即以濟農倉米補完。所以民不知凶荒。朝廷不知有缺乏也。問當時何處得此米。曰此有二項。其一奏改南京公侯祿米于各府關支。省運耗十五萬。其一奉例勸分得米又六萬。歲免軍運。畢令運此二十一萬米入濟農倉賑濟。歲有寬餘皆積于此。此米之所以羨也。

王廷相曰。或問周文襄。曰濟務達變。南服之紀焉。計儲而民思之不置。何也。曰弘羊権利。劉晏通商。皆取無入。有以民益國者。民不興怨足矣。公也以稅之贏餘充民之他賦。上杜科擾之害。下享安業之樂。民烏乎不悅之。及稽羨餘之刻也。括而歸之官。民之他賦自供也。又烏乎不思之。

寧遠守備右都督焦禮同遼東總兵官曹義率軍入京。諭京營把總管隊官。凡敗卒仍舊操練。人賞二金布二匹。時逃卒疑懼。匿不敢報也。

畿內降胡潛刦。命達官指揮王貴成等榜諭之。

庚午。戶部右侍郎兼翰林院學士陳循。工部右侍郎兼學士高穀。俱爲尚書。仍兼學士。浙江道監察御史段信爲右僉都御史。撫安保定軍民。

知府范理爲福建右布政使。刑部員外郎周瑄爲福建按察副使。

許京師官民軍匠才勇者自報。下右都督石亨試之。

郕王御午門之左。都察院左都御史陳鎰。率諸臣廷啓王振罪。王曰。待取旨。百官趨進。伏地不起。曰王振罪不容誅。殿下不即正典刑。族滅之。臣等今日皆死此廷中。痛哭呼號。不辨人聲。郕府長史儀銘膝行前。錦衣衛指揮同知馬順叱退之。戶科給事中王竑起。直前搏順。曰是非奸人黨。卽衆爭擊之。或脫順韡。捶眼。洒血于廷。立死。朝班大譁。衛士皆泣。王環視屢起。尙書于謙直上攬王衣。曰止止。振罪首不籍無以泄衆忿。且羣臣心社稷耳。無他。王曰。可。竟入。將闔門。百官隨之。太監金英傳令且退。衆欲捽英。英懼。卽傳令曰。許籍王振家矣。尙何言。百官曰。猶有長隨毛貴王□亦振黨。請付外。王令出二人。門隙中又捶死之。頃之。衆執振姪錦衣指揮山至。相戒勿捶。使伏法。王命縛山赴都市磔之。遣左都御史陳鎰籍振家。族屬無少長皆斬。振宅在京城內外數區。重堂邃閣。擬于宸居。器服綺麗。上方不逮。玉盤二十。徑尺。珊瑚樹高六七尺。金銀以庫計六十有餘。王諭羣臣且散。謙後徐徐行。衣盡裂。吏部尙書王直執謙手歎曰。朝廷正藉公耳。百王直何能爲。百官請籍馬順毛貴王□家。宥之。曳三屍棄東安門外道上。軍民爭擊之。衞士汲水滌廷中血。儀銘曰。毋其影可以鑑。

辛未。封左都督楊洪昌平伯。進朱謙右都督。

左都御史陳鎰撫安順天通州等處軍民。

閘官羅通爲兵部員外郞往居庸關。四川按察使曹泰往紫荊關。廣東左參議楊信民往白羊口。各守備關隘。撫恤軍民。從兵部尙書于謙之薦。

太陰晝見。光如日。

虜擁上出塞至威寧海。

夜。月犯五諸侯。

壬申。封右都督石亨武淸伯。充總兵官。練兵京師。

召前大理寺少卿薛瑄。監察御史程富。

總督獨石等處備禦都督僉事孫安言。先命都指揮趙玫守備獨石。楊俊守備馬營。夏忠守備龍門衞。署都指揮魯瑄守備龍門千戶所。臣同少監陳公總督。今軍少力分。王令陳公孫安趙玫楊俊屯居庸關外。援京師。

廷臣劾總兵官鎭遠侯顧興祖扈駕喪師。及武臣太師英國公張輔等。文臣尙書王佐等。均宜罪。王不問。廷臣再劾下輿祖獄。

上次九千山。

夜。西南天鳴有聲。

癸酉。吏部右侍郎趙新爲尙書。仍撫安山東軍民。山東河南左布政使洪英王來爲左副都御史。仍二品俸。山西布政使朱鑑爲右副都御史。俱巡撫山東河南山西。

鎭守宣府昌平伯楊洪等呈黃札。以虜僞書諭今後拒勿上。

上次柳源縣。

夜。東方天鳴有聲。

甲戌。進吏部尙書王直太子太保。禮部尙書胡濙太子太傅。

進士錢澍王鉉朱厚何陛張聰李英監生司馬恂俱爲給事中。行人汪琰趙訪司務鄒亮彭誼監丞潘洪助敎秦顒學正謝琚序班趙麟檢校宋洵照磨郭仲曦陳逑推官陳全知縣張喦敎諭鄧逵訓導李周俱爲監察御史。

諭兵部定擒斬賞格。

成都前衞指揮同知陳貴爲署都指揮僉事。仍勦播州苗。

罷各處車船鈔。

戶科給事中王竑言二事。曰沙州達官安置東昌衞。素凶獷行刼。宜俵散江南。曰前徵河南山東官軍從征道刼。乞嚴加禁約。從之。

上次黑河。

乙亥。鎭守大同廣寧伯劉安啓臣出城迹上諭。第奏皇太后。朕亡恙。亟馳金帛歸我也。郕王戒安。虜狡。勿輕信。且以此意徧示邊將。曰。聞虜圍擁一人稱是至尊。爾等出朝與之貨物不慮誘耶。楊洪蓋遠避之。爾何無謀。中國惟知社稷爲重。其以此意徧諭邊將。總督獨石等處備禦右少監陳公言。虜中阿剌知院率衆圍龍門。射矢繫書言講和。下兵部。尙書于謙曰。虜詐。第嚴備之。

徵南京內庫軍器三分之二。

令籍太監郭敬內官陳璵內使唐童欽天監正彭德淸等家。皆王振黨。

丙子。羣臣疏請皇太后。國有長君。社稷之福。宜立郕王爲皇帝。允之。命具儀卜日。郕王駭謝。羣臣固請。王厲聲曰。東宮在。卿等敢亂法耶。羣臣止不敢言。已迹皇太后意。兵部尙書于謙颺言曰。臣等爲社稷。非私也。願從衆。

弘濟艱難王始受命。

翰林院修撰商輅彭時直文淵閣。學士陳循高穀薦之。

戶部尙書周忱調工部。署大理寺事。都察院右都御史俞士悅還院。鎭守大同戶部右侍郎沈固爲都察院右都御史。仍督邊儲。戶部署郎中事主事沈翼兵部郎中吳寧俱右侍郎。

辰刻金星見張宿。

上次八寶山。

丁丑。鎭守大同廣寧伯劉安爲征西前將軍總兵官。都督僉事郭登爲都督同知副總兵。都督僉事方善張通爲左右參將。

貴州龍里衞湖廣沅州衞武岡州四川播州等苗俱叛。攻圍郡縣。征南總兵官都督宮聚告急。乞京兵五千。達軍一千。原征麓川官軍十萬協勦。乃命四川湖廣增運糧儲。下廷議。

琉球入貢。

國榷卷二十八

代宗符天建道恭仁康定隆文布武顯德崇孝景皇帝。御諱祁鈺。天順元年正月。降郕王。成化十一年。尊謚恭定康仁景皇帝。崇禎十七年七月戊子。詔上尊謚符天建道恭仁康定隆文布武顯德崇孝景皇帝。廟號代宗。景皇后號謚曰孝淵肅懿貞惠安和輔天恭聖景皇后。

己巳正統十四年

九月戊戌朔。上在漠北。居伯顏帖木兒營。時見異兆。虜不敢加害。伯顏帖木兒與也先事上甚恭。也先曰。中國別立皇帝。終不使皇帝還也。我當立皇帝爲皇帝。帝之大都以南。則設宴進馬拜慶。

吏科都給事中章瑾爲禮部右侍郎。兵部郎中項文曜。刑部郎中李棠。各爲右侍郎。大理寺右評事李茂爲右寺丞。

都指揮僉事張輗爲都督僉事。專領護駕將軍。

提督居庸關兵部員外郎羅通上言。鄧艾取蜀。蜀人却守劍閣。備艾。劉裕取秦。秦人却守潼關。備裕。及艾從陰平緣厓躋攀而入。王鎭惡乘舟泝渭至咸陽。秦蜀已破。而劍閣潼關守者猶未之知。臣所障地。京師後門。一或失守。虜入且夕耳。臣徧閱阨塞。有口可通人馬者七十所。通人不通馬者百三十所。須多方設備。京師乃固。又當使大臣總督軍務。其權始重。命進通兵部郎中。

召都指揮僉事孫鏜。

巡撫大同宣府右副都御史羅亨信言。守備赤城。僅指揮鄭謙徐福。鵰鶚堡指揮姚瑄。聞警棄城。致懷來永寧等衞倣之。宜正其罪。從之。

許鴻臚寺序班交趾阮宗琦練標牌槍弩自效。

逮紫荊關都指揮僉事左能。以棄關先遁也。

己卯。曉刻木星犯進賢星。

庚辰。瓦剌也先遣納哈出等入奏。

翰林院侍講杜寧爲南京禮部右侍郎。習嘉言爲太常寺少卿。大理寺右寺丞蕭維楨許彬爲大理寺左右少卿。

山西歲運宣大糧價銀布。以道梗。暫貯布政司。

許琉球使臣蔡寧等以賜絹易蘇州紗羅紵絲。

巡按直隸監察御史錢清言。臨淸四閘被河患。上下船皆失利。州南可濬潼圈灣河。令船自此達衞。下管河主事黄瓚等議。

昏刻。金星犯天江。

辛巳。守備居庸關都督僉事孫安鎭守山西。

錦衣衞指揮同知岳謙爲都指揮僉事。千戶梁貴爲指揮僉事。以屢使瓦剌也。

吏部聽選知縣蔣忠乞贈謚故翰林院侍講劉球。徵致仕左副都御史吳訥。從之。

壬午。瓦剌使納哈出口郕王致書脫脫可汗曰。往通使可汗。期保太平。近因讒搆動兵。天道惡殺。當和好如舊。黄金百。銀二百。胡珠七。珍珠百。織金九龍紵絲五。織金蟒龍紵絲五。織金胸背紵絲十。渾金織花紵絲五。素紵絲二十。并琵琶箏器至。可領也。諭賜也先亦如之。

令巡按御史二年受代事平如舊。

王振餘黨僧錄司右覺義龔然勝道錄司右玄義王道宏錦衣衛鎮撫周銓等被劾宥之。然勝道宏降僧道。銓降總旂。

大同總兵官廣寧伯劉安入朝。被劾下獄。

巡撫山西右副都御史朱鑑上言。聖駕被留虜廷。傾血刺心。籲天天高。叩地地厚。夫千金之子。坐不垂堂。況皇上生長深宮。遠行不過天壽山。近行不過南海子裏。何至舍唐虞三代之聖謨。蹈懷愍徽欽之覆轍。輕爲孤注。親屈萬乘。是何奸邪竊弄。坐蹈危機。夫既往難追。方來當謹。臣恐虜寇奸詭百端。去而復來。取而復索。節據剽掠殺虜動數十萬。却以請和結親爲名。夫結親不已。必索歲幣。索幣不已。必欲分疆。以國家有限之物。充醜虜無已之求。若不整兵報復。殆見生靈不安。兵法有云。千里趨利者蹶上將。百里軍半至。今彼寇數千里趨利。兵將不蹶。我軍以佚待勞。反蹶上將軍。豈無故哉。彼以賞罰得專其權。號令得行其志。父子相救。兄弟相援。所掠之物。皆歸私室。我以賞罰必聞朝廷。號令皆制監軍。將佐不和。士卒無恩。有所得物。必解公家。今以結親爲繇遣使來京。一則覘我虛實。以報彼酋。一則通我逹軍。以圖內應。既假送駕爲名。姑得開關迎接。我欲出兵抗拒。彼則指駕爲詞。其謀既深。我慮宜遠。宜急擇將練兵。暫停中貴監軍。假以生殺賞罰。重整散漫之兵。復募壯勇之士。罄奸邪之積。發太倉之陳。重懸賞格。厚酬爵祿。惟圖功成。勿惜國費。給賞我軍。勝餽外寇。再徵勤王之兵。名爲復仇之舉。指日刻期。夾攻並進也。先如果送駕結好。實未可喜。慮愈當防。宜使收歸胡黨。招回游騎。令我軍民出作入息。令我牛羊朝放暮還。省去人馬。斂止甲兵。單人單騎。以來送駕。仍令驍將擁兵居庸。以愼防守。暫且苟安于今日。再行整計于來年。臣又切見太監王振。毒亂天下。震驚神器。自江南草寇生發。皆以誅振爲名。自侍講劉球之死。中外以殺諫官爲諱。古云。事歸朝廷則治。宦官則亡。史册所載。理必不誣。爲厲之階。莫甚于此。經曰。開國承家。小人勿用。傳曰。小人之使爲國家。災害並至。誠哉是言。可不愼與。高皇帝與羣臣議事。必屏去左右。恐泄事機。有妨國政。書曰。監于先王成憲。其永無愆。詩曰。儀式刑文王之典。日靖四方。伏望聖母陛下。郕王殿下念祖宗開創之勞。將相披臥之苦。置此多方。欲傳萬世。張主維持。急立儲君。選智勇。託忠義。開直言。杜權勢。軍國重事。委重大臣。早革內侍之權。再造中興之業。庶雪前恥。以圖後功。郕王嘉納之。

南京翰林院侍講學士周敍上安邦謹始八事。勵剛明。親經史。修軍政。選賢才。安民心。廣言路。謹微漸。修庶政。

王嘉納之。

夜。天再鳴。

癸未。上在漠北。郕王即皇帝位。遙尊上爲太上皇帝。詔曰。朕以皇考宣宗章皇帝仲子。奉藩京師。比寇犯邊。大兄皇帝恐禍延宗社。不得已親征。敕朕躬率百官居守。不幸車駕悞陷虜廷。我聖母皇太后務慰臣民之望。已立皇庶長子見深爲皇太子。令朕躬輔代總國政。皇親公侯伯暨在廷文武羣臣軍民耆老四夷朝使。復以天位久虛。神器無主。人心皇皇。莫之底定。合辭上請。蚤定大計。皇太后以太子幼沖。未遽理萬幾。移命朕躬君臨天下。會有還自虜中。口宣大兄皇帝詔旨。宗廟之禮。不可久曠。朕弟郕王年長且賢。其令繼統奉祀。顧痛恨之方殷。豈遵承之遽忍。雖避讓再三。而俞允莫獲。仰惟付託之至重。敢以涼薄而遽辭。已于九月六日。祗告天地宗廟社稷。即皇帝位。遣使詣虜問安。上大兄皇帝尊號太上皇帝。徐圖迎復。爲政之道。必先正始。其以明年爲景泰元年。大赦天下。咸與維新。一切合行事宜。條示于後。云云。於戲。惟敬仁誠。可以安宗社。惟恭儉勤。可以惠萬民。尙賴宗室協心藩屏。爰暨中外文武賢臣。同德匡輔。弘濟重大之艱。永隆雍熙之治。

廣西道監察御史鄜縣李著上啓。爭其不可自稱下官。上曰。御史醉耶。著對曰。下官正言被殺。著由監生。天順初。賜祭葬。初。家人欲葬之。柩不可遷。及諭祭。乃可遷。

遣內臣奉叔祖岷王楩書致三百金紵絲紗羅各十。錦五。鈔二萬貫。

甲申。順天府丞夏衡爲太僕寺卿。中書舍人陳學王謙蔣宏徐瑛俱爲翰林院編修。仍內閣供奉。

召遼東都指揮范廣山東都指揮僉事韓靑往備紫荆關。

減四川運茶之半。

乙酉。敕定州衞安置廣義伯吳玘指揮使王貴誠吳瑛約束達軍。進貴都指揮僉事。

塞雁門關支徑。

虜三萬餘騎犯遼東破驛堡屯莊八十。擄萬二千二百八十餘人馬六千餘牛羊二萬餘。提督軍務左都御史王翺總兵官都督曹義俱奪祿半年。

守備永寧衞奉御阮葵以棄城謫南苑種菜。

夜。月犯壘壁陣西星。

丙戌。郕府左長史儀銘爲禮部左侍郞。

作兵仗戰車增工部官員外郞張忠爲郞中通判韓鐸張亨副兵馬指揮張遜按察司經歷陳信知縣丘繼任忠吳復俱爲主事。

趙王瞻塙求領軍迎蹕上書止之。

鎭守大同太監郭敬下獄。初敬厚王振。歲甕藏鐵箭遺也先受其賂。至是潛回京論罪之。

兵部言山西按察僉事黃文政奏虜出沒馬邑縣甚衆。指揮石彪領三千騎自代州外逐都指揮孔旺等領二千騎自雁門內勦宜促彪旺亟合兵協力從之。

鎭守山西都督僉事孫安言昨親征。戍龍門衞進士張鑑奏駐蹕宣府但遣將逐虜設用其言詎有今日之禍。

命召鑑試百戶赴楊洪行營。

福建各衞闕伍。令罪人補之。

增紫荆關戍卒三千。

昏刻。木星犯房宿。

戊子。郕府審理俞綱爲太僕寺少卿。伴讀章文爲太常寺丞。俞山爲鴻臚寺左寺丞。

府軍衞指揮僉事石彪爲指揮同知。

吏部聽選知縣單宇請革太監監軍。不聽。

國子監生姚顯上言。朝廷修大興隆寺。侈極壯麗。又崇國寺楊禪師尊爲上師。儀從同于王者。自此天災屢見。胡虜犯邊。太上皇帝蒙塵。被留虜廷。國師僧衆。談笑自若。宜令上師前往虜廷。化諭也先。送駕還京。庶見佛力。不然。則佛不足敬明矣。今後再不宜崇尚。實萬代之法。上是之。顯貢士。歷齊東武城知縣。嘗與咸寧李錦交砥互礪。俱成名儒。錦終松江同知。

　談遷曰。關中馮從吾紀景泰五年四月。上初幸大隆福寺。姚顯言王振修大興隆寺。車駕不時臨幸。佛本夷狄。信佛得禍。梁武帝足鑑。考史無諫隆福之事。以初年修大興隆寺。悞移之耳。

己丑。裁郕府長史司。

禮部以皇上嗣位改元。宜天下文武正官俱十二月終赴京。上曰。天下多事。其免之。

作戰車千輛。

秦府宜川王志埰薨。

提督居庸關巡守都指揮同知楊俊。奉命拾土木遺器。得盔六千有奇。甲五千八十有奇。神槍一萬一千有奇。

神銃六百有奇。

夜。月犯外屏。

庚寅。鞏昌知府韓福爲右僉都御史。參贊寧夏軍務。

免夏縣災租。

令總兵邊報下巡按御史按察司核奏。

宣府總兵昌平伯楊洪拾土木遺器盔三千八百有奇。甲百二十。圍牌二百九十。神銃二萬二千有奇。神箭四十四萬。砲八百。

處州賊受撫。命總兵官都指揮僉事徐恭等班師。

高岱曰。張楷初奉命討閩賊耳。處賊道梗。以守臣言。移師討之。未爲不當。但楷本非封疆之臣。而値茲習坎之難。至陳榮死。楷不暇顧。輒棄去入閩。蓋幾于進退失據矣。及閩寇平。還師討處。入境一戰。乘勝而捷。至不得已而用招撫之策。使屢遣而不以爲瀆。寇屢叛而不以爲嫌。指老母百口與之誓。而不以爲辱國體。亦少損哉。雖然。幸楷之至也。使鄧寇更數月不下。楷不得還師入處。浙之存亡未可知也。

都督同知毛福壽爲左軍左都督。都督僉事高禮爲都督同知。

辛卯。眞定衞指揮僉事孫昇邀虜于倒馬關。死之。時寇關。欲向龍泉關西去。昇擊之。踰舊路嶺。卒値虜陣沒。

壬辰。敕宣府總兵官昌平伯楊洪等戒以虜假太上皇到塞。脅關毋墮其計。

大同副總兵都督同知郭登爲征西前將軍總兵官。仍鎭守大同。

癸巳。浙江按察使軒輗爲右副都御史。鎭守浙江。

錦衣衞指揮使李鑑爲署都指揮僉事。往貴州勦賊。

都指揮僉事季鐸以皇太后貂裘等詣太上皇漠北。報郕王即位及立皇太子。上皇聞之喜。虜奉上皇斷頭山。虜故得賞賜。有德中國之心。其送上皇也。第欲得漢物。無他意。中國慮虜黠。不敢信。既扣諸關無所入。乃奉駕以北。上皇在難。無阻怯之容。隱處幄居。時時見徵表也。先故益恭謹。而我雖不納虜。衆往來遣使亦不絕也。

甲午。敕諭文武羣臣務秉公廉恪勤乃職。凡民間一應軍需造作及輸錢糧布帛紙札藥材。解送軍四。即時收遣。毋勒索濡滯。

諭祭土木陣沒官軍。并瘞其骸。

起復南京大理寺卿陳勉。

都指揮僉事孫鏜爲左軍都督僉事。仍三千營把總直宿衞。

召廣西總兵官安遠侯柳溥。

左軍都督毛福壽往雲貴勦寇。請選東昌平山德州河間各衞胡騎從征。從之。都指揮使克俄羅領占爲都督僉事。餘各進一級。

大理寺右少卿張驥卒于富陽。驥字仲德。安化人。由貢士授御史。正統辛酉。清獄福建。釋寃幾千人。壬戌。署大理寺事。尋進右寺丞。乙丑。巡撫山東。拯災蠲逋。復設曹州便民。還進右少卿。又巡撫山東淮揚。戊辰。南征。鎮守浙江。事平召還。剛毅有才。尤廉慎足稱也。

乙未。廣東總兵官安鄉伯張安都指揮僉事王清援廣州。值賊于船澳。安醉臥舟中。官兵不能支。潰于沙角。安溺死。清被執。使跪呼廣沙門千戶錢惠登埤詈之。賊移清踞他所。呼如前。惠射之。賊遂殺清。賊初無器械。至是得火槍等器。勢熾甚。

賜南京守備及各鎮守總兵等金幣。

丙申。工科給事中張敏爲工部右侍郎。翰林院侍講劉鉉爲侍講學士。

右副都御史曹翼致仕。

都指揮使田眞爲都督僉事征蠻將軍總兵官。都指揮僉事武毅爲都指揮使充參將。鎮守廣西。

許京衞優給優養官回原籍支俸其留京者。俸折銀布。罷遣醫士廚役天文生老瞶者。減幼軍力士等月餉。

通事指揮李讓以女許也先弟大同王子。受也先馬四匹。俘婦二人。納各城指揮姓名。又假上皇命大同總兵官都督同知郭登見也先。且割地。登留讓以聞。右副都御史朱鑑奏。也先授讓知院。鎮守大同。讓導也先矯上皇敕責皇上篡立。下兵部議。誅之或激變。徵之或奔竄。宜登密處從之。

曉刻月犯五車。

丁酉。都指揮僉事徐恭爲右都督僉事。專理漕運。都督同知武興領神機營。

命京邊署職都指揮以上俱實授。

吏部聽選知縣單宇請折寺觀木石改造軍衞。銷其銅鐵備兵仗。遣僧尼還俗。下禮部議。

戊戌。廣西布政司右參政謝澤爲通政使。提督守備白羊口。

起復山東按察僉事何自學。

戶部郎中李秉往鳳陽淮安廬揚徐和提督糧儲赴京。

南海盜黃蕭養作亂。命廣東三司捕之。蕭養貌寢而眇。多智略。刼敗下都司獄。踰歲所臥竹床漸靑。至萌葉。同獄某異之。教以兵。遂藏斧煼鵝中。夜破械出衆囚。刼軍器局得兵杖。奪門招集亡命屯南海之潘村。

己亥。停各處淸軍御史。

領三千營忻城伯趙榮怠玩下獄都督僉事孫鏜代之。

上皇北行。

庚子。起復監察御史蔡愈濟等給事中路壁等左布政使吳揚左參政董和右參政高峻右參議秦岳趙紳趙忠按察使李彝僉事彭貫。

罷獨石守備都指揮楊俊。

通州把總都指揮僉事陳信鎭守通州提調武清等衞。

辛丑。敕邊將募壯士更衣甲旗幟異舊制恐溷于虜。

兵科給事中孫祥兵部郎中羅通俱爲右副都御史通守居庸關祥守紫荆關。

翰林院編修陳文爲侍講檢討李紹爲修撰。

都指揮使昌英爲後軍都督僉事都指揮僉事衞穎韓青爲都指揮同知。

進士王汝霖爲吏科給事中。

錦衣衞小旗陳喜同還自瓦剌言脫脫不花王以萬人犯廣寧回野猪口。約太師也先知院阿剌知院納來攻京師授喜同百戶。

宣府總兵官昌平伯楊洪言都指揮季鐸報也先薄我賞云送駕入京須文武大臣出迎不日至大同。

曉刻月犯太微垣上將星。

壬寅。都督僉事陳友爲都督同知選南京兵千人赴靖遠伯王驥行營。

福建都指揮僉事鄧安失事謫柳州衞中千戶所鎭撫。

都指揮僉事衞穎范廣爲署後軍都督僉事。

瓦剌使臣納哈出等來朝。

各道監察御史秦顒等言五事。合衆善以理萬機。選大臣以總邊務。嚴號令以作士氣。別奸忠以振士風。用直言以圖實效。從之。

南京刑部獄逸。

夜金土火星集于翼宿。曉熒火星犯太微垣左執法。

癸卯。戶部右侍郎孟鑑巡撫廣東。

金吾右衛都指揮僉事季鐸爲都指揮同知。錦衣衛千戶梁泰爲指揮僉事。各賜鈔幣。

留都督僉事劉得新鎭守處州。尋進都督同知。

通政司左通政呂爰正致仕。

甲辰。戶部主事陳汝言宣諭東昌平山德州河間瀋陽中屯大同中屯各衛降胡官軍民。各二金。布二匹。

監察御史白圭李賓夏裕及翰林院侍講徐珵。編修楊鼎。檢討王玉。郎中謝佑陳金。主事王偉姚龍。給事中金達王庚。知州陳誠汪庭訓蘇璟。俱行監察御史事。往直隸山東山西河南募兵訓練。

起王通中軍都督僉事。提督守備九門。故成山侯削爵。都指揮同知劉信爲署後軍都督僉事。

後軍都督同知陳友率官軍往湖廣貴州征苗。

調京軍二千人守古北口。五千人守紫荆關。

禮部右侍郎章瑾被劾下獄。降。

南京右副都御史張純言十三事。迎復聖駕。開廣言路。分兵耀武。考察文官。激勸武職。禁革倉弊。弭除盜賊。拔擢舊臣。選任風憲。旁求豪傑。增祿養廉。酙酌漕運。練將訓兵。上從之。

曉刻。月與金星同度。

乙巳。都指揮同知季鐸爲都指揮使。起居太上皇。告卽位及立皇太子。上奉太上皇書云。虜若送駕來。可五七騎。擁衆大入則不敢許。大兄還居天位。無所不可。但恐降尊就卑。他日非所以正名。又致書也先。也先曰明立皇帝矣。終無和意。復往迫擾。令彼南遷。取我故元大都。不亦善乎。

鎭守居庸關都指揮同知趙玫請運近地糧草入關。其遠者焚之。勿資寇。從之。

丙午。調四川兵一萬。雲南兵二萬赴貴州。時苗圍平越衞久矣。

錄王振罪榜天下。

命採毒藥傅矢。從太醫院醫士程禮之言。

黃蕭養等寇廣州。廣東布政司參議楊信民時守白羊口。命同鎭守雷廉安鄉伯張安備倭都指揮杜信等勦之。

鎭守山海永平總兵官應城伯孫傑免。指揮同知宗勝爲後軍都督僉事代之。

慶王秩煃乞徙鳳翔。不許。

作圾營信牌。給武清侯石亨募壯士千人。伏居庸關西山俟虜。

十月帳朔。上皇在漠北。

詔赦福建浙江湖廣廣東貴州遺賊。

賑大同軍民。

虜擁上皇至大同東門。也先遣知院及太監喜寧通事都指揮僉事岳謙稱還蹕。郭登閉門不納。謙密言其狡。

大同知府霍瑄自水竇出謁。獻鵝酒。上皇密曰。汝第與郭登固守。毋開門。

己酉。吏部右侍郎曹義爲左侍郎。

署鴻臚寺事禮部左侍郎楊善改右副都御史同都督僉事王通提督守備京城。

廣東布政司左參議楊信民爲左僉都御史勦廣東賊。

山東河南右布政使萬觀年富爲河南左布政使。

增兵二千戍密雲。

勅鎭守山西都督僉事孫安巡撫右副都御史朱鑑巡邊。

定通州京師邊衞運米例。

大庾人孫富李俊作亂。富被擒獄死。俊攻南安被誅。

誅御馬監少監跛兒干。跛兒干本降胡從土木。助虜射內使黎定。至是來使多需索。

庚戌。右都御史陳鎰爲左都御史。□□按察副使陳詔爲左僉都御史。

湖廣左參議侯復丁𡂊修撰裴綸爲山西河南山東右布政使。

作賞功牌。分奇功首功齊力三則。主以文臣。

上皇轉至陽和。陽和守將進牛羊酒。閉門不敢納。

辛亥。都督僉事劉德新爲都督同知。

國子監生練綱言。虜留聖駕。索金帛。效金人以汴宋待我。今日固非宋室可比。然求如种師道李綱輩不多見。人心依賴。係國家安危。惟兵部尙書于謙。武淸伯石亨。宜敕其堅守中軍。遣將分戰。又擇宗室親王會鎭守官募義士。大擧入援。文武羣臣。敢議和勸南遷者。乞誅之。勿留悮國。上深納之。

虜擁上皇至紫荆關。喜寧語虜曰。大同陽和不納。今可從紫荆關深入以窺京師。次關北。右副都御史孫祥遣指揮劉深出謁岳謙語深曰此虜三萬。精騎止二萬。又二萬入古北口。

虜三萬騎過順聖川洪州堡欲犯京師。

夜狼星動搖。

壬子。蔣琬嗣定西侯。蔣貴孫。父義足疾故。

釋忻城伯趙榮。

魏國公徐承宗掌前軍都督府。

右都督劉聚右僉都御史張楷免。初聚楷入建寧城日觴詠。且索府衛金帛。聞鄧茂七死。始進延平檄諭賊。時無聚印易疑。聚又僞作征夷將軍印檄賊妄報子應麟及蒼頭功命討浙寇妄報賊平至是還朝被劾。

致書宗室諸王。曰虜入關京城危急願念宗社爲重命將率兵星馳勤王。期在旬月。仍自鎭靜固守藩疆。

鎭南王徽㷿偪叛苗求內徙止之。

陝西右布政使王暹爲右副都御史。

兵部郎中龔永吉爲大理寺右少卿。仍贊理王驥軍務。

進士方輔爲兵科給事中。

京衛帶俸都指揮僉事陶瑾爲署都督僉事。

癸丑。上召文武大臣議禦虜。遂選萬六千人。給五千騎。以都督僉事孫鏜充總兵官。高禮充左副總兵。往紫荊關。右僉都御史段信都指揮僉事姚麟等將眞定保定民兵入城。進鏜右都督。王通都督同知。楊壽都指揮同知。又選兵二萬。益陳鎰一萬。益左都督毛福壽都督僉事陶瑾一萬。策應。將發。聞虜入關。遂屯都城南。時虜聲言還蹕。朝議如沸。多主款。兵部尚書于謙獨抗言曰。社稷爲重。君爲輕。戒邊將毋中計。翰林侍講徐珵好言天象。入對。言紫微中宮皆有變。宜反南都。太監金英叱之。諸臣相軋未定。多遣其私重歸。謙慟哭廷諍曰。京師天下本。宗廟社稷山陵寧此。百官萬姓帑藏廩庾萃此。此而不守。去欲安之。今日足一動。明日大事去矣。且虜乘勝驕。實不足畏也。上善之。曰。其聽謙處分。金英宣于衆曰。死則君臣同耳。有議遷者。上誅之無赦。于是朝議始一。

延平盜仍恣掠。敕梁珤范雄薛希璉督民兵捕之。

虜二千騎寇肅州。官軍擊卻之。

夜。大星赤光燭地。自三師流少弼尾。化蒼白氣。狀如五尺蛇。徐徐西行。

甲寅。南京兵部侍郎徐琦爲尙書。仍參贊機務。工部右侍郎陳恭爲尙書。仍督理柴炭。僉都御史雷深爲右副都御史。兵部武選郎中鄒幹爲右侍郎。薛瑄爲大理寺右寺丞。

左軍署都督僉事陶瑾實授都督僉事。錦衣衛指揮同知劉源爲指揮使。再濟師一萬。瑾領之。

都督同知劉得新掌左府。兼領三千營。

敕鎭守陝西興安侯徐亨等調萬四千四百人赴寧夏。

乙卯。都督同知武興爲右都督。

敕兵部尙書于謙提督各營。謙身屯德勝門外。反闔門。泣誓將士。皆感奮。見兵二十二萬。軍盛而整。

宥廣寧伯劉安鎭遠侯顧興祖右都督劉聚罪。俱充副總兵官。

命諸將分陳九門。總兵官武淸伯石亨屯德勝門。都督僉事陶瑾屯安定門。廣寧伯劉安屯東直門。武進伯朱瑛屯朝陽門。前右軍都督劉聚屯西直門。前鎭遠伯顧興祖屯阜城門。都指揮僉事李端屯正陽門。都督同知劉得新屯崇文門。都指揮湯節屯宣武門。皆受石亨節制。敕亨及左右副總兵署都督僉事范廣都督武興。戰守務出萬全。

彭城衞帶俸都指揮僉事雷通爲都指揮同知協守紫荆關。守備紫荆關按察使曹泰往倒馬關提督守備。

丙辰。吳瑾嗣恭順侯。克忠子。

兵馬司議毀都門外民居便屯兵。給事中李震言搖動人心止之。

庶吉士曹鼎霍榮喬毅爲給事中。國子監丞潘洪鄧逵謝琚陳金爲監察御史。

刑部右侍郎江淵參贊孫鏜軍務。

免全椒災租千餘石。

敕甲士出城時士帶甲纔十之一。吏科給事中程信戶科給事中王竑同都督王通右副都御史楊善提督軍務城守。

提督守備紫荆關左副都御史孫祥拒虜。喜寧導虜自間道夾攻關。破。殺都指揮僉事韓清等。祥走免。夜虜乘勝陷城。孫祥巷戰死。時戶科給事中葉盛惧劾祥棄城逃遁。踰月修關。按察使曹泰得屍于戰所。焚之。不以聞。祥弟祺白其枉。下巡按御史覈實。賜其家五金彩幣二。

丁巳。上告警郊廟。

命宣府總兵官楊洪兵二萬遼東副總兵焦禮施聚將兵二萬入援。從吏科給事中姚夔之言。

庶吉士劉清爲兵科給事中。

譚裕嗣新寧伯。譚璟子。

駙馬都尉焦敬巡視皇城。

敕巡撫山東山西河南副都御史洪英朱鑑王來王文及直隸山東山西河南分守監察御史金達謝佑王偉

陳金姚龍陳誠汪庭訓蘇環徐珵王玉楊鼎李賓夏裕白圭王庾各收保人畜入城率所選官軍民兵勤王。

虜奉上皇過易州。夜良鄉父老獻茶果羊酒。

戊午。夜蘆溝橋果園署官獻果品上皇奉皇太后及上書。又諭文武羣臣俾固守。頃之。遣岳謙與虜使納哈出答語。彰武門外門軍擊殺謙。納哈出奔還。也先遂列陣西直門外。上皇御幄止安定門外。都督高禮毛福壽戰彰義門北。殺賊三百人。擒一人。敕石亨于謙屯演武場。都指揮而下。不用命者斬以徇。太監興安李永昌同亨謙等整理軍務。

大寧都指揮僉事姚麟爲都指揮同知。鎮守廣東。平山衛帶俸都指揮僉事趙瑄調大寧。

黃蕭養等攻圍廣州月餘。遣監察御史李璿調廣西兵。敕巡撫江西侍郎楊寧調二千人援之。

虜入淶水。

時議城外積芻。戶科給事中李侃言虜不能持久。勿輕燬。從之。

己未。虜擁上皇土城。邀大臣迎上。疑焉。以通政司左參議王復爲右通政。中書舍人趙榮爲太常寺少卿。賫敕出謁。進羊酒諸物。也先伯顏帖木兒擐甲冑屬弓矢。取敕視番書。上皇帶刀取敕視漢書。上皇曰。大臣何不來。也先問曰。是皆何官。上皇曰。庶臣也。也先曰。大臣不迎而使庶臣乎。上皇曰。爾歸則使于謙石亨王直胡濙來。復榮反命。下廷議。言謙等國所仗。竟不遣。謙謝曰。君忘臣之不才。使臣司司馬。司馬知戰。臣知死壘。

永平衛指揮僉事胡鏞爲都指揮僉事。充左參將協守。

鎮撫薛斌以二十三人刼虜營。殺一人。奪所掠千人。陞賞有差。

徵官民鞍馬甲冑。償其直。

欽天監正彭德清獄死。仍斬首。德清黨王振。匿災異。從征又不擇地。

蔚州靈丘廣昌奸人乘警刼逃民。下巡撫朱鑑招之。

是日。雨雪。夜大風雷。

庚申戶科給事中王竑爲右僉都御史。

前軍帶俸都督同知王敬爲右都督。羽林前衛帶俸都指揮僉事王勇爲前軍帶俸都督僉事。

敕巡撫永平右僉都御史鄒來學左參將胡鏞以兵二萬入援。

指揮同知石彪都指揮孔旺等率兵勦涿州賊。又徵朝鮮野人女直合遼東兵夾擊。

召山東署都指揮僉事魏忠平山衛指揮僉事毋英濟寧衛署指揮使陳忠濟寧左衛指揮使趙輔旗手衛指揮同知徐海錦衣衛百戶張眞下石亨試擢。

戶部郎中汪湝徵陝西河州等衛土軍入援。

虜數騎覘德勝門。于謙石亨伏兵于兩旁空舍。先數騎迎敵佯北。虜萬餘追我。伏發神砲火器擊敗之。右都督孫鏜戰西直門。斬虜先鋒數人。逐之。虜益圍鏜。力戰。都督高禮中流矢。亨分兵往。虜引卻。

夜。月暈掩奎壁婁三宿。

辛酉。朱瑛嗣武進伯。朱冕子。

命都督王敬武興都指揮王勇擊虜彰義門。右僉都御史王竑提督軍務。赴毛福壽高禮行營。合孫鏜。敕福壽等塞京城外西南街巷要路。伏神銃短槍。

嚴京城夜禁。

右都督王敬武興戰彰義門外。以神銃擊之。虜稍卻。俄報效內官數百騎突出陣。亂。虜乘之而敗。逐至土城。興中流矢死。居民升屋擲虜磚。王竑毛福壽援之。虜遁。贈興懷遠伯。謚忠毅。

敕提督居庸關守備右副都御史羅通等。盡以趙玫楊俊兵入援。

是日。瓦剌別部攻居庸關。官軍擊却之

壬戌。虜擁上皇出土城。自良鄉而西。散掠畿內。

書止安塞王秩炅。眞寧王秩熒。山陰王遜熚。安化王秩炵。內徙。

致書太師也先曰。太師欲奉朕兄歸。意良厚。顧部下多剽掠。朕所以發兵。備他盜耳。太師如戢兵。以數騎護衛上皇。朕亦遣數騎迎。彼此解甲相和好。固朕志也。復敕知院伯顏帖木兒曰。朕兄在營。知院供具無闕。敬謝知院。

封石亨武清侯。進于謙少保。亨追虜淸風店。虜畏亨。亨使諜者紿之。是假亨名耳。虜信而攻我。亨率從子彪奮擊。刀斧交下。殺百人。虜始悟。亨在叢亂相蹂踐。亨悉銳乘之。虜稍棄所掠。餌我而遁。

約論曰。方正統時。國家適熙宣長裕之後。中國全盛。乃戰一跌而輿師輻解。固亙古未有也。少保用而生民有主。社稷有輔。廟勝宸略。百全無忤。不移時而補天回日之功卓然。亦亙古無是哉。語曰。安危視所任。又曰。成敗以謀。易于反掌。信矣。

大理寺右少卿許彬爲太常寺少卿兼翰林院待詔。仍譯書。庶吉士成章。進士李錫。俱爲戶科給事中。

錦衣衛指揮僉事呂貴爲署都指揮僉事。代高禮。同毛福壽擊虜。

增各城兵馬指揮十人。時太子太保吏部尚書王直言。城外關廂居民自團聚。詰盜。故增官轄束之。

尙寶司丞夏瑄奏。募死士。持長刀巨斧幷砲。夜襲虜營。彼覺則砲驚之。俾夜不得息。寐則進擊。仍伏兵防其追。

上是之。

起復南京工部右侍郎吳政。

吏科給事中程信言。號令嚴明。虜衆則堅守。虜少則合擊。又榜諭軍民官舍工匠等勇敢應募。有功例賞。亡功事畢聽回。虜似南行。乞調山東河南援兵道文衣甲于眞定保定河間立營拒勦。上是之。

也先與伯顏帖木兒大同王謀送太上皇出紫荆。自往攻居庸。居庸不守。卽迎太上皇還入京師。而曰中朝大臣無一人出迎駕。但隨皇帝者皆歸。于是獨袁彬與通事哈銘隨駕。

癸亥。右副都御史羅通吏部侍郞曹義。禮部侍郞儀銘。工部侍郞張敏。右通政欒惲。大理寺丞薛瑄。太常寺少卿習嘉言。鴻臚寺丞張翔。太僕寺少卿俞綱分守九門。時虜宵遁。京師猶戒嚴。

虜至居庸關。都指揮楊俊擊敗之。斬六級。獲馬百二十。時也先五萬騎攻居庸。右副都御史羅通以水澆其城。冰厚且堅。敵不能近。通又慮所將多客兵不足恃。虜夜環鐵騎卧。比兩馬橫革囊。二人共宿。鐵騎外繞之。騎隨一犬。通藥羊肉熟而投之。犬飽不嗥。又用膏繩韜馬足。開門譟擊。虜驚。騎韜不解。擒一酋。斬六級。獲甲弓千計。追回所掠五百餘人。

勇士有出戰私匿者。命石亨斬以徇。

虜擁上皇過易州也。先先行。駕後失所向。袁彬大哭。家有老母不得歸。哈銘曰。兄切勿言。至尊猶在此。我輩草木沙土也。又何足道。上皇令銘控馬左右行。過溝河山崖。銘下馬掖持。

昏刻西南赤黑氣如焰。須臾化蒼白氣六道。北至中天而散。

甲子。進士鄭和趙蕃楊紹江眞知縣楊壽劉豫張禎董英監生馮敬丘逵韓文陸楨陳安俱爲戶部主事。專理京師各門預備糧儲。

伯顏帖木兒大同王來護太上皇。道見曰。太師誠心送皇帝回京。今另立皇帝。諸臣宰背德不一。出見故太師怒而西還。今欲到陽和。使臣送皇帝從居庸以歸。毋令皇帝望見京師。思念皇太后。萬一念皇太后病悴至有不可知。乃使我留惡名萬世也。」晚至紫荆關。卒劉婆兒取水煮飯。銘烹肉。納革囊備饑。

乙丑。出紫荆。哈銘請過視其親。上皇曰。如何舍我。銘曰。銘死不敢他。」次渾河。

曉。刻火星犯進賢。

丙寅。進士姚哲、徐瑄、監生陳獻、練綱、趙縉、武聰、鄭銘、孟陽、璩安、白瑛爲監察御史。

出御馬監馬駕戰車。

上皇次蔚州。

丁卯。河間通判萬安爲同知。

故翰林院侍講劉球贈翰林院學士。謚忠愍。故永豐知縣鄧顒贈光祿寺少卿。謚恭毅。各賜祭立祠。

止諸王及永平遼東等援兵。

迤北脫脫不花王遣使來朝。太子太傅禮部尙書兼翰林院學士陳循等言宜受使以間也。先從之禮使者加等。

中外官民各進驄馬備戰。賜鈔幣。

戊辰。復楊思恭長淸知縣。食正六品俸。

召昌平伯楊洪。

上皇次順聖川。

己巳。長陵衞指揮使廖鏞奏虜犯山陵。大殺掠。

夜。大星靑白光。自天廟流屛星。光燭地。五小星隨之。

上皇次陽和。也先已攻居庸不下。喜寧曰。太師云于此送駕矣。忠勇伯把台蔣信曰。太師又謂于此送駕。是輕也。意欲奉太上皇至其營。還求中朝使臣來迎。乃成禮耳。把台與喜寧皆胡人。故能得虜意。然把台多所擁護。而喜寧好生事。時時爲虜畫計。亦數桀驁上皇前。無能罪也。

庚午。工部主事張溥爲□□侍郎。

實授范廣都督僉事。

遺虜三百騎。留涿州。遣范廣擊之。餘黨藏易州淶水諸山中恣掠。

虜擁上皇出陽和西行。大雪。次貓兒莊。

辛未。敕昌平伯楊洪右都督孫鏜都督僉事范廣陶瑾都指揮張義陳友劉聚。以兵五萬分道追虜易州。洪充總兵官。范廣左副總兵瑾友義聚俱參將。

命遺械送官者賞之。

上皇發貓兒莊。

壬申。畿內降胡乘警。多胡服恣劫。命官軍獲之。斬以徇。

楊俊實授都督僉事。

楊洪等敗虜霸州。奪回所掠人畜無數。

誅蔚州左衞指揮使魏眞。以臨陣逃避也。

上皇往威寧海子東岸。

癸酉。敕右副都御史王暹存恤順天昌平等難民。許自編伍勦賊。免雜徭三年。

敕薊鎮總兵官宗勝。以選銳五千付右僉都御史鄒來學都指揮僉事胡鏞赴京追虜。

徙卽墨縣陰島社人于陳馬莊。時倭出沒海中。慮其登陸。

甲戌。修獻陵景陵供器。

戶部右侍郎沈翼。兵部右侍郎鄒幹。同都指揮湯節督理運船。

上皇至虜營。哈銘爲帳。有虜一人欲殺銘。竟已。

乙亥。敕止廣通王徽煠陽宗王徽焟赴京。

都指揮僉事李端鎮守天津三衞。

塞居庸關西支徑。

前江寧主簿王冕言。南京馬快船供送官物。一船散載十餘。私攬客貨。今後京師易辦之物。不必遠取。船朽停造。舟人補伍。下工部行之。

翰林院侍講劉定之上言。自古夷狄之禍。未有盛今日者。古如晉懷愍之陷匈奴。宋徽欽之陷女直。皆因邊塞外破。藩鎮內潰。救援不集。播遷無所。未有若今日全盛天下數十萬衆奉上皇漠外。委以與虜者也。至于晉宋既遭蒙塵之後。元帝繼統。高宗嗣服。皆棄故都。安一隅。然尙能奮既衰之勢。禦方張之敵。使劉曜石勒。斂虐燄而不入梓宮。韋后因講和而來歸。未有今日全盛天下數十萬衆也。先乘勝直抵京師。聽自去來者也。蓋國勢之弱。雖非陛下所能遽使之强。然豈可不思自强之術。臣無知曉。敢陳所見。臣以爲宜講戰陣。審守禦。愼行人。散降胡。練兵撫民。擇將材。明賞罰。而厚修主德焉。臣觀昨者之戰。但知閉營堅壁。託爲持重。而不能出奇盡力。用收捷勝。甚至前隊敗而後隊不救。左哨出而右哨不隨。宜倣宋吳玠吳璘兄弟三疊陣法。前一行刀盾蹲伏以俟。其陣最低。前二行矛戟大鎗立陣以俟。其陣稍高。後一行騎兵弓矢。其陣最高。使勢得相援。力得相救。又虜騎奔竄唐突。制之必資刀斧。昔郭子儀破安祿山胡騎八萬。用千人執長刀。如牆而進。韓世忠破金虜拐子馬。用五百人執長斧。上砍人腦。下砍馬足。由此言之。刀斧之揮霍便捷。優于矛槍之遲緩趑趄也。臣觀紫荆居庸等關名爲關塞。實則坦途。虜騎比來。若風驅霧。蓋兵士寡弱。亭障缺敗。蹊隧疎漏。非一日已。增兵士。繕亭障。塞蹊徑。畫地守之。因其陸地。則縱橫掘塹。名曰地網。因其水泉。則遏坎停蓄。名曰水櫃。或多植榆柳以制奔突。或多招土兵以助官軍。此今日事也。亦古人之已事也。傅說曰。事不師古。匪說攸聞。故古可師也。若夫奉使之臣。往時充以譯人駔夫。招釁起戎。職此之故。今後正使宜用文武賢臣。介紹之選。以令通敏之士。昔漢文帝屈趙佗。遣陸賈。宋仁宗結契丹。使富弼。伸威修德。鮮有敗事。此亦古人事也。何以謂降胡宜散也。志有之。匪我族類。其心必異。往歲降胡。盡留京師。授官職。給全俸。昨者或衝破關塞。奔歸故土。或乘伺釁隙。寇掠京畿。今宜遷徙厥衆。遠居南土。禁其種落。毋自婚媾。變其衣服。從我襟裾。爲兵則錯在我兵。爲民則錯在我民。被我政教。從我風俗。如此則可以減俸給。如此則可以省漕輓。蓋上皇之朝。臣嘗言及。智謀短淺。不足動天。今有效矣。何以謂兵宜練也。天下之民。農輸粟。女輸布。以養兵也。天下之兵。受粟于倉。受布于庫。以練武衛國也。向者兵士受布粟于公門。納月錢于私室。于是乎手不習攻伐擊刺之法。足不習坐作進退之宜。目不識旗幟之色。耳不聞金鼓之節。轉貨爲商。執技爲工。工商所得。僅足補月錢之私費。蓋民之膏血。匠之氣力。變爲金銀。以惠奸宄。一旦率以臨敵。如驅羊拒狼。幾何不敗。今宜痛革月錢之弊。作新操練之政。將帥有踵舊習。怠新政者。小則降級。大則誅夷。何所不可。若夫守令削民。猶將帥削兵也。今也常年之所黜落。三歲朝覲之所彈糾者。宜加之罰。大臣舉官有犯贓者。宜連之罪。夫然貪墨者寡。薦舉者慎。貪寡舉慎。則民安而邦本固。雖有夷狄外侵。不足爲患。此之謂撫民。若夫天生將材。不專將門也。販繒屠狗。被褐捫蝨。可以王霸。趙括奢子。王離翦孫。殞首繫頸。無濟事也。今國家用將。有出將門之中者。如石亨楊洪是有出將門之外者。如于謙楊善是宜令公卿侍從。各舉所知。量能而使。庶乎拔十得五。聞一知二。而邊才日充。將帥得人。此之謂選將。漢圖恢復。所恃者諸葛亮。宋圖恢復。所恃者張浚。此兩人者。忠義素著。功業久立。然街亭一敗。亮降丞相。符離未捷。浚解都督。待取後効。乃復前官。此亦古人事也。臣觀昨者于謙石亨等將兵禦虜。迭爲勝負。互相殺傷。雖不足罰。亦不足賞也。亨自伯爵陞侯。謙自二品陞一品。擢陷腥羶。迎回鑾輅。不見其功。但見其賞。忠臣義士。豈不怠哉。今宜使但居舊職。勿受新銜。以作敵愾。以勵廉恥。夫既與而不忍奪者。其君姑息也。既進而不肯退者。其臣患失也。君無姑息之政。臣無患失之心。治平計日矣。此之謂明賞罰。若夫攬政權。親萬機。人主事也。百凡政事。有早朝未及決者。請退御便殿。使近臣侍側。大臣前奏。言官察其邪正。面加糾彈。史官書其言動。永示勸懲。君臣之間。詢謀疇咨。互相可否。此亦前代故事。祖宗成法。陛下遵而行之。則決政也。益以熟而察臣也。益以明。若仍前以本章奏入。旨意批出。臣恐偏聽獨任。成亂生奸。故夫智仁勇。人主之德也。智察枉直。仁覆羣生。勇收威柄。宋司馬光以仁明武告君。卽此義也。若失五經諸史。至博也。流覽多識。儒生猶或難之。臣謂經如尚書春秋。史如通鑑綱目。當善惡兼觀焉。今也儒臣進講。誦善若頌。避惡若諱。是猶恐道路之有陷阱。閉目不視。恐魚肉之有餒腐。擁鼻不嗅。其不至誤食而嘔。冥行而躓也者。幾希矣。夫惟善惡兼觀。則于君也。既知禹湯文武所以興。又知桀紂幽厲所以替。趨避審矣。其于臣也。既知有蕭曹房杜之良。又知有李林甫楊國忠之奸。用舍當矣。其于內臣也。既知呂强張承業之忠。又知仇士良陳弘志之惡。操柄定矣。此在陛下設誠以行之耳。今天下之大。尙如金甌之未缺。臣見國勢可張。仇恥可雪。兄弟之恩可全。祖宗之治可復也。上嘉納之。

逮巡按江西監察御史胡淵下獄。以玩寇也。

上皇往西北行。曰小黃河東伯顏帖木兒小營在焉。伯顏帖木兒妻使胡女設氈帳。止宿供具。數日。復西行。

十一月玎朔。上皇在漠北。虜奉上益恭。殺馬設宴。稽首行君臣禮。妻妾四人。次第上壽。伯顏帖木兒亦與其妻如也先禮。也先七日一獻馬。伯顏帖木兒七日一獻牛。二日一獻羊馬牛湩。射生則獻野馬黃羊。上皇道行。或乘馬。或坐暖車。虜男女途見。皆叩馬上。時或進生。也先時時設宴。躬上酒。手彈箜撥。思兒唱曲。虜齊和之。大同王賽刊王上酒皆跽曰中國聖人天之姤也也先請上皇曰今得明遣使來迎皇帝歸矣上皇曰卽若自送我須我使徒往返耳喜寧不悅謂蔣信曰求急歸者袁彬也合殺之上皇曰非彬也我自謂也。

上御殿頒明年曆

敕答脫脫不花王。

朝鮮國王李裪入貢。

命浙直作甲冑九十餘萬輸邊。

戊寅眞定安平縣老人郭弘諸生郭清等十六人斬虜七級獲甲仗以獻授弘判官清等正副巡檢專捕盜。

浙江按察僉事陶成爲副使。

虜屢犯甘肅外戍皆入城燬舊肅邸爲營。

濟寧左衞徙臨清改臨清衞轄臨清守禦千戶所。

禁私屠耕牛。

肅州衞饑月給贍粟一石終今歲。

逮右僉都御史段信按察使曹泰錦衣衞指揮王虹監察御史吳中郭仲曦王晉以失守居庸紫荊關也。

福建左右布政使宋彰孫昂左參政彭森周禮左參議金敬徐傑按察使方策副使高敏俱降驛丞副使邵宏譽僉事董應軫王迪況眞提督屯種僉事馬嵩巡視銀場僉事王驥俱降鹽課司大使以匿賊弛備當死戍遇赦也。

己卯指揮同知石彪搜虜于眞定保定。

諭祭安鄉伯張安。

談遷曰：廣州大都會也。黃蕭養不過兔脫烏合之餘，攻圍累月。張安輩不即救。及提軍就道。又不設備。倉卒酣潰。此與高克棄師何異。不追正其罪。反祭賻焉。君賞臣偷。宗伯于是乎失經矣。

庚辰，諭都察院肅朝儀。

獲虜諜三人。其二喜寧蒼頭。一指揮使安孟哥。故忠勇伯把台麾下也。虜謀明春入寇。遣之窺我。且嗾孟哥約都指揮石連台等內應。下法司伏誅。籍寧家。置把台家不問。以安降胡心。

翰林院侍講吳節上邊務十事。明賞罰。料虜情。定遠謀。耀兵威。謹和議。勤政務。固根本。護陵寢。安民心。獎死士。上是之。

夜。黑雲衡五尺。東西亙天。

辛巳，平江伯陳豫掌前軍都督府。

增畿內巡按御史各二。

壬午，進寧陽侯陳懋太保。進平江伯陳豫平江侯。都督僉事董興爲都督同知。刑部尚書金濂兼太子賓客。

增潮州府通判一。

戶部左侍郎署光祿寺事奈亨致仕。亨附王振被劾。會赦不問。

癸未，刑部尚書兼太子賓客金濂改戶部。右都御史俞士悅改刑部尚書。召左都御史陳鎰回院。副都御史王暹撫安軍民。

鎮遠侯顧興祖爲左軍都督同知。□□□劉安爲右軍都督同知。劉聚爲中軍署都督僉事。同羅通楊俊修塞闕隘。

福建都指揮僉事蔣貴徐信張凱閔忠俱失事。降所鎮撫。

甲申。詔天下曰。大兄太上皇帝鑾輿未復。方詰兵數十萬。問罪于虜。彼請迎復。悉衆城下。朕遣大臣出迓。徧歷虜營。失駕所在。乃焚書斬使擣之。六軍斬獲甚盛。京城內外人心帖然。用告天下。以彰殺伐之威。

戶部右侍郎劉璉爲左侍郎。右副都御史羅亨信爲左副都御史。

乙酉。都督同知郭登爲右都督。都督僉事紀廣方善張斌王禎張泰爲都督同知。署都督僉事王斌爲都督僉事。都指揮使杜忠丁信爲署都督僉事。俱邊功。初登從雁門入援。先馳蠟書云。胡馬長驅。三關失險。賊留連內地。爲患非輕。臣悉起兵壯入護闕廷。使賊有腹背受敵之患。首尾不救之虞。忠誠切已。敢忘報國之心。成敗在天。不負爲臣之節。

徵朝鮮馬三萬。給之直。

太常寺少卿習嘉言上言。孝弟慈愛。人道所先。推以化成天下。虞氏之爲政也。太上未還。皇太后宮中豈能紓樹蘐之憂。割懸旌之心。願陛下朝夕惓惓。口不釋迎復語。皇太子幼冲。不時存問。孝弟慈愛。昭著內外。自然天下之人有所感動。以濟大功。

免遣京官宴送廣東夷使。初暹羅瓜哇占城諸貢使還廣東。例傳送。

丙戌。寧陽侯陳懋進幼閹百有八人。

丁亥。涼州副總兵都督僉事王敬爲平羌將軍總兵官。鎮守甘肅。代任禮。

密雲中衞指揮僉事張興爲署都指揮僉事。分守古北口。監察御史張斌協贊軍務。

詔有司修城堡。

宣府右參將都督僉事紀廣敗虜三百餘騎于神峪口。

曉刻金星犯亢宿。

戊子。進金濂太子太保。

令總兵把總等官值操期免其朝參。

弘教翊善國師簇克林巴卒。弟㓷思巴藏求襲。不許。俟番僧立効者。

己丑。昌平伯楊洪進封侯。

行人趙訪爲江西道監察御史。

免順天河間明年藥材紙札。

召致仕刑部右侍郎何文淵。命昌平侯楊洪都督楊俊留京師。召守居庸關副都御史羅通還朝。參贊楊洪軍務。閣臣陳循等薦之。

召商中鹽淮浙長蘆納草。

庚寅。都指揮使丁信仍都督僉事。

鄧茂七僞黨吳繼昊等四百餘人伏誅。

辛卯。都督同知王通率兵往天壽山提督三衞護陵。

左都督毛福壽爲左副總兵。以給事中劉清參贊軍務。選河間東昌胡騎勦辰州賊。

參贊雲南軍務兵部左侍郎侯璡往貴州總督軍務。雲南按察副使鄭顒參贊雲南軍務。湖廣都指揮同知馬曄充參將。提督靖州等處官軍。都指揮僉事安順李震俱充參將。聽王驥節制。

命都察院考覈回道御史。

都督僉事范雄鎭守福建。代崇信伯費釗。

增給納草價銀。

少保兵部尚書于謙言。留楊洪等京師。則宣府肩寒可慮。兵科都給事中葉盛言。今日之事。邊關爲急。向令獨石馬營不棄。則六師何以陷土木。紫荆白羊不破。則虜騎何以薄都城。由是而觀。邊關不固。則京城雖守不過僅保九門。其如陵寢郊社何。其如田野之民荼毒何。宜固守宣府居庸爲便。上從之。

壬辰。停順天河間眞定保定隆慶保安鹽銀鈔。

寧夏總兵官張泰等改造小戰車。初戰車每輛馬七匹。寧夏多溝渠。妨駕。易小車。用馬一。

上皇至瓦剌老營。

癸巳。指揮同知石彪爲署都指揮僉事。

光祿寺奉旨。仍附錄文簿。故事。諸司奉旨具覆。光祿寺則否。自奈亨得罪。謂矯旨日給王振酒饌。于是每事具覆。光祿寺卿齊整以事冗碎。乞仍附錄。從之。

曉。刻月犯五諸侯。

上皇至蘇武廟。

甲午。刑部郎中祝暹陸矩山西按察僉事蕭啓俱爲右僉都御史。

右都督朱謙爲左都督。鎭朔將軍總兵官。都督同知紀廣都督僉事楊俊爲左右參將。俱鎭守宣府。

乙未。刑部右侍郎耿九疇招撫鳳陽等處流民。賑濟。免徭役三年。仍督兵捕盜。吏科都給事中張固同右副都御史王來往裕州。兵科都給事中葉盛往陳州。敕如九疇。

處州降賊陳鑑湖伏誅。鑑湖戍留守衞。乘寇私遁。道獲。

曉。刻火星犯亢宿。

丙申。右僉都御史王竑。都指揮同知夏忠署都指揮僉事。魯瑄鎭守居庸關。

丁酉。陳涇嗣泰寧侯。陳瀛弟。

右僉都御史蕭啓祝暹陸矩。都指揮僉事董宸趙瑄葛旺。鎮守河間保定眞定。

召鎮守居庸關都指揮同知趙玫。

總兵官昌平侯楊洪言令順天眞定保定河間永平。遇警督鄉民入城。移通州河上倉粟千九百餘萬石運貯通州城。從之。

戊戌。徵廣西江西廣東兵援廣州。

己亥。廣西右布政使孫曰良爲右副都御史。鎮守臨清。

庚子。通政司右參議吳餘慶爲右通政。

增眞定各州判官各縣縣丞。

辛丑。夜大星一。赤光自五帝座流太微東垣。一青白光燭地。自天棓流天津。

壬寅。令定州衞達官廣義伯吳玘等率部兵赴京。

增河道巡督御史。自通州至南京。舊二人。至是四人。

山陰守禦千戶所周瑄等奏。虜三千餘騎掠代州。扼關守。雪深不得出。因掠繁峙諸縣。夜襲斬七人。獲械畜若干。陞賞有差。

癸卯。河南都指揮僉事黃信赴延綏不進。下獄死。

命太常寺往視滕懷王衞恭王蘄獻王越靖王諸墓。以虜掠其供具也。

大同守備都指揮同知許貴爲都指揮使。

初順天尹于立春進春牛春花于帝及兩宮者。至各飾金銀珠翠。直錢九萬餘。至是宛平人告匱。乞春花以時卉代從之。

甲辰。陳輔嗣平鄉伯。陳懷子。

應天府丞蔡錫爲大理寺卿。巡撫湖廣。翰林院修撰王振爲大理寺丞。巡撫貴州。

錦衣衞指揮僉事季鐸。監察御史秦顒王璧。巡視居庸山海紫荆等關。

翰林院侍講倪謙刑科給事中司馬恂頒詔朝鮮。

免順天河間保定眞定兵旱田租。

乙巳。陝西按察副使劉廣衡爲右布政使。

故事。冬至後至春日。賜殿直將軍甲士頭腦酒。至是絺紬。罷之。

丙午。祭故守白羊口通政使謝澤。

尙寶司丞夏瑄上言。四方多事。水旱蝗蝻。民流離他鄉。塡死溝壑者無算。孑遺幸存。恐意外不測之變。願陛下降詔省躬。令大臣撫安勞來之。經兵燹者復其家。存恤流民。開義倉。罷不急。助牛種。贖鬻子。任循良。斥貪酷。則民志定矣。湖貴苗寇。始于麓川之兵。又生熟苗爭田。有司受賂。邊將侵削。奸民漏師。致其猖獗。兵數失利。蠻地不毛。得不足益。棄不足損。非福建廣東之沃庶也。陛下軫中土之疲。毋匱民于遠。凡邊苗僻遠之地。非我要害給其苗長。免賦役。如洪武例。仍就立宣慰等官統之。無南顧之憂。可專制北虜也。上大是之。

也先擁上皇轉西行。至八寶山。喜寧曰。從此還到甘州。使其守將迎入。卽轉入陝西。取陝騎卒以入南京。遂居于南京。袁彬哈銘候喜寧去。白上皇曰。天寒甚。陛下又不能騎。空取凍冷。到時守將亦必不受。上皇曰。是也。喜寧曰此又哈銘計。直殺銘耳。上皇道渴。覓陽泉鑿冰進水。哈銘求虜車一輛。駱駝一隻。展貓皮褥。坐上皇車中。伯顏帖木兒所畜胡奴竊上皇物。喜寧聞上皇。使銘往索之。銘曰。我今方困。索彼盜物。如虎口奪食。徒生怨耳。

上皇怒。使袁彬鞭銘。鞭已。叩頭謝。上皇曰。鞭何謝也。銘曰。臣棄父母兄弟妻子而從陛下。尚誰攀耶。

十二月杇朔。上皇在漠北。

召河南右布政使丁鐵安陸知州陳詢。

夜。火星犯氐宿。

戊申。詔更定大統曆。初。天文生馮軾乞改曆。欽天監正許惇等言。正統間。監正彭德淸于北京觀象臺較之。南京北極出地上高三丈。南極入地下卑三丈。冬至晝短三刻。夏至晝長三刻。奏爲永制。上曰。日出入度數驗在四方。京師未足準也。今後曆悉如洪武永樂故事。

永淸縣達官家孛羅導亂。伏誅。

夜。大星青白光燭地。自太乙旁發光如斗。流天市西垣。四小星隨之。

己酉。安遠侯柳溥掌神機營。

庚戌。尊皇太后爲上聖皇太后。

監生張誠爲雲南道監察御史。

吏部尚書趙新巡撫江北。左副都御史洪英巡撫山東。

宣府亡卒孟晉原妄自謂紫微星。當天子。被誅。

夜。大星赤光燭地。自貫索流天市。

辛亥。戶部右侍郎儲懋調禮部。

靖遠伯王驥爲平蠻將軍總兵官。勦貴州苗。代都督宮聚還京。時貴州諸夷叛。四川行都司都指揮僉事張祥來援。至赤水大捷。會大雨水。賊乘間攻我。追戰二十里。至淸水鋪。力瘁死。立祠。

都督同知董興爲左副總兵。率江西兩廣官軍勦廣東賊。都督僉事陶瑾鎭守處州。

錦衣衞正千戶盧忠爲指揮僉事。

敕諭朵顏等三衞頭目。毋誘于北虜。有虧臣節。倘北虜犯邊。先馳報協討。

大理寺右寺丞王振改名恂。

也先自率衆掠寧夏。踰月還。

壬子。諭都察院榜示中外各官出入儀從水陸驛傳私載需索之禁。

遼東百戶施帶兒俘于虜。通鎭守太監亦失哈。潛歸。巡按山東御史劉孜收斬之。因劾亦失哈海西種。當虜犯

廣寧。禁不得擊。多收蒼頭。隱占軍餘佃戶數百。宜罪。上不問。

曉刻彗見天市。

癸丑。尊母賢妃吳氏爲皇太后。

監察御史陳价等七人巡河南山東畿內。覈逃兵赴京。

曉刻彗見尾宿。色蒼白。芒尺餘。

甲寅。封妃汪氏爲皇后。皇太子母周氏爲貴妃。

敕居庸關宣府大同諸將。聞虜又稱送駕。實來伺邊。宜堅守。毋墮其計。如喜寧隨至。卽誘殺之。

左副都御史楊善爲右都御史。仍署鴻臚寺。

命關隘詰逃民。遣送復業。

乙卯。曉刻彗見尾度。芒二尺餘。乙亥夜滅。

丙辰。兩宮禮成。詔赦。

復倪冕延平府通判。

丁巳。都督僉事范廣、衛穎、陶瑾爲都督同知。

右僉都御史青田陳詔同都督同知陶瑾往處州治盜。

敕貴州宣慰使安隴富遣兵助討叛苗。

定親王郡王妃薨。儀賓卒。止遣中官及守臣致祭。不遣行人。從行人陳浩之請。

夜。月犯昴宿。

戊午。宣府右參將都督僉事楊俊仍領開平馬營等兵。

昌平增廣生馬孝祖上四事。養聖心。隆大臣。戒游食。恤臣下。上是之。

己未。翰林院庶吉士李瓚、尹旻爲吏刑科給事中

分將統領京營。武清侯石亨、昌平侯楊洪、安遠侯柳溥各領五軍神機營。都督范廣、孫鏜過興副之。選銳三千人爲游兵。從于謙之請。

吏部聽選知縣黎近上四事。勤日講。築營城。急入保。行間諜。愼刑獄。時賜廷讞。上是之。

工科給事中陳宜言。京寺國師剌麻番僧日費光祿寺供具。宜止給米薪。順天府每立春年節元夕。預作土牛門神桃符紙燈。分送各官。其費甚夥。悉宜停止。從之。

夜。月犯五諸侯。

庚申。大同總兵官右都督郭登上言。今日之勢。可養銳不可浪戰。可用智不可力爭。紫荊等關隘。選銳據險。其淶水、易州、眞定、保定之鄉。積柴架砲。使烽烟相望。仍列騎馳報。小警則一烽一炮。大警則三烽三砲。悉斂人畜入城。京軍犄角。堅壁固守。多張旗幟。或夜砲示刼。或晝鼓示戰。彼動我休。彼勞我逸。彼求戰不得。人有倦心。不

出旬日自走矣。然後別選精騎。或邀險。或躡後。勿求倖勝。務出萬全。此所謂不戰而屈人兵也。上嘉納之。登始至鎮。兵不滿千。馬才百匹。登于各城門外造木柵設穽。募銳士身督之。士氣漸振。

禮部右侍郎章瑾前下獄。例輸贖不即納。會赦。遽自引謝。御史復論其挾詐。仍末減降秩。瑾恚甚。出獄三日死。

辛酉。工科給事中陳宜爲應天府丞。

令翰林院五經博士典籍侍書待詔俱敎官陞補。以閣臣陳循等言侍從闕員也。

杭州右衞指揮使許壽爲署都指揮僉事。鎮守溫州及巡視福建政和縣銀坑。

令桂林中右二衞選花牌軍百五十人赴京。敎神機營。安遠侯柳溥言廣西花牌之利。

壬戌。增湖廣廣東廣西右參政福建雲南貴州四川右參議湖廣廣東廣西副使四川福建雲南貴州僉事各一。

癸亥。都指揮同知翁信鎮守山西及提督守備雁門關。都督僉事孫安還京。

虜六百餘騎攻大同。官軍禦卻之。又千餘騎南行。命備之。

甲子。禮科給事中李實下獄。初實言儀眞五壩通漕。爲朝廷命脈。宜重臣鎮守。且請按察使孔文英內轉工部。謂土壩事微。又擅轉外臣。遂逮論贖還職。

乙丑。書止代王仕壥求還汝寧。

右副都御史羅通回院。仍參贊軍務。

南畿歲貢生俱肄業北監。著爲令。

戶科都給事中李素爲光祿寺少卿。

懷遠衞指揮使陸祥往眞定保定搜虜代石彪。

戊辰。翰林院修撰商輅彭時爲侍讀。直閣。庶吉士萬安劉吉劉珝李泰爲編修。邢讓李本爲檢討。

庚午。賑延平建寧等兵災。

辛未。右都御史王文爲左都御史。仍鎮守陝西。

兵部以脫脫不花王阿剌知院兵在開平環州威虜諸塞外。遣尖夜二百人往襲。杜其入犯。人各賜一金及裘帽。

廣西猺賊掠電白縣。

夜金木星會尾宿。

壬申。兵科給事中劉斌言。爲政莫先于得人。得人必自大臣始。乞愼其選。選之有三。曰德。曰量。曰才。其責又在吏部。乞簡御史會巡撫等官。察有司庸奸貪酷者斥削。有差至于養兵。革積弊。復祖制。選死士五千人。專任前鋒。長刀斫馬足。虜不難勝也。恤窮民。明賞罰。理寃抑。俱今日急務。上從之。

雲南金齒軍民指揮使司知事袁敏上言。太上皇帝曩居九重之上。所服袞繡。所食珍饈。所居瓊瑤之宮。芙蓉之闕。今遠處沙漠。日之窮次。歲且更始。凡有人心。孰不思痛。臣聞主辱臣死。上皇辱至是。爲人臣子。朝夕思念碎骨剜心。乞遣人起居。將奉禦寒衣具。若飲食之物。或就令臣同通事人伴齎送。臣雖死虜。亦所甘心。上從之。

雲南五井鹽課提舉司吏目胡仲倫上言。今日之事。可屈者一。不可屈者七。漢高帝款單于。妻以公主。可屈者一也。萬乘胥虜。不可一。虜假和弛我備。不可二。結親自尊。不可三。索金帛坐困。不可四。稱送駕克我關隘。不可五。偪上皇手詔賺城。不可六。欲求山後地。不可七。七若從其一。大事去矣。陛下宜念宗社之重。固守宣大。伏兵守險。如果送駕。許其自來。敕楊洪邀其歸路。則駕可還。若欲不戰而和。非臣所敢知也。恐犬羊之性。自古無能誠結之也。上大是之。

廣東都指揮僉事徐瑄初征廣西。以黃蕭養等攻南海等縣。奉檄援之。不即進。被劾。俟後命。

夜。大星黃赤光燭地。自中台流太微西垣。三小星隨之。

癸酉。右都御史王來巡撫河南幷襄陽黃州。

鎮守松潘都指揮僉事高廣爲都指揮同知。

浙江都指揮僉事王謙總督官軍備倭。

錄福建士人從征功。巡檢吳保爲縣丞。許鑑爲主簿。諸生吳祐林埜爲主簿。羅珙陳紀布衣黃本常張興王眞保盧得成林顯祖林普兒范永福饒以興陳琪李森陳斌陳秉原方贇仕俱爲巡檢。

虜數十騎犯驢鞍嶺。

乙亥。廣州圍三月餘不解。上責右僉都御史楊信民緩兵。促左副總兵都督同知董興亟往討。

上皇在虜營。令袁彬草書致上及羣臣。謂宗社爲重。練兵固守。毋多慮。朕自有歸日也。時虜營夜見御幄有光若龍騰。大異之。也先請以妹嬪上皇。固卻之。袁彬辭以返國而聘。處居益莊。虜大敬服。

是年。南京翰林院侍講學士周敍遺吏部尚書王直書曰。永樂宣德間。嘗仰望少師東里先生。嘗跡其舉措。究其底裏。士大夫公論不容掩也。易曰。知幾其神乎。書曰。愼終于始。又曰。惟克果斷。乃罔后艱。竊思三楊輔政之初一幾也。不深思熟慮。身任其責。惟陽斂陰施。掩人耳目。雖曰自保。其實悞國。故致今歲七月之禍。此時先生與諸君子輔政之初又一幾也。宜鑒覆轍。爲宗社生靈永遠之謀。失今不圖。噬臍莫及。豈得卽效子房之從赤松。晉公之營綠野乎。敍官至學士。又冒膺宋史之修。倘不卽死。成此一事。竊名穹壤間。他富貴皆無所望。所念者國家安則民皆安。敍輩亦可偷生畢其素志。今歲以來。因朝廷屢爲更張。事不敢避禍。屢有所陳。未審朝議以爲可採否。自是以往。亦不敢瀆告一語矣。

棄東勝州。

嚴從簡曰。此我朝不復四郡之實也。蓋嘗論之。有二失焉。洪熙宣德之間。玩常而不思其變。景泰天順之際。守近而不謀其遠。由是偏頭鄰于犬羊。而全晉以北單矣。豈惟全晉。五原雲中。趙武靈所欲下甲咸陽者也。此而不守。則右臂斷。全陝危矣。可惜甚哉。少保公極力于獨石而不注懷于東勝。其意何也。

國榷卷二十九

庚午景泰元年

正月丁丑朔。上皇在漠北。焚表告天地也。先設羊酒斷頭山奉宴。諸酋進皮條爲賀。校尉袁彬溫美。時時爲隱語悅上皇。獲一羊。髀烹而共啖之。晝斧薪伐冰。夜則以背承上皇足而寢。虜與我小戰小不遂。輒欲僇彬。上皇至泣請不得而譯鞮哈銘頗幸也。先間以恢諧解之。僅免。彬嘗病寒。上皇親治糜啖之。身壓彬背汗洽良已。銘嘗睡酣。手壓上皇胸。上皇稱引嚴光事無似之耶。銘叩頭萬死萬死也。先間過上皇帳間語曰。皇帝歸宜善視哈銘。上皇笑諾。

上御殿受朝。止賀。

上海人奏。松江分司横浦等場課司隸兩浙運司。以逋課。巡撫侍郎周忱提督。謂鄉竈不善鹽。場竈不善耕。令鄉丁出粟給近丁代煎。近改分司隸浙江布政司。又設總催。民甚苦之。請仍忱舊。從之。

戊寅。高山衛指揮使淩廣爲署都指揮僉事。鎮守陽和。

韓府平利王範壑薨。年二十七。諡懷簡。

己卯。武成後衛帶俸署都指揮僉事沈英鎮守洮州。

倒馬關見虜薄墻砲逐之。調代州勦賊都指揮翁信至保定助指揮陸祥併兵。

命戶部主事陳汝言往河間東昌選達官軍。付左副總兵左都督毛福壽征苗。汝言謂福壽本胡種奸狡。惟知同類。不可不慮。于是敕靖遠伯王驥俟福壽至善御之。

庚辰。平江侯陳豫右副都御史孫曰良鎮守臨清。

湖廣按察使孔文英爲大理寺卿。曹泰爲右少卿。段信爲左寺丞。同都督同知顧興祖等守備紫荆關白羊口倒馬關。

總督宣府邊儲戶部右侍郎劉璉言。懷來永寧赤城獨石馬營等官軍。前棄城入京。駐朝陽門外。今春方農。乞還原衞守備。庶宣府得全。從之。

福安賊陳嚴四等作亂。命都指揮張欽合崇信伯費釗勦之。

辛巳。築城天壽山南周十二里。居長陵景陵獻陵三衞官軍。幷移昌平縣治。

壬午。禁大興隆寺開正門鳴鐘鼓。

夜。彗見天市垣外。掃天紀。

癸未。署都指揮僉事石彪率兵自良鄉出紫荆關。直抵大同。

甲申。鴻臚寺丞俞山爲左少卿。

丙戌。上南郊。

右副都御史寇深爲左副都御史。

丁亥。遣大臣祭告祖陵皇陵孝陵幷秦愍王等及歷代帝王陵孔子嶽鎮海瀆。

昌平侯楊洪請重總督軍務少保于謙將權。九門各設教場練士。作軍器。節糧儲。上是之。

命南畿山東河南各巡撫捕蝗種。

曉。刻金星犯亢宿。

戊子。琉球朝鮮入貢。

錮光澤莆田閩長樂福清惠安去年歲辦課程。

己丑命山西轉餉大同總兵官調兵護之。

前戶部左侍郎王瀹卒瀹字子清太康人永樂丙戌進士選庶吉士起復授諸皇孫經拜左春坊左司直郎仁宗初授鄭府左長史宣德四年從之國六年召改行在戶部郎中十年進右侍郎巡撫兩浙正統四年改南京六年致仕瀹清慎自持囊無餘蓄。

庚寅都督焦禮施聚等以遼東兵暫住永平練士。

沙尤二縣遺賊復殺掠命南京守備豐城侯李賢以二千人付都指揮仲福領之同都督高禮選達軍勦賊。

辛卯括京師官民馬給軍。

卯刻月食欽天監官以辰初刻被劾下法司宥之。

壬辰金吾左衞指揮使宋傑嗣西寧侯。宋瑛子。

夜月暈掩軒轅太微西垣右執法明堂靈臺長垣土星。

癸巳河南右布政使丁鉉爲刑部左侍郎仍支從二品俸。

嘔罕河衞都督同知你哈答來朝進右都督。

廣西賊熾令參將都指揮使武毅平廣東賊急援廣西。

沙縣賊陷清流縣知縣蘄水呂鏞盡力保障未幾賊二萬來攻率民兵力戰不支端坐抗駡死之民立忠節祠祀之。

曉刻月犯五諸侯。

甲午太僕寺卿崔奉致仕。

運江西粟四萬石浙江粟三萬石于福建餉行營。

敕武淸侯石亨自紫荆關往大同昌平侯楊洪自居庸關往宣府巡徼。亨乞添邊兵三萬。大同邊堠九十餘。各戍十五人。宜要路立大墩增三四十人。積糧草于雁門關北廣武站西安驛。許報效人自造軍器。楊洪請京庫鐵十萬斤。移紫荆關城于窰子口。潞州辦鐵蒺藜百萬。折鐵送雁門關。各村社立柴墩接邊烽互應。上悉從之。

太原左衞指揮僉事江湧以父洪死虜。乞赴邊復仇。許之。

乙未。都指揮使許貴充右參將鎭守大同西路。

都督王通總兵官朱謙等築塞各關隘。

巡撫江西刑部右侍郎楊寧言。降虜散處中原。自京師直抵徐州。布滿郊邑。今廣東福建盜發。宜擇達官達軍從征給賞。賊平卽分各衞所守禦。家屬送往。上深然之。且妻子毋輕擾。

遣視眞定濟南靑襄陽旱災。

夜大星赤光自內階流大陵。二小星隨之。

丁酉。復徐榮藁城知縣。

命雲南參將都督僉事方瑛同貴州總兵官宮聚先平赤水水西等苗。通道至淸平平越。

武岡州諸峒苗叛。

晉府徐溝王鍾鐸薨。年二十。謚悼僖。

戊戌。令都指揮王林李綱以三千人分戍懷來永寧。都指揮楊信往來提督。

寧夏右參將都指揮使王榮奏。先有虜二千餘騎扣靈州城。云送駕。又二萬餘騎。云不出迎必重困。命善備之。

前國子監祭酒貝泰卒。

己亥。鎭守大同左少監陳公言虜三百餘騎掠威遠衞。命署都指揮僉事石彪巡雁門關偵勦。

夜。月犯心宿。

庚子。浙江道監察御史李賓爲太僕寺卿。

浙江都指揮僉事蕭華姜恭分守衢州金華。

蠲北京軍需三分之一。

少保兵部尙書于謙言逃卒王貴還自虜中。云阿剌知院犯遼東。也先犯陝西。今右都督焦禮施聚還遼東。宜敕其謹備互援。從之。

徐溝妖人王文簡等伏誅。

辛丑。國子監學錄魏齡爲江西道監察御史。提調北京學校。

巡撫大同宣府左副都御史羅亨信致仕。初宣府兵入衞。鎭人洶洶。或欲棄城走。亨信不可。仗劍坐當門。令敢出城者斬。衆始定。治備固守。

禁都人包攬錢糧。

改直隸睢州衞隸河南都司。

逮鎭守雁門關都督僉事孫安。以于謙劾其罪。

諭都察院。禁中外使臣縱下科索。聽御史按察司擒治。

壬寅。募舍人軍民輸芻粟豆馬于宣府大同。賜冠帶。或米豆二百五十石。或穀草二千束。或秋青草三千束。或馬匹十之。

減密雲隆慶中鹽價。

令署都指揮僉事陳紀專撫陝州流民。

鎮守陽和等衞左參將都督同知張斌貪淫不法。逮下獄。

癸卯。以江南折色七萬五千金易陝西粟實邊。

密雲至山海關戍卒所支京庫胡椒蘇木。改附近領鈔。

故太保成國公朱勇子儀乞祭葬。以覆師。不許。

甲辰。起復潭州知府甘瑛于延平。

禁畿內毀逃民田宅桑棗。

募商于宣府大同及大同左右二衞中鹽。納米豆芻。

臨洮府同知田暘請監軍內臣止從征。不許擅兵。不聽。

諭祭守把紫荆關都指揮同知韓清。

勅都督同知范廣紀廣都指揮楊信勦虜于懷來長安嶺。

閏正月辆朔。上皇在漠北。

蠲大名府廚料開封衞輝田租。

丁未。勅浙江左布政使孫原貞往處州佐軍務。

遼東寧遠守備右都督焦禮義州守備右都督施聚充左右副總兵。各還鎮。初聚勤王。慟哭臨戎。即日引兵而西。裨將進牛酒。曰。主上安在。忍受此。

光祿寺丞蔚能爲少卿。

嚴在京逃軍之罪。

參贊軍務右副都御史羅通上言。近日徵邊軍入衞。遼東報寇來犯以千數。此必彼中守將畏于內調。輒將墩境外一二牧馬。詐稱數千。以止入衞之役。夫遇賊十餘人。輒稱數千。及云殺敗。斬首十餘。此邊將相蒙常態。甘肅寧夏大同宣府。想亦如是。卽向者德勝等門外。不知殺賊幾何。陞官至六萬六千餘人。輦轂尙爾。何況邊陲。今宣府大同宜屯重兵操練。選武將驍勇者充總兵官。文臣剛毅者總督軍務。時遣曉胡語者爲胡人服出偵伺之。白晝行營。恐其望塵而遁。抑埋伏待之。我當令深夜急擣巢穴。使卒無所施。又古名將如穰苴韓信皆起微賤。今腰玉弭貂之輩。皆全軀保身。憎賢忌能。無報國奉公之忠。乞勅兵部五軍都督府。詢察武衞中有信苴其人。與議行之。臣入仕年久。頗識邊情。區區憂國。敢用陳奏。下兵部。尙書于謙不悅。覆奏。近日諸邊守將累報聲息。若謂如通言。概不實。恐其果警。彼且不奏。德勝之戰。當先者萬九千八百八十人。陞一級。陣亡者三千一百十八人。陞二級。其餘齊力之人。給賞而已。何云六萬之多。通云殺賊幾何。宜將臣謙同武淸侯亨等已陞職爵革去。官軍俱具不陞。通請屯兵宣大。臣已先奏遣武淸侯亨昌平侯洪同往。通請推選武職。已奉詔書。舉到者送亨試驗。如苴如信。未見其人。武淸侯亨。昌平侯洪。安遠侯溥。則首弭貂。都督范廣孫鏜衞穎等。則身腰玉。出戰居守。殊亦有功。不見全軀保位之情。久仕悉邊。通所自薦。必有所知。乞就令舉保。通又欲得剛毅文臣總督軍務。念臣謙素劣。乞罷臣官。別選其代。或就任通。詔廷臣以謙通所言會議。皆言石亨楊洪于謙。戰守總督。實堪任使。羅通譏貶過當。然其志實在禦敵。惟陛下委任如初。上亦詔解之。

翰林院侍講徐理請祠宋臣岳飛於湯陰。蓋所生地也。從之。

逮福建都指揮秦敏。以懾賊不進也。

或言錦衣官校緝事之橫。多修怨文致。且例不許辨理。上悉其弊。今後送法司不引伏者。許雪之。

戊申。山東道監察御史任寧爲都察院右僉都御史。巡撫大同宣府。

更山西納粟贖罪例。

監察御史畢鸞等言三事。撫安疲困。愼用刑。官減省錢糧。浣衣局犯婦月給米。歲給布花。宜釋遣或給配官軍。

上從之。

釋番僧瑣南初喜寧嘗邀瑣南閱兵書圖讖下錦衣獄。

己酉。起復徽州知府孫遇。

戶部以內用蠟茶燈草諸物例畿內辦納。今民力不堪。乞巡撫江南周忱出餘糧易于產地。從之。

總兵官武清侯石亨等言。右副都御史羅通以也先兵往寧夏。欲提兵八萬出大同擣其虛。臣聞敵營于斷頭山。也先未嘗西犯。止遣部兵三萬。若重兵深入非便。上是之。留楊洪范廣京師。石亨同左少監彭以得出雁門關。都指揮楊能爲游擊將軍。同太監裴雷出居庸關。巡宣府。

巡撫山東監察御史劉孜請罪倡議遷都者。斬于市以警奸邪。報聞。

昏刻土星入太微垣。水星在女度。當見而隱。

庚戌。移通州空倉于京師。

暫停兩京官吏食鹽。

辛亥。嚴州通判劉綱爲知府。

留都督范廣京師。楊能充游擊將軍。巡宣府。

逮雲南總兵官都督同知宮聚。聚屯水西。信千戶朱暹歐覿之言。脅宣慰使安隴富及畢節衞金銀子女馬匹。致羅羅皆變。引十萬衆焚畢節衞。兵部以聞。

先是召雲南參將方瑛回京。已命瑛以雲南二萬人赴貴州協剿。瑛先回。貴州賊熾。靖遠伯王驥在清浪。路阻。

遂命瑛仍赴貴州同侍郎侯璡援驥。

癸丑。韓府教授胡昂爲左長史。

鎭守浙江左副都御史軒輗刑部右侍郎耿九疇兼理兩浙兩淮鹽課。

釋右都督孫鏜獄。初鏜薦都指揮李奇爲三千營把總以私劾。至是石亨及刑部右侍郎江淵言之。

乙卯。賑靈州千戶所時寇犯鳴沙州。土民五人馮溝拒之俄寇番語。五人遽棄弓矢椎髻而去。寧夏左參將都督僉事丁信以聞。言土達軍民艱窘易誘也。

工部辦事吏徐鎭言。近見在京大臣潛遣其家。使黎庶驚心。奸宄藉口。乞錦衣衛五城兵馬司指名降斥之。內臣祖制不預政。不典兵。邇者王振專權作威。引郭敬等監軍。皇上宜鑒前失。凡監軍鎭守。悉還內秩。事下所司寢之。

談遷曰。己巳七月。熒惑入南斗。侍講徐珵卽歸其孥。及土木報至。首議南遷。幸于司馬力折之。金甌再鞏。然且改歲矣。而貪生避難如珵輩。猶未乏也。徐鎭雖掾吏。敢排擊大臣。至裁抑宦寺。足使權直逆瑾銷禍未萌。何讜議之見格也。得無金英等在事。犯投鼠之忌耶。或輕其人之故也。

逮故左參將都督僉事王喜。喜前失事。謫所鎭撫。復疏辨。逮之。

築金坡鎭堡。鎭在紫荆關之南。五虎嶺之東。亦要害也。

丙辰。鎭守陝西都察院右都御史王文爲左都御史。

移易州柴炭廠于平山靈壽。

丁巳。裁五城兵馬司指揮官如故。

都指揮僉事魯瑄率五百人巡天壽山。

戊午。勅鎭守延綏都督同知王楨等令防護軍民各還屯堡耕作。

夜。月犯軒轅大星。

己未。後軍都督僉事方瑛爲都督同知。

庚申。夜。金星入壘壁陣。

辛酉。出萬金市馬陜西。

命登州衞歲轉餉萬石于遼東廣寧。

壬戌。蠲廣寧等衞屯租。

兵部職方郎中王偉言二事。勤政務。專將權。上納之。

癸亥。陜西右布政使劉廣衡爲都察院左副都御史鎭守陜西。進士張奎楊進爲監察御史。

蠲大名眞定災租。

巡撫直隸大理寺左寺丞李奎請會試解額臨期奏定。從之。

甲子。順天府尹王賢言。京省鄉試同考官或四人。或三人。宜五經各專官。毋帶閱謬誤。從之。

乙丑。召還福建銀坑內臣。從鎭守都督僉事范雄之請。

巡視居雄關御史王璧數奸軍妻。下獄。戍鐵嶺衞。

猺賊焚電白縣。

丙寅。進士毛玉孫昱爲兵工科給事中。

丁卯。何文淵入朝。拜吏部左侍郎。

許直閣翰林院侍讀彭時守制。

夜。火星犯木星。

戊辰。減光祿寺歲料十之四。

定運司自同知而下各分司鹽課。滿考赴京聽殿最。不得歲更。

己巳。設姚安府流官知府。同土官視事。

命大理寺右寺丞薛瑄往四川雲南轉餉貴州。

夜。大星青白光自天乳流天市東垣。

庚午。雲南都指揮李友爲右參將從征。

勅少保兵部尚書于謙。向德勝西直彰義等門戰功多不覈。往者亡論。今後紀功濫報者皆重論。家戍邊。

兀剌犯順勝川駐沙窩。大同總兵右都督郭登擊斬十一人。擒三人。虜潰。追至栲栳山。斬二百餘級。奪所掠男女百十六人。馬九十八匹。牛騾驢六百二十餘頭。械器四百餘。詔封登定襄伯。

袁袠曰。郭定襄以敗卒守孤城。氣吞强敵。竟立封侯之業。觀其閉城不出。與城存亡。募兵入援。敵主所憚。有國士之風矣。其所論著。雖文士不如也。豈獨武臣哉。

鄧光錫曰。郭定襄忠孝大節。與岳武穆同功業。廉潔好謀。撫士卒有恩。亦輒與相類。蓋良驥匹力也。方守大同時。徼侯通社稷君臣大義。屹然不拔。西北障其搖哉。國有虎臣。社稷依焉。定襄近之矣。

曉。刻木火星遞入南斗杓。

辛未。禮科給事中李實等言。各鎮守巡撫等官違家動經數年。甚或一二十年。乞許妻子與俱。從之。

停徽浙直紵絲綾錦。

壬申。召右通政湯鼐光祿寺丞張如宗還京。先收茶四川市馬。

溫州知府黃玘以謫租餉匱。暫減溫衢金處文武官俸之半。旗軍糧八斗減二斗。糧五斗五升減一斗。從之。

初武清侯石亨游擊將軍楊能巡宣大。以寇窺宣府。徐其行。至是兵部促之。亨兵三萬。能兵二萬。

癸酉杭州府知事張隆爲通判。韓王範圳薨。王自西鄉王進封。年三十。諡曰靖。王妃劉氏自經。諡貞烈。宮人于氏亦自經。

酉刻西方黃黑氣若霧。蔽天掩日。

甲戌免廣西官明年入覲。

少保兵部尚書于謙以前棄懷來永寧。致虜入寇。今官軍還伍。敢棄城者重論。又京城無墩臺。乞距城一二十里環立墩臺瞭望。從之。

初太監喜寧引虜破紫荊關也。先欲以輕騎送上皇。喜寧再沮之。至是大同總兵官定襄伯郭登獲北諜一。太監郭敬僕把伯一。義州衞軍王文械入京。下錦衣獄。言誘虜者喜寧及小田兒也。先犯大同。亡平章八。犯北京。亡卯那孩平章及弟孛羅騎九萬。失亡萬餘。老營在九龍山。其驍銳則斷頭山也。

賑深澤縣饑。

乙亥國子生徐監上言二事。謹初政以振紀綱。旌忠直以激風俗。上是之。

二月丙子朔。上皇在漠北。居東勝州。

大同右參將都指揮使許貴爲後軍都督僉事。初虜掠威遠衞。貴追至蒲州營。斬十三級。

免大同皮翎鹽糧米鈔。

兵部奏虜謀犯臨清。請調魯府護衞軍五百戍之。報可。

丁丑。書止慶王秩煃及安化王秩炵內徙。

戊寅。祭太社太稷。遂親耕籍田。

前戶部左侍郞柰亨卒。亨字彥通。香河人。以吏從守北平。永樂初。授修武縣丞。進吏部文選主事。洪熙初。還北京行部吏曹員外郞。已革行部。調吏部驗封司。歷文選。宣德中遷左通政。正統初遷光祿卿。媚閹振。矯旨日給酒饌。已陳城守功。進戶侍。仍署光祿。年老染白髭。庖人杜淸哂之。被杖。淸訐其奸贓。下獄宥死。雖有才稱職而不修士行。附權狠愎。稍拂其意。輒搆陷之。訃聞。諭祭。

己卯。代府襄垣王遜燀敎授張斌奏王事父簡王。侍疾衣不解帶。及薨。哀毁逾禮。廬墓十旬。上敕旌之。

兵部右侍郞兼翰林院侍講學士苗衷爲尙書兼學士。

尙寶司丞夏瑄求便養。改南京尙寶司。

濟寧左衞指揮使趙輔爲署都指揮僉事。仍隸京營。

禁伐紫荆居庸鴈門等關之木。

庚辰。大理寺左寺丞李奎爲右少卿。

免雲南所負差發金銀米鈔貝馬。

壬午。起復山東按察僉事姜永。

太子太保戶部尙書金濂言。楊智回自虜中云。也先欲犯大同北京。又直窺南京。宜選才智數人。募兵分屯臨淸太原彰德長安淮安大名。上是之。時募民兵九萬五千二百餘人。自赴京外。餘留各地。遂令戶部右侍郞沈翼往山東。工部右侍郞張敏往山西。右通政欒惲往陝西。刑部左侍郞丁鉉往鳳陽河南大名。各操練民兵。不再募。

酉刻。黑氣貫日三丈餘。如魚。

癸未。參贊軍務右副都御史羅通言虜近宣府。屯龍門獨石。就食倉粟。宜敕總兵官都督朱謙參將紀廣都指揮楊俊等募死士往戍。或遣尖夜潛刼。仍布賞格購斬也先。賞銀五萬。黃金一萬。封國公太師。殺伯顏帖木兒喜寧賞銀二萬。黃金千。封侯。從之。

甲申。先是盜入代府山陰王遜煁府。王遜㨗典仗張淸。割左耳。又割校尉牛貴右耳。上書戒之。

增太僕寺主簿一。

復傅霖濟寧知州。蔡保吉安通判。

免大名災租。

諭兵部會官擧智勇。

乙酉。增廣平大名通判。專捕盜。

丙戌。武淸侯石亨爲鎭朔大將軍總兵官。都督過興都指揮王良爲左右參將。率京兵三萬巡大同。都指揮同知□□□爲游擊將軍。率萬五千人巡宣府。

召處州銀場閘辦內外官。專有司守護。

增紫荊關戍千五百人。倒馬關千人。白羊口涿易州各五百人。

裁河間縣儒學。歸郡學。

戊子。增南京卿貳。南京大理寺卿陳勉爲南京右都御史。翰林院侍講謝璉兵科給事中覃浩爲南京戶工部右侍郎。吏科給事中姚夔爲南京刑部左侍郎。南京禮部右侍郎杜寧調南京兵部。

許國子祭酒蕭鎡予告。以官屬諸生留之。

逮鎭守河南內官李琮下錦衣獄。琮陳兵出入。索民金幣無算。日需肉五百餘斤。豚二口。他物稱是。巡按御史陳玠劾之。

居庸關獲虜諜劉玉。鎭守獨石內官韓政蒼頭也。下錦衣獄。

雲南洱海衞千戶傅洪數盜鑛。因調騰衝。久不赴。參贊軍務侍郎侯璡自促之。集衆欲殺璡。以救免。詔誅洪。

安陸知州陳詢爲大理寺右少卿。

還定州保定河間等衞達官軍餘屯操。從廣義伯吳玘之請。

庚寅。陝西左布政使宋傑爲左副都御史。參贊甘肅軍務。代馬昂。

辛卯。大理寺左少卿蕭維楨爲寺卿。

朝鮮國王李祹貢馬五百匹。賜銀絹紵絲羅。償其直。餘止之。

壬辰。四川按察副使李匡爲右僉都御史。巡撫四川。吏科都給事中張固爲大理寺右少卿。鎭守四川行都司。始行都司轄六衞。環以番夷。三九月大渡河瘴。監司不時至。禮科給事中李實請專官撫安也。

右通政欒惲爲左通政。工科給事中李震爲通政司左參議。南京都指揮使趙倫爲左軍都督僉事。都指揮同知房顯蕭能爲右軍後軍署都督僉事。

發御馬監下駟牧于近縣。

錦衣衞指揮使汪英乞寶源局供日用。不允。

御用監太監喜寧伏誅。也先使那哈來朝。上皇語也先。使喜寧及軍士高斌與之俱。密書髀間。令宣府執之。上皇使袁彬哈銘送。微雨。上皇曰。此洗屍雨也。喜寧不反矣。斌至萬全右衞。都督朱謙遣右參將都督僉事楊俊以都指揮江福內官阮華陳倫伏兵野狐嶺。虜可千餘人。俊爲寧置酒。寧領數騎前突出。擒寧幷虜火落火孫械京師。磔之市三日。擢楊俊中軍右都督。仍充參將。授高斌副千戶。斌初抱寧俱墜城濠中。那哈還北。上皇聞其故曰。我故言洗屍雨。我南歸有日矣。

葉盛曰。蘇武傳揚名匈奴。功顯漢室。即昌黎春猿秋鶴之類。李陵欲效曹柯之盟。是雖追咎無補之言。然近年論者謂喜寧之叛亦緜早籍其家故耳。

嚴從簡曰。喜寧之擒。土人皆謂出自江福。而本兵故牘。率以為楊俊功。蓋福請兵于俊。而俊之氣勢又能掩而有之耳。功成俊受上賞。不以及福。而福亦不以自明。非得事上之忠保身之哲者。曷足以語此。

癸巳。增易州同知淶水曲陽等縣主簿。俱提督民兵守關隘。

都督同知范廣領五軍大營。

作槍銃。鎮守遼東太監易信言手銃須柄長七尺。銃盡加以槍。詔下兵仗局。

乙未。募商納粟中鹽。

丙申。上皇第四子見淳生。惠妃王氏出。

丁酉。命大理寺右寺丞薛瑄于貴州勸助軍餉。

宥都督僉事孫安獄。從昌平侯楊洪自効。

戊戌。涼州協守都指揮同知蕭敬充甘肅副總兵官。仍鎮涼州。

參贊寧夏軍務右副都御史盧睿致仕。

廣東按察使黃翰僉事韋廣削籍。俱初左參議楊信民劾其罪。各互訐被逮。已信民得白。至是翰廣獄上。特斥之。

壬寅。定貴州納贖例。

夜。黑氣南北亙天。

甲辰。敕各鎮守巡撫及三司巡按御史以喜寧既誅。招撫流亡。給牛種賑乏勸貸。停雜徭不急之務。

三月乙巳朔。上皇在漠北

南京工部右侍郎吳政爲左侍郎。

丁未。京衞帶俸都指揮使失連台茹鑑焦用都指揮同知戚斌艾義米朵朵來俱爲都督僉事。

四川天全六番招討司使高鳳。以副招討楊顯昭謀叛。擒之道死。上恐其誣陷。下左副都御史寇深覈之

己酉。虜寇朔州汾河堡守備偏頭關署都督僉事杜忠以三千騎邀之土塞及蕎麥川擒三人斬十餘級進都督同知。

庚戌。故貴州都指揮同知洛瑄贈都指揮使。湖廣九溪衞指揮使翟亨贈都指揮同知。各賜祭。俱攻孟養陣沒。

辛亥。賞右都督楊俊黃金二十。銀三十。紵絲三雙。進江福都督僉事。時科道言購喜寧賞格銀二萬黃金千封侯。今宜陞賞如格。上以俊等職也。故再賞。

故戶部尙書王佐子道陽。故兵部尙書鄺埜子儀。俱廕主事。故吏部左侍郎兼翰林院學士曹鼐子恩。刑部右侍郎丁鉉子珧。故右副都御史鄧棨子瑋。俱廕大理寺評事。故左通政龔全安子廷暉。故太常寺少卿黃養正子希祖。戴慶祖子昇。故太僕寺少卿劉容子鑑。俱廕部照磨。故欽天監正廖曦仲子景明。廕司曆。故太醫院使欽謙子智。廕吏目。故翰林院侍讀學士張益子栩。故尙寶少卿凌壽子暉。俱廕序班。仍命制終赴京。全安孫照後廕太倉州判官。

吏科給事中習敬言。各官罪斥。納贖復秩。惟科斂償債。乞視知府駱敏例。止給冠帶。從之。

壬子。兀者衞右都督剌塔爲左都督。㿽實左衞都指揮使木當加爲都督僉事。以絕瓦剌旌之。

南京大風拔木。

大同總兵官武清侯石亨擊虜敗之。

癸丑。都督同知范廣充總兵官。右副都御史羅通提督軍務。巡宣府。時虜二萬騎攻萬全右衞。內官弓勝張溫領神機營神銃從征。俄報虜退。

虜犯寧夏慶陽。大殺掠。

乙卯。隰州王遜爕言。去年上皇至大同城西。校尉袁彬云乏衣衾。臣備獻幷酒饌。上勞之。

大同總兵官定襄伯郭登等言。清明日朔州人出城展墓。虜卒至。殺四百餘人。指揮周寧等追之。止斬一人。失亡六百六十餘人。蹂死數千。

高要賊吳長能等欲連黃蕭養攻肇慶。署都指揮彭英等襲斬之。凡千七百餘人。

南京翰林院孔目王積爲檢討。

城南溪富順犍爲榮昌大足永川內江。時蜀夷竊發。

巡撫廣東右僉都御史楊信民卒。信民新昌人。永樂□□貢士。宣德間選工科給事中。憂去。後補刑科。正統八年。遷廣東左參議。劾按察使黃翰僉事韋廣。同下獄。軍民訟其枉。特復秩守白羊口。適南海盜起。進信民右僉都御史。白羊軍士皆泣送。及至廣州。已困守數月矣。給民木鍥。出入自如。賊至乃收保。招撫脅從。歸附日衆。檄諭黃蕭養。蕭養曰。得楊公一言。死不恨。剋期來見。信民單騎往。賊羅拜前泣。曲諭之。俱懽悅。獻巨魚。受而釁之。賊出謂不祥。稍散去。亡何。聞董興兵至。遂中變。信民遽中毒卒。廣人縞素。哭奠相屬。賊亦曰。楊公死。吾屬無生矣。賜祭葬。子玘廕太學。明年。廣人乞立祠。從之。

陳璉曰。公存心以仁。處事以義。予人以信。歷官二十餘年。終始一節。夷險一心。而論者徒以公廉介。一毫不取。與布衣蔬食寒士爭淡泊而已。此未知公之全也。

談遷曰。楊忠惠以參議効按察使郭智黃翰似許。撫賊賚志歿似愎。而廣人深德之者何哉。以忠惠內激于義。與除不撓好行其德也。雖烏菫乍中。而甘棠在人。僑也衆之母矣。即歆恨庸何傷。

丁巳。浙江都指揮使李信爲署左軍都督僉事。左布政使孫原貞爲兵部左侍郎。參贊軍務鎮守浙江。時溫州餘寇未靖。徵兵二萬七千人。

募商納米眞定保定河間中鹽備賑。

戊午。寧遠伯任禮提督三千營。

虜三千餘騎攻天城東門。官軍射卻之。

己未。琉球入貢。

庚申。故金吾右衛帶俸都指揮使閔成贈都督僉事。土木敗沒。

署都指揮僉事石彪爲都督僉事游擊將軍。

辛酉。令內官武良刑部右侍郎江淵錦衣衛指揮僉事呂貴巡視紫荆白羊口倒馬諸關隘。

虜寇宣府。

昏刻太陰犯心宿。

壬戌。參謀大同軍事右都御史沈固爲左都御史。內使阮阿山爲奉御。

癸亥。免順天保定夏稅。河間眞定順德廣平大名永平免十之六。

甲子。太僕寺少卿俞綱爲兵部右侍郎。直內閣。

停採眞定河間野味直沽海口藁魚。時內官監遣內使。兵部于謙言其旱罷。

丙寅。敕安南國王黎濬以占城訴其侵掠共男婦三萬三千五百人。王宜保邦睦鄰。前事有則改之。否則加勉。

又諭占城國王摩訶貴來。

免大名順德廣平戶口食鹽鈔。

丁卯。復賀粲獲鹿知縣食六品俸。

旱。分遣大臣于京師禱各祠廟寺觀。

戊辰。總兵官武清侯石亨言虜謀犯大同。請出寧夏兵直擣斷頭山。大同左右參將分守東西二路。其中路惟總兵官郭登宜都指揮僉事潘興充參將。上從之。敕工部尚書石璞往山西。同右副都御史朱鑑募兵戍雁門關。

命大名順德廣平饑民支臨清倉粟。俟償。

辛未。四川黎將都指揮僉事劉深爲右軍署都督僉事。

諭戶部。榜天下。納米備餉賑饑。如其額例給冠帶。賜敕旌爲義民。

免平鄉壽張縣災租。

偏頭關獲虜諜。云也先欲分部入寇。

壬申。大理寺評事曹恩改翰林編修。

癸酉。岷王楩薨。王洪武二十四年封。國岷州。二十八年。改雲南。建文初。廢爲庶人。流漳州。靖難末復王。然驕橫不改。奪冊寶。敕戒之。終不改。革其護衛。仁宗初。徙武岡。年七十二。謚曰莊。

致仕國子祭酒李時勉上言。備邊之道。在選將練兵。臣見今武臣子弟。襲職惟走馬跳澗射矢。京師亡賴多市快馬規利。即令試中。兵法不諳。宜試後問以營陣攻守之事。能詳對者。即知兵法者也。可擇而用之。又蹈難隕身。如宋信國公文天祥之大節。將作監丞歐陽詢之死。使信豐尹李廉之捍賊。至今俱未謚。今文武從駕之臣。

殉義者宜存恤其家。謚贈葬祭以勸方來。又旁求俊乂。擇正直德望者輔之。朝夕納誨。其于庶位。俱賢智練達之才。夫將帥得其人。中外任職。然後特遣信使。祗迎大駕。南還有日矣。上大是之。

四月戼朔。上皇在漠北。嘗歎曰。曷月予歸哉。歸當居于逍遙之府。哈銘泣曰。陛下非有畋游荒亡之樂。爲天下蒼生而來。歸當正位。又何歎也。既數日。上皇在豐州。伯顏帖木兒妻使使女問銘等曰。今已夏暖。何得炙薪。皆言不也。我輩數人同一氈帳。何地炙薪。使女曰。我謂薪焰也。氈帳上乃有火光。歸語伯顏帖木兒妻。妻以告伯顏帖木兒。皇帝帳上夜現光。必有大福。伯顏帖木兒放鷹。得一雉。與酒來獻。謂哈銘曰。我今有一喻。上奏皇帝。如大海潮時。有一大魚落在水灘。是大海魚。能淺水住。潮來終去。皇帝莫急。

初也先內犯。馬營獨石龍門鵰鶚等城。以吏卒赴京。遺芻糧數萬。議塞其城門。俟後轉運。宣府已。游擊將軍楊能請分兵防護。提督軍務右副都御史羅通言。虜三四千人。各牽駝馬取糧馬營等處。夫棄城遺糧資虜。非計。然守則不足。運則不逮。焚則不給。乞下廷議。戶部謂事難遙度。下劉璉羅通及總兵官朱謙等計之。

西北黑雲如隄亙天。晡時乃散。

丙子。慶陽衞署指揮同知陳旺爲署都指揮僉事。領五軍營。

廣東都指揮李昇王忠何貴等分捕海寇。寇佯敗奔小港。昇貴深入追之。適潮退舟膠。忠潛回。昇貴遂遇害。失亡無算。事聞。責忠後效。

少保兵部尚書于謙言。南京災異屢見。乞守備太監及文武重臣撫卹人民。開封南陽襄陽鳳陽兗州安插逃民。乞右副都御史王來洪英尚書趙新加惠善防。京省賊擾。所遣練兵召募捕盜內外文武官絡繹道路。迎送累民。乞召還各官。專委撫鎮。并裁鎮守內臣。調兵京操。往往逃亡。乞量加恩澤。各營馬瘠。乞暫借舊賜官員草場一年芻收。天久不雨。乞赦法司錦衣衞在外三司同巡按御史疏獄。上悉從之。操軍人賜布一匹。惟鎮守內臣如故。

談遷曰。景帝專任司馬。言無不從。誠魚水之契。而內臣鎮守監軍猶未能革也。假司馬倡言。閣議臺章羣起而和之。則天聽必回。而陳循輩類依違其間。釀禍永永。惜哉。

夜。大星青白光自宗正流天江。

戊寅。朝鮮國王李裪請世子冕服。從之。

召商中鹽偏頭關。

江西道監察御史許任達言。自冬徂春。災異數見。黑氣四塞。烈風拔木。時雨久缺。臣考之經傳驗之人事。天降災異。莫不有繇。臣以爲天心仁愛。欲陛下盡絕晏安酖毒之私。奮發臥薪嘗膽之志。以成非常之功。以雪非常之恥。陛下宜痛自修省。日與輔臣講求治理。耳目之娛。荒寧之事。不使爽其心志。居起服食。凡百自奉。亦宜抑損。不令過奢。申戒羣臣。同加修省。親雩南郊。禱于皇天后土。如成湯申桑林之責。高宗用祖乙之言。庶可上副天心。下消災異。上善之。

己卯。召鎮守浙江都督同知陶瑾巡撫右僉都御史陳詔侍郎丁鉉孟鑑沈翼左通政欒惲監察御史夏裕還京。

清平伯吳英卒。

庚辰。貴州苗久圍安南衞。敕雲南總兵官黔國公沐斌調五千人。同普安州土官隆本援之。

各道監察御史羅篪等言。政化一新。災猶迭見。原其所自。得非恐懼之誠或少替。與求治之心怠。與供奉之具未節。與賞罰之政有未當。與戰守之策有未備。與恢復之志有未堅。與況公侯駙馬伯爵非不多也。而感恩圖報。不聞其名。左右中前後五府非不衆也。而獻忠效謀。未見其人。保傅皆重寄。而燮理寅亮之功未臻。輔政總大臣而獻可替否之實未著。掌銓衡則賢否混雜。司錢穀則國用空虛。典邦禮則鬼神怨恫。總兵政則寇賊猖獗。刑部或推讞昧于初情。或理斷牽于成案。工部或軍器之造作未精。或城垣之修築未固。都察院不嚴于糾察。而百僚無忌憚之心。大理寺不精于審錄。而五刑有輕重之失。通政司六科皆喉舌也。參駁或未合乎公論。陳言或每出于私情。錦衣衛各衛皆爪牙也。偵察多寃濫于無辜。剋餉嘗貪婪而無厭。太常寺光祿寺鴻臚寺太僕寺欽天監太醫院等官。徒有固祿保身之計。全無愛君憂國之心。薦舉則假公營私。而貪汚之競進。議事則嫉賢妬能。而意見之紛更。似此之失。難以具陳。伏望日臨便殿。講求治道。口體之奉。不豐耳目之娛。須儉練兵選將。親賢遠奸。仍齋禱郊壇。分告陵寢。以答上天仁愛之意。疏入。下羣臣修省。于是戶部尚書兼翰林院學士陳循兵部尚書兼翰林院學士苗衷工部尚書兼翰林院學士高穀及部院司寺等官俱引咎宥之。城蕭縣。

辛巳。死刺行軍尙書虎察犯大同。被擒伏誅。

壬午。翰林院編修周弘謨上十二事。察吏治以示勸懲。興學校以惇風化。愼學科以求眞才。止苛斂以恤貧窮。均賦役以甦凋瘵。糾武職以足兵食。肅軍令以止刼奪。謹防巡以禦賊寇。恤吏員以廣仁惠。省虛費以節民財。設方略以遏横暴。

四川夷民多盜。今行人劉瀞其土人。深知險阻。諳方言。乞同僉都御史李匡勦賊。下廷議。採之。

癸未。止石亨班師。

鐵嶺衛倉火。燬糧九千六百餘石。

甲申。蠲山西鎭西衛屯租。

前國子監祭酒李時勉卒。時勉名懋。以字行。安福人。永樂甲申進士。選庶吉士。預修實錄。憂去。起刑部主事。改翰林侍讀。三殿災。應詔言時政。未幾被讒下獄。永樂末薦復秩。復言事。命武士撲之。金瑤傷肋垂死。明日改御史。又明日下錦衣獄。宣宗初宥之。預修兩朝實錄。進侍讀學士。正統戊午進學士。已進祭酒。六年規條嚴肅。恩意稠至。年七十四致仕。及聞北狩。痛憤上書。卒年七十七。少師楊士奇嘗曰。時勉文學老成。操行修潔。節義足以表俗。剛正足以任事。量足以容物。而志則不可奪。人以爲確論。至是諭祭。謚文毅。

丁亥。保定伯梁珤爲平蠻將軍總兵官。勦貴州苗。初苗賊攻圍平越等衞日久。守卒逃者九十餘人。食盡危困。兵部謂靖遠伯王驥老疾。故敕珤代之。都督同知方瑛充右副總兵。都督同知陳友充左參將。兵部左侍郎侯璡左都督毛福壽俱總督軍務。兵部署郎中王高調南京軍二萬益之。召驥還。

戊子。大理寺右寺丞李茂錄囚南京。課吏安民。

石亨汰兵萬五千人。令都指揮田貴駐易州。回京。

辛卯。免太原去年災租九萬七千四百八十餘石。

苗賊攻江華永明縣。

大同右參將都督僉事許貴奏。虜三人來求和。臣見舊歲七月來。北虜入寇。人心驚皇。田不得耕。路不得運。野不得收。戰則敵衆我寡。莫若腆虜幣款。而徐計之。兵部于謙議。前非不遣使。都指揮季鐸。指揮岳謙遣而隨入寇。通政王復。少卿趙榮遣而不獲徽太上一信。其狡焉侮我而齕我。何似而可言和。況虜不共戴天仇也。理故不可和。萬一和而肆無厭之求。從之坐斃。不從生變。勢亦不可和。因劾貴介胄之臣而委靡退怯。法當誅。于是邊將人人主戰守。不敢言款。

癸巳。禳旱。分告郊廟社稷山川長陵獻陵景陵。

監察御史陳金言塞沙灣隄。從之。

免解州災租。

丙申虜數萬自鴉兒厓入廣武站分攻雁門關都指揮李端禦卻之命總兵官石亨右副都御史朱鑑率兵夾擊。

丁酉以虜三百餘騎焚石峯口關門責懷來都督范廣等不援。

給事中李侃御史朱瑄爭坐禮部胡濙謂宣宗旨科道照品次坐從之。

戊戌阜城縣丞魯俊爲知縣。

工部尙書石璞募兵太原立百長千長例賜冠帶。

廣西羅城賊韋萬保攻融縣柳城賊侯公寒攻破古高界等寨復攻滕縣殺指揮潘濟。

己亥兵部以涿易保定眞定通州宜益兵爲京師蔽出營兵二萬委都指揮同知石端都指揮僉事汪禮劉全署都指揮僉事陳旺指揮使王信分戍寧遠伯任禮統之以五千人巡守禮請老改都督同知劉安總兵官大理寺少卿曹泰爲右僉都御史參贊軍務。

辛丑起復四川按察僉事高澄督儲。

免房山良鄉昌平武清漷固安徭役雜辦賑之。

癸卯河南道監察御史程炅請復晚朝上是之。

還都督同知王通前所籍產。

虜數千騎突至大同總兵官定襄伯郭登出東門擊敗之佯北誘其追入土城中伏擒七人斬四級。登修南門外戰場塹陷溝七百餘丈。

麗水賊朱必森復聚衆行刼殺縣丞許中和執通判鄭建于是縣丞葉仁集民兵破之。

鎮守福建都督僉事范雄等分勦沙縣賊。斬六百六十。擒百八十。招撫九千四百八十人。

是月。吏部左侍郎何文淵奏。洪武初止設貴州思南思州宣慰司。管屬土民。設都司鎮其地。永樂十一年。設貴州布按二司及六府。每營不過一二百戶。官多民少。差繁役重。官吏多貪。民財日困。去歲苗叛。殺害軍民。今兵疲民困。又遣將南征。恐生他變。乞被賊燒燬衙門。乞復起蓋。司府大小官吏及從征官軍。俱各取回。仍設宣慰司。以都司鈐束軍衛。遣一大將鎮守。命一大臣招撫。候西北寇息。另議。兵部尚書于謙議。貴州雖僻在一隅。我高皇帝開創于前。文皇帝經營于後。迨今八十餘年。法制已定。比因邊將處置乖方。南師數出。兵疲于久戍。民困于遠輸。致各賊生發。勞師遠征。已及年餘。城池雖圍。各官死守。祖宗之土地人民。豈宜輕棄。宜行侍郎侯璡總兵梁珤等勘議。務在處置合宜。命大臣招撫。上曰。不必遣官。止令侯璡梁珤整理。

郭子章曰。貴州之議。失之文淵。而得之忠肅。非忠肅。則西南之區。久爲左衽矣。

湖廣道監察御史丁澄爲南京大理寺右寺丞。

太監尹鳳奉御鄭喜往祭故朝鮮國王李裪。封子珦朝鮮國王。

五月厭朔。上皇在漠北。

除完縣逃民雜稅。

夜。大星赤光。自奎宿流外屏。

乙巳。免絳沁汾文水平遙潞城黎城高平今年夏稅十之七。秋糧十之四。

賑保定饑。

提督軍務右副都御史羅通以食匱班師。

守備萬全右參將右都督楊俊。嘗私忿杖都指揮僉事陶忠死。昌平侯洪言。臣子俊輕率。必僨事。乞免官。召至京下獄宥之令從洪自贖。

陝西行都司都指揮使任啓爲都督僉事署司事。

虜數千騎分道入犯河曲復犯義井屯堡盡殺其守卒及指揮僉事劉定。巡撫山西右副都御史朱鑑請分地策應河曲保德岢嵐興嵐則偏頭關援之寧化靜樂忻定襄太原淸源交城文水則山西援之五臺繁峙崞縣則雁門關援之石州寧鄉則汾州及守禦千戶所協守。

虜五萬騎圍代州官軍擊殺百餘人明日射死八十人遂南出四掠。

貴州左副總兵都督僉事田禮率兵克隴聳關進攻甕城河斬賊三十餘人解新添之圍又敗之合溪舖斬七十八級長驅至平越衛賊解圍走。

都指揮僉事魏忠爲左參將守河上署都指揮僉事顏彪爲都指揮僉事右參將守十八盤蔚州左衛指揮僉事段昇爲都指揮僉事隆慶衛指揮僉事吳得署都指揮僉事守備白羊口。

遣祀保定河間廣平河南彰德旱災。

戊申虜營雁門關議護陵京。

己酉雲南按察僉事李瓘爲布政司右參政署廣南府事廣南鄰交趾時仇殺特命瓘綏之。

增太原平陽通判澤潞遼沁汾州判官各一專督民兵。

河南道監察御史謝琚言近日百官詣闕謝過朝天宮行香設醮俱具文宜上下更相修省上是之。

庚戌起復臨安知府徐文振。

蠲湖廣偏橋衛屯租。

辛亥虜自倒馬關入寇宣府總兵官左都督朱謙等追之夾關子口數千騎突至爲鹿角所拒我砲擊之少卻。

已合圍。明日又戰。喪百四十人。都督江福援之。不利。

青田人張俊傑殺賊魁王敬參等百十餘人。擒數人。

南京太常寺少卿鄭雍言卒。雍言鄞人。永樂□□進士。選庶吉士。授中書舍人。轉行人司副。仁宗監國。應制詩文大善之。宣德間直內府。領河南按察司僉事。進太常。謙和工篆書。文思豐贍。

壬子。通事達官千戶馬雲馬青先使瓦剌。許也先女樂結親。又謂節減賞賜出指揮吳良。兵部請罪之。下錦衣獄。

癸丑。贛州通判鄭暹爲知府。

虜攻威遠衞。游擊將軍都指揮石彪擊敗之。斬四級。

廣州盜黃蕭養平。賊攻廣州城數月。左副總兵都督董興討之。天文生馮軾從中夜荒雞鳴。曰。此何祥也。軾曰。將軍其信賞罰。立號飭伍。經淸遠峽。白魚入舟。曰。賊行授首矣。蕭養列千艘河南。勢張甚。軾曰。兵貴神速。急掩之。猶摧朽耳。已大星墜南岸。軾曰。賊不四旬矣。至是戰大洲。蕭養中流矢死。函首梟京師。其黨僞慶國公曾賢等百餘人俱伏誅。

陳建曰。枯竹生枝而兆蕭養之亂。大星夜墜而兆蕭養之亡。然則盜賊亦關天象。豈偶然耶。

□□□曰。漢人有言。天下之患在土崩。不在瓦解。而亦知夫瓦解者。土崩之漸也。履霜堅冰至。可畏哉。夫智紿愚。豪驅貧。强使弱。馮山嘯峒之雄。揭竿持籌之警。何國蔑有。第先王馭之有道。常予愚民以生全之樂。而時寬豪民以使過之科。故其人兩不相附。而亂無由起。卽有之。可朝發而夕擒。能爲亂而不能爲大禍。後世嚴刑橫征以困其民。使驍雄桀黠之夫。得轉以煽動天下。陳勝亡秦。張角亡漢。盧循黃巢亡晉唐。我國家中外相維。最稱久安。然二百年間。邊庭肘腋。盜數竊發。二正之世尤甚焉。始成于有所激。而卒賴宗社之靈。不旋踵而撲滅也。假令土木之變。閩處未平。峒賊方擣宸濠中。起此皆時事之不幾者也。殷鑒不遠。故傳其事。以備衣襦之戒云。

乙卯。進士王芳爲吏科給事中。

吏科給事中翟敬等言。昨者虜警。民逃遺物多竊取。及事平擬盜。豈不傷和。乞自去年十月至今年正月。四盜諒從寬減。上從之。

令衢處金華各縣立城。

置居庸關公館。

丁巳。大河衞軍餘求從征不允。遂射書皇城。命桁楊于市。

昏刻。月與木星同度。

戊午。保定府照磨吳宗慶爲清苑知縣。

召鎮守遼東太監易信還京。羽林前衞指揮使李縉爲貴州都指揮僉事。時建州衞都督李滿住董山等通瓦剌。都督刺塔散兵刼掠。兵部于謙謂信縉其姻也。恐泄事。故遠之。

夜。月犯南斗魁。

己未。苗賊殺武岡知州蘇忞。署都指揮僉事畢通等擊賊。斬三十五級。

庚申。南京禮部尙書王英卒。英字時彥。金谿人。永樂甲申進士。選庶吉士。丁亥。進修撰。秩滿。進侍講。從北征有勞。仁宗初。進侍講學士。尋進右春坊大學士。宣宗初。修兩朝實錄。進少詹事。憂去。奪情。實錄成。進禮部左侍郎。仍兼侍講學士。正統戊辰。進尙書。屢主禮闈。多得名士。文格豐贍。工草書。性跌宕不拘小節。有晉人風度。賜祭葬。謚文安。改謚文忠。

陳敬宗曰。撫州多出名儒顯官。若宋之晏殊王安國。元之吳澄虞伯生諸君子。其文章名位功業皆炳然當世而賁耀竹帛者。豈偶然哉。公亦撫之人也。其文章名位功業。莫不相似。然自入仕歷官通顯。不離朝廷四十五年。而列聖眷遇。久益不衰。于此則似過之矣。天之生賢。私于撫之人哉。抑孰知公之才德自足致身于青雲之上也。

都督僉事趙倫同豐城侯李賢守備南京。領中軍都督府事。

張懋嗣英國公。張輔庶子。其冢子忠疾廢。

辛酉。浙江按察副使鬱林陶成擊賊死之。成字孔思。由貢士授交趾典史。改鳳山。嘗攝諒江教授事。進交趾按察司檢校。憂去。起補山東。薦歷大理寺評事。遷浙江按察使僉事。値處州盜起。成守蘭溪。殺賊數百人。進副使。尋進屯武義。武義故無城。柵木而已。大盜陶得二以緼束薪先匿人柵中。而自率衆外攻。成與都指揮崔源出戰未決。內賊燒柵。我軍潰。成遇害。贈浙江布政司左參政。諭祭。廕子魯新會縣丞。

談遷曰。自括蒼寇起。參議耿定。僉事王晟先敗沒。等死耳。陶參議獨有生氣。則向所籌畫。足弭亂而馴其暴也。古人處死有泰山鴻毛之喩。誠不可概論矣。

壬戌。縣丞葉仁陶權貴爲衞經歷。

都督僉事江福守備萬全右衞。

甲子。起復平山知縣張璟。

丙寅。前軍都督僉事張軏爲右都督。提督三千營。

總督軍務兵部左侍郎侯璡爲尚書。右副總兵都督僉事田禮。參將都督同知方瑛。俱爲右都督。初貴州新添平越之圍。璡調署都指揮鄭儁攻都盧等寨。宣慰使安隴富勦山西賊。俱敗之。斬百四十餘級。溺三百餘人。又雲南兵至通畢節等路。夾攻斬七十餘級。賊復據紫塘等寨。殲破之。遂克彌勒南窩等十餘寨。降阿蒙等五寨。賊復圍平越。擊退之。遂分哨解其圍。仍哨清平至重安江。會靖遠伯王驥。自是興隆抵鎮遠之路皆通。

丁卯。大理寺右少卿陳詢巡撫畿內。

署都指揮同知王良爲署都督僉事都指揮同知翁信鎮守雁門關。

戊辰。召羅綺復大理寺右寺丞。

己巳。免保定去年災租三萬六千五十四石。

辛未。初。虜酋阿剌知院以可汗脫脫不花之命。遣參政完者脫歡貢馬請和。至懷來。使太常寺少卿許彬錦衣衛指揮同知馬政往察其情僞。時可汗兵最少。阿剌兵又少。獨也先强。衆虜鼎立。外親內忌。完者脫歡言講和還駕。非特阿剌意。諸部皆然。如疑我。請留我爲質。奏至。召閣臣陳循等議于文華殿。諭仇虜不共。何和爲。循等請敕諭阿剌并賚使者。緩其奸謀。仍嚴京營邊關之備。敕阿剌曰。也先譎詐。今爾使至請和。聞也先兵尚在邊。必盡出塞乃可和。不然不難戰也。

夜。大星青白光。自北落師門流近濁。

是月。南京大雨水。渰糧芻竹木。

六月醆朔。上皇在漠北。

塞通濟河東西決口。

戶部右侍郎沈翼自直沽抵徐州價運。

太子太保兼吏部尚書王直率諸大臣言。上下神祇。陰誘虜衷。使來請和。臣等切惟陛下大寶嗣登。天與人歸。永永無二。陛下隆敬兄之心。尊爲太上。昭告天地宗廟社稷。名位已定。天下之人皆以爲宜。令車駕得還。虜中太上尊居不復事天臨民。陛下但盡崇奉之禮。卽稱天倫之厚。伏望俯從虜請。遣使答之。如果至誠。卽別令大臣迎駕。上曰。朕非貪此位。卿等强樹焉。大兄蒙塵。五遣使。虜不聽。而復紛紜何來。衆懼。兵部尙書少保于謙從旁對曰。天位已定。寧有他。第答使盡禮。紓目前。得爲備耳。上色解。曰。從汝從汝。旣出。上使興安追問曰。卽使虜詐可者。孰爲富弼文天祥。王直厲聲對曰。孰非廷臣。孰敢不行。

久雨。通濟河決。

甲戌。遣視濟南東昌兗青旱災。

復郭原陝西按察副使。食正三品俸。王瑾咸陽知縣。食正六品俸。

夜。大星青白光。自紫微東藩流天紀。

松潘贖罪仍輸米。初輸米。左副都御史王來改輸鐵二十五斤准石粟。

丙子。江西道監察御史胡拱辰爲貴州布政司左參政。

命光祿寺炒米萬石餉宣大。

丁丑。運河南直隸京糧三十萬石于保定易州。又河南麥四萬石運眞定。山東麥五萬石運定州。

福建餘賊羅丕廖寧伏誅。賊據陳山寨。官軍購之。邑人羅文通等佯通賊飮。丕佛寺執之。

湖廣按察僉事韓陽子昌言上三事。敬天命。法祖宗。攬權綱。上是之。

辛巳。錄廣州平寇功。都督同知董興爲後軍右都督。都指揮使武毅爲都督僉事。

眞定操備署都指揮僉事王信鎭守眞定。

壬午。敕戶部郎中謝佑往山西。役三萬人。饋運大同。

刑部右侍郎江淵同都指揮同知翁信修雁門關口。

虜二千餘騎犯大同。總兵官定襄伯郭登擊卻之。斬五級。

右都督孫鏜仍領三千營。

復歐復衡水知縣。食從六品俸。

昏刻。月掩心宿。

癸未。募商中鹽蔚州。

許諸生納粟倒馬紫荆關。給冠帶。仍應試。

提督遼東軍務左都御史王翺。以海西建州李滿住剌塔等屢入寇。議分三路擣滿住凡察董山三寨。後問罪海西。命酌而愼之。

乙酉。監察御史桂怡閱內府各監局工匠。笞十餘人。上不懌。自後御史不點閘。

五軍營都指揮僉事王淳言束伍法及練兵圖。命行之。

蘭縣貢士段堅上二事。曰遠閹寺。罷各處內臣監軍。復掃除傳命之役。曰闢異端。銷道佛像。銅鐵補軍器。汰僧道充伍。配以尼姑。下禮部。格之。

丙戌。也先伯顏帖木兒奉上皇至大同城下。聲言歸蹕。總兵官定襄伯郭登等朝服候于闉。頓首。置座。上皇不下馬。登伏壯士城上。約駕入下懸閘。及門。虜覺。擁上皇去。

賑高山衞軍餘。

浙江都司獄逸。

夜。天鳴。

丁亥。左都御史陳鎰王文等言。司禮太監金英舍人李慶等多支官鹽。脅淮安知府程宗以民船六十餘艘私載引鹽。拉死榜人坐慶絞。餘俱杖。不以劾英。刑科給事中張聰等論英稔惡。鎰等長奸。上曰。英朕自處之。下鎰文及御史宋琛謝琚錦衣獄。時各道御史皆引伏。宥之。已宥鎰等。李慶尋伏誅。後宗以民船受賂事戍遼東。謫聰判均州。琚吉安推官。琛安福典史。

昏刻。東南天鳴。初更盡而息。

戊子。自懷來築斥堠。抵于京師土城。

虜二千餘騎屯宣府賈家營。總兵官左都督朱謙。遣指揮牛璽都指揮聶勝以八百騎禦之南坡。謙自以四千人援之。戰南門外。卻之。

夜。月食。

己丑。太原知縣劉敏爲同知。

復李遜嘉興知縣。食正六品俸。

庚寅。虜萬餘騎攻大同西路。右參將都督僉事許貴擊斬二十七級。

辛卯。免榆次縣災租。

虜犯懷來麻峪口永寧荆子村。

夜。月犯雲雨西南星。

壬辰。命右副都御史羅通鎭守山西。初。兵部于謙恐山西搖動。擇大臣鎭之。昌平侯楊洪。乞文武大臣自雁門關護運大同。俱委通。通不欲行。疏刺二臣。上不聽。

虜七騎入棒槌峪。切責白羊口守備都指揮僉事段昇禦之。

甲午。城臨淸。

分將守都門。石亨楊洪柳溥張軏孫鏜衞潁過興張義雷通劉得新陳友李仝王瑛崔福劉鑑張通每營二萬餘人。俱土城內外。

革大臣舉保御史。從各道監察御史張子初等之言。

蠲貴州宣慰司田租萬三千二百六十餘石。

乙未。免金華溫處戶口食鹽鈔。

瓦刺阿剌知院遣參政完者脫歡等五人至懷來求赴京進貢。許之。

丙申。敕右都督楊俊率京軍五千巡涿易保定眞定定州。

都指揮僉事石彪爲游擊將軍。都指揮同知署都督僉事。巡太原平陽。

復長福渾源州判官食從六品俸。

命福建都指揮僉事蕭華回軍勦慶元等縣賊。

築丹陽決隄。

丁酉。敕守備威遠衞指揮使儲瑾爲都指揮僉事。賞其卻虜功。

戊戌。完者脫歡入朝。

太常寺少卿章文爲南京太常寺卿。

免濟南災租十四萬四千八百五十三石。

萊陽人執知縣牛俊愬京。掠其貲辱其孥。命俱戍鐵嶺衞。

己亥。禮科都給事中李實爲禮部右侍郎。大理寺右寺丞羅綺爲右寺丞。將使瓦剌。

庚子。李瑾嗣襄城伯。李珍弟。

肅府儀衛司餘丁聊讓上言。宋宗澤岳飛爲將。胡人不敢呼名。韓琦范仲淹當道。西賊聞之破膽。今訪智術才能之士。布滿朝廷。則虜可馴也。又痛抑宦寺。旌直言。夷虜寇邊。則嚴拒之。不必窮追。彼來歸。則宴賞遣之。不可留居中國。上深然之。

辛丑。少保兵部尚書于謙言。虜使請和。而邊關窺伺自如。兵法曰。無約而請和者。謀也。況也先狡。假和緩我備。而別部攻襲關隘。侵犯京畿。上是之。敕各邊嚴備。

壬寅。也先使臣哈丹納察罕至大同。求赴京。命李實賚賞付而止之。

廣東布政司右參政郭循卒。循廬陵人。登進士。授刑部主事。有盛稱。宣德時。拓西內。循極諫不可。甎裹逮至大內。詰之不屈。射傷其顱。流血。下錦衣獄。正統初。釋。進郎中。薦陟廣東。值寇亂。有勦捕功。

七月癸朔。上皇在漠北。

遣禮部右侍郎李實。大理寺右少卿羅綺。指揮使馬顯。偕完者脫歡使瓦剌。敕脫脫不花王曰。我國家于可汗恩意良厚。往年奸臣減賞。遂失大義。今各邊尚殺掠。朕欲命師。念上天之赤子。可汗殺華人。朕亦殺胡人。與自殺之何益。近知院奏約束各部。深合朕心。特報可汗。以副天心。敕太師也先曰。阿剌使來議和。而近邊尚刼掠。是情與詞異。朕不惜大戰。但害生靈。故特諭此意。又敕阿剌。并遣可汗及也先阿剌各百金。織金文綺八。其知院帖木兒以下。給賜有差。時敕不及迎復事。李實驚白內閣。太監興安詬曰。爾第奉黃紙以行。他何與焉。

脫脫不花王遣使臣皮兒馬黑麻入貢。

蠲廬陵災租。

甲辰。故都督宮聚王喜張斌降指揮僉事。

丙午。故信國公湯和曾孫胤勣爲錦衣衛千戶。

減內府酒醋麪局廚役百五十人。

丁未。大星赤色自參宿流天園。

己酉。復王學古信豐知縣。趙應浮梁知縣。食從六品俸。

南京太常寺卿徐初致仕。寺丞馮必政削籍。初南京災異迭見。給事中林聰等劾初年衰。必政爲妖婦焦奉眞薦。邪佞進身。當斥。吏部覆奏。從之。初永樂間仙女焦奉眞薦母舅馮仲彝爲太常寺丞。仲彝卒。又薦其孫必政爲眞武廟官。尋授贊禮郎。正統十二年。仙女又乞陞進寺丞。

沈德符曰。此女之果仙與否不可知。然歷事四朝。屢祈恩澤。有求必允。此必有深當聖心者。意南唐耿先生之流與。

庚戌。初忠勇伯蔣信本名把台。從土木陷虜。屬賽罕王帳下。至是故部曲伯顏答里從皮兒馬黑麻入京。告少保于謙曰。把台心在南。特無路耳。謙奏。把台列爵受祿。一旦悖德。曲全其家。不加孥戮。把台未必知之。況用間者勝道也。宜令伯顏答里北還。密諭把台。使知家屬無恙。或殺也先來歸。卽授王爵。必不吝。從之。

辛亥。獄驛閘壩等官在南北畿。各赴南北吏部考復。

減慶元縣歲辦課鈔。

貴州賊阿趙僞稱趙王。掠清平等衛。總督侯璡擒入京。伏誅。

壬子。巡撫直隸大理寺少卿李奎予告。

皮兒馬黑麻語我館伴曰。關外十四城皆爲我困。昨阿剌知院議和。倘遣朝使。今可汗及也先遣我。必須大臣往報。否則無濟。禮部尚書胡濙等以聞。下廷議。吏部尚書王直等請遣使。上曰。李實等方行。俟其還酌之。

甲寅。金山衞指揮同知侯端爲署都指揮僉事。

國子監助教劉翔言。祖宗制作寖備。惟慶成之宴。幸學之儀。釋奠之祭。雅樂未作。宜敕儒臣撰詩。協之律呂。如古靈臺辟雍清廟湛露之樂。至春秋學祭贊相急促。首唱升壇。亦甚無謂。夫旣廟則非壇墠矣。又樂器列露臺之上。使堂上堂下之樂。混于舞列。非禮也。乞改正。爲四方式。初幸學釋奠。皆不設樂。慶成宴惟教坊供奉。春秋奏大成雅樂。倏鳴倏止。殊促密不成聲。翔雖言之。迄不能用。

翰林院侍講吳節劉定之主試應天。

丁巳。太常寺少卿趙榮爲工部右侍郎。

修江都儀眞圩壩。卹災民。

旌襄陵王庶長子鎭國將軍範址孝行。

庚申。右都御史楊善工部右侍郎趙榮都指揮同知王恩錦衣衛正千戶湯胤勣使瓦剌。偕皮兒馬黑麻以往。

禮部尚書胡濙等請量齎服食御用。備太上所需。不報。

夜。天鳴。

辛酉。令湖廣四川雲南罪人赴貴州納贖。時苗賊攻龍里等衛。

募商中鹽廣西糴米儲餉。

令南畿湖廣浙江江西罪戍補伍貴州。

免海州及安東鹽城水災田租四萬三千五百九十石。蠲邯鄲旱災田租。

癸亥。禮部右侍郎李實等至自瓦剌。實等入也先營。也先問侍郎何爲來。實曰。自太師祖父至今。朝貢中朝。三十餘年矣。使臣進馬。中朝好待。減少馬價。皆奸臣王振爲之。乃致動兵淹駕。今瓦剌知院以可汗太師之命。特遣參政求和。皇帝所以使我來也。也先曰。減馬價奸臣爲之。我誠欲歸皇帝。中朝不迎。我使張關保岳謙。又殺之何也。實曰。太師漫山而來。不由關道。從人作寇。復分寇諸關。關保誅名爲使臣。引虜張弓矢。輒關殺中朝皇帝不能無疑于太師也。曰。此不過送駕爲詞耳也。先曰。我遣者盈不花二人。何又殺之。我是以有寧夏之役。實曰。沿邊關口多者十餘萬。少者亦不下二三萬人。太師向日南侵。其父兄死焉。今其報者皆子弟也。此亦人情。且太師所遣若無南使同行。或爲兀良哈所害。或爲邊卒所殺。又烏得知之。軍中割一首不陞官卽得賞。亦何知殺太師之所遣人也。也先曰。我遣李貴又不還。何也。實曰。無有李貴。旣曰。我知之矣。近者夜不收言。大同城東八里殺屍四五十餘。一屍探其囊。牒云太師所遣人。邊軍畏而不敢上聞。此必貴也。太師遣貴賫文書而已。朝廷又不知若參政等來。朝廷知之。重賞厚待。特遣我報命。豈殺之耶。也先曰。我遣喜寧。何故殺之。實曰。喜寧中朝罪人也。自幼及長。曆累蒙恩。令齎金帛以迎上皇。腹心託之。乃引領太師入寇京師。復寇寧夏。朝廷殺之。戒不忠也。也先曰。大明皇帝我仇人也。天落我手。或欲我殺害。不之聽。使得知院朝夕恭敬。若我落中朝。不知處所矣。實曰。此太師德。然皇帝于太師亦何仇焉。也先曰。侍郎來甚善。不我又大舉矣。因治酒餉馬。與行三十里。至伯顔帖木兒營。朝上皇。上皇皮帳布幃。席地而寢。獨袁彬等三人侍傍。牛車一輛。馬一。以備徙營。起居畢。實等泣。上皇亦泣。曰。爲天下生靈。躬奬六軍。不意被留。皆陳友王振等所陷。念非樂酒從獸以至于此也。也先送我。固其心。又爲喜寧阻止。導行引破紫荆關。再圖京城。以此不得還歸。後嘗一到小黃河。一到乾河。又復阻也。先送我振寧死矣。陳友罪不可赦也。因問三宮安否。問舊臣一一道其名氏。又來何操。實頓首以通問無所將。上皇曰。他亡論第語官家迎我歸。守園陵耳。實曰。臣誠痛陛下昔日錦衣玉食。今至惡陋。輒有白粲數升。欲進御。上皇曰。此小節耳。朕念歸也。實曰。日王振一宦寺。陛下何過寵之。以至今日。上皇曰。我亦知之。當時人皆不言。今乃罪我。我悔何及。實退歸也先營。也先殺馬爲酒。令十餘人彈琵琶。吹笱兒。按拍勸歌。其妻珠琲覆面。傳酒歌舞爲笑樂。也先曰。侍郎來時心無恐。與實曰。何恐之有。通使講和。禮也。太師營中卽我一家也。先曰。侍郎見上皇。心無念與。曰有不念耶。我等之念上皇。猶太師之念可汗也。也先曰。念則曷不迎。賓曰。朝廷四遣金帛矣。太師不發也。郎與我迎歸相勞。故不薄也。先曰。上皇留此。我固不得。皇帝之我欲留千載後名。一好男子今送上皇還矣。顧侍郎奉敕。初不及迎事。皇帝歸故不可輕。侍郎往可請今皇帝遣一太監或老臣三五人以禮至。上皇歸也。賓復朝辭。上皇請反國之日。引咎避位。上皇嘉之。日暮。上皇情色凄然。也先遣其酋與羅綺往山西大同。徼回胡騎以示信。語賓迎駕期。賓曰。臣子不敢自為期。需朝命。辭還。伯顏帖木兒指也先幼子曰。此議姻尚主者也。賓不敢對。也先遣右丞把禿與俱來貢貂馬。時邊儲一空。使臣至闕。始命光祿寺供具至懷來居庸。又給百金。賓還朝。具述虜情及上皇起居狀。寧陽侯陳懋吏部尚書王直等言。臣等共詢李實。言出塞道中。行羣虜聞欲議和。皆舉手加額。及見也先。殊喜。言迎使夕來。大駕朝發。天日在上。決非妄言。引見上皇。亦謂虜信。上皇凄切不忍之情。實又具道。臣等切詳虜人悔過請和。實天地宗社之福。宜仍遣賓詣虜迎復。上曰。虜詐。楊善已去。第以迎復之意書敕付虜使足矣。

敕大同宣府遼東甘肅諸總兵。以虜八月內還駕。或誘陷邊城。毋墮其計。

減良鄉縣稅課之半。

遣辦事官趣各鎮守撫按錄囚論報。

乙丑。寧陽侯陳懋吏部尚書王直等言。虜非詐也。臣等詢李實詳矣。虜使來和。尚遣使答。今請迎復。乃不與偕。是輕迎駕。重講和也。虜之復疑和且不終。不迎駕歸。何以和為。上未決。令再議。

初。大同館北使于東關。禮接豐潔。至是兵燹後。改館宣府。

裁廣南府流官同知知事檢校。

丁卯。復李敏應天府尹。食二品俸。

薛輔嗣永順伯。薛綬子。

陝西行都司帶俸都指揮使李榮爲署都督僉事。

禮部右侍郎李實言。也先約臣迎駕毋出八月五日。臣言須得朝旨。不敢擅爲期也。先言此期決不可失。遂令酋長同羅綺往大同諸邊調回侵騎。臣還過宣府懷來。見軍民始敢出郊芻牧。誠非空言。臣曩將命止爲講和。迎復日期實出也先。伏望陛下俯從羣請。卽遣才智大臣往。脫虜有詐。亦可塞之。若過所期。更欲使臣亦不敢往。上命再議。把禿還。竟敕付之。果還駕。卽楊善等迎回。

寧陽侯陳懋吏部尚書王直等復言。事會不再。機不可緩。願陛下體上皇之心。順臣民之情。不然虜人指此爲兵端矣。乃命擇人以聞。羣臣皆言李實方從虜來。得其要領。卽實不再上。竟不遣。曰待楊善歸。

監察御史畢鸞等言。羣臣之情切矣。陛下必待楊善歸。夫中國所恃者信義也。不迎不義。失詞不信。就令虜詐。我備在也。不報。

戊辰。禁邊城毋徵私負。

命御史出遣仍歲代。初四方多事。或銜命二三年。至是左通政欒惲言之。

募吏自臨清運米三百石至代州給冠帶。

己巳。翰林院檢討邢讓上言。陛下所不遣使迎復者。豈非以虜爲不足信。與審以虜不足信。則前者不必講和矣。我所以和。爲迎上皇也。不迎而和。將安圖哉。天下事成敗勢也。當爲理也。虜不足信。勢不可知。陛下迎復理則當爲。陛下于上皇。君也。兄也。陛下從羣臣請。仍遣李實往。迎駕之歸否未可知。而陛下愛君篤兄心已著于天下矣。兵家之曲老直壯。上皇不迎。彼藉爲辭。假大義而入寇。臣不敢謂我直也。彼許我迎。顧復無實。曲乃在彼。厲兵秣馬。以興問罪。我則壯矣。陛下若以虜使既行。事難再舉。請急追還。遣實同之。追而不及。使實自行。亦刺聞之。且曰中朝迎復信矣。所重遣使。或者遲回。觀我誠否。則上皇迎歸固可期也。上曰上皇朕兄。豈有不迎。虜情叵測。正欲探之情。誠而迎。又何暮焉。廷臣累言之矣。朕所不報。其意如此。

減廣西慶遠柳州鬱林天河柳城洛容馬平宜山獞民田租之半。蠲積逋。賑其饑。

左都御史楊善等抵瓦剌。也先獵未見。其館伴田甲來飲帳中。田甲故漢人。見善具敍平生。問向者土木之師。中國胡怯也。善曰。當是時。六師之勁悉南征。而太監王振欲邀太上至故里。一不爲戰備。故輕以卒予敵。雖然汝家勝我。亦非福也。田甲曰。何者。善曰。今南征之士悉歸。可二十萬。而又募中外材官技擊得三十萬。思一大創汝家。不吝官封爵賞。汝家得晏然如曩時哉。有告皇帝曰。虜馳坂踰陘。所恃馬。若隱鐵橛。鑿置銳錐。三尺可穿馬蹄。勝蒺藜渠答。皇帝曰善。使治鐵橛銳錐。有告皇帝曰。銅銃裝石砲。傷人馬一而已。毋如裝雞子石。約一斗火之。可疾迸數丈許。擊死多。皇帝曰善。使裝雞子石砲。有告皇帝曰。廣西四川窮山蠻獠。多置機子弩射虎豹。毒藥傅箭首。人馬皮肉立潰爛。皇帝曰善。使求射虎豹傅弓弩之毒藥。選能射者三萬人習之。有告皇帝曰。今火鎗門四層。放已乃藥。藥入有間。馬突無隙。若爲兩頭銃。裝鐵彈數枚。毒藥附彈。若一馬來。齊發。可如風雨。皇帝曰善。使造兩頭銃四門。藥試之。三百步外馬腹穿。今中國之騎皆已精。中國之士皆已銳。而皆已矣。置之無用矣。田甲曰。何也。曰和議成。方且懽飲若兄弟。而又何用也。明日。田甲還報也先。見善。坐定。善前曰。太上皇帝朝。太師所使使必三千人。歲必再。卽稚子無勿賚者。金帛器服絡繹載道。而太師乃背盟好而見攻。何也。也先曰。何削我馬價。又予我帛時有剪裂幅不足者。我是以南耳。善曰。非故削馬價也。太師之馬歲益增。價亦不繼。而不忍拒。是以微損之。太師自度價所得比前孰多。也先曰。者。其稱者。漢語是也。善復曰。帛有一二剪裂幅不足者。諸通事爲之也。事露而誅矣。卽太師所使。進馬有劣弱。而貂皮敝。豈太師意耶。也先又曰。者。善因曰。太師之攻我兩矣。所傑殺剹剔以數十萬計。而太師之部曲。寧無有血我刃者。上天好生。太師獨好殺。夫是以數有雷警。今者能奉太上歸我。和好不絕。器幣溢于穹廬。而黎庶彼此俱逸。不亦快乎。也先益喜。曰。者者。因謂善曰。歸而太上皇帝有重寶來購乎。善曰。太師得重寶而歸我太上皇帝。天下後世謂太師貪重寶也。歸我太上而不索重寶。天下後世以太師貴信義而賤貪黷。修之於史。令名奕奕。何況我之德太師無已。而重寶以漸繼也。也先笑曰。者者。都御史好爲之。

庚午。也先引楊善見上皇。善再拜進醪糒。問起居。侍立不敢坐。也先數目上皇。上皇謂善。太師與汝坐則坐。善頓首辭曰。雖草野不敢廢臣禮也。也先嗤。指謂其下曰。咄咄。汝曹中國禮乃若此。

辛未。伯顏帖木兒設宴餞上皇。錦衣千戶湯胤勣嘗從帳中朗誦其所著平胡論。館伴目攝之。曰。彼胥何爲哉。恨不殺之耳。也先餞上皇。上皇自彈琵琶。其妻奉酒。

夜大星青白光燭地。自雲雨流匏瓜。

是月。右都御史王來率兵抵辰州。

八月軒朔。上皇在漠北。

水西頭目阿忽阿堆阿五阿體加納阿遣六家乞降附。許之。

直文華殿照磨任道遜朱奎淩敬汪景昂直御用監序班嚴璟千信俱能書。授中書舍人。

副都御史馬昂致仕。

苗賊掠溆浦沅州。總兵官梁珤遣兵敗之。擒渠帥十七人。斬五百餘級。

也先伯顏帖木兒餞左都御史楊善等。上皇將行。也先築土臺。坐上皇臺上。率妻妾酋長膜拜。獻鞍馬貂銀二鼠皮襖。弓矢賽罕王亦打野盤進酒。上皇行。也先等送可半日程。下馬羅拜伏哭而去。伯顏帖木兒獨送至野狐嶺進酒帳房。既畢。屏人語。使哈銘上奏。天使皇帝來我遐荒。我也先順天之意。敬事皇帝一年矣。皇帝此來爲天下也。爲邊城也。歸時還當作皇帝。作皇帝即我主人。有緩急我可得上聞。其所部伏道旁進羊馬。善口呼大明皇帝行矣。伯顏帖木兒再送駕出野狐嶺口。上皇攬轡慰藉而與之別。伯顏帖木兒大哭歸。而放圍得獐。平章昂克射得麞。追獻之。

甲戌。平鄉知縣丘陵爲眞定知府。

丙子。減安慶廬州歲辦蘆柴幷折色鈔。

楚府大冶王季塽薨。年二十二。謚悼僖。

夜。大星赤光燭地。自室宿流雲中。四小星隨之。

丁丑。免貴州普定興隆等衞屯租。

夜。月犯房宿。大星青白光燭地。自閣道流太子旁。

戊寅。翰林院修撰周旋爲侍讀。

江西布政司左參議夏時爲廣西左布政使。

城開城縣。

山西都司令史賈斌上所編忠義集四卷。報聞。上言桓帝權歸宦豎。文宗受制家奴。徽欽信用閹寺。馴致敗亡。太上皇蒙塵。亦由此輩。皇上肇登寶位。宜法高皇帝以爲治。事無大小。悉徑宸斷。寺人專備洒掃。凡阿諛者必斥之。端本澄源。則天下一新矣。臣于歷代直諫之士與恃寵宦官。錄成四卷。名曰忠義集。乞刊布臣僚。必能觀感。尚書胡濙言斌離役。發回原衞。

虜犯遼東。總兵官左都督曹義都指揮王祥耿和等追至漣州。斬七級。擒四人。左參將胡源又追至鷹湖。擒三人。斬三級。

己卯。翰林院侍講學士劉鉉侍講陳文主試順天。

淮安知府程宗以民船六十餘艘爲太監金英私載且受賂謫戍遼東。

庚辰勅禮部具迎復儀注兵部總戎具防變方略先是累奏不得旨至是羣情欣慰朝下廷議。左都御史王文厲聲曰來耶來耶。虜不索金帛必索土地便謂上皇來耶皆相顧莫敢言于謙曰防變方略謙之職也胡濙上儀注。宜令部堂官一人至龍虎臺錦衣衞堂官一人幷官校執丹陛駕輦至居庸關各衙門分官迎接土城外。太上皇入安定門東上北門坐皇帝見畢。羣臣朝太上皇自東上南門入南城大內上曰迎居庸用輿一馬二。丹陛駕第迎安定門內命禮部左侍郞儲懋至龍虎臺錦衣衞指揮僉事宗鐸至居庸關太常寺少卿許彬迎于宣府戶科給事中劉福等言禮太薄上曰朕之卽位非得已也尊稱太上何云薄耶。禮部會議之胡濙言福無他意大抵欲皇上篤厚尊親。上曰太上皇自虜中寄言迎禮從簡朕敢違也。

夜。月犯南斗魁。

辛巳。也先遣五百騎護上皇入京宿宣府右衞城外。

壬午。宣府總兵官都督朱謙迎宣府城外初。郭登語哈銘曰駕若還大同路阻士馬疲乏非所以示强。自宜鎭可也。

癸未。朝退諸大臣得一無名書聚觀之書上修史先生隱其名言都人一聞駕旋人人喜躍近之不厭遠望可知。今日宜請主上厚奉迎之禮避位婉辭然後受命因述唐肅宗故事諸臣曰若封進或可感動上心胡濙以語同官王直曰可謂禮失而求諸野王文曰不可匿名書不得以告禮科給事中于泰以聞上詰濙何從得書。濙言臣得之高穀上怒命按捕其人高穀曰臣隸道拾之千戶龔遂榮出承曰臣爲之胡濙因奏唐天寶之亂。玄宗幸蜀肅宗卽位靈武尊玄宗爲太上皇帝肅宗收復兩京迎還上皇至咸陽備法駕望賢樓上皇在宮南樓。肅宗著紫袍望樓下馬趨進。拜舞樓下。上皇降樓。拊肅宗而泣。辭黃袍。自爲肅宗着之。肅宗伏地頓首固辭。上皇曰。天下人心皆歸于汝。使朕得保養餘齡。汝之孝也。肅宗乃受。此爲已行之令典。政可效之良規。今備法駕安定門內。誠爲太簡。上曰。慮墮虜詐。故簡其禮。但大兄入城。朕知尊親。朕今迎太上皇東安門內。叩首畢。率羣臣從至南城內便殿。太上皇升座。朕行禮畢。羣臣皆朝。毋再紛更。下遂榮獄。會赦。猶杖之

上皇駐宣府行殿。少卿許彬迎駕至。遂命彬草詔諭文武羣臣曰。朕之不明。蔽于權奸。被留虜廷。嘗寓書朕弟嗣皇帝位。幸天地祖宗之靈。母后皇帝憫念之切。俾虜悔過。送朕還京。郊社宗廟之禮。大事既不可預。國家機務。朕弟惟宜。爾文武羣臣務悉心以匡其不逮。朕到京日。迎接之禮。悉從簡略。仍命彬諭祭土木陣亡吏卒。

甲申。翰林院侍讀商輅迎于居庸關。

時禮部復請迎駕安定門外。各衙門分官詣龍虎臺。臣民迎土城外。會太上皇詔至。上曰。太上皇命簡。朕事已定。

昏刻。金星犯亢。

乙酉。戶部郎中盧欽督運浙江京糧。

上皇至居庸關。諭侍讀商輅曰。朕回京願退閒。卿爲朕草書與皇帝。幷諭文武羣臣。焉至雙泉。賜袁彬白綾衣及也先所獻戰裙。賜哈銘衽褥韡。

總督雲南兵部尚書侯璡卒。璡字廷玉。澤州人。永樂甲辰進士。授行人。進兵部主事。征胡功進郎中。從征麓川。擢禮部右侍郎。鎮守雲南。勦麓川餘孽。遷兵部左侍郎。總督軍務。至尚書。屢勤行間。受賞賚。賜祭葬。子爵蔭錦衣衛正千戶。

郭子章曰。甚矣兵之不易言也。古人發兵頭鬚爲白。豈徒白頭。抑且嘔心。侯尚書卒于普定，張惠安岳卒于沅州。豈非所謂鞠躬盡瘁死而後已者乎。近者播州之役。張監軍棟楊監軍寅秋吳總兵廣俱以賊平病沒。嗟乎。是苦也惟同甞膽者知之耳。敵破臣亡。誰暇計人苦乎哉。

夜。大星赤光自建星流尾宿。二小星隨之。

丙戌。上皇還京。至東安門。胡騎猶揭簾覘候。上迎拜門內。上皇下馬相持泣。各述遜位意良久。入南宮。羣臣隨請見。敕曰。重以眇躬辱國喪師。有玷宗廟。又何顏見爾羣臣乎。不許。

李贄曰。此事雖由也先累受國恩。一念之善不可遏。向非使臣負忠義之氣。發于言詞。應對不窮。聳動觀聽。陰折凶頑。頓開其向善之心。則彼未必不猶豫遲留。邀索重利。往復再三。安得一旦慨然無疑。以出乘輿于不測之境哉。夫宋屢使奉迎徽欽。不得祇見其辱耳。嗚呼。使臣若此。千載一人而已。

劉槩曰。英宗土木之難。幾不免矣。也先之母告其子曰。吾蘇州人。少隨夫戍邊被掠。生汝。吾念舊臣。跽且泣以請也。先從之。

王鏊曰。英宗北狩蒙塵。虜人悔禍。旋奉駕歸。此自古所無也。雖由國勢之强。亦人事有以中其機會。是時郕王監國。不欲急君。邊人謝之曰。中國有主矣。虜人抱空質而負大義于天下。所以亟亟來歸。蓋合鄭公孫申之謀也。魯成公時。晉執鄭伯。公孫申曰。我出師以圍許。爲將改立君者。晉必歸君。故鄭人圍許。示晉不急君也。晉欒武子曰。鄭人立君。我執一人焉何益。不如伐鄭而歸其君以求成。于是諸侯伐鄭。鄭伯歸。趙王武臣爲燕所得。張耳陳餘使往。輒殺之。欲分趙地半。有廝養卒詣燕壁。問燕將曰。君知張耳陳餘何欲。燕將曰。欲得其王耳。卒笑曰。君未知此兩人之欲也。耳餘武臣皆一時豪傑。姑以少長先立武臣。此兩人者。亦欲分趙而王。名爲求王。實欲燕殺之。殺之兩人分趙自立。左提右挈。滅燕必矣。燕將以爲然。養卒御趙王而歸。此亦公孫申之意也。惜乎宋高宗不知出此也。

趙時春曰。國家有天下。驅全勝之孽胡。紹百王之絕統。奮青丘之神劍。還紫宮乎夷庚。神武既布。然後聖文聿修。時則有覆軍殺將。而邊圉無尺寸之失。蓋當皇輿北狩。而戎夷終不敢失君臣之禮。信臣精卒。畫疆固守。虓虎之旅。震發而飈揚。于是離極重明。百蠻稽服。觀前事之得失。覩今日之功效。經武禦戎之大槪。斷可識已。

王世貞曰。己巳之役。不急奉迎太上。爲景帝疵乎。不知太上所以得速還者。由不急迎也。特不可爲訓耳。天位不再。社稷爲重。君爲輕。千載而下。能幾周公哉。南城之奉養不以禮。則非也。易儲君心也。相職也。于肅愍一本兵耳。夫不錄其再造之功。而以易儲罪肅愍。何其忍也。

嚴從簡曰。上皇回鑾。固天命有在。亦人謀之善也。當時苟無于少保折衝禦侮。力引社稷爲重君爲輕之義。主戰不主和。則送駕之日。已先墮虜轂中。和而不就。始戰。戰而不勝。則危矣。國事已去。安望其回鑾也。且夫宋二帝之不歸。由于祈請之不已。漢太公之得返。由于分羹之一言。辟之仇敵執大家之質而索之贖。大家竟欲棄之。待訟而取期于訟之必勝。而不期于質之倖還。則仇人知留質無益。原知不待訟而歸之爲恩。此也先一隙之明也。

高岱曰。振一宦者。英宗寵之過。遂至蒙塵。幾亡宗社。豈不爲後世明鑒哉。然英宗非游畋佚樂。故第悞耳。其被留虜所。尚念軍民饑。令刈秋稼入城。以帝王之心哉。得復國非幸也。夫宋徽欽不返。而英宗復辟。雖天命有在。亦事機不同。曩卽令憲宗嗣位。則所重在彼。勢不能絕虜。欲不爲宋高宗亦難。景帝則兄弟之義。與父子殊也。此于謙輩所以立景帝。有微意哉。雖然英宗之得返。則在此也。此不急迎復。彼將抱空質耳。何利而不歸之。使求之者急。彼肯晏然已乎。然則景帝雖恩禮有失。而繼統爲正。廟號今所宜議復也。于謙有定國之功。而以寃死。悲哉。

于愼行曰。英宗北狩。羣臣疏請迎復。至再不報。虜酋伯顏也先。索人出迎。至再四不報。及送至都門。竟無一介行李。而于迎駕勢窮情極。遂至自入。景帝之心可知也。當是之時。君臣大義。骨肉至情。豈足動其聽哉。惟有利害可陳耳。設有戰國策士。必將說之曰。今不急迎上皇。虜日以上皇爲名。擁車駕于前。入居塞上。攻剽城邑。守邊將吏不敢北向發一矢。又迫上皇傳旨索金犒虜。邊臣何以予之。一年不還。一年不止。是坐而自困也。此其小也。萬一上皇怨陛下不迎。扈從諸臣。有如喜寧輩。進策擁胡騎數萬。結一二邊將。由甘肅寧夏而入。直至咸陽。復正位號。布告天下。東向而請命于太后。陛下何以處之。周王以狄兵入。有故事矣。此其遠者。萬一邊鎭親王有爲不軌之謀者。以迎駕爲名。稱兵塞上。假託祖訓。合從諸藩。卽其謀不遂。而朝廷固已多事矣。惟有亟迎上皇。奉入大內。則羣謀自解。禍難潛消。陛下安枕九重之上。孰與懸口實于天下。而陰受其害耶。此言一出。奉迎之使立遣矣。而在廷諸公不聞有言及此者。乃徒以君臣骨肉之說進。宜其不入也。何也。利害之念重。必有甚于所慮者。乃可入也。

何喬遠曰。袁彬楊銘李實雖顚沛流離。不失君臣禮。中國藉以大。城下之迎。當事大臣如于謙之才。王直之文。胡濙之耆舊。高穀之用意忠厚。悉縮首穴視。趙榮獨與王復挺身而出。豈不壯哉。李實楊善卽非君子耶。入不測虜廷。枝梧謾語。有足述者。善得封伯。榮復亦至大官。而實對上皇引咎自責數語。業失上意。及歸復作出使錄。其詞浮誇。又居鄉橫暴。自媒求進。以都御史坐斥爲民。子孫禁不敍。或以封。或不免于洴澼洸。蓋士君子所以用世。在居謙矣。況夫君臣之際耶。其虜中對語。亦不可不存也。

談遷曰。衞成公歸自晉。晉惠公歸自秦。彼兄弟甥舅之國。夙敦德禮。光復千乘。若夫天子至尊貴也。漢太公一虛號。尚割鴻溝而盟之。故懷愍徽欽。游魂不返。其地彌重。則其挾彌堅。況夷德無厭。虞淵淪照。卽劉聰石勤完顏氏之後。桀驁不再而抱其空質以待馬之角。烏之白。將無漠北一老人。夫誰制焉。又不然。寢尋二三載。漢兵之短長易見也。利則歸之瑕則猶奇貨耳。何也。先計不出此。天與不取。而使楊善收功齒頰之間。社稷之靈也。二三子之力也。明之不爲晉宋者幾希。雖然。晉宋陷矣。英宗之仁。景帝之決。何晉宋之足云。

朱國楨曰。英皇之得歸。天威亦天意也。當是時。于少保以用兵爲正鋒。王文以拒絕不遣使爲偏鋒。偏本左也。而反以濟正。其中有莫之然而然者。故能挽滔天之橫決。維繫極于將傾。而推本所自。則又有說。方高皇驅逐。文皇犂庭。雖深入窮追。不遺餘力。而所獲嫡孫。則封而歸之。來降頭目。則賞而官之。文皇時頒撫卹。並至蓋攘卻中。不尙斬伐。一以涵育化導爲主。既已先天而峻大防。存大體矣。夫夷狄亦天之並生並育。具有良心。寧不後天而默默順天意。以報大恩乎。合前後觀之。自爲施受。自爲終始。人皆囿其中而不自覺。乃知二祖之規模弘遠。而列聖之享成。所以安中國。制外夷者。正未有艾也。

丁亥。監察御史羅澄上三事。聖學。法祖。敬天。上納之。

戊子。昏刻木星犯十二諸侯秦星。

庚寅。遣告天地社稷山川之神。大赦天下。詔曰。朕奉先帝聖體之遺。適值國家中衰之運。痛機務擅專于權倖。致大兄悞陷于虜廷。賴天地祖宗眷佑之隆。荷母后臣民付託之重。授朕大位。俾紹鴻圖。慰安人心。奉承宗祀。雖神器有可保。奈王業以多艱。夷虜內侵。蠻苗外擾。方茲攘除已定。尙猶宵旰靡寧。顧滅賊之難。威恩以誠而懷怨。隸屢遣人重賫金帛。投虜所好。迎復大兄。奈頑梗而勿悛。豈怨仇之可匿。方圖大舉。遽見彰聞。近月以來。遣其親信伏闕朝貢。固請講和。至于再三。悔見乎詞。款浮于過。朕不得已爲親而屈。厚加金帛。選使偕行。敢謂德可動天。自信誠能化暴。八月十五日也先果遣五百餘騎奉送大兄還京。臣庶交懽。宮庭胥慶。朕即位之初。已祗告天地宗社。上大兄尊號曰太上皇帝。禮惟有隆而無替。義當以卑而奉尊。雖未酬復怨之私。姑少遂厚倫之願。爰稱恩典溥及臣民。所有寬恤事宜。條列于後云云。於戲雪恥不以威而以德。誠有伙宗社之靈。遺民不于勞而于安。志在益邦家之福。尙賴叔祖叔父羣臣賢哲匡朕躬于不逮。庶幾華夷蠻貊四方遐邇。臻治效于無窮。

辛卯。戶部右侍郞江淵兼翰林院學士。直文淵閣。

壬辰。右都御史楊善爲左都御史。仍署鴻臚寺事。都指揮同知王恩等十七人。賞金幣襲衣有差。

特誅太監金英蒼頭李慶。

癸巳。宴虜使奉天門。

提督守備居庸關右僉都御史王竑疾。還京。

夜。大星青白光自北落師門流近濁。

甲午。上皇宴虜使于南宮。

乙未。琉球入貢。

瓦剌正使塔台參政剌來爲都督僉事。餘指揮同知四十三人。各給冠帶綵幣。

貴州苗賊富蟲等械入京伏誅。苗酋韋同烈據香爐山叛。

戊戌。召商中鹽肅州。納米豆。

大同總兵官定襄伯郭登製偏箱車上之。工部謂可守不可攻。不果行。

己亥。起復南京兵部右侍郞杜寧。

兵部尙書兼翰林院學士苗衷致仕。賜敕。子穟國子監學正。特除南京監察御史。護行。

僉都御史蕭啓提督居庸關。

夜。大星赤光自天船流文昌。

九月甲辰朔監察御史陳𨑳張奎項總應灝胡瑞李玘楊進畢鸞盛琦劉訓金愷清軍江西陝西河南福建湖廣山東四川山西浙江廣東淮揚。

癸卯命山西河南左布政使楊鼎年富管運邊糧。

築通州大運西倉城。護餉。

大理寺左寺丞段信卒。信三原人。正統丙辰進士。授杭州推官。擢御史。進右僉都御史。巡撫保定。失事。謫寺丞。

沒乞歸葬。詔復其家。

乙巳。昏刻金星犯鈎鈐東星。

丙午。刑部右侍郎兼翰林院學士江淵改戶部。

赤斤蒙古衛都督僉事阿速來貢。進都督同知。

丁未免順天去年兵荒田租。

左都督朱謙爲撫寧伯。都督同知紀廣爲右都督。

守備薊縣都指揮僉事李進請製獨輪小車。視賊勢爲進退戰守。制小費廉。從之。

夜。火星犯壘壁陣。

己酉。鄖府審理副朱紱爲湖廣道監察御史。

庚戌。翰林院侍讀商輅爲學士。

以大同鎮守太監陳公忤總兵官郭登。召還。公令右監丞馬慶鎮守。

夜。土星犯太微垣上相星。

辛亥。都督僉事武毅爲征蠻將軍左副總兵鎭守廣西。

命澤潞平定汾之民轉餉大同。

夜。火星犯壘壁陣。

壬子。瓦剌脫脫不花王貢馬。賞例如也先。

癸丑。勑太保寧陽侯陳懋知經筵事。戶部尚書兼翰林院學士陳循工部尚書兼翰林院學士高穀同知經筵事。戶部右侍郎兼學士江淵學士商輅侍講學士劉鉉吏部右侍郎俞山禮部左侍郎儀銘兵部右侍郎俞綱國子祭酒蕭鎡左諭德趙琬兼經筵官。侍講吳節趙恢徐珵陳文劉定之周旋修撰林文李紹編修薩琦楊鼎呂原周洪謨劉俊陳鑑岳正萬安劉吉劉珝李泰檢討邢讓分直侍講。武淸侯石亨昌平侯楊洪安遠侯柳溥太子太傅禮部尚書胡濙太子太保吏部尚書王直太子太保戶部尚書金濂少保兵部尚書于謙刑部尚書俞士悅工部尚書兼大理寺卿石璞左都御史陳鎰王文侍班。

勑兵部尙書靖遠伯王驥總督南京機務。

巡撫河南左副都御史王來爲右都御史總督湖廣貴州軍務。

甲寅。脫脫不花王使臣都督僉事皮兒馬黑麻爲都督同知、

丙辰。補給忠勇伯蔣信祿。時回京。

丁巳。右僉都御史祝暹往倒馬關守備。

戊午。禮部請瓦剌報使。不許。

己未。免黎平士兵沅靖洞丁田租二年。

庚申。夜。火星犯壘壁陣。

辛酉。初。龍門所倉糧七萬八千六百餘石。虜至不守。至是路通。左侍郎劉璉乞都指揮楊信運入懷來永寧城。從之。仍命宣府總兵官朱謙巡守開平馬營。

壬戌。昏刻。月犯鬼宿。金星犯天罡上星。

甲子。監生陳謨楊禨俱爲禮科給事中。

南京吏部尚書魏驥致仕。閣臣陳循出驥之門。欲留驥。驥不可。退曰。渠將朝事爲一己私事。其能終乎。

江西道監察御史許達言。陛下舉經筵舊典。每月六之。寒暑例止。一暴十寒。安能有成也。乞經筵外延儒臣便殿。不論寒暑。講求經史。以應當世無窮之變。至北虜講和。尚難深信。女直于宋。奉還韋后及三梓宮。不數年南侵。今使軺往來。金幣賞賜。安知其不以此致我之空虛哉。宜大等處宜積糧儲。居庸等關宜屯重兵。總戎任事之臣。益簡閱士馬。萬一彼背好長驅。我且有備。而無錯愕失措之患。上大是之。

乙丑。減四川中鹽例。

丙寅。禮科給事中金達爲都給事中。達先頒賞獨石。值虜至。督兵拒守。故進之。賜十金二幣。

初。禮部右侍郎李實北還。言甘肅右參將都督僉事毛忠通虜。命逮之。兵部乞重論。上以歷效宥之。歸其家屬京師。

己巳。免寶應縣災租。

湖廣右參將都督同知陳友守備靖州。

庚午。南京國子監祭酒陳敬宗致仕。

十月粹朔。夜。火星犯壘壁陣。

壬申。吏部左侍郎曹義爲南京吏部尚書。禮部右侍郎儀銘爲南京禮部尚書。翰林院侍講吳節爲南京國子監祭酒。

夜。金木二星合。

乙亥。右副都御史王暹巡撫河南及襄陽。

祠故翰林院侍講劉球于吉安曰忠節。

減代州中鹽例。

游擊將軍右都督楊俊修各關隘役竣回京。

雲南總兵官黔國公沐斌卒于鎮遠。賜祭葬。贈太傅。謚榮康。

戊寅。進士潘榮爲吏科給事中。

錦衣衛指揮僉事呂貴捕盜京城內外。

少保兵部尚書于謙言。聞也先貢使逾三千人。慮其窺伺。宜出京兵萬五千騎列居庸關整俟。從之。

命內外贖罪免其運糧。悉納鈔。

己卯。科道劾會昌伯孫忠吏部尚書趙新家人私鹽。命新致仕。忠伏罪宥之。

庚辰。敕刑部右侍郎耿九疇巡治鹽法。兼巡撫鳳陽淮安揚廬滁徐和。

恭順侯吳瑾領三千營。忠勇伯蔣信領舊部。

戶部左侍郎劉璉以保安永寧二衛保安隆慶二州乞招逃民復業。從之。

辛巳。仍許山西陝西浙江雲南四川畿內官分俸養親。

光祿寺卿齊整請侍經筵。不許。

夜。南京雷雨。

乙酉。翰林院檢討署國子監助教事李洪請故國子祭酒李時勉褒贈祭葬。許之。

山東左布政使萬觀卒。觀字經訓。南昌人。□□進士。授御史。著聲。尋守徽州。有善政。修堯祠。芝生于棟。歷山東左右布政。息蝗止訟。民大德之。

金星晝見。夜月犯昴宿。

丁亥。定古北口中鹽例。

戊子。選補大漢將軍足千人。

己丑。旌韓府鎮國將軍範塤孝行。事生母周氏風疾。刲左股愈之。

禮科都給事中金達言。臣嘗到邊長安嶺至獨石田禾豐茂。詢之皆總兵等官私產也。夫邊將而役軍營私。何哉。乞擇文武各一人。統兵以往。修城繕烽。不許營私河南山東畿內近選民兵。或一家二丁。或至三四丁。冬夏在官耕植無望。乞春夏回農。秋冬團練。上從之。

庚寅。山東右布政使裴綸言內官唐廣來鎮茲土。供給累民。每一科十。僕從詐冒。生事侵漁。請敕廷議。凡非邊境所遣內臣俱命回京。上切責綸。

故駙馬都尉井源弟潑乞恩授所鎮撫。

錦衣衛校尉劉信結司禮太監金英。官百戶。專偵外事。下獄論死。宥英。

初宣府總兵官撫寧伯朱謙。報虜五千餘騎犯塞。已卽也先貢使三千五百人也。上切責之。

辛卯。萬全都指揮使董斌爲都督僉事。提督獨石馬營等處邊城。

禮科給事中張聰降均州判官。河南道監察御史謝琚降吉安推官。宋琛降安福典史。俱坐太監金英事被論。

宥大辟百八十餘人戍邊。

免北京逋租。

總督湖廣軍務右都御史王來進兵天柱以及靖州銅鼓俱下之遂移軍沅州。

甲午也先貢馬駝四千四百貂銀鼠皮五百。

乙未召還巡撫湖廣大理寺卿蔡錫。

丙申大理寺右少卿羅綺爲刑部左侍郎刑部署郎中事周瑄爲右侍郎。

夜大星青白光自文昌流軒轅。

戊戌少保兵部尚書于謙請罪人悉戍宣大補伍仍措餉詰紫荆倒馬各關守臣戍守之實從之。

己亥禮部右侍郎李實爲右都御史巡撫湖廣。

總兵保定伯梁珤攻苗賊敗之擒四百八十餘人斬七千餘級。

錦衣衛帶俸指揮使馬顯爲都指揮僉事。

裁鳳陽監倉南京户部主事。

十一月辛朔命吏部覈各官省親展祭養疾丁艱赴部違限者罪之。

壬寅鎮守浙江兵部左侍郎孫原貞勦溫處餘寇聞母喪命俟賊平終制。

始命右僉都御史王竑總督漕運。

夜大星如椀青白光自昴宿流參宿三小星隨之。

癸卯命昌平侯楊洪以三千騎分守開平龍門懷來永寧諸城。

甲辰陝西都指揮馬讓爲都督僉事副總兵協守寧夏。

遼東都指揮使王祥加左軍都督僉事。

處州賊平。斬陶得二等二百四十餘人。招撫三千六百餘人。

太監金英下都察院獄。錮之。左都御史陳鎰等劾英縱舍人私鹽受賂。如指揮韓志陞署都指揮僉事。內使汝

住陞長隨奉御。都指揮孫鏜陞都督總兵官。校尉劉信陞百戶。工部尚書石璞錦衣衛指揮僉事呂貴俱受其

賄。宜籍英重論。上命錮英。訊鏜璞志俱論死。宥之。

乙巳禮科都給事中金達言江西按察僉事夏時立均徭法。五年正役。又五年雜役。此法最善。參政朱得搆沮

之。乞復其法。又富戶避重役附充遠場竈戶。乞巡鹽御史勘革。從之。

丙午兀剌使臣昂克爲都督同知。哈只阿力者剌阿老丁俱爲都督僉事。

眞定大長公主薨。

丁未南京禮部主事章綸爲禮部儀制郎中。進士黃得溫爲吏部考功主事。

發龍門衛倉賑宣府饑。

戊申都指揮使楊能爲游擊將軍。與都督僉事石彪各領三千騎練兵。

禮科都給事中金達等言守令任滿當去。輒令耆民保留。乞吏部從公斥陟。仍都察院榜禁。從之。

己酉遼東左參將都督僉事胡源爲都督同知。都指揮使宋政爲都督僉事。

賑馬邑縣饑。

辛亥上皇萬壽節。禮部請令羣臣朝延安門。不許。

甲寅雲南署都指揮僉事沐璘爲都督同知征南將軍總兵官。鎮守雲南。署都指揮使胡誌爲署都督僉事左

參將協守。

乙卯。台州知府周旭鑑加布政司右參政。旭鑑廉謹有善政。盜不入境。
大同右參將都督僉事許貴爲都督同知都指揮使周廣爲後軍都督僉事。右少監韋力轉爲左少監。
陝西右參議趙忠刑科給事中祝灝俱起復逾限下刑部獄。
夜大星青白光燭地自平星流庫樓。
丙辰夜月犯五諸侯星。
丁巳定納糧冠帶例大同二百五十石山西四百石。
夜月犯鬼宿。
己未虜千餘騎猝犯寧夏西門。左參將都督僉事丁信擊斬十人。虜掠男婦二百五十餘。馬牛千餘。
辛酉昏刻金星犯壘壁陣西星。
壬戌城遂溪縣。
癸亥行人郎勝朱驥張紳知縣楊貢學正王驥敎諭張維訓導談泰周哲李叔義監生張琛孔綸戈立余泰爲南京監察御史。
甲子署都督僉事石彪爲都督僉事。
夜大星赤光自井宿流游氣四小星隨之。
丙寅河南同知呂達爲知府。
夜月掩房宿。
遷太原平陽各屬預備倉入城。
提督獨石等處操守都督僉事董斌以獨石馬營雲州鵰鶚赤城龍門李家莊長安嶺官軍或暫寓懷來永寧。

或遣戍宣府。又或懼寇覬內地。乞各還原城分守。從之。自是率兵度龍門。且戰且守。八城復固。嚴從簡曰。此所謂口外八城堡也。失之于楊俊。而復之于董斌。內而肅愍文莊之執議。外而楊洪朱謙之圖畫。俱不可誣也。今八城爲宣府北路。雖稱孤懸。而所以屏蔽鎮城。聲援京國者實重且大矣。於乎。由是而及開平。而大寧固不可深思乎。善哉少保之言曰。尺寸進退之機。安危治亂之所繫也。

丁卯。封成鍊代世子。成鏻安王。徽釒韓王。祁鋹洛川王。

戊辰。免彰德去年田租七千八百餘石。

右軍都督僉事陳友牧馬東安等縣。俱瘠弱。下獄。降都指揮使。協守倒馬關。

己巳。敕工部尚書石璞同內官武良往山西。會各官議措餉轉粟。或擺堡。或長運。從其可省。

夜。大星赤光。自北極帝星流近濁。

庚午。瓦剌脫脫不花王貢馬。

賑大同饑。

十二月。辛未朔。停四川明年戶口鹽鈔。

壬申。給事中程信等言。昨長安左門外。見虜使在玉河橋左右奪馬。有騎馬欲直入長安左門。輦轂之下。尚敢恣肆。則狠心可見。乞該部嚴諭。及兵部幷總兵等官練兵預備。從之。

甲戌。令戶部都察院各遣官覈蘇松常鎮等伏賦。

城良鄉縣。尋已之。

丙子。荆王瞻堈欲朝上皇。書止之。

丁丑。彭山知縣黎顥爲嘉定知州。

免河南及河間瀋陽大同三衞去年旱租四萬一千七百餘石鈔四萬三千餘貫。

戊寅給事中何陞監察御史柳春同左少監彭以德督運京糧于宣府。

四川參將署都督僉事劉深爲都督僉事都指揮使徐海爲右軍都督僉事。

己卯騰驤右衞前千戶所軍餘劉潑兒前陷虜侍駕回至是以御衣白絹衫自陳賜鈔千貫。

甲申瓦剌進馬三百二十九匹俱下駟各給紵絲一絹八。

命有司逮逃匠三萬四千八百餘人。

乙酉夜月食。

己丑巡按浙江監察御史黃英請麗水縣之鮑村瑞安縣之羅洋增縣治巡司千戶所。又宋高宗賜衍聖公孔玠衢州田五頃奉廟祀洪武間王希達冒姓附籍因得罪沒入官乞復給前田于孔氏。又洪武初遣監生于各省丈量田造魚鱗圖郡縣各存册世遠無考明年例造册宜如洪武法事下戶部以立縣丈田議行之。

昏刻火星犯壘壁陣水木星同度。

庚寅撒馬兒罕地面等入貢。

壬辰工部右侍郎趙榮爲左侍郎。

總兵官武清侯石亨請選各營把總頭目每營置都督一人簡驍銳加其餉每一萬爲一營臣親督訓練從之。

癸巳敕鎮守陝西左副都御史劉廣衡往延安運綏德粟二萬石于保德備偏頭關之餉。

丙申禮部請明年正旦羣臣朝上皇于延安門寢之。

丁酉徐州河淤敕右僉都御史王竑治之。

己亥。給山西二萬金。分貧民糴種。

召商中鹽貴州。

國權卷三十

辛未景泰二年

正月辟朔上皇在南宮。

壬寅郭嵩充宿衞舍人帶刀。

吏科都給事中張讓等劾朝覲科歛命指其實于是劾高州知府易輗梧州知府諸忠高唐知州唐泰吉水知縣劉晟。

癸卯白虹貫日。

丙午敕右僉都御史鄒來學提督修守山海關至天壽山等關隘仍兼提督順天永平軍務。

敕提督遼東軍務左都御史王翺鎮守太監宋文毅以脫脫不花王親捕野人女直先到開原城已令永平山海總兵官選兵五千候于開原又京兵三千援之令都指揮石忠來遼東伺可汗至遣與相見。

敕右僉都御史祝暹提督鎮守眞定保定。

賑柳州饑。

丁未貴州右副總兵都督田禮鎮守福建都督僉事范雄俱昏聵召還。

減大同中鹽例。

禮科都給事中金達乞會試每經增同考官取士毋出二百五十人外監察巡綽等官軍嘗入場及子弟應試俱令引避又祀郊廟文職五品以上得陪祭其年深主事署郎中者未預上從之同考官如舊。

庚戌。上南郊。

廣西署都指揮使范信都指揮同知孫麟爲左右參將協守廣西。

夜。大星青白光自畢宿流奎。

辛亥。大計布政使宋興阮存按察使王瑄柯暹。參政柳芳李瓘。參議羅恪李奈李源張維。僉事王通。知府姚本吳涯王曼富敬郭瑾陳勛黄平。俱免。餘黜七百三十餘人。

虜犯寧夏牛個城。都指揮僉事李玉等不卽追被劾。

癸丑。兵部右侍郎鄒幹右僉都御史陳詔清理軍務貼黄。

甲寅。命南畿山東河南捕蝗種。

乙卯。起復定州知州王約。

瓦剌脫脫不花王使臣忽禿不花爲都督同知。孛端兀馬兒伯顔帖木兒俱爲都督僉事。

賑臨洮饑。

丙辰。大計拾遺。罷免四百八十四人。削籍十三人。

詔客商輸金百八十。馬十五。量授雜秩。

賑平陽太原大同。

貴州湖廣總兵官保定伯梁珤擊苗賊于靖州。大破之。斬二千七百餘級。擒三百七十餘人。越再宿。賊大至。又擊。斬千四百餘級。擒二百九人。又破新添寨。斬二百三十餘級。擒二十一人。又擊回巢賊。斬五十餘級。擒十五人。明日。斬七十五級。擒三人。

戊午。南京山川壇井醴泉出。

庚申。起復鎭守眞定右僉都御史陸矩。

天鳴。

辛酉。詔山西入覲官以太原糧輸威遠衞山東入覲官以德州糧輸大同。

賑廣昌靈丘縣饑。

寧夏左參將都督僉事丁信失事。降都指揮同知。往延綏。以都指揮使熊震爲左參將。

夜。月犯心宿。

甲子。監察御史林廷舉戍邊。以太監金英私鹽事露受賂也。

重建長陵神宮監。先火。

浚鎭江常州運河。

度僧三萬人。

乙丑。遺書脫脫不花王曰。與可汗和好非一世。今宜各順天心。勿妄生事端傷好。歲使可一二。所遣止百十人。此朕與可汗之利也。

丙寅。命敎官闕方許守令保舉儒士。

許鳳陽麥豆抵去年租。

起復荆州府同知陳禧勦賊。

廣西猺賊陷化州。

鎭守廣東都指揮同知姚麟往廉雷高肇勦賊。

己巳。敕勞韓府襄陵王冲烋孝行。王性至孝。母得危疾。刲股作羹。爇香禱天。母泄下。取嘗。數日瘳。王故有氣疾。

自母病愈。氣精遂散。誠格天矣。孝友作述。以至五世。爲藩輔冠。

夜。大星青白光。自天柱流近濁。

二月。辛亥朔。鎭守延綏都督同知王禎爲右都督。協贊軍務右僉都御史馬恭爲右副都御史。

夜。木星犯牛宿。

辛未。上幸太學。釋奠先師。

廣西流賊三百餘人陷封川縣。殺指揮周智。

南京翰林院侍講學士周敍請復午朝。上大是之。下禮部求直言。

巡撫四川右僉都御史李匡。以奉詔榜諭播州苗。乞給印。從之。

賑西安饑。

南京總督軍務靖遠伯王驥言山川壇醴泉。禮部欲賀。不許。

戶科給事中李侃言禮部奏會試不分南北。士夫江北文樸。江南文蔚。故洪熙初楊士奇議南人十之六。北人十之四。似不可改。刑部左侍郎羅綺亦以爲言。不允。

乙亥。南京刑部右侍郎鄭泰爲左侍郎。翰林院修撰劉儼爲侍講。行人程敬爲貴州道監察御史。監生姜約爲吏部稽勳司主事。

官兵進勦貴州之興隆清平平越。時韋同烈僞稱苗王。糾三萬衆屯興隆衞之三截洞。復攻平越淸平各衞。總督貴州湖廣軍務右都御史王來。以總兵官保定伯梁珤。發沅江東路。都督方瑛自西路。會于興隆。擊賊敗之。賊退據香爐山。

丁丑。戶部右侍郎兼翰林院學士江淵。修撰林文。主禮闈。

吏部文選司主事李賢上政本十策。勤聖學。顧箴儆。戒嗜慾。絕玩好。愼舉措。崇節儉。畏天變。勉貴近。振士風。結民心。上嘉納之。詔付外給事中李侃言賢策讜。宜鑒納。詔取入錄置左右。禮部尙書楊寧曰吾讀崇節儉一事。殆泪下也。時宮中戲爲金銀豆。編修楊守陳賦銀豆謠云願將銀豆三千斛活取枯骸百萬人。

南京太僕寺少卿王榮爲寺卿。

慶遠知府楊禧秩滿。加布政司右參政。

己卯。免揚州河間災租萬六千餘石。

起復禮部右侍郎儲懋。

夜。月犯鬼宿。

辛巳。都指揮同知汪泉指揮使汪瑛爲中軍左右都督。

壬午。敕山東左參政王聰按察僉事王琬濬沙灣運河。

甲申。南京雷震損大報恩寺塔。少保兵部尙書于謙以災異引咎。且請南京錄囚。緩度僧。上從之。惟度僧如故。

通事指揮季鐸先下獄。至是降延平衞副千戶。

乙酉。南京右都御史陳勉大理寺右寺丞薛瑄致仕。

丙戌。署都督僉事李榮爲甘州參將。

募湖廣四川雲南郡縣吏及軍民能致米百石。若湖廣運鎭遠。四川運播州。雲南運普安。各給冠帶。

也先遣使貢馬。

戊子。命兩京錄囚。

夜。土星犯太微垣上相星。

庚寅。敕戒南京文武百官。

夜。土星退入太微垣左掖門。

辛卯。敕刑部左侍郎羅綺往雲南四川督運軍儲。

欽天監正皇甫仲和以星變乞修省。從之。命府部院議寬恤條例。

起復廣東右布政使戴弁。

壬辰。琉球國入貢。

癸巳。寧夏總兵官都督同知張泰都指揮使熊震以二千人至板井。值虜數十騎。不敢擊。縱掠而去。

翰林院編修呂原爲侍講。

命畿內山東撫鎮都御史擇有司專勸農務。

賑廣平大名饑。

乙未。出五千金給宣府大同屯卒具牛種。

增廣西布政司官二員。同按察司官整理邊務。

瘞都門暴骸。

丁酉。宣府總兵官撫寧伯朱謙卒。謙夏邑人。永樂初襲留守左衞指揮僉事。累征迤北有功。進萬全都指揮使。充右參將鎭守萬全。累功歷後府左都督。奉敕充總兵鎭守宣府。上皇北狩。率子永出謁犒軍。勞虜。景泰初。捕虜龍門關中。律封伯。祿千一百二十石。在邊久。勇而寡謀。追封撫寧侯。賜祭葬。謚武襄。

戶部議寬恤七事。其言在京象馬牛房例河南山東畿內供給。今京省兵饑。乞歲四月放馬草場。至九月支料。

上不聽。餘如議。

戊戌。復盧彰宣化知縣食正六品俸。

三月庚子朔。策貢士吳匯等二百人于奉天門。賜柯潛劉昇王倎等進士及第出身有差。

辛丑。宣府左參將右都督紀廣爲鎭朔將軍副總兵都指揮使楊能爲都督僉事左參將鎭守宣府。

許鎭守浙江兵部左侍郎孫原貞守制

壬寅。前桂林知府衡岳卒。岳西平人。洪武末由監生任潮州同知。秩滿。遷守西安。十年言事忤旨。戍交趾。仁宗初。起南城令。歷南豐。遷桂林。歷官三十餘年。貧不自存。年八十四。

何喬新曰。廉吏之不聞于世久矣。碩鼠之刺。城烏之謠。在古且然。況後世乎。世所謂貪者固不足道。其矯而爲廉者。垢衣敝履以欺人。而後房姬媵極珠翠之麗。亦豈眞廉者哉。若公者乃眞廉吏也。

癸卯。免五臺縣去年農桑絲絹。

乙巳。禮部以瓦剌請報使。當姑徇其意。上不許。

丙午。太僕寺卿吳敬致仕。

增河南巡河按察僉事。

給事中林聰等劾外戚左都督汪泉。縱蒼頭占武淸田六千餘頃。擅榷商貨。上不問。聰等固請。下蒼頭錦衣獄。

己酉。太子太保戶部尚書金濂請答虜使否且生釁其何靳一介行李踐虜廷稍慰其望。不聽

壬子。封季堞崇陽王。奠墠瑞昌王。奠壘樂安王。奠堵石城王。奠壏弋陽王

瓦剌使回。敕也先曰。蘇克帖木兒等至。具悉和好。所欲遣使。朕再四思之。前細人取怨于太師。今懲前弊。不復遣。所索把哈孛羅。俟貴州回付之。我國人在太師處。亦宜遣還。副其父母妻子之望。

癸丑。廣州人奏。故巡撫右僉都御史楊信民公平不威。興利除害。有甚饑渴。劾貪見嗾。被逮京師。軍民猺獠詣

留萬計。朝命還鎮。除捕逆賊脅徒。避庶昆喙來歸。烏蓋乍中人民。禱筮狂走。沒而巷哭。過則弔奠。今已易期。哀慕不已。請立祠。從之。

乙卯。進士吳匯周興戚瀾張永呂晟王獻劉瑄俞欽相傑楊守陳童緣張業樊冕林孔滋張瑄金文鍾文清田斌章表楊袒彭言劉泰江朝宗周清俱選翰林院庶吉士。

刑部右侍郎薛希璉爲尚書。仍鎮守福建。

南京左通政畢昌免。

蠲順天保定歲辦蘆葦薥秸等物。

丙辰。免濟南去年小麥絲綿。

丁巳。浙江都轉運鹽使吳方大貪敗。削籍。累瀆辦戍邊。

夜。大星青白光燭地。自軫宿流天廟。二小星隨之。

戊午。雲南按察副使鄭顒參贊都督同知沐璘軍務。

辛酉。起復山東按察副使王亮改山西。

癸亥。盜發梁王妃墓。命還葬。

下第貢士及監生願就教者。試而授之。

甲子。召左都御史沈固及右僉都御史任寧還京。固尋致仕。

河南左布政使年富爲左副都御史。參謀大同軍事。

談遷曰。沈仲威佐大同。救貸拯敗。邊圉以壯。而郭定襄劾其收糧肆奸。請改任。年大有帷幄重臣。單辭易置。捷于友堂。不啻轉圜。當時邊將之取信如此。太宰不爲奪。臺省不敢沮。委重閫外。眞腹心干城之寄也。仲威雖長才。綜覈疎闊。大有繼之。痛革裁罷。冒功盜儲。一無所容。羣小多怨。政寬則民慢。政猛則民殘。子產之言信矣。

夜。大星赤光自井宿流雲中。

四月巳朔免肅州衛屯租

辛未。巡按直隸監察御史鄭韶劾鎮守懷來內官陳海以鐵劍易夷馬。命械海至京訊之。

禁各鎮守軍職受訟。

甲戌。右副都御史軒輗總督南京糧儲。兵部左侍郎孫原貞鎮守浙江。

丙子。左都御史陳鎰鎮守陝西召左副都御史劉廣衡還京時陝西饑。廣衡失賑。

丁丑。起復處州知府石璵。

己卯訓導齊詔爲河南道監察御史。

奉御單增下錦衣獄。增恃寵居從擬于王公。朝士或拂其意。輒詈辱之。占田奪稅。科道交劾。

夜。月色如赭。

庚辰。免武岡州新寧縣荒租。

西北黑氣如烟摩地而生。

辛巳。兵科都給事中葉盛等言。勳戚侵利。多占官店塌房。乞勘實按季收鈔。以資軍餉。從之。

壬午。監察御史韓雍兵部署郎中項忠俱爲廣東按察副使。

始榷江西湖口湖廣金沙洲船鈔。

再賑大同饑。

癸未。定易州援紫荆關。眞定保定援倒馬關居庸關白羊口。京師援天壽山黄花鎮。又都指揮以三千騎總備。游擊將軍石彪則援雁門關。俱從兵部分署。

司禮監內使高顯强奪人室。下獄錮之。

夜。月犯心宿。

乙酉。貴州賊韋同烈平。賊據香鑪山。山高千仞。周二十餘里。在平越清平間。險甚。于是右都督方瑛出龍場。都督陳友出萬潮山。左都督毛福壽出重安江。右都御史王來保定伯梁珤繼進。斬三千四百八十級。擒五百餘人。下二百餘寨。環兵攻香鑪山。賊懼。縛同烈降。械同烈入京。

郭子章曰。予讀王慈谿公平蠻恩信紀。謂石可泐。恩信不可泯。詞亦嚴矣。乃德靖間復狓焉。蜂起屠城殺官。仍穴鑪山。慘毒尤酷。所謂恩信安在。夷性險譎。當事者防其漸可也。

丁亥。右僉都御史任寧降廣西按察副使。

夜。月犯木星。

己丑。廣西蠻攻賓州。敕廣東左副總兵右都督董興等援之。

庚寅。蠲武昌歲辦杉木皮藥等物。

壬辰。襄王瞻墡乞御註洪範大全等書。予之。古琴闕。

甲午。虜百餘騎犯馬營。焚東門。命游擊將軍石彪雷通各兵三千馳勦。

監生賓繼學爲吏部主事。

乙未。武清侯石亨爲總兵官。都督孫鏜范廣爲左右副總兵。過興張義爲左右參將。選京兵六萬團操。

工部尚書石璞總督宣府軍務。

丁酉。封晉載靈丘王仕墊西河王。

敕都督僉事孫安以兵二千駐龍門。與都督僉事董斌分哨。

五月戊戌朔。建州右衛都指揮僉事佟火你爲都指揮使。時李滿住等避瓦剌遠遁。獨佟火你等入貢。

己亥。夜大星青白光自天津流至濁。

庚子。建安知縣胡欽爲延平知府。

太白晝見。

辛丑。賑解州饑。

癸卯。澤州貢士侯爵言父璡功。命爵世錦衣衛正千戶。

也先求婚于赤斤蒙古衛都督同知阿速。阿速以聞。命嚴邊備。仍賑之。

乙巳。修固原州廢城。調西安等衛兵戍之。

丙午。夜大星青白光燭地。自軒轅流游氣。五小星隨之。

丁未。太子太保吏部尚書王直等言。北虜又乞遣使人。請求不得則慚。再不得則憤而爭。今虜請再矣。其若之何。上曰。正統間使通虜。幾危宗社。朕方思絕虜。卿等第謀所以富强雪恥。稱朕意焉。

瓦剌脫脫不花王歸我前使海西鎮撫高能等七人。厚賞其使。

庚戌。立上林苑監于玉河橋西。

辛亥。止今歲各巡撫官赴京議事。

太子太保戶部尚書金濂言。虜請遣使。拒之且生釁。昔漢高帝以三十萬衆困于平城。可鑒。上曰。使毋往。朕志定矣。平城事非所宜言。

金星晝見。

壬子。行人司右司副陳鈍爲吏部稽勳郎中。

金星辰巳午刻凡三見。

癸丑。左都督汪泉占田萬六千三百三十餘頃俱給主。

太子太保禮部尚書胡濙言續出瓦剌番文一道。詳其語意專在求使臣。謂虜情雖譎。未保其終。然始則奉送上皇。今又還我制使。使人絡繹。駝馬迭貢。歸誠悔過。亦不可誣。夫厚往薄來。柔遠常經。彼使再來。此不一報。似非其義。往年土木之事。雖臣子痛心切齒。皇上卧薪嘗膽之日。然邊無儲蓄之素。野有奔亡之憂。將帥趨生。士卒忘死。邇者邊報稍急。曾無一人敢言戰伐。甚至張皇失措。安邦大計。諒不如是。伏望皇上深維曲慮。量遣往和。乃敕武臣修治軍實。庶彼無可執之詞。我有預爲之計。上曰。卿言良是。朕志定矣。

增宣府驍兵月餉。

甲寅。昌平侯楊洪爲鎭朔大將軍總兵官。從子都督僉事能爲都督同知左參將。俱鎭守宣府。都指揮使信爲都督僉事右參將。提督懷來永寧等處守備。

戊午。昌平侯楊洪製連環萬弩牌。

己未。命山西布按二司各遣官遞赴宣大收糧。

庚申。賜脫脫不花王書曰。朕自祖宗以來。四裔來朝。並加恩待。初不遣使至彼。以此和好可久。保全比歲。可汗太師累使朝貢。朝廷嘉厥款誠。頻使還答。小人言語短長。傷和好。兩國人民咸罹災害。此亦朕與可汗所共知也。以天之靈。要約如故。朕與可汗可不思所以終保之。使至業厚宴勞。所賜可汗若可汗妃有金銀及金銀器皿織金蟒服文綺等物。即付領去。自今但可汗使來。朕終始善視。決不食言。

談遷曰。兀刺受款。請使彌堅。諸大臣咸欲許之。景帝力絕焉。虜情至黠。我備未修。稍怵于盈庭之議。則季鐸輩又割挈馬兔而北走矣。賴帝確持不因變沮。眞英主哉。自是之後。漠北無皇華之跡。朔南僅象胥之通。于此益明漢大矣。

壬戌。守備倒馬關署都督僉事劉聚賄縱軍士。被訊。遽詣闕自理下獄。又南征貪懦。責從楊洪自效。

癸亥。命各布政司畿郡造軍器輸京師。

鎭守臨淸右副都御史孫曰良還京致仕。

鎭守福建太監廖秀貪暴。杖傷侯官知縣單宇。巡按御史許士達劾之。械入京。下獄。釋之。

甲子。中軍右都督楊俊改前府。

署都督僉事李信協同都督張眞鎭守浙江。

巡撫江南工部尙書周忱被劾。言其通官吏侵盜以萬計。召還。

丁卯。定雷家站中鹽例。

停南京各衞去年屯租。

六月。戊戌朔。日當食不食。

戶部右侍郞兼翰林院學士江淵言。建州朶顏野人女直海西等衞。皆我迤東籓籬。赤斤蒙古沙州等衞。則迤西籓籬。宜遣使厚賞金帛。俾去逆効順。則也先疑忌。自不窺邊。京衞餘丁盡括差操。無一人以濟家業。可乎。宜行釋放。王振誅後。傾詐之徒。陷人輒指爲振黨。至累亡辜。乞敕法司。大赦後訐黨者不問。上悉從之。已兵部言。新選舍人止千七百九十餘人。仍留訓練。上復是之。

敕巡撫山東河南右副都御史洪英。右副都御史王暹修治臨淸徐州決隄通漕。

安南入貢。

免武岡州課鈔。

命內官監作偏廂車千輛。

夜，金星犯畢宿。

己巳，左都御史沈固致仕。

應天府尹李敏爲戶部右侍郎，巡撫江南，代周忱。敕其忱法果便于官民，毋輕易，但痛革作奸者。忱有心計，管利權二十二年，因事補救，嘗上計道，徵膠若干，請液內府敗革。俟新輸之，正統末責明光鎧甲甚急，忱浮以錫立辦，其機應類此。忱去後，吳中歲潦饑，民垂死。猶曰安得周使君生我乎。初，忱所積餘米，一切供辦資焉。故官裕而民不擾。至戶部籍羨爲額，由是徵需雜出，民不堪命。

大同右參將都督同知許貴奏，右少監韋力轉銜軍妻不與宿，杖其軍死。又私養子妻，射死養子。又蒼頭數人冒功得指揮千百戶。鎮撫命按之。

庚午，吏部郎中李賢言，火鎗戰車，備邊莫善于此。兵部覆其便，從之。

辛未，浙江布政司副理問劉鏞爲台州知府。

代州故交趾布政使戈謙，薦前成山侯王通，龍門衛致仕指揮寧懋，眞定同知阮遷，千知兵，慣戰。上不聽。通仍鎮守山陵，寧懋、阮遷千令從石亭團營。

壬申，召商中鹽大同右衛。

免肅州衛去年屯糧。

癸酉，昏刻，南京天鳴。

乙亥。給貴州衞所襲職道餉。

中書舍人江陰徐頤父事王振得官。恣横。至是下獄削籍。

先是遣戶部主事黄琛監察御史李鑑追徵巡撫周忱侵糧數十萬。忱還京言。臣初至官。詢吳中積逋之由。知大戶不肯納賦。而小民獨受加耗之弊。爲之均匀襯貼。蘆蓆稻草之費。悉令自納。積米漸多。蘆蓆稻草並易錢入官。以足上供軍需。百凡修治興作。見爲妄費。亦由宣宗皇帝許臣便宜行事。臣之所費者。餘米也。不敢侵正賦。事遂不問。

仍戍廣東兵二千五百人于廣西。

青州故齊王廢邸災。

戊寅。山東布政司右參議馬諒爲應天府尹。

己卯。起復鳳翔通判葛文名爲西安知府。

詔貴州各衞修舉屯田。

庚辰。免陝西夏稅屯糧十分之三。

辛巳。召提督宣府軍務工部尚書石璞還京。令巡撫左侍郎劉璉參贊軍務。

甲申。遣工部右侍郎張敏左通政欒惲侍講學士劉鉉分祭東岳濟瀆金龍口黄河之神。

兵科都給事中葉盛言弭災防患八事。曰戶部于畿內山西徵役。遵詔停止。減省冗費。曰分守邊關量賞銀布。曰京衞軍匠于監局造軍器戰車外。餘送操練。曰法司議條例。分行南京各省清獄。曰京南捕盜。曰乞旌陣亡浙江都指揮脱綱按察僉事王晟等。仍徧訪死節。贈䘏。曰謫官如寺丞羅綺知州傅林等。查例復官。曰酌減脅從之盜。或遠配。或戍邊。庶不枉濫。上以賞軍金帛有限。監局工作人少。餘悉從之。

戊子。詔安南以上皇還京。

辛卯。夜月犯昴宿。

壬辰。夜大星赤光燭地自天廚流文昌。

丙申。趣總兵官都督僉事徐恭及右僉都御史王竑亟漕。

夜大小流星凡八十有五。

七月酉朔。彭城伯張瑾縱蒼頭于河南西平等衞立莊田。詔宥瑾戍蒼頭邊衞。

戊戌。給事中喬毅行人童守宏諭祭故琉球國王尙思達。封其叔尙金福爲中山王。

賑宣府及蔚州饑。

有大星青白光流丈餘。

己亥。蠲湖廣永明溆浦縣稅鈔桑絹。

榜浙江福建遺賊限三月入官自首免。

徵畿內河南山東山西陝西歸田民兵。九月赴京聽練。

庚子。祭故浙江署都指揮僉事脫綱。

癸卯。授于冕府軍前衞副千戶。以武淸侯石亨薦之。詔召見。尙書于謙言臣子宜嫌避。不聽。

丙午。禁僧道外游。

昏刻月犯心宿中星。

丁未。翰林院孔目馬昇加檢討。

戊申。時邊儲不足。許納粟補官。禮科都給事中金達等言。名器國之重事。不可不惜。上以權計。俟餉裕罷之。

貴州普定永寧畢節等衛苗復叛掠敕總兵官梁珤副總兵方瑛會討時貴州大饑。

左軍都督僉事過興爲都督同知。

辛亥。錮高郵儀眞去年災租。

壬子。遣監察御史幷戶部官分覈遼東永平陝西山西軍儲。

癸丑。夜京師地震。

甲寅。彭城伯張瑾使江西道南京私販下獄奪歲俸。

己未。章丘知縣田疇調萊陽食正六品俸。

命陝西按察司每冬遣司官二人協守平涼慶陽二衛。

京師妖僧趙才興等伏誅。

庚申。濬永嘉縣河。

右副都御史王暹言洪武二十四年黄河改流開封北轉自鳳陽入淮曰大黄河。支流分出徐州以南曰小黄河。正統十三年。河復故道自黑陽山趨沙灣入海止存小黄河。而徐州岸高旋濬旋塞今請黑陽山東南徐州河臣同河南三司治之。其臨清以南歸右副都御史洪英同山東三司治之。報可。

夜大星青白光燭地自天紀流貫索。

壬戌。虜百十騎犯山海關官軍擊卻之。

癸亥。錮大同夏稅十之七。

禮部儀制郎中章綸上太平十六策。躬攬乾綱。緝興聖學。面議大政。爲政得人。肅正朝綱。廣開言路。敬畏天戒。精愼選舉。嚴明考覈。守備邊境。征討不庭。禁止罪犯。官吏養廉。作成人才。端本夙化。饋運救荒。上是之。

甲子。減上元江寧句容田租之半。

戶部右侍郎兼翰林院學士江淵。薦大理寺丞薛瑄禮部右侍郎王一寧。命一寧侍經筵。瑄仍任。

乙丑。西安旱。鳳陽淮安水。俱損稼。

吏部左侍郎何文淵爲尙書。右侍郎兪山爲左侍郎。兵部右侍郎兪綱爲左侍郎。

八月丙寅朔。賑如皋縣越巂衞饑。

丁卯。開封濟南東昌興州左屯廣寧鐵嶺三萬諸衞各大水。

己巳。禁私鹽。

賜緬甸軍民宣慰使陰文金牌信符。

辛未。朱永嗣撫寧伯。朱謙子。

歲祭唐南霽雲于貴州。貴州按察使王憲言之。

壬申。廣東布政使揭稽爲戶部左侍郎。巡撫廣東。

南京地震。夜。大星青白光。自天津流織女。

甲戌。雲南布政司右參議甘敬賫表入京。言滇人盜礦。非臣所轄。宜增按察僉事提督。裁臣他用。上以玩盜下獄。贖還職。

乙亥。監察御史姚福盜餉削籍。

丙子。進士劉洙唐瑜張海潘本愚童軒徐安行嚴誠鄭林劉彛項倬黃暉楊學姚旭羅晟江毗劉觀爲給事中。

免太平府田租之半。陝西夏稅十之四。湖廣屯租十八萬八千四百七十石。

戊寅。故司禮太監吳誠妾姚氏。以誠歿土木。乞招魂葬香山。從之。賜祭。

庚辰蘄州妖人吳伯通伏誅。

辛巳。復午朝。

禁廣東浙江福建人私藏兵械。

壬午總督貴州湖廣軍務右都御史王來兼巡撫貴州。

工部尚書周忱致仕。

夜大星二俱赤光燭地一自紫微西籓流陰德三小星隨之。一自天津流河南數小星隨之尾聲如雷。

甲申。禮戶科都給事中金達馬顯爲長蘆河東都轉運鹽使。

遼庶人貴燮訴子女之困獻詩悽惋詔賜其子女金幣羊豕自選配。

乙酉。巡撫四川僉都御史李匡參贊雲南軍務左少卿鄭顒各督運赴貴州。

監察御史陳全楊貢印馬南北太僕寺馬騾駒四萬餘匹故事遣勳戚至是眞定教授鄭眞言其弊改御史。

丙戌各關命戶口食鹽踰期三月不赴場領者住支。

申私藏天文星象之禁吏科給事中毛玉以趙才興吳伯通輩不軌也。

戊子。曉刻老人星見。

庚寅夜月犯鬼宿。

壬辰。翰林院侍講陳文爲雲南右布政使工部尚書兼翰林院學士高穀薦文學行。

談遷曰高文義薦陳侍講學行才識使擢居京堂或藩臬正員必能盡心所事噫今詞臣出外輒動春明之歎間值年例委之譏搆而先朝以薦剡得之時事何啻霄徑哉。

命都察院禁勳戚收用閹人及自宮者罪之。

癸巳。錦衣衛指揮使劉源致仕。源九江人。居官勤愼。

刑部員外郎陳金言律例未便三事。曰婦人眞犯徒流笞杖罪槪的決。則廉恥道喪。宜依男子例減半贖之。曰軍民私債例不追索。則貧民無控。宜聽其理取。曰軍官敗倫傷化者革職不襲。今奸徒多誣告。宜依繼母幷義父母告子孫例。集鄰右勘實。從之。

雲南總兵官沐璘奏緬甸宣慰使卜剌浪擒思機發。思卜發不卽獻。置卜發于孟養。蓋緬人以奇貨邀我。乞少須之。當自獻。從之。

乙未。鎭守居庸關右僉都御史蕭啓乞奔父喪。不允。

九月輛朔。戶部尙書兼翰林院學士陳循言近日閣臣班列失次。詔常朝內閣錦衣衛左右侍經筵日位尙書都御史上。午朝翰林院先奏事。

召商中鹽大同威遠衞及偏頭關。

辦事吏何承海請復陝西寧遠縣鐵礦。下獄。釋之。

戊戌。免鎭江去年災租三萬八千八十餘石。

前軍右都督張軏驕淫不法。營私閹二僮。被劾。下獄。釋之。

遣內官李琮駙馬都尉焦敬徵廣通王徽煠。以巡撫湖廣右都御史李實狀王不軌。造印。占居千戶所也。

壬寅。曉刻金星入太微垣右掖門。夜月犯南斗杓。

癸卯。逮貴州協贊軍務按察副使李睿。以所部指揮女爲妾。索土官馬。被劾。

甲辰。減濟寧徐州管河主事三之一。

木星晝見。夜月犯木星于斗宿。

乙巳。右僉都御史陳詔卒。詔青田人。宣德五年進士。授御史。遷四川按察副使。以僉都御史綏閩。能弭盜。諭祭賻鈔幣。

丙午。房山諸生傅寧先陷虜來歸。獻馬。求入國子監。從之。

戊申。巡撫廣東戶部左侍郞揭稽改兵部。仍巡撫。支從二品俸。

免揚州去年災租十二萬四千六十餘石。

前刑部左侍郞丁鉉卒。鉉字永時。南陵人。工書。永樂中。授行在戶部主事。歷吏禮部。從北征。洪熙初。進員外郞。憂去。起戶部。正統初。進浙江鹽運使。擧卓異。秩滿。進河南右布政。景泰初。進刑部侍郞。劾罷。賜祭葬。

昌平侯楊洪卒。洪六合人。祖政。漢中百戶。洪嗣官。調開平。累功都指揮。正統初。以都督守獨石。敗虜宣府大石門寶昌州。捕虜阿台打剌花。斬首功二百。戊辰。封伯。祿千石。充總兵鎭宣府。己巳。坐駕陷繫獄。出之。擊虜都門涿州紫荆。遂至固安大捷。捕虜阿歸等四十八人。斬首四百八十。邀還俘掠人萬計。馬牛弓刀數萬。進侯。賜世券。久鎭宣府。號令嚴肅。善夜刼營。虜慴之。頗好文。立宣府儒學。追封潁國公。諡武襄。賜葬祭。

袁袠曰。己巳之變。內有于謙善謀。石亨善戰。外有楊洪郭登善守。是以京師危急而九服宴然。良由大同宣府爲之扞蔽也。也先雖善戰。恐宣大之議其後。將有腹背受敵之患。是以雖長驅深入而不能持久。狼顧而去。卒以無敗。向使洪登淺謀輕出。失利。宣大不守。禍延京師。土崩之勢。孰能禦之。兵法曰。攻者不足。守者有餘。是故將莫善乎持重。而師必出乎萬全。反是鮮不敗矣。

壬子。廣東道監察御史余儼爲右僉都御史。淸黃。

免大同今年田租。

前巡撫湖廣大理寺卿蔡錫被徵。不即至。下獄。

夜。月犯昴宿。

乙卯。吏科給事中毛玉。請令羣臣終喪。敦廉恥。消奔競。從之。

戊午。府軍前衛都指揮僉事孫繼宗私收閹者。戍閹者廣西。宥繼宗。

己未。免石城平陽縣災租。

庚申。曉刻金火土星會軫宿。

壬戌。免宜興災田秋糧之半。

十月丙寅朔。丁卯。清河知縣張璁言前知縣李信圭招撫流亡。課農清屯。遷知蘄州。邑人奏留。遂以知州署縣。遷守處州。卒。邑人立祠。求歲祀。以違制毀其祠。

己巳。免彰德懷慶去年旱災租。懷慶五之。彰德六之。

辛未。兵部右侍郎項文曜調吏部。吏部文選郎中李賢爲兵部右侍郎。

都督僉事石彪爲游擊將軍。巡宣府懷來龍門赤城。

紹興教授孫曰讓被薦。除禮部主客主事。

罷御史給事中錦衣衞巡視京城諸寺。專僧錄司約束。

夜。大星青白光。自軒轅流太微東垣。

壬申。減南北巡河御史四之二。罷淮揚捕盜御史。

乙亥。初。巡按江西監察御史周鑑裁閣臣陳循之墓。訟循摘鑑諸不法。命御史王豪廉之。多虛。遂劾循誣罔。循復疏豪黨。護。下法司。

丙子。苗賊掠武岡靖州及通道等縣。命總督右都御史王來總兵官保定伯梁珤討之。

太醫院醫士張鐸言京商稅重。如紵絲一至三百五十貫。布一亦三百五十貫。他物皆然。上是之。下戶部更定價稅。紵絲每匹毋過七十五貫。他物稱是。

戊寅。吏科左給事中程信上三事。敬天謹災。納諫。上是之。

命京省不得輕遣推官惧聽訟。

復南京兵部車駕主事。

庚辰。晚刻月犯昴宿。

癸未。夜月犯東井。

甲申。中書舍人何觀言吏部尚書王直。禮部尚書胡濙等宿猾宜斥。又請安置虜使于南陲。以絕往來。語多誕妄。科道交劾。下錦衣獄。謫湖廣九溪衞經歷。觀晉江人。

吏科都給事中毛玉草奏言觀誣陷大臣。擅開邊釁。宜罪。觀兵科都給事中葉盛請更所草。玉曰。上怒甚。不可更。盛堅爲請。且曰。王振馬順小人也。劉球之死。天下尚爲口實。況吾儕乎。因取筆抹其首尾數語。玉竟不更奏。入。下觀錦衣獄。

乙酉。建州等衞女直都督李滿住董山等自正統己巳竊掠。左都御史王翱遣指揮王武經歷佟成招之。至是稍歸俘掠。身入貢謝罪。

命罪人輸粟赤城等邊堡。

夜大星二。一赤光。自胃流天囷。一青白光。自華蓋流天鈎。

丙戌。兀剌使臣皮兒馬黑麻等千六百五十三人來朝。貢馬三千三百六十二匹。

命各學敎官諸生俸廩俱全支。

己丑。免濟南去年夏稅。

昏刻大星青白光自土司空西行。

庚寅。監生郭祐上言。太上蒙塵。門庭有寇。謀國大臣。欲紓急難。令民納粟者賜冠帶。今軍旅稍寧。行之如故。農工商販不分賢愚。惟財是授。使之驕穉親戚。欺誑鄉里。又有贓汚之吏。罷退爲民。欲掩鄉閭之恥。納粟納草。冠帶而歸。何前日以財去職。今日以財得官。堂堂天下。藏富于民。未有不得已之時。而有此輕名爵濫章服之意。是以空乏示敵。益啓寇心。願裁止。自今下大臣議。寢不行。

辛卯。湖廣麻陽敎諭章泰言三事。曰願陛下孝。孝百行之本也。曩上皇北狩。陛下仰承母后。俛詢羣臣。以登大位。臣竊以天意人心與祖宗所以責望陛下者。誠愈重而愈難。視昔從容繼統。故自不同。願陛下師文王之敬止。朝問定省。以承大內兩宮之心。曰願陛下弟。詩云。凡今之人。莫如兄弟。惟宣宗皇帝篤生胤嗣。惟上皇與陛下。陛下蒞藩之初。上皇留止京師。豈不以手足情親。不忍違遠。冀得時晤。日見今鑾輅復還。二聖重懽。臣願陛下體昔上皇友愛之心。師古帝王因心之仁。以父道尊事上皇。用子道敎育儲聖。百凡恩禮。無替有隆。曰願陛下武。奮發威斷。義理所安。信之不疑。行之必毅。中外曉然明知意嚮。依馮城社者。不敢肆昔日陰竊之奸。啗餌權勢者。不敢萌昔日蘿附之詭。則彼無厭醜虜。自凜然有虎豹在山之懼。用以克戡大憝。且無難者。下大臣議。謂今上已行。不必瀆聽。

析沙縣之浮流。立永安縣。設沙縣永安尤溪龍巖四千戶所。

召巡撫淮揚刑部右侍郎耿九疇還京。右僉都御史王竑總督漕運。兼巡撫淮揚廬徐和。

宣府副總兵右都督紀廣爲鎮朔將軍總兵官。鎮守宣府。

塞野狐嶺。另置關。新開口列臺通虜使。從戶部右侍郎劉璉之言。

十一月[illegible]朔。丙申。曉刻。火星犯氐宿。

己亥。昏刻月犯牛宿。

壬寅。召游擊將軍都督僉事石彪旋師。

豐城侯李賢卒。賢字嗣爵。正統丁巳鎭大同。庚申。守備南京。多廢事。不能馭下。成化初。贈豐國公。諡忠憲。

癸卯。鎭守福建刑部尚書薛希璉乞同右監丞戴細保考察各官。吏部謂同內臣非制。其如舊。

鎭守密雲內官張溥都指揮同知趙玟等燒荒燎及關城人畜軍器民居。敕責之。

乙巳。上皇萬壽節。禮部請羣臣朝延安門。不許。

談遷曰。自太上南轅。雖饔帝子民之未及。而誼隆同氣。佳辰令節。景帝能時廑候輦。銜杯接席。俾故舊大臣親天顏而慰寂景。卽堯舜不啻也。南宮之錮。日惟堦苔庭月之是問。非角弓之怨。何懟而至此。其後貶削奪號。或恒情之必然矣。

丙午。四川筠連高珙初以茶惡改鈔。至是巡撫左僉都御史李匡從民便。仍徵茶。幷及烏蒙軍民府。

召鎭守山西左副都御史羅通提督三千營訓練。命鎭守雁門關右副都御史朱鑑兼領山西。

大同右衞千戶石鐸改京衞。石亨從子。

戊申。提督軍務左副都御史年富兼督大同屯田。

夜。月犯昴宿。

己酉。夜。大星赤光。自五帝內座流太微東垣。一小星隨之。

庚戌。定嘉湖田畝稅糧二斗。絲綿三兩。餘視其腴瘠增減。時丈田禁分戶。

停明年市茶四川。

壬子。詔傳明年度僧道。于是僧道赴京者數萬人。兵科給事中鄭林乞盡逐還。從之。

夜。月犯鬼宿。

乙卯。減免遼東諸衞屯租有差。

丁巳。寧遠伯任禮守備南京。兼領中府事。

免寧夏中護衞去年屯租。

初。四川董卜韓胡宣慰司都指揮同知克羅俄監粲。欲自銅門山直抵保縣威州入貢。鎭守左副都御史寇深不從。因訐深淫縱。命按之。

逮後軍都督僉事王斌。以守備延安侵餉等罪。

壬戌。內官李琮下獄。琮徽廣通王徽煠道橫脅賂。駙馬都尉焦敬奏之。琮亦訐敬受賂。命宥琮。幷敬不問。

癸亥。夜。火星犯鉤鈐星。

十二月乙丑朔丙寅。免甘州等六衞屯租。

廢廣通王徽煠陽宗王徽焟爲庶人。初。舍人段友洪數以技術進徽煠。言致仕後軍都事于利賓善相。徽煠見之。稱當主天下。利今歲大悅之。遂造轟王金寶。靈武欽武封都傲寨苗楊文伯靈武侯。天柱寨苗金龍欽武侯。俱銀印。改元玄元。作敕書。分敕友洪及蒙能陳添仔等。賫印金幣誘苗起事。又賜横嶺峒苗吳英頭等銀牌。約攻武岡。文伯等不敢受。友洪等爲鎭南王徽煣所執。巡撫李實既上之。徵徽煠。而湖廣總兵官梁珤言陽宗王徽焟與通謀。亦徵入。方被徵時。峒苗至。爲官軍所擊敗。廷訊並削封。幽高牆。

丁卯。大理寺丞王恂爲右春坊右庶子。署國子監司業事。

己巳。夜。大星赤光燭地。自近濁流五諸侯。

庚午。戶部郎中李秉爲右僉都御史。參贊宣府軍務兼總督糧儲。召劉璉還。

敕鎭守松潘左侍郎羅綺以舊威州保縣通道內官陳涓已奏其不可。或有他徑爾其計之。

辛未。禮部右侍郎儲懋爲南京戶部尚書。南京工部右侍郎王永壽爲南京工部尚書。南京右副都御史張純爲南京右都御史。大理寺右寺丞薛瑄爲南京大理寺卿。調禮部尚書楊寧刑部右侍郎姚夔于南京禮刑〔部〕。

壬申。免西安等屯租十四萬三千五百八十餘石。

禮部乞通使瓦剌。不許。

甲戌。夜。大星青白光燭地。自天狗流至濁。三小星隨之。

乙亥。免尤溪沙縣逋租。

貴州布政司左參政胡拱辰以四川人輸布貴州。折各衞官軍俸糧。道費。乞明年徵銀。從之。

丙子。禮部以瓦剌貢馬分三則給絹段。使臣察占謂其薄。不受。上曰。不足校。即下下馬。悉視下馬賞之。

少保兵部尚書于謙辭總督軍務。不允。令羅通協贊提督。

戊寅。免江浦六合去年田租十之四。減貴州歲造軍器之半。

夜。月犯井宿。

辛巳。治居庸關南北餉道。

壬午。南京戶部尚書儲懋卒。懋字世續。丹陽人。□□訓導。擢吏科給事中。正統初直經筵。壯其語貌。改翰林修撰。實錄成。進侍講。尋拜戶部左侍郎。主餉福建。諭有司緩徵。勸閭右輸助給軍。景泰初調禮部。母喪奪情。長南京戶部。遽卒。賜祭葬。

甲申。左副都御史寇深回院。

都督同知陶瑾爲右都督。署都督僉事李信爲都督同知。

乙酉。禮部右侍郎王一寧爲左侍郎。翰林院編修薩琦爲禮部右侍郎。

提督獨石等處都督孫安爲都督同知。

丙戌。南京戶部左侍郎張鳳爲尚書。廣東按察副使韓雍爲右僉都御史巡撫江西。

瓦剌使臣右都督皮兒馬黑麻爲左都督。都督僉事察占哈只阿力俱爲都督同知。

召還鎮守陝西興安侯徐亨。

兵部議選官軍十萬分五營團操。每隊五十人。兩隊置領隊官。千人把總官。三五千人置把總都指揮。虜恃弓馬。知我火器一發不卽裝。卽馳突。今陣外列鹿角待敵。先火藥爆伏詐之。謂藥盡來攻。則火銃砲飛槍火箭弓矢俱發。又大將軍繼之。待敵勢動。騎則長槍弓弩。步則圓牌短刀。此練武之略也。上從之。

丁亥。應城伯孫傑卒。

戊子。故浙江都指揮同知王瑛。都指揮僉事沈麟。崔源。按察司副使陶成。僉事王晟。布政司右參議耿定。各贈一級。廕敍有差。

募商中鹽遼東鐵嶺衞納粟。

庚寅。禮部左侍郎王一寧。國子監祭酒蕭鎡。俱兼翰林學士。直文淵閣。

兵部右侍郎鄒幹調禮部。兵部右侍郎李賢兼清理軍職貼黃。參贊宣府軍務右僉都御史李秉兼督屯種。初宣府被掠牛盡。命官市牛萬五千隻給軍民。又人給銀六錢市穀種。

戶部左侍郎劉璉致仕。

辛卯。楊傑嗣昌平侯。楊洪子。

壬辰。戶部尚書兼翰林學士陳循爲少保兼文淵閣大學士。工部尚書兼翰林院學士高穀爲少保兼東閣大學士。

兀剌太師也先弑其主脫脫不花。脫脫不花妻也先姊。生子也。先欲立爲太子。不從。也先亦疑其通中國。遂治兵相攻。脫脫不花敗走。依兀良哈。追殺之。也先盡收其妻子。

馬晉允曰。土木之變。孽虜得志。此不戴天之仇也。幸虜自悔悛。奉駕南旋。而也先弑主。旣不能興問罪之師。孛來哈剌自相仇殺。又不能申天討之義。堂堂中朝。何以威示夷狄乎。大約縱逆息民之論。與三楊議棄交趾相同。假當日不使石亨別令郭登楊信輩將兵臨邊。聲其弑奪之罪。諭令擇酋之賢者立爲虜主。責以納璽自贖。使長爲屬國。不亦仁昭而義著耶。惜乎見不及此。貽後世亡窮之患也。

談遷曰。夷狄簒弑。自有恒習。第可汗敗。財十人走兀良哈。直亡胡耳。旦暮之人。曾不能待。遽殄滅之。因僭大號。以犯天下之大不韙。是挑隣怒。開部釁而自速其敗也。彼兇虜又何足計哉。

壬申景泰三年

正月乙朔。上皇在南宮。

丙申。太子太傅禮部尚書胡濙太子太保吏部尚書王直俱進少傅。

庚子。翰林院侍講學士劉鉉爲國子祭酒。

辛丑。許勳臣祿米麥兼支。初支米鈔。仁宗時兼米麥。近仍支米鈔。

罷納粟補官。

蠲順德府災租萬九千三十餘石。

壬寅。貴州都指揮張任爲參將總督守備貴州。

分福建備倭軍船五哨。烽火門小埕澳南日山浯嶼。西門澳。

總督邊務參贊軍務右僉都御史李秉請汰軍士屯田近郭。從之。

甲辰夜大星青白光。自紫微垣流天鉤星。

丙午。上南郊。

蠲廣東屯租。

丁未。夜。月犯鬼宿。

戊申。故都督呂毅子瑛。先聘指揮使葛覃妹。瑛調山海衞。娶千戶俞勝女。其葛氏年踰三十。字南京千戶劉昱。

生子女。瑛還爭之。法司令歸瑛。南京兵部尚書靖遠伯王驥請年久不回聽改嫁。從之。

己酉。都督僉事郭瑛署都督僉事崔福帶刀宿衞。

庚戌。仁廟賢妃李氏薨。

夜大星青白光。自天艪流游氣。

壬子。蠲廣平逃租二萬二千四百五十石。

駙馬都尉石璟使湖廣販鹽。下臺獄削籍。

癸丑。右都御史王文署鴻臚寺事。左都御史楊善俱進太子太保。

夜大星青光。自天紀流河鼓。三小星隨之。

甲寅。軍官尅減糧賞者。俱革職役官。

丙辰。報瓦剌脫脫不花曰。前請答使已書報。恐小人煩言結怨。亦瓦剌之大不便也。自今使來朝貢者聽。然亦須人。少賞賜乃得厚。漢人在死刺者。後使俱帶至。重賞不吝。時聞脫脫不花與也先仇殺。兵部尙書于謙武清侯石亨乞統京營分往宣大討之。不許。

廣東流賊陷石康縣。

逮致仕戶部左侍郎劉璉。時巡按監察御史鄭韶戶部郎中汪澼劾其盜餉。例戍。上念其在邊久。宥致仕。

築海鹽縣石塘。

戊午。張寧嗣安鄉伯。張安弟。

故浙江按察副使陶成贈布政司左參政。故僉事王晟贈左參議。故參議耿定贈副使。縣丞張智許中和徐瑾贈副理問。

誅致仕都司于利賓等。

己未。萊州知府崔恭爲廣東右布政使。

辛酉。紫荊關守備都督同知顧興祖小龍門守備署都指揮僉事周晟。受部曲賂。俱下獄。命左軍右都督陶瑾署都指揮同知劉全代之。

癸亥。曉刻東南黑雲如人戴笠北揖。

二月玭朔。巡撫直隸監察御史朱驥下獄。

丁卯。作颱房于鄭村壩。

戊辰。暫停陝西四川巡茶行人。

己巳。募商中鹽獨石馬營。

庚午。浦城縣丞何俊爲知縣。

辛未。戶部右侍郎兼翰林院學士江淵爲吏部左侍郎。國子監祭酒兼學士蕭鎡爲戶部右侍郎。仍兼學士。

山東按察僉事姜永贊理山海等處軍務

進士高明戚寧馬文升周必兆洪弼夏塤白良輔李璥伍善張璣俱爲監察御史。劉敷應欽爲南京監察御史。

壬申。吏部左侍郎翰林院學士江淵以京師久雨雪。請眚災肆赦。向詔蠲景泰二年稅糧三分。今又追徵失信

上是之。于是錄囚末減者衆。

己卯。敕廣西左副總兵都督僉事武毅提督軍務。刑部右侍郎李棠會廣東右副總兵都督董興兵千五百人。

勦梧州及茂名大藤等賊。

增山東布按二司官各一。理餉遼東。山東布按二司官各一。理餉宣府。

蠲海州元年災租二萬三千七百八十石。

壬午。亦剌太師也先報可汗之捷。獻馬二。也先殺元裔幾盡。呑併諸部。東至女直。西至赤斤蒙古。

蠲漕輓軍民例輸蘆葦。

癸未。考輟朝例。禮部言諸司職掌。公侯故輟朝三日。都督至都指揮故輟朝二日。公侯外故輟一日。櫬還京仍輟三日。其親王公主郡主薨。輟朝俱特旨。永樂間伊王薨輟十日。素服西角門。永安公主薨。輟四日。命今後禮如永樂例。

募民遼東運米千石于開原。海州運千石于鐵嶺衞。俱賜冠帶。

乙酉。上皇第五子見澍生。淑妃高氏出。

以宣府萬億庫雜物賑宣府。

右副都御史劉廣衡錄囚南京。

丙戌。翰林院編修楊鼎爲侍講。

禁各王府內官內使舍人私出入。

丁亥。召四川右布政使張惠。

戊子。太子太保兼戶部尚書金濂下獄。以違詔追徵景泰二年夏稅銀布絲絹。見學士江淵奏中被劾。

前河南左布政使李昌祺卒。昌祺廬陵人。□□進士。選庶吉士。預修永樂大典。稱博洽。擢禮部主客郎中。薦授廣西左布政使。德綏谿洞諸蠻。尋註悞謫役房山。宥改河南。會憂去。起復。貧不能殮。其詩文敏贍流麗。時輩重之。

湖廣貴州臻剖五岔等處苗叛。命總督軍務右都御史王來總兵官保定伯梁珤會巡撫四川左僉都御史李匡等勦撫。

庚寅。命罪人于京倉運赴宣府。

辛卯。都督僉事李端爲都督同知。專使死刺。

壬辰。釋金濂。裁太子太保。

召提督遼東軍務左都御史王翺還京。副都御史寇深提督軍務。

宣黃縣大疫。

癸巳。夜大星二。皆青白光。一自角宿流斗柄。一自明堂流軒轅。

三月甲午朔。許雲南文職土流官納粟。普定衞貽封。

夜。孛星見畢。

丙申。中書舍人王采董瑛劉文爲吏部郎中。采瑛仍直內閣。

湖廣署都指揮僉事畢通守備武岡州。知庶人徽煠等反狀不奏。謫戍開平。

丁酉。命大同今年糧芻納本處倉場。

戊戌。召鎮守四川行都司大理寺右少卿張固。

兵科都給事中葉盛吏科左給事中程信爲山西山東右參政。分督邊儲。

辛丑。琉球入貢。

中軍都督僉事范雄爲都督同知。

工部尙書金濂還戶部。

定六科敍監察御史上。

令親王自令節外毋歆諸守臣。

甲辰。命錦衣衞指揮僉事畢旺偵事京師。

乙巳。起復兵部左侍郎兪綱。

丙午。戶部右侍郎孟鑑往山西饋運大同。

壬子。封公鎔宜川王。

敕監察御史王允往廣東。令都督董興提兵往廣西。會都督武毅征潯梧柳慶賊。

乙卯。新寧伯譚裕卒。

丙辰。召南京禮部尙書儀銘。

戊午。左副總兵左都督毛福壽鎮守雲南金齒騰衝。

己未。右僉都御史韓福爲右副都御史。仍參贊寧夏軍務。

募納粟廣西授百戶縣佐等秩。

庚申。南京翰林院侍講學士周敍卒。敍字功敍。吉水人。永樂戊戌進士。選館。授編修。實錄成。進修撰。歷侍讀。直言時政。尚書王直等皆引罪。歷南院侍講學士。請修宋史。未就。再言事。上皆納之。文章優贍。敦氣節。與人直亮。所著唐詩類編。石谿居士集。行世。其修宋史。與上元陶元素撰述。元素舉進士不仕。守道甘貧。時論高之。

辛酉。彭時服闋。補翰林院侍讀。初時直閣喪母。再乞終制。始允。遂忤旨。

雲南都指揮使方瑾卒。瑾全椒人。襲交州中衞指揮僉事。調六涼衞。善料敵。從征麓川。多效謀云。

壬戌。召鎮守陝西左都御史陳鎰還京。以刑部右侍郎耿九疇鎮守陝西。

四月丙朔。上有意廢東宮。立其子見濟。未敢發也。太監王誠、舒永請先賜諸大臣金。于是賜少保戶部尚書兼文淵閣大學士陳循、少保戶部尚書兼東閣大學士高穀各百金。吏部左侍郎兼學士江淵、禮部左侍郎兼學士王一寧、戶部右侍郎兼學士蕭鎡、翰林學士商輅各五十金。亦未敢發。

乙丑。戶科都給事中李侃等劾中軍都督僉事石彪蒼頭占慶都民田。命覈還之。仍通戒勳戚大臣。

戶科給事中李錫言光祿寺錢料殊少。乞停四月八日午節等宴賜。上以舊制不允。

丁卯。夜金星犯六諸王星。

庚午。南京工部左侍郎吳政致仕。

辛未。虜入狗河塞。把總指揮楚鳳等擊斬十級。擒五人。

夜大星青白光。自織女流雲中。

壬申。女直指揮高捏勤禿等五人來歸。改秩海州、蓋州二衞。

乙亥。免山西太平縣逃租。

丙子。徙原武縣于古卷。前河決陷縣也。

戊寅。宿遷主簿應永富爲知縣。

發三十萬金糴餉于陝西宣府大同遼東。

海寇犯潮州柘林鎮。

己卯。湖廣按察副使安福彭琉致仕。琉永樂□□進士。授政和知縣。坐事免。起臨淸教諭。薦授翰林編修。遷廣東提學僉事。文教大振。進山西按察副使。仍督學。改廣東。以廉直聞。

庚辰。禁文職避軍匠竈籍置產在任或隣境規脫役者。廣西按察使王增祐言其詭。

辛巳。巢縣知縣閻徽加廬州通判。

免金華處州逋租二萬九千四百三十餘石。

壬午。進士曹衡爲吏科給事中。

癸未。免直隸興化縣旱災田租二萬四千六十餘石。

甲申。初廣西思明土知府黃𤧶致仕。子鈞嗣職。𤧶庶兄都指揮竑。庶長也。録嫡而少。録怨鈞。都指揮竑以𤧶庶兄。守備潯州。兵威甚振。欲殺鈞幷奪録而襲之。計授録兵五千。夜馳入府。襲殺𤧶。支解鈞。甕瘞之。詐言盜入府。明日。録入城舉哀。請竑捕盜。竑卽發録。罪若爲𤧶伸理者。巡撫刑部右侍郎李棠使參政曾翬副使劉仁宅往治。竑陰持金多遺翬仁宅。外挾兵勢相抗。撓仁宅。陽許之。留翬于潯。與約去。至南寧。竑二子迓仁宅。伏甲縛之。亦誘執竑于潯以聞。詔下廣西獄。竑懼。遣千戶袁洪叩闕上言。高皇帝龍飛淮甸。定鼎開基。所期聖子神孫。傳之亡窮。胡寇犯邊。太上輕屈萬乘。被遮虜廷。扈從羣臣。天下將士。十喪八九。逆虜乘勝長驅。迫京嚴邑。幾殆。非列聖在天之靈。預誕皇躬。繼登大寶。天下臣民。何所歸嚮。此皇天所以眷陛下也。陛下卽位已踰二年。東宮尙仍太上之舊。豈念太后太上有所不忍。臣惟太子天下本。古人云。天與不取。反受其咎。竊恐日月淹久。議論妄生。人心易搖。爭奪與亂。卽欲循前代遜讓之美。復全天敍之倫。勢有不可。近者土星逆行太微垣。臣測天意。殆有垂諭。願早與親信大臣密議。易建以一中外之心。絕覬覦之望。上大悅曰。此宗社重事。下廷議。衆皆駭愕。敕南京總督機務兵部尚書靖遠伯王驥年踰八袠。其食祿就閒娛老南京。南京兵部尚書徐琦參贊守備機務。

夜。火木二星犯危宿。

乙酉。議易儲。禮部尚書胡濙侍郞薩琦鄒幹會羣臣議。衆知不可。莫敢言。太監興安厲聲曰。事不可已。不可者無署名。何遲疑耶。陳循等先受金口盡塞。循坐左足而署。諸臣繼之。魏國公徐承宗。寧陽侯陳懋。安遠侯柳溥。武清侯石亨。成安侯郭晟。定西侯蔣琬。駙馬都尉薛桓。襄城伯李瑾。武進伯朱瑛。平鄉伯陳輔。安鄉伯張寧。都督孫鏜。張軏。劉深。張通。郭瑛。劉鑑。張義。錦衣衞指揮同知畢旺。曹敬。指揮僉事林福。尚書王直。陳循。高穀。何文淵。金濂。于謙。俞士悅。左都御史王文。楊善。王翺。侍郞江淵。俞山。項文曜。劉中敷。沈翼。蕭鎡。王一寧。李賢。周瑄。趙榮。張敏。通政使李錫。通政欒惲。王復。參議馮貫。卿蕭維楨。許彬。蔣守約。齊整。李賓。少卿張固。習嘉言。李宗周。蔚能。陳誠。黃仕儁。張翔。齊政。寺丞李茂。李希安。柴望。酈鏞。楊詢。王溢。翰林學士商輅。都給事中李讚。李侃。李春。蘇霖。林聰。張文質。各道御史王震。朱英。涂謙。丁泰亨。强宏。劉琚。陸厚。原傑。嚴樞。沈義。楊瑄。左鼎。皆言。父有天下。傳之子。三代享國長久。皆用此道。宜從玹言。詔曰。卿等所引皆古義。近者耆舊內臣亦來勸導。與卿奏同。朕不敢專。上請皇太后。太后曰。但欲宗社乂安。天下太平。人心如此。政當順之。朕不敢違。禮部其具儀擇日以聞。始署議時。諸臣盡唯唯。惟王直與刑科都給事中林聰囁嚅。然竟不敢言。置東宮官屬。寧陽侯陳懋。武清侯石亨。少傅禮部尚書胡濙。少傅吏部尚書王直。俱兼太子太師。安遠侯柳溥。

少保戶部尙書兼文淵閣大學士陳循。少保工部尙書兼東閣大學士高穀。少保兵部尙書于謙。俱兼太子太傅。都督僉事張軏。吏部尙書何文淵。戶部尙書金濂。南京禮部尙書儀銘。刑部尙書俞士悅。工部尙書兼大理寺卿石璞。左都御史陳鎰王翺。俱太子太保。吏部左侍郞江淵。禮部左侍郞王一寧。戶部右侍郞蕭鎡。俱太子少師。仍兼學士。吏部左侍郞俞山爲太子少傅。兵部左侍郞俞綱爲太子少保。翰林學士商輅爲兵部左侍郞兼左春坊大學士。仍舊任。戶部左侍郞劉中敷兼太子賓客。太常寺少卿習嘉言爲詹事。吏部右侍郞項文曜。禮部右侍郞薩琦。俱兼少詹事。禮部右侍郞鄒幹兼左庶子。翰林侍讀彭時。侍講劉儼。爲左右春坊大學士。周旋。趙恢爲左右庶子。修撰林文。侍講徐理。爲左右諭德。修撰李紹。侍講劉定之。爲司經局洗馬。侍講楊鼎。倪謙。呂原。修撰柯潛。爲左右中允。俱兼舊秩。都給事中李佩。監察御史魏齡。爲詹事府丞。編修周洪謨。劉俊。岳正。檢討錢溥。爲左右贊善。編修萬安。李泰。都給事中林聰。典簿鄒循。俱爲司直郞。侍書陳穀。徐泌。監丞鮑相。縣丞高誠。俱爲淸紀郞。檢討曾暹。傳宗。五經博士陸藝。典籍李鑑。俱兼司諫。編修王與。兼司經局校書。中書舍人劉鉞趙昂兼正字。敎諭李瓊爲檢書。待詔趙政爲詹事府主簿。敎諭劉潔爲錄事。序班楊欽。王政。周寧。傅榮。爲通事舍人。

丁亥。宮孤俱兼二俸。王直等疏辭。不允。

戊子。通政使李錫。大理寺卿蕭維楨。左副都御史羅通。俱爲太子少保。

仍設兩京飯堂。

都督同知王通卒。通。咸寧人。父眞。從靖難。歷都指揮使。戰死淝河。永樂初。贈金鄉侯。加贈寧國公。封通武義伯。祿千二百石。七年。治方中。進封成山侯。予世。宣德初。拜征夷將軍。鎭交趾。黎利反。不能守。下獄。削籍。正統己巳起都督僉事。尋進同知。卒。子琮。授景陵衞指揮僉事。

夜。金星犯井。

庚寅。修孝陵。

虜寇廣寧義州。

壬辰。裁永寧鎮寧州同知判官。

五月癸巳朔。瓜哇國王巴剌武入貢。

設宣府諸處養濟院。

是日。陳東宮儀仗奉天門。有男子持赤梃直入擊香亭。奮呼曰。先打東方甲乙木。內使縛之。命下錦衣獄瘐死。

甲午。立見濟爲皇太子。廢皇后汪氏。立見濟母妃杭氏爲皇后。詔曰。天佑下民作之君。實遺安于四海。父有天下傳之子。斯本固于萬年。朕長子序在倫先。宜正東宮。事方聞于聖母。遽見允于輿情。復以皇后之謙冲。固遜軒龍于有子。再三陳懇。理順名端。肆循慈訓之諄。兼遂賢情之切。冊朕長子見濟爲皇太子。其母杭氏爲皇后。大本既正。彝倫亦明。親親之誼。尤所當敦。太上皇帝長子見深更封沂王。次子見清榮王。見淳許王。同屏國家。衞安宗社。爰推恩于遠邇。庸賚弼于臣民。所有合行事宜。條列于後云云。於戲。綱常正而家道雍。式弘敦于化本。儲副專而國統續。庶永固于基圖。

田汝成曰。至今人言易儲事。謂肅愍卷舌而不諫。殆有罪焉。而其子孫作家狀亦云。景皇帝大漸時。肅愍草疏請復辟。欲上而不果。是殆爲祖父文過語。正不當爾也。肅愍豈其懵耶。所見或有一道焉。第陳循因夷酋之議而承以爲功。肅愍不爲開陳大體何也。其後鍾御史同章儀制綸廖少卿莊相繼請復儲。被杖瀕死。玹之遺禍。可勝誅哉。

王世貞曰。易儲之際。人不攷而以譏于王二公。甚亡謂也。于公所職者兵事而已。居密勿主此事者。陳芳洲輩也。執筆首此議者。胡忠安也。爲六卿首者。王文端也。芳洲輩初與高文義賜百金。江淵王一寧蕭鎡商輅半之。事定。復各賜黄金五十。文端忠安俱加太子太師。而于公不過太子太傅。王毅愍以正月與與濟楊善加太子太保。至增置宮臣之際。蓋王不與陞。而于不與賞也。大概略可推矣。詔諸公二俸俱支。而于獨再辭不允。今奈何以易儲議之。

崔銑曰。銑聞之東白先生張公曰。景帝將廢儲而立其子。令百官各署狀。惟給事中東安李侃執筆大慟。給事中林聰退而語人曰。惟吾抗議。景帝聞之。改林爲太子司直郎。林欣然自負高選。至今諸文集謂林爲忠蓋林後尊顯。諛言相傳耳。張公又曰。使李公推慟心于狀。豈不毅然大丈夫哉。是時諫者三人。鍾同死于獄。章綸廖莊。晚雖貴。咸黷貨敗節也。

陳懿典曰。易儲之說。禍起黄竑。彼小人犯大憝。計畫無復之。爲此萬一不死耳。而中朝遂無一人言之。世傳李侃林聰朱英極知不可。王直署名有難色。陳循曲跪奉筆。卒皆署名。世乃獨以此罪于謙。何耶。豈以當時親信無過謙者。倘謙出一言。事尚可止。謙豈畏怯不敢言者。則本兵職耑軍旅。宗伯內閣輔臣九卿俱無言故默默從衆耶。而不知世固責備賢者獨深也。讀諸文武列名疏。及後受恩賞。石亨張輗徐珵皆在其中。故他日不以易儲爲罪。而以迎立外藩文致之。可覩矣。

談遷曰。黄竑脫死。妄議易儲。然景帝在位久。諸壬人必倡是說以媚之。如徐正請扃錮南城。其心猶竑也。嗟乎。委愛子于他人。寄空名于大寶。自非堯舜。儔爲安之。亦不足爲景帝病。第棣萼中捐。有同紾臂。何論沂邸哉。當時諸大臣亟于順旨。倘致啓上皇。方在幽抑。何求而不得。自降詔遜儲。尤曲全景帝之私。而陳循胡濙輩逢惡之甚。惜不知出此也。

夜。大星赤光。自文昌流游氣。

乙未。大賚文武官吏諸生軍匠等。

丙申。令百官朔望朝東宮。

南海縣丞周亶爲順德知縣。

沙灣暫塞。初河決沙灣。徑趨海。侍郎王永和往治。勿效。工部尚書兼大理寺卿石璞復厲治。河決如故。于是命內臣黎賢阮洛御史彭誼往協。乃築石隄禦決口。穿二月河。引水益運。決勢漸微。始克築塞之。

丁酉。大理寺卿蔡錫降湖廣布政司左參政。

署都指揮僉事韓智爲都指揮僉事。鎮守天壽山。

朱儀嗣成國公。朱勇子

戊戌。沈煜嗣修武伯。沈榮子。

命巡檢擒盜如舊額始陞。

庚子。開封南陽汝寧流民復業。免徭賦五年。都指揮陳紀參議豐慶僉事劉懷分理。

四川左布政使張惠爲南京禮部尚書。

鈔法壅。申明錢禁。

戊申。少保兼太子太傅兵部尚書于謙上古陣圖。命行習之。

己酉。夜大星赤光。自滕蛇流天大將軍。二小星隨之。

庚戌。復劉聚都督僉事。中府帶俸。

辛亥。琉球國中山王尚金福入貢。

壬子。敕董卜韓胡宣慰司都指揮使克羅俄監粲所侵舊維州。仍還保縣。

夜。金星犯鬼宿。

甲寅。邢寬服闋。補南京翰林院侍講。進侍讀學士。

裁武學。

丙辰。進鎭南王徽煣爲岷王。封豪畿益陽王。

鎭守山東左副都御史洪英王暹並進右都御史。

進士李秉彜爲吏科給事中。

鎭守涿州等處都指揮陳旺爲署都督僉事。仍鎭守。

置浙江宣平雲和景寧泰順縣。

丁巳。金星晝見。

己未。山西行都司都指揮使孔旺失印下獄。

六月。

甲子。作隆福寺。太監尙義陳祥陳謹工部左侍郎趙榮董之。

丙寅。補築大同邊堡。

庚午。永和知縣胡貞爲應州知州。

戶科給事中白瑩言三事。減官員以省糧儲。折桑絹以甦民困。申舊典以優官員。從之。

壬申。初。木邦宣慰使罕蓋法乞麓川閫景綫之地。未報。而罕東兵輒據之。以聞。總兵官沐璘等諭以威德。割麓川之底麻予木邦。餘歸麓川。

乙亥。故事。巡撫歲八月入議政。至是俱留。特以其事聞。

工部郎中黎叔林爲右侍郎。仍理軍器廠。

丁丑安南入貢。

洛川知縣張軾爲綏德知州。

復賑隆慶州民。

歷城長清蝗命瘞之。

己卯敕萬州土判官王琥專撫村洞黎人。

除洛陽縣荒租。

庚辰許安南使臣謁太學。

宜川主簿張繹爲知縣。

辛巳吏部稽勳郎中陳鈍刑部郎中陳金頒詔朝鮮行人司正李寬行人郭仲南頒詔安南各賜織金羅衣一襲。

免原武等縣災租二萬九千一百餘石。

禁福建沿海販琉球招寇。

賑獨石馬營官軍。

癸未鎭守浙江兵部右侍郎孫原貞爲尙書仍鎭守浙江。

敕官吏故勘平人致死俱論死給事中于泰言其非故殺遂得貸監察御史左鼎言官吏受賄深文與故殺何異先朝恩宥皆不及此上從之。

乙酉昏刻金星犯靈臺。

戊子。申明鹽禁。

夜。金星犯太微垣上將星。

己丑。太常寺卿蔣守約爲禮部尚書。南京太常寺卿章文爲南京禮部尚書。俱仍署寺事。

賑淮安水災。

庚寅。錦衣衞千戶謝廷循府軍衞千戶殷善俱爲指揮僉事。仍帶俸。俱畫工。

雷震大內中門。昏刻。金星入太微垣右掖門。

是月。大雨浹旬。河復決沙灣白馬頭七十餘丈。命巡撫山東右都御史洪英理之。勿效。

鎭守雁門關兼巡撫山西右副都御史朱鑑貽陳循書曰。邇奉明旨。更封沂王。僕竊遠聞。心殊未安。夫前者至尊蒙塵。宗社安危。非得長君。人心未定。姬周輔成。不得已也。今鑾輿既歸。曆數有在。委裘而治。亦無不可。太子仁孝。天下共知。在廷文武羣臣共立。不能夾輔。烏可易置。僕復有言。陛下于太上皇。論骨肉則當避位以全手足。論尊卑則當固讓以盡君臣。奈何藉口防微。反爲幽閉。珍羞餙其日膳。雉堞增于宮牆。是可忍也。孰不可忍。

循省書怒甚。

何喬遠曰。鑑上循書。足振朝議之靡。不見傳說。而疏名賞金者獨著于世。予得不爲之扼腕耶。

壬申景泰三年

七月甲子朔。命給事中潘本愚行人邊永祭故占城國王摩訶貴來。并封弟摩訶貴由爲占城國王。

罷兩淮長蘆巡鹽御史。令撫按兼之。

癸巳。禁有司造軍器。貸民車船輸運。

甲午。巡撫四川左僉都御史李匡被劾召還。

乙未。署都督僉事陳友鎭守雁門關。都指揮王淳鎭守涿州。署都督僉事陳旺都指揮使翁信爲都督僉事副總兵。代廣西都督武毅廣東都督董興。

太子太保兼左都御史王翺總督兩廣軍務。

丙申。命京官俸鈔俱給銀。鈔五百貫給一金。

丁酉。命各處庫收置籍。如官去驗代。

戊戌。咸寧長安二縣南山曠遠。置鎭安縣。

夜。大星青白色。自閣道流螣蛇。

己亥。國子祭酒劉鉉請任子年稍長赴監肄業。十五以下遣回。從之。

許萊州米麥折布。

庚子。巡撫四川右僉都御史李匡言。董卜韓胡宣慰使還所侵雜谷安撫司及達思蠻長官司之地。尙據舊維州。貺臣銀罌金珀。求御製大誥周易詩書小學方輿勝覽成都記。昔唐吐番求毛詩春秋于休烈。恐其愈生變詐。裴光庭謂忠信禮義皆從書出。玄宗從之。今董卜韓胡所求與之便。惟方輿勝覽成都記不可許。上允之。

虜入遼東小團山。署都指揮僉事任義戍邊。

太子少師禮部左侍郎兼翰林學士王一寧卒。一寧仙居人。幼善詩。仁宗東宮時召賦銀河詩。入太學。永樂戊戌進士。授吏部稽勳主事。直文華殿。改修撰。進侍講。正統戊辰遷禮部右侍郎。景泰初督餉湖廣。進左侍郎兼學士。直內閣。性敏捷。詞翰淸俊。而不愼名檢。賜祭葬。贈太子太保禮部尙書。謚文通。

廖道南曰。古豪傑之起也。固不拘其類。後世則不然。乃若王伾王叔文李訓鄭注之儔。或以他技進。卒敗其身而動搖宗社。故曰君子未嘗不欲仕也。又惡不由其道。王君始由狎客射策甲科。終由佞倖司綸祕閣。君子奚取焉。亦以厲勸戒焉爾。

昏刻金星犯太微垣左執法。月犯南斗杓。

甲辰。召顏孟二氏嫡裔顏希惠孟希文至京。

丙午。停開封及胙城新平西平科辦。

猺賊入高州。

戊申。哈密貢玉石三萬三千五百餘斤。每斤絹一匹。行都司都督任禮言。宜少抑其貪。禮部請邊關卻其疵碎者。從之。

己酉。松潘雪兒卜寨賊卓勞等平。

乙卯。致仕禮部左侍郎楊翥爲尚書。仍致仕給俸。

中書舍人李鑽以冗員調邊衞經歷。

夜。大星青白光。自羽林軍流近濁。

丙辰。少保兼太子太傅戶部尚書文淵閣大學士陳循等言九事。曰誥敕止給見任。曰中外官相兼陞用。曰船鈔不分新舊。曰禁僞銀戍邊。曰河船帶磚納通州。今多納銀三錢。乞寘于法。曰擇武職專總操江。曰郡縣官加銜布政司。體統不便。曰考察宜如永樂間遣京官及給事中分覈。曰戶部以贖鍰積穀備荒。曰淸預備倉逋額追補。上從之。

朝鮮國王李珦卒。遣內官金興金宥往祭。謚恭順。封世子弘暐朝鮮國王。

丁巳。召分守十八盤迤北右參將都指揮顏彪。以紫荊關署都指揮僉事戎亨分守。

都指揮使郭震馮宗爲中軍左軍署都督同知。

戊午。令山西布政按察二司覈災民。毋虛報。

免肇慶災租五萬六千八百二十餘石。

命法司錄囚。

吉安旱。永新縣地陷約五畝。

庚申。前南京太常寺卿徐初卒。初會稽人。永樂貢士。濰縣教諭。擢戶科給事中。洪熙初。言事。進都給事中。宣德間。進大理寺卿。正統初。調南太常。致仕。孝友寬平。臨事侃侃不少挫。

八月辛酉朔。都督同知衛穎范廣領左右哨。俱充右副總兵。

廣東都指揮僉事胡英等擊廣州等賊。斬千一百餘級。俘渠帥四十七人。

甲子。淸河訓導唐學成言。河決沙灣。臨淸告涸。實由臨淸至沙灣十二閘勢甚陡。其地卑。築隄薄。故河決若建瓴而注也。宜閘河外另穿月河。其本河令深廣。直抵沙灣。命山東巡撫及巡河御史等官相度。

火星晝見。

城鳳陽。中都留守司指揮穆盛董之。

乙丑。夜。大星赤光。自九斿流至濁。

兗州大雨水。議賑恤。

戊辰。命右都御史洪英。兵部尚書孫原貞。刑部尚書薛希璉。兵部右侍郎李賢。禮部右侍郎鄒幹。左副都御史劉廣衡。及巡撫右都御史王暹。兵部左侍郎揭稽。戶部右侍郎李敏。刑部右侍郎耿九疇李棠。右僉都御史祁暹王竑鄒來學韓雍。大理寺右少卿陳詢。分行天下。考察官吏。

庚午。虜入開原。明日守備左參將胡原追斬十八級。敗之。

壬申。進士孫珉陳嘉猷楊青劉昭李燁王智徐廷章爲給事中。

丙子。提督柴溝堡都督僉事董斌免。以守備懷來都指揮王林代之。

丁丑。監察御史眞鍾嚴樞盛琦李鑑俱下考諭典史。鑑乞調授德陽知縣。

免兩畿災民糧芻鹽鈔及所負軍需物料馬匹。

定宣府大同中鹽例。

陝西大雨水。決延安綏德。

夜大星赤光。自紫微西藩流北斗魁。二小星隨之。

戊寅。秦王府火。

辛巳。永平大雨水。渰稼。賑之。

甲申。夜月犯井宿。

乙酉。南畿河南山東患水。多流民。命隨宜賑之。

丙戌。光祿寺少卿蔚能爲寺卿。

寧陽侯陳懋掌宗人府。

丁亥。絳縣知縣劉智陽城知縣劉以文俱進俸正六品。

委官巡視福建銀場。

戊子。眞臘國入貢。

九月

朔。兵部郎中王偉爲右侍郎。

免淮安夏麥九萬七千四百九十餘石。

太子少師兼禮部左侍郎翰林院學士江淵喪母。許奔喪還任。

南京錦衣衞鎭撫司軍匠餘丁華敏言。臣竊見近來袁琦唐受喜寧王振等專權誤國。俱已敗露。天下共知也。臣草茅賤陋。切見內官苦害軍民事非一端。恨朝臣緘口不勝痛哭。如內官收積家財金銀珠石。動以萬計。豈能天降地出。非盜府庫。則浚民膏。害一也。侵牟公侯房屋。興造勞擾。害二也。其家人義男外親。莫不輕肥縱横。恣睢凌轢。甚至入貲求仕。莫差貴賤。害三也。葢造佛寺。用費不貲。以一己之私。破萬家之產。害四也。廣置田租。寄戶郡縣。繇賦丁力。不應科征。害五也。家人中鹽。虛占鹽數。轉鬻與人。先得勘合。倍支巨萬。壞國家榷法。奪商賈之利。害六也。奏求塌房。邀接客旅。倚勢賒賣。負賴不還。害七也。賣放匠人。名爲伴當。辦納月錢。內府監局乏人造作。工役煩楚不堪。害八也。家人包攬各色物件。官府畏懼。以一科十。害九也。董監工之役。非法酷刑。軍匠塗炭。不勝嗟怨。害十也。伏望皇上鑑前車。立後軌。毋使蕭牆禍稔。幃幄奸生。令曹節侯覽復見今日。下禮部寢之。

敕太子太保右都御史王文往南京山東河南賑濟通漕。時南京地震雷擊獸吻。江淮至濟寧大水渰稼。東昌至河南河決。敕王文巡視整理。

癸巳。漳州賊鄭孔日等通番署都指揮僉事王雄輕進被執。杖三十。桎梏三日。釋還。云藉公一言。祈朝廷矜宥。

甲午。夜大星青白色。自四輔流紫微東藩。

丙申。令河南山東馬匹徵十之四。餘俟明歲。

會昌伯孫忠卒。忠字主敬。鄒平人。貢太學。洪武己卯。任介休主簿。心恕法嚴。吏民從化。憂去。復補永城。民益愛之。赴天壽山陵工。進鴻臚寺序班。宣宗初。其女立后。以中軍都督僉事進封伯。祿千石。敦厚謙和。雖居戚里爵齒之尊。無矜色。嘗戒子孫曰。成立之難如升天。覆墜之易如燎毛。爾曹當終身誦之。年八十五。賜祭葬。贈會昌侯。謚康靖。天順初。加贈安國公。更謚恭憲。

何喬遠曰。孫忠自其爲主簿。仁能著于民矣。晚節德厚自將。可外戚目之哉。

詹事習嘉言卒。嘉言新喩人。□□□進士。選庶吉士。擢編修。進修撰。侍讀。薦陞太常少卿。言事見採。居官勤慎。詩文雅淡。爲時所尙。賜祭葬。

丁酉。禮部右侍郞兼少詹事薩琦掌詹事府。

陝西道監察御史劉琚等言。近者災異見示非常。臣等切惟文武羣臣。德行才猷。靡所表建。而師保兼官。祿俸加倍。侈必費財。費必傷民。近者戶部奏今年京師支放會計米銀。動以千萬。府庫將空。欲將被災田地覆勘追徵。與其剝疲民之財。孰若省重支之俸。伏望聽羣臣挹損辭讓。亦消弭一端。命關支兩俸者。暫停其一。年豐仍舊。

通政司右通政湯鼎卒。

夜。大星青白光。自大陵流天園。

戊戌。提督軍務右僉都御史鄒來學修密雲各處城堡斥堠。

庚子。進士鄭宏。陶復。李堅。秦紘。鄧明。陳敬。周瑚。趙瑛。岳璿。婁瀋。爲監察御史。

壬寅。國子助敎劉翔請帝孔子。增八佾。禮部議格之。

賑兗州饑。

建州衞女直指揮僉事都里克等二十九人來歸。命隸海州衞。如舊秩。

癸卯。罷河南山東災民一切不急之務。及歲辦物料。

復松江管糧通判華亭縣丞主簿上海縣丞各一。

甲辰南京提督倉場右副都御史軒輗兼督南京各衞屯種。巡撫蘇松等處戶部右侍郎李敏兼督蘇州各衞屯種。

禁內外文武官軍容出入。

丙午免壺關縣田租三千四百石。

庚戌敕總督漕運巡撫揚廬淮安徐和右僉都御史王竑兼巡撫鳳陽滁州。仍理兩淮鹽課。

翰林院庶吉士吳匯周輿戚瀾王獻劉宣童緣爲編修。張業江朝宗爲檢討。

開原屬夷來歸四百餘戶。提督軍務左副都御史寇深議徙內地。凡來歸者皆如之。兵部恐沮來意。下深等酌定。

辛亥河南布政司右參政宋琰爲太僕寺卿。瑞州知府夏昶爲少卿。

免龍門開平衞屯租之半。初霜災。

賑東昌所過流民。

福餘衞指揮同知可台報也先召三衞頭目。命邊將備之。

壬子湖廣按察僉事黃潤玉不諳刑名。謫含山知縣。

定富人輸粟給冠帶例。北京山東山西例八百石。浙江江西福建南京例千二百石。蘇常松江嘉湖例千五百石。如穀麥每石准米四斗。

癸丑琉球入貢。

夜大星青白色自昴流畢。月犯鬼宿。

乙卯。令巡河御史鄧遷兼理鹽法。淮安知府丘陵乞裁之。

夜。大星青白光自輦道流天市垣。

丙辰。敕福建都指揮僉事王雄招撫海寇。

巡撫江西右僉都御史韓雍奏。各郡支預備倉米二十三萬五千六百六石八斗六升。勸借穀三萬四千九百六十石六斗。賑民十五萬四千七百十九戶。大小三十五萬六千六百八十八口。

福建右布政使陳員韜卒。員韜寧海人。宣德庚戌進士。自江西新城知縣拜御史。有治劇才。歷任稱便。

丁巳。湖廣布政司右參政王槩調河南。

戊子。故朔州判官王秉常擊虜高家莊。擒一人。斬二級。陣沒。子鼐求入國子監。許之。

己未。兵部郎中蔣琳爲右通政。清黃。

前戶部左侍郎劉璉卒。璉崑山人。永樂□□進士。授御史。進山東右參政。督儲宣府。洪熙初參贊軍務。守邊幾三十年。歷戶部左右侍郎。正統初。虜數入。璉能持重。少失亡。終不冒賞。致仕歸卒。通州貧無以返葬。山西參政葉盛上其功。賜祭葬。而國史謂璉貪墨。有玷名爵。何也。

劉鳳曰。士談說就功何易也。使乘一障。能令虜無入乎。璉在己巳。與郭登守宣府。爲城下盟。計欲詭奪駕。雖不克。然使知有備。不敢犯。又數偵虜虛實。覘使款塞。和未必不能。逆策其然也。功皆抑不聞。至沒而不能返其丘墓。身久爲將。故猶窶甚。何論請美田宅。多從賓客車乘哉。且戒妄殺。不敢邀功。畏謹矣。或責之死封疆之義。不能出驍銳鏖土木下濟師。事誠有之。則所傳聞異詞。未可蔽其罰一人也。

閏九月朔壬戌。戶部上節用事宜。從之。

蠲淮安鳳陽大水田租。

癸亥。翰林院侍講兼左春坊左中允呂原倪謙、爲侍講學士。仍兼中允。

昏刻、月犯天罡星。

甲子。禁擅調屯軍。

夜、三大星皆青白色、一自婁流壁。一自天囷流近濁。二小星隨之。一自天槍流至濁。三小星隨之。

丙寅。亦力把力國入貢。初不從也。先犯邊。遂授使臣捨哈三等副千戶。

禁李實奉使錄。巡按四川監察御史黃溥訐之。

丁卯。戶科右給事中路璧言。往者宥觀官之罪。令運米大同。此權計也。明年又入覲。慮墨吏重斂。乞都察院預禁。從之。

戊辰。泉漳延平邵武復盜起。敕責鎭守巡按官。

辛未。命有司考課載水利。

癸酉。免宣府屯租三之一。

乙亥。監察御史王珉巡河。徼服外淫。又勸賄。特戍開平衛。

夜。大星青白色。自北河流軒轅。二小星隨之。

丙子。監察御史項聰楊宜李玘秦顒郞勝陳璠顧㬊淸軍山西廣東浙江陝西直隸河南山東。

丁丑。給宣府牛種。

庚辰。刑部郎中陸瑜爲山東右布府使。

山西布政司右參政林厚奉詔臺訊。厚疏歷詆左副都御史年富淩暴不法。都察院請按之。上曰。此必厚怨富而誣之。朕邊事任富。詎一人毁逮辱之耶。厚坐誣奏削籍。

壬午。封美壤寧化王鍾鏶臨泉王。

夜。大星青白色自內階流紫微西藩。

癸未。進士周監李鈞唐濾爲給事中。張昇爲吏部主事。

復開處州銀場。從鎭守尙書孫原貞之請。

總督邊儲參贊軍務右僉都御史李秉言。北使三千餘人。䮐馬等四萬餘匹。草料不支。于是命戶部右侍郎孟鑑兵部右侍郎王偉往選上馬赴京。中馬給衞卒。餘俟飼牧。召商中淮鹽。納宣府芻豆。

定軍職犯贓新例。

丙戌。以北使浩費。停內外牲酒。惟閣臣如故。

戊子。監察御史畢鸞朱英爲山西廣東布政司右參議。

十月邘朔乙未。貴州平越都勻普定畢節闗餉。召商中鹽四川。納粟四衞。

太子少保左副都御史羅通。請增迤北馬價招之。以空其馬上。謂俱下駟。不許。

丙申。金華知府石瑁爲福建右布政使。

免龍門衞屯租。開平衞十之八。

戊戌。右都督方瑛鎭守貴州。都督同知陳友鎭守湖廣。召右都御史王來。保定伯梁珤還京。

太子太保兼右都御史王文直文淵閣。大理寺右少卿陳詢直經筵。

庚子。都督同知李信鎭守浙江。都督僉事張眞領都司事。

辛丑。召巡撫山西右副都御史朱鑑回京。以右僉都御史蕭啓巡撫山西。

夜。土星犯亢。

壬寅。太監阮簡刑部尙書俞士悅同兵部尙書于謙閱各營軍士。

癸卯。起復戶部右侍郎張睿。

禮部右侍郎兼左春坊左庶子鄒幹考察山西。言鎭守撫按舉保之弊。請專歸吏部。從之。

太子太保兼刑部尙書俞士悅言營軍奸計百出。乞御史四人密察。兵部司官八人分點立報。從之。

夜。月犯井宿。

丁未。召鎭守保定等處右僉都御史祝暹。

敕參贊易州等處軍務右僉都御史陳泰兼巡撫保定河間眞定順德大名廣平及提督各衛屯操。巡撫永平山海等處右僉都御史鄒來學兼提督各衛屯種。

庚戌。總督邊儲參贊軍務右僉都御史李秉兼理巡撫。

太僕寺少卿黃仕儁言。臣訪各巡撫考察官吏。每憑里老以爲去留。聞里老多因前官縱容。往來囑託公事。經攬收物。營求催辦。害衆成家。積有年歲。間有端己臨民。輒貽怨恨。反加誣汚。巡撫官輒因斥罷。郡縣官聞將考察。盛席邀求賄之錢帛。以此多得保留。否則去之殆盡。用是里老有權。官司受制。刁民告害。亦由于此。乞該部移文巡撫。分豁詳審。或彼此互詢。或稠獨交察。或獨步暗行。或遙審面辨。毋徒取迎送隨從。電過風飛。使猫鼠一家。豺犬同窖。疏入。命考察不實者坐之。仕儁復言。巡撫朝廷重臣。三司所行。多被掣肘。況在任年久。或變節怠終。昔唐玄宗謂張說曰。向令十道使出巡諸州。以察善惡。玆因東封。始知負朕多矣。今豈無如前所云。乞敕所在巡撫大臣。惟總大綱。無親細事。惟從輿論。無執私見。其事妥民安之處。可無巡撫。亦令多官集議。暫從省革。從之。

談遷曰。聞往時糧長收賦。見重于有司。里老亦然。今望有司屏足一跡。里老尤賤。卽閭閻甚輕之。代降事殊。

讀黃仕儁之疏。亦觚不觚之一矣。

甲寅。瓦剌太師也先來朝貢馬。復請報使。上問兵部尚書于謙。謝臣本兵。知戰耳。使事不敢聞。遂勿遣。報曰。太師求答使。朕固欲遣。第恐更如往者搆是非。亡益反滋害。故不遣人。來者乃至三千餘。邊將請謝絕。朕念太師誠。姑聽。後少遣。仍敕沿邊總兵官備之。

乙卯。參贊宣府軍務右僉都御史李秉提督軍務。

夜。大星青白光自文昌流天紀。

丙辰。右都督孫鏜充副總兵。都督僉事石彪充右參將。鏜協守大同。彪守備西路。宣府左參將楊能都督同知衞穎為左右副總兵。都指揮使張欽為署都督僉事右參將。協守宣府。右參將楊信為左參將。仍守備懷來永寧。時聞也先南侵。

丁巳。山西布政司右參政葉盛協贊獨石等處軍務。盛治壁壘。厲文學。買牛千餘頭。課下卒以耕。公私皆贍。

徐曰久曰。葉盛守獨石五年。凡奉璽書四十餘道。時景帝勤政。每有邊報。輒召本兵于謙商酌。指授成算。撰敕往諭。以故中外情意流通。貫徹彼此。關上敗事益少。今中朝大老。託言委任。邊關情務。聽督撫自為之。以為無可置喙。彼督撫者。境地已隆。權勢自遂。更無有從中提撥之者。安得不太平時漫不加意。臨事則去如敝屣也哉。

戊午。蠲太和鳳陽望江黃巖常寧耒陽衡山衡陽桂陽安化瀏陽醴陵寧陽攸漵浦寧遠水旱田租。

征南總督王來還京。

十一月杞朔。日食。仍頒曆。

吉安袁瑞旱災田租遞減有差。

辛酉。岷王徽煣畏苗。求徙湖廣。書止之。

壬戌。金星晝見。

甲子。庶吉士張永爲禮部主事。

丙寅。陝西按察副使白圭爲浙江右布政使。

免大名廣平順德災租。

丁卯。免眞定保定災租。

己巳。上皇萬壽節。羣臣請朝延安門。不許。

兵科給事中劉清爲刑部右侍郎。

虜也先復遣使二千餘人入貢。

庚午。襄王瞻墡請明年入朝。止之。

辛未。江西右布政使吳潤以孫綽寧府儀賓。遂致仕。

壬申。嚴京師盜禁。

兵部左侍郎翰林院學士兼左春坊大學士商輅乞戶部遣官往大同宣府懷來永寧等處。派卒耕田。分兩番。六日耕。六日守。從之。

王鏊曰。國家邊費最大。欲省轉運之費。莫若興屯田。兵法。取敵一鍾。當吾二十鍾。屯田一石。可當轉輸二十石。趙充國屯田湟中。內有無窮之利。外有守禦之備。卒坐困西羌。唐韓重華營田之利。東起振武。西踰雲州。極于中受降城。歲省錢千三百萬緡。此前事之明效也。今三邊之地固在也。而人以爲不可行者。何也。

免山東災租八十四萬三千六百餘石。

甲戌。命北京山東山西撫恤逃民免徭賦五年。

丁丑。初瓦剌使至。擕所掠男子六十八人婦女三十人。邀贖人予幣二雙。然匿詐贖僅十之二三。

少保兵部尚書于謙乞解總督軍務。不許。

戊寅。鎭守眞定右僉都御史祝暹予告。

巡按直隸監察御史劉孜薦南京大理寺卿薛瑄宜館閣。不許。

己卯。許陝西罪人輸粟涼州納贖。

庚辰。大理寺右少卿張固捕盜山東。

禁鬻北使兵器。

壬午。許王見淳薨。諡曰悼。

兵部上禦寇安邊十一事。從之。

癸未。逮巡撫四川右僉都御史李匡。匡忤鎭守內官陳涓被劾。部科亦言之。下獄。坐汚削籍。

夜。客星見鬼宿。

甲申。定畿內納米贖罪例。

丙戌。前軍右都督楊俊言。也先包藏禍心。其妻孥輜重在哈剌莽。距宣府纔數百里。其精銳屯沙窩。尤近。宜選將率迤西之士悉赴代州。迤東悉赴永平。大臣統京兵赴大同宣府。列營爲正兵。其永平之戍赴獨石。按伏代州之戍赴偏頭關。按伏爲奇兵。正兵堅壁。奇兵擣穴。此攻取之一機也。兵部于謙偉其計。從之。

嚴從簡曰。兵莫善于奇正之相生。而莫不善應援之無繼。夫鷙鳥之擊也。必伏其形。蜂蠆之螫也。不盡其毒。古人因敗以爲功。始郤而終勝者。其機皆在此也。是故連營七百里。伏終不行。百萬壓淮淝。一敗塗地。何者。

勢露于悉陳力止于一擊也。三撥之說。予于是乎有取焉。

太子太保兼工部尚書石璞上言。邦畿千里。萬國瞻依。禮樂刑政。胥由此出。乃盜賊伏發。披甲戴兵。明火刼掠。近聞所獲强盜。俱言誰不懼死。但以糧賞不得全關。妻子饑餓難忍。復審口外邊軍。夜行日伏。偵探虜情。乃其月糧亦行減去。致令窘迫。是啓盜端。實非險道與滅士饟。寧捐臣俸。又聞山東河南兩畿。今年多水。小民缺食。盜賊潛起。福建浙江。蔓延可畏。乞敕吏兵二部。省冗濫。去蠶食。其文武官俸六品以下如故。五品以上。斟酌減支。量添軍儲。被災郡縣。蠲其徭稅。暫停一應軍需。遣一二大臣巡視賑濟。疏下廷議。詔官俸如故。有冗員酌繁簡量省之。

丁亥。周王有爋薨。王自祥符王進封。年六十一。謚曰簡。

戊子。錄故誠意伯劉基七世孫祿。

免河間災租。

十二月己丑朔。夜。月犯六諸王星。

庚寅。前軍都督僉事薛失蓮台改名忠。

大理寺右少卿陳詢改太常寺少卿兼翰林院侍讀學士。

右副都御史朱鑑致仕。

壬辰。兵部左侍郎翰林院學士兼左春坊大學士商輅以江北河南流民入濟寧臨淸被逐。請募墾畿內閒田。從之。

選京營軍十五萬。分十營。各置都司一。都指揮三。把總都指揮十五。指揮三十。團練太監阮讓陳瑄盧永都督楊俊郭震馮宗提督。聽太監劉永誠曹吉祥尚書于謙武淸侯石亨節制。

各道監察御史練綱等上八事。節糧儲。賞邊士。選將卒。畫長策。禮大臣。廣薦舉。禁進例。清刑獄。上從之。

復敕內官黎賢武良工部左侍郎趙榮治沙灣。

乙未。府軍前衞帶俸都指揮僉事孫繼宗嗣會昌伯。孫忠子。

留守左衞小旗徐靖言富人納粟補錦衣衞官非制。宜調衞。從之。

丁酉。都指揮同知顏彪爲署都督僉事。

戊戌。暹羅入貢。

己亥。監察御史練綱等劾吏部推選之私。上不問。

辛丑。右通政蔣琳爲右僉都御史。提督宣府軍務。整備邊儲。

召右僉都御史李秉回京。秉在鎮。三萬金買牛具貸民。及秋而償。餉遂足。辦虜以所掠男婦易我粟。廷議計齒受粟。壯者一石。細弱五斗。虜難之。秉概予一石。不忍其俘也。城白陽常峪。靖邊。張家口總兵官紀廣謂非計。詔責廣從秉議。又請尚書石璞簡鎮兵爲三撥。次第接戰。從之。

癸卯。令布政按察二使有闕。三品以上連名會保。餘吏部推選。

裁京庫收銀主事。

甲辰。少傅兼吏部尚書王直等請瓦刺報使。事下兵部。尚書于謙言臣本兵。知戰耳。使事不敢聞。遂勿遣。

乙巳。免保定災租。

丙午。孟養思卜發入貢。求孟養舊地。不許。

丁未。右都御史王來兼大理寺卿。保定伯梁瑤爲保定侯。左都督毛福壽封南寧伯。右都督方瑛爲左都督。征苗功。

辛亥。尚書薛希璉鎮守山東。孫原貞鎮守福建。右都御史洪英鎮守浙江。俱考察竣就鎮。

癸丑。都指揮僉事王淳仍鎮守涿州及保定。時訛虜警。軍民奔避。

乙卯。巡撫廣東兵部□侍郎揭稽改廣西。巡撫廣西刑部侍郎李棠改廣東。俱兼提督軍務。兵科都給事中蘇霖等謂任久人玩也。尋以閣臣言。仍如故。

前吏部尚書趙新卒。新富陽人。□□□□貢士。永樂三年以善書授工部主事。進吏部郎中。督漕。歷尚書。能幹辦。其操不足也。賜祭葬。

丙辰。免河南災租五十七萬二千九百餘石。

禮部乞罷刺報使。不許。

丁巳。司經局洗馬兼翰林院侍講劉定之請報虜使下廷議。

國榷卷三十一

癸酉景泰四年

正月紀朔上皇在南宮。

辛酉大同總兵官定襄伯郭登右都督孫鏜不協敕解之。

壬戌封幼埼沁源王。

甲子平江侯陳豫復鎮守臨清。

乙丑雲南都指揮使□□金吾左衞帶俸都指揮同知林宏錦衣衞帶俸都指揮同知脫脫孛羅爲左右前軍都督僉事俱征香爐山功。

命河間知府王儉東昌知府李正芳賑撫河南流民檄原籍復業免徭賦五年。

丙寅都督同知孫安爲宣府副總兵鎮守獨石馬營。

命畿內山東河南捕蝗種。

鎮朔將軍宣府總兵官右都督紀廣卒廣句容人襲隆慶右衞指揮僉事有膽略臨陣不懾賜祭葬贈溧陽伯。謚信順。

命南京各衞官分地巡捕歲代。

麓川頭目陶孟刀邦緬等前入貢下錦衣衞馴象所至是乞放回不許。

戊辰都督僉事過興爲鎮朔將軍總兵官右都督鎮守宣府。

召鎭守延綏右都督王楨還京。署都督同知郭震鎭守延綏。

論笞杖罪。杖自九十笞自五十下。納贖遞減。

遣錦衣衞指揮治居庸關道便運。

己巳。命浙江江西蘇松淮徐等鎭撫官勸賑。

夜。火星犯昴宿。

辛未。上南郊。

夜。月犯軒轅。

壬申。右都督楊俊率兵八千護送北使。巡宣府。已協贊軍務山西右參政葉盛言。俊舊棄獨石不守。今亦何顏。

乞止令游擊將軍都督僉事劉深巡宣府。從之

甲戌。賑徐州饑。

戶科給事中路壁言。兀剌報使無益。在修德厚邊。積糧練師。招賢安民旌忠。上是之。

丁丑。召太子太保兼左都御史王文還京。

給事中劉珠行人劉泰往祭故暹羅國王波羅摩剌箚的剌。并封其子把羅藍米孫剌暹羅國王。

戊寅。梧州通判陳謨爲知府。賓州判官錢積中爲知州。俱殺賊功。

保定知府傅霖言捕盜御史擾民。悉召還。

賑隆慶州復業流民。

留守左衞小旗徐靖請北使人回。令自荷裝。又欲調兵禦寇。命給靖冠帶。月米二石。赴都督孫安參議。

己卯。免鳳陽揚州災租十一萬四千餘石。

庚辰。瓦剌使臣都督同知察占哈只阿力俱爲右都督。都督僉事兀馬兒阿老丁俱爲都督同知。餘進秩有差。

調五軍營卒千五百人協守良鄉涿州。

壬午右僉都御史蔣琳鎮守貴州。提督軍務。

河復決沙灣。

癸未復董興右都督。

錦衣衛小旗聶忠言國初用紅盔黑甲。正統間改明盔明甲。至上皇北征土木。起營時南坡有明盔明甲。疑勇士哨馬來迎。不備致敗。乞改明盔明甲仍舊。又永樂間貢夷多不過五十人。今虜使動二三千。乞戍瘴地絕之。又國恥未雪。乞繫臣家屬願率兵萬五千往勦也先。上誕之。不許。

甲申。禮部上東宮冠禮。

乙酉山西布政司右參政林厚坐誣奏左副都御史年富削籍。

丙戌。敕瓦剌太師淮王也先曰太師求答使。朕固欲遣。第恐更如往者。搆是非。亡益反滋害。故不遣人。來者乃至三千餘。邊將請謝絕。朕念太師誠。姑聽。後少遣。時虜使驕毆守衛。掠人財物。至欲騎入長安門。稍約束即彎弓相向。吏卒不敢問。

山西道監察御史鄭時上三事。敦節儉以厚財用。嚴賞罰以肅軍威。節勞役以厚民生。民兵赴京操練。乞正月終遣回。盡九月到京。從之。

丁亥。巡撫淮安等處右僉都御史王竑言。去年正月大雪樹介。夏秋雨水。今春寒沍倍冬。是陰盛陽微。殆食祿者君子少而小人多也。望進君子而退小人。省刑罰而止聚斂。節財用而抑貢獻。罷妄作之工。嚴爵賞之濫。庶幾人事修而天變可回。上從之。

詔修省求直言，仍賑恤災民。

二月戊朔，畿內山東河南水災，遣祭東岳河瀆。

敕保定侯梁珤仍充總兵官總督軍務，同內官梁逹都督陳友右都御史李實勦五開清浪等叛苗。貴州左都督方瑛援之。

太僕寺卿宋琰爲兵部右侍郎。清黃。

己丑，徐勇嗣武康伯。徐禎子。

廣西都指揮使黄玹爲前軍都督同知，敕赴京獎賚，訖蒞舊任。

免廣平府災租六千四百餘石。

庚寅，巡按福建監察御史許仕達擅逮漳州知府馬嗣宗至京。大理寺駁之，以懲貪宥仕達。

辛卯，進士鍾清爲吏部稽勳主事。

諭禮部禁言事繁飾告訐。

壬辰，太子太保兼兵部尚書儀銘掌詹事府，右春坊右司直郎林聰改吏科都給事中，仍支從六品俸。

減近侍官及內府供奉宿衛日饌有差。

癸巳，太子太保兼左都御史王文爲吏部尚書兼翰林院學士，直內閣。

甲午，築白廟兒堡于龍門關西二十里。

乙未，皇太子冠。

詔河南東昌兗徐今歲減運京糧，河南轉餉大同，俱告災故。

丁酉，夜，大星青白色，自右攝提行丈餘，大如瓜，光燭地，流天紀。一小星隨之。

己亥。治京師至通州迭道便運。

壬寅。禁科舉冒籍。

召游擊將軍右都督楊俊回京。

甲辰。倭陷福建清灣巡檢司城。

乙巳。署尚寶司事太常寺少卿朱禮卒。

丁未。署都督僉事雷通爲平羌將軍都督僉事總兵官。鎭守甘肅。

己酉。吏科都給事中林聰等。請廷臣有喪。悉終制。不必奪情。從之。

夜。大星青白光燭地。自宗正流游氣。

庚戌。免吉安袁瑞去年災租二十七萬八千餘石。

國子監祭酒劉鉉請終繼母喪。從之。

辛亥。右春坊右庶子署國子司業王恂爲國子祭酒。

壬子。薛琮嗣陽武侯。薛銑子。

夜。大星赤光。自帝座流宗人星。

癸丑。右都督楊俊下臺獄。俊以游擊將軍送北使至永寧衞。醉杖都指揮姚貴。被告。因封還歷來敕命。科道劾其跋扈。論死。錮之。

乙卯。沂王及榮王冠。免賀。

昌平侯楊傑卒。

丁巳。降楊俊都督僉事。俊既囚。適楊傑卒。傑母魏氏乞暫釋治葬。從之。

三月甲午朔。吏科都給事中林聰等言。初任未兩考陞任未一考并年衰者。皆不許推舉。從之。

監察御史左鼎言四事。修軍政。遵成憲。汰冗員。責成効。其汰冗員曰。主事每司不過二員。今增爲十。御史各道共六十。今百餘。部有兩尚書。都御史數十。此京官之冗也。河南布政司參議二。今則四。按察司僉事三。今則七。夫官皆爲民。今特設撫民。則餘復何爲哉。此外官之冗也。乞內外官非洪武之舊。酌罷之。庶省民力上大是之。

己未。裁各屬糧長。凡糧不萬石止糧長一人。

夜。土星逆行亢宿。

壬戌。平羌將軍甘肅總兵官都督同知王敬卒。

乙丑。金木二星合于壁。又大星赤光燭地。自貫索流太微垣。

丙寅。夜月犯軒轅。

丁卯。琉球入貢。

壬申。鎮守易州等處右僉都御史陳泰兼提督倒馬關。

癸酉。禁命婦再醮。

丙子。太子太保兼吏部尚書翰林院學士王文。請御史及布按二司回京各舉刺屬官。否則罰。從之。

戊寅。南京戶部尚書張鳳改南京兵部兼參贊軍務。戶部右侍郎沈翼爲南京戶部尚書。

少監戴細保提督福建銀場。

湖廣苗掠古城。右都督陳友擊敗之。

己卯。武康伯徐勇卒。

南京兵部尚書徐琦卒。琦字良玉。錢塘人。永樂乙未進士。授行人。進刑部員外郎。未赴。改北京行部兵曹。已改行在兵部職方宣德六年以右通政諭安南黎利。還拜南京兵部右侍郎。又往使黎麟。降正統初考察南畿官吏。五年參贊南京守備。景泰初進尚書明敏有斷務持大體時論頗重之賜祭葬謚貞襄。

庚辰召還總督兩廣軍務左都御史王翺。

辛巳命勳臣俱習武藝。

賑徐州饑。免逋租夏稅。

壬午禮部右侍郎兼左春坊左庶子鄒幹賚三萬金賑濟寧徐州。

賑永寧縣饑。

癸未大隆福寺成。寺甲京師。費以數十萬。上將臨幸。監生濟寧楊浩西安姚顯各言非所以示天下。禮部郎中章綸亦言之。卽日止。

丙戌昏刻大星青白光自庫樓流至濁。

丁亥內黃知縣周源爲常州知府。源治縣勸學課耕。特旌之。

四月戊朔復築沙灣決口。

庚寅召宣府右副總兵都督同知衞穎右參將都督僉事張欽還京。時宣鎭兵少。

吏科都給事中林聰言銀場礦徵乞罷福建歲課章下撫按。

甲午。駙馬都尉沐昕卒。

乙未南京禮部右侍郎姚夔改禮部。

前軍都督僉事脫脫孛羅賜姓名脫順。

丙申太子太保兼刑部尙書兪士悅以大隆福寺成建齋請收梟屍釋械罪。刑科給事中尹旻糾其繆。不問。

前大理寺左少卿沈粲卒。粲字□□。華亭人。永樂間同兄度俱善書。直內府。歷翰林侍讀右春坊右庶子大理寺少卿。

庚子。起右副都御史馬昂總督兩廣軍務。

監察御史左鼎等言七事。求賢才以任民牧。停銀課以杜民患。務踐言以信斯民。減工匠以省虛費。禁游惰以敦本業。專委任以謹邊防。選大臣以淸治本。下廷議。

夜。月食。

癸卯。改南京倉糧三十萬石于徐州備賑。

夜。月犯建星。

甲辰。吏科都給事中林聰等劾太子太保兼吏部尙書何文淵太子太保兼通政使李錫太子太保兼刑部尙書俞士悅工部侍郞張敏俱不職。惟命錫致仕。餘不問。

丙午。免長沙去年災租之半。

丁未。雲南參贊軍務大理寺左少卿鄭顒爲右僉都御史。仍舊任。

戊申。定各匠內府四之。外官六之。

癸丑。命沿河有司收雜木易米賑民。

夜。大星二。一赤光。自左攝提流房宿。一青白光燭地。自北斗杓流雲中。

丙辰。免運河船帶磚。每磚輸粟一升。貯官倉賑饑。從安東典史黃鎭之言。

戶部左侍郞兼太子賓客劉中敷卒。中敷大興人。以靖難城守。諸生授陳留丞。進工部員外郞。嘗署部事。遷江西右參議。宣德初遷山東左參政。進左布政使。正統初長戶部。嘗械長安門。得釋。又召問虜貢馬駝留大同若干。餉料若干。不能對。下獄削籍。景泰初。起左侍郎。謹約。食不重味。家無厚貲。年七十四。賜祭葬。子給事中璡乞恩。復尚書。

五月丁朔。免眞定災租。

左通政欒惲爲通政使。

移南京倉糧三十萬石于徐淮賑饑。以嘉湖積粟抵南糧。

己未。夜。水星犯積薪星。

庚申。安南入賀東宮。

命巡撫直隸侍郎李敏均田。

定濟寧徐州中鹽例。

夜。大星青白光。自天津流雲中。

監察御史周文劾翰林院侍講學士倪謙。太子少師吏部左侍郎兼翰林院學士江淵。俱奪情。有玷經筵。詔不問。

辛酉。免長垣災租。

乙丑。前軍都督僉事楊俊嗣昌平侯。楊洪庶子。

夜。大星赤光。自勾陳流雲中。二小星隨之。

丙寅。前刑科給事中王僎以匿喪削籍。

工部尚書陳恭致仕。右侍郎陳敏管理柴炭。

己巳。裁山東山西管柴炭參議。

太子太保兼吏部尚書翰林院學士王文喪母奔赴。卽起任。
辛未。瓜哇入貢。
壬申。山東饑。運河間小麥幷米共九十二萬餘石備賑。
癸酉。旱。遣官分禱寺觀。
甲戌。徐州大雨水渰稼。民愈饑。賑之。
乙亥。前軍都督同知黃竑赴召至京。留任。其家人繫廣西獄者俱宥之。
丁丑。太子太保兼吏部尚書何文淵致仕。
除廣西逃租。
木星晝見。
癸未。召何文淵復任。
召監察御史沈琮王驥伍星會陳璥還京。初各從巡撫官理事。謂非制也。
增陝西按察副使監督延綏慶陽糧料。裁其參政。
乙酉。河又決沙灣北隄四十餘丈。
六月朔己丑。巡撫河南右都御史王暹言。黃河舊從開封北轉流。東南入淮。右爲害。正統間徙爲二。一決新鄉。東繞延津封丘入沙灣。一決滎陽。漫原武抵祥符至項城太康。雖嘗築隄。沙土善崩。議量起軍民協築。周防後艱。報可。
巡撫浙江右都御史洪英兼理鹽法。
辛卯。時令罷官非贓罪者許輸粟二十石給誥敕。戶部都給事中劉煒等言。非所以勵臣節。命戶部改正。

壬辰。太子太保兼吏部尚書何文淵左春坊左庶子兼翰林院侍講周旋下獄。初文淵守溫州。治行稱最。而典銓浸損其望。旋以溫人疏救之。至是吏科都給事中林聰等攻文淵。幷及旋。上宥之。給事中曹凱廷諍。遂並繫。而文淵善太監興安。故復留。劾章有囑託內臣語。上詰其人。終不置對。乃釋文淵致仕。旋復秩。

太子太保兼左都御史王翺爲吏部尚書。

癸巳。遼東戍卒李福惠妖僧王海等謀亂。伏誅。

甲午。瓦刺太師也先誘赤斤蒙古衞都督亦魯伯通好。命備之。

己亥。刑科左給事中曹凱言。戶部奏准軍民官吏輸豆補官。如輸豆四千石以上。授指揮。又世襲。是生民之脂膏養無功之子孫于無窮也。其弊甚大。乞該部凡輸運粟豆授武職者。帶俸不任事。亦不世襲。文職例原籍銜門帶俸終身。從之。

壬寅。靖遠伯王驥求還北京。從之。

甲辰。兗州大雨水。

卯刻木星晝見。

乙巳。復陳璇浙江按察使。璇繼軒輗後。雖劑以寬。而嫉惡懲奸。民甚德之。及洪英考察罷璇。浙人訴其枉。因復任。而英來鎮守。又誣劾之。科臣交救得雪。

召還鎮守浙江右都御史洪英。

丁未。昏刻大星赤光。自天棓流宦者星。

辛亥。後府帶俸都督僉事王斌爲都督同知。

壬子。夜月犯井宿。

甲寅。進士劉泰郝淵之郭本項愫彭城田斌吳琛劉紀楊福汪清辛訪張瑄章亮陳顥趙銘。爲監察御史。

七月甂朔。蠲杭台寧波災租。

鳳陽淮徐開封衞輝南陽兗青萊大雨水。順天保定太原旱。朔州雹。遣視之。

丁巳。南京太僕寺卿王榮致仕。

己未。陝西道監察御史王福爲順天府丞。

罷納粟補官例。

庚申。夜大星青白光。自天廚流天津。

壬戌。禳旱。分告天地社稷山川之神。

協贊軍務太子少保兼左副都御史羅通上百將傳要略。

少傅兼太子太師吏部尚書王直等以災變乞減俸。不許。

癸亥。閣臣乞減俸停日饌。不許。

甲子。部院大臣上便民事宜。從之。

乙丑。左春坊大學士兼翰林院侍讀彭時右春坊右庶子兼翰林院侍講趙恢主考應天。

修滁陽王廟。

始令給事中御史各二人糾察陪祀官齋宿。

太子太保兼工部尚書石璞治沙灣決河。同敎諭彭塤往。

夜。月犯建星。

丙寅。戶科給事中何陞言。各科都左右給事中闕員。往往自薦保濫授。乞吏部今後遵制推選。從之。

丁卯。河南布政司右參政豐慶言。張秋阻運。請自清河口入黄河。抵開封滎澤。轉至衞輝胙城。泊沙門。陸輓三十里入于衞。抵京師。命督運都督僉事徐恭覆報。

庚午。翰林院檢討兼右春坊司諫曾暹爲國子司業。

癸酉。復兩浙巡鹽監察御史。

右都御史兼大理寺卿王來爲南京工部尚書。兼官如故。南京工部尚書王永壽改工部。專理柴炭。

太子少保兼大理寺卿蕭維楨爲左都御史。太子少保兼左副都御史羅通爲右都御史。大理寺右寺丞李茂爲右少卿。

禁軍民越訟。

丙子。右春坊右諭德兼翰林院侍講徐珵改名有貞。初土木之變。珵倡南遷。上薄之。累薦不用。至是諂閣臣陳循。循告以故。遂更名。

庚辰。敕兩京法司各布政按察司各巡按御史各郡縣恤刑。務悉心推究。

停天下不急工役。

湖廣右布政使崔恭爲江西左布政使。

開封教授黄鑾言。近例納粟八百石入國子監。需次出身。恐貽譏史策。戶部覆罷之。

壬午。大星青白光。自五車流文昌。

八月乙亥朔。戶部右侍郎孟鑑爲左侍郎。兵部右侍郎李賢改戶部。

婺源朱楙以宋朱熹九世孫。求入國子監。許之。

錦衣衞帶俸指揮使吳安爲前軍左都督。南京錦衣衞帶俸指揮使吳信爲南京前軍左都督。

眞定河間廣平安慶彰德平陽旱。松江蝗。遣視之。

己丑。廣東布政司左參議陳贄爲太常寺少卿。

裁麗江軍民府知事照磨檢校各一。

辛卯。周府胙城王有爄薨。年四十三。謚莊簡。

河南按察僉事劉清請濬馬曲灣裴載岡百十九里。通衞河便漕。又分沁河之勢。亡張秋之患。行人王晏亦言之。

壬辰。太常寺少卿兼翰林院侍讀學士陳詢侍講學士兼右春坊右中允呂原主試順天。

貴州道監察御史白仲賢爲廣東按察使。被劾。降鎮江知府。

癸巳。蠲兗東昌今年災租三萬八千三百石有奇。

乙未。蠲福漳泉興化去年災租有差。

鳳陽淮徐山東河南洊饑。民多死徙。總督漕運右僉都御史王竑大發官廩。斂富人粟。商舟過河下。令如意出米粥之。既河南山東存活百八十八萬八千五百餘人。又斂富人米麥穀粟二十五萬七千三百四十餘石。銀三千六百七十餘金。錢布半之。給災民五十五萬七千四百七十九家。又給農具牛種七萬四千三百九十七家。他境流厲安輯者萬六百餘家。初。諸倉皆空。獨廣運倉備京儲。主以一中貴。一戶部官。竑欲發。主者難之。竑曰。民惟邦本。旦夕趨死。脫不測。治爾召盜罪不赦。然後吾請死。主者許之。先時上得荒奏。驚問奈何無饑死我民。及聞竑事。大喜曰。好都御史。

占城入貢。

戊戌。右都御史洪英前考察浙江官吏頗私。斥。被論。徵至下獄。放歸。

庚子。夜大星赤光。自鬼宿流軒轅。

癸卯。監察御史張璣等捕盜畿內。

乙巳。定清軍御史二年一代。

丙午。夜月犯井宿鉞星。

戊申。召南京大理寺卿薛瑄爲大理寺卿。

庚戌。大同總兵官定襄伯郭登疾還朝。

署都督同知郭震爲征西前將軍都督同知。鎭守大同。署都督僉事顏彪爲都督僉事右參將協守。

辛亥。巡按直隸監察御史程璥請移國子監東長安街南。從之。

壬子。工科給事中徐廷章上言七事。曰重官爵。師保之位。非具經綸調燮之才。不可輕畀。今部增尚書一人。都察院增左右副僉都御史三十餘人。又徧加師保。高華猥濫。所宜愼重。曰愼師儒。教官宜用乙榜貢士。曰嚴科貢。宜依宣德正統例。曰卻珍奇。蠻夷屢貢金銀寶石火雞白鹿諸物。傳道病民。曰固封守。河南山東湖廣浙江可省巡撫官。遼東永平紫荆諸邊鎭不可闕。曰禁諂瀆。京師寺觀榜禁淫穢。曰誅阿附。吏部尚書何文淵罪免。其餘許資王巍汪庭訓陳鈍何澄王遠皆依附。宜罪。上以許資等舊臣不問。巡撫亦如故。

九月⿰貝甲朔。乙卯。太子太保兼吏部尚書翰林院學士王文奔喪還朝。

吏科給事中盧祥言。近議寬恤。云謀逆反叛人命强盜許自首免。此非常法。上是之。

太子太保兼左都御史陳鎰致仕。

丙辰。吏科給事中盧祥以辦事吏丁昇乞召回鎭守福建內臣戴細保。夫細保果違法害民。不可不察。報聞。

辛酉。夜大星赤光燭地。自紫微西藩流近濁。二小星隨之。

壬戌。夜大星赤光燭地。自北斗杓流近濁。
甲子。福建備倭署都指揮僉事王雄追賊海中被執。釋歸。降秩立效。
乙丑。定科舉歲貢額如正統例。
工部尙書石璞等鑿河長三里避沙灣決口通運河。從御史練綱之請。而敕諭彭埴先言之。
庚午。免柳州桂林去年災租二萬二千五百二十餘石。
哈密忠順王倒瓦答失里私會也先。上聞之。命嚴邊備。
總督南京糧儲右副都御史軒輗奔父喪。還任。
辛未。除光祿寺少卿陳諴軍籍。山東靖海衞。
大風雷。
癸酉。寧夏副總兵都督僉事馬讓疾免。
東路左參將都指揮使王榮爲右軍署都督僉事副總兵。
國子監祭酒王恂卒。恂公安人。宣德五年進士。選館授檢討。進修撰。以大理右寺丞巡撫貴州。景泰二年。改右
庶子領司業。四年。進祭酒。能頒列條教。沒。諭祭。
乙亥。定禮闈分考官俱詞林科第。毋預敎官。
太常寺少卿兼翰林院侍讀學士陳詢爲國子祭酒。
武昌黃荆旱。開封汝寧大水。遣視之。
丙子。遼府枝江王貴熠薨。年三十九。謚莊惠。
庚辰。李浩服闋。補南京工部右侍郎。

辛巳。時諭禮部。凡建言者參看。或違例假報復。俱奏罪之。吏科右給事中潘榮謂其遏言路。不聽。

癸未。刑部右侍郎耿九疇改右副都御史。仍鎭守陝西。以侍郎不能攝御史也。

十月甲申朔。丙戌。時四夷貢使多至千人。需索淩奪不可禁。禮部請治其使臣譯者。不聽。

前工部尚書周忱卒。忱字恂如。吉水人。永樂甲申進士。選庶吉士。預修大典。授刑部主事。進員外郎。尋除越府右長史。宣德中。拜工部右侍郎。巡撫江南。一切破崖岸。興利祛弊。臨民和易。雖卑官賤隸。傾懷接納。尤機警善籌畫。諸郡錢穀巨萬。一屈指無遺算。遇時通變。公私皆羨。歷戶工部尚書。仍巡撫。致仕。賜祭葬。謚文襄。

袁袠曰。予粗聞故老言文襄事甚衆。練達精密。雖古之劉晏韓滉。何以加焉。誠理財能臣也。其最善者。在咨詢不倦。務集衆思。不以所能自矜。故所建立。皆審計利害。可施之永久。夫以文襄之才。受知聖主。又有三楊當國。夏忠靖在戶部。故得久于其任。言無不從。以展布所蘊。然猶困于多口。今觀公所上執政書。嘵嘵焉自辨之不暇。讀之可爲太息。嗟乎。天下萬世有公是非。彼讒人者。烏能訾公哉。

談遷曰。周文襄生財節用。東南實式賴之。史謂其多費餘財。結權貴。信任羣小。意當時權貴。莫踰王振。而籍振家得金人。鐫云義子周忱百拜。夫文襄雖借交固位。何至靦喪若此也。或內豎同名氏者。不當以衊文襄。

左軍都督同知劉得新卒。

夜。大星青白光。自五車流軒轅。

庚寅。敕各鎭守巡撫等官課農墾荒。

壬辰。浙江按察僉事彭貫被劾致仕。貫剛毅善斷。治獄多平反。

甲午。右僉都御史鄒來學爲左副都御史。仍提督永平等處軍務。右春坊右諭德兼翰林院侍講徐有貞爲左僉都御史。治沙灣決河。

後軍都督僉事徐恭爲都督同知右僉都御史王竑爲左副都御史仍理漕運。

乙未。李祖壽廕府軍前衞百戶司直郎兼編修李泰嗣伯父太監永昌至是錄永昌軍功泰子祖壽廕焉。

戊戌。瓦剌也先貢馬書稱大元田盛大可汗田盛猶言天聖也末稱添元元年書曰往者元受天命主夷夏今已得其位盡有其國土人民傳國玉璽敬遣使修好仍通問上皇。

己亥。夜月蝕犯六諸王西星。

鎭守花馬池右軍署都督僉事王榮卒。順義人。

辛丑。提督遼東軍務左副都御史寇深兼巡撫及總督屯種倉場糧儲。

乙巳。遼東副總兵右都督施聚爲左都督。

後軍都督僉事郭瑛卒。高郵人。

丁未。浙江道監察御史練綱協贊陝西延綏軍務。

戊申。復主事提調清江提擧司。

庚戌。免柳州荒稅。

壬子。陸矩服闋補右僉都御史。

十一月璵朔。仍留陝西各府撫民官。

甲寅。日本入貢。

右僉都御史陸矩參贊延安綏德軍務。馬恭還京。

虜二千餘騎犯遼東興水堡。左副總兵都督焦禮擊卻之。進左都督。

丙辰。瓦剌也先弟賽因孛羅魯王等入貢。

庚申。封幼㙺內丘王。

癸亥。上皇萬壽節。羣臣請賀。詔罷。

甲子。荆王瞻堈薨。王母張妃。永樂末封。宣德四年之國建昌。正統十年。改封蘄。勤學好古。祗愼肅恭。延攬文學之士。年四十八。謚曰憲。

丙寅。殷勇營署都指揮僉事黃鑑爲署都督僉事副總兵。協守寧夏。

停山西今年被災田租五十七萬六千八十餘石。

丁卯。夜。月犯六諸王星。五色雲見。

戊辰。以御史張鵬言。簡東宮師傅講讀官。命胡濙王直陳循高穀王文儀銘江淵蕭鎡俞山俞綱商輅日更番侍班。左春坊大學士兼翰林院侍讀彭時專講書。詹事府丞李侃李齡右贊善兼檢討錢溥編修劉吉專侍讀。吏部郎中王謙中書舍人兼正字趙昂更日侍書。

浙直山東河南自是日雪至正月。積數尺。淮海俱冰。人畜凍死亡算。

夜。月犯昴宿。

辛未。皇太子見濟薨。謚懷獻。

丁丑。蠲河南災租七十九萬八千一百七十七石。

己卯。太子少保兼左都御史蕭維楨母喪。命奪情。弃喪復任。

辛巳。前禮部尙書楊翥卒。翥字仲舉。吳人。洪熙初。大學士楊士奇薦之。授翰林檢討。歷編修修撰。遷郕府長史。致仕。景泰初入朝。拜禮部左侍郞。致仕。四年復入朝。手疏乞時朝太上皇。失旨。進尙書。仍致仕。素敦行。以德重稱。其處人所不堪。無幾微介于意。賜祭葬。

馮時可曰。仲舉以布衣至八座。其遇合亦罕。當重任輒自免。無所繫吝。蓋恬穆性然哉。乃若請朝英廟。陳古遜讓事。抑何卓見遠識勇于爲義至此。天順鼎革。獨不蹈噬臍之禍。詩曰。既明且哲。以保其身。其斯之謂與。厥嗣請就一簿。聊坐烏衣。善繼公志矣。義卒。召子建入朝。乞本縣主簿。

林之盛曰。予聞之陸文裕公曰。楊公在景泰朝。人謂其憒憒不達權變。每醉。二參揶揄之。供浮白一笑。然楊公爲景廟從龍之臣。可立致青紫。而請朝南城。辭榮不就。此固智士所不能爲者。竟爲之。無畏首尾。天順復辟。禍亦不及。故曰。寧愚毋智。斯可以任事。

十二月棱朔癸巳。吏科都給事中林聰言。也先報書。毋從其僞稱安遠侯柳溥言。仍瓦剌太師。部院諸臣請稱瓦剌可汗。以縻之。禮部儀制司郎中章綸言。可汗雖夷狄常稱。實其尊號。觀上唐太宗爲天可汗。元世祖爲成吉思可汗。奈何以加也先。莫若別封敬順王。或瓦剌王。

丙申。遼東左副總兵右都督焦禮爲左都督。

免濟南青萊災租二十四萬六千三百十四石。

夜。月犯井宿。

丁酉。前南京大理寺少卿呂昇卒。餘姚人。貢士。

己亥。南京右都御史陳勉卒。勉字希進。寧都人。永樂丙戌進士。授御史。歷廣東按察副使。左副都御史。南大理寺卿。外和內剛。吏治敏捷。

庚子。夜。月犯軒轅星。

辛丑。定稱也先瓦剌可汗。

乙巳。夜。月犯氐宿。

丙午。徵福建鎭守少監戴細保。以奉御來住鎭守。
庚戌。免鳳陽夏麥九萬八千八百十三石有奇。
兵部郎中殷謙爲右通政。
壬子。賑隆慶州復業貧民。
是冬。建昌武昌漢陽疫。

甲戌景泰五年

正月。璵朔。上皇在南宮。
江南大雨雪。連四旬不止。
丁巳。平鄉伯陳輔卒。
戊午。黃河淸于龍門芮城。廷臣欲賀。止之。
己未。禁南京快船帶貨。
辛酉。夜大星靑白光燭地。自氐宿流從官。小星十餘隨之。
甲子。上南郊。
乙丑。免慶成宴。
少保兼兵部尙書于謙言。北使多攜所掠人口。或父母妻子識認悲泣。其家無力贖。令通事昌英等諭令給賞以酬之。報可。
丙寅。蠲廣平眞定保定淮安黃州去年田租。

丁卯。敕諭入覲官。

右副都御史馬恭致仕。

戊辰。夜。金木二星會奎宿。

辛未。裁遼東苑馬司復州龍潭二苑。

壬申。閉福州建寧二衞銀場。

左春坊左庶子兼翰林院侍讀周旋卒。永嘉人，正統丙辰進士第一。

夜。月犯氐宿。

癸酉。夜。月犯鉤鈐下星。

甲戌。平江侯陳豫太子少師吏部左侍郎兼翰林院學士江淵撫安山東河南。時連年水旱。

太白晝見。

丙子。夜。月犯建星。

丁丑。巡撫河南右副都御史王暹劾免。

戊寅。順天冒籍貢士尹誠汪諧陳鎰龔篚黃顯李隨李森錢輪除名。

己卯。福建按察使張彥失職，降黃巖知縣。

辛巳。都指揮使曹廣署都督僉事，充參將，守備遼東開原。

二月〔壬〕朔。癸未。報賜也先及阿剌知院忒古系猛可等王子綵幣有差。

進士鄭冕周清藁廷圭吳綽靳敏李人儀陳僎杜昇爲南京監察御史。

前軍署都督僉事崔福降都指揮使。沮壞馬政。

丙戌。金星晝見。

丁亥。夜金星犯月。

停文水縣逃租。

令三營總兵官石亨柳溥張軏上戰禦方略。

己丑。兵部左侍郎翰林院學士兼左春坊大學士商輅司經局洗馬兼翰林院修撰李紹主禮闈。

壬辰。定邊衞儒學止行釋菜禮毋用牲。

癸巳。巡撫湖廣右都御史李實好作威人厭苦之。徵還以工部尚書王永壽往。

丙申。內使阮得陳攬等乾沒草料下獄。

雲南右參將都督僉事李友卒。壽州人。

丁酉。禮部右侍郎兼左春坊右庶子鄒幹理柴炭。

己亥。琉球署國事尚泰久入貢言兄國王金福薨。次兄布里與姪志魯爭立壞賜印。國人推立臣乞補賜印。

辛丑。太子太師安遠侯柳溥爲太子太師平蠻將軍總兵官。鎮守廣西。宣府左副總兵都督同知楊能還領神機營。總兵官都督僉事楊信充宣府左副總兵。都指揮僉事苗貴充副總兵鎮守貴州代方瑛。

太子太保兼戶部尚書金濂卒。濂字宗瀚。山陽人。永樂戊戌進士。授御史。歷按廣東江西浙江廣東。廉甚。進陝西按察副使督餉。尋進僉都御史提督寧夏。歷副都御史。籌邊晏然。拜刑部尚書。頗剡峭。南征閩賊。進宮保。戶部尚書。見劾改工部。剛果有才望。值多事。理儲賴之。喜汲引士類。然陿詐褊執云。年六十三。賜祭葬。追封沭陽伯。謚榮襄。

甲辰。召南京兵部尚書張鳳。

乙巳。敕中外諸臣修省求直言。

戊申。出帑金萬五千。給淮鳳揚徐河南貧民易種子。

己酉。南京右都御史張純改南京兵部尚書參贊機務。南京管糧右副都御史軒輗爲南京左副都御史理院。

淮安鳳陽災民虧馬駒二年。許四匹買補其一。

三月壬辰朔。策貢士彭華等三百四十九人于奉天殿。賜孫賢徐溥徐轄等進士及第出身有差。

前軍都督同知黃竑奏求霸州武淸閒田。被劾不許。

甲寅。免景陵縣災租千三百餘石。

乙卯。免江寧上元懷寧災租三萬三千一百二十餘石。

己未。南京通政司右參議丁澄提督南京倉場。

壬戌。監察御史王驥奏。河南山東多餓殍。而內臣御史太僕少卿寺丞兵科主事俵馬。經縣繁費。况俵馬縣不過百十四。或二三十匹。乞專委御史寺丞。餘官還京。從之。

癸亥。復黃子嘉東鹿知縣。食從六品俸。

廣東賊趙晉旺等平。

乙丑。進士丘濬耿裕彭華劉釪陳龍牛綸孟勳何琮吳禎嚴淦尹直陳政甯珍馮定金紳黃縉王寬夏時選翰林院庶吉士。左春坊大學士兼翰林院侍讀彭時。右春坊大學士兼翰林院侍講劉儼。敎習。閣臣提督考校。

吏科都給事中林聰等言八事。崇聖德以答天意。修人事以消咎徵。罷齋醮以舒國用。禁勢要以限田地。汰僧道以去游食。禁私役以振軍旅。愼刑獄以導和氣。寬班匠以舒民力。上嘉納之。

丁卯。免河間去年災租三千五百三十餘石。

夜。月犯氐宿。

己巳。通政司王復工科都給事中國盛爲左右通政。

免大名去年災租萬五千三百五十石。

乙亥。南京守備寧遠伯任禮協同守備都督僉事趙倫不相能。互訐。切責禮。降倫都指揮同知。調廣西柳州衞。

丁丑。安南入貢。

戊寅。禳旱。

淮安多盜。命太子太保兼吏部尚書翰林院學士王文撫捕。

四月壬朔。日食。

癸未。監察御史周清守備小龍門。

內官監太監陳謹請京城外西湖陶磚瓦。戶部謂採草止備收。不勝陶。止之。

甲申。太子太保兼工部尚書石璞奔喪回京。

南京兵部尚書張鳳改戶部。

丙戌。以山東寒凍。遣太常少卿李宗周往禱。

丁亥。敕河南按察僉事馮進提督巡視開封南陽流民附籍撫治。

庚寅。秦府永興王志㙉薨。年四十八。謚恭□。

辛卯。四川草塘叛苗黃龍韋保平黃龍韋保僞稱平天大王。據地泡山寨。掠播州。其叔黃定千僞都總兵。據水坪大寨。貴州提督軍務右僉都御史蔣琳總兵官都督方瑛會四川兵擊敗之。擒韋保等。斬七千九百六十餘級。獲二百三十餘人。械入京。

癸巳。命僧道請度牒于通州運米二十石輸萬全等衞。

甲午。進士程景雲陳琳康麟黃謹王朝遠高宗本史瓘徐毅徐宗熊俊李隘王春胡德盛曾淸爲南京試監察御史。

辛丑。敕少保兼太子太傅工部尚書東閣大學士高穀祭告鳳陽祖陵皇陵孝陵。爲民祈福。

乙巳。工部計匠二十八萬九千有餘。南京五萬八千。北京十八萬二千。令北京分四班。歲四萬五千人。從之。

己酉。募運通州粟六萬石于龍門赤城。

五月辛亥朔。復李經莒州知州。食從四品俸。

也先令人覘中國虛實。戶部以聞。

癸丑。進士王儀爲山東道監察御史。

甲寅。寧都知縣田肇坐事在京。言襄陽逃民多盜。宜許其占籍。杜患。刑部尚書俞士悅謂占籍事擾民。格之。

丙辰。都督僉事王勇爲都督同知。

戊午。徙谷庶人賦烕齊庶人賢爀俱安置南京。

夜。大星青白光。自天市西垣流下台。三小星隨之。

庚申。初。木邦宣慰使罕蓋法子罕落法宜嗣職。其族罕揹法阻之。罕落法走孟都蠻求救。命左參將都督胡誌諭之。各聽命。

壬戌。吏部右侍郎兼少詹事項文曜爲左侍郎。戶部右侍郎李賢改吏部。

貴州道監察御史鍾同言。比者定州新樂縣擒賊二人。屬臣訊問。皆云也先使覘中原。視形勢要害處。也先帳下多有南人。我之虛實。彼備知之。臣聞此言。深爲寒心。在朝大臣。恬不介意。昔秦伐趙。諸侯自若。獨子順諫燕王曰。燕雀乳堂。子母煦煦相得。竈突炎上。燕雀不知禍及。而顏不變。當是時。皆以子順爲狂。燕敗。子順言中。今在朝大臣有不變之顏矣。臣茲言之不狂則謬。臣草茅時聞內豎搆惡。戕僇劉球。諫臣自是鉗口。太上北征。未見有人明目出諍。臣見諸臣之爲燕雀也。皇上赫然中興。誅强梁。旌忠直。親六師禦敵于郊。虜喪氣北還。蓋不戰而三軍之氣自倍。臣謂皇上有堯舜之仁。湯武之智。周文之小心。鞭撻四夷。致太平無難者。奈何疮刺甫退。創夷未復。侈心遽生。願自今無徇貨色。無甘游戲。親庶政以總威權。敦倫理以厚風俗。辨邪正以專委任。嚴賞罰以彰善惡。崇風憲以專彈劾。去無益之賞。罷冗雜之員。禁僧道之蠹民。擇賢將以養軍。鑒前車。愼後軌。親率羣臣。謝過郊廟。如成湯之六事自責。太宗之十漸卽改。然後延攬英雄。講明方略。則天意可回。中國可安。而疮刺可徐圖之矣。昔韓信起于餓夫。樊噲出于屠犬。張良著于亡命。古今英雄。何常之有。唯其上有漢高用之。下有蕭何輩薦之。是以能佐命興基。昭休流景。今皇上求才如渴。大臣排抑尤甚。雖選將之命屢下。中朝所舉。皆膏粱厚祿。親戚朋舊。屈抑在下者。殊難自通。卽如曩命將帥人言方略。經旬踰時。殊不陳奏。柳溥石亨有言。又不過侈庸儒之談。乏經久之慮。平時如此。有急胡濟。誠念醜虜陸梁。朝臣欺誑。延攬講明。具失其道。涕泗嗌臍。歎息拊膺。臣父復昔任翰林。臣今同職。言路兩世受恩。寧忍緘默。上覽奏。命禮部集議。竟寢。

甲子。禮部儀制郎中章綸。監察御史鍾同下錦衣獄。初。懷獻太子薨。鍾同諷禮部請復立沂王。禮部尙書胡濙輩莫敢言。同疏論沂王事。上未卽罪。會章綸言修德弭災十四事。畏天戒。任燮理。養聖躬。節幸御。務儉約。勤論政。敦孝義。愼賞賚。重名節。革巡撫。擇重臣。辨異端。卻貢獻。汰冗官。其畏天戒曰。昔伊尹告太甲曰。立愛惟親。立敬惟長。始邦家。終四海。孟軻曰。堯舜之道。孝弟而已。誠以孝弟者百行之本。萬善之源。天子所以德教加百姓。刑四海者也。太上皇君臨天下十有四年。是天下之父也。與陛下合本共根。是同氣之兄也。陛下身受册封。是上皇臣子也。上皇廣廷遠書傳位。是以天下授也。陛下遙尊爲太上皇帝。是天下至尊也。幸而奉引還宮。是陛下與天下至願至望也。汪皇后正位中宮。孝敬勤儉。聞中外矣。陛下冊世子母杭氏爲皇后。固謂母以子貴。不意世子薨矣。臣竊觀北極五星。明大則吉。是復中宮之象。天意欲陛下厚關雎之終。正夫婦之倫也。望退朝之暇。尊奉上聖皇太后太后兩宮。修問安視膳禮。朔望節旦。親詣南宮。率羣臣朝見。展天顯之愛。極恭厥之道。而又念母儀不可久虛。復正汪皇后之位。推念上皇傳位之意。仍立沂王爲太子。則親愛全備。堯舜可師。六宮儀範。不期而正。出震繼體。不期而毓。上大怒。夕逮綸榜掠之。迫引大臣及通南城狀。竟不承。以鍾同先上言。并逮。欲殺之。會風霾。得少間。進士常熟楊集觀政兵部。上書于謙曰。黃竑爲易儲之說。脫死耳。明公國柱石也。戀宮僚之貴而不思所以善後乎。脫章綸鍾同死杖下。而公坐享崇高。如清議何。集謁選。得六安知州。

儲瓘曰。當是時。元臣故老猶多在列。噤無一語。獨綸以死爭。帝怒。置之獄。濱死。或者謂帝意他有所在。故罪綸特甚。是蓋不然。綸所言觸忌諱者多矣。帝于此特遲留不卽處分耳。懷獻旣薨。帝繼未有嗣。舍故太子不立而誰立乎。此理勢之必然者。異時茂陵手詔。復帝舊號。辭旨溫厚。且追究當時權臣。而帝之意至是益彰矣。

河間順德廣平眞定大名旱。

乙丑。封幼⿰土求廣宗王。幼墧唐山王。幼埭永年王。成煥博野王。音埑岷世子。音載南渭王。

南京總督糧儲通政司右參議丁澄被劾下獄。

丁卯。南京工部尚書李浩督理糧儲。

成都推官何福全爲威州知州。以夷民詣闕得之。

己巳。巡撫湖廣刑部右侍郎李棠疾還京。尋致仕。

辛未。浙江按察僉事永新劉克彥致仕。

壬申。昌平侯楊俊冒支布麥。下獄。尋釋。

癸酉。總督兩廣軍務右都御史馬昻兼巡撫廣西。

丁丑。諸城知縣余眞爲莒州知州。

六月辛巳朔。蠲濟南青登東昌懷慶衞輝汝寧南陽旱災夏稅。

壬午。余儼服闋。補右僉都御史。仍淸黃。

忠勇伯蔣信卒。信忠勇王也先土干之甥。初名把台。賜姓名。從上皇陷虜。能擁護。賜祭葬。贈忠勇侯。謚僖順。

癸未。減南京光祿寺歲酒三萬瓶。

丁亥。復太原稅課。

戊子。錄四。

甲午。總督南京糧儲工部左侍郎李浩兼理屯種。

丙申。朶顏衞都指揮阿兒乞蠻來貢馬。言孛剌也先勾三衞。且欲內犯。

戊戌。留蘇松常鎭夏麥備賑。

己亥。雲南左布政使賈銓。湖廣右布政使馬讙。右參政徐備。按察副使陳賓。定州知州王約。淸苑知縣吳宗慶。俱治績有稱。賜誥敕。貤封贈。

辛丑。易州大風雨雹。拔木傷稼。方百餘里。

泰寧等衞都督僉事革干帖木兒等言。也先見擾。求附塞居大寧廢城及甲盾。兵部持不可。敕曰。大寧城迫近塞。不便射獵。又炎暑。恐生疾疫。非所宜居。其去塞二百里住牧。毋犯邊。吏約甲盾不爾吝。寇至則給。

南京翰林院侍講學士邢寬卒。寬字用大。無爲人。永樂甲辰進士第一。授修撰。進侍講。南侍講學士。署南雍。孝友善交苦足疾。不樂內朝云。

癸卯。太子太保兼吏部尚書王文賑饑蘇州。獲長洲盜二百人。奏上誅十六人。餘戍邊。文支蘇松常鎮淮揚糧九十七萬二百十三石有奇賑三百六十二萬一千五百三十六人。

金星晝見。

乙巳。進士唐泰爲吏部稽勳主事。

戊申。太子太保兼吏部尚書翰林院學士王文爲少保吏部尚書兼東閣大學士。

己酉。夜。火木二星合于昴宿。

是月。揚州大風雨。潮決高郵寶應。

七月戊辰朔。南京大理寺左少卿廖莊言。臣入仕十餘年間。見陛下向在郕邸。太上臨朝。册封。令羣臣歲時謁賀。恩禮隆洽。今深居南內。陛下起見大見疏曠。非所以慰天心。敎天下。又太上子陛下猶子。宜使親近儒臣。輔成德器。以端國本。以繫人心。不報。

卯刻。木星見。

辛亥。復邢隆無錫縣丞。

僧錄司右善世南浦等納賄度僧。下法司。尋宥之。

壬子。木星晝見。

癸丑。禁外夷經處私販。

白溝河決。

己未。長垣知縣蕭翼爲順德知府。

庚申。敕閣臣纂修天下地理志。遣進士王重等採訪。

辛酉。旌昌黎訓導洛陽閻禹錫孝行。

癸亥。京師大雨水壞城郭。卽築治。

木星晝見。

丙寅。召太子太師兼吏部左侍郎翰林院學士江淵。

太子太保兼兵部尙書儀銘卒。銘字子新。高密人。父禮部侍郎智。蔭給事中。改翰林修撰。進侍講。正統五年。改郕府左長史。持正不阿。景泰初。拜禮部左侍郎。明年。進南京禮部尙書。已召還。進太子太保兼兵書。領詹事府。言弭災數事。錄祖訓上之。質直負氣。遇事侃侃不媿。其父贈太師。謚忠襄。賜祭葬。子海蔭錦衣衛百戶。

談遷曰。遇合自有時。如儀忠襄以任子起家省院。固溢常秩矣。迨轉郕邸。未免賈太傅之詘。反藉以通顯。人生出處可豫定耶。彼號爲才學。非矜炫則澳溷。聞忠襄之風。亦可以爲世戒焉。

丁卯。禮部尙書胡濙兼署詹事府。

己巳。減饑民盜粟之罪。

庚午。封左都督方瑛南和伯。左僉都御史蔣琳爲左副都御史。都知監左少監梁達爲太監。俱征草塘苗功。

壬申。仍遣給事中御史禮部官考僧童給牒。

癸酉。蘇松鳳陽淮安廬揚大水。

丙子。趙王瞻塙薨。年四十三。謚曰惠。

是月。成都大雨水壞城。

八月[illegible]朔。定眞人邵以正班祭酒下。

復李𤉷淶水縣丞。
癸未。安南入貢。
乙酉。備倭都指揮使翁紹宗爲中軍署都督僉事。巡撫南畿戶部右侍郎李敏爲尙書。備倭巡撫如故。監察御史彭誼爲大理寺寺丞。
丙戌。雲南總兵官檻送賊子思機發等至京師。伏誅。
戊子。夜月犯建星。
己丑。夜月犯牛宿。
辛卯。擇戶部官覈災江南。
壬辰。瓜哇入貢。
甲午。召鎭守臨淸平江侯陳豫。
丙申。正一嗣敎冲虛守素紹祖崇法眞人張元吉爲正一嗣敎淸虛冲素光祖演道崇謙守靜洞玄大眞人。掌天下道敎事。
丁酉。蔣也兒孛忽嗣忠勇伯。蔣信子。
太子少保左都御史蕭維楨奔喪還朝。
復巡撫入京議事。遼東大同歲一至。寧夏延綏甘肅浹歲一至。期四月朔。各京省歲一至。四川廣東廣西雲貴浹歲一至。期八月朔。
巡按廣東監察御史盛昺巡撫廣東右侍郎揭稽互訐。奏按之情僞各半。俱下獄。
戊戌。秦府輔國將軍公鈐公鎧內亂。廢爲庶人。錮京師。

巡按河南監察御史張瀾言。原武黃河東岸先開二河。合黑陽山舊道。引水濟徐呂二洪。今改決而北。二新河水不通。二洪宜改濬一河。仍接舊道入洪。約二萬人。度一月。罷。從之。

內使田福私亡至藁城。捕誅之。

夜。大星青白光燭地。自紫微東藩流雲中。火星犯六諸王星。

己亥。南京翰林院檢討王積署院事。

始考勳戚家塾儒士。

甲辰。錦衣衞千戶劉泰伏誅。泰善僧官道秀。因造妖言。誣上林苑監菜戶李貴兄弟。遂反坐。初泰捕盜冀功賞也。

是月。東昌兗濟南大雨。河溢傷稼。

九月配朔。庚戌山西都司獄逸。

辛亥。總督兩廣軍務右副都御史馬昂爲右都御史。

許南京罪囚輸粟贖罪。

癸丑。翰林院侍講兼左春坊左中允楊鼎爲戶部右侍郎。

夜。金星掩軒轅左角星。

戊午。少傅兼太子太師禮部尚書胡濙薦道士仰彌高知兵。命授道錄司左玄義。協守宣府。然實無他長也。

壬戌。戶部尚書張鳳等上江南恤災事宜。從之。

甲子。夜。大星青白光。自天桴流游氣。

丁卯。夜。金星入太微垣右掖門。

戊辰。寧國安慶池州旱蝗。遣視之。

甲戌。曉刻。金星犯太微垣左執法星。

戊寅。戶科右給事中何陞言。往使河南。見沁河有漏港。今水溢成渠。誠令舟從漏港出沁入黃。度二旬可達于淮。願以臨清輕舟試險易。命左副都御史王竑等相度之。

十月夗朔庚辰。右副都御史劉廣衡巡撫浙江福建。

免眞定廣平順德大名衞輝彰德河南懷慶吉安災租。

辛巳。赤斤蒙古衞都督阿速上瓦剌也先印檄。

癸未。鳳翔知府扈暹廉謹。先秩滿。郡人留之。食正三品俸。至是秩又滿。進從二品俸。

丙戌。夏瑄服闋。補南京尙寶司丞。

起復左通政王繼。吏科給事中李秉彝言其非。不聽。

戊子。夜。大星赤光燭地。自紫微東藩流北斗杓後。二小星隨之。

己丑。命禮部愼選各王府儀賓。

免長垣縣雜稅。

辛卯。罷引沁河。時命工部右侍郎趙榮偕行人王晏往視。榮言勿利。乃寢。時欲罪晏。不問。

癸巳。夜。月食。

甲午。瓦剌知院阿剌爲也先大將。求太師不許。阿剌怒。也先殘忍。荒酒色。諸部稍解散。忌阿剌。欲討之。恐不勝。乃自遣其子守西番。召阿剌二子從先。鴆殺。阿剌次子阿剌懼。詐言兀良哈盜馬。請召還其長子合擊之也。先使賽罕大同二王與俱。臨行觴焉。中途。其長子亦中鴆死。阿剌益怨。紿賽罕大同前渡川。自後率部落三萬趨也先所數之曰。漢兒血在汝身上。脫脫不花王血也在汝身上。兀良哈人血在汝身上。天道好還。血在我矣。也先曰。今者我齋詰朝與汝戰。退與伯顏帖木兒眞孛羅平章等議帳中。有阿剌故部曲三人轉事也先久。也先不之疑。因共趨帳中。拔所佩劍刺也先。并殺伯顏帖木兒等。賽罕王聞變。領七千人躡之。既知也先死。棄衆去。乘十七槖駞。爲其下卜兒答追及射殺之。大同王竟西奔也。先之强悍慓賊。倉卒死于所部。中國自此息肩矣。

前南京禮部左侍郎陳璉卒。璉字廷器。東莞人。洪武初由貢士敎授桂林。秩滿。進國子助敎。永樂初上巡狩平胡二頌。擢知許州。尋改滁州。政尙平恕。太宗北巡。聞其治行。進守揚州。掌領滁如故。再九年。進四川按察使。存大體。不細碎。猶謂未峻。召改南京通政使。署國子監事。憂去。正統初起南禮部左侍郎。又五年致仕。璉孝友和厚。博通經史。以文學知名。賜祭葬。

乙未。夜。月犯天關星。

丙申。夜。月犯井宿。

戊戌。南京刑部尙書楊寧子璵廕新安衞副千戶。世襲。

己亥。守備廣武營都指揮使种興爲左參將。鎭守寧夏西路。

庚子。進士胡榮王鉉張寧崔忠胡福錢俊張浩俱爲給事中。

辛丑。夜。大星赤光燭地。自紫微西籓流近濁。地震。

癸卯。失朝官二百二十四人各奪俸一月。

丙午。錦衣衞鎭撫門達捕遺盜。進正千戶。仍治鎭撫司獄。復求陞。進指揮僉事。

丁未。羅山敎諭邵祥言。今春大寒。竹樹魚蚌皆死。災極矣。乞主臣修省。從之。

十一月帐朔己酉。夜。大星青白光燭地。自八穀流天船。

乙卯。前軍都督同知黄竑死。或曰仰藥亡。

丙辰。刑部右侍郎李棠予告。

戊午。免蘇松常鎮織幣採買。

己未。定官吏食鹽。

曉。刻金土二星合氐宿。

庚申。吏部考功主事吳誠以躐進被刻。調工部虞衡司。

辛酉。鎮守福建兵部尚書孫原貞上論屯種漕運逃民。上是之。

壬戌。夜。月犯畢宿。復掩天關星。

甲子。罷南京守備寧遠伯任禮。以平江侯陳豫往。

丙寅。哈密使臣阿力亂毆甘州驛卒死。敕其主自治之。

戊辰。增召商納草價。

甲戌。湖廣右都督陳友奏婁羅紋洞上下婆洞等寨及清水江苗約萬衆。流劫黄土坡及平茶等處。官軍擊斬三百餘級。都指揮戚安指揮王福劉玉等八人死之。餘孽乞調永順保靖鎮溪等兵勦之。兵部疑其詐。下撫按酌究。

夜。大星青白色。自內平流太微西垣。三小星隨之。

丙子。左僉都御史徐有貞上治沙灣策曰。水之爲性。可順焉以道。不可逆焉以堙。漢世功難瓠子。易汴渠。蓋其徵也。河自雍而豫。出險卽夷。又由豫而兗。土疎而水益深。沙灣之東。所謂大洪口。適當其衝。于是決而奪濟汶入海之路以去。諸水從之。故隄潰渠淤。今欲驟堙。祇益于潰耳。請先疏水。水勢平。乃治決。決止。乃濬淤。因爲之防。以時節宣。無溢涸而清河可得而安也。上從之。

十二月丁丑朔。戊寅。大理寺左寺副王恕爲揚州知府。

庚辰。內閣供奉太常寺少卿王謙調南京禮部郎中。蔣宏吏部員外郎王琮改南京刑部。以泄事納賄也。

壬午。錦衣衞指揮同知畢旺領鎭撫司。

免霸州文安大城饒陽災租。

丙戌。免杭湖嘉興災租五十一萬六千餘石。

命禮部榜示喪葬婚嫁服舍舊制。禁奢僭。

丁亥。內使阮絹附司禮太監興安。盜官木治剎西山。絹論死。安不問。

夜。大星青白光自太微垣右執法流雲中。

己丑。南京監察御史鄒亮劾太監陳公等于城濠私植禾藕。命按之。

辛卯。雲南虛仁驛驛丞尙褫上言。近者積雪連旬。窮陰彌月。陛下體元于上。大臣宜盡心調元于下。聖學之勤。非徒開筵進講而已。理亂興亡之道。天人感應之理。須得于心而見于行。至于言路非不開也。而執政往往摭拾條例。輕則寢罷。重則中傷。陛下宜親覽其言。苟合于理。必有區處。毋徒今日行之。明日更之。二三其德矣。親藩日蕃。以衆祿養漸耗。恐未能安然自適。釋敎盛行。滿于京師。絡于道路。自王振時。今年曰度僧。明年曰度僧。日熾月盛。宜盡令歸俗務農。又師保滿朝。非惟輕名器。抑且濫爵賞。此非臣之敢言。在陛下斟酌耳。疏上。禮部覆寢之。

壬辰。鎭守處州都指揮同知王英言。銀場洪武中原額不及三千金。曰歲辦。永樂宣德間增額。曰閘辦。如靑田縣歲辦不千金。今閘辦至萬四千三百餘金。民深被其害。乞如洪武中例。戶部謂原額太輕。下布按二司議上。

癸巳。夜月犯軒轅。

丙申。免灤州及昌黎水災秋租千五百餘石。

戶科給事中高崇言。前募義勇七千餘人。乞放歸。仍蠲徭一年。命總兵官等議之。

丁酉。夜大星赤光燭地。自北河流五車。

戊戌。召工部左侍郎趙榮。專委徐有貞治河。

己亥。太僕寺卿李賓爲副都御史。提督山海等處軍務。

免蘇常松江鎮江揚州田租二百一萬七千三百餘石。懷慶衞輝兗青濟南東昌各有差。

前廣東左布政使戴弁卒。浮梁人。□□貢士。榮陽訓導。拜兵科給事中。歷廣東右參政。有平黄蕭養功。

壬寅。貴州副總兵都指揮僉事苗貴改李姓。恥同苗蠻也。

癸卯。太僕寺少卿趙昱爲寺卿。

乙巳。戶部主事余子俊言。光祿供應日濫。各寺觀齋醮妄費。乞省一分。則民受一分之賜。命光祿寺禁約。

吏科都給事中林聰數脅制吏部。爲御史黄溥等所劾。下獄論死。宥之。降國子監學正。

乙亥景泰六年

正月杍朔。上皇在南宮。

戊申。免保定河間廣平大名眞定今年鹽鈔。

己酉。提督薊州永平軍務左副都御史鄒來學巡撫蘇松常鎭。兼理浙江嘉湖水利。

夜。大星青白光燭地。自勾陳流天鈎。

庚戌。太子太保兼工部尚書石璞改兵部。太子少師兼吏部左侍郎翰林院學士江淵爲太子太師兼工部尚書。視部事。

金良輔廕都察院照磨。金濂子。

戊午。上南郊。

己未。府軍前衞正千戶曹欽世指揮僉事。

武義縣賊盜礦。

庚申。陳政嗣平鄉伯。陳輔子。

免河間保定災租。

辛酉。右副都御史李賓提督山海等關隘。

丙寅夜。月犯角宿。

癸酉。罷提督白羊等口御史董廷圭周清還京。

乙亥。免應天太平寧國池州安慶和州建陽宣州各衞屯租。

二月丁丑朔。辛巳。逮巡按福建監察御史無錫倪敬。以還京留鄉踰四月也。

壬午。敕太監王誠同法司錄囚京師。大理寺少卿李茂等錄囚南京浙江。

參贊延綏軍務右僉都御史歸安陸矩卒。年四十八。賜祭葬。

南寧伯毛福壽改名勝。

乙酉。福建布政司獄逸。

丁亥。始除進士知州。

戊子。免廬州去年災租。

庚寅。琉球入貢。

辛卯。徽州饑。盜起。

壬辰。松潘番賊流劫。

甲午。後軍都督同知鄭銘卒。

夜。安福縣大雷雨。地陷者二。

乙未。徐永寧嗣定國公。顯忠子。

丙申。增置通州倉。

戊戌。巡按湖廣監察御史葉㮣言二事。卻貢獻以制外夷。革游食以實邊衞。報聞。

敕甘肅總兵官都督僉事雷通參贊軍務左副都御史宋傑等出塞。勦虜。如未犯邊。不可輕舉。

申監司送迎之禁。

夜。大星青白光燭地。自天棓流七公。

己亥。陝西按察副使曹璉爲大理寺左少卿。參贊延安延綏軍務。

夜。月犯建星。

庚子。大理寺卿孔文英爲刑部左侍郎。大理寺右寺丞彭誼爲右僉都御史。提督白羊口紫荆等關守備。

三月㕥朔丁未。作內觀象臺簡儀成。

壬子。雲南鶴慶府進瑞麥。

癸丑。初浙江征處州賊。掣漕卒。令民代運。至是漕卒復故。

乙卯。設將軍直舍于午門外。

免武昌漢陽荆黄去年災租六萬二千二十餘石。

丙辰。革江北糧長賦役。令里甲催辦。

夜。火星犯井。

丁巳。減通州等衛草額。如宣德正統例。

湖廣苗曰總幹等。糾洪江等七十二寨攻清浪鎮遠等衞。官軍擊斬二百餘級。擒十六人。

辛酉。始令吏部以經學試懷才抱德之士。舊試翰林院。止論檄。至是以閣臣言。

甲子。國子監生儀泰爲禮科給事中。儀銘子。

保定水。詔罷其不急之務。

乙丑。琉球乞市紗羅等于蘇州。特許之。

己巳。工部尚書江淵濬運河。自沙灣北至臨清。南至濟寧。凡四百五十里。役營軍五萬人。

四月丙朔。日食。

命諸生修贄學官。毋概論贓。

戊寅。霍丘妖人趙玉山謀亂。獲之。

增御花房。

辛巳。停山東河南浙江湖廣兩畿災傷所負馬騾芻糧一切不急之務。

乙酉。進士樊冕魯崇志何玘爲吏科給事中。蔣敏爲兵科給事中。

庚寅。以花馬池興武二營乏草。許罪人納糧芻于延安綏德。

辛卯。上皇第六子見澤生。

給事中嚴誠行人劉儉往封琉球國中山王尚泰久。

武安侯鄭宏等二百十四人失朝。責跽午門外。

戶部上寬卹事宜。從之。

丁酉。前軍都督同知宮聚卒。

戊戌。迤北王子麻兒可兒入貢。時虜孛來殺阿剌。

五月己巳朔。夜。火星犯積尸氣。

丙午。西寧侯宋傑卒。

丁未。陝西道監察御史錢清醉騎馬突入長安左門。謫靈山知縣。

辛亥。沙灣功成。右僉都御史徐有貞初作捲埽法。緯大竹爲編。簿土石實之。視其潰。數十人推而塡之。役五萬八千人。十有八月而竣。

丁巳。召福建等處捕盜左副都御史劉廣衡還京。

己未。封子垕周王。祈鐵趙王。祈鎬荊王。子壉胙城王。豪壂枝江王。公鉐永興王。

滿剌加國王速魯檀無答佛那沙入貢。

辛酉。前禮部右侍郎王士嘉卒。士嘉字道亨。武城人。監生。永樂初令山陰。治最。進陝西按察僉事。歷陝西右參政。俱著清譽。拜禮部右侍郎。性開爽。持正不苟。年八十七。賜祭。

丙寅。湖廣左布政使馬謹爲左副都御史。巡撫河南。

丁卯。故前軍都督同知黄竑子瀚襲永清左衞指揮僉事。

己巳。上憂旱。躬禱天地。遣告在京諸祀神祇。

辛未。停湖廣採辦。

壬申。暹羅入貢。

癸酉。太監王誠、舒良、張永、郝義王勤子弟俱世錦衣帶俸百戶。

六月妸朔。勅監察御史張鎣駐臨清聽訟。

宋朱熹九世孫梴爲翰林院五經博士世襲。

復趙信金壇知縣。食正六品俸。吳江縣丞劉彪爲知縣。

蠲濟南災租。

丙子。右春坊右庶子兼翰林院侍講趙恢予告。

提督大同軍務左副都御史年富母喪。令奔喪復任。

戊寅。西安平涼旱疫。

庚辰。左春坊左司直郎兼翰林院編修李泰以嗣太監永昌乞移贈故祖。從之。

蘇州地震。時蘇松常鎭大疫。

辛巳。昏刻金星犯井宿。

癸未。開封高門隄決二十里。命葺之。

甲申。免德慶州秋租。

甲午。盜陷羅城縣。

起復參贊延綏軍務大理寺左少卿曹璉。

前南京右副都御史朱與言卒。與言萬安人。永樂辛丑進士。剛方廉愼。不事苛察。得大臣體。

戊戌夜大星青白光燭地。自六甲流華蓋。

庚子。曉刻木星犯六諸王星。

癸卯。刑部廣東司獄逸。

閏六月配朔。設四川灌縣守禦千戶所。以防董卜韓胡也。

辛亥。易午門朝鐘。

福建按察使楊珏降黃州知府。巡按福建監察御史練綱降邠州判官。珏與不綱避。綱憾之。互訐。並謫。綱喜攻人陰罪。人畏其口。

劉鳳曰。今御史持法稍與古異。古謂官邪失德。不奉六條。檢察部內者得以糾之。猶時一乘傳稱使者。今旣歲遣。而政之小大無不綜焉。其重不以甚乎。漢以前命御史監郡。其行事略無所紀。若練綱斷擊有足稱者。然爲文深刻。郡國畏之。威令幾如上矣。其治雖小有益。殆非綏靖和乂不擾之謂乎。

壬子。吏科給事中盧祥謫蒲州判官。初祥劾吏部左侍郎項文曜徇私。文曜謂其挾陷。旣廷訊。宥文曜。降祥。命自後會議俱內閣科道。

甲寅。報董卜韓胡宣慰使克羅俄監粲死。命䘏之。

乙卯。設房縣撫民縣丞。

西城坊草場火。

丙辰。應天淮揚蘇常大風雨雹。潮溢渰稼。先是苦旱。

戊午。許禮部右侍郎兼少詹事薩琦歸葬庶母。

己未。昏刻金火二星俱入太微垣右掖門。

丁卯。福建多盜。刑部尙書俞士悅乞遣在廷重臣巡撫。吏部尙書王直謂宜責三司禁捕。上是之。非大事毋廷遣。

壬申。戶部上寬恤減省事宜。從之。

是月。九江南康濟南兗青平陽翟昌臨洮秦階久旱。順天眞定永平河間廣平大名開封衞輝大理各大雨水。

七月牌朔。乙亥。浙江都司經歷延祥爲嘉興知府。

諭閣臣續宋元通鑑綱目。遂舉左春坊大學士兼翰林院侍讀彭時。右春坊大學士兼翰林院侍講劉儼。侍講學士兼左右中允倪謙呂原。司經局洗馬兼修撰李紹。贊善兼檢討錢溥。詹事府丞李侃李齡。順天治中劉實。兵部主事章陬。中書舍人兼司經局正字劉鉞。國子監博士陳淮。南京通政司參議丁澄。南京尙寶司丞宋懷。南京刑部主事張和。南京工部主事劉昌。南京國子監學錄蕭士高。蘄州知州金銑。仁和教諭聶大年等編纂。從之。

沙灣河成。賜名廣濟。

吳道南曰。沙灣之決垂十年。至是乃塞。何成功若斯之難也。古者服能然後任。屢遣大臣。使之嘗試。非向者其人不任。蓋亦任非其能云。

淮安鳳陽濟南東昌兗州旱蝗。

丙子。巡撫江西韓雍。奏勸借稻穀百八十萬四千九百石有奇。賑穀九十九萬七千九百五十三石五斗。米萬九千四百十石六斗八升。布千一百九十四匹。

丁丑。免杭湖嘉興藥料。

金星晝見。

戊寅。監察御史倪敬等言天氣失調。災異迭見。雨水霖霪。軍民艱難。臣等敢直陳修省之助。竊惟府庫之財。不宜濫予。游觀之樂不可無節。曩因齋僧。屢出藏金易米供給。米價涌貴。不免損民。異端惑衆。無耕蠶衣食之勞。征科徭役之擾。厚之如此。則遐陬遠漠。櫛風沐雨之窮軍。荒年歉歲。趨事赴役之饑民。又將何以濟之。近聞起造燕室龍船。宴娛頻繁。木石資餉。爲費不少。恐非所以保聖躬。隆聖德也。疏上。不報。

太子少傅兼吏部左侍郎俞山予告。

夜。月犯氐宿。

庚辰。徐有貞回院。

辛巳。刑科給事中吳江徐正有罪。戍鐵嶺衛。正素邪慝寡學。倩人草奏。嘗自言已禦虜功。欲超拜不得。因密請對便殿。屏人語曰。上皇臨御久。臣民多有非望。宜出沂王就國。增南宮墉。斫鄰樹。灌鐵錮其鑰。上駭而叱之。謫雲南臨安衛經歷。正不卽行。游妓家不赴。下之錦衣獄。遠戍。

談遷曰。景帝之怒徐正。無忝同氣。然終于錮其鑰。伐其木。何陽譴而陰中之也。理不勝私。讒慝之口。微啓其竇。大之則司馬昭之殺成濟。亥之則景帝。同一機也。

裁山東兗泉主事。

癸未。河南右參政王槩爲河南按察使。

甲申。監生俞誥爲工科給事中。俞山子。

禮科都給事中楊穟等乞大臣子孫乞恩入監者罪之。報可。

賑淮安鳳陽廬揚和滁饑。共粟二十二萬一千八百二十四石。

戊子。夜大星青白光自文昌流近濁。

庚寅。敕南京各官修省。

辛卯。免文安縣災租四千八百餘石。

丙申。夜大星青白色自七公流右攝提星。

丁酉。禁屠耕牛。

木星晝見。

辛丑。秦王志㙉薨。年五十三。謚曰康。

壬寅。敕諭灌頂國師贊善王班丹堅剉等護邊修職。毋信迤北虜誘。

癸卯。敕都察院考察御史。

八月[illegible]朔。應天鳳陽寧國太平安慶廬徽池淮安揚蘇常廣德滁和旱。

乙巳。監察御史倪敬黃讓盛昺羅俊杜宥汪清婁濬蘇廉祿王儀王紀白瑛金澤左源朱倫並謫典史。林璟謫驛丞。以考察斥。倪敬嘗陳時政忤旨。人頗惜之。

丁未。太子太保兼中軍都督僉事張軏爲右都督。

己酉。泰寧衞都督僉事革干帖木兒奏。虜酋毛里孩立脫脫不花王幼子。而自爲太師。掠我三衞。擊敗之。命邊將嚴備毛里孩。

甲寅。右僉都御史鄭□□爲左僉都御史。

行人盧升進士李曰良呂益宋有文汪霖龍晉楊鋆丁慈史蘭茂彪張綱伍驥毛倫劉充呂洪李志剛王齊郁

文博溥鏞敎諭袁純鄒鼎訓導劉敬盛忠薛驥陳昜郭觀施謙俱爲試監察御史。

丁巳。夜大星赤光。自河鼓流近濁。

戊午。夜金星犯房宿。

己未。會同縣苗賊作亂。

庚申。南京大理寺左少卿廖莊謫陝西定羌城驛丞。先是莊請朝上皇。復沂王。上嗛之久。及母喪赴京給驗。既朝見。上大怒。卽陛前杖八十。謫之。并杖在獄禮部郎中槳清章綸監察御史永豐鍾同。同逾六日卒于獄。同字世京。景泰辛未進士。授御史。遇事敢言。方疏復儲。馬過溝伏不起。同輓轡曰。吾不畏死。爾則奚懼。後三日馬死廐中。旣歸葬。烏鵲巢樹生白雛者四。天順初。贈大理寺左寺丞。子啓。廕國子生。成化中。謚恭愍。祀忠節祠。

何喬遠曰。明初承平之治。至宣德正統而極。大小臣工。莫不將順頌美。憂治危明。乃得李時勉劉球二人。景泰之季。廖莊三人。開口奮臆。不有其身。其所持論。皆宗社大體要矣。

談遷曰。廖安止復儲之請。可一年始杖謫。帝豈一日忘之耶。待間而發也。鍾世京少過廬陵忠節祠。銘座右曰。生不登第。死不入此祠。非丈夫也。士固有志。彼倉卒激切。死所不可知。亦溝瀆等耳。丈夫云乎哉。

夜。大星青白光燭地。自井宿流近濁。曉。刻木星犯井宿鉞星。

辛酉。朝鮮國王李弘暐幼得疾。讓其叔瑈署國事。詔許之。

大理寺右少卿李茂調南京。

丁卯。禁中外官擅械罪人。

戊辰。監察御史章亮陳顥以考察謫驛丞。

設福建壽寧縣。析建寧之政和福安地。

庚午。南京署太常寺禮部尚書章文調詹事府。

戶科給事中孫珉受賄。戍肅州衞。

辛未。追旌表義民敕書。時義民多建御書樓敕書閣。立石違制。巡按直隸監察御史楊貢言之。

廣西賊破欽州。擄知州姜原性。

南京前軍左都督吳信卒。

九月癸酉朔。夜。大星青白光燭地。自孫星流至濁。

甲戌。永嘉大長公主薨。配駙馬都尉郭鎮。

乙亥。進士李敏江勛唐彬桂琛李裕張信葉淇俞紀白侃張岐樊英康驥李麟陳貴。國子監學正劉濬。教諭尹淳。監生楊銘滕昭劉淵趙瑛蔡浩張珩。俱爲試監察御史。

賑蘇松常鎮饑民米麥豆穀共一百萬六千七百餘石。

夜。大星青白色。自天井流至濁。

丁丑。貴州鎮遠苗叛。

己卯。監察御史劉紀巡通州倉。娶部民女。下錦衣獄。謫廣西高橋驛丞。

壬午。昌平侯楊俊烝庶母。下獄。

甲申。夜。大星青白色。自壁宿流游氣。

提督松潘兵備刑部左侍郎羅綺言。土番張蠟國師商巴姪吾兒哲等濟惡。臣致其姪南柯兒。誓攻滅之。兵部尚書于謙。謂夷心叵測。倘謀泄。以朝廷誨戕同類。非義也。上是之。

丙戌。復傅子榮郟縣縣丞食正七品俸。

召商中鹽貴州納粟。

丁亥。復董貫應天通判食從五品俸。

戊子。南京監察御史苗稔李堅潘鏞孔鑰俱降典史秦紘戴昂楊斆俱驛丞以考察。

右僉都御史陳泰治運河成自瓜儀至淮安百八十里役六萬餘人。

甲午。夜金星犯南斗魁。

丙申。令張家灣權木如淮安例。

戊戌。宋誠嗣西寧侯。宋傑子。

庚子。漕河多盜命捕之。

夜。月犯亢宿。

壬寅。宋程頤裔孫克仁爲翰林院五經博士世襲。

濟南東昌青兗河南衞輝懷慶平陽大旱武昌漢陽德安黃荆岳長沙沔陽安陸蘄大水至閏六月。江溢傷稼。

修先賢顏回曾參程顥朱熹祠。

十月甤朔庚戌。大名縣野蠶成繭。禮部欲賀。不許。

山東右布政使吳誠卒。南昌人貢士。

夜。大星青白光自天囷流天倉。

辛亥。夜大星赤光自北斗歷紫微垣流東藩外。

京城多饑盜。分遣御史官校捕之。

甲寅。召商中鹽納米霸州文安固安寶坻等縣賑饑。

乙卯。迤西脫脫不花王子麻烏可兒吉思及毛里孩孛羅等以四萬騎攻阿剌知院。阿剌亦三萬衆待之。詔邊臣嚴備。

丙辰。吏部請尙寶司中書舍人都給事中行人司正官仍聽考察如宣德初。從之。

夜。月犯畢宿。

戊午。免陝西去年夏稅三十八萬九千九百三十餘石。

昏刻。大星赤光自胃宿流五車。三小星隨之。

庚申。劉鉉服闋復國子祭酒。

夜。大星青白光自天稷流近濁。又大星自紫微西籓流游氣。

癸亥。思恩軍民府知府岑瑛加右參政。初瑛從子鐨代任。好殺人不法。瑛還按之。鐨懼自經。故嘉其割愛效忠也。

衍聖公孔彥縉卒。

復徐貴亳縣知縣食正六品俸。

丙寅。翰林院編修黃諫上大明鐃歌鼓吹十四曲。

廣東都指揮同知耿全擊廣西流賊于肇慶之白沙村。敗績。指揮倪廣李清等俱死之。

丁卯。命天下罪囚在都布二司但會二司官。在府衞會府衞官。在按察司及巡按御史不必會官。即訊結。毋淹滯。

十一月。甲戌朔。岷府庶人徽㷲蒼頭蒙能竄蠻中。糾三萬餘人攻隆里銅鼓城。命捕之。

甲戌。夜。大星青白光自文昌流五車。

乙亥。監察御史葉巒張諫提督南京北京學校。

南和伯方瑛爲平蠻將軍總兵官。達官指揮使白玉爲署都督僉事副總兵。往討湖廣叛苗。太監阮讓陳瑄監軍。戶部侍郎孟鑑理餉。

丁丑。免永平災租三千五百六十八石。

辛巳。減南京收糧御史二人之一。

壬午。上皇萬壽節。羣臣請賀。詔罷。

蘇州地震。

癸未。巡撫廣東兵部左侍郎揭稽故勘死人。下都察院獄。

夜。月犯畢宿。

甲申。賑貴州烏撒衞。

己丑。免大同絕租。

壬辰。楚府通城王孟燦薨。年六十七。謚莊靖。

癸巳。天文生施宗爲錦衣衞鎮撫。

乙未。復南京戶部官于上新河監收船料。

夜。月犯亢宿。

丁酉。夜。月犯罰星。

庚子。免兩畿各衞屯租二十九萬三千石。

辛丑。山東按察使古鏞爲大理寺右少卿。

十二月𨚗朔乙巳。貴州平越等苗賊作亂。命方瑛等合討之。

己酉。監生張銘爲南京户部主事。以南京兵部尚書張純爲子乞恩也。

庚戌。蒙能破銅鼓所羅圍堡。都指揮汪迪援之。敗没。

辛亥。封楚府均鐓崇陽王。

癸丑。夜。大星赤光。自天紀流太尊星。二小星隨之。

甲寅。禱雪。

孔弘緒嗣衍聖公。彥縉孫。

進士江彤張瓆爲給事中。

復命左僉都御史徐有貞巡視沙灣。

辛酉。左僉都御史徐有貞言。鄒縣顏孟二氏元嘗撥田六千頃。國初因之。其後被占。命追給之。各益田二十頃。佃戶十家。

丙寅。河南按察使何永芳卒。常山人。□□進士。

戊辰。屠宗順爲副千户。屠芝爲百户。仍直御用監。宗順芝專獻寶石規利。

己巳。免濟南兗青東昌武定信陽今年夏麥二十四萬二千五百八石有奇。

庚午。貴州左布政使易節卒。萬載人。□□進士。

丙子景泰七年

正月辛朔。上皇在南宮。

乙亥。苗賊三千餘人掠沅州衞。

丁丑。禁漕卒以米易貨赴京市米上納。

諭戶部買物卽給直。

戊寅。夜。月犯畢宿。

己卯。命太子太保兼兵部尙書石璞撫安湖廣軍民。

壬午。上南郊。

甲申。夜。月犯軒轅。

丁亥。召商于湖廣軍前納粟中鹽。

庚寅。封慶府遂簒平涼王。

辛卯。諭朵顏等三衞入貢仍自永平入。

乙未。免廣平府去年夏麥四千七百七十餘石。

戊戌。金星晝見。

二月稂朔。蠲應天寧國太平安慶徽池廣德保定河間廣平濟南兗東昌平陽開封懷慶衞輝去年災租二十四萬五千六百九十石有奇。

辛丑。仁和敎諭聶大年卒于京邸。大年臨川人。薦授敎秩仁和訓導。改常州。秩滿。遷今官。徵詣翰林。未拜官。年五十五。

癸卯。從朝鮮國王李弘暐請遣內臣封李瑈朝鮮國王。

甲辰。以鈔少。給京官折俸銀。每金折鈔七百貫。

乙巳。夜月犯畢宿。

丙午。令巡撫給淮揚貧民牛種。

己酉。大風霾。

庚戌。還兩京內府納戶剩米。先是倉役禁不容出。

湖廣都指揮僉事楊茂領兵護運辰沅靖州偏橋鎮遠銅鼓清浪平溪。

辛亥。悉召捕盜諸御史官校還京。時急耕。恐擾民。

右參將都督僉事顏彪爲左參將守備大同東路。

丙辰。夜月犯亢宿。

庚申。皇后杭氏崩。命喪禮從約。

壬戌。巡撫貴州左副都御史蔣琳奏擊平越等苗。斬四百餘級。

癸亥。南京太廟奉御阮崇等以失珠冠降內使。

甲子。太監曹吉祥保定侯梁珤工部右侍郎趙榮治壽陵。

乙丑。宥昌平侯楊俊死。奪其官。

丁卯。潯州大藤峽賊攻荔浦縣。

己巳。兵部左侍郎揭稽降太平知府。

三月辛未朔。夜月犯天高東星。

壬申。新會縣賊黎三仔作亂。官軍擊斬二千有奇。復業九千餘人。

癸酉。免鳳陽去年秋租十四萬七千八百五十餘石。

甲戌。琉球入貢。

乙亥。宥贓吏絞徒者並爲民。

戊寅。免雲南災租六萬五千六百餘石。

己卯。苗賊陷晃州堡。殺千戶鄭鉉。

庚辰。許南畿山東河南輸米贖囚豆麥抵米。

辛巳。夜天鳴如雷。

壬午。諡杭氏孝肅皇后。

巡撫湖廣兵部尚書石璞總督征苗軍務。時辰沅有警。

進士焦顯周琦趙敔戴珙田景暘閻鼐楊瑄周一清孫珂教諭蘇燮監生郭文爲試監察御史。進士董琳顏正林傑畢亨鄭安訓導葛淵監生朱毅爲南京試監察御史。

戊子。岳正服闋。補翰林院修撰兼右春坊右贊善。

禮部言。撒馬兒罕地面遣使入甘州遷延支廩千七百六十餘石。他無論。擇玉僅七塊。不受擇。悉攜入京。若概收則糜賜乞擇進。餘聽市易。從之。

庚寅。故誠意伯劉基七世孫祿爲翰林院五經博士。世襲。

甲午。命戶部輸金遼東陝西大同各五萬。宣府十萬。永平五千。各糴糧料。

設陝西高臺堡守禦千戶所。以甘肅要地也。

丙申。前太子太保兼左都御史陳鎰卒。鎰字有戒。吳人。永樂□□進士。授御史。秩滿。遷湖廣按察副使。憂去。已補山東。未上。憂去。復補浙江。督木魯家務。超拜右副都御史。鎮守陝西。提督寧夏延綏邊備。豁達有大度。不爲一切苛辦。歷任有政績。于關中尤著。凡三往鎮。三還朝。正統末。掌院。土木之變。以左都出按通州以南。護邊人避虜。始鎰以長厚得陝吏士心。每行部下車則時雨至。人有疾。誓肩其輿輒愈。每出則老穉婦女爭前擔。鎰不能卻也。贈太保。諡僖敏。賜祭葬。鎰始薦王鉞。鉞擠之出。繼薦王文。文擠之歸。諡擬忠肅。文易僖敏。衆頗不平。

劉鳳曰。國家初興。其定功基造者。皆佐命二三臣。至綏固保乂。非老謀長慮忠篤之老則曷以哉。若鎰之分陝陳常佈藝樹之經法。而民知有恃。至竊竊然俎豆之。不能使人無保已惠之入人深矣。

馮時可曰。陳公爲人。朗朗如百間屋。其志行昭昭揭日月也。乃忌者猶憎其面目。疑其肺腸。可怪哉。所至推轂賢士。惟恐不及。而受推轂者卒反中之。甚矣。二王之爲中山狼也。

戊戌。曉刻金火二星合奎宿。

四月辛丑朔。湖廣賊蒙能糾苗賊二萬攻圍平溪衞。守備都指揮鄭泰等擊敗之。官軍乘勝追勦。斬獲亡算。能中槍死。

癸丑。增雲南按察司管屯副使。

夜。月犯土星。

乙卯。思任發次子思卜發貢象馬金銀。言臣幼不知父兄事。惟天皇帝矜之。賜其使鈔幣。

山西平定人趙能逃東鹿。爲妖書惑衆伏誅。

丙辰。開麗水縣巖泉山銀冶。鎮守左監丞阮隨等請之。

丁巳。崇信伯費釗與族弟錞相訐。下獄。釋之。

庚申。提督遼東軍務左副都御史寇深喪母。奪情視事。

廣西猺賊破義寧縣。

壬戌。夜。彗見胃宿。芒二丈餘。

乙丑。復賈銓雲南左布政使。

夜。大星赤光燭地。自天市東垣流牛宿。二小星隨之。曉。刻月犯金星。

五月己巳朔。後軍都督僉事昌英卒。西域人。

辛未。江浦丹徒縣蝗。

癸酉。鎮守廣東右少監阮能爲左少監。總督兩廣右都御史馬昂爲左都御史。總兵官都督僉事翁信爲都督同知。以新會斗峒等山寨功。

夜。大星赤光。自天槍流華蓋。小星一隨之。

乙亥。寰宇通志成。

丁丑。進陳循兼華蓋殿大學士。高穀王文兼謹身殿大學士。蕭鎡戶部尚書。商輅兼太常寺卿左右春坊大學士。彭時劉儼俱太常寺少卿兼侍讀。侍講學士兼左右中允倪謙呂原爲左右春坊大學士。右諭德兼修撰林文爲左庶子。洗馬李紹劉定之俱爲右庶子。俱兼侍講。右贊善兼檢討錢溥爲左諭德兼編修。右中允柯潛爲洗馬。仍兼修撰。左贊善周洪謨修撰孫賢俱爲侍講。編修黃諫爲左中允。左司直郎兼編修萬安李泰爲右中允。俱兼編修。編修陳鑑劉吉劉珝曹恩王獻劉宣童緣爲修撰。檢討李本馬昇江朝宗中書舍人兼正字趙昂庶吉士丘濬彭華牛綸尹直爲編修。耿裕何琮甯珍金紳黃甄夏時爲給事中。劉釪孟勳吳楨嚴淦陳政馮定王寬爲監察御史。以纂修通志也。故事殿閣遞進不相兼。陳循以文淵閣兼華蓋。高穀王文以東閣兼謹身。俱創例。

蠲平陽府今年夏麥九萬五千三百十餘石。

戊寅。敕中外羣臣修省。

運松江嘉興積鹽五萬引于常德易粟餉軍。尋因浙鹽不足以淮鹽三萬引補之。

己卯。前巡按直隸監察御史王常覈薦舉不實。至是起復。下刑部。

北畿蝗。

辛巳。遣官捕順天河間保定眞定順德大名蝗。

癸未。命右庶子兼侍講林文劉定之侍講周洪謨左中允兼編修黄諫俱纂宋元通鑑綱目。右中允兼編修萬安右贊善兼編修岳正修撰劉珝劉宣俱授內豎書。

戊子。昏刻。彗星見柳宿。長九尺餘。掃軒轅。

己丑。初。滿剌加貢使柰靄等至廣東新會。以犯奸自剄。餘使入貢。還。通事馬貴聽間。謂柰靄有夜光珠猫睛石未進。命追索之。俱虛。罪貴等如律。

辛卯。宋周敦頤十二世孫冕爲翰林院五經博士。世襲。

免黄州等去年災租七千七百五十三石有奇。

壬辰。詔寬恤。蠲逋課。宥輕囚。停採辦一切不急之務。

命四川按察使各道兼督鹽課。

設壽陵祠祀署。

甲午。昏刻。彗見張宿。芒七尺餘。掃太微西垣。

丙申。刑部左侍郎孔文英卒。文英。安化人。□□□□進士。令廬陵。遷御史。薦進湖廣按察使。剛方有守。頗淺愎。短于才。

戊戌。周府汝陽王子墩薨。年十二。旣薨。後冊命始下。

是月。桂林疫。

六月妃朔。武城中衛改壽陵衛。

庚子。晝工張靖爲正千戶。倪端周全爲百戶。

辛丑。浚杭州西湖。

壬寅。夜彗入太微西垣。芒五尺餘。

癸卯。敕諭思卜發務堅臣節。毋仍異心。自取不靖。賜錦二。紵絲紗羅二十。絹三十。

甲辰。蠲應天太平寧國徽池安慶廣德及宣州建陽新安等衛災租二十九萬四千二百四十九石有奇。

許南京兵部尙書張純展墓。

乙巳。薩琦奔喪還。復禮部左侍郎。兼少詹事。

丁未。上皇第七子見浚生。宸妃萬氏出。

癸丑。徵保靖播州酉陽貴州安寧金筑諸土兵征苗。

裁廣西巡鹽按察副使。

丁巳。廣東蠻賊掠合浦。指揮阮楨湯洵敗沒。

庚申。葬孝肅皇后杭氏。

癸亥。申攬納錢糧之禁。

是月。淮揚鳳陽大旱蝗。徐州河南大雨水。河決開封河南彰德。渰沒無算。

七月朓朔。城濮州。

己巳。廣西道監察御史原傑爲江西按察使。

庚午。韓雍奏勸借稻穀一百八十萬四千石有奇。賑穀九十九萬七千九百五十三石五斗。米萬有九千四百十石六斗八升。布千一百九十四匹。

辛未。夜。金星犯鬼宿。大星青白光。自五車流天關。

壬申。誅妖人李珍魏玄冲。俱通苗賊。珍僞稱帝。改元天順。糾苗賊至天柱。都指揮湛清等計擒之。械入京。

癸酉。順天保定眞定河間廣平順德大名鳳陽廬徽池杭嘉湖南昌饒黃衞輝懷慶開封濟南青東昌各五六月大雨水。渰田禾。

乙亥。南京大風雨。山川壇殿廡災。

丙子。慶成王美埥薨。年四十九。謚恭僖。

丁丑。司經局洗馬兼翰林院修撰柯潛。左春坊左贊善兼翰林院編修劉俊。主試應天。

夜。大星青白光燭地。自閣道流天棓。

庚辰。祔天壽山神于北嶽壇。春祈秋報祀之。

癸未。禁漕運指揮等官道擾。

甲申。諭禮部禁自宮求進者。

禁私錢。

乙酉。伶人李安爲錦衣衞百戶。安姊惜兒自敎坊入侍得幸。

戊子。西河王美埻薨。年四十六。謚靖恭。

己丑。夜。土星犯罰星。曉刻。月犯天高東星。

庚寅。免平陽府夏稅十萬六千九百八十二石有奇。

甲午。太僕寺少卿蒯祥陸祥爲工部右侍郎。仍督工匠。蒯木工。陸石工。

封前軍左都督吳安安平伯。故都督吳信弟敬爲南京前軍左都督。

賜尙膳監左少監劉祥莊田五百八十餘頃。

丙申。巡撫南畿左副都御史鄒來學卒。來學字時敏。麻城人。宣德癸丑進士。授戶部主事。進員外郎。從征麓川功。進郎中。憂去。起通政司右參議。督永平山海糧儲。已進右僉都御史。提督永平山海軍務。巡視關隘。有守禦功。景泰甲戌。改南畿。聲譽稍損。賜祭葬。

丁酉。夜。火星入井。

南昌臨江吉安瑞袁撫廣信自四月雨五月旱迄今。傷稼。

八月戊戌朔。廣西流賊破欽州。執知州姜原性。

庚子。夜大星青白光燭地自危宿流北落師門。

甲辰。立朝鮮國王李瑈子暲爲世子。

山東左布政使常熟龔理致仕。

乙巳。太常寺少卿兼翰林院侍講劉儼左春坊左中允兼翰林院編修黃諫主試順天。

丁未。免河南被災軍民採草。

虜阿剌知院爲孛來所殺。

庚戌。冊皇貴妃唐氏。

癸丑。大理寺右少卿張固卒。固字公正。新喻人。□□□進士。授刑科給事中。歷都給事中。言掾吏不宜官郡守。著爲令嘗督民兵河南景泰初進少卿錄四川賑饑山東並有聲實蓋倜儻侃侃能任者也。

甲寅廣寧伯劉安崇信伯費釗武安侯鄭宏應城伯孫繼先泰寧侯陳涇建平伯高遠安鄉伯張寧修武伯沈煜並南京五府視事

都指揮僉事趙輔爲後軍都督僉事充宣府左參將守備懷來。

武岡蠻寇全州

盧龍人劉傑言和糴乞秋稔依直收納庶官民兩利從之。

乙卯夜月犯畢宿又大星青白光自鈎陳流近濁。

丁巳裁天下添設官參政三參議二按察副使五僉事二府同知一通判二十七州同知判官各十二縣丞九十三主簿十三吏目典史各一。

壬戌江西賑三十萬六千六百八戶大小六十五萬三千十六口支米穀三十九萬三千六百三十二石五斗九升

甲子夜大星青白光自危宿流天市東垣。

丙寅初少保吏部尚書謹身殿大學士兼東閣大學士王文許順天考官劉儼黃諫斥其子倫閱卷徇私乞如洪武時罪劉三吾事覆試少保太子太保戶部尚書華蓋殿大學士兼文淵閣大學士陳循以子瑛下第亦訐之上命廷臣閱試牘下考官敎諭姚富等錦衣獄高穀言大臣子與寒士爭進已不可況搆考官也事得已特賜陳瑛王倫貢士。

浙西夏大水渰田禾自七月復旱。

九月甋朔濬河右僉都御史陳泰巡撫南畿。

昏刻。大星赤光。自紫微東籓流雲中。二小星隨之。夜。大星自五車流文昌。

庚午。禮科給事中張寧等劾陳循王文徇私。訐考官非大臣體。不問。

餘冬錄曰。宋太宗朝呂蒙正李昉爲相。蒙正之弟蒙亨舉進士。既廷試。與昉子宗諤。並以父兄在中書罷之。仁宗朝。韓億爲參知政事。子維以進士。禮部奏名。不肯試大廷。受蔭入官。宋制嚴于宰執子弟如此。惟秦檜柄國。而子熺孫塤皆于殿省試冠多士。士論恥之。我朝公卿子弟舉高等。不以爲嫌。陳循王文之子。鄉試不第。遂至自訟。弘治乙丑。正德辛未。閣臣皆有子入試。其父引嫌不預讀卷。其子並得及第。前此戊辰。大學士焦芳以子黃中不得狀元。降調諸翰林顧清等。故是科不得不爾。可見我朝法制。視宋稍寬。而公卿典刑不逮宋人遠矣。

壬申。寧王府火。

癸酉。提督松潘兵備刑部左侍郎羅綺。進兵桑坪。討松潘土番王永。平之。

甲戌。定浙西官民田糧。初科額不一。至是以租收爲準。差等之。

戊寅。夜。大星赤光。自星宿流雲中。

癸未。應天太平等府蝗。

夜。木星入鬼宿。

丙戌。周王子㕓薨。年三十五。謚曰靖。

戊子。道錄司右玄義仰彌高奏。近聞東南大疫。河間等府旱澇相仍。圻內盜賊充斥。八月二十九夜。迅雷雨雪。九月九日。日色赤。夜月色亦赤。近者陰霾連日不散。此殆囹圄冤滯之徵。乞敕法司盻清庶獄。詔曰。朕屢命諸司平反諸獄。今有逮問未完。速斷遣之。

都指揮僉事周貴爲副總兵鎭守貴州。

壬辰。巡撫山西右僉都御史蕭啓致仕。

甲午。停處州管銀場都指揮使。

廣義伯吳玘卒。

乙未。寧國敎授余鐸請翰林院太常寺官博攷釋奠樂律。禮部寢之。

謚宋臣文天祥忠烈。謝枋得文節。幷謚故國子祭酒李時勉文毅。俱從巡撫江西右僉都御史韓雍之請。

十月酊朔。以靈福寺園賜錦衣衛百戶李安。

修國子監。

番僧箚失尾則兒班竹兒星吉俱爲左覺義。桑兒結巴爲右覺義。

庚子。夜。大星青白色。自狼星流柳宿。

壬寅。戶部郎中楊興爲南京戶部右侍郎。大理寺左寺丞朱紱爲右少卿。太僕寺丞李亨爲少卿。俱潛邸舊屬。

昏刻。月犯斗宿。曉刻。熒惑犯鬼宿。

癸卯。黃梅縣疫。

甲辰。昏刻。大星赤光。自畢宿流游氣。聲如雷。四小星隨之。

戊申。夜。木火星合鬼宿。

辛亥。給京師貧民布粟。

大名湖紹興平陽各五月大雨水。寧國安慶蘇台嘉興各旱。

丙辰。夜。大星光燭地。自井宿流軍市。

丁巳。夜。月犯軒轅。

戊午。左副都御史寇深喪母。特留任。

己未昏刻大星青白光燭地。自紫微流雲中。

庚申。申私鹽之禁。

十一月朔庚午。蠲順天河間保定災租。

丙子。山東道監察御史陳逑。薦崇仁儒士吳與弼。儒者之高蹈。聖世之逸民。下巡撫韓雍徵入朝。

丁丑。上皇萬壽節。羣臣請賀。詔罷。

錦衣衞指揮使唐興爲左軍右都督。

禮部右侍郎兼少詹事薩琦致仕。

戊寅。工部左侍郎趙榮管理柴炭。禮部左侍郎鄒幹還部。

夜。月犯畢宿。

乙酉。起復協贊獨石等處軍務山西布政司右參政葉盛。

甲午。免徐州今年田租。

乙未。止朝鮮世子來朝。

盜竊南郊齋宫什器。

十二月朔己亥。茂州判官汪浩爲同知。

湖廣貴州總兵官南和伯方瑛等連擊苗賊。斬三千二百餘級。俘人畜器械亡算。

癸卯。左僉都御史徐有貞爲左副都御史。

乙巳。遣官覈蘇常松江倉糧。

丙午。迤北孛來入貢。

夜。月犯天高星。

辛亥。貴州副總兵都指揮僉事李貴爲署都督僉事。

大同知府霍瑄加山西左參政。

免淮安田租六萬一千五百九十餘石。

壬子。進士劉璧劉宣魏瀚高亮鄭文奎羅明吳玘監生陸平白暠蘇慶科爲試監察御史。

癸丑。賑順天饑。

甲寅。夜。彗復見畢宿芒五寸餘。至癸亥。

丙辰。楊珍嗣昌平侯。楊俊罪廢。錄其子。

戊午。戶部上救荒事宜。命順天山東河南等巡撫卽行之。

庚申。禁朝覲官餽遺。

夜。月犯東咸星。

壬戌。免山東田租六十九萬四千七百餘石。幷蠲南昌臨江吉安廣信南康瑞撫袁饒田租二百三十二萬餘石。遣祝咸寧嘉魚蒲圻竹山黔陽𣸭陽盧溪茶陵攸慈利石門衡陽衡山耒陽當寧臨武沅江道州旱災。

癸亥。上有疾。且以星變。罷明年元會。禮科給事中張寧請朝賀如故。不允。

乙丑。南京戶部右侍郎謝璉卒。龍溪人。宣德丁未進士。

是歲。前福建按察僉事陳祚卒。祚字永錫。吳人。永樂初進士。選庶吉士。授御史。超河南右參議。忤臬司。謫佃太和山。宣宗初。試謫者。祚第一。拜御史。彈射不避權貴。丰裁大振。歷按福建江西。上書勸讀大學衍義。上怒。卽械之。幷其家屬悉下獄。且籍其家五年。正統初。復官。出按湖廣。益自勵。尋露章劾遼王不法。復逮下獄。論死。久之遼事敗。出之。改南京。論事益切。遷福建僉事。盛吏望風解綬去。年七十。乞休。壽七十五。天下毋問識不識。皆推其直。家居寡交游。布衣邢量。甚淹博。日移晷。徒步往質之。邢終不一報謁。人兩賢之。

馮時可曰。聞諸先達言。陳先生性狷廉。與人語。苦而不甘。其操行。其讀書。皆攻苦。故人謂三苦先生。宣英之際。拔奇吐異。不託大寄。通以求自全。然屢阽于危。卒以壽終。豈非天哉。

丁丑景泰八年

正月鬴朔。上皇在南宮。

辛未。太子太師武清侯石亨攝享太廟。

壬申。吏部大計。罷斥有差。

癸酉。吏部左侍郎項文曜喪父。命奔喪還任。

丁丑。上力疾出宿南郊齋宮。

戊寅。石亨攝郊事。上還御殿。亨受命榻前。知上委頓。出有異謀矣。

己卯。免慶成宴。

禮部尚書胡濙等疏問安。且乞早建皇太子。草奏左掖門。左都御史蕭維楨舉筆易建曰擇。衆頗易之。疏上。不允。

時上疾甚。儲嗣未定。內外憂懼。在廷各懷擇君之意。俱屬沂王。司禮監太監陳口王誠與大學士王文謀取襄王子立之。其事漸露。太監興安諷羣臣請復迎立上皇。學士蕭鎡不可。王文持兩端。鴻臚主簿萬祺知祿命。告石亨曰。皇帝在宮。奚事他求。

庚辰。羣臣復請立太子。禮部尙書姚夔與大學士商輅議率百官伏闕請。

辛巳。集朝房。姚夔屬商輅草奏。輅屬草曰。陛下宣宗章皇帝子。宜復立宣宗章皇帝孫。皆曰善。疏具。日已暮。皆出。而石亨與徐有貞等夜奪門迎上皇出南宮。卽皇帝位。改今年天順元年。

國榷卷三十二

丁丑天順元年

正月丙戌朔。壬午。上皇復即皇帝位。初在南宮重門內。前後兩殿廡甚湫隘。侍衛簡寂。膳自竇入。楮筆不多給。恐其通外也。錢皇后至刺繡出賣外家。微有所進。以供玉食。其樹石移建隆福寺。迨景帝疾甚。太監王誠與大學士王文等謀迎立襄王子。未定。羣臣且上章求立太子。總兵官太子太師武清侯石亨。右都督張軏。張輗。太監曹吉祥謀請上皇復辟。以語太常寺卿許彬。彬曰。社稷功也。雖然。彬老矣。徐元玉才有膽。盍圖之。己卯。亨等夜過左副都御史徐有貞。有貞曰。太上出狩。非以游畋。為國家耳。南宮雖錮。民無離心。奉以復辟。天人同符。在此時也。亨曰。兩日前密啓南宮。未報也。辛巳夜。亨等復過有貞。有貞升屋步乾象。曰。可矣。在今夕。相與密定計。有貞曰。今虜騎薄都城。公總兵也。莫若名備非常。納兵闕中。皆曰。善。遂倉皇出。有貞語家人曰。至旦不聞耗。若盡自裁也。會曹吉祥及靖遠伯王驥。左都御史楊善。戶部侍郎陳汝言等至長安門下。門開。亨等以兵千人入。有出入者。輒呵止之。宿衛皆驚。有貞收諸門鑰。投水竇中。曰。倘中外夾攻。事去矣。時夜晦。衆惑所向。有貞曰。時可矣。勿退。亟薄南宮。門錮。俄隱隱有開戶聲。使數人舉大木衝門。勇士踰垣入。毀之。城中黯翳。軏等入。乃燭。上皇燭下獨出。曰。爾何為來。皆俯對。請復位。揮士進輦。輦皆驚顫。莫能舉。有貞挽之前。擁上皇登。遂夾輦行。天忽開朗。上皇顧問有貞卿等為誰。各具官對。昇導入自東華門。門者呵之。上曰。吾太上皇也。遂翼升奉天門。諸臣推御座。門中上升座。鳴鐘鼓。始辨色。羣臣以景帝視朝入候。聞南城呼譟。惶懼。俄有貞等大呼曰。太上皇帝復位。趣入賀。羣臣錯愕就列。事俄頃定。景帝聞鐘聲。知故。曰。兄為之。甚善。朝退。上御文華殿。命徐有貞兼翰林院學士。

直內閣。召諭陳循等。循等與有貞草宣諭上覽訖。頒午門外。諭曰。朕居南宮七年。今勳戚文武羣臣咸赴宮門。言今皇帝不豫。四日不朝。中外危疑。固請復卽皇帝位。朕辭不獲。請于母后。諭令勉副羣情。以安宗社。是日卽位。禮部其擇日改元。詔告天下。羣臣聽諭畢。各朝服奉上登奉天殿行卽位禮。日中矣。

談遷曰。景帝不豫。上皇復辟。理也。第乘其瞀廢。出于大將之潛計。似兄弟間徇曠林之戈耳。武清侯稍不及周勃。徐有貞視劉幽求則大過之矣。其畫策稱兵。膽略誠非常。蓋豪傑之士耶。

執少保兼太子太傅兵部尚書于謙。少保兼太子太保吏部尚書謹身殿大學士王文于朝。及司禮太監王誠。舒良。張永。王勤于禁中。並下錦衣獄。時謙等聽宣諭甫畢也。

太常寺許彬爲禮部右侍郎兼翰林院學士。直文淵閣。

癸未。左副都御史兼翰林院學士徐有貞爲兵部尚書。兼秩視事如故。

召太子太保安遠侯柳溥。廣寧伯劉安。都督僉事毛忠。

定襄伯郭登上八事。曰改元立東宮。曰爵楊善。曰靖遠伯王驥雖老。可兼領兵部。曰乞還安遠侯柳溥陞右都督。張軏會昌伯孫繼宗同管兵。曰錦衣百戶袁彬可指揮管事。指揮使孫顯宗佐之。曰擢前給事中林聰。葉盛。大理少卿廖莊。御史倪敬。左鼎。禮部郎中章綸等。以旌直言。曰詔書寬恤盡罷湖廣征苗兵。曰撤添設巡撫勸農。清軍。修河。儹運等官。除有司供費。上曰。石亨。柳溥。張軏。楊善。朕自計之。孫繼宗。顯宗外戚。不預政。巡撫等官如舊。餘行之。袁彬進錦衣衞指揮僉事。

甲申。各給事中劾王文。于謙內結王誠。舒良。張永。王勤。外連陳循。江淵。蕭鎡。商輅等。黨朋奸逢惡。近有異圖。欲召外藩。情實顯著。且王文黨古鏞。丁澄。于謙黨項文曜。蔣琳。及俞士悅。王偉。輩皆邪佞。乞誅其一二。餘悉屏之。各道御史亦劾士悅等及右通政殷謙。侍郎張敏。宋琰。通政使欒惲。少卿陳贄。上未悉問。

大理寺卿薛瑄爲禮部右侍郎兼翰林院學士直文淵閣。左都御史楊善薦。

石亨請肅朝儀。從之

都督僉事張義下錦衣獄。株及署都督僉事都指揮同知王英。俱杖戍騰衝衞。

永淸左衞指揮同知黃瀚（竑子）。下錦衣獄。戍萬全右衞

逮寧夏管神銃內官高平。雲南內官闞禮。柳州衞千戶盧忠。幷籍其家。

閣部府院大臣俱辭宮銜。從之

乙酉。科道復論陳循蕭鎡商輅俞士悅江淵王偉黨比王文于謙。命羣臣廷訊之。

禮部祠祭郎中蕭璁爲右侍郎。戶部江西司郎中陳汝言爲右侍郎。俱迎駕。

丙戌。遣告太廟長陵獻陵景陵。

詔曰。朕昔恭膺天命。嗣承大統。十有四年。民物康阜。北虜爲變。朕念宗社生靈。親率六師。以庶弟郕王監國。不意兵律失御。乘輿被遮。皇天悔禍。虜酋格心。奉朕南還。監國之人。既無復辟之意。反爲幽閉之謀。旋廢皇儲。爰立己子。惟天不祐。未久而亡。杜絕諫諍。失德良多。朝政不臨。人心斯憤。今月十七日。朕爲公侯駙馬伯及文武羣臣六軍萬姓之所擁戴。請聖母皇太后。祗告天地宗廟社稷。以其日復卽皇帝位。其改景泰八年爲天順元年。大赦天下。咸與維新。所有事宜。條示于後（云云）。於戲。多難興邦。高帝脫平城而肇漢。殷憂啓聖。文王出羑里以開周。天地既復于其正。人心由是以咸安。咨爾萬方臣民。同秉忠誠。會歸皇極。弼予政理。永享太平。

封石亨忠國公。祿千五百石。張軏太平侯。祿千三百石。張輗文安伯。楊善興濟伯。祿千二百石。皆世襲。

召鎭守大同內官韋力轉。右參將都督僉事石彪。

校尉逯杲縛錦衣衞百戶楊瑛。以張永姻。且善施良。下詔獄。

丁亥。遷太廟孝肅皇后主于別室。

錦衣衛帶俸指揮僉事曹欽爲都督同知太監曹吉祥嗣子。吉祥姪鉉及太監劉永誠姪孫聚蔣冕弟成業兄成達。俱錦衣指揮僉事世襲。皆迎駕。

召鎮守遼東太監宋文毅以太監范英代。

殺少保兼太子太傅兵部尚書于謙及大學士王文都督范廣太監王誠施良張永王勤。籍其家。子弟皆戍邊。大學士陳循尚書江淵俞士悅侍郞項文曜戍鐵嶺衞大學士蕭鎡商輅侍郞王偉古鏞丁澄削籍都督同知陳逵。收謙屍葬之。時凶焰可畏君子重其人。初羣臣雜治王文等言謙與王文江淵及王誠等景泰中同故都督黄竑搆成邪議。更立東宮。尋復逢迎廢黜汪后陳循蕭鎡商輅等不能阻。又附之。謙文舉用項文曜王偉古鏞丁澄等。樹黨行私。比因景泰皇帝不豫。廷臣請儲。而謙文誠良永勤意欲外向。已見羣情迎復皇上。乃圖糾合逆旅。欲擒殺總兵亨等。循鎡輅士悅偉鏞澄文曜俱知不告。言坐謙等謀反當磔。循等知情故縱斬。學士薛瑄請輕之。乃命斬謙等。謫循等。謙字廷益。錢塘人。永樂辛丑進士。授御史。從征漢庶人。數其罪稱旨。久之進行在兵部右侍郞。巡撫山西河南十八年。甚有遺愛。正統丁卯還部。己巳北變。進尚書。主戰守。絕和議。吐論斷制。宿將歛伏。石亨因銜之。方誣獄。左都御史蕭維楨責簿對。曰而何外求。君王文曰藩王非金符不召。金符藏內府。安從得之。爭之急。謙曰無庸。彼不論事有無。直死我耳。獄具。上憐謙功。未忍。徐有貞前曰今日不殺謙事無名。遂決。其歷事三朝。知無不言。識達大體。毅然任天下。年未五十喪妻不娶。門第蕭然。不容私謁。政務旁午日上章十數。累千萬言。揮筆立就。當世歎其才。然矜傲自用。遇勳庸國戚若嬰稚。視士類亡當也。王文字千之。東鹿人。永樂辛丑進士。授御史。持廉奉法。宣德末進陝西按察使。正統薦擢僉都御史。巡撫寧夏。尋右副都御史。內轉大理寺卿。久之進右都御史。風紀大振。鎮守陝西。安靜不擾。己巳。還院。景泰三年撫安山東江北。還朝直內閣。五年。巡視江南水災。還進少保。深沈有岸谷。剛果廉介。每廷議。以一二語取決。而强忮少恕。恩仇顯白。以子下第許考官時論鄙之

程敏政曰。自昔權奸將有所刑于忠勳之臣。則必內寘腹心。外張羽翼。蛇盤鬼附。相與無間。而後得以逞焉。若漢太尉李固之死。梁冀。宋趙汝愚之死。韓侂胄與肅愍公之死。石亨一也。夫以胡廣京鏜。執政。而馬融爲之草奏。李沐爲之疏詆。司刑之臣。又相與文致之。而後衣冠之禍成。故竊以爲肅愍公之死。雖出于亨。而主于柄臣之心。和于言官之口。裁于法吏之手。不誣也。首禍之罪。則通于天矣。噫。廣鏜融沐之流。其始特出于阿鄙。或鍾于忌嫉。或幸于迎合。以乘時邀利而已。詎知一念之酷。至于蔽主聽。變國是。而空善類。不可拯救也哉。

王瓊曰。正統己巳之變。于謙以社稷爲重。力排羣議。選將練兵。坐挹强虜。光輔中興。厥功非細。當時人皆知其以身佩安危。功在社稷。而豈虞殺身亡家之禍于後日哉。程篁墩謂于公之受誣。主于柄臣之心。和于言官之口。裁于法吏之手。斯固公論也夫。

李夢陽曰。予觀今人論于肅愍事。未嘗不酸鼻流涕焉。蓋傷爲臣不易云。夫事莫大于君出虜入。排遷主戰。四者旦夕之勢。而存亡之判也。乃今人議則異。是虜酋擁太上皇大同城下。勸降大同人。登城謝曰。賴天地宗社之靈。國有君矣。至宣府城下。宣府人登城謝曰。賴天地宗社之靈。國有君矣。至京城下。京城人又謝曰。賴天地宗社之靈。國有君矣。于是公颺言曰。豈不聞社稷爲重。君爲輕。斯言也。事以之成。疑以之生者與。且太子之易。南宮之錮。二者有能爲公恕者否耶。公有不如意。輒拊膺忿曰。此一腔血。竟洒何地。聞其言孰非酸鼻流涕者。而獨咎公也。雖然。宗澤岳飛。非下于人者。艱難百戰。卒慍衂而死。若公者。死可矣。死可矣

王廷相曰。于肅愍何如。曰。子獨不見楚人執宋襄。宋人立目夷乎。楚謂宋人曰。不與而國。乃殺而君。宋人曰。

賴社稷之靈。吾國已有君矣。曰不幾于棄襄公乎。曰時也。社稷爲重。君爲輕。國有政不可一日勿攝。置君以攝之大計也。可以與權矣。曰目夷終不取之何如。曰斯人也。非乘時徼利者。賢矣。惜乎肅愍之不遇目夷也。命矣夫。

唐樞曰。論忠賢至肅愍。未嘗不高其政而悲其報。及語易儲事。輒閣舌歧疑。偶見唐史編論曰。是有大難處者。社稷一綫。繫肅愍去留。以景皇之銳念。不可以口舌爭。兩可一決。未爲依違。夫白日清夢之間。泫然心泪不知幾墮。豈惟功利計哉。又曰。道不可變。以難易易心。非乎。或曰。禮從時。事從重。勢從順。守故軌以覆公餗。罪尤大矣。肅愍肯忍爲耶。

袁袠曰。己巳之變。至今可爲寒心。方也先之入寇也。中外震駭。皇皇南奔。呼吸間即有永嘉靖康之禍。而于公以一書生。砥柱狂瀾。屹然不動。坐使社稷危而復安。觀其分守九門。移營城外。堅壁清野。以挫賊鋒。而喪君有君。廟算無失。專意戰守。罷詘和議。計擒喜寧。芟除禍本。故能返皇輿于絕漠。正帝座于黃屋。謀國之善。古未聞也。而以駿功取奇禍。夫功蓋天下者不賞。于公之謂矣。向使景皇帝之不豫也。首率百官。迎復英廟于南城。或請立憲廟。早正宸極。則何至紛紛奪門哉。而當時大臣計不出此。乃建易儲之議。自陷大僇。又誰咎矣夫。以于公之功。猶將十世宥之。而走狗先烹。長城自壞。此則石亨諸人之罪也。

王世貞曰。議以介胄分。不言和。當太上之迎復。謙不爲梗。小梗者王文楊俊耳。景帝之信謙。謂其能禦圉。非有布衣腹心素。一不合則睽。再不合則去。夫人主以私愛欲易太子。雖留侯不能得之漢高。而謙能得之景帝乎哉。天命所歸。大寶中奪。小人貪功。伏機猋發。元勳甫就膺此禍。烈智不及避。勇不及決。悲哉天乎。不十載而旋定。旌與雪偕徽矣。純皇帝之爲純也。令後世思君臣矣。

于慎行曰。嗟夫。于少保之功。豈不大哉。然君父蒙塵。普天怛痛。而少保以社稷爲重。擁立新主。無一語及于奉迎。豈非慮禍之深。不暇兩全耶。吁。亦忍矣。是時去建文時尚四十年。而人心不同已至如此。然天下莫以爲非。豈非利害之說深溺而不可返耶。少保嘗自歎曰。此一腔熱血竟洒何地。其言悲矣。夫一心可以事百君。死生利害惟其所遇盡吾心而已。何所不可洒耶。當時羣臣奉迎之請。景帝不欲也。使少保一言。未必不信。其後易儲之議。使少保以死爭之。憲廟亦未必出宮。徘徊隱忍。兩顧不發。身死西市。飲恨亡窮。可不哀耶。夫社稷爲重。君爲輕之言。爲人君詔也。非爲人臣權衡于迭往事君之間可以是語決也。若乃登陴而謝曰。國有君矣。所以消敵人之望。如分羹之對耳。豈爲私議于君臣之間。可以爲動止哉。而一時迂緩之士卒以爲口實。至使君父辱在于旃廬。坦然不問。社稷爲重君其弁髦耶。

屠隆曰。奪門之役。徐石密謀。左右悉知而以報謙。時重兵在握。滅徐石如摧枯拉朽耳。顧念身一舉事。家門可保。而兩主勢不俱全。身死則禍止一身。而兩主亡恙。方徐石兵夜入南城。公悉知之。屹不爲動。聽英宗復辟。景廟自全。功則歸人。禍則歸己。公蓋可以無死。而願以一死保全社稷者也。

黃志清曰。公之忠于景帝其功顯。而忠于裕陵其用微。人臣易危而安國。危與危。忠在死生成敗之內而易見。使國當危亡之形而收安存之實。忠在死生成敗之外而難保。讒言高張。邀功始禍者。公安所逃死哉。當公決疑奮命。其自顧無身耳。不以死敵死守而死于國安君存之日。彼一時也。

陳繼儒曰。裕陵既返。見濟薨。郕王病。天人攸歸。非裕陵而誰。又非茂陵而誰。明率百官朝請復辟。直以遵晦行耳。若徐有貞石亨奪門之舉。乃變局非正局。乃刼局非遲局。乃縱橫家局非社稷大臣局也。或曰曷去諸。嗚呼。公何可去也。公在則裕陵安而茂陵亦安。若公諍之而公去之。則南宮之錮。後不將燭影斧聲乎。東宮之廢。後不將宋之德昭乎。公雖欲調郕王之兄弟。而實密護吾君之父子。乃知回鑾公功也。其他日得以復辟。公功也。復儲亦公功也。人能見所見而不能見所不見。能見者豪傑之敢。不見者聖賢之悶。敢于任死而閔于暴名。公眞古大臣之用心也哉。

何喬遠曰。上皇車駕至城下。于謙主戰不納。欲求無誅。豈可得乎。李夢陽曰。于公當其急時。輒曰。此一腔血竟洒何地。悲夫悲夫。南宮之錮。太子之易。當時廷臣獨謙肺腑血胡不洒死耶。至其力斷羣囂與王竑之奮擊權豎。眞英偉丈夫矣。

談遷曰。于少保最留心兵事。爪牙四布。若奪門之謀。懵然不少聞。何貴本兵哉。或聞之倉卒。不及發耳。時景帝暫廢。設上變。事未必即下。須便宜制之。少有舉動。則石亨一李多祚。而上皇不復自白矣。危哉此一瞬也。

徐有貞曰。今日不殺謙。事無名。雖以誣坐。未謂不知謙也。

王世貞曰。李文達天順日錄。王文初。謀于謙輩未必知。亨輩不過因于謙平日總督軍務。一切兵政。專而行之。不遂其意。因乘機圖謙。併中傷所不足者耳。此語可爲實錄。醜正之徒。至必以易儲迎襄。釀誣肅愍。而史仍并王毅愍之謀掩之。遂得與肅愍同贈謚。而肅愍至今尚有功罪魁之說。抑何幸何不幸也。

鐘鼓司內官陳義。敎坊司右司樂晉榮。以進妓李惜兒等伏誅。

戊子。錦衣衛指揮同知劉敬爲指揮使。指揮僉事門達爲指揮同知。兼鎭撫司問刑。俱迎駕。

雲南道監察御史沈惟言六事。保天命。固人心。停末務。汰冗員。擇守令。汰僧道。上間採之。

科道劾司禮監興安黨逆。不問。

兵部車駕司署郎中事主事沈敬。戍鐵嶺衛。以迎襄勅符關駕司。下獄坐罪。

己丑。勅工部外匠毋預內臣。

封右都督孫鏜懷寧伯。董興海寧伯。都督同知衛穎都督僉事劉深爲左都督。哈銘爲錦衣衛指揮僉事。都督同知楊能都督僉事劉聚爲左都督。錦衣衛都指揮同知吳良爲後軍都督同知。仍奉俸。

欽天監中官正湯序加禮部右侍郎。俱以迎駕功。
忠國公石亨等奏奪門官軍三百三十一人。大漠百戶六十九人。保駕千四百九十二人。守門千三百十九人。
命奪門陞三級。餘陞一級。
石亨奏陞報效校尉鄧玉爲指揮僉事。蒼頭夏淸副千戶。鴻臚寺主簿萬祺爲主事。餘有差。從之。
增石亨祿二千五百石。
都督唐興下錦衣獄。籍其家。
庚寅。署太常寺事禮部尙書蔣守約言。南郊舊瓷爵。景帝時改玉。今以請。命仍玉爵。
左春坊大學士兼翰林院侍講倪謙呂原右庶子兼侍講劉定之並爲通政司左參議。仍兼侍講。左右庶子兼侍講林文李紹爲尙寶少卿。左諭德兼編修錢溥洗馬兼修撰柯潛並爲尙寶少卿。左中允兼編修黃諫右中允兼編修萬安李泰俱爲尙寶司丞。各仍兼官。左贊善兼編修劉俊岳正右司直郎鄒循俱爲修撰。左淸紀郎陳穀徐怭俱爲典籍。右淸紀郎鮑相高誠俱爲五經博士。俱革兼秩。
太僕寺丞孫弘爲工部左侍郎。光祿寺少卿陳誠爲右通政。仍署少卿事。吏部驗封郎中劉文爲右通政。尙寶司丞兼編修黃諫爲尙寶司卿兼侍講。中書舍人金銘爲光祿寺丞。俱石亨薦。
錦衣衛帶俸都指揮使馬政爲後軍都督僉事。哈銘爲指揮僉事。
興濟伯楊善理左軍都督府事。
逮前給事中徐正軍餘汪祥千戶馮益。後正祥伏誅。
辛卯。會昌伯孫繼宗進封會昌侯。祿千二百石。
罷巡撫提督添設等官。

工部左侍郎趙榮爲尚書。戶部員外郎劉本道爲右侍郎。工部主事吳復爲右通政。管柴炭。戶部右侍郎陳汝言調兵部。俱曹吉祥薦。

吏部尚書王直致仕。賜敕。

裁淮安臨清沙灣巡河主事。

夜。大星赤光。自太微西垣流東垣外。

壬辰。詔京官去年俸鈔俱給金。時鈔少。

右都督劉深爲左都督。

洋縣盜起。

金吾右衞帶俸正千戶白琦請榜于謙王文罪于天下。搜郕府官屬。從之。

有衞卒縛刑部署員外郎事司務李棨。指爲王誠黨。下獄。

癸巳。府軍前衞帶俸都指揮同知李奇劉紀錦衣衞帶俸都指揮同知北斗奴白忠爲後軍都督同知。錦衣衞帶俸都指揮僉事詹忠穆義丁順阿剌帖木兒頂住驢羽林前衞帶俸都指揮僉事胡朵兒哈金吾左衞帶俸都指揮僉事吳順杜清劉鉦鮑政爲都督僉事。俱奪門功。

禮部尚書胡濙致仕。賜敕。

甲午。禮部儀制郎中章綸爲右侍郎。上復位。明日即釋綸獄。

興濟伯楊善兼鴻臚寺事。

誅前昌平侯楊俊。初。俊守永寧懷來。虜奉駕至。密戒戍者不納。及駕還。有微言。至是張軏等數摘之。徵下獄論死。子珍奪爵戍廣西。

二月乙亥朔。皇太后詔曰。我宣宗章皇帝早棄臣民。遺命于吾。爰立嫡長子爲皇帝。歷十五年。敬天勤民。因虜犯邊。親率六師。不意兵將失律。乘輿被遮。時文武羣臣以社稷爲重。表請于吾。立皇帝長子見深爲皇太子。以幼沖吾仍命庶次子郕王祁鈺輔之。豈知曆數有在。奉帝還京。而既貪天位。反爲幽閉。廢儲敗常。變亂彝典。縱肆酗淫。信任奸回。居妖妓。禮胡僧。濫賞妄費。急征暴歛。穢德彰聞。上天屢戒。怙不知省。拒諫飾非。造罪愈甚。既絕其子。又殃其身。中外危疑。人思正統。今皇帝復位。其廢祁鈺仍爲郕王。如漢昌邑王故事。已送歸西內。俾之安養。

吏部驗封郎中張用瀚爲右侍郎。石亨薦。

召紫荆關內使張誠。右都督陶瑾。雁門關內官阮談。署都督僉事陳友。懷來內官韋源。內使田霮。署都督僉事趙輔。居庸關左少監潘成。永寧內官弓勝。蔚州內官張普還京。

兵部左侍郎俞綱仍理部事。禮部尚書章文削籍。南京戶部右侍郎楊興。右僉都御史余儼。大理寺右少卿朱紱。太僕寺少卿季亨。俱改知府。吏部員外郎董彝等七人。俱改知州。工部右侍郎蒯祥。陸祥。降太僕少卿。仍督工。以郕府舊僚。裁抑之。

忠義前衞指揮使詹忠爲後軍都督僉事。濟川衞都指揮同知劉紀爲右軍都督同知。俱奪門功。

丁酉。舊郕府官軍千七百七十五人。俱調山東都司。校尉改軍。補京衞。

戊戌。祀太社太稷。

都指揮同知杜清。都指揮僉事劉鈺。俱爲都督僉事。

免鳳陽淮廬去年田租二十一萬六千三百三十餘石。

禮科給事中王鉉請會試乙榜貢士授教職。從之。

己亥。順天人江聰粥饑民四閱月。活八萬七千五百餘人。敕旌之。

署太常寺事禮部尚書蔣守約致仕。

庚子。復郕王母太后吳氏宣廟賢妃。皇后汪氏爲郕王妃。懷獻太子見濟爲懷獻世子。革孝肅皇后及貴妃唐氏封號。

南京左副都御史軒輗爲刑部尚書。左副都御史劉廣衡調刑部左侍郎。右副都御史李賓爲大理寺卿。右僉都御史李秉總督南京糧儲。戶部尚書張鳳。刑部尚書薛希璉。左都御史蕭維楨。禮部右侍郎姚夔。兵部右侍郎宋琰。並改南京。刑部左侍郎鄭泰改南京吏部。刑部右侍郎劉清。右副都御史王竑。宋傑。並爲四川浙江山東布政司參政。左僉都御史陳泰。鄭顒爲廣東福建按察副使。右僉都御史韓雍爲山西按察副使。彭誼爲紹興知府。大理寺左少卿曹璉。右通政殷謙爲惠州汝寧知府。南京兵工部右侍郎杜寧。李浩爲福建貴州參政。戶部尚書李敏。左侍郎孟鑑。張睿。兵部尚書孫原貞。工部右侍郎張敏。左都御史馬昂。左副都御史年富。馬謹。右副都御史韓福。通政欒惲。太常寺卿程南雲。太僕寺丞蔡翼。南京吏部尚書曹義。戶部尚書沈翼。禮部尚書張惠。兵部尚書張純。刑部尚書楊寧。工部尚書王來。太僕寺丞嚴曾。鴻臚寺左少卿江勝。俱致仕。時甄汰兩京大僚。

工部尚書謹身殿大學士兼東閣大學士高穀致仕。賜敕。

安平伯吳安降府軍前衞指揮僉事。中軍左都督汪泉仍金吾左衞指揮使。汪瑛仍中軍兵馬指揮。錦衣衞指揮使杭昱仍副千戶。皆郕王外戚也。

辛丑。南京太僕寺少卿翟敬爲大理寺右少卿。太常寺少卿夏昺爲寺卿。左通政王復爲通政使。

壬寅。禮部右侍郎兼翰林院學士薛瑄。通政司左參議兼翰林侍講呂原主禮闈。

右都御史羅通子師望。來興師漢。俱迎駕。授所鎮撫。

順天府尹王賢致仕。
癸卯吏部右侍郞李賢兼翰林院學士直文淵閣。
署欽天監事禮部右侍郞湯序請革景泰年號命仍之。
殺都督范廣廣素驍勇于謙甚任之見嫉石亨等云謙黨其第宅妻孥賜降胡皮兒馬黑麻。
誅司禮太監廖官保少監許源御馬太監郝義及大興左衞千戶劉勤錦衣百戶艾崇高官保領御藥房南內時索藥不得源訕上義初同王誠等發勇士擒曹吉祥等勤善櫛崇高善淫藥。
甲辰封都督曹義豐潤伯祿千三百石焦禮東寧伯祿千二百石施聚懷柔伯祿千一百石皆予世以塞上久勞。
詹事府丞李侃改太常寺丞。
魏國公徐承宗守備南京西寧侯宋誠鎭守甘肅左都督楊寧鎭守宣府召平江侯陳豫都督僉事雷通右都督過興都督僉事楊信還京。
內官覃吉下錦衣獄以管內庫籍記郕王所賜諸妃金寶不以聞。
前禮部右侍郞兼少詹事薩琦卒琦字廷圭系出西域家閩縣宣德庚戌進士選館授編修景泰辛未進禮右。
壬申兼少詹性狷潔不苟合有文學名賜祭葬。
乙巳敕戶部右侍郞劉本道同太監武安提督京通等處糧芻。
丙午李文爲右都督。
丁未徵邊關神銃神砲還京惟守城者勿動。
禮部請立東宮從之。

戊申。罷浙江布政司參政王竑右都御史李實。俱除名永不敍。戶科都給事中成章。刑科都給事中王鎭。浙江參政曹凱。四川按察使黃溥。廣西山西副使甘澤劉琚。山東湖廣山西僉事趙縉璩安王豪。俱謫衞經歷。石亨等言。竑擊馬順。實作出使錄誇謬。又章等嘗攻其過也。

總兵官安遠侯柳溥等率兵勦柳慶諸蠻。克之。斬僞𠞰平王黃公好等五百二十四人。

陳士元曰。蠻夷自古爲邊患。國朝分布戍卒。遮列險要。斷其出沒。控以衞所。而我憲臣與郡邑長吏。歲時巡察。法甚備也。顧羣夷重趼累繭。歷險捷飛。則吾所爲防禦者。豈必逐逐然角技于山坂爲武哉。要在謹吾戍卒。使其守望偵諜。咸有實伍。毋事虛名。其陽戍而陰翼夷者。必重繩之。民有矯虔不逞。竄身荒徼以逭賦役。或牟爲奸利。潛爲引導。令伍保以實聞于官。不爾。發其連坐。獲導夷者。以獲夷之賞予之。而又令邊民各以便選地。聚力爲團。與戍將援應。則聲勢聯絡。羣夷斯懾服矣。

己酉。南京戶部尚書張鳳兼提督糧儲屯種。

忠勇伯蔣也兒孛忽改名善。

庚戌。吏部驗封主事萬祺爲員外郞。

裁光祿寺廚料十之二。

夜月食。

辛亥。止晉王鍾鉉入朝。自後諸王奏來朝。皆止之。

右都督李文爲征西前將軍總兵官。鎭守大同。都指揮張鵬李顯爲左右參將。分守東西路。

虜犯延綏。都指揮李懋敗沒。

白虹貫日亙天。

壬子。靖遠伯王驥兼兵部尚書。工部左侍郎俞綱調南京。

癸丑。郕王薨。祭葬禮如親王。謚曰戾。帝恭儉明達。知人善任使。卒弘濟時艱。宗社賴之。年□十□。陸釴病逸漫記曰。宦者蔣安以帛勒死。

王世貞曰。太祖之後而功者孰不知成祖乎。德者孰不知孝宗乎。蓋猶有景帝焉。己庚之際。微帝吾其被髮左衽矣。其德何如。曰在知人。在安民。其不復辟者理也。易太子者情也。

李維楨曰。景帝立而後睿帝得還。既已帝矣。履天下之籍。聽天下之斷。偃然如固有之。寧復俛首而爲臣。必以不遜位咎帝。非也。南內之錮也。建儲之易也。謀國者何人。獨于謙受其冤哉。

談遷曰。國家厄會。蓋莫若己巳矣。閩浙獪夷。黔粵嘯聚。天未厭亂。北狩隨之。閶闔羅白登之困。象魏下陰山之悲。宗社絲髮。僅繫景帝。當時六師新喪。九塞氣沮。南遷之議。獨徐珵乎哉。乃舍姬旦之小節。紹少康之舊勳。坐攝羣囂。獨制長策。犬羊雖猖猖不休。我折父是任。俾弭耳以退。皇靈遐暢。南北交捷。曾不捐漢繒之尺寸。費宋縉之毫纖。而虞淵返照。事同揖讓。尤卹饑拯溺。納諫信賢。嘉王竑。薄徐珵。具有神識。而或以太上事過責之。斗粟尺布之謠。古人不免焉。政未可以紾臂論也。

都督僉事石彪爲都督同知。充游擊將軍。巡大同。

召寧遠伯任禮。

甲寅。工部尚書王永壽改南京。

順天府丞王福爲府尹。

脫脫孛羅爲都督同知。賜姓名和勇。

故錦衣衛指揮同知馬順子升。訟冤。進副千戶。世襲。

丙辰。錦衣衞帶俸都指揮使喜信忠義後衞帶俸都指揮同知葉春爲後軍都督僉事。以使瓦剌回。

蠲河間保定去年田租二萬六千六百餘石。

內官保受奏海戶。逃亡幾三百戶。乞僉民補之。不許。

丁巳。夜大星青白光。自天紀流輦道。

戊午。命刑部右侍郎周瑄賑順天河間饑民。

錦衣衞帶俸都指揮僉事盧旺。以附石亨冒升。被劾下獄。戍南丹衞。

湖廣苗平。令太監阮讓總兵宮南和伯古瑛鎭守湖廣。

貴州都督陳友爲左副總兵。都指揮季震安順爲左右參將。分守湖廣。內官鄭忠都指揮李貴爲右副總兵。張任爲右參將。分守貴州。

己未。復位遣告嶽鎭海瀆歷代帝王陵及孔子廟。

廣寧伯劉安進封廣寧侯。

後軍都督僉事馬政爲都督同知。都指揮使恰恰爲都督僉事。

監察御史伍善早朝失儀。謫武城知縣。

庚申。都督同知馬政指揮哈銘使迤北。賜孛來等及伯顏帖木兒妻孛來留政。

戶部郎中薛遠爲右侍郎。國子監學正林聰爲右僉都御史。翰林院編修趙昂爲通政司右參議。淸理武職貼黃。

進士孔公恂鄭瑞爲禮工科給事中。劉倫正爲南京刑科給事中。

車里軍民宣慰司板雅忠作亂。命雲南總兵官都督同知沐璘撫諭之。初宣慰使刀霸羨自殺。兄三寶立。

辛酉。禮工科給事中儀泰俞誥以父戚官郕府俱謫州判官。

壬戌。通政司右參議張文質爲左通政。

癸亥。雲南道監察御史葉淇廣西道監察御史黄紀俱忤石亨。誣下獄。謫武陟瀏陽知縣。

三月甲子朔。國子祭酒劉鉉爲少詹事。翰林侍讀孫賢修撰劉珝爲左右中允。編修牛綸刑科左給事中司馬恂爲左右贊善。編修徐溥兼校書。禮部員外郎吳謙兼正字。

木邦宣慰使罕落法爲部目所攻。求援。鎮守雲南左監丞羅珪以聞。議遣兵。不許。

前大理寺少卿李奎卒。奎字文曜。弋陽人。由貢士授黔陽教諭。歷保昌。遷南京國子學錄。薦拜御史。歷按浙江南畿。尋擢大理寺丞。撫安荆襄流民。復巡撫北畿。進少卿。敦敏好學。所論述皆有裨政教。弘治初贈謚文通。

乙丑。太僕寺少卿黄士儁爲刑部右侍郎。石亨薦。

丙寅。錦衣衛指揮同知門達爲指揮使。指揮僉事袁彬爲都指揮僉事。大理寺右少卿龔永吉爲兵部右侍郎。署大同府事右參政霍瑄爲工部右侍郎。

丁卯。逮保定知府傅霖。有衞士言霖庇王文。籍産也。

己巳。復立見深爲皇太子。封皇子見潾德王。見澍秀王。見澤崇王。見浚吉王。

辛未。都督唐興戍河南。唐貴妃父。

癸酉。兵部尚書兼翰林院學士徐有貞封武功伯。祿千一百石。世指揮使。有貞躁進。語石亨曰。願得側注而從兄後。亨爲言之。

吏部右侍郎兼翰林學士李賢進尚書。兼秩如故。

免畿內去年逋租。

駙馬都尉薛桓下錦衣獄。以私侍婢反目。尋釋之。

甲戌。召廣西副總兵都督僉事陳旺。

胡官都督北斗奴改姓名白忠。阿剌帖木兒曰穆義。頂住驢曰丁順。季伯家奴曰季安。

乙亥。詔大賚文武官軍吏民。

武進伯朱瑛爲總兵官。鎮守廣西。

召鎮守延安綏德右都督王禎。以都督僉事楊信代之。

丙子。奉書襄王瞻墡曰。于祁鈺宮得叔父陳言慰安二疏。循覽再三。比于金縢。皇太后感歎不已。叔父云欲來朝。時候清和。敬遣太監夏時齎奉敕符若書。迎請叔父從容就道。

武功伯徐有貞兼華蓋殿大學士。仍直文淵閣。

總旗汪端爲錦衣正千戶。迎駕功。

戊寅。策貢士夏積等二百九十四人于奉天殿。賜黎淳徐瓊陳秉中等進士及第出身有差。

械內官劉茂于掖庭。景泰間載唐妃習馬。至是有言復辟時欲擒太監劉永誠也。

己卯。山西行都指揮盛廣爲都督同知。

誅妖言賊郭貴郭榮等。

虜孛來二百餘騎犯宣府。段樹梁。都指揮江山傅嚴巡邊。擊敗之。斬九級。

前南京都察院左副都御史吳訥卒。訥字敏德。常熟人。弱冠白父冤。且以喪歸。苦節礪行。益研性理之學。發爲文章有根柢。崑山令薦至京。楊士奇甚稱之。太宗召見。稱旨。曰俟備顧問。洪熙初。薦授御史。出按浙江貴州。拜南右僉都御史。秩滿。歷進左副都御史。所涖凜凜有丰裁。不輕爲矂切。故獲正直忠厚稱。年八十八。所著思庵前後續集。小學解性理羣書補注。文章辨體。祥刑要覽等書。卒。賜祭。鄉人祀之言偃祠。弘治初。贈謚文恪。

劉鳳曰。訥豈不賢哉。躬行孝弟。務在沈至。感切于人。與彼華而不敦異矣。至晚節益恂恂恭謹。雖履貴盛。謙己有逾。未嘗作重劾。按人亦時。初解網密。用忠質爲化。數賢者風厲以節。槩敦儉用。追隆于古。自今談者罔不嘉其遇。若其老而劬勞。勤于著作。故亦頗著文焉。

庚辰。忠國公石亨爲征北副將軍總兵官。搜敵于延綏。敕右都督王禎留聽節制。

大寧都指揮使歐信爲都督僉事。充參將。守備廣東雷廉。

辛巳。琉球入貢。

致仕右都御史沈固爲戶部尚書。固先在大同。善石亨。

後軍都督同知曹欽爲左都督。錦衣衛帶俸都指揮同知曹鐸爲左軍都督同知。俱仍帶俸。

金吾左衛指揮使楊善爲都指揮僉事。善自陳。先從內膳監屢聞密謀。如皇太后初省南宮。以王誠舒良議。俟再至沮之。臣達于內臣劉成。皇太后不再過云。

進士楊瑄爲吏部主事。

壬午。右副都御史耿九疇爲右都御史。

興濟伯楊善兼禮部尚書。

都督同知石彪奏巡撫大同左副都御史年富違法。繫治京師。上問李賢。富何如。對曰。其在大同。公以斷。上曰。彪將惡其不利也。召錦衣門達訊之。既多誣。賢曰。欲白富。當再勘。請遣給事中郎中二員。上曰。使武職一人同之。否者被謂文臣相黨。果白之。富致仕。

故都督同知王貴追封阜城伯。謚武僖。

癸未。夜火星犯鬼宿。

丁亥。右僉都御史林聰賑饑山東。

夜火星入鬼宿犯積尸氣。

戊子。敕右副都御史耿九疇曰。朕惟御史內糾百官。外按方隅。受朝廷耳目寄。苟非其人。曷稱任使。景泰失政。臺諫進選。每出私門。當官者或枉法鬻獄。言事者或濟私罔上。出巡者或張聲勢作威福。官邪不儆。紀綱蕩然。爾承朕簡。必奉公正。己督率咸修。御史不職。爾等察舉。爾等不職。亦聽御史糾劾。黜陟幽明。國典斯在。

己丑。戶部言撙節利民五事。從之。

庚寅。減濟南東昌青兗柴炭之役。

辛卯。安南入貢。

還趙王瞻塙歲祿三萬石。先景泰減二萬石。

工部左侍郎孫弘往易州相度採取柴炭。以景泰間駐眞定平山。故勘其便。覓駐易州。

留守左衞通濟門千戶小旗陳福請汰僧道。上是之。下禮部核胡僧數以聞。

壬辰。都指揮同知曹濬爲都督僉事。

四月甲午朔。敕羣臣修省。

金星申刻見。

乙未。命給事中江彤行人劉寅之往封占城國王盤羅悅。

免浙江去年災租五十四萬餘石。

丁酉。總兵官南和伯方瑛奏湖廣賊蒙能已誅。又勦其黨。斬二千八百九十餘級。擒賊屬五百餘人。命班師。

戊戌。召鎭守湖廣貴州左副都總兵都督陳友。

夜。月犯井宿。

己亥。後軍都督僉事馬顯爲都督同知。

庚子。太僕寺卿夏衡爲太常寺卿。吏部郎中黃采爲太常寺少卿。

兵部上缺軍之數。命文職景泰間謫伍者不准。

辛丑。兵部右侍郎陳汝言左副都御史寇深選京衛帶俸軍職。深尋憂去。兵科給事中王鉉代。

壬寅。後軍署都督僉事劉信爲都督同知。

乙巳。夜大星赤光自心宿流牛宿。

丙午。册貴妃周氏。

命監察御史給事中各一。存恤軍士。蓋正統例。景泰初格之。

初。上諭徐有貞等曰。中外民艱。皆因有司匪人。卿等審察。先有犯贓復職。及見任失行寡績老疾者。具以奏。于是福建等布政使黃輿。輩貴州等按察使張海。輩鎭江等知府白仲賢。輩俱免。

丁未。科道劾司禮太監陳鼎阮蘭黨奸。俱安置南京不敍。

臨清船鈔改徵粟。鈔二貫折粟一升。

命內外法司錄囚。

前吏部尚書何文淵卒。文淵字巨川。廣昌人。戊戌進士。授御史。薦守溫州。課最。拜刑部右侍郎。予告。起吏部左。進尚書。陟太子太保。素善太監興安。因見劾去。奪宮保。草易儲詔。天降下民。作之君父。有天下傳于子。句每自矜其二語。及復辟。怵禍。而副都御史陳泰左遷廣東副使。道廣昌。或曰逮文淵也。文淵懼。自經。

戊申。久旱遣告郊社山川等神。

吏部上興革五事。從之。

己酉。刑科都給事中喬毅等言四事。敦忠孝以正綱常。黜貪汚以勵庶官。舉荒政以卹民生。禁奢侈以節財用。

上然之。

庚戌。工科給事中耿裕改翰林檢討。避父九疇總憲也。

內官李雍王定等世襲錦衣衞千百戶。

辛亥。保定伯梁珤鎮守陝西。

都督僉事哈哈改姓名陳守忠。

癸丑。忠國公石亨會昌侯孫繼宗總五軍營。太平侯張軏懷寧伯孫鏜總三千營。安遠侯柳溥廣寧侯劉安總神機營。太監曹吉祥劉永誠吳昱王定監之。

甲寅。襄王瞻墡入朝見之武英殿。

黃瑜曰天順初王文于謙以請迎立襄世子被誅。及襄王來朝上禮待甚隆。其後世子覔嗣王位。終始親睦無間然則迎立之謀其實未發益可知已。

孛來貢使五百餘人。還至大同高山站殺護卒百人。奪馬甲而去命逮西路參將李顯。以供饋不給也。下廷臣議制禦方略。

乙卯虜犯寧夏洛陽川官軍扼于河乃設伏誘。西路左參將都指揮使种興以千餘人追之。敗歿。興死子賄陳汝言得賜祭。

丙辰戶部言興除八事。從之。

松潘指揮周剛巡邊。適叛番入犯。擊斬三百五十餘級。

丁巳。刑部右侍郎黃仕儁賑河間濟南饑。

錦衣衞都指揮僉事劉敬素結權貴。其妻出入于唐興杭昱太監張永阮簡家。上初冒功得都指揮僉事。至是科道劾敬。復辟前一日因夷使來朝。選校尉三百餘人陰助。永謀逆。遂下獄。左都御史耿九疇言復位時實督校尉警蹕行禮。遂降東昌衞指揮使。

戊午。封遼壐平涼王。遼埈眞寧王。徽鍉漢陰王。季堂通城王。

誅妖人王斌。斌府軍前衞軍餘薙髮曰悟眞。逃褒城縣。妖言結黨謀亂。約數千人入漢中。值官軍。被執事聞。誅五人。餘戍宥之。

己未。免永平去年災租。

庚申。虜五百餘騎犯大同貓兒莊。

壬戌。虜二十騎犯甘肅牧羊臺。右參將李榮追斬一級。擒二人。進榮都督僉事。

逮貴州巡撫左副都御史蔣琳。初按察僉事李叔義奏其恃于謙商輅淫虐等罪。工科給事中張浩往廉之。亦以聞。

是月。詔處士中學貫天人。才堪經濟。隱居高尚。不求聞達者。所司以聞。

霍韜曰。國初用人。薦舉爲重。貢舉次之。科舉爲輕。今則科舉爲重。貢舉次之。薦舉不行矣。此士風之所以益偷也。

五月燚朔。提督松潘兵備刑部左侍郎羅綺召至。改左副都御史。

命邊儲出納祇部司官酌畫。總兵官毋預。

甲子。禮部右侍郎兼翰林學士許彬薛瑄俱爲左侍郎。

誅柳州衞千戶盧忠鎮守寧夏太監高平景泰時忠任錦衣衞指揮。平任尚衣監。各計令校尉李善奏上皇同太監阮浪南城內使王瑤圖復位。于是浪瑤及忠俱下錦衣獄。瑤被殺。浪瘐死。忠釋。後坐事謫柳州。至是特收忠平。磔于市。籍其家。

廣東遂溪敎諭吾豫請究南宮易儲之主議者。幷盡誅于謙等所舉文武重臣。章下刑部都察院。謂駭衆心。得已。

乙丑。後軍都督同知馮宗爲右都督。

停淸軍御史。

夜。金木二星合井宿。

丙寅。迤北太師孛來知院阿哈刺忽來奏。欲獻寶璽。敕曰。此璽已失眞。卽眞。秦物耳。朕無藉此。獻否惟爾。爾何留我馬政爲。

誅徐正及軍餘汪祥。

夜。大星赤光自尚書流鈎陳。二小星隨之。

丁卯。虜三千餘騎犯大同威遠衞。官軍擊敗之。擒五人。斬十六級。

戊辰。命石亨班師。

辛未。安遠侯柳溥充總兵官。巡宣府大同。

壬申。收在京乞人入養濟院。

癸酉。毀廢帝郕王壽陵。時襄王瞻墡謁天壽山。還。言郕王葬杭氏越分。乞毀之。以工部尚書趙榮往。

禮部右侍郎蕭璁改南京吏部。

甲戌。放教坊司樂工樂婦四百八十六人。

乙亥。逮鎮守大同太監韋力轉工部右侍郎霍瑄奏其宴用伎樂。復强取所部女爲妾諸不法事。上怒。下獄。尋宥之。

丙子。畿內疫。

廣西古丁等峒賊刼武緣南寧。

木星酉刻見。

忠義前衛司吏張昭言。近遣官舍往西洋土魯番亦力把力撒馬兒罕哈密等處。分投和番。此虛費。不如救山東之饑民。上遂已之。

己卯。右都御史耿九疇言五事。崇廉恥以勵士風。淸刑獄以召和氣。勸農桑以厚民生。節糧賞以勸軍士。重臺憲以振綱紀。上嘉納之。

壬午。設襄陽護衛指揮使司。改羣牧所爲中千戶所。上重襄王故優之。

上元六合盱眙定遠來安蝗。命捕之。

乙酉。監察御史楊瑄還自河間。論石亨曹吉祥侵占民田。上以示徐有貞李賢。皆曰。御史言正。上嘉之。

丙戌。致仕左都御史馬昂復任。

夜。彗見危宿。狀如粉絮。色靑白。芒拂拂搖動。至丁亥夜。芒五寸餘。

左都御史馬昂賑饑山西。

己丑。復發三萬金賑山東。仍量災免田租。

虜犯威遠衞守備都指揮李英擊卻之。

命都督僉事劉源雷通鎮守宣府備孛來如敵至一戰一守。

庚寅廣西副總兵都督僉事陳旺爲都督同知右參將都指揮使孫麒爲都督僉事賞其賓州殺蠻功。

辛卯召陝西定羌驛丞廖莊爲大理寺左少卿。

壬辰免河南去年災租十萬三千八百三十餘石。

摘神武定州等衞軍千五百人分戍紫荆倒馬龍泉等關。

六月癸巳朔。譚佑嗣新寧伯（譚璟子）。

工部主事屈銓等二百四十八人坐贓會赦俱冠帶閒住。

暹羅貢使市山東饑民子女命贖之。

夜彗見室宿芒丈餘。

甲午右都御史耿九疇右副都御史羅綺下錦衣獄。初上以楊瑄言聚侵田。御史張鵬等遂具草悉糺石亨他罪狀欲上。兵科都給事中王鉉漏之。亨泣訴云言官承徐有貞指敢論臣。且鵬故太監永從子也。上御文華殿面詰諸御史其語盡。上曰。誠然而曹何不早上也。悉下獄究所自。詞連九疇綺亦坐之。

安南國王黎濬請袞冕不許。初命尚寶司卿兼翰林院侍講黃諫太僕寺丞鄒允隆諭復辟及冊東宮。且賜濬綵幣。遂遣右納言黎希葛等入賀。

丙申胡官副千戶李鐸爲後軍都督僉事帶俸。

忠國公石亨請解兵柄。不允。

丁酉兵部右侍郞龔永吉改南京禮部。陳汝言數語侵王驥。謂其私永吉。故調之。

刑部右侍郎劉廣衡署都察院事。

虜犯偏頭關。守備都督同知杜忠擊敗之。斬三級。擒一人。

戊戌。禮科右給事中周監以奏對蹇舌。謫崇慶州判官。因命三十五歲以下及言語未正者。各給事中對品調外。

己亥。定遠縣獻瑞麥。

復沙安順天府治中。食正四品俸。

武功伯兼華蓋殿大學士徐有貞吏部尚書兼翰林學士李賢下錦衣獄。初有貞以曹石起秉政。後稍裁之。上時與屏人語。吉祥伏小豎座側。悉其語以問。曰上與有貞言某某。上驚問故。曰有貞出語臣耳。上疑其泄。石亨復摘有貞李賢。而科道交劾其專權排斥勳舊。故下獄。舉朝驚懼。是日酉刻大風雨雹。拔木。毀奉天殿東鴟吻。署欽天監事禮部右侍郎湯序請修省。從之。

夜。彗犯壁宿。

庚子。通政司左參議兼翰林院侍講呂原直文淵閣。

靖遠伯兵部尚書王驥致仕。仍朝朔望。

兵部右侍郎陳汝言署部事。

降徐有貞廣東布政司右參政。李賢福建布政司右參政。耿九疇江西右布政使。羅綺廣西右參政。監察御史盛顒費廣周斌張寬王鑑趙文博彭烈張奎李人儀邵銅鄭冕陶復並謫知縣。楊瑄張鵬戍鐵嶺衛。上因風變感悟。石亨等亦懼。請輕其罪。

鄭曉曰。劉球之言行。必無己巳八月之事。鍾同廖莊章綸之言行。必無丁丑正月之事。楊瑄之言行。必無辛巳七月之事，五公忠憤所激。遇事敢言。見死且不避。彼受頤指爲權貴人鷹犬。博一笑語者。眞天淵矣。

王世貞曰。有貞善天文地理之學。自謂無遺算。其治河亦號能吏。至南遷之議。抑何舛錯懦弱也。爲相日。裁冒功濫賞似矣。已獨先冒濫焉。屠剪勳賢。快志報復。傳曰。不能三年而緦小功。其有貞之謂乎。

辛丑。謫給事中何玘等十三人爲判官。監察御史吳禎等二十三人爲知縣。曹石欲箝制言路。共刺其短。上命吏部覈其年三十五以上者留任事。三十五以下皆外調之。會風變。俱復之。

壬寅。禮部左侍郎兼翰林院學士薛瑄致仕。石亨欲爲請敕敎其鄉。瑄曰。元世祖賜許魯齋敕。令設敎。魯齋歸懸屋梁。終身不示人。今若設敎。曷若不辭官爲愈乎。行至直沽。餉乏。子惇有慍色。瑄曰。吾道自亨也。

放光祿太常二寺廚役四百九十三人。

故監察御史鍾同贈大理寺左寺丞。子膺國子生。

癸卯。翰林院修撰岳正直文淵閣。正出特簡。石亨張輗值正左順門。駭其驟。比入見。上欲進正吏部左侍郎兼翰林學士。亨請徐任之。

兵部尚書石璞自湖廣召還。致仕。

免臨洮甘州災租九千九百九十餘石。

寬減中外罪。四杖以下悉宥之。

甲辰。復李賢吏部右侍郎。以左右言賢謹重。不當遠也。

夜。月犯罰星。

乙巳。上親告于皇天上帝。兼爲母后祈福。時彗變。占謂應在母后。

起復左副都御史寇深。

殺左副都御史蔣琳。琳既下獄。訴僉事李叔義誣己。且云。貴州兵亂。後邊事窘。迫夷情兇狠。懲奸宜嚴。故多怨謗。矧臣遠在萬里。豈知于謙等異謀。上不聽。廷鞫論死。仍梟示貴州。

夜。彗犯天大將軍。

戊申。雲南總兵官都督同知沐璘爲右都督。

兵部右侍郎陳汝言爲兵部尚書。吏部驗封司郎中郝璜爲兵部右侍郎。石亨等薦。

游擊將軍右都督石彪參將張鵬巡邊。値虜磨兒山千餘騎。擊敗之。誅渠帥把禿王寨其旗甲。斬百餘級。擒二十人。獲馬二百甲冑六十。追至三山又敗之。斬七十餘級。

夜。大星赤光燭地。自天大將軍流騰蛇。

庚戌。徽州知府孫遇上瑞麥。出休寧歙縣。

前軍左都督劉聚。左軍都督同知許貴。右軍都督同知張斌。前軍都督同知范雄。後軍都督僉事張通。俱調南京。

辛亥。都督同知盛廣爲右參將。分守大同西路。

壬子。夜。彗星犯卷舌第三星。

癸丑。復命侯伯及內官印馬。

丙辰。後府帶俸都督僉事陳守忠爲都督同知。

免大名去年災租二萬二千五百二十四石。

丁巳。都督僉事毛忠爲都督同知。

庚申。進士冉哲李本袁愷爲給事中。哲戶科。本禮科。愷兵科。

毀徐有貞武功伯誥命。停鐵券。俱未給。

是月。濟南兗青旱蝗。未幾。大雨水傷稼。

七月壬戌朔。岷王徽煣請加皇太后尊號。以非故事止之。

湖廣按察使馮誠。僉事程志學。撫州知府王宇。保定知府傅霖。大同知府霍瑄。太原知府孫睿。兗州同知黃瑜。安州知州陳綸。金州知州王瑄。濮州知州毛晟。平度州知州張福。武定州同知楊忠。東昌推官林琦。棠邑知縣彭逑。樂安知縣高軒。辰溪知縣杭宗道。郯城主簿方鏞。皆治行卓異。賜誥敕貤封。

夜。大星青白光。自王良流織女。

癸亥。許中元節祭郕戾王及懷獻世子。

復孫遇徽州知府。食正三品俸。遇平易爲治。饑民刼糴。御史欲捕之。遇單騎往諭。來歸。一日坐府。聞呻吟聲。曰有冤耶。廉得婺源有處女被脅强奸縊死之。立爲申治。其聲始息。遇居徽十有八年。麥有四穗者。徽民世世祀之。

甲子。後軍左都督皮兒馬黑麻自迤北以族屬七十餘人來歸。

乙丑。廣東布政司右參政徐有貞下獄。石亨輩慮有貞復起。爲蜚語謗時政。託吏科右給事中李秉彝名上之。時秉彝以憂去久。下獄訊。不勝楚毒死。時購得主名者官三品。呂原岳正言購募非體。乃已。曹石又言此有貞客泰州馬士權以有貞意爲此。乃追有貞理之。

南京兵部右侍郎宋琰卒。琰奉化人。永樂乙未進士。選館授禮部主事。轉考功。授內豎書。以河南右參政入太僕卿。遷侍郎。皆中官力。然溫雅好學。卒。賜祭葬。

丙寅。夜。承天門災。

萬全都司雹。

虜二千餘騎入甘肅鎭番衞官軍擊斬四十九級擒三人。

丁卯。上躬禱天地曰。恭惟洪眷命臣承統卽位以來。屢見變異。深懼不勝。意者事天法祖未盡誠與。爵賞刑罰未當與。忠良未盡用。奸邪未盡去與。所見不明。信讒佞與。節儉不崇。侈財用與。徵斂掊克之未息。而刑獄寃濫之未雪與。思過省躬。仰體仁恩。大赦天下。伏祈曲賜洪原。用寧邦家。臣不勝待罪惶懼之至。復遣告廟社山川。

戊辰。敕諭文武羣臣曰。朕以菲德。膺乾復祚。圖治雖勤。應天無效。六日丙寅。承天門災。朕心震驚。罔知所措。意者敬事天神有未盡與。善惡不分。用舍乖與。曲直不辨。刑獄寃與。征調多方。軍旅勞與。賞賚亡度。府庫空與。請謁不息。官爵濫與。賄賂公行。政事廢與。朋奸欺罔。附權勢與。羣吏弄法。擅威福與。征斂徭役之太重。閭閻田里靡寧與。讒諂奔兢之倖進。忠言正士不用與。抑文武有司闒冗酷吏貪冒無厭。致軍民失所與。此皆所由傷和致災。而朕或未明也。爾文武羣臣。股肱耳目。休戚惟均。直言無隱。其或躬蹈前非。亦宜洗心改之。

己巳。都察院獄盜逸。

庚午。吏部左侍郎李賢爲尙書兼翰林學士。掌文淵閣事。

禮部左侍郎兼翰林院學士許彬調南京。彬夙有文譽。顧坦率無簡擇。一時放蕩之士盡出其門。晚欲謝絕。遂騰謗議。

命修撰岳正仍授內豎書。

辛未。都督同知毛忠爲甘肅左副總兵。協守。署都指揮同知蕭敬爲右副總兵。仍守涼州。

翰林院修撰岳正謫欽州同知。初。正侃侃自立。欲間曹石。語吉祥曰。石亨常以杜清來何也。曰。致誠款耳。正曰。否否。伊特偵公宜謝之。且勸曹石解兵柄。又數詆之。欲併去陳汝言。復徐有貞。于是曹石言其附有貞。故謫。

免禹城縣災租。

癸酉。詔赦天下。

徵山西按察副使韓雍下獄。寧王奏雍被召行時列刀劍擊砲上薄之。尋勒免。

丙子。後軍左都督皮兒馬黑麻賜姓名馬克順。都督同知伯顏達里曰于忠

丁丑。左副都御史寇深爲左都御史

戊寅。刑部尚書軒輗致仕。

夜。彗犯井宿。

己卯。安置迤北降人于登萊等衞。

南京大理寺少卿王謙。考滿入朝。媚石亨。留任太常寺

壬午。故廣平侯袁容庶子瑄嗣廣平侯。李輿嗣富陽侯。李茂芳子。薛忠嗣安順伯。王琮嗣成山伯。薛貴姪。王通子。孟俊嗣保定伯。孟瑛子。

癸未。敕諭南京文武羣臣。

翰林檢討耿裕謫泗州判官。陳汝言謂九疇。既外子不宜內也。

徐有貞削籍流雲南金齒衞。錦衣都指揮門達。窮治馬士權。亡驗。而有貞誥詞曰。才堪華國。道足經邦。資弘毅而秉忠純。貫天人而通今古。早擢賢科。首登制舉。簡自先朝。貽于朕用。史館秉春秋之筆。經筵陳仁義之言。作鎭北州。已展勤王之偉略。治水東郡。復成纘禹之神功。由是敍長憲臺。總司風紀。乃者奸臣謀變。社稷幾危。賴爾忠誠。以定大策。遂能擁戴朕躬。光復天位。乃自中丞之職。進秉司馬之權。展采論思。陞華宥密。謀猷具善。啓沃良多。夫既屬以心腹。而任之股肱。是宜酬其勳勞。而胙之茅土。爰錫西周之世封。用承東海之桑祏。云云。於

戲。中外宣力。朕惟用爾以功。左右納忠。爾惟輔朕以德。居黄閣而秉典戎機。信乃禁中之頗牧。直紫宸而彌綸國體。允惟王室之甫申。至是上以示法司。謂其語夸大。無人臣禮。論死。會赦免。有貞嘗遇異僧受曆利支天法。奉斗母。至是。衆以爲奇術驗云。有貞德士權。許婚其子。後赦歸負盟。

史鑑曰。或曰。國家授受自有常典。徐公豈當預哉。蓋公假迎復之功。以爲富貴之實耳。嗚呼。是誠何言哉。君臣大倫。根于天性。苟利社稷。死生以之。先帝在幽閉之中。至穴牆以通飲食。勢同狴牢。華督之弑宋殤。子翬之弑魯隱。高渠彌之弑鄭昭。南宮萬之弑宋閔。慶父之弑子般。商臣之弑楚成。李兗之弑主父。劉劭之弑義隆。皆以得罪畏誅。姑欲脫死于一時也。然則先帝當此之時。豈不謂之至危極殆乎。而公奮不顧身。決此大策。翊衞先帝。出險難之中。尊居九五。其功可謂偉矣。但以震主之威。易生讒謗。此正李泌所謂殺臣者五不可耳。豈公之罪也哉。

劉鳳曰。士當無事時。雍容濟盛治。然猶稱焉。及制變圖難。定傾扶危。決策無濡忍之言。存亡以之。此其謀烈。顧不丈夫哉。且其身嘗貴爲徹侯。受辱獄吏。不恥。謂不能裁耶。人臣義不當貳。一旦被汚惡言。不以死明責。誰當知者。若有貞事無可疑。何至今論未定也。或以于司馬死罪之。夫于誠有功于守。若城下之役。與乘輿南旋。信預有力焉。至南城易儲二者。謙既股肱大臣。且獨親信。何無一言爭。而謂其猶有翊戴之意者。將誰欺哉。不有所廢。其何以興。謙與貞本無怨。而勢適然。尙何云貞之卒發。由南陽之媢功。乃謂迎衞之舉無事者。又何其重誣也。傳有之。使好我者勸。惡我者懼。乃易之矣。惜夫若士權忍死以明有貞。雖任安田叔之義。又何以加焉。

何喬遠曰。有貞藉二豎立功。既被知眷。欲守正自異。身爲伊周。何其壯哉。得意失意。在反覆間。書曰。汝惟不矜。天下莫爭功。汝惟不伐。天下莫爭能。諒矣。

談遷曰徐有貞本縱橫之學以迎襄陷于司馬。而陷有貞者即踵之曰纘禹神功。俱不臣也。俱子虛也。函矢同術。有貞南流。亦少自悔否乎。

戊子。南和伯方瑛進封南和侯。祿千二百石。都督陳友封武平伯。祿千一百石。皆予世襲。都督後軍右都督石彪封定遠伯。祿千一百石。世襲。左都督楊能武强伯。右都督李文高陽伯。皆祿千石。流爵。後軍都督同知杜忠爲右都督。都督僉事江福董斌爲都督同知。都指揮使張鵬爲後軍都督僉事。

總督漕運右都督徐恭兼理河道。

江西右布政使耿九疇爲四川左布政使。

典史倪敬婁禬左源汪清蘇廉祿白瑛金澤王儀孔鑰李堅宋瑮嚴樞朱倫黃讓盛昶王紀。驛丞吳節秦紘章亮陳顥劉紀林璟楊斆戴昂俱爲知縣。

淮徐懷慶衞輝奏各夏大水。濟南杭湖嘉興各旱蝗傷稼。

辛卯。發七十萬金勞遼東至陝西邊卒人二金。

夜。彗星犯水星。

廣西猺賊大掠。

是月。杭嚴寧波金華旱。

八月壯朔。癸巳。南京禮部左侍郎許彬調陝西布政司右參政。

甲午。以彗未滅。躬禱于昊天上帝。

南京禮部右侍郎龔永吉改南京大理寺卿。

夜。大星青白光。自狼星流近濁。

乙未。蠲武昌長沙黃永去年災租十六萬五千九百六十九石有奇。

召商貴州中鹽納粟。

丁酉。行均徭法禁里長害民。

己亥。夜月犯東咸。

庚子。中軍都督僉事杜清爲都督同知。

兗州同知黃瑜爲知府。

壬寅。都指揮僉事劉聚爲後軍都督同知。

甲辰。行人李勝楊暹博士王祥進士馬驄俞璟程萬鍾。知縣劉訔。訓導章璠康弘敬顧儼。監生韓槃侯由何楚英李閒余亢周祐李蕃朱鉉周傑曾相朱讓易廣王儼劉慶裴斐孫泰李旻王嶼馮昱。俱試監察御史。

丙午。後軍都督同知董斌爲右副總兵。江福爲左參將。協守宣府。

夜。月食。

戊申。壽州判官王長福爲知州。

辛亥。秦府興平王志埠薨。年三十七。諡莊惠。

壬子。廣東布政司右參政左鼎召至。進左僉都御史。

都督僉事張義爲征西將軍總兵官。鎮守寧夏。

都督僉事高達理南京後府事。兼撫降胡。

金星晝見。

甲寅。安置王竑于陝西。

通政司使王復爲兵部左侍郎。左通政張文質爲通政使。

乙卯。右僉都御史祝暹卒。祥符人。宣德癸丑進士。

丙辰。工部左侍郎孫弘調吏部。工部右侍郎霍瑄爲左侍郎。戶部郎中翁世資爲工部右侍郎。弘以石亨鄉人。諂事得薦。

戊午。報襄陵王冲烼曰。日出視朝。禮經所載。古人君是常。王念予朝昧爽。侵冒風寒。親親忠愛。感德良厚。

都督同知白玉。僉事茹鑑陳友鮑政喜信分理五府事。

己未。順天大名廣平鳳陽開封汝寧兗東昌以夏大雨水傷稼。

庚申。刑部左侍郎劉廣衡爲尚書。

九月壬戌朔。太常寺卿夏㬥致仕。

癸亥。都督僉事雷通爲都督同知。

邳州衞帶俸都指揮同知韓志爲中軍都督僉事。志自陳迎駕功。

夜木星犯軒轅。

甲子。太常寺少卿兼翰林院侍讀彭時直文淵閣。

宥馮益復正千戶。益善文墨。初任敎職。謫戍。正統間以知兵薦。歷千戶。汪祥爲徐正謀逆。益實不預也。

乙丑。昏刻月犯氐宿。

戊辰。通政司右通政吳復爲工部右侍郎。仍督柴炭。

遣都指揮馬雲等使撒馬兒罕等處。賜速魯檀王母撒亦等綵幣。

己巳。夜月犯建星。

辛未。應天府尹□□爲南京戶部左侍郎。刑部郎中朱銓爲南京刑部右侍郎。吏部郎中龍文爲南京工部右侍郎。俱路石亨等得之。

癸酉。鎭守獨石右參將都指揮僉事周賢爲都督僉事。

右都督王鎭總督陝西岷洮河州。

封哈密卜列革忠順王。倒瓦荅失里弟。

太常寺少卿兼翰林侍讀劉儼卒。儼字宣化。吉水人。正統壬戌進士第一。授修撰。進侍講。尋進右春坊大學士兼侍講。修歷代君鑑。寰宇通志成。進太常少卿兼侍讀。景泰末主試順天。失執政意。幾得罪。儼孝友果毅。于文善議論。贈禮部左侍郎。謚文介。賜祭葬。

何喬遠曰。周敍劉儼居翰林無赫赫表著之績。心行確然君子也。

甲戌。後軍都督同知徐恭爲右都督。

都督同知陳旺爲副總兵。鎭守廣西。署都督僉事王瑛協守遼東。

丙子。封通許王子睦爲周王。子垗汝南王。子墟潁川王。子圪義陽王。子墩泌陽王。子壕汝陰王。同鏈河陰王。鍾鐰西河王。

進士盧秩爲河南道監察御史。

丁丑。通政司右通政李素致仕。

戊寅。鎭守延安綏德都督僉事楊信爲都督同知。

四川白江蠻攻筠連縣。

慶府岐山王秩煉薨。年四十三。謚悼莊。

庚辰。瀋王佶焞薨年五十一。諡曰康。

辛巳。陝西行都司署都指揮僉事劉傑爲右副總兵鎭守涼州。

癸未。致仕禮部尙書蔣守約仍署太常寺。

乙酉。光祿寺卿蔚能爲禮部右侍郞仍署光祿寺事。

蒲州判官盧祥爲禮科都給事中。

丙戌。復鎭遠侯顧興祖歲祿。

己丑。報代王仕壥曰承惠菘菜榲桲雖王國佳產。道遠人艱。自後毋再。

夜。大星赤光。自井宿流軒轅。

庚寅。日輪遣給事中閱皇城門禁。

欽州同知岳正戍肅州衞鎭夷千戶所。正旣貶。侯其母于漷。爲少留。兵部尙書陳汝言黨曹石。嗾游徼構以事。徵下錦衣獄。手梏急。至涿州瀕死。涿人楊四請于緹校不得。乃醉之而竊刓其梏。得達于戍。

夜。大星赤光。自壘壁陣流南斗後。二小星隨之。

十月辛朔乙未。都指揮姚貴爲後軍都督僉事右參將守備永寧。

丙申。前軍都督同知陳旺爲右都督。錦衣衞帶俸指揮僉事也先帖木兒爲後軍都督同知帶俸。

丁酉。賜故太監王振祭葬。太監劉恆等頌其勞。上亦憫之。像于智化寺。祠曰旌忠。

戊戌。賜杭州宋岳飛祠曰忠烈。有司春秋祭之。杭州同知馬偉之請。

己亥。順天府丞王䂓爲應天府尹。

夜。彗復見角宿。芒五寸餘。

庚子。復程達大名府同知食正四品俸。

壬寅。石亭薦崇仁處士吳與弼。從之。遣行人曹隆聘之。勅曰。朕惟勞于求人。乃成無爲之治。樂于忘勢。斯致難進之賢。聞爾與弼。潛心博聞。蘊藉抱略。不求聞達。嘉遯丘園。睠茲高誼。渴望來儀。仍賜禮幣。以表至懷。尙欣然首路。副朕翹跂。

甲辰。都督僉事曹安爲副總兵。協守大同。

夜。大星赤白光。自宗人流近濁。二小星隨之。

乙巳。增管河主事。

辰刻。南京地震。

丙午。夜。月掩畢宿。

己酉。朶顏衞都督僉事朶羅千進都督同知。

夜。月犯井宿。曉刻。彗犯角宿。

庚戌。追封撫寧伯朱謙撫寧侯。

辛亥。左僉都御史林聰爲右副都御史。河間知府王儉爲左僉都御史。

壬子。夜。彗犯平道。

癸丑。宣府右參將都指揮僉事張琳爲都督僉事。

甲寅。復苟芳新昌縣丞。食從七品俸。

乙卯。夜。月犯太微垣左執法。

丙辰。釋建庶人文垚。安置鳳陽。初。上謂李賢曰。建庶人與故吳庶人允熥婘屬。淹繫且六十年。親而亡罪。朕不忍其久繫。賢頓首曰。堯舜之心也。皇天后土。太祖在天之靈。實臨陛下。遂白太后出之。左右或言不可。上曰。有天命者任爲之。乃居之鳳陽。令有司月給米薪炭。婚娶出入聽自便。復給火者二十人。遣內使魯溥等六人守視。使令又敕廷臣示親親之意。建庶人幼淹繫。出不辨牛馬。尋沒。

丁巳。定京官科目三品上子孫許入國子監。四品以下不允。

戊午。賜中外寺額四十所。

己未。保定侯梁珤爲總兵官。鎭守陝西。

庚申。署遼東僉事都督僉事王祥卒。光州人。

十一月辛酉朔。癸亥。署都督僉事黃鑑爲參將。協督糧運。

辰州衞胡官帶俸左都督克羅俄領占賜姓名羅秉忠。

敕山東右布政使王宇撫恤饑民。

甲子。封左都督衞穎宣城伯。祿千一百石。迎駕功。

鎭守浙江都督同知李信兼提督海道備倭及處州銀場。

丙寅。給兵部尙書陳汝言緹校出入。有部吏被杖死。妻遮道稱冤。汝言奏恐見刺也。

戊辰。設四川鎭夷堡。

蠲萬全都司屯租。

庚午。命左僉都御史王儉賑徐州饑。陛辭。上曰。徐州南北要衝。民艱。朕惻然。設心賑濟。毋靳官廩。

左都御史馬昂自山西回。

癸酉。旌韓府襄陵王冲烋孝行。

甲戌。田州府頭目呂趙作亂。掠南丹。據向武。命總兵官武進伯朱瑛等討之。

乙亥。虜四千餘騎犯莊浪。鎮守都指揮使魏榮以聞。命鎮守陝西保定侯梁珤往蘭縣。徵兵遏之。時指揮宋欽授之敗績。

丙子。定文官封贈誥敕例。一品四道。二品三品三道。四品至五品二道。

己卯。夜。月犯軒轅右星。

辛巳。報襄王贈增曰。茲予初度。承惠多儀。加以玲瓏碧玉之帶。書曰。分寶玉于伯叔之國。予施叔父宜也。乃承惠于叔父。敬酬白金采幣。匪曰展親。特表謝敬。

夜。大星青白光燭地。自華蓋流天鈎。十餘小星隨之。有聲隆隆。

己丑。蠲濟南青東昌田租。

庚寅。故吏部左侍郎兼翰林院學士曹鼐加贈太傅吏部尚書兼文淵閣大學士。改謚文忠。先謚文襄。

是月。賜中外寺額四十所。

十二月觪朔。壬辰。左都督曹欽封昭武伯。

癸巳。錦衣正千戶陳綱副千戶逯杲爲指揮僉事。

甲午。夜。金星犯鍵閉。

丁酉。大同知府李福進從三品俸。

夜。金星犯罰星。

戊戌。免山西行都司屯租。

己亥。錦衣衛指揮同知袁彬爲指揮使。

辛丑。太傅安遠侯柳溥爲平虜大將軍總兵官。右都督過興都督同知雷通爲左右副總兵。武平伯陳友爲游擊將軍。往陝西勦虜。宣城伯衛穎爲平羌將軍總兵官。鎭守甘肅。

丁未。夜。月犯軒轅御女星。

戊申。鞏昌衛指揮使种泰請率子弟六人。自備械騎從征虜。許之。

己酉。太常寺少卿兼翰林院侍讀彭時進兼學士。通政司左參議兼侍講呂原劉定之。倪謙。尙寶司卿兼侍講林文。李紹。俱爲翰林學士。尙寶少卿兼編修錢溥爲侍講學士。

夜。月犯太微垣右執法星。

庚戌。命朶顏三衛入貢仍自喜峯口。毋道宣府。

辛亥。敕鎭守寧夏太監王淸毋採捕鷹豹。

諭閣臣李賢。上母后尊號曰聖烈慈壽。從之。

壬子。上禱雪宮中。

甲寅。蠲山東各衛屯租十五萬六千一百四十五石。

乙卯。南京禮部右侍郎姚夔爲禮部左侍郎。

前左副都御史羅亨信卒。亨信字用實。東莞人。永樂甲申進士。授工科給事中。坐累謫吏交阯。起御史。薦進右僉都御史。練兵平涼有功。改督宣大軍儲。二十年。己巳之變。宣府幾不守。亨信坐南門令曰。敢棄城者斬。人心始固。進右副都御史。明敏負才。遇事敢任。或謂廉謹不足云。

黃佐曰。土木之變。社稷阽危。宣府鎭節一移。犬羊必乘間深入。天下未可知也。世謂亨信有安社稷功。而忌者僅循常例。有遺恨焉。雖然。人臣事君。內思盡志。盡志之謂忠。外思盡職。盡職之謂功。亨信亦惟盡其爲臣者耳而奚期于報也哉。
丙辰。夜金土二星合心宿。
丁巳。尚寶司少卿張信言。蘇浙運從大江抵瓜州壩。風濤多險。若從鎮江裏河。少險。水道徑牢。運船易壞。裏河自新港至奔牛。多淺窄。誠疏瀹淤河通港口。引江入灌。便漕。從之。令管河右僉都御史李秉浚鎮江河四十餘里。
戊午。仍給周王子埅歲祿二萬石。
前南京戶部尚書沈翼卒。翼字克敬。山陽人。宣德庚戌進士。授南京刑部主事。改戶部。轉餉麓川。正統末進郎中。尋進右侍郎。鎮臨清。兼督漕。歷尚書。賑饑山東。抵南京。盡袪宿弊。平居謙和。及當官論事。能執法也。

戊寅天順二年

正月幀朔。夜大星青白光。自星宿流翼宿。二小星隨之。
辛酉。科道劾兵部尚書陳汝言諸不法事。廷臣奉詔鞫實。命錮禁之。
丁卯。曉刻金星犯建星。
戊辰。免山東被災處柴炭一年。重者二年。
徐州饑甚。
科道劾定襄伯郭登先鎮大同。避難引疾。賄陳汝言千金。自南京還朝。下登獄。宥死。追其賄。降都督僉事。從征甘肅。
石亨言五軍營軍物故老疾。諸營當送補。率不至。臣請徑促之。使掌印官月至臣所聽勘。從之。

左僉都御史左鼎卒。鼎字周器，永新人，正統壬戌進士，授御史，巡山西，賑山東河南。七年進廣東左參政，未赴，拜今官。以清勤稱，其召用藉權，論者惜之。

夜，月掩畢宿。

辛未，夜，月犯井宿。

甲戌，上南郊。

丙子，夜，大星青白光，自軫宿流游氣。

丁丑，夜，月掩太微垣左執法星。

己卯，尊皇太后爲聖烈慈壽皇太后，詔天下。

庚辰，廣西總兵官武進伯朱瑛平永福等賊陳公嘉等，斬獲千一百餘人。

壬午，辰刻，大星赤光，自雲中流游氣。

癸未，朝鮮世子李暐卒，立其次子晄爲世子。

甲申，茂州同知汪浩爲知州。

丙戌，禮部右侍郎章綸調南京。

丁亥，致仕左副都御史年富爲南京兵部右侍郎。初，富忤石彪，罷。或言其廉，故任之。

賑蘇州饑。

己丑，命皇太子候時和講學，以刑科給事中王理言之。

前太常寺卿兼翰林侍書程南雲卒。南城人，善書進。

二月，𨚗朔，命廣西總兵官武進伯朱瑛等勦大藤峽賊。

辛卯。揚州鎮江多江盜。命太監吳昱右監丞王允中右副都御史林聰錦衣衞指揮陳剛往捕之。

壬辰。毛憐衞都指揮使郎卜兒罕爲都督僉事。建州衞都督同知董山爲右都督。

癸巳。左都御史馬昂爲兵部尚書。

署太常寺事禮部尚書蔣守約卒。宜興人。神樂觀樂舞生。賜祭葬。

甲午。後軍都督同知馬政卒。賜祭葬。

乙未。安南琉球等入貢。

前山西按察副使韓雍爲大理寺右少卿。

戊戌。南京大風拔木。

己亥。虜犯延綏。都督楊信擊卻之。

辛丑。夜月犯軒轅。

壬寅。蠲寶坻及鳳陽淮徐田租。

癸卯。大理寺右少卿韓雍爲右僉都御史。

甲辰。昏刻月食于翼宿。遂犯右執法星。

乙巳。封都督同知楊信彰武伯。爲征虜副將軍總兵官。鎮守延綏。

丁未。大星青白光。燭地。自參旗流近濁。

戊申。夜大星青白光。自弧矢流近濁。又大星赤光。自室宿流近濁。

庚戌。遣官以江南折銀輸遼東宣府大同陝西各十萬。永平一萬易粟。

禁官民服蟒龍飛魚斗牛玄黃等色。

百戶童銘以冒功下獄。石亨請釋。從之

辛亥。福建左布政使宋彰調廣東。彰先坐鄧茂七事謫驛丞。以赦還秩。

命大同總兵官高陽伯李文游擊將軍定遠伯石彪領兵往延綏。會楊信等禦虜。時毛里孩大入延綏。

夜。大星赤光。自亢宿流近濁。

乙卯。白虹貫日。

丙辰。賑涪州饑。

夜。大星赤光。自太微東垣流左攝提。一小星隨之。

閏二月紀朔庚申。夜。大星青白色。自北斗魁流上台。

辛酉。保定侯梁珤仍鎮守陝西。

磁州人許奏廣西右參政羅綺謗訕朝政。命逮綺錮之獄。籍其家。

壬戌。皇八子見治生。宸妃萬氏出。

甲子。戒諭都察院。

丙寅。貴州右參將右軍都督僉事張任卒。

夜。大星赤光。自翼宿流近濁。

己巳。修沙河行殿。

壬申。昏刻。月犯太微垣右執法星。

丁丑。吏部尚書兼翰林學士李賢等請增定諸司職掌。從之。

毛里孩七千餘騎犯延綏高家堡。楊信擊斬七十二級。擒五人。

己卯。塡土木暴骸。

曉刻。大星青白光自□□流五丈餘。

辛巳。夜。大星赤光自右旗流游氣。

甲申。都督僉事林宏守備莊浪。

夜。大星赤光自右攝提流天市西垣。

三月孩朔己丑。前尙寶司少卿袁忠徹卒。鄞人。善相術。

昏刻。大星赤光自郎位流梗河。一小星隨之。

庚寅。晡刻。大星青白光自天中壘游氣。

己亥。復設河間長蘆鹽運司滄州分司。

辛丑。柳慶等蠻七千餘人攻博白及廣東化州。都督僉事劉玉等斬三百餘級。

壬寅。宋讓嗣西寧侯。宋誠弟。

癸卯。廣東左布政使陳文爲詹事。

廣東海盜四百餘人犯香山千戶所。

太平侯張軏卒。軏故河間王玉之子。永樂中授錦衣衛指揮僉事。歷都督僉事。副總兵。征麓川。復征貴州苗。景泰初進右都督。以迎駕封。初侈靡聲伎盈前而性凶暴。置于謙王文范廣于死。益驕橫納賂。求王振宅。嘗朝退道見范廣爲祟。進封裕國公。諡勇讓。

夜。大星青白光自紫微西藩流近濁。二小星隨之。

曉刻。月犯氐宿。

甲辰。上諭李賢曰。外戚孫氏。封侯外累官二十餘人足矣。而左右又爲其弟求升。非太后心也。前官其子弟。太后不樂曰。彼何功濫至此。盛衰有時。一旦干憲。吾不能救矣。若又聞此。必怒。賢曰。外戚預軍政。或太后意乎。上曰。太后正不樂此。朕爲左右誤耳。

乙巳。聊城人李煥乞禁剌麻僧騷擾。從之。

丙午。廣西蠻流刦永安千戶所。參將都督僉事歐信擊斬一百四十八級。

辛亥。廣西右參將都督僉事劉玉分守貴州。

癸丑。立處州故誠意伯劉基祠。

隆平侯張福卒。

乙卯。宥都指揮孫顯宗罪。時蒼頭私鬻病商。俱下法司。論如律。

丙辰。敕鎭守臨淸平江侯陳豫。東昌靑萊故多安插夷人。朕念歲洊饑。民流離困斂。恐因而相聚爲非。敕至。其往來飭兵。盜生。剪之。

太監阮安奏遣主事管理山東徂徠等處泉源。從之。

四月。

復山東靑登萊府管糧通判。

壬戌。命中官于浙江福建雲南閘辦銀課。

癸亥。晉府大谷王鍾鈜薨。年二十一。謚懷僖。

甲子。昭武伯曹欽同督三千等營。

召巡撫南畿右僉都御史李秉。

乙丑。皇太子初講學于文華殿。

丁卯。南京兵部右侍郎年富改戶部。山西右參政葉盛爲右僉都御史。

發遼東官庫銀布給士兵。

戊辰。延綏總兵官彰武伯楊信游擊將軍定遠伯石彪搜黃河虜。擒四人。斬三級。

己巳。夜月犯亢宿。

庚午。戶部右侍郎年富巡撫山東。

辛未。浙江右布政使白圭爲右副都御史。贊理貴州軍務。

癸酉。東苗十三番賊首千把豬等僭稱僞號。攻刼都勻等處。命湖廣貴州總兵官南和侯方瑛調兵勦之。

進士姚景爲工科給事中。白昂爲南京禮科給事中。楊琮爲吏部主事。

丙子。太僕寺卿程信爲左僉都御史。

戊寅。翰林院侍講周洪謨爲南京翰林院侍讀。署院事。

戶部奏右副都御史林聰言山東諸郡縣逃亡死絕之數。覈視皆實。上曰。稅糧草束急除之。逃亡戶令有司盡心招撫。

己卯。尚寶司卿兼翰林侍講黃諫爲學士。司安兼編修萬安李泰爲侍講。

右僉都御史葉盛巡撫兩廣。

石康賊攻陷博白縣。

辛巳。濟南兗青蝗。

乙酉。敕曰。近聞勳戚文武大臣中。多有藏匿罪人亡虜。有令家人強占軍民田地。造室私市。詭名中鹽。挾制官司者。夫京師天下本。貴戚近臣。四方視效。欲無干朕憲。在守位循禮矣。比會昌侯弟顯宗姪璘。令家人造房囹市利。朕不敢用外戚故屈法也。諸臣有犯前所云者。自首免罪。不首自發者。罰無赦。家人投託人皆永戍邊

丙戌。夜大星青白光。自天棓流北斗杓

五月丁亥朔。錦衣衛囚逸。

署禮部事興濟伯兼尚書楊善卒。善字思敬。大興人。郡學生。以靖難守城除燕府引禮舍人。永樂初進鴻臚寺序班。改鳴贊。至寺卿。正統戊辰進禮部左侍郎。己巳以左副都御史守門。進右都御史。明年使瓦剌。護駕歸。及復辟。封善能應對而無學術。外和中忮。永樂中時同庶吉士章樸下獄。時禁方孝孺集。善紿樸借上之。遂殺樸復善秩。又媚王振。至天順初招權納賂。上寖疎之。卒時或云于謙王文爲厲。年七十五。賜祭葬。贈興濟侯。謚忠敏。

夜大星赤光。自天市西垣外流天江星。

戊子。復張楷右僉都御史致仕。

器皿廠火。

庚寅。翟昌衛指揮使汪釗復鎮守洮州。釗甚得番夷心。後移涼州。仍復之。

癸巳。復舒仲行唐縣丞。食從七品俸。

召守備偏頭關右都督杜忠。

甲午。上思遼東右副總兵東寧伯焦禮懷柔伯施聚。召一見。卽回。

夜大星赤光。自中台流近濁。

乙未。蕪湖當塗繁昌懷寧等縣蝗。

己亥。夜。月犯罰星。

庚子。前工部右侍郎張敏卒。永清人。□□□□進士。

辛丑。封公錫秦王。鍾鎰慶成王。公鑠興平王。祁鉷南樂王。祁鎴平鄉王。邃塀岐陽王。

壬寅。處士吳與弼入朝。授左春坊左諭德。辭。并封還敕幣。不許。遂見之文華殿。從容顧問。上曰。重卿學行。特授宮寮。煩輔太子。與弼終不受。遂宴文華殿。賜綵幣羊酒薪米。遣中官牛玉送至寓舍。

虜突犯涼州。安遠侯柳溥等迎戰。斬七級。擒十一人。明日。復追擊。斬三十八級。擒二十一人。

陝西左布政使芮釗。山西山東右布政使陳翼。王宇。俱爲右副都御史。釗巡撫甘肅。翼巡撫寧夏。宇巡撫宣府。初。上謂李賢曰。曩者奉迎之人。紛然請革邊巡撫。今聞武官貪縱暴橫。無所鎮壓。朕乃知其謬。卿與馬昂王翺仍擇可者。遂有是命。

嚴自宮之禁。

夜。月犯建星。

丙午。翰林院學士李紹爲禮部右侍郎。

金吾左衞帶俸都指揮使芮晟爲後軍都督僉事。

右僉都御史李秉巡撫大同。

丁未。召游擊將軍定遠伯石彪。

庚戌。監察御史孫珂錦衣千戶吳賢巡視居庸山海等關隘。

甲寅。鄧州知州崔富上瑞麥。

夜。大星赤光。自天市流心宿。

乙卯。都督杜忠以貪汚下錦衣獄。

是月。廣州肇慶江西大雨水。萬全都司保安州大雨雹傷稼。

六月丁巳朔。泰寧侯陳涇荒淫下都察院獄。

戊午。魏縣主簿吳珵爲縣丞。

辛酉。南京通政司左參議李震爲南京兵部右侍郎。

前南京禮部尙書張惠卒。德州人。貢士。

壬戌。通政司帶俸右參議徐世英調南京。

乙丑。征南將軍雲南總兵官右都督沐璘卒。璘昂之孫。膺雲南左衞指揮僉事。景泰初。以都督同知代鎭。喜讀書。號令施設有古儒將風。自號東樓居士。

丁卯。占城入貢。

巡撫山東戶部右侍郎年富改左副都御史。江西左布政使崔恭爲左副都御史。

前右僉都御史龍泉蕭啓居鄉不法。逮之。

己巳。翰林院庶吉士楊守陳爲編修。

辛未。安遠侯柳溥敗虜于涼州。擒二十六人。斬千四十二級。都督雷通自永昌來援。値虜懷安站。亦敗之。斬七級。擒十人。

大雷雨。良鄉縣草場災。

乙亥。徙山東降胡于南京。

丁丑。達官都督僉事胡朵兒哈賜姓名吳順。

己卯。雷震大祀殿鴟吻。

庚辰。周府汝南王子垗薨。年十七。謚悼和。

辛巳。罷陝西布政司右參政許彬。

癸未。增平陽太原通判各一。專督民兵。

七月丙朔。丁亥。逮前太平知府揭稽。稽出鄉人尚書何文淵之門。文淵自經。稽奏其子南京禮部主事喬新等迫之脫禍。喬新奏稽撫廣東爲黃竑屬草。俱逮訊。釋之。

戊子。張瑾嗣太平侯。張軏子。

鎭守獨石右參將都督僉事周賢出塞怯敵。徵下錦衣獄。

己丑。夜大星赤光燭地。自匏瓜流天市東垣。

辛卯。吳與弼固辭。許之。敕曰。朕惟英君誼辟。莫不好賢求士。聞爾與弼懷抱道德。嘉遯林丘。特行徵聘。惠然肯來。深慰朕心。用授春坊諭德。俾輔東宮。固辭難拒。今仍遣行人送還故里。賜爾銀幣。復命有司月給粟二石。爾其優游桑梓。尊仁樂義。倘精力未衰。尙無忘纂述。輔敎垂世。以繼前賢。時特聘而望殷。重與弼。錄錄少所見。議論無異。且稱石亨門下士。人頗譏之。或謂其歸後與弟訟田。餘姚胡鐸嘗詣崇仁考其世系。無嫡弟。又奚爭父產而訟之乎。

陸深曰。薛文清與吳康齋嘗言夢見孔子朱子。二公皆質實人。雖無妄語。然不書亦可也。

王世貞曰。薛文清之早退。吳徵君之辭秩。其猶知有幾乎。文清賢者也。聘君篤行君子也。其俱不足以有爲于世明也。文清而不去。且伴食矣。聘君而不辭。且株累矣。

于愼行曰。處士以虛名被徵。爲世所譏者。一代有一人焉。漢之樊英。唐之田遊巖。宋之种放。我朝之吳與弼是也。英之徵也王良以書責之。游巖之仕也。蔣儼以書責之。放之匿情求名。爲杜鎬所譏。與弼之實行不敷。爲張元禎所鄙。高識深見之士。有並世而立者。奈何其可盜名而欺世耶。蔣儼之責游巖曰。足下受調護之寄。是可言之秋。唯唯而無一談。悠悠以卒年歲。嗟夫。是數言者。豈惟游巖媿之。千古士人多爲汗浹。鄧元錫曰。李文達使河東時。聞薛文清語學。心大動。欲執贄從受學。以使事勿果。乃心終不忘。及見吳聘君。降意推挽。卽尹翰林讒勿二也。終全其休休。故好善優于相也。

寧王奠培嘗忤左布政使崔恭。互訐奏。遣太監懷忠按之。奪護衞。改爲南昌左衞。隸都司。

定遠侯石彪入朝墜幞。及禮畢不入內班被糾。不問。禮科都給事中張寧劾奏。

夜。月犯亢宿。

壬辰。夜大星青白光。自雲中流至濁。

乙未。奪刑部尙書劉廣衡歲俸。時有奸獄。太監曹吉祥謂郎中陳璭員外郎劉玘賄入人罪。遂械璭等戍邊。

丙申。戒諭寧王奠培。

勅三法司曰。御馬監都指揮千百戶。并勇末廝。自倚善騎射。恃勢怙寵。自今但坐事者。不分輕重。錄取上裁。

伶人有謀陞伶官者。特戍邊。

夜。金星行太微垣中。

戊戌。孛來犯鎭番城。

己亥。貴州東苗獗甚。徵永順保靖貴州播州酉陽金筑諸土司兵。從方瑛征之。

庚子。夜。月犯壘壁陣。

壬寅。洛陽王勉𡎺擅笞洛陽典史辛和。書責之。

癸卯。定遠伯石彪爲征西將軍總兵官。左都督劉深爲副總兵。往寧夏禦胡。

丙午。夜。大星赤光。自室宿流婁宿。曉刻月犯畢宿。

戊申。上謂李賢曰。朕念曹吉祥隨侍舊人。每有干請。多曲徇之。吉祥不顧可否。無厭足。雖朕不可二三。四方奏事者不知。謂必行。往往造門求通。朕斷以公道。

錦衣衛副千戶沐瓚爲征南將軍右軍都督同知總兵官。鎮守雲南。

己酉。夜。大星青白光。自鈎陳流室宿。

庚戌。守備雷廉都督僉事歐信爲都督同知副總兵。鎮守廣東。召副總兵都督僉事翁信。

命致仕右僉都御史張楷督理陝西軍餉。賂曹吉祥再得仕。

命巡撫宣府大同右副都御史王宇右僉都御史李秉預收糧芻儲急。

甲寅。刑部尚書薛希璉卒。希璉。麗水人。宣德庚戌進士。授御史。有聲。歷刑部右侍郎。巡撫淮鳳。捕蝗賑饑。復鎮福建平寇。至尚書。其才足任。所乏廉正之操。卒。賜祭葬。

乙卯。前右副都御史程富卒。富。歙人。□□進士。授御史。巡江西。冒平盜功。進大理少卿。歷左右僉都御史。參贊陝西甘肅督餉雲南。至右副都御史。雖有才而貪淫。卒。諭祭。

八月丙朔。丁巳。曉刻火星犯積薪星。

庚申。復蘇孔機永州同知。

辛酉。藺縣以虜道梗。命右都督馮宗都督僉事□□以京兵三千騎往尋還。

游擊將軍武平伯陳友擊虜于鎮番。敗之。尾後擒三人。斬四十八級。

夜。大星青白光。自羽林軍流近濁。

乙丑。署光祿寺事右通政陳鍼卒。

丁卯。右通政李素卒。

戊辰。虜酋孛來阿羅出等以二萬衆寇鎮番涼州。安遠侯柳溥等戰南樂堡黑山。擒三十五人。斬八十餘級。

夜。月犯壘壁陣。曉。刻火星入鬼宿。

己巳。進士遠芳爲戶科給事中。左贊爲吏部稽勳主事。

南寧伯毛勝卒。初名福壽。和寧王阿魯台之裔。襲羽林前衞指揮使。從征麓川。進左府都督僉事。充右參將。復征麓川。進都督同知。以龍門功。進左都督。還守京門。尋征湖貴叛苗。功封伯。改名勝。至是賜祭葬。追封南寧侯。謚莊毅。

甲戌。都督同知吳良調南京右府。都督僉事王喜南京前府。

乙亥。立山川壇齋宮。

丁丑。廣西猺賊五千餘人掠賓州。

己卯。命閣臣修一統志。

南京後軍都督僉事張通卒。鳳陽人。世天津衞指揮僉事。歷右參將。守大同。與石亨俱鄭氏壻。迎駕功。欲以報辭之。故改南京云。賜祭葬。

癸未。虜犯昌寧鎮番。

辛巳。成安侯郭晟卒。

曉。刻木星犯太微垣右執法。

九月乙亥朔。丙戌。夜。大星赤光。自天囷流天倉。二小星隨之。

丁亥。吳琮嗣廣義伯。吳玘從弟。

己丑。夜大星青白光自天倉流近濁。

癸巳。都察院檢校陳典庸爲陝西道監察御史。往甘涼整飭邊備。以廣寧侯劉安薦其知兵。

丁酉。楊宗嗣興濟伯。楊善子。

大星青白光自井流太微西垣。三小星隨之。

戊戌。命吏部推方面官。每闕具兩人俟擇。

辛丑。前刑部尚書軒輗爲南京左都御史。總督糧儲。以李賢薦其廉。故召之。

增順天府通判一。專理軍務。

夜月入畢宿。

甲辰。故工部尚書康汝祥孫健乞恩。授通政司知事。

乙巳。夜大星青白光自閣道流天津。後三小星隨之。

丁未。虜遯。召安遠侯柳溥右都督過興還京。

戊申。曉刻月犯靈臺中星。

己酉。都督僉事張義爲征西將軍總兵官。鎮守寧夏。

甲寅。昏刻金土二星會斗宿。金星犯南斗杓。

十月乙卯朔。上屏左右。問李賢政治得失。賢極言官校出入逮籍罪人之弊。上密察果然。召指揮使門達戒之曰。敢有不悛。罪毋赦。

丁巳。守制鴻臚寺序班袁應驥乞贈父故尚寶司少卿忠徹。不許。

刑部尚書劉廣衡予告。

己未太白晝見昏刻月犯建星。

庚申。少詹事劉鉉卒。鉉字宗器。長洲人。善書。薦入翰林。明年。舉于鄉。授中書舍人。博學能文章。其自居闇如也。修兩朝實錄成。遷兵部主事。仍內直。又宣廟錄成。進侍講。特命敎習庶吉士。進侍講學士。同鄉楊侍郎翥以潛邸舊人見景帝館于鉉。嘗從容薦鉉可大用。上然之。鉉聞而自恨曰。楊先生館于我而累我如是。乃陽爲室煬以謝楊使他徙。尋值日講。轉祭酒。條敎篤密。以易儲時獨不預名。憂去。奪情不起。服除。復秩。天順初。閱前疏。獨無鉉名。心善之。擢少詹事直講。年六十五。贈禮部左侍郎。賜祭葬。謚文恭。鉉于修詞覈法取雅潔。每篇成必旬日而後出。有假庵稿。

劉鳳曰。昔汲黯在九卿中。謂能立懦。非徒言論無所避也。即聞其風憚之所操裁異矣。若公在當時。以文學侍從。無所主守。何以見謂剛特。當其有所發。使人不寒而栗。至舉動雖小必愼。行己皆有尺寸。寧遲毋速。利害藐不能易。不可謂誠直臣哉。以所後死靖難時。故終其身不得追恤。而劉氏自是遂以忠義世其家。雖稍陵夷。子孫咸依以爲重。實有所始之矣。

辛酉。詔北畿山東逋租聽納豆。

壬戌。夜大星青赤光。自紫微東藩流近濁。二小星隨之。

癸亥。山東左布政使陸瑜爲刑部尚書。刑部右侍郎周瑄爲左侍郎。

監察御史同安葉普亮奪人田宅。娶族女爲妾。逮下錦衣獄。籍其家。

夜大星青白光。自軒轅流參宿。

甲子。上幸南苑。

夜。月犯壘壁陣。

乙丑。夜木星犯太微垣左執法星。

丙寅。誅內使趙榮以草蜚章陷人也。

戊辰。上謂李賢曰。朕朝罷膳後閱章奏。易決者下有司。難可議者。送先生參詳當乃出。左右曰。陛下自勞。非養生道。又曰。內閣可無送。朕荷天下之重。五夜起。齋潔拜天畢。省奏章。既剖決。謁奉先殿。出視朝。不爽于時度。退朝召問大臣商略機務于文華殿。復省章奏。省訖還宮。至申又如之。暇則聽內政。暮乃休。母后所旦朝。有命則間一日。隆冬盛暑則五日。左右亦曰陛下自勞非養生道。賢對曰。陛下孝敬精勤。古賢君何以加此。願持毋衰。

上曰。朕之行此亦有何勞。便于安逸。怠荒至矣。

鷹坊司內官請出獵。不許。固請。許之。上曰。毋擾州縣。朕跡爾矣。內官至。果多索有司獐鹿雉兔以進。曰獵所獲。

上偵其狀。杖斥之。

己巳。夜月犯畢宿。又火星自庫樓流天廟。五小星隨之。

癸酉。監察御史劉濬自巡按甘肅。引疾還里。下詔獄。謫主簿。

乙亥。葭州學正羅中請禁各鎮守太監都督等聽訟。禮部議格之。

丙子。雲南左參將都督僉事胡誌鎮守金齒騰衝。

夜。大星赤光。自相星流北斗杓。

丁丑。虜屢寇涼州永昌古浪莊浪山丹。

戊寅。上幸南海子。

庚辰。國子監學正閻禹錫乞申洪武學規。立武學。上然之。

夜。大星赤光燭地自天棓流至濁。五小星隨之。

辛巳。連山賀縣獞賊流刼江華縣境。

壬午。游擊將軍武平伯陳友爲征夷將軍總兵官。勦虜寧夏。鎮守大同東路左參將都指揮使張瑀爲後軍署都督僉事。仍分守。

禁番僧貿回販茶。

南城知縣陳陞考滿入京。言馬快等船攬載私貨。南京上新河揚州淮安臨清河西務稅商之弊。上是之。

十一月乙酉朔。丁亥。戒御史引疾歸省。時御史予告鄉人多許奏。故禁之。

戊子。長至節。各寺觀齋醮。刑科給事中劉洙等奏斷獄忤旨。下錦衣獄。

庚子。作平虜將軍平虜副將軍平夷將軍平夷副將軍平胡將軍平胡副將軍印。

立忠義營。時石亨募報効子弟殆六千人。

昏刻。大星青白光自天倉流至濁。

壬寅。京城多盜。購賞格捕之。

右少監秦剛協守蘭縣。

癸卯。夜客星見星宿。如粉絮。

甲辰。張祐嗣隆平侯。張福弟。

復尹旻通政司左參議。

南京刑部尚書楊寧卒。寧字彥謐。歙人。庚戌進士。授刑部主事。從禦宣大。尋從征麓川。進郎中。再從征。拜刑部右侍郎。鎮雲南。築城扼虜。戊辰。巡撫江西。吏民畏慕。景泰初。進禮部尚書。改南京刑部。機警負才。善交權貴。雖麓川之功清議勿重也。卒。賜祭葬。
乙巳。達官都指揮脫孫爲都督僉事。
丙午。遼東守備左軍都督僉事宋政爲都督同知。
朵顏衞都指揮使阿兒古纍爲都督僉事。
丁未。四川左布政使耿九疇爲南京刑部尙書。
戊申。分遣大臣禱雪于郊社山川。
己酉。南京戶部主事金鼎等掊克。逮入京伏罪。尙書張鳳奪歲俸。
庚戌。夜客星芒五寸犯爟位。
辛亥。前右都御史洪英卒。英字實天。懷安人。永樂乙未進士第一。選館。授禮部主事。改吏部。歷左副都御史巡撫山東。景泰壬申。進右都御史。撫浙。課吏被劾去。端重詳雅。不失長者誼云。
壬子。詔訪舉精通天文曆數地理課命之術。送詣京師。以欽天監事禮部左侍郎湯序言。
甲寅。免濟南東昌青兗田租五十一萬一千三百餘石。
十二月𨈐朔。戊午。奪安遠侯柳溥太傅。閒住。溥在西陲斂兵縱虜也。
庚申。句容縣丞劉義爲知縣。
壬戌。夜客星沒井宿。
癸亥。虜犯寧夏歸德口暖泉。官軍射卻之。
甲子。中軍都督同知郭震卒。
丙寅。南京吏部左侍郎鄭泰卒。泰字景陽。舒城人。永樂辛丑進士。授禮科給事中。歷官雖無赫赫名。才固足稱也。賜祭葬。

戊辰故國子祭酒李時勉孫恩乞入監。特許之。

己巳都督僉事宗勝巡按御史李敏奏開直沽河。初。大河衞百戶閔恭言南京各衞漕舟三百五十艘。輸薊州等衞越大海七十里。多險溺。竊見新開沽河北距薊州直四十餘里。且水深間有阻隔。若穿渠以通。可無海患。故勝等以爲言。從之。

刑部尙書劉廣衡卒。廣衡字克平。萬安人。甲辰進士。授刑部主事。歷郎中。有能名。進陝西按察副使。民鮮冤獄。進右布政使。景泰初擢左副都御史。鎭陝西。言事多採用。還佐院。錄囚南京。討閩浙寇。尋提督遼東軍務。天順初改刑部左侍郎。至尙書。通敏守法。不立崖異。時以才稱。

丁丑肇慶府同知饒秉鑑爲知府。

出帑金召商納草。

戊寅免開封汝寧懷慶衞輝去年災租七萬一千四百六十四石。

庚辰罷舉經明行修賢良方正儒士。以奔競冗濫也。

壬午廣西流賊四千餘人陷連山縣。掠陽山連州。

癸未修彭縣萬工堰。

虜一萬餘騎犯延安安邊營。

武强縣苦井倏甘冽。

前右春坊右庶子兼翰林院侍講趙恢卒。連江人。宣德癸丑進士。

是年命左副都御史崔恭浚吳淞江。分三縣。崑山自夏界口至白鶴江。四千六百七十丈。上海自卞家渡四千六十七丈。嘉定自卞家渡至莊家涇五千五百六十七丈。各深丈有一尺。博十丈二尺。出舊江萬七千七百一丈。

己卯天順三年

正月甲申朔。乙酉。夜。大星赤光燭地。自文昌流紫微。一小星隨之。

丙戌。命法司錦衣衞祕獄毋泄。

悟玄養素凝神冲默闡敎振法通妙眞人邵以正。值宴致之毋殿上。

獞賊破錦田千戶所。

庚寅。國子監祭酒陳詢致仕。

辛卯。夜。月犯□宿。火星犯軒轅。木星犯左執法。土星犯建星。

癸巳。夜。大星青赤光。自河鼓流天市垣。

乙未。上南郊。

僧錄司右覺義秉智化寺住持然勝乞故太監王振贈謚。命議之。

捕蝗種于山東河南兩畿。

丁酉。夜。大星青白光。自河鼓流游氣。月犯軒轅。

辛丑。夜。月犯平道東星。

甲辰。虜入安邊營。總兵官定遠伯石彪等擊敗之。轉戰六十里。斬平章鬼力赤。擒四十七人。斬五百一十三級。畜產二萬餘。都督僉事滁州周賢中流矢死焉。又虜入把都河。把總指揮伯賢擊斬一級。被圍。都指揮李鑑陷沒。贈賢都督同知。賜祭葬。子玉襲陞都指揮同知。

暫停南京官吏食鹽資餉。

夜。大星青白光燭地。自紫微西藩流天鈎。

丁未。夜月犯鬼宿。又大星青白光自星宿流游氣。

己酉。夜大星赤光燭地。自雲中流北斗魁。

壬子。安遠侯柳溥閒住。進馬。驄卻之。

癸丑。慶遠府同知葉禎率民兵擊賊。死之。禎字夢吉。高要人。宣德乙卯貢士。歷潯州鳳陽慶遠同知。劇盜韋父强悍。嘗計擒之。未幾。賊圍旗山。趣敗之。子公榮死。賊又攻雞刺等寨。禎請守備都指揮黃越出戰。越同知府黃振飲酒。詆禎激變。禎怒。揮士兵三百人赴之。行至柳青舖。伏發。殲焉。蓋忌者泄師。故甚敗。嶺南故無雪。是日大雷雨雪尺許。賊駭遁。黃越果誣禎激變。郡人不勝憤。走愬右僉都御史葉盛以聞。于朝贈朝列大夫廣西布政司右參議。制曰。蘇緘擊智高于雝管。偕孫子以捐軀。馬暨挫海牙于靜江。傾將士而絕命。禎之節義。奚讓古人。立祠慶遠。

何喬遠曰。孔鏞陶成毛吉葉禎並有功嶺南。毋論事濟不濟。毛吉至死。心事皦如。禎一門子姪遇害。制書比之蘇緘馬暨。信夫。

夜大星赤白光自牛宿流近濁。

二月甲申朔。命遼東右參將都督僉事劉端春夏駐遼東都司。秋冬回廣寧。

禁陝西各邊官占據草場。

兩廣盜蜂起。特禁有司貪恣貽害。

乙卯。儒士楊仕俊爲中書舍人。楊榮孫。

夜。大星青白光。自翼宿流至濁。

辛酉。巡按四川監察御史周必兆。枉道還安福。被許削籍。

甲子。免眞定廣平去年災租二萬五百八十餘石。

夜。月掩軒轅御女星。

乙丑。郭昂嗣成安伯。郭晟弟。

丙寅。監察御史呂洪同內官採珠雷廉。

戊辰。國子司業曾暹致仕。

己巳。總兵官定遠伯石彪回大同。

庚午。建州等衞野人頭目乞貢回道買牛耕種。從之。

壬申。翰林院編修吳匯爲國子監司業。

夜。月犯罰星。

癸酉。夜。月犯南斗。

乙亥。聞建州衞都督古納哈董山等私謁朝鮮。受賜。拜中樞密使。特敕諭國王李瑈。以禮科給事中張寧錦衣衞指揮僉事武忠往。

進士柳瑛石澄爲戶刑科給事中。

己卯。琉球入貢。

通事指揮僉事哈銘降副千戶。謫貴州衞。銘侍北狩。及復辟。嘗擅入內府乞陞。命錮之錦衣獄。所善達官也先帖木兒。伺上幸曹吉祥宅。祈釋獄。上怒銘。併錮也先帖木兒。

林之盛曰。哈銘雖裔夷。能與袁彬一心保護。共濟艱危。且開諭伯顏。首啓左賢。海潮大魚之喻。卒返乘輿。功不亦偉哉。借使漢公卿得援金日磾故事。而斟酌其罪。不沒其美。謂非懷敵柎遠之一事。用夏變夷之文德也耶。

庚辰。武安侯鄭宏下獄。宏淸明謁陵。道獵歸。馳神道也。

增通州大運倉。

辛巳。左順門門正忽思忽言。臣海西女直人。姪佟預知書。求入國子監。許之。

禁翰林院譯事生泄事。

壬午。增鄉會試詩書易房同考官各一人。

夜。大星靑白光。自文昌流近濁。

是月。巡撫遼東左僉都御史程信。使自在知州佟成。託他事至建州境。伺董山潛結朝鮮事。境上得朝鮮董山正憲大夫中樞院使制書。上命□科給事中□□詰朝鮮。錦衣衞□□往建州。皆謝罪。

三月稄朔。巡撫大同右僉都御史李秉下錦衣獄。秉行事勁正。諸將皆不便之。會守備天城奉御陳例久病。秉請代以長隨羅副。上怒秉專擅。下詔獄。門達言。秉先巡撫南畿。妄薦歐陽熙史宗禮爲御史。李周等解罪。而又有言秉不容山西都指揮僉事孫瑛治司事。擅退指揮使徐旺領騎操。收山西所解山西瘠病馬。欲令守墩臺卒六月一更。上俱命達按下刑部。秉當徒贖。特削籍。

甲申。敕諭建州左等三衞右都督董山。都督同知古給哈納郎哈等。以私款朝鮮。爾宜自省。

左都督劉深爲征蠻將軍總兵官。鎭守廣西。

乙酉。祭故武平伯陳友。友擊虜于鎭番衞。敗沒。

戊子。昏刻。月犯井宿。

前翰林院侍讀尹鳳岐卒。鳳岐吉水人。永樂戊戌進士。選館。歷編修修撰。文思敏贍。性剛直。持論侃侃。見忤時貴以剩員需次終。士論惜之。

己丑。左參將都指揮僉事胡鏞爲總兵官。鎭守薊州永平。

壬辰。增建南內翔鳳等殿拓之。

甲午。夜月犯太微垣左執法星。又大星赤光。自天市西垣流宿。

乙未。河南左布政使胡本惠。按察使王槩。經歷褚宣。眞定知縣王徽。井陘知縣陳璘。常德推官李綸。俱卓異。賜誥敕。

丙申。進士楊繼宗爲刑部主事。

庚子。昏刻。大星青白光。自中天流十丈所。三小星隨之。夜月犯建星。

癸卯。召定遠伯石彪武平伯陳友還京。

大理寺卿李賓喪母。許奔喪還任。

甲辰。朵顏衞都督同知朵羅干爲右都督。

戊申。廣西蒙峒苗三千人流刼靖州。綏寧守備都指揮汪迪擊斬六十六級。

庚戌。湖廣布政司左參議劉益爲國子祭酒。

四月壬朔。巡撫兩廣右僉都御史葉盛奏瀧水縣獞賊鳳弟吉糾廣西盜恣掠。擊敗之。擒鳳弟吉等十五人。斬三百三十級。

癸丑。夜大星赤光燭地。自左旗流女宿。

丁巳。秀王冠。

辛酉。李賢言虜酋孛來懼不敢貢。窮蹙入犯。宜出榜招諭。或給食俾悔過進貢。如冥頑不悛。出兵未晚。上然之。

賜東宮及諸王莊田。

癸亥。閉青田縣銀坑。其景寧縣採辦如舊。

金星晝見。

己巳。定遠伯石彪進封定遠侯。武平伯陳友進封武平侯。各祿百石。甘肅副總兵都督同知毛忠右參將都督僉事李榮爲左右都督。

南和侯方瑛右副都御史白圭等勦東苗克之。斬四千七百九十級。俘二把豬等二十人于京師。擒三百三十人。

右僉都御史張楷回自陝西。調南京。

廣西流賊糾廣東懷集縣獞賊陷開建縣。

辛未。桂林梧潯等猺獞苗賊出掠。敕鎭守兩廣左少監阮能朱祥總兵官左都督劉深副總兵都督同知歐信等協勦。

癸酉。金星晝見。夜。土星守犯建星。

甲戌。起復巡撫陝西延綏右僉都御史徐瑄。

逮雄縣知縣秦紘錦衣獄。時奉御杜堅獵天鵝。拒之。堅訴于上。被逮。邑人數十訟冤。釋之。調知府谷縣。

丙子。進士楊瓚爲吏部主事。

戊寅。都督同知雷通卒。無爲人。

己卯。夜。火星犯靈臺上星。

五月壬朔。翰林編修馬昇檢討傅宗爲雲南布政司左右參議。五經博士鮑相爲福建都轉運鹽使。餘外補有差。

初。陳循等舉昇輩于詞林。皆不由科第。率鈍鄙。李賢以修一統志非科第俱外之。

甲申。禁商旅以違禁物貿易諸夷。

丁亥。命都督顏彪率京兵赴雁門關備胡。

勇士都指揮使馬良爲都督僉事。

庚寅。夜。月掩平道西星。

癸卯。昏刻。火星犯太微垣右執法星。

丙午。南京工部右侍郎龍文卒。泰和人。□□□□進士。

丁未。郭昌嗣武定侯。郭英孫。

金谿知縣吳禎爲監察御史。協贊廣西軍務。

己酉。上語李賢以迎復事。賢曰。迎駕則可。奪門非所以示後世。內府之門。可言奪耶。奪門者。自大其功耳。景泰不諱。天下非陛下而誰。陛下復位。百辟奉迎者。舊在列。無功可賞。無罪可僇。豈復以羣小爲朋。招權納賄。殃及忠良。上干天象者哉。易曰。開國承家。小人勿用。此之謂也。上大是之

談遷曰。石亨等俱粗才。貪天之功。幸而集事。迎駕可也。倡爲奪門。必徐武功張其說。當時禁衛沈沈。虎旅順命。未嘗奮韓通之烈。抗北軍之勢也。何言奪門哉。南陽一言悟主。不啻啓沃。自是弁鶡絀。賢路澄矣

曉刻。金星犯畢宿。

前南京國子祭酒陳敬宗卒。敬宗字光世。慈谿人。永樂甲申進士。授刑部主事。改侍講。宣德初。進南京國子司

業。累祭酒十五年。師道嚴重。動止有常。一語不妄。諸生雖登顯要。來謁猶執故禮不敢失。敏學善書。片章尺楮。皆關名教。年八十三。賜祭。嘉靖中。贈禮部左侍郎。謚文定

廣西流賊破容縣。掠潯梧柳慶南寧諸郡縣。

六月辛丑朔。建州右衞都督同知納郎哈爲右都督。

戊午。滿剌加國王子蘇丹芒速沙入貢。

己未。刑科給事中劉洙爲應天府丞。山東按察副使項忠爲陝西按察使。

庚申。夜月犯氐宿。

辛酉。虜遁。召還顏彪。

命巡撫官以歲八月赴京師議事。

乙丑。起復通政司左參議楊穟。

丁卯。下陝西道監察御史何楚英錦衣獄。以巡光祿寺。嬈奸役朱氏。法司議贖杖還秩。竟械都察院前三月。謫平南縣主簿。

戊辰。免開封去年災租四萬九千八百餘名。

辛未。昏刻木星犯太微垣右執法星。

七月庚午朔。工部侍郎翁世資都督僉事趙輔運徐州夾溝呂梁三堡積木。

辛巳。杭州同知馬偉爲處州知府。

禁浙直緣海軍民以大舟持兵下海。

壬午。敕戶部主事李瑛同進士徐源覈四川行都司及松潘倉糧。

癸未。蠲常德襄陽荆黄去年災租萬八千六百六十二石有奇。

丁亥。翰林院侍讀學士錢溥侍講萬安主試應天。

戊子。封幼塼瀋王。奇源晉世子。奇湀義寧王。子塼臨汝王。同鑣睢陽王。成鍰和川王。邃埂弘農王。

己丑。泰寧衞都督僉事革干帖木兒爲左都督。

禁湖廣人通番僧販茶。

庚子。錫蘭山國王葛力生夏剌昔利地交剌惹入貢。

壬寅。夜月掩畢宿。

河南道監察御史劉泰卒。泰海鹽人。景泰辛未進士。選庶常。任御史。

己酉。南和侯方瑛攻東苗克二百三十四寨。斬二千三百六十七級。擒首從四百六十三人。

思恩土官廣西右參政岑英改都指揮同知聽徵。

監察御史劉濬巡按甘肅。託疾謫縣主簿。

八月戊戌朔。定遠侯石彪下錦衣獄。彪在大同傾左副都御史年富。又數侮總兵官李文。總兵官以彪欲城威寧海子。爲流言誣其異志。上固疑彪。彪乃令大同千戶楊斌等五十三人詣闕乞留彪鎮守。上覺其詐。會北虜入貢。羅拜彪于朝。稱石王。益疑之。下彪獄。鞫斌等。果受指使。

丁巳。翰林院學士劉定之倪謙主試順天。

昏刻。月犯南斗。夜。大星青白光。自紫微西藩流北斗杓。

己未。敕曰。我太祖高皇帝立綱陳紀。照臨天下。諄諄誥戒。董正百官。製鐵榜以諭功臣。當時臣下凜凜。近來勳戚府部院寺等大臣及近侍官。多不遵禮禁。私相交往。甚且阿勢泄事。因而結搆百端。如定遠侯彪圖謀鎮守。

令指揮等官假進奏詞事發被劾，輒有近侍潛報消息，官之不正，無此爲甚。今後爾文武大臣，無故不許往來。給事中御史亦不許私謁大臣，敢有阿附漏泄，輕則發戍，重處死。錦衣衛指揮親軍近侍，尤不合與諸臣交通。他衛指揮以下，非出征時，毋輒候公侯門，違者如鐵榜處治。

敕鎭守浙江江西太監盧永、葉達、福達、少監馮讓，選良家子嫠婦知書數者充女官六倘。

夜，月犯建星。

庚申，田州府頭目呂趙殺知府岑鑑。

甲子，禁福建人聚衆販鹽。

以兩淮餘鹽十萬引充陝西邊餉。

丙寅，命給事中陳嘉猷、行人彭盛往封故滿剌加國王子蘇丹芒速沙爲國王，幷祭故國王速魯檀無答佛那沙。

丁卯，日色如赭，夜月亦如之。

戊辰，遣左僉都御史王儉、錦衣衛指揮僉事逯杲往大同，執都指揮使朱諒等七十六人，械治京師，以附定遠侯也。

辛未，召致仕戶部左侍郎孟鑑，調南京工部。

蠲杭、衢、台、嘉興、紹興、金華今年旱災田租。

壬申，修武伯沈煜、刑科給事中王儼以封瀋王受餽，上遣校尉覘得之，逮下獄。煜奪歲祿，儼謫郯城主簿。

乙亥，書告宗室諸王曰：正統初，敕朝使無得需索王府物，犯者處死，家戍邊，嚴矣。修武伯沈煜、給事中王儼近復玩無忌，王府賚費有限，豈堪如此。念我親族，申明舊例，後有遣至者，飮饌之外，毫無與也。

蠲武昌長沙岳黃衡永辰漢陽寶慶常德今年水旱田租。

丙子。免河間今年夏麥萬五千九十四石有奇。

己卯。調石亨黨都指揮僉事石寧等五十六人于外衛。凡附亨進者皆貶斥之。

九月庚辰朔。辛巳。濟源縣進瑞粟。

夜。大星青白光燭地自闕丘流近濁。後三小星隨之。

甲申。廣西流賊犯廣州界。命右僉都御史葉盛并總兵鎮守等官調度所在官軍士兵勦之。

夜。大星赤光。曲曲如蛇。流危宿。

丙戌。勅都督同知李奇鎮守居庸關。

丁亥。忠國公石亨引疾。

夜。大星青白光。自危宿流牛宿。

戊子。曉刻。大星青白光。自昴宿流天船。夜。月犯牛宿。

庚寅。肅州火。

曉刻金星犯太微垣左執法星。夜。大星青白光。自天倉流近濁。

甲午。夜月犯外屏星。

乙未。免太原平陽去年夏稅十萬七千四百餘石。

丙申。總督南京糧儲左都御史軒輗兼理鳳陽食糧。

丁酉。夜月犯天高星。

戊戌。吏部左侍郎孫弘降大理府通判。右通政劉文降臨安府同知。翰林院學士黃諫降黃州府通判。光祿寺丕全銘降黃州右衛經歷。兵部主事楊福宋諒潘榮降慶遠等衛知事。俱附石亨冒迎駕功。

己亥。夜。月犯井宿。

辛丑。起復巡撫延安右僉都御史徐瑄。

癸卯。巡按山東監察御史田景暘還朝。納印徼損。下獄。

夜。大星青白光。自昴宿流婁宿。

乙巳。免濟南東昌青去年夏稅十一萬三千八百四十餘石。

夜。金木星會角宿。

丙午。建安縣老人賀煬言四事。曰近縣令監生多近六十歲。日暮貪冒。今後縣令必科甲。監生年壯者。試而銓之。曰景泰間錄顏孟程朱之裔。授翰林博士官而未祿。宜各給本俸。曰忠肅公黃榦。文簡公劉爚。文正公蔡沈。文忠公眞德秀。宜侑朱文公祠。曰義民出粟濟饑。宜疏饑民姓氏。驗義倉給放。俱議行之。

丁未。夜。大星青白光。自天苑流近濁。二小星隨之。

十月

配朔。夜。大星赤光。自參宿流雲中。

庚戌。陝西道監察御史何楚英杖斃。

昏刻。大星青白光。燭地。自危宿流游氣。夜。大星青白光。自天廩流天廐。

癸丑。代府廣靈王遜焜薨。年五十八。謚榮□。

召懷來永寧右參將都督僉事姚貴守備代州。署都指揮僉事李端守備偏頭關。都指揮同知袁勝。俱石亨姻。

甲寅。敕贊理貴州軍務右副都御史白圭巡撫湖廣。

夜。大星青白光。自天倉流壘壁陣。曉刻。金星犯亢宿。

丙辰。都指揮僉事徐福等戍柳州衞。以大同四衞官折俸布納之石彪也。

夜。大星赤光燭地。自天船流北斗杓。

丁巳。夜。大星青白光。自軒轅流太微西垣。

己未。上幸南苑。

前南京太僕寺卿仲昌卒。沭陽人。永樂二年進士。

壬戌。鄖城訓導黃巖盧欽請追僇吏部尚書王直及陳循等爲亂賊。戒命下欽錦衣獄。蓋謫選不得南闕故也。

命削欽籍。

甲子。夜。月犯畢宿。

丙寅。夜。月犯井宿。

戊辰。夜。月犯鬼宿。

己巳。令右僉都御史韓雍奔母喪赴任。起復右副都御史林聰。

命忠國公石亨閒住。初亨恃功。凡奪門迎駕者。出自亨口皆得官。前後四千人。文武競趨其門。賂至乃白上。學士大夫稍有嫌輒得罪。久之上漸厭亨。其始有請盡見從。亡何可八九矣。又亡何可四五。又亡何可二三耳。于是命閽者曰。總兵不可輒至禁廷。非有詔毋內也。然亨雖驕恣。尚粗豪直爽。軒豁無機。定遠侯彪險譎矜詡矣。錦衣衞指揮僉事逯杲與指揮使門達。始用亨進。至是乃自異。達等治彪獄。得其繡蟒龍衣。違式寢床。亨私遣義勇後衞指揮同知裴瑄出居庸市木。兵部召瑄不得。向亨索。亨佯不知。杲使人自大同械至。彪弟慶數自居庸抵大同。擅乘官馬。索官司飲饌。不當意。罵參將張鵬等如奴隸。彪在大同。代王增歲祿。彪言王臣與父亨爲王請。王長跽謝彪。因索王伎奉酒。博野王生子。彪賀王延款至暮。送香囊等物。彪還京師。隰川王遣其長子擕酒禮造餞玉林衞軍一女美彪强汚之取至其家十日軍人且告彪繫之獄竟瘐死于是法司錦衣衞幷劾亨。上命亨閱仕許冒奪門陞官者自首改正敢隱者罪凡首改四千餘人。

辛未。唐王芝垝進白鹿書謝之。

前巡撫山西右僉都御史蕭啓卒啓龍泉人□□進士授御史巡歷有聲進山東按察僉事憂去已起都御史嚴正自持行事周密人皆憚之。

壬申。夜月行太微垣中。

乙亥。科道劾石亨宥罪不謝心懷怨望乞正其罪上置之。

戊寅。夜大星青白光燭地自八穀流閣道。

安南臣黎淙弑其主濬而自立僭號天興淙濬之庶兄。

是月淮揚巡撫滕昭言建庶人吳庶人俱安置鳳陽官軍巡柝聲聞陵寢或事出意外乞移鳳陽廢中書省嚴防上不聽。

十一月甲申朔癸未南和侯方瑛卒瑛全椒人襲衞指揮使從征麓川殺獲賊歷都指揮使都督僉事充參將守備雲南孟養戰勝景泰初以都督同知鎭貴州敗苗進右都督總兵官征香爐山賊進左都督五年封六年征銅鼓五開斬獲功多留鎭貴州天順初論功進侯予世伯謙和不矜廉介若怯至行師則紀律明賞罰信臨陣勇決尤善撫士卒西隅夷人深德之賜祭葬謚忠襄。

乙酉。曹州學生徐舟上萬壽頌。

夜大星青白光燭地自天船流勾陳三小星隨之。

壬辰。命設策賑長沙常德辰永衡岳及銅鼓五開等衞饑民。

乙未。減饒州陶器八萬。時光祿寺議造十三萬三千有奇。

丙申。山東帶俸都指揮僉事欒敬防盜沂州。

己亥。下中軍都督同知楊旺戶部右侍郎楊鼎等錦衣獄。以祀陵不謹也。旺在獄自刎死。

癸卯。蠲眞定去年災租九千五百石有奇。

丙午。徵巡撫遼東左僉都御史程信。

戊申。召商于京師各場納草。

鎮守廣西總兵官左都督劉深卒。合肥人。

十二月配朔。丙辰。河南左布政使胡本惠爲左副都御史。巡撫遼東。整飭邊備。

設四川灌縣太平堡。通董卜韓胡宣慰司。

夜。月犯天廩星。

庚申。吏部右侍郎張用瀚調陝西布政司右參政。刑部右侍郎黃仕儁調廣西布政司右參議。俱賂石亨進。

蘇州知府楊貢削籍。常熟錢曄納貲官浙江都司經歷。家居僭侈。貢收曄奏其罪。曄亦誣貢酷害。俱逮入京。曄豪而譎。竟計脫。反坐貢。

進士石後以從祖亨得疾家居。不之獄。削籍。

建安老人賀煬請嚴選教官。毋充以庸鄙。從之。

癸亥。夜月犯鬼宿。曉刻木星犯亢宿。

丁卯。右軍都督同知劉紀改正。仍署都督僉事。

戊辰。錦衣衛指揮僉事逯杲爲指揮同知。

昭武伯曹欽請辭爵不允。

壬申。蠲宜山縣田租三千五百八十石有奇。

癸酉。南京吏部右侍郎蕭璁調湖廣布政司右參政。刑部右侍郎朱銓調貴州布政司右參政。大理寺右少卿翟敬太常寺少卿王謙調惠州夔州知府。俱賂石亨進。

乙亥。湖廣左參將都督將軍李震爲平蠻將軍總兵官。鎮守湖廣貴州。

丙子。增大木廠舍。選三千營卒百人充御馬監勇士飼鷹。

丁丑。虜酋孛來以二萬人掠榆林。次于沙山。敕邊將嚴備。

是月。兩廣總兵官會兵廉州勦賊。賊流入高州陷信宜所城。

第二冊終